独角兽
法学精品

上海法制史

（第二版）

A HISTORY OF SHANGHAI
LOCAL LEGAL SYSTEM

王立民◎著

上海人民出版社

目　录

上　编

下 编

绪言一

上海自元朝至元二十九年(1292年)建县以后,便有了国家的一级地方政府,也开始了上海地方法制的历史。1843年开埠以后,上海有了突破性发展,很快成为中国的最大城市、世界的大都市之一,还有"东方巴黎"之称。与此相一致,上海的地方法制也有了飞跃的发展,成为中国地方法制最为完备、复杂的城市之一。但是,长期以来,人们对上海地方法制进行系统、综合、全面的探索和研究都还很不够,至今尚无这一方面的专著问世。笔者进行了尝试,并试图通过自己的探研,最终形成较为系统、综合、全面地反映上海的法制历史的成果。本书阐述的上海法制,从元代至上海解放后的接管时期,重点在上海开埠以后。

全书上编共有二十二章,以纵向论述问题为体例,大致可分为五大块内容。前十二章为第一块,重点反映上海各个时期、不同界域(旧上海曾有华界和租界之分)的立法情况,内容包括立法机构、上海地方法渊源和具体的法规内容等一些方面。为了便于读者了解其中的法规内容,本书把其中的内容作了分类,按类阐述。另外,为了证明法规的实施情况,本书尽可能地提供与实施情况有关的资料和史实,把静态的法规与动态的实施状况有机地结合在一起。第十三章至第十八章为第二块,侧重反映上海各个时期、不同界域的司法情况,内容包括警政机构、审判机构、监狱、律师、刑场等与司法有关的机构、组织和设施等各个方面。为了还原活生生的司法面貌,本书也引用了大量史料,以史料来说明具体而又真实的司法情况。第十九章至第二十章为第三块。它专门论述上海小刀会起义军的法制和上海工人第三次武装起义后建立起来的上海市民代表会议政府的法制。与旧上海所有的其他法制都不同,上海小刀会起义军的法制和市民代表会议政府的法制是一种人民自己的法制。它们的法制无论在本质上还是在内容上,其他法制都不能与之相提并论,所以,另立一块来专述,而且在内容上自成体系,包含立法、司法等各个方面。第二十一章是第四块。它从多个侧面来反映旧上海法律教育的一些情况,把那时的法律教育也作为与法制有关的方面,使读者能更全面地了解有关情况。最后一块是第二十二章。它以上海法制的新生为主趣,叙述了上海解放初期法制的概貌,表现了新上海法制的优越性。同时,这也使上海法制史的发展锁链不中断,呈现一个较为完整的发展过程。以上五大块内容组合起来,便可从总体上表现出上海法制发展历史的概貌。

综观旧上海法制的内容,有以下这些方面比较突出。通过以下这些方面,可使人们体会到旧上海法制是旧中国法制的一个缩影,很具有典型性,亦可帮助人们进一步了解上海法制发展的历程。

第一,复杂性。复杂性是旧上海法制的一个突出方面,这又可从纵向和横向两个角度来看。先从纵向角度看。在上海建县至上海解放的六百多年时间里,先后出现过多种法制。有反映封建地主阶级意志、维护封建专制制度的元、明、清的法制;有反映资产阶级革命派意志、维护资产阶级共和制度的南京临时政府的法制;有反映大地主大资产阶级意志、维护独裁统治的北京政府和国民政府的法制;有反映日寇意志、维护日本帝国主义在华权益的日伪上海市政府的法制;有反映英、美、法等国侵略者意志,维护他们在华特权的租界法制。此外,还有反映农民阶级意志的上海小刀会起义军政权的法制和反映上海工人阶级和广大市民意志的上海工人第三次武装起义后建立的市民代表会议政府的法制。由于这些政权的法制性质有异,因此,在内容上亦有所不同。国民政府时期的上海地方政府从维护独裁统治出发,禁止人民游行、示威和罢工,违者要科以重刑,直至死刑。日伪上海市政府建立在日寇支持的基础上,处处扮演儿皇帝的角色,对任何抗日的行为都要严究,连唱抗日歌曲都有杀头的危险。上海小刀会起义军的法制与市民代表会议政府的法制则完全相反。小刀会起义军声明起义是为了"伐狼鸩之暴,救民水火",其法制处处保护广大上海人民的利益,规定"奸淫妇女者斩,掳掠财物者斩",连偷盗猪狗的也要被"斩"。市民代表会议政府是上海工人阶级和广大上海人民自己的政府,它的法制也是人民自己的法制,当时规定洋奴、工贼、军阀、土豪劣绅和贪官污吏等人民的敌人没有选举权和被选举权,充分体现了上海工人阶级和广大人民的愿望。

再从横向角度看。上海开埠以后,绝大多数时间都是两种以上法制并存。上海有了租界后,华界与英、美、法三个租界的法制同存;小刀会起义后,小刀会起义军的法制还与华界和租界的法制共存;市民代表会议政府的法制创立后,也曾与公共租界和法租界的法制同时存在;日寇侵占上海后,日伪上海市政府的法制同样与两个租界的法制相持。这些性质和内容都不同的法制并存于一个城市内,有的还交叉共存于同一时间,就使法制显得复杂化了。产生法制复杂化的原因主要有两点:一是外国侵略者的入侵。他们入侵上海后,都用法律手段巩固自己的侵略成果,英、美、法、日等国都是如此。他们的法制有的长期与华界的法制同存,有的还与租界的法制共存,以致在上海这块土地上出现了多种法制。二是政权更迭频繁。在上海开埠后,上海就出现过清末时期、南京临时政府时期、北京政府时期、国民政府时期和日伪时期的上海地方政权,其中,还穿插过小刀会起义军和市民代表会议政府的政权。这些政权都有自己的法制,以致上海的法制多变。由于上海地方法制的多样和多变,它便变得比较复杂了。

第二,完整性。完整性也是旧上海法制的一个突出方面。自20世纪初清末的法制改革以后,我国的封建法制加速解体,并大量引进资本主义国家的法制。到了20世纪30年代,上海的地方法制已较完整,无论在宏观方面还是微观方面都是如此。在宏观方面,法制系统中的各主要组成部分都已具备。那时行政与立法、司法都已独立存在,而且立法与司法都有较为完整的体系。立法中,有规范的立法机构、系统的法律渊源、较为完整的法律内容。在司法中,有独立的警政机关、审判机关,系统的检察组织和司法行政机关。在微观方面,一些具体制度也较完整。当时,除了保留布告之类的单行法规外,还大量制定了一些较为系统、规范的法规,形成了规模。以基层居民组织制度为例。1932年10月14日公布的《上海市坊民大会会议暂行规则》对坊民大会的性质、职权等都作了规定。同月24日发布的《上海市区坊间邻选举规则》又对坊民大会的选举问题作了专门规定,内容包括选举人与被选举人的资格、选举程序等。这样,便较完整地规定了居民的组织制度。20世纪30年代的租界法制也已相当完备,形成了一套适合租界管理的法制体系,因此,租界在那时已很少再颁布系统法规。据统计,公共租界自1931年至1937年,颁布的系统法规不到10个。旧上海的法制大量模仿或使用西方国家的法制模式及制度,如行政与立法、司法分立,还有治安、审判、检察互相制约,等等。但也有相当部分内容具有上海地方特色。如坊民大会制度即是如此,这在西方国家的法制中未曾出现过。旧上海法制的完整与那时上海地方政府统治经验的积累直接有关。上海开埠后,大量的西方思想与制度传入上海。随着封建法制的解体,上海地方政府开始用现代法律手段治理上海,并随着管理经验的积累,不断改进法制,以致不断完整。

第三,殖民性。殖民性是旧上海法制中的一个重要方面。鸦片战争以后,随着我国主权的不断丧失,法制也逐渐殖民化,上海作为一个通商城市尤其如此。这在立法和司法领域都有大量反映。在立法领域。上海开埠后,英、美、法等外国列强都在上海设立了租界。为了使他们的入侵和占领合法化,《土地章程》出笼了。它作为租界的基本法,确认列强在上海的特权,并通过不断修改,使列强的特权不断扩大,上海的殖民化不断加深。1845 年公布的《土地章程》在确认租界合法性的同时,还明确规定了租界的管理权由列强把持,它们可在租界内自由地建设市政设施。此外,还规定租界内实行华洋分居,租界外的华人不得入住租界。1854 年,英、美、法三国又通过新的《土地章程》,强调他们可强行买进租界内原有华人的住房,并要严厉制裁华人的所谓"犯规行为"。1869 年修改后的《土地章程》,扩大了租界当局征收捐税的范围,还允许设立领事公堂。1893 年制定的《虹口租界章程》,不仅承认英美租界扩大至虹口一带为合法,还认可洋人可延伸租界马路至华界,而且路权归洋人所有,等等。租界的许多其他规定同样具有殖民性。1935 年 12 月,法租界规定:凡牲畜经过法租界都要其所有人缴纳马路钱。1938 年 5 月又规定:死人经过法租界也要付钱,每口棺木收费 1 元,违者要罚款 500 元。上海人经过自己的城市,竟然要向洋人交钱,这完全是殖民者的歪理。日寇占领上海以后,日伪上海市政府法制的殖民主义色彩更浓。1940 年 1 月颁布的一个规定:有日寇的棺木途经本市,沿途人们"翘首而望,不表敬意,殊属不合",今后凡遇此事,"应一律鞠躬致敬,以示崇德报功之意"。

　　旧上海司法领域的殖民性不亚于立法。1843 年的《中英五口通商章程》确立了领事裁判权,上海作为五口通商城市之一,不久便实行了这一丧失中国司法权的制度。根据规定,在沪华人与英人遇有交涉词讼,英人的定罪量刑问题由英国领事按照英国法律处理,中国和上海的法律对英人无效,上海的司法机构也无管辖权。1844 年的《中美望厦条约》进一步扩大了这一特权,规定美国人也可享有领事裁判权,甚至规定美国人之间或其他外国人进行诉讼,中国政府也不得过问。以后,法、德、日等许多列强也取得了这样的特权。上海的司法权开始丧失了。1868 年签订的《上海洋泾浜设官会审章程》还认为洋人攫取的司法权不够,进而又规定在租界内不仅洋人为原告,就是华人为被告的洋华混合案件,外国领事也有权参与会审,甚至连与无约国人及外人雇用的华人有关的诉讼案件,外国领事也要参与陪审。至此,外国列强不仅掌握了对洋人的审判权,还控制了上海租界内对华人的审判权,上海的司法权丧失大半。随着司法权的丧失,殖民化的痕迹在司法范围内到处可见。华人与洋人在监狱里的待遇都不一样。上海第二特区(法租界)监狱规定:洋人每日的伙食费为 6 角,华人只有 1 角 4 分;洋人的牢房里有床、柜、抽水马桶,华人只能席地而睡。这一切都证明,旧上海的法制带有明显的殖民性质。造成这一性质法制的主要原因是外国列强的侵略和中国政府的腐败。

第四，反动性。反动性是旧上海法制中的另一个重要方面。为了维护反动统治，旧上海的反动政府都竭力镇压上海人民的革命运动，残害中国共产党人和其他进步人士，并通过他们的法制反映出来。主要表现在以下三个方面。

一是反动的立法多。无论是上海租界当局，还是华界的上海市政府、日伪上海市政府，都制定过大量有关逮捕共产党人和进步人士，禁止革命运动的规定。这些规定大量地通过布告、训令等单行法规形式表现出来。1930年4月，上海市政府发出训令，要"严密查拘共党挑拨分子""以免工潮扩大"。1949年2月，上海市政府又发出布告，规定："绝对不得罢工、怠工"，否则，要"由治安机关依军法就地枪决"。1937年12月，日伪上海市政府发出布告，要全市人民"遵亲爱和平之义"，对抗日人士"一经查究，决不宽贷"。公共租界在1932年1月与1937年8月都贴出布告，规定在租界内"不得组织参加任何集会游行"，也不得"演说印刷或散布文字、图画、旗帜等"。一句话，就是不可进行任何反对日本帝国主义侵略上海的正义、爱国活动。法租界也有类似规定。另一方面，在细则、章程等一些较为系统的上海地方法规中，明示或暗示革命斗争为违法犯罪行为。上海市政府在1930年10月颁行的《公安局警长警士服务细则》中规定：对"刊印或散布、粘贴反动文字、煽惑人心者""应当场逮捕"。法租界在1942年5月颁布的《保甲章程》中规定：保甲长的职责之一是"协助警务处搜捕恐怖党及其不良分子"。日伪上海市政府在1938年12月公布的《乡区防共自卫团组织条例》的第1条就规定："乡区自卫团以防剿匪共"为宗旨。以上所称的"反动"、"恐怖"、"不良"等都是暗指共产党人和革命人士及其所领导或组织的革命、爱国运动。

二是用刑酷。在旧上海的立法中，对共产党人和进步人士的用刑特别严酷，一般都是死刑。上海市政府在1949年4月发布的《上海市紧急治安条例》中明确规定："集中暴动者"、"罢工怠工者"、"鼓动学潮者"和"破坏社会秩序者"，全都"处死刑"。日伪上海市政府为虎作伥，在1938年10月规定：对"不良分子""格杀勿论"。令人惊讶的是，早在我国奴隶制时期出现并在民国初就被废除的"连坐"制度竟在上海盛行，被广泛运用。上海市政府在1949年5月实行的《奖励检举共匪办法》公然用专条规定"连坐"制度，内容是：凡"匪犯之家属应受连带处分，并查封其全部财产"；还有，邻居、甲长、户籍人员都要"以窝藏包庇匪徒论"。日伪时期，上海运用连坐的范围更广。1938年7月，专门颁布了所谓《人民连坐保结变通办法》，规定在全市范围内"办理人民连坐保结"，广泛使用这一酷刑。

三是司法严。对于革命人士和革命运动,旧上海的司法极其严厉。据1935年和1936年出版的《上海年鉴》统计,1934年上海共逮捕共产党人826人,其中,华界631人,租界195人。①1935年,上海共逮捕共产党人330人,其中,华界201人,租界129人。另外,在这两年中查禁共产党创办的刊物180余种,560多份。共产党人被捕后,凡坚贞不屈的都被杀害,罗亦农、彭湃、王孝和等无一不是如此。对革命运动的镇压,同样惨不忍睹。在1925年的"五卅"运动中,巡捕竟肆无忌惮地对手无寸铁的工人、学生开枪,南京路血流成河。在1948年2月申新九厂的罢工中,军警出动装甲车进行镇压,当场打死3人,打伤数百人,逮捕236人,又酿成一次惨案,震惊中外。旧上海市政府、日伪上海市政府和租界当局把上海地方法的镇压锋芒指向中国共产党、进步人士和革命、爱国运动,其反动性昭然若揭。旧上海市政府是在"四一二"反革命政变后建立起来的政权,日伪上海市政府是日寇侵占上海后扶植起来的傀儡政权,租界当局是列强通过入侵和不平等条约确立的。它们代表了少数剥削者、侵略者的利益。为了使它们的统治苟延残喘,就必须打击进步力量,在法制上就表现为它的反动性。

第五,腐朽性。腐朽性也是旧上海法制中的一个方面。旧上海法制的腐朽性首先表现在它的立法内容上。旧上海曾制定过不少保护那些腐朽、丑恶现象的法规。以娼妓法为例。旧上海是大地主、大资本家的乐园,帝国主义冒险家的天堂,妓女与卖淫司空见惯。然而,旧上海的法律竟把这种腐朽、丑恶现象确立为制度,视为合法。1946年12月上海颁行的《管理娼妓办法》,毫不掩饰地规定:"本法所称娼妓即指卖淫之妇女。所称妓院是指卖淫营业之场所"。同时还规定:妓女和妓院都可合法存在,只是要"领营业许可证","许可证均以一年为有效期间,届满,雇佣双方须将原有许可证交还","重行办理登记手续"。这一规定使卖淫这一丑恶现象得以合法和公开形式出现。租界在20世纪初就有较为完整的娼妓法。由于法律保护妓女和卖淫,所以,上海的娼妓泛滥。据公共租界的统计,1915年租界内的公娼、私娼就达7791人,实际数字还要多得多。娼妓制度的存在使上海社会更为腐败。旧上海法制的腐朽性也表现在司法上。以禁烟(即禁毒)为例。由于贩烟者与司法官员、执法官员有密切关系,共同的利益驱使司法官、执法官腐败,所以,上海的禁烟始终处在禁不胜禁的状况。1948年4月,上海禁烟特派员在上海发现"偏僻隘道及里弄的烟窟"不时可见,"铲除实无止境"。此后,上海市政府也不得不承认,能否肃清上海烟毒,还"尚难逆料"。

---

① 《上海市年鉴》,上海市通志馆,1935年,第66页。

　　总括旧上海法制的这些突出方面,可以清楚地看到其本质。除了上海小刀会起义军的法制和上海市民代表会议政府的法制以外,旧上海的地方法制反映了上海大地主、大资产阶级及外国列强、侵略者的意志和愿望,维护了他们的各种权益,是他们进行反动统治的工具。这种法制必然随着上海解放的隆隆炮声而与旧政权一起被埋葬。历史也作了这样的证明。

　　为了全面、真实地反映上海的法制面貌,也为了充分和有力地论述有关问题,本书采用了大量中外文资料,其中,有些还是第一次被正式引用,如上海档案馆馆藏的一些中文资料、档案和一些从外文原版书中翻译的外文资料等都是如此。本书在资料运用上也有所突破。

　　书中大量援用了辛亥革命后上海各个时期、各个政府的市政公报中刊载的各种法规。为了避免出现过多的注释,本书省略了这部分注释。如果读者要了解这些法规的出处,可在法规发布当月的市政公报中查寻。

　　到目前为止,我国的地方法制史仍不为许多学者所重视,它至今还是法制史研究领域中的一块处女地,未见有专著面世。然而,这块处女地却有着特殊的意义。法制史有多层次结构,地方法制史是其中的一个层面,缺少这一层面,整个法制史体系就不完整。另外,地方法制史还可反映和补充国家法制史,使其更为充实。本书就是研究地方法制史的一种尝试,希望它能为拓宽法制史的研究领域,吸引更多的学者研究地方法制史而起到抛砖引玉的作用。

绪言二

上海法制史是我学术研究体系中的一个重要组成部分,《上海法制史》一书是我的代表作。2011 年以前,我已形成了自己的研究体系,由中国地方法制史、中国中央法制史和东方法制史三个由低到高的不同层次构成,而且都有著作与相关论文作支撑。其中,中国地方法制史的代表作是《上海法制史》,中国中央法制史的代表作是《唐律新探》,东方法制史的代表作是《古代东方法研究》。2011 年,我从管理岗位上退下来,有了比以往更多可由自己支配的时间,于是,集中力量加强学术研究,除了没有放弃原有研究体系的研究外,还重点开拓了中国租界法制史与中国法制史学史两个研究领域,现已见成效,有成果面世。其中,有《中国租界法制初探》一书和《中国唐律研究三十年》、《中国地方法制史研究的前世与今生》、《中国租界法制研究的检视与思考》和《中国法制史学史三十五年》等论文。我的这些研究领域还为社会所关注。"百度"网对我的学术评价是:"中国租界法制史、地方法制史与法制史学史等研究领域的开创者之一,国内唐律研究的重要代表人物。"我想这一评价不是没有一点道理的。

近年来,我注意这些领域的交叉研究,特别是把上海法制史与中国租界法制史联系起来研究。上海租界法制史既是上海法制史的一部分,又是中国租界法制史的一部分,其把上海法制史与中国租界法制史的研究联结起来了。这一方面,拓展了上海法制史研究的范围,上海租界法制史的分量大大增加;另一方面,又推动了中国租界法制史的研究,使其成为一个新的研究增长点。可谓一举两得。

《上海法制史》一书于 1998 年由上海人民出版社出版,至今已有二十年。现在,有了再版此书的机会,上海人民出版社愿意再次出版《上海法制史》,即《上海法制史》(第二版)。新版《上海法制史》与原版《上海法制史》相比较,主要有两大区别。

第一,结构上的区别。原版《上海法制史》只分章,没有编。新版《上海法制史》除了仍然保有章外,还设了编,分上、下两编,另外,还增加了两个附录。上编还是保留了原版《上海法制史》二十二章的原貌,下编则为新增内容,共有十七章,还有附录也是新增。下编和附录的增加使新版《上海法制史》在结构上发生了较大变化。

第二,内容上的区别。原版《上海法制史》的内容实是上海法制通史的内容,时间从古至上海解放后的接管时期,读者从中可以知晓上海法制发展的一个概况,即上海法制发展面的基本情况。新版《上海法制史》的下编则是对上海法制史中的一些重要问题所作的专题研究,具有深化研究性质。这种研究的重点是对上海法制发展中点的研究。把此版上、下两编综合起来,即是上海法制史内容面与点的结合,形成了一种有面有点的格局。另外,附录一中的内容是一篇访谈稿,访谈了我有关上海租界法制研究的情况。可见,新版《上海法制史》在内容上与原版也有明显不同。这两大区别也就是新版《上海法制史》的两大特点。

本书的下编来源于已发表的关于上海法制史论文,内容大致可分为五个板块。

第一板块是关于上海租界法制史的板块。它以上海租界法制为研究对象,重点反映这一法制的一些侧面,共有六章,分别是:上海的澳门路与公共租界的现代法制、上海租界的现代公共卫生立法、上海租界法制的差异、上海租界与威海卫租界地法制的差异、上海租界与上海法制现代化和上海租界的现代法制与现代社会等。

第二板块是关于上海华界法制史的板块。它以上海华界法制为研究范围,重点突出上海华界一些较为重要法制。上海小刀会起义军、上海第三次工人武装起义后都建立过政权,也有自己的法制。辛亥革命后上海华界政府也颁行过法制。这些法制在上海华界法制发展过程中都比较重要,在本书中都有一定的反映。另外,上海律师公会是中国最早诞生的律师公会之一,为中国法制现代化作出过重要贡献,在本书中也有反映。这一板块共有五章,分别是上海小刀会起义军及其法制、上海特别市市民代表会议政府的《组织条例》、辛亥革命时期上海华界立法、辛亥革命时期上海华界现代法制和上海律师公会与中国现代法制等。

第三板块是新上海法制史的板块。上海于1949年5月27日解放,上海及其法制也开辟了新的一页。新上海法制史中,也有值得研究的内容,特别是在改革开放以后。新上海初期的法制有所建树,对犯罪的打击和土改法制都是亮点。改革开放以后,上海的法治建设更在不断推进,晋法和听证制度的推行都十分令人瞩目,也是亮点。这些亮点在本书中都有论述。此板块共有四章,分别是:新上海第一刑案及其审判、上海土地改革立法与近郊农村的发展、上海社区法制宣传教育和上海高校的第一个听证规则等。

第四板块是关于上海现代法制总体论述的板块。这一板块中仅有两章，即第三十八、三十九章。第三十八章是上海领跑中国现代区域法制建设，第三十九章是上海现代法制与现代城市发展。第三十八章专门论述了鸦片战争以后，上海的现代法制在中国的一些重要法制发展时期都走在全国区域法制建设的前列，起到了领跑作用，凸显了这一法制在中国区域法制建设中的地位。第三十九章专门阐述了上海现代法制在上海现代城市发展中的作用，侧重说明上海现代法制在现代城市发展中的重要性。

第五板块是两个附录。一个附录是 2017 年上半年的一个访谈录，以上海租界法制研究为内容，涉及我本人对上海租界法制研究的主要成果、研究目的、研究的学术价值、研究成果的运用等一些方面。这可以说是我对上海租界法制研究一些重要侧面的展示，也有一些研究背后的内情。另一个附录是我已出版、发表的有关上海法制史的成果目录。

在这五个板块中，前三个板块以时间顺序为基本线索。鸦片战争以后，上海最早的现代法制出现在租界。这是中国现代法制史上最早的现代法制，也是上海法制史上的一个突出之处，需排在第一板块。上海华界的现代法制有一个明显的发展过程。先有上海小刀会起义军的法制，后有辛亥革命时期和上海第三次工人武装起义以后建立的市民代表会议政府的法制。其中，辛亥革命时期与市民代表会议政府的法制也都是现代法制。这些法制的产生均晚于上海租界法制，列在第二板块，然后是第三板块，即新上海法制板块，因时间上最晚，故安排在前三个板块中的最后一个板块。第四板块是总体上海现代法制发展的板块，排列在前三个板块之后。附录属第五板块，放在最后，顺理成章。这是《上海法制史》新增下编的一个编排逻辑，也是此编编排上的一个缘由。增加了新内容后，新版《上海法制史》在篇幅上比原版《上海法制史》有较大增加，从 31 万字增至 60 万字，增幅近一倍。

上海虽在宋代建镇，元代建县，可其大发展却在上海开埠以后，现代是上海的突飞猛进之时，尤其是在改革开放以后，其法制也是如此。本书新增下编的内容均以上海现代法制史为中心，几乎不涉及上海的古代法制。可以说，本书的下编是上海现代法制史的专题研究编。

下编来自已经公开发表的论文，有的内容还在其他著作中被运用过，这次是以上海法制史的名义归入《上海法制史》（第二版），使此书的内容有所延伸，也能体现 1998 年出版以后，我对上海法制史的研究动态与研究成果。也正因为如此，这些论文编入此书以后，在形式与内容上不得不作些调整，以适应编入著作后的需求。同时，由于每篇论文相对独立，编入本书后，会在少量内容与史料上有所重合,还望读者见谅。

　　《上海法制史》(第二版)还增加了两个附录:一个附录是关于对于上海租界法制研究的访谈录,较为全面地阐述了我研究这一法制的一些基本情况。从中可了解一些在上海租界法制研究中的内情。另一个附录的内容是有关上海法制史的主要成果目录,有些短小并发表于报纸的文章没列入其中。这一方面是对我研究上海法制史主要成果的一个总结,另一方面也可与下编的内容作对照,发现其原载之处与时间,便于查找。

　　《上海法制史》(第二版)已基本成稿,数月后可以面世。由于时间仓促与我水平有限,书中难免会有不足、错误之处,还望各位读者,特别是专家、学者指正、赐教。多谢!

王立民

2018 年 9 月于华东政法大学教授工作室

上 编

第一章　旧上海的立法机构

旧上海有自己的立法机构,行使立法职能。由于上海的社会变迁较大,故其立法机构的情况也很复杂,包括古代的县、道衙门等行政机关和近代的都督府等军事机关。一些参与过立法的机构、组织也在此一并叙述。

一、辛亥革命前的立法机构

上海的地域虽在远古时期已经存在,但被命名为"上海",并作为一个相对独立的行政区域,却始于南宋咸淳三年(1267年)的建镇。到元至元二十九年(1292年),又正式将上海镇扩建为上海县。上海县延续了600余年,直至1927年7月正式改定为上海特别市。在这段时间里,它作为国家的一级政权单位,便有了可以根据自己的管理需要而颁行地方法的条件,上海地方立法便成了现实。

据史籍记载:明、清时期知县的职责非常广泛,统揽一县的大事。明代知县的职守包括:"凡赋役,岁会实征,十年造黄册,以丁产为差。赋有金谷、布帛及诸货物之赋。役有力役、雇役、借倩不时之役,皆视天时休咎,地利丰耗,人力贫富,调剂而均节之。岁歉则请于府,若省蠲减之。凡养老、祀神、贡士、读法,表善良、恤穷乏、稽保甲、严缉捕、听狱讼,皆躬亲厥职而勤慎焉。若山海泽薮之产,足以资国者,则按籍而致贡。"①清代知县的职守也相差不大。清代:"知县掌一县治理,决讼断辟,劝农赈贫,讨猾除奸,兴养立教。凡贡士、读法、养老、祀神,靡所不综。"②上海知县为了实践自己的职守,便根据需求,以自己或上海县的名义发布单行法规。事实也是如此。至今还能见到一些清代遗留的记载这样法规的文字。这里举两则证之。一是清嘉庆六

---

① 《明史·职官志四》。
② 《清史稿·职官三》。

年(1801年)十一月,以上海县的名义,发布了一个禁止脚夫人等分段把持作恶的规定;二是清同治六年(1867年)七月,以上海知县叶廷眷的名义,颁布了一个要求上海各业为兴建大码头自愿捐缴的规定。①可见,上海县衙及知县是那时的行使立法职能者。

关于上海道及道台。道是沿自元代的行政区划名称。道台是道的长官。明代道台分属藩、臬两司。清初,设布政使驻守地方,左右参政、参议,称为“守道”。自清乾隆十八年(1753年)起,道台从临时性的差使,变成了实官。随着上海经济及社会的发展,国内外商船往来逐渐增多,社会情况也越发复杂。管辖上海县的苏松道远在苏州,往往鞭长莫及。雍正八年(1730年),苏松道从苏州迁至上海,同时也就有了“上海道”的说法。从此,上海道及其长官道台也开始参与上海的地方立法。道光二十五年(1845年)十一月初一日(11月29日),宫慕久以道台的名义,用告示形式公布了在西方殖民者胁迫下“商妥”的《上海租地章程》。道光二十九年(1849年)三月,麟桂又以同样方式公布了法租界的界址。②

由于我国那时法制的特点和上海地方政权权限的限制,辛亥革命前上海的立法机构并不是一个系统的组织,通常只是根据道台、知县的意志拟定规定,由他们签署,公布实施,立法程序不复杂。这也决定了那时颁布的法律性文件大多比较简单,内容也不繁多。如咸丰八年(1858年)时,上海地方政府曾“示谕西商”,原因是他们“狡计百出”,“偷漏课税不少”。所以,规定“于要隘各处,设立关卡,使巡役细加查缉,关督给照于各船户,令其随处验照放行,庶稍可杜其弊耳!”③此规定仅针对“西商”的偷漏税之事,不涉及其他,内容比较单一。那时,上海立法机构没有制定过系统的法规,其主要任务只是颁行单行法规而已。

二、辛亥革命和南京临时政府时期的立法机构

辛亥革命声势浩大,很快便推翻了清政府,上海的原立法机构也被改朝换代。在这一时期,上海的立法机构主要是上海革命党军政府和沪军都督府。这两者先后承担了立法任务。上海于1911年11月3日起义,6日成立

①　参见上海博物馆图书资料室编:《上海碑刻资料选辑》,上海人民出版社1980年版,第437、73页。

②　参见刘惠吾主编:《上海近代史》(上),华东师范大学出版社1985年版,第58、73页。

③　王韬:《蘅华馆日记》,《清代日记汇抄》,上海人民出版社1982年版,第257页。

沪军都督府。在这几天里,上海革命党以军政府等名义颁布法律。在此以后,则由沪军都督府制定法规。

在这时期中,沪军都督府的存在时间较长,颁行的法规也较多,是较有影响的立法机构。1911年11月6日,上海城自治公所、商务总会、商团等各界名人和部分同盟会成员集中在小东门内海防厅,商讨组织上海新地方政府问题。最后议定,根据同盟会革命方略关于"军都督有全权掌理军务,便宜行事"的精神,成立沪军都督府,替代原衙门。同时,还议决由陈其美任都督。此都督府在中华民国南京临时政府成立后的一段时间内仍继续行使立法权,直到1912年7月底被袁世凯撤销为止。

辛亥革命是资产阶级民主革命,以埋葬清政府封建政权为己任,合民意,顺潮流,具有历史的进步性。沪军都督府是这一革命的产物,它制定的法规同样具有这种进步性,很多以反清封建法律为特征,如采用新历、剪辫法令等都是如此。

沪军都督府的下属机构,如民政、财政、工商等部及其总长也都参与那时的立法。他们用发布文告等形式来规范人们的行为,内容局限于本部所辖职权范围,面比较狭窄。在现存民政部发布的文告中,内容都与民政工作有关,内容包括捐税、民俗及与公民日常生活关系较大的其他一些问题。文告所含的内容也不多,有的只有几十个字。据《民立报》所载,1911年11月8日民政部发布的一个有关国旗式样及改用黄帝纪元的文告,仅两句话,30余个字。①

此时的上海地方政权是资产阶级民主共和国的一部分,与原清政府上海地方封建政权不同,需建立与民主共和国一致的秩序,原清政府上海地方法大多不能被适用,所以,当时上海的立法机构颁行了大量的法规,立法任务十分繁重。从现存的资料来看,沪军都督府及其下属机构在半年多时间里,颁布的上海地方法规涉及政治、经济、军事和文化等各领域,而且每一领域中法规的数量也不少,如有关政治方面的就有二十余部。

沪军都督府的立法过程大致是这样的:根据需要,首先由都督府的下属机关司令部的秘书科或军务部的军事科草拟有关规定。《沪军都督府条例》的第8条规定:司令部"秘书科执掌事项"之一是"担任命令及重要函电之起稿"。第17条规定:军务部"军事科执掌事项"之一是"制定战时规则"。有关规定草成以后,要由临时军事议会议决。此条例的第5条规定:"关于军

---

① 详见上海社会科学院历史研究所编:《辛亥革命在上海史料选辑》,上海人民出版社1981年版,第488页。

政重要事件,由都督召集临时军事参会决议施行。"最后,要由都督发布,才正式生效。该条例的第 4 条规定:"发布命令","属都督之大权"。①缺少以上任何一个环节都有违当时的立法程序。

三、北京政府时期的立法机构

北京政府统治时期,北洋军阀掌权,而且政权更替频繁。上海也是如此,先后出现过镇守使、淞沪护军使和淞沪商埠督办公署等。这些机关或其长官都曾制定、颁布过一些法规。同时,这时上海的议会、淞沪警察厅、淞沪戒严司令部、上海地方检察厅和工巡捐局等,也都插手过立法事务。可见,那时上海行使、参与立法的机构众多,法出多门的情况不为鲜见。

上海镇守使、淞沪护军使和淞沪商埠督办公署是北京政府时期上海的政权机关,控制着上海的各项大权。1912 年 7 月,袁世凯在上海设置镇守使,以代替原来的沪军都督府,并亲命郑汝成为首任镇守使。他是驻上海的最高军事长官,直属袁世凯指挥,不受江苏都督制约,握有处理上海事务的大权。1915 年 11 月 10 日,郑汝成被刺后,袁世凯撤销镇守使,另设淞沪护军使,继续行使原镇守使之权。1926 年 6 月,孙传芳改设淞沪商埠督办公署为上海市政机构,自任督办,总揽上海的一切事务。他们都是这一时期上海的最具实力者,把握着上海的主要立法权,并分别以镇守使、护军使和督办等名义发布单行法规。据 1913 年 8 月 6 日的《申报》报道,镇守使郑汝成颁发谕告,要求市民"限三日内尽行呈缴(枪支弹药),如有隐匿不缴,日后查出即以私藏军火论罪"。1924 年 9 月 2 日的《申报》报道,护军使何丰林规定:"现在军事吃紧,关于后方输送事宜,不得不临时雇用民夫。此项夫役,自应优给工资,并须预定服务日期,其待遇应与寻常雇工一样。"1926 年 10 月 5 日的《申报》记载,督办孙传芳告诫市民:"现在军事期内,无论何种名义,一律不准开会游行。十月十日国庆纪念,亦只许悬旗庆祝,仍不得有开会、演说等情事。"由于他们是上海这一时期的实权者,所以,用他们的名义发布的法规往往是当时最具法律效力的上海地方法。

上海的议会、淞沪警察厅、淞沪戒严司令部、上海地方检察厅和工巡捐局等也都发布过布告、禁令等,这些布告、禁令等同样是那时上海地方法的

---

① 　详见上海社会科学院历史研究所编:《辛亥革命在上海史料选辑》,上海人民出版社 1981 年版,第 298—300 页。

组成部分。不过,由于这些机构的性质和管辖范围不同,所以,颁布法规的
内容也各有侧重。

袁世凯死后,上海一度成立了地方议会。它们被认为是立法机关,议员
由选举产生。1924 年 1 月 16 日,《申报》刊登一篇由朱痴鸳撰写的题为《目
睹县选举非法之感言》的文章,其中有对县议会的评论:"县议会者,一县之
法治机关也。县议员,一县人民之代表也。"它们均负有立法之职,可制定和
通过有关法规。据 1924 年 11 月 25 日《申报》记载:此月 24 日市议会在南市
市公所召开会议,其中的议程有"交议市公所设置行政委员会通则案一件;
交议组织市公所行政赞助委员会简章案,两案并付讨论、公决"。还有,"南
市保卫团持久办法案一件、姚子让先生请议南市保卫团当年用款及服务期
限褒勉方法案,又东区商业公团请添保卫团案,三案并付讨论、公决"。1923
年 1 月 14 日《申报》记载了该月 12 日前召开县议会的一些情况,其中包括
通过《编制办法大纲及筹款章程》、《设立图书馆案》、《收回求志书院房地全
部案》等议案。在这里还须一提的是,议会虽为民选机关,但在选举中,舞弊
现象百出。有人曾目睹,在县选举场中"人众嘈杂,摊挤不堪,正中列桌一
排,东西各列桌三、四,均为写票处,然桌各据一人,或二人,人前各堆空白选
票一叠。双管齐下,奋书某某等名字。至监察席中之本市警察分所长吕君,
视若无睹,嘿不一言"。为此,作者叹息:"一县如此,他县可知。"①从中可知
其"民选"的程度。

淞沪戒严司令部是北京政府军队驻于上海的军事机构,负有维护上海
军阀政权之责。为了履行这一职责,它也发布一些法规,内容主要围绕打击
那些危及上海军阀政权的行为。如 1926 年 2 月颁布过《严禁结党行凶之布
告》,同年 3 月发布过《再禁游行》的布告,同年 5 月又公布了《禁止纪念及集
会》等。②淞沪警察厅是江苏省设置在上海的警察机关,维护上海的治安和缉
拿违法犯罪者是其主要职责,它也颁行过一些与自己职责有关的法规。如
1922 年 2 月发布了《禁赌训令》,1925 年 2 月颁行了《禁鸦片训令》和《禁放
爆竹布告》等。③上海地方检察厅配置在审判厅中,起公诉等作用,是与犯罪
作斗争的机构。尽管数量不多,它也曾发布布告,规范市民的行为。如 1926
年 2 月它公布了《禁招摇撞骗》的布告。④工巡捐局从自治公所演变而来,具
有地方自治机构性质,拥有市政建设、民政、税收、公用事业等职能。它也曾

---

① 朱痴鸳:《目睹县选举非法之感言》,《申报》1924 年 1 月 16 日。
② 详见《申报》1926 年 2 月 25 日,1926 年 3 月 22 日,1926 年 5 月 3 日。
③ 详见《申报》1922 年 1 月 31 日,1925 年 2 月 12 日。
④ 详见《申报》1926 年 2 月 7 日。

制定过一些为实现自己职能的法规。如 1919 年 1 月制定过《车捐章程》，1923 年 8 月又颁布了《禁止沿河抛垃圾》的布告等。①

此外，上海县知事也颁发一些法规，要求县民遵守。如 1922 年 9 月颁布了一个有关"禁烟馆"的布告。②

由上可见，北京政府时期，上海制定、颁行法规的机构较多，立法权不集中。在这样的情况下，法出多门的情况不可避免，两个或两个以上机构发布内容相似的法规，即重复立法不是罕事。如淞沪警察厅和上海县知事都曾发布过禁种烟苗的布告，内容基本相同。③又如，上海县知事、护军使和淞沪警察厅厅长都曾发布有关禁烟的禁令，内容也基本一致。④

四、国民政府时期的立法机构

国民政府时期，上海的立法机构逐渐趋于规范化。尽管由于日军的占领，中断了 8 年，但前后两个阶段的相似方面仍是基本的和主要的。那时，行使过立法职能的机构主要是上海市临时参议会和参议会、上海市政府及所属的一些局等。

上海市临时参议会的前身是上海市参事会。根据《上海特别市暂行条例》第 31 条有关设立市参事会的规定，于 1927 年 11 月 1 日举行了市参事会的成立典礼，参事会诞生。不过，它只是市政府的咨询机构，没有立法权。1928 年 7 月国民政府公布《特别市组织法》，改市参事会为参议会，并要求由市民代表组织成立，至此，上海市参事会撤销。1930 年 5 月，国民政府又公布了《市组织法》，该法的第 6 章第 28 条亦有关于参议会的规定，也要求经过民选后成立。由于各种原因，在得到国民政府首肯的情况下，上海成立了不按上述规定要求的临时参议会。1932 年 10 月 16 日举行成立大会，由史量才、虞和德、王孝赉等 19 名议员组成。同月 19 日又召开了第一次会议，选定史量才为议长。12 月 1 日又成立了临时参议会的秘书处，并在胶州路 87 号设立办公处。

市临时参议会的组织系统是在议长下设置了一处、三委员会和八组，即秘书处，预算审查委员会、战区复兴委员会和房租审查委员会，社会组、公安

---

① 详见《申报》1919 年 1 月 4 日，1923 年 8 月 17 日。
② 详见《申报》1922 年 9 月 22 日。
③ 详见《申报》1919 年 3 月 15 日，1922 年 5 月 23 日。
④ 详见《申报》1924 年 4 月 23 日，1924 年 12 月 22 日，1925 年 2 月 12 日。

组、财政组、工务组、教育组、卫生组、土地组和公用组。另外,秘书处下属还有会计、庶务、文牍和议事四股。它们各司其职,并对议长负责。

市临时参议会的职责共有 8 项,其中,第一项就是议决市单行规则。它是当时上海的立法机关,具有审核、通过市重大法规的职能。据统计,它在 1935 年和 1936 年两年中,共召开会议约 30 次,其中,专题讨论立法有 3 次,审议了市房租纠纷调解办法、商业凋敝银根奇紧统筹办法、市选举法等重要法规。此外,还通过了各种法案 37 个,包括煤气供给案、确定识字经费案、举办公园和体育场案等。其立法程序大致是:首先,由临时参议会下属的委员会等提出法规草案,它们有这样的职责,如房租审查委员会就有提交房租法规草案的义务。然后,由议会审议法规草案,通过者即可颁布和实施。

抗日战争胜利后,1946 年 8 月 13 日,上海市参议会成立大会召开,第一届市参议会正式产生。此时的参议会与原临时参议会相比,议员比原来多,机构也更庞大。根据市参议会组织法的规定,市参议会成立时的议员已有 118 人,1947 年时又增加至 217 人,人数大大超过以往。议员由市民选举产生。但是,1946 年的那次选举是“弊端百出”,其情形令人咋舌。一个知情者回忆起选举时的情况说:上海各区都选派了一些“代书人”圈定选票,“有的区看到‘代书人’没有完成包办代圈的任务,所投的票不理想,某些内定的人可能落选,因而在深夜另外雇人做了大量的假选票,由区公所负责人偷偷开了票箱,把假选票塞进去。吴淞、大场等区就是这样干的。有的区组织了一批人,一天内连续投两三次票,长宁、榆林等区就是例子”。对此,群众反映强烈,“大场区群众曾控告区长陈友先,长宁、榆林区的群众也控告两区区长,这两个区后来被迫重新选举”。①与北京政府时期的那次选举相比,其作弊程度更是有过之而无不及。

市参议会的组织机构也比原临时参议会庞大。原临时参议会中的组,一部分改组后升格为委员会,如原公安组改组为警政委员会;另一部分直接改为委员会,如原财政组、教育组和工务组等都改为委员会。另外,新设了一些委员会,如自治、单行规章等委员会。但是,其基本职能没变,仍被称为“全市人民代表机关”,具有议决市单行规章等职能。立法程序稍有变化,主要是法规草案的提出,全归单行规章委员会,不再分散在其他委员会。

上海市政府也要制定和核准一些法规,具有立法职能。市政府的立法职能由市政会议来承担。它可根据需要不定期召开,参加会议的人数也无

---

① 中国人民政治协商会议上海市委员会文史资料工作委员会编:《上海文史资料选辑》(第 42 辑),上海人民出版社 1983 年版,第 165 页。

定制。除市长为会议主席外,主要还有市政府秘书长、与讨论事宜有关的一些局长等。如1936年12月4日召开的第316次市政会议的出席人,除市长吴铁城外,还有秘书长俞鸿钧等9人。在1948年2月6日召开的第113次市政会议上,人数就较多,共达24人。市政会议有一个重要议程,就是审议、通过有关法规,以便在全市实施。上述前一次市政会议议决的法规有市博物馆修正组织规则草案、社会局拟具的上海市采办国内粮食登记办法及米麦粉豆转运登记办法等。后一次市政会议通过了市警察局呈拟的修正上海市警察局花爆管理规则草案等。

为了"慎重法规,力求完善起见",上海市政府的前任上海特别市政府还成立过法规审查委员会,并于1928年10月15日公布了《上海特别市政府法规审查委员会简则》。《简则》规定了该委员会的任务:"凡条例、章程、规则,应由各委员分任审查开会讨论,决定后,送请市长提交市政会议通过公布。"它的设置情况是:"设委员9人至11人,除参事为当然委员外,余由市长指派之";另外,"因办理收发、印刷、通告、记录等事务,得酌调府内人员兼任之。"开会时,除委员须出席外,还可"临时请有关各局局长及原起草人,列席说明或参加讨论"。改称上海市政府以后,该《简则》的精神和内容仍得到了贯彻。

上海市政府所属的各局也参与立法,它们的任务主要有两项。一是草拟那些与本局职务范围有关并需在全市实施的法规的草案。这些草案上呈至法规审查委员会讨论后,提交市长,由市政会议审核、通过和公布。各局中皆有关于草拟这类草案的机构。如1931年7月24日公布的《上海市社会局办事细则》规定:局属的农业股有"关于农业法规之拟议事项",工业股有"关于工业法规之拟议事项",商业股有"关于商业法规之拟议事项"等的职责。又如同日公布的《上海市公安局办事细则》规定,公安局下属的警事股有"关于警察章则之拟订事项"的责任。二是核准局属部门的工作规范。如1930年9月9日社会局核准了《上海市市立园林场办事细则》和《上海市市立园林场场工规约》,并编入第66期《上海市政府公报》,在全市有关地区、部门执行。在政府公报公布的这些法规中,都印有"社会局核准"的字样。

另外,市区、坊民大会也都有权制定本区、坊需要贯彻的"单行规程"。1932年10月14日生效的《上海市区民大会暂行规则》在第3条中规定了"区民大会之职权",其中就有"议决区单行规程"。同日生效的《上海市坊民大会暂行规则》在第3条中也规定了"坊民大会之职权",其中也有"议决坊单行规程"。此外,淞沪警备司令部与国民党上海特别市执行委员会也单独或与市政府一起发布过布告,参与过立法。1949年4月,淞沪警备司令部单独公布了"爱二字第 1419 号"布告,内容有关实行军事管制和紧急治安条例。①1932 年 10 月 17 日,淞沪警备司令部与上海市政府"会衔布告",内容为禁赌。1937 年 4 月 19 日,国民党上海特别市执行委员会与上海市政府联合颁发布告,内容是关于解决劳资纠纷,规定:"自即日起,凡劳资争议事件,均须依法呈由主管机关解决,其在未经召集调解以前,或调解期内,如有擅自罢工怠工,或无故停业等情事,即当查明主动严行拿办。"

五、租界的立法机构

以上所述各个时期的立法机构,均为华界的立法机构。鸦片战争后不久,上海出现了租界,它们实是"国中之国",有一套自己的机构,其中包括执行立法职能的机构。由于上海的租界有公共租界、法租界的区分,故它们的立法机构的情况也不完全相同。

公共租界的纳税外人会(亦称"纳税西人会"、"外人纳税会"等)是公共租界实际上的权力机关,也是它的立法机关。公共租界由英、美两租界合并而成。英租界起源于 1846 年,美租界产生于 1848 年,两租界合并于 1862 年。纳税外人会成立于 1869 年,前身为"租地人会议"。根据当时的规定,取得纳税外人会会员资格的,必须具备以下一些条件:居住在公共租界内(不包括越界筑路的范围);拥有 500 两纹银以上价值的地产,或每年所付租赁房屋的金额计价在 500 两纹银以上;每年缴纳的税金在 10 两纹银以上。②根据 1930 年公共租界的调查,当时居住在那里的外人共 26471 人,符合以上条件的仅 2677 人。符合以上条件者即可成为会员,无须进行选举,因此,纳税外人会不是一个民选机关,而是一种外国富人的组织。公共租界中的任何华人都不可参加该会,是被它排斥在外的,尽管华人所缴的捐税大大超过外人。我国学者、武汉国民政府法制局长王世杰曾对此有过统计。他在《上海公共租界收回问题》一书中说:"上海公共租界内的华人,虽然没有参预市政之权,他们对于租界行政费用的负担,并不因是而减轻。实际上他们所纳的税捐大大超过外侨所纳的税捐。关于这层,我们也得标举几个数目字来说明。公共租界的主要税入,第一为房税;第二为土地税。据 1925 年统计华人的纳税房屋达 65471 栋,外人房屋的纳税者 4627 栋;华人所纳房税综

---

① 详见上海市档案馆编:《上海解放》,档案出版社 1989 年版,第 317—318 页。

② 详见《上海公共租界史稿》,上海人民出版社 1980 年版,第 103 页。

计达 2021702 两;外人所纳房税综计仅 1763385 两。"据一般估计,华人所纳地税,当亦占公共租界地税总额百分之六、七十。"①以后,于 1920 年 10 月成立的纳税华人会(亦称华人纳税会)不是一个权力机关,只起咨询作用。从中亦可看出纳税外人会的殖民性、排外性和不合理性。

纳税外人会通过会议来行使它的权力,包括立法权。会议分为年会和特别会两种。年会为每年举行一次,时间定在每年 4 月初,议决事项有通过预算;通过待征捐税;通过决算和选举地产委员等。特别会的讨论事项主要有两项:一是批准工部局所制定的附则;二是商议与租界内有关的事情。可见,公共租界内制定的法规,须经纳税外人特别会批准。与年会不同,它的召开时间无定期,出席人数须达三分之一以上。实际上,年会和特别会都有立法职能,且有分工。"正式通过及批准章程及附则之增改,系由召集之特别会举行。而决定应否增改之原则,则年会亦得讨论。"②实际情况也是如此。1920 年 4 月 7 日的年会就"决定实行妓寮领照,逐年递减,五年肃清等办法"。③在这里,要引起注意的是,纳税外人会批准和通过的法规,并未经过详细讨论,只是把它作为一种必经程序而已。对此,有人曾作过如下的评说:"纳税人会议时,出席者无忍耐心以讨论事项,略加申说或讨论,即付表决,故只能对于一明显之议案加以可否(yea or nay)(行使复决权)而不能详细讨论,以获得折衷办法——发挥通常议会之职权。"④因此,有理由可以怀疑,纳税外人会是否真正行使了与其职能相符的立法权。

公共租界的工部局是行政机关,但它也行使立法权。它可制定、废止或修改一些法规。这些法规以行政法规为多。如工部局规定:自 1923 年 3 月 1 日实行马路交通章程第 36 条,内容包括车载物的长度、用灯及挂置记号等。⑤1924 年 4 月又规定:要租界居民打扫卫生等。⑥但是,也不仅仅局限于行政法规,有些内容已超过了这一范围。如 1923 年 3 月工部局规定:要"取缔集会","非预经工部局特许,不准在租界内举行政治性质之会议、游行示威运动,或宴会。"⑦根据规定,工部局制定的法规须经纳税外人会、领事团及公使团批准,才能生效。不过,这一规定并未得到严格的执行,因为"工部局

---

①　王世杰:《上海公共租界收回问题》,太平洋书店 1927 年版,第 9—10 页。
②　《上海公共租界史稿》,上海人民出版社 1980 年版,第 109 页,注 4。
③　《申报》1920 年 4 月 9 日。
④　《上海公共租界史稿》,上海人民出版社 1980 年版,第 109 页。
⑤　详见《申报》1923 年 2 月 24 日。
⑥　详见《申报》1924 年 4 月 11 日。
⑦　《申报》1923 年 8 月 2 日。

因恐一起批准,不免迟缓,乃另函领事团,请将附则先行批准,后遂由公使团批准了事"。①也就是说,只要工部局通过了,立法便基本告成,"流产"的只是极少数。工部局是公共租界立法权的实际控制者。对此,有人提出异议,认为工部局作为一个行政机关,不应有如此的立法权。《商总会向费唐建议》一文的作者,就对工部局行使立法权提出质疑,认为它只是个行政机关,"无预于立法事宜"。②这不是没有道理的。

工部局的董事会行使工部局的权力,重要事务都须由它决定。董事会的成员董事由纳税外人会选举产生。董事人数呈增加趋势。始有5人,后增至7人、9人、12人,至1930年又达14人。1928年5月起,始设华人董事。在14名董事中,英国人5名,中国人5名,美国人2名,日本人2名。董事会设总董、副总董(亦称董事长、副董事长)各1人。董事会下设总裁1人,负责日常事务。董事会下设警务、工务、财政税务、上诉、卫生、铨叙、公用等委员会。总裁下有万国商团、警务处、火政处、卫生处、工务处、教育处等负责各方面事务。工部局实为英国人所控制。"在董事会所属的各种局所中,一切重要职员,如消防队长,警察长,义勇队长,卫生处处长,工程处处长,财务处处长,等等,无一不是英国人。据最近统计,在董事会所任用的1076个职员中,英国人占了965个,而792个印捕尚不在其内。董事会的董事长,现今诚然是一个美国人;可是,这个美国人之得以久于其位,完全是因为英国人的援助,完全是英人的最好工具。"③这一事实已被公认,连英国人自己也如此表示。在英国人克利斯多福·纽的《上海》一书中描述英国人丹顿曾直言不讳地告诉在英国的父母:"这里有公共租界(当然,主要由英国人管理)。"④由上可见,英国人在公共租界中的力量最强,他们实际上操纵着租界中的立法权。

法租界的情况与公共租界有所不同。法租界的最高权力机关是法国驻沪总领事署,它掌握着租界内的一切大权,包括立法权。由于法国驻沪总领事是领事署的主持人,所以,他是法租界的实权人物。在法租界实施的法规,须由领事署用署令的形式公布。现存的法律性文件也能说明这一点。如1934年1月4日法租界发布了《法国驻沪总领事署署令第2号》,内容是公布、实施《上海法租界公董局管理妓院章程》。落款人是总领事。不过,在早期,往往只以领事名义发布法令,不用署令。如1862年4月28日公布的

---

① 《上海公共租界史稿》,上海人民出版社1980年版,第115页。
② 《上海公共租界史稿》,上海人民出版社1980年版,第230页。
③ 王世杰:《上海公共租界收回问题》,太平洋书店1927年版,第9页。
④ [英]克利斯多福·纽:《上海》,唐凤楼等译,学林出版社1987年版,第80页。

一个法令,开头就称"本领事谨通知本租界居民"。①

在法租界中,承担大量立法任务的是公董局。它成立于 1862 年 4 月。自成立之日起,它就与公共租界的工部局不同,要突出法国的特点。"法国领事肯定了我们租界的完全独立,表示了要使这个新机构(公董局)保持法国的基本特性的坚决意愿。"它的权限非常广泛,可以"处理并掌管租界内之一切事务。"②包括立法。法租界颁行的许多法规,都冠有"上海法租界公董局"的字样,以示立法者身份。如 1932 年 8 月 10 日公布的《上海法租界公董局取缔拾荒章程》和 1935 年 1 月 16 日颁布的《上海法租界公董局管理食物自动零售机章程》等都是如此。公董局的立法权要受两个方面的制约:一是以上所述的,须得到领事署或领事的准许;二是制定的法规内容不能与法国现行法律、法规相违背。这一方面所涉内容,在署令中有明确说明。如在1935 年 1 月 10 日发布的《法国驻沪总领事署署令第 40 号》,就明确说:"为令行事,案查下列 1935 年 1 月 7 日上海法租界公董局董事令常务会议议决各案,均无违法国现行法规,兹按照 1927 年 1 月 15 日本署署令公布之上海法租界公董局组织章程第 9、10 两条之规定,准予克日照案施行"。缺少以上任何一个方面,法规都将无效。

公董局的董事会行使公董局的权力。董事会的董事最初由法国驻沪总领事委派,1866 年改为由地主会议选举,1927 年再恢复委派。董事也有不断增加趋势。先是 5 人,后增至 8 人、17 人。1926 年始设华人董事,先是 2 人,后加至 5 人。③起初,公董局的办事机构有市政总理处、公共工程处和警务处。市政总理处的总办为公董局中的行政最高长官。1928 年 7 月又增置了督办。督办不仅统辖原来的 3 个处,还管理陆续增设的种植培养处、医务处、公共卫生救济处、火政处、庶务处,以及宰牲场、法国公学、华童小学、法国小学等事务。④督办成了公董局乃至法租界日常事务的处理人。

六、日伪时期的立法机构

上海于 1937 年 11 月沦陷,日军占领上海华界。1941 年 12 月,太平洋

①　详见[法]梅朋等:《上海法租界史》,倪静兰译,上海译文出版社 1983 年版,第 325—326 页。
②　详见[法]梅朋等:《上海法租界史》,倪静兰译,上海译文出版社 1983 年版,第 326 页。
③　参见上海通社编:《上海研究资料》,上海书店 1984 年版,第 148—149 页。
④　参见叶亚廉、夏林根主编:《上海的发端》,上海翻译出版公司 1991 年版,第 36—37 页。

战争爆发,日军侵入公共租界。1943 年 7 月 30 日,伪上海市政府又接收了法租界。至此,上海全被日军占据。1945 年 8 月,日本宣布无条件投降,上海被国民政府管辖。在这段沦陷期间,上海成立了日伪地方政权,它也是行使立法职能的机构。

日伪时期,上海的地方权力机关先后为伪上海大道市政府、伪督办上海市政公署、伪上海特别市政府。1937 年 12 月,在日军的铁蹄下,于浦东成立了伪上海大道市政府,管辖两租界以外的市区中的华界地区。根据《上海市大道政府暂行组织法》①的规定,伪上海大道市政府可"公布市法规及发布市命令"。其下设有参事两人,专门"掌理编纂与撰拟市法规"事宜。它也确实制定过法规,颁布过布告。如 1938 年 1 月 15 日颁布了《关于戒严条例紧急布告》,1 月 29 日又公布了《关于限期选举村镇长和街长布告》等。②按《上海市大道政府暂行组织法》的设定,政府的所属机关应为八局、三处、一署,但因为该伪政府仅存在 4 个月,十分短命,故实际仅设置了四局、三处、一科。它们分别是:警察局、财政局、交通局、社会局、秘书处、肃检处、五区联合办事处和教育科。

1938 年 4 月,在日军的扶持下,伪上海大道市政府改组为伪督办上海市政公署,上海的立法权便落入伪督办上海市政公署手中。依据《督办上海市政公署暂行组织条例》③的规定,伪督办上海市政公署"于不抵触法令范围内得发布市令,并制定市单行法规"。它也颁布过一些法规,如 1938 年 8 月 30 日《关于劝导儿童入学》的规定和同年 10 月 4 日《关于批准施行小学暂行规程》的规定等。④伪督办上海市政公署所属的警察局,也有权制定"警察单行法规"。《督办上海市政公署暂行组织条例》还规定:"警察局为执行法律命令或依法律命令之委任,得发布局令,并制定警察单行法规。"但是,它制定的法规"不得与法令相抵触",另外,还"须呈报市公署核准备案"。现在还能见到这类法规,如 1938 年 5 月《市警察局关于报送成立特务队组织办法》和同年 7 月《市警察局关于拟具人民连坐保结变通办法》等。根据《督办上海市政公署暂行组织条例》的规定:该公署设督办 1 人,"综理全市行政事务,并指挥监督所属职员及各机关"。公署下成立秘书处、财政局、警察局、社会局、教育局、工务局和土地局等部门,从事具体事务。

1938 年 10 月,伪督办上海市政公署改称为伪上海特别市政府(1941 年

---

① 　上海市档案馆编:《日伪上海市政府》,档案出版社 1986 年版,第 3—4 页。
② 　上海市档案馆编:《日伪上海市政府》,档案出版社 1986 年版,第 141—142 页。
③ 　上海市档案馆编:《日伪上海市政府》,档案出版社 1986 年版,第 23—30 页。
④ 　详见上海市档案馆编:《日伪上海市政府》,档案出版社 1986 年版,第 816、819 页。

1月1日至5月31日曾一度改为伪上海市政府），直至1945年8月日本投降后解散。伪上海特别市政府是督办上海市政公署的延续，但其职能稍有变化。根据《上海市政府组织规则》①的规定，伪市政府只是个行政机关，"掌理本市行政事宜"，"直隶行政院，并受各主管部会之监督指示，处理市政"。似乎已不强调它的立法职能，也无明文规定它可制定法规，这与以往不同。但是，实际上，这个组织规则又没有彻底否认这一职能。它规定，伪市政府可设参事两人，"承市长之命掌理市单行法规或命令之撰议、审查事项"。从现有资料来看，伪上海特别市政府也颁布过一些法规，如1943年9月制定并颁布了《上海特别市清乡地区模范分区实施办法》，1944年6月又发布了《市府关于市民食米取缔暂行办法》②等。可见，那个组织规则只是为了掩人耳目，并没放弃立法权。依据《上海市政府组织规则》的设定，伪市政府设秘书处、社会局、财政局、警察局、教育局、土地局、工务局、卫生局及各区公署等机构，处理各方面事务。

以上所述的伪上海大道市政府、伪督办上海市政公署和伪上海特别市政府，均为当时上海的权力机关，集行政、立法于一身，立法是它们的一个重要职能。同时，这些机构又都是傀儡，都得听命于日本侵略者。那时，日军专门在上海设立派出机构，以操纵以上这些伪上海市地方政权。如伪上海大道市政府受日军"军特务部西村班"的指挥，伪上海特别市政府又受"上海特务机关顾问部"的摆布。③所以，真正掌握当时立法权的还是日本占领军，伪上海地方政权只是在形式上行使这一权力而已。这也从一个侧面反映了旧上海法制的殖民性。

在上海历史上，还出现过两个革命政权，即上海小刀会起义军政权和上海工人第三次武装起义后建立的政权。它们在建立自己的政权机关的同时，也设置了立法机构。关于它们的情况，另有专章叙述，故此处不再赘述。

综上可见，旧上海，特别在1949年以前近百年，政权更迭频繁，行使立法职能的机构同样如此。这决定了旧上海的立法乃至整个法制都显得错综复杂。

---

① 详见上海市档案馆编：《日伪上海市政府》，档案出版社1986年版，第67—79页。
② 详见上海市档案馆编：《日伪上海市政府》，档案出版社1986年版，第300—302、708—709页。
③ 详见上海市档案馆编：《日伪上海市政府》，档案出版社1986年版，第5、43页。

第二章　旧上海地方法的渊源

作为一种地方法,旧上海地方法也有自己的渊源。各个时期的上海地方政府都颁行过自己的法规,表现自己的意志。由于旧上海的情况比较复杂,特别是近代以后,政权变化比较大,法出多门的状况比较普遍,因此,法的渊源也不规范。这里只能根据其内容,作大致的分类,并介绍一些较为常见者。

一、内容比较完整的法律文件

上海地方法中内容比较完整的法律文件,是指一种内容比较全面、适用时间比较长、稳定性比较强的法律文件。主要有:章程、条例、通则、规则、规程等。所有的上海地方政府都颁布过此类文件。在上海地方法规中,这是最为重要的一种。

1. 章程

章程在此类法律文件中非常重要,也是较为常见的一种。几乎所有的旧上海地方政权都颁布过章程。清朝上海地方政府于同治六年(1867 年)公布过《捐积谷章程》。[①]辛亥革命时期的上海地方政府于 1912 年 6 月 5 日发布过《售米章程》。[②]国民政府时期的上海地方政府在 1928 年 8 月颁布过《上海特别市公安局户口调查章程》。公共租界当局在 1904 年批准过《工部局买地章程》。[③]法租界当局于 1942 年 5 月 20 日发布过《法租界保甲章程》。日伪时期上海傀儡政权在 1938 年 9 月 12 日颁行过《督办上海市政公署区政务署组织暂行章程》,[④]等等。

---

① 同治《上海县志》卷七《田赋下》。
② 上海社会科学院历史研究所编:《辛亥革命在上海史料选辑》,上海人民出版社 1981 年版,第 514 页。
③ *The Municipal Gazette*, February 5, 1914.
④ 上海市档案馆编:《日伪上海市政府》,档案出版社 1986 年版,第 34—36 页。

章程所规定的内容比较周全。《上海特别市公安局户口调查章程》包含了与那时调查户口有关的所有问题,包括调查户口的目的、执行机关和人员、调查对象、应注意的问题、调查内容、违反者的处罚,等等。《法租界保甲章程》所含的内容遍及保甲制度的各个方面,有建立保甲制度的宗旨、实施对象和区域、保甲组织的编制和负责人、负责人的产生办法和职责、保甲组织的职能、违犯规定的法律责任等。正因为如此,所以,章程的条款也比较多,一般来说,少则十几条,多则几十条。

章程的内容相对稳定,一般要适用较长时间,并不朝令夕改。即使形势发生变化,也只是修改其中不合时宜的部分,一般不重起炉灶。1924年2月22日的《申报》报道:上海法租界公董局发现颁行的交通章程中有"不甚合宜之处",所以,"迅速补救","将交通章程修改",具体内容是"凡驾车辆,不得故意或无心妨碍或阻塞交通"。

章程内容的周全和稳定两个方面决定了在地方立法不太发展的清朝上海地方政府和执政时间不长的辛亥革命时期上海地方政权的立法中,很少运用这一形式。相反,在上海统治时间较长的国民政府时期的上海市政府和上海租界当局则常使用它,把它作为一种经常性的规范。

"简章"和"暂行章程"是章程的两种特殊表现形式。简章是章程的简化形式,内容比章程简要。1930年6月20日公布的《上海特别市教育局暑期学校简章》,只规定了宗旨、学程、期限、学费、成绩、证书等一些内容,共10余条。"暂行章程"是适用时间较短的章程。它经暂行后,将被调整其中的一些内容,并以章程形式再施行。从现存的暂行章程来看,内容也比较简要。1923年2月3日由《申报》公布的《中西药店注册暂行章程》才8条,内容只涉及营业执照、申请执照办法、违章责任等一些方面。简章和暂行章程的数量很少,远不及章程多。

2. 条例

条例是一种不常用的法律文件,数量明显少于章程。旧上海的许多政权都曾发布过条例。辛亥革命时期的上海地方政府施行过《沪军都督府条例》。①国民政府时期的上海地方政府在1949年4月实施过《上海市紧急治安条例》。②法租界当局于1932年2月1日公布过《戒严条例》。日伪时期上海傀儡政权在1938年12月1日制定过《督办上海特别市区公署组织条例》③,

①　上海社会科学院历史研究所编:《辛亥革命在上海史料选辑》,上海人民出版社1981年版,第298—302页。

②　上海市档案馆编:《上海解放》,档案出版社1989年版,第318页。

③　上海市档案馆编:《日伪上海市政府》,档案出版社1986年版,第50页。

等等。

条例的适用范围也比较广泛,但就其所含内容而言,组织条例的内容较多。《沪军都督府条例》共有 26 条,分为都督府、司令部、参谋部、军务部和附则 5 章。每章中又都有机构、职守、人员等有关内容。与此相比,其他条例的内容则较少。《上海市紧急治安条例》才 8 条,不分章,也不分类。

暂行条例是条例的一种特殊形式。日伪时期上海傀儡政权曾于 1938 年 4 月制定过《督办上海市政公署暂行组织条例》。①它的内容具有试行性。根据试行情况,再对其中的有些内容作必要的调整,然后以正式条例形式公布施行。

3. 通则

通则类似条例,也不常用。从其规定的内容来看,它与工业系统的问题关系较为密切。北京政府和国民政府时期的上海地方政府都颁布过通则。据 1924 年 4 月 2 日的《申报》记载,上海曾制定过《工厂通则》。1931 年 12 月 29 日上海又颁行过《上海市工人服务通则》、《上海市工商业店员服务通则》和《上海市工人待遇通则》等。

通则的内容也较多,常是对所涉及的问题的较为完整和详尽的规定。《工人通则》有 28 条,内容包括工人的分类、工作时间、工资和违反者所应承担的法律责任等。其中的第 5、6 两条规定了工作时间,内容比较详尽。第 5 条规定:"工作时间,每日工作除休息时间外,至多不得超过 8 小时。"第 6 条规定:因特别事情,确需延长工作时间的,"每日不得过 2 小时,每年不得过 48 日,各个人一星期中作延长时间之工作,至多不得过 3 日"。其他几个通则的规定也与其十分相似。

4. 规则

在内容比较完整的法律文件中,规则是近代华界政权使用最为广泛、数量也最多的一种形式。辛亥革命时期的上海地方政府发布过《值日规则》、《会议规则》②等。北京政府时期的上海地方政府颁布过《取缔车辆规则》③和《钱业营业规则》④。国民政府时期的上海地方政府于 1931 年 5 月 2 日公布过《上海市政府组织规则》,在 1947 年 4 月 21 日又发布过《上海市政府职员考勤规则》,等等。其他的上海地方政权没有使用或很少使用这种形式。

---

① 上海市档案馆编:《日伪上海市政府》,档案出版社 1986 年版,第 23 页。
② 上海社会科学院历史研究所编:《辛亥革命在上海史料选辑》,上海人民出版社 1981 年版,第 296—297 页。
③ 原载《申报》1919 年 1 月 5 日。
④ 原载《申报》1923 年 2 月 27 日。

规则的适用范围也非常广泛。有组织规则,如上述的《上海市政府组织规则》;有办事规则,如 1948 年 2 月 5 日实施的《上海市物价评议委员会办事规则》;有服务规则,如 1935 年 3 月 16 日颁行的《上海市公安局侦缉队人员服务规则》;有登记规则,如 1933 年 2 月 1 日公布的《上海市搬运旅客行李码头脚夫登记规则》;有管理规则,如 1946 年 3 月颁行的《上海市政府工人管理规则》;有请假规则,如 1947 年 4 月 21 日颁布的《上海市政府职员请假规则》;有奖惩规则,如 1948 年 2 月 3 日公布的《上海市路灯工匠奖惩规则》。还有 1934 年 3 月 26 日施行的《上海市公用局公共汽车管理处乘客规则》、1946 年 8 月 9 日通过的《上海市卫生局管理公共浴室规则》等等。可见,其适用的范围已经遍及于社会的诸多领域。

规则的内容也比较多,一般有十余条,多则有几十条,《上海市政府工人管理规则》共有 53 条。它对管理目的、管理对象、管理机构、录用程序、管理人员、被解雇的行为、工作日、待遇等与管理工人有关的所有问题都作了明确的规定。

规则也有它的"简则"和"暂行规则"。简则是简化的规则,内容相对比较简单,而且主要用于组织规范。国民政府时期的上海市政府曾于 1930 年 10 月 24 日公布了《上海市教育局注音符号推行委员会组织简则》,1933 年 3 月 24 日又颁布了《上海市庆祝儿童节筹备委员会简则》。其中《上海市庆祝儿童节筹备委员会简则》只有 7 条。暂行规则亦具有试行性,没有长期适用的打算或准备在适当时候修正后再用规则形式颁行。上海市政府曾于 1947 年 3 月 5 日公布过《上海市警察局管理酒吧间咖啡馆伴舞女侍暂行规则》。

5. 规程

在上海法制史中,规程也是一种常用的法律文件。国民政府时期的上海地方政权曾较多使用过规程,如 1935 年 10 月 11 日颁布的《上海市公安局户口调查规程》,1948 年 1 月 24 日公布的《上海市防潦工程委员会组织规程》,等等。上海租界当局也曾运用过规程。1932 年 5 月 11 日公共租界发布了《上海市工部局补助华人私立中小学校规程》。日伪时期上海傀儡政府同样如此,于 1943 年 3 月 27 日发布过《上海特别市政府保甲委员会暂行组织规程》,[①]等等。

在国民政府时期上海市政府颁布的规程中,相当部分是组织规程,如 1946 年 1 月 7 日公布的《上海市冬季救济委员会组织规程》,1948 年 1 月 24 日公布的《上海市防潦工程委员会组织规程》,1948 年 2 月 5 日公布的《上海

---

① 上海档案馆编:《日伪上海市政府》,档案出版社 1986 年版,第 251—252 页。

市卫生局附设诊疗室组织规程》和《上海市卫生局洗衣所暂行组织规程》,等等。这类组织规程的内容一般不很复杂,条目也不太多。《上海市卫生局附设诊疗室组织规程》只有 7 条,内容仅有设置诊疗室的目的、诊疗室的职责、人员、用药等几个方面。

"暂行规程"是规程的一种特殊表现形式。国民政府时期的上海地方政府颁布过暂行规程,如 1933 年 5 月 30 日公布的《上海市市立师范学校暨高级中学师范科毕业生服务暂行规程》。日伪时期上海傀儡政府也颁布过暂行规程,如 1938 年 6 月 15 日制定的《督办上海市政公署地方政务署组织暂行规程》。①但是,从总体上看,暂行规程的数量很少,而且,其他上海地方政权没有或很少使用这种暂行性的法律文件。

二、偏重于施行和操作的法律文件

上海地方法中偏重于施行和操作的法律文件,是指一种内容比较具体、便于人们实施的法律文件。主要有细则和办法两大类。多数华界政权和日伪时期上海地方傀儡政权都颁布过此类文件。在他们公布的法律文件中,这类文件是较为常见的一种。

1. 细则

细则在这类法律文件中是比较重要的一种,但在数量上不及"办法"多。北京政府和国民政府时期的上海政权以及日伪时期上海地方傀儡政权都颁布过细则,如 1926 年 5 月 17 日公布的《调查户口细则》、②1929 年 11 月 27 日颁布的《上海特别市政府秘书处办事细则》,1944 年 6 月 30 日施行的《上海特别市战时市民节约宴会施行细则》,等等。

从名称上看,细则可分为两种:一种是施行细则,如 1928 年 8 月 3 日公布的《上海特别市劳资争议处理法施行细则》;1946 年 1 月颁行的《上海市保甲整编施行细则》;1946 年 7 月 1 日颁布的《上海市劳工教育实施办法大纲施行细则》等。这类施行细则往往依附于一个较为原则规定的法规,一般不单独成立。上述的三个施行细则都是如此,前者依附于《上海特别市劳资争议处理法》,后者依附于《上海市劳工教育实施办法大纲》。另一种是分类细则,除上述的《调查户口细则》和《办事细则》以外,还有 1930 年 10 月公布的

① 上海档案馆编:《日伪上海市政府》,档案出版社 1986 年版,第 33—34 页。
② 《申报》1926 年 5 月 17 日。

《上海市公安局警长警士服务细则》；1947年6月10日通过的《上海市屠宰税征收细则》等。这种细则名称不一，根据适用范围和具体内容而定。另外，它们的独立性较强，往往不依附于其他法规，因此，这种细则的数量也多于"施行细则"。

细则的内容一般比较详尽，而且操作性比较强。《上海市保甲整编施行细则》对保甲整编中的各种事项都作了详细规定，很便于实施。它的第27条对甲长和保长的产生作了规定："保甲编户后，各区区长应即由各甲户长中择委该甲甲长，并由各甲长推选候补保长3人，报请市政府择委。"这一规定对甲长和保长产生的程序、时间、负责人员和机构等都作了明确、详尽的说明，便于有关人员操作。《上海市公安局警长警士服务细则》对警务人员的具体服务事项作了全面、细致的规定。它的第11条第4款规定了"应行当场逮捕事项"，其中共有18项，而且一一罗列，包括："刊印或散布粘贴反动文字，煽惑人心者"，"毁坏官厅文告或电线电杆、轨道、邮筒及测量标线等者"，"捏造谣言，鼓动众听者"，"私设会社，谋为不轨者"，"行凶伤人者"，"乘火抢劫者"，"犯罪脱逃者"，"赌博者"，"身藏鸦片、吗啡、高根、海洛因等含有毒汁之违禁物品者"，等等。这样详尽的规定，警务人员一看便明白，而且施行很方便。

2. 办法

在旧上海偏重于施行和操作的法律文件中，还有一类是"办法"。旧上海的一些华界政权和日伪时期上海傀儡政权都大量颁布过"办法"，其数量多于"细则"。辛亥革命时期的上海地方政府于1911年11月发布过《收捐办法》，1912年2月又颁布过《民间贺年服制办法》等。①国民政府时期的上海地方政府于1930年9月4日颁行过《上海市土地局土地证转移注册办法》，1945年12月又公布过《上海市经常保持清洁办法》等。日伪时期上海傀儡政权在1939年4月28日公布了《戒备办法》，1941年11月27日又颁布了《九一八纪念日临时戒严实施办法》等。②

从"办法"的名称和内容来看，它可以大致分为三种。

第一种是普通办法。它涉及面广，种类也多，几乎涉及社会生活的各个方面。国民政府时期的上海市政府颁布过许多这类办法，如1930年9月4日公布的《上海市土地局土地证转移注册办法》；1931年7月24日颁布的

---

① 上海社会科学院历史研究所编：《辛亥革命在上海史料选辑》，上海人民出版社1981年版，第421、337页。

② 上海档案馆编：《日伪上海市政府》，档案出版社1986年版，第195、205页。

《上海市政府试用公务员办法》；1931年9月24日施行的《标卖公地办法》；1935年5月1日实施的《上海市公安局推行新生活运动办法》；1945年12月公布的《上海市经常保持清洁办法》；1946年9月16日颁布的《上海市政府所属员工食米配售办法》；1947年3月3日实施的《上海市卫生局促进儿童、青年健康运动缺点矫治办法》；1948年11月18日公布的《上海市跳舞场所代收新兵安家费办法》，等等。这类办法在数量上也很多。另外，它们的内容比较完善，比较详细，也便于施行。如《上海市政府试用公务员办法》对试用公务员中的一些重要问题都作了规定，而且内容比较具体。它规定了适用对象和时间："本府暨所属机关，凡新到差之公务员应依照本办法先于试用"，"试用期间定为3个月"。它规定了免试人员及薪水："新到差之公务员，其资历才干为主管长官深知有素者，免于试用"，"试用期内一律酌支俸给"。它规定了缩短试用期及其条件："新到差之公务员在试用期内，经主管长官认为成绩确属优异者，其试用期间得呈请酌减之。"另外，还规定了公务员其他的一些权利，等等。

第二种是补充办法。这种办法的内容主要是对原有法律文件内容的补充，因此，数量不多。国民政府时期的上海市政府颁布过这种补充办法，如1930年9月3日公布的《上海市典当营业规则补充办法》，1949年1月8日颁布的《上海市管理集团结婚补充办法》等。从规定的具体内容来看，一般不很复杂，主要集中在"补充"方面，起拾遗补缺的作用。如《上海市管理集团结婚补充办法》主要规定了与"集团结婚服务社"有关的问题，因为这一问题在以前的文件中没有规定。这个"补充办法"规定："上海市区内各机关、团体及商办集团结婚服务社，经申请上海市民政局登记核准，得举办集团结婚"；"商办集团结婚服务社收取费用应呈请民政局核准"；"上海市区各机关、团体及商办集团结婚服务社，应遵照部颁集团结婚办法、部颁健康证明书签发手续及本办法办理"，等等。经过这样的补充，关于集团结婚的规定更为完善了。

第三种是实施办法。这一办法为实施某一较为原则的规定而制定，具有依附性。国民政府时期的上海市政府颁布过这种办法。1931年5月29日公布的《上海市社会局会同公安局检查度量衡器具实施办法》为实施社会局和公安局检查度量衡器的规定而制定，1946年4月颁布的《上海市区保甲人员协助肃清烟毒实施办法》为施行保甲人员协助肃清烟毒的规定而制定。从其内容而论，这种办法的规定同样比较详尽和具体。《上海市区保甲人员协助肃清烟毒实施办法》对有关保甲人员协助肃清烟毒问题作了全面、细致的规定。以其中的"连坐"规定来说，就涉及贯彻连坐人、连坐切结、交切结和实施连坐时间等一些方面。它规定:"各区公所于奉颁本办法后,应即督饬各保甲通知各户长在 3 日内分别"按照规定的"切结格式出具本户藏有烟毒及烟民确数,或并无烟毒之户长连坐切结,送交至本管理甲长查核";"保甲人员办理本市户长出具连坐切结工作应于 35 年(即 1946年)4 月 15 日前完竣,户长连坐自 4 月 16 日起实行"。实施办法的依附性决定了它的数量也不及普通办法多,因为不是每个法律文件都要有相关的实施办法相配套。

"办法"也有它的特殊形式——"暂行办法"。国民政府时期的上海市政府颁行过不少暂行办法,如 1928 年 11 月 3 日公布的《上海特别市职工退职待遇暂行办法》;1936 年 9 月 3 日制定的《上海市公安局解放婢女择配暂行办法》;1946 年 2 月制定的《上海市政府发给国民身份证暂行办法》;1947 年12 月 16 日颁布的《上海市食油调配暂行办法》;1948 年 3 月 5 日颁行的《上海市计口配售食米暂行办法》,等等。日伪上海地方傀儡政权也制定过少量的暂行办法,如 1943 年 5 月 27 日制定的《上海特别市各区自警团组织暂行办法》和 1945 年 4 月 10 日公布的《上海特别市清理田赋旧欠暂行办法》等。暂行办法也与其他"办法"一样,内容比较详尽,便于操作,但它也具有自己的特点,即是适用时间一般比较短。《上海市食油调配暂行办法》公布后不到 4 个月,就又颁布了《上海市计口配售食米暂行办法》,其中,有关的售米规定仅生效了 3 个多月。

三、内容比较简单的法律文件

上海地方法中内容比较简单的法律文件,是指一种所含内容单一、适用范围狭窄的法律文件。主要有:布告、公告、通告和告示等。所有旧上海的地方政府都颁布过这类法律文件。在上海地方法渊源中,它是最为常见的一种。

1. 布告

在旧上海的各种法律文件中,布告是最为常见的。上海的多数地方政权都曾公布过布告。北京政府时期的上海地方政权公布过布告,如 1924 年6 月 19 日的《取缔棉花掺水及沙泥布告》①和 1925 年 9 月 13 日的《严禁用

---

① 《申报》1924 年 6 月 20 日。

火酒冒充白烧酒》①的布告,等等。国民政府时期的上海市地方政府也颁布过布告,如1931年12月25日《禁止学生游行》的第308号布告和1947年《关于土地登记及土地估价》的沪(36)字第67号布告,等等。公共租界当局制定过布告,如1931年4月13日《关于领取养犬执照》的第4079号布告和1939年2月16日《关于禁止贮藏、贩卖或制造爆竹》的第5061号布告,等等。法租界当局也制定过布告,如1925年1月的《关于禁放爆竹》的布告②和1937年12月18日的《关于禁止藏匿兵器》的布告,等等。日伪时期上海傀儡政权也公布过布告,如1938年1月29日"关于限期选举镇村长和街长"的第14号布告③和1938年4月11日"关于适龄青年务须加入'青年团'"的第19号布告,④等等。

布告的内容比较单一,往往因一事而颁布一个布告,上述布告都是如此。因此,它们都无章、节之分,而且字数一般比较少。上述的《关于土地登记及土地估价》布告才160余字,而《关于禁止贮藏、贩卖或制造爆竹》的第5061号布告仅30余字。

有些布告还有一定的格式。国民政府时期上海市政府公布的布告一般以"查"某事起头,又以"仰各遵照为要"、"遵照毋违"等语句结尾。以上关于土地登记及土地估价的布告就以"查本市土地总登记及土地估价业已……"起头,又以"仰各遵照为要"结尾。公共租界当局制定的布告,往往以"为布告事"起句,以"特布告周知,此布"结束,上述《关于禁止贮藏、贩卖或制造爆竹》的第5061号布告即是如此。

由于布告数量较多,为了防止混淆,有些布告还被编号,但编号的形式不尽相同。国民政府时期上海市政府布告的编号有沪、年和号数3部分内容组成。上述"沪(36)字第67号"中的"沪"即指"上海";"(36)"指民国三十六年,即1947年;"字第67号"指此年颁布的第67件布告。公共租界当局制定的布告也有编号,但只有序号,无其他内容。而且,这种序号是累计序号,不分年度,上述禁止贮藏、贩卖或制造爆竹的布告即为累计第5061号,并不是此年颁布过这么多布告。

2. 公告

与布告相比,旧上海公告的内容更侧重于让人们知晓有关事项,而不是

① 《申报》1925年9月14日。
② 《申报》1925年1月27日。
③ 上海档案馆编:《日伪上海市政府》,档案出版社1986年版,第142页。
④ 上海档案馆编:《日伪上海市政府》,档案出版社1986年版,第146页。

要人们承担更多的义务。辛亥革命时期的上海地方政府和法租界当局都制定过公告。辛亥革命时期的上海地方政府在 1911 年 11 月制定过《军政府司令部劝汉族官吏投顺民军公告》。①法租界当局于 1937 年 10 月 14 日公布过有关"各菜场营业时间"和"若干食品市价"的公告。

公告的内容也比较简单,往往也只是为一事而公布一个公告,因此,它们的字数也不多。《军政府司令部劝汉族官吏投顺民军公告》不到 200 个字。正因为如此,所以,公告也无章节之分。

法租界的公告有较为固定的格式,通常是以"为公告事"起文,最后以"此布"结尾。上述关于"各菜场营业时间"和"若干食品市价"的公告就是如此。

从现有资料来看,公告的数量比较少,远不及布告多。

3. 通告

在形式上,通告与公告比较接近,都侧重于让人们知晓有关事项,但是颁布通告的机关多于颁布公告的机关,旧上海的多数政权都发布过通告。据 1911 年 11 月 5 日的《民立报》报道,辛亥革命时期的上海地方政府曾颁布过关于"外商不得协助清政府"的通告。②北京政府时期的上海地方政权在 1926 年 5 月曾公布过有关"调查户口之通告"。③国民政府时期的上海市政府在 1947 年 7 月 2 日制定过关于"领取购糖证"的通告。公共租界当局在 1931 年 4 月 15 日制定过关于领取"狗执照"的通告。④法租界当局 1935 年 1 月 24 日颁布过关于禁止"贩卖及烹食河豚"的通告,等等。

通告的内容同样比较简单,常常也是为一事而发布一个通告,因此,通告不仅无章、节之分,而且字数也很少,有的只有几十个字。法租界的关于禁止"贩卖及烹食河豚"通告仅 40 余字。

有的通告也有相对固定的格式。法租界的通告以"为通告事"起头,以"此布"结尾,中间为正文。关于禁止"贩卖及烹食河豚"的通告就是如此,全文如下:"为通告事。查河豚有毒,食之甚为危险,故在法租界内绝对禁止贩卖河豚,仰居民等各宜注意。此布。"

4. 告示

与公告和通告有所不同,"告示"的内容更侧重于规定禁止性行为,违

---

① 上海社会科学院历史研究所编:《辛亥革命在上海史料选辑》,上海人民出版社 1981 年版,第 289 页。
② 上海社会科学院历史研究所编:《辛亥革命在上海史料选辑》,上海人民出版社 1981 年版,第 287 页。
③ 《申报》1926 年 5 月 20 日。
④ 《申报》1931 年 4 月 16 日。

反者将会被追究较为严厉的法律责任。旧上海的有些政权曾公布过"告示"。清朝上海地方政府曾较多地运用告示这一形式。如乾隆五十三年（1788年）七月九日公布过关于"商船完纳税银折合制钱定价"的告示，①乾隆六十年（1795年）七月又颁布过有关"商船需用泥土压钞永禁泥甲夫头把持扰累"的告示，②等等。辛亥革命时期的上海地方政权也发布过告示，如1911年11月颁布过关于"查禁造谣抢劫"的告示，③1912年2月公布过有关"禁止赌博"和"禁吸鸦片"的告示，④等等。公共租界当局同样颁布过告示，如1939年12月10日发布过关于禁止非法"囤积、投机"粮食的告示等。

告示的内容不多，常是一事或几事一告示，因此，每个告示的字数也较少。上述关于"查禁造谣抢劫"告示只有120余字，关于"禁止赌博"和"禁吸鸦片"告示也分别只有170余字和260余字。

"告示"规定的内容多为禁止性行为，强制性比较强，因此，对违反者的制裁也比较严厉。如关于"查禁造谣抢劫"的告示规定，"如有匪徒造谣生事，希图抢劫"者，一律"以军法从事"。关于"禁吸鸦片"的告示规定，一旦发现吸食鸦片者，"财产立即发封，本犯严行惩办"。在清朝上海地方政府的告示里，制裁同样很严厉。上述关于"商船完纳税银折合制钱定价"的告示规定，违反本规定者，"一经察出，定行重究"。

四、其他法律文件

除以上三大类法律文件以外，旧上海的地方政府还颁行过其他一些法律文件。

1. 训令

"训令"是上海地方政府向下级机关发出的一种命令。命令的内容通常是要求下级机关办理某事，亦具有强制性。北京政府时期的上海地方政府颁布过不少"训令"。1919年4月上海县训令各乡"会同各图地保侦察本邑

---

① 上海博物馆图书资料室编：《上海碑刻资料选辑》，上海人民出版社1980年版，第68页。
② 上海博物馆图书资料室编：《上海碑刻资料选辑》，上海人民出版社1980年版，第69—70页。
③ 上海社会科学院历史研究所编：《辛亥革命在上海史料选辑》，上海人民出版社1981年版，第316页。
④ 上海社会科学院历史研究所编：《辛亥革命在上海史料选辑》，上海人民出版社1981年版，第338页。

境内有无农民秘密私种莺（罂）粟情事"。①1924 年 9 月,护军使训令淞沪警察厅长、兵站处长等可以"临时雇佣民夫",向"后方输送事宜"。②1926 年 2 月沪海道尹训令所属各县知事"劝令农民从速依法试验""盐水选种法",以提高种子质量。③日伪时期上海傀儡政权也公布过"训令"。1938 年 5 月 3 日向伪市政府所属各局、处发出训令,要求他们"采用太阳旗及五色旗两种,以昭划一,而明系统"。④1939 年 2 月 18 日又训令南市区区公署大肆征收赋税,因为"市库收入以赋税为大宗"。⑤

"训令"往往因一事或几事而发,内容也不复杂,通常由发出训令的机关、接受训令的机关、训令要求和违反者的法律责任等几个方面组成。在1919 年 4 月上海县的训令中,发出训令的机关是"上海县",接受训令的机关是各乡和"各图地保",训令是要求他们"侦察本邑境内有无农民秘密私种莺（罂）粟情事",违反者的法律责任是"拿解究办"。根据这样的内容安排,训令不仅没有章、节之分,而且字数也不多,一般只在几十至几百字之间。上述上海县的训令才 80 余字,日伪上海傀儡政权 1938 年 5 月 3 日发出的训令才 140 余字。

日伪时期上海傀儡政权的训令有固定的格式。正文前是发出训令的机关名称和训令的编号,然后是接受训令的机关。正文中以"为令行事"或"为令遵事"等语句起句,接着是训令的主要令文和内容,结束语用"此令"断文。最后附以长官姓名和发文日期。

2. 大纲

大纲是上海地方政府对实施某一法律行为的总体设想和计划,亦有一定的强制性。国民政府时期的上海市政府曾公布过大纲。如 1933 年 4 月 17 日公布的《上海市市立民众学校办法大纲》,1946 年 1 月 12 日制定的《肃清上海市烟毒大纲》,等等。

因为大纲只是一种总体设想和计划,所以,内容比较原则,一般只从宏观上作出规定。《肃清上海市烟毒大纲》规定了"实施原则",共有 3 条,都十分原则。它们是:"以自新方式为主,并参用检举诸法";"种植、制造、运输、销售者,准予 35 年（1946 年）3 月底前具结自新,逾期即送军法机关,依法治罪";"吸染烟毒者,准在 35 年 3 月底前具结自新,后限 35 年 6 月底以前戒

---

①　《申报》1919 年 4 月 29 日。
②　《申报》1924 年 9 月 2 日。
③　《申报》1926 年 4 月 16 日。
④　上海市档案馆编:《日伪上海市政府》,档案出版社 1986 年版,第 31 页。
⑤　上海市档案馆编:《日伪上海市政府》,档案出版社 1986 年版,第 474 页。

绝,逾期即送军法机关,依法治罪"。至于如何检查和调验,都没有规定。因此,必须有与大纲配套的其他法律文件,帮助大纲完整内容和顺利实施。实际上也是如此。在公布这个大纲的同时,还公布了《上海市肃清烟毒总检查实施办法》和《上海市烟毒调验规则》等法律文件。可见,大纲只是一个"龙头"文件,以下还有一些配套文件相辅佐。

3. 须知

这是上海地方政府要求市民或部分市民必须知道某些规定的一种法律文件。这种文件也有一定的强制性。国民政府时期的上海市政府颁布过这类文件。如1935年1月26日的《参加新生活集团结婚须知》;1935年6月1日的《上海市给水设备工程须知》和1945年10月的《上海市民向警察局密告警察、官吏及汉奸、盗匪烟赌须知》等。

须知的内容一般通俗易懂,而且易操作,这都是为了便于人们施行。《上海市民向警察局密告警察、官吏及汉奸、盗匪、烟赌须知》的第1条规定了有关告发人应履行的一些手续,其内容易懂又易操作:"上海市民向警察总局、分局告发警察、官吏贪污违法及汉奸、盗匪烟赌等案件,应由告发人开明真实姓名、住址,并取具铺保。但事实确凿,而有证据者,得列举事实,连同证据告发,免予具保。"

违反须知也会受到一定的处罚。《上海市民向警察局密告警察、官吏及汉奸、盗匪烟赌须知》同时规定:"倘查明系挟嫌,诬告者则依法重究。"可见,须知也有强制性,它不仅要求人们"知",还要求人们依法"行",否则,将会受到处罚。

4. 市政府令

这是一种上海地方政府发布的命令。国民政府时期的上海市政府发布过"市政府令"。1936年8月13日它颁布了第345号令,内容是把每年的3月21日作为"上海节"。

"市政府令"的内容比较简单,只是作出某一规定而已。上述那个"市政府令"才20余字,全文是:"兹决定以上海光复纪念日,即3月21日为上海节,公布之。此令。"以下是颁令日期和市长姓名。如果有内容复杂的规定,那么,就采用其他法律文件的形式,而不用"市政府令"这一形式。

5. 指令

指令是上海市地方政府对下属机关上呈文件所作出回复的法律文件。这种文件对下属机关的活动有制约性。日伪时期上海傀儡政权作出过不少指令。如1938年10月4日作出过同意教育科上呈的《小学暂行规程》公布施行的指令。①1945 年 5 月 23 日作出了在"办理民众集会结社登记"时收取"纸张费国币 500 元"的指令，②1945 年 6 月 14 日作出过防范新四军活动的指令，③等等。

指令的针对性很强，即是针对下属机关上呈的请示文件而发出的。1938 年 8 月，日伪时期上海傀儡政府下属的教育科呈上了要施行的"小学暂行规程"请示文，同年 10 月 4 日傀儡政府便发出指令："准予备案施行。"1945 年 5 月 16 日，傀儡政府的下属警察局上呈了关于在登记集会结社时"收取纸张费国币 500 元"的请示文，同月的 23 日，傀儡政府作出了"自即日起办理民众集会结社登记并收取纸张费国币 500 元"的指令。

指令的内容很简单，只是对下属机关上呈文的答复，所以字数也不多，一般在几十字至百余字。上述对于教育科的指令仅 50 余字，对警察局的指令仅 100 余字。

6. 署令

这是法租界的法国驻沪总领事署发出的命令。这种命令的内容十分广泛。1938 年 9 月 3 日发出了关于禁止师生集会的署令，1941 年 9 月 26 日作出了关于节制用电的署令，1942 年 6 月 29 日颁布了关于使用无线电收音机者必须申报的署令等，内容涉及多个不同领域。

署令的强制性较强，违反者要被追究法律责任。上述关于禁止师生集会的署令规定：违反署令的"除处罚该行为人外"，还要令"赞助或容忍之学校封闭之"。关于使用无线电收音机者必须申报的署令规定：违犯署令"或有虚报等情"的，除了要没收其收音机外，还要"处 5 元以上 5000 元以下之罚镪"。

由于署令的内容广泛，涉及的方面很多，所以字数多少不定，有的较长，有的则较短，均视具体情况而定。

此外，在旧上海的地方法中还出现过"都督令"、"守则"和"标准"等其他一些法律文件。据 1912 年 7 月 1 日的《申报》报道，当时的沪军都督发布过《查禁制造工人同盟会》的都督令。1945 年 3 月，国民政府时期的上海市政府颁布过《上海市政府工人守则》。1949 年 3 月 3 日上海市政府又制定过《报刊审查标准》。它们都具有一定的强制性，也是上海地方法渊源中的组成部分。

---

① 上海市档案馆编：《日伪上海市政府》，档案出版社 1986 年版，第 819 页。
② 上海市档案馆编：《日伪上海市政府》，档案出版社 1986 年版，第 424 页。
③ 上海市档案馆编：《日伪上海市政府》，档案出版社 1986 年版，第 427 页。

五、有关上海地方法渊源的一些问题

在上海地方法渊源中还有一些值得注意的问题。

第一，上海地方法渊源有个不断发展的过程，数量越来越多。在清政府时期，上海地方法的渊源主要是告示，伴有极少的章程等。辛亥革命以后，地方法数量大幅度增加。辛亥革命时期的上海地方政权还使用过规则、条例、办法、通告、公告和都督令等。到了国民政府时期，上海地方法的渊源更多，除上述各种以外，另有通则、细则、守则等。随着地方法数量的增加，地方法的体系也趋向完备化。到了国民政府时期，上海地方法渊源已形成了自内容比较完整的法律文件至偏重于施行和操作、内容比较简单这样一个较为完整的体系。上海地方法渊源的不断发展和完备同上海的社会和法制发展是密不可分的。辛亥革命前，上海只是一个县，辛亥革命后上海发展成了市，并逐渐嬗变为世界著名的大城市。随着城市的不断扩大，各种行业、各类人口和各种问题也随之增多，它们都需要有相应的法制来调整，法制因而发展起来了。社会和法制的发展，同时对上海地方法的渊源提出了更高的要求，因此，它也不断向前推进了。

第二，各上海地方政权所使用的地方法渊源不尽相同。鸦片战争以后，上海的地方政权趋于复杂，除了有租界政权与华界政权并存以外，还出现过日伪时期傀儡政权等。它们都根据自己的需要使用地方法渊源。辛亥革命时期的上海地方政权，使用"告示"为多，虽然也使用过章程、规则、条例、办法等，但数量很少。国民政府时期的上海地方政府不仅使用的地方法渊源最多，而且形成了一个比较完整的体系。日伪时期上海傀儡政权则较多地使用办法、布告之类，很少使用其他的渊源。租界作为一个"国中之国"，自己有一套体系，尽管有的渊源也与华界的相同或相似，但它们也有自己的特点，如很少使用或不使用条例、通则、规则、细则等。就是租界之间也不尽相同，如法租界经常使用"署令"，而公共租界则从来不用它。究其原因有多种，除了体系不同等原因外，还与上海地方政权的存续时间和条件有关。辛亥革命时期的上海地方政权存续时间较短，没有条件考虑和大量制定一些内容完整的法规。日伪时期上海傀儡政权虽存续时间比辛亥革命时期的上海地方政权要长，但由于抗日运动日益高涨，战事频繁，所以，也无法抽出大量时间和精力去考虑立法问题，故渊源也少于旧上海的某些政权。国民政府时期的上海政权统治上海的时间长于以上两个政权，而且还有一些较为稳定的发展时期,所以,地方法渊源不仅很多,而且还形成了一个较为完备的体系。租界时期的情况有些类似于国民政府时期的情况。

在旧上海的地方法渊源中,另有一些问题引人注目。

在旧上海的地域中,不同政权之间有一定的联系;在同一政权内,不同机关也会有一些联系。这种联系往往会形成联合使用同一渊源,共同公布法规内容的情况。两租界当局曾联合发布过"告示"。1939 年 5 月 11 日,公共租界的工部局和法租界的公董局联合发出"告示",内容主要是:政治性团体"不能任其在两租界内有所动作",否则,就要"从严处罚"。国民政府时期,国民党上海特别市执行委员会和上海市政府,淞沪警备司令部和上海市政府都曾"会衔"公布过"布告"。1937 年 4 月 19 日,国民党上海特别市执行委员会和上海市政府联合发布第 5 号"布告",主要内容是:"凡劳资争议事件,均须依法呈由主管机关解决",否则要"严行拿办"。1932 年 10 月 17 日,淞沪警备司令部和上海市政府"会衔"颁布第 52 号"布告",主要内容是:"严行查禁"赌博,为首者要被"务获法办"。

这种地域上的联系和共同利益上的驱动,也促使不同的政权所发布的规定得到互相承认,并共同实施。公共租界当局曾规定在本租界内施行国民政府所颁行的法律或原则。1931 年 8 月 1 日,公共租界工部局发布"宣言",指出"上海公共租界工部局赞成(国民政府)工业法规之原则"。1935 年公共租界当局又一次发布"布告",规定面包店、水果店和菜场等的"领照人应置备依照中国政府所定标准之度量衡器具,以备在店内使用"。

上海是中国的一个部分,华界的地方法与中央法有密切的联系。这种联系的表现之一是有的上海地方法是为贯彻中央法而制定和颁行的。1936 年 8 月 4 日公布的《上海市吴淞狮子林炮台限制及禁止事项惩奖办法》就是如此。此办法的第 1 条明确指出:"本办法系参照修正要塞堡垒地带法及参谋本部 25 年(即 1936 年)6 月 2 日会议纪录决议第 2 项拟定之。"

上海法租界当局特别重视租界法与法国本土法的一致性,公开言明这种一致性。1935 年 1 月 10 日,法国驻沪总领事署发布第 40 号署令,声明公董局董事会通过的议案与法国现行法无违,具体内容如下:"为令行事。案查下列 1935 年 1 月 7 日上海法租界公董局董事会常务会议议案均无违法国现行法规,兹按照 1927 年 1 月 15 日本署署令公布之上海法租界公董局组织章程第 9、10 两条之规定,准予克日照案施行。此令。"

还有,各种上海地方法渊源也不是孤立存在的,而是有一定的联系。表现之一是从不同角度共同规定某一方面的内容以形成完整的规定,便于施行。1934 年 8 月 18 日,国民政府的上海市政府同时公布了两个关于"临时戒毒所"的规定,分别使用了"办法"和"简则"两种渊源,它们是:《上海市临时戒毒所警备及收解瘾毒人犯办法》和《上海市临时戒毒所组织简则》。这样,有关临时戒毒所的内容就比较完整一些了。还有,以上《肃清上海市烟毒大纲》和《上海市肃清烟毒总检查实施办法》、《上海市烟毒调验规则》的配套也是如此。

第三章　辛亥革命前法规的内容

辛亥革命前,上海长期处在封建专制王朝统治之下,其法规内容具有明显的封建性。鸦片战争以后,中国逐步沦为半殖民地半封建社会,其法规内容也具有半殖民地半封建的性质。其中,封建性仍占有较大比重。由于辛亥革命前上海历史的时间跨度大和史料多寡不均等原因,本书不可能把各个时期的法规内容均面面俱到地介绍,故本章主要以明、清时期,特别是以清代为主,来展示旧上海在辛亥革命前法规的一些内容和基本情况。

一、征收各种捐税赋役

上海地处东海之滨,古称沪渎,地理环境较为优越,很早便成为鱼米之乡。据史籍记载,早在唐代,上海的粮食和海产品的生产已具相当规模。唐天宝末年(755 年),当时的华亭县已在"天下仰给东南"的范围之中,成为江淮漕粮的重要供给地。同时,海产品也十分丰富。晚唐诗人皮日休在《吴中苦雨因书一百韵寄鲁望》中说:"全吴临巨溟,百里到沪渎。海物竞骈罗,水怪争渗漉",盛称当时海防要地沪渎,即上海海产品之富饶情况。①随着经济继续发展,到了北宋元丰年间(1078—1085 年),华亭县已成为我国东南地区的一个大县了。《鸿庆居士集》载:那时"富室大家,蛮商舶贾,交错于水陆之道,为东南一大县"。然而,这并没有使当地人民致富。地方衙门根据朝廷的旨意作出相应的规定,大肆征收捐税、田赋,征发徭役,以充实中央和地方财政,完成某些工程。

规定向人民征收的税种很多,包括牛驴猪羊税、牙税、田房税、典税银、酒醋税、烟税等。收受的捐税为执政者提供了丰厚的收入。在元代,上海镇

---

① 参见唐振常主编:《上海史》,上海人民出版社 1989 年版,第 16 页。

每年的酒醋税已达"中统钞一千九百余锭"。明代的永乐十五年(1417年),仅商税钞就达"一万三千六百六十五锭三贯六百七十文"。①清光绪时,税种繁多,税收自然呈上升趋势。在清光绪二十一年(1895年),就征集到"牛驴猪羊税银一十两八钱;牙税银三百四十两五钱;田房税银六百两,典税银一千三百三十五两,典户八十九名;酒税银九十两;烟税银三十四两七钱六厘",②在江南地区都属屈指可数。

此外,还有各种名目的苛捐。清同治六年(1867年),上海知县叶廷眷开始议订《捐积谷章程》,一年后,新任知县朱凤梯续议,最终由"巡抚丁日昌批准"。这个章程规定:在上海县内"每亩捐米一升,折钱若干,除去运货,照本年漕价,随漕带纳籴谷。存储遇稔则收,遇歉年则平粜,遇荒则放赈,不收贷息,以省出纳"。③还有河捐。清光绪元年(1875年)规定在上海的某些地区征收河捐,用以补贴开河疏浚之需。据《真如里志》载:清光绪元年七月设河捐局,订章征收河捐,宣统二年(1910年)重订章程。那时,每年可收200余元,"以充浚市河之贴费"。④此河捐是额外之捐,对当地农民来说亦是一种额外负担。

随着商品经济的发展,清代又设有商船货税、船钞等税种,扩大收税渠道。商船货税的征收对象是进出上海的国内外商船,主要来自东南亚、日本、闽广等地,其中,又以商船、时间等不同而征收的税额也不同,当时是这样规定的:"税则:凡安南商船货税进口、出口,俱以七折征收。东洋商船税进口以六折征收,出口不论货物概收银120两。闽广商船货税进口、出口,自3月至8月以七折征收,9月至2月以五折征收。山东、关东商船货税并各货税,俱八折征收。"⑤船钞作为上海的一种税种,始于明代。它根据船的大小确定税金。"明初有商税而无船钞,宣德四年始设钞关7所,除收商税外,量舟之梁头修广而差其额,按尺征钞。寻以钞一贯折银三厘,谓之船钞。"到了清代,这一税种仍继续保留使用。"康熙二十四年,海关初设,适户部请照监督高璜供称量船征收则例颁行各关。于是,商税外,亦按船大小征银,惟沿明制仍称船钞。"有关船钞的征收金额是这样规定的:"按船身梁头丈尺科征定例。一丈以内,每尺征钞银1钱5分。一丈以外,每尺征钞银2钱2分5厘。每年分上、下两次征收。各商船应于季满时,赴关缴销旧牌完缴钞银。""一丈以外至二丈,每尺征钞银1两。二丈以外,每尺征钞银2两。

---

①②③ 同治《上海县志》卷七《田赋下》。
④ 王德乾:《真如里志》,1935年版。
⑤ 同治《上海县志》卷二《建置》。

各船出洋一次征收一次。"①上海靠海,海贸方便,自清雍正七年(1729年)海禁解除后,这种贸易便进一步发展起来。按照以上的规定收取税金,数额已经十分可观。据清乾隆十八年(1753年)的统计,上海地区海关的岁收已达77500余两。②

田赋问题在当时也有规定。南宋时隶属于华亭县的上海每年要缴纳一定数量的田赋,具体是:"夏税153352贯有零,秋苗粳米112316石有零。"③以后的田赋逐年加码,到明代竟达140万石。这一赋额被认为是"甲于天下"了。一个明代的上海邑人曾这样作过比较和分析:"吾乡赋税甲于天下,苏州一府赢于浙江全省,松属地方抵苏十分之三,而赋额乃半于苏,则是江南之赋税莫重于苏、松,而松尤甚矣。"④这种情况至清代都没有改观。这一总赋额要分别摊入田、草荡和城濠、官地,而且数量均不等。这由当时的"平米科罚"加以规定,具体是:"上乡田,每亩均科平米2斗9升5合,内正米2升5合,耗米9升。下乡田,每亩均科平米2斗3升5合,内正米2斗5合,耗米3升。护塘外田,每亩科平米2斗5合,不加耗。""草荡,凡五等,皆照折准熟田则,每亩科平米3斗。上、下二乡及护塘外诸荡,皆同。凡征粮、折粮,皆以此则起算。""另征城濠、官地,每原一亩科平米5升。"⑤清代的田赋要折银缴纳,上海地区同样如此。折银办法在当时的《征粮折粮折色银科则》里有明文规定:"每平米1石,实征地亩折银2钱7分9厘5毫1丝2忽2微6沙1尘2漠5埃,又派征漕赠10钱3分5厘1毫8丝4忽6纤7沙6尘1渺9漠3埃4逡4巡。以每亩计算,凡2斗9升5合则田,每亩科折色银1钱6厘6毫1忽7微1纤5沙3尘7渺8漠1埃5逡7巡。遇润加编银7毫5丝1忽3微6纤6沙7尘2渺1漠8埃5逡8巡。"其他的以此类推。田赋必须自行完纳。"无论绅衿黎庶,人各自收己田,自完己粮。"为了保证它的按时按质按量的缴纳,上海规定有"粮长"来行使监督权。"明初,以里长、老人主一里之事,以粮长督一区赋税。"⑥

民众除了要依法上缴捐税田赋外,还要依法服徭役。明代的徭役主要是"均徭"和"杂泛"两种。"诸色应役者,编第均之。银力从所便曰均徭,他杂役曰杂泛。"以后又改为布解、北运、南运、收兑和收银等数种。"嗣后行

① 同治《上海县志》卷二《建置》。
② 参见唐振常主编:《上海史》,上海人民出版社1989年版,第97页。
③ 参见唐振常主编:《上海史》,上海人民出版社1989年版,第20页。
④ 叶梦珠:《阅世编·赋税》,上海古籍出版社1981年版。
⑤ 同治《上海县志》卷六《田赋中》。
⑥ 同治《上海县志》卷七《田赋下》。

久,困敝乃改制,每区五年一编大役,以充布解、北运、南运、收兑、收银等差。每图十年一编小役,以充总催。"①它们的具体事务和上海县所派人数情况大致是这样的:布解是押送布匹到北京,每次 15 人;北运是押送粮食到北京,每次 90 人;南运是押送粮食到南京,每次 10 人;收粮是催交粮食,每次 230 人;收兑是监督交纳税赋,每次 190 人。此外,还有一些根据特殊需要而摊派的徭役。据《厂头镇志》载:清代嘉定地区实行因兴修水利而设的"夫束"。"他邑田不编夫,而嘉定独编夫者,盖以地滨东海,潮汐挟沙而来,沟渠而为淤塞,须年年轮湺不能资灌溉之利。又以工役发兴,不得动支大帑,是以按亩起夫。上区百亩,中区百六十亩,下区二百亩,计得夫万七千有奇。每有疏浚,当为派夫任役,而无虑田无常主,每 10 年行一推收更定夫束,以均其役。"②

以上的种种捐税、田赋和徭役如同根根绳索套在民众颈上,这使本来就不富裕的上海人生活更受煎熬,如同雪上加霜一般。这在史籍中有真实的记载。《熬波图咏》说:人们为完税而"男子妇女,若老若幼,夏日苦热,赤日行天,则汗血淋漓;严冬朔风,则履霜蹑冰,手足皲裂;悉登场灶,无敢闲惰。"妇女就更惨了。"少妇勤作亦可哀,草间冬日眠婴孩"。③同治《上海县志》也承认:"自有田税以来,未有若是之重也。以农夫蚕妇,冻而织,馁而耕,供税不足,则卖儿鬻女,又不足,然后不得已而逃。"④在这种情况下,不少上海人也只能以逃亡来抗争了。为此,上海的人口曾有过较大幅度的减少。明代从洪武到弘治的百年时间内,上海县的户口人数从 114000 减至 92000,人口数亦从 53 万余人降到 26 万人。⑤

二、维护经济秩序

为了形成和巩固有利于自己统治的经济秩序,发展封建经济,上海县衙还核准、颁行了一些维护经济秩序的规定。这类规定涉及的面较为广泛,内容也较多,归总起来有以下这些方面。

核准和颁行与经济有关的组织的行为规章,规范它们的经济行为。在这些规章中,多是业规和所规。清光绪十年(1884 年)七月二十四日上海县

---

①④　同治《上海县志》卷七《田赋下》。

②　钱心陶:《厂头镇志》,清同治七年版。

③　(元)陈椿:《熬波图咏》。

⑤　参见唐振常主编:《上海史》,上海人民出版社 1989 年版,第 65 页。

核准了旧棉花业的业规,并要求成员们都"恪守遵办,以垂久远,而联友谊"。此业规共有"章程 10 条",其中包括旧棉花业的经营地、开会时间、经费使用、入行手续以及违禁事项等。它规定:"清芬堂系旧花公所,应归专业旧花司年经营。""同业每逢朔会议,准于 2 点钟咸至公所。""正月十二敬神费用,不准动及房租。""沪上旧业入行者,各将牌号,登明公所粉牌。""充当司年,如有擅将公款暗济私橐,或冒开费用,以致帐目不符者,察出公同理斥。"①等等。在此以前,上海县还曾对油麻业的业规提出要求,令该业成员"遵照公同议定章程",如果"抗违不遵者,许即指名禀县,以凭提究。"②上海县另审定过一些所规。清光绪十年七月二十五日上海县衙重审乌木公所旧规章,并认定其继续有效,要求"务各查照公所章程,一律遵守"。此"公所旧规章"共 13 条,内容包括收徒人数、报名注簿地点、工钱和死后善事等。它规定:"新开店作满年后,每年均准收徒壹人,以体旧章也。""就地学徒满师,循向旧章,向所报名注簿。""工钱每千六底足串,银洋照市,概承旧章,各宜遵守。""行中凡有死而无着者,许由亲族报所,具领棺殓费拾肆千文。"③等等。以后,上海县衙又核准"典业公所公议章程十则"。④此外,1882 年 9 月 27 日和 28 日还公布了上海历史上第一个股票公司章程——上海平准股票公司章程。此章程共 18 条,涉及的内容有股数、公司工作人员、红利分配、股票买卖手续和违禁事项等。它规定:公司共"招股 10 万两,分为 1000 股,每股规银 100 两";公司设有董事外,另有工作人员,他们是:"正副账房两位、跑街两位、翻译一位、办书启一位、坐客堂一位、学生两名";红利"议定作 30 份",其中 15 份"派与入股之人",其他的分派给董事、执事和捐助给本埠的"各项善举"之用;股票的买卖必须公平,"逐日行情除写挂水牌外,送登《申报》",买卖成交后要"加戳印";工作人员"各宜洁清自矢,严绝弊端,倘有营私罔利等,弊在司事,由执事明查暗察,确则立即辞退"。⑤等等。

划定劳动范围和价格,禁止乱收费行为。在这一时期颁布的法规中,还可见到一些划定劳动范围和价格的内容。清嘉庆八年(1803 年)十二月,上

---

① 上海博物馆图书资料室编:《上海碑刻资料选辑》,上海人民出版社 1980 年版,第 361—362 页。

② 上海博物馆图书资料室编:《上海碑刻资料选辑》,上海人民出版社 1980 年版,第 349—350 页。

③ 上海博物馆图书资料室编:《上海碑刻资料选辑》,上海人民出版社 1980 年版,第 405—406 页。

④ 上海博物馆图书资料室编:《上海碑刻资料选辑》,上海人民出版社 1980 年版,第 409—411 页。

⑤ 上海市档案馆编:《旧上海的证券交易所》,上海古籍出版社 1992 年版,第 264—265 页。

海县衙公布了一个关于明确箩夫与扛夫的劳动范围和价格的规定："嗣后凡有店铺粮食、油酒及航报船只钱货等项,俱归箩夫;至烟糖、棉花及一切洋货等物,悉归扛夫。照依旧分界址承值。""行铺佣工搬送客商零星物件,不得紊越扛挑货物;外来流民,毋许影入扛帮","婚丧舆轿,均听民便,不得专归箩夫,以杜把持勒索"。同时,此规定还"计开脚价",其中"台湾糖:上力捌文,下力拾叁文;广糖:上力肆文,下力柒文;漳篰青糖:上力伍文,下力捌文……"。①此外,还根据当时出现的乱收费情况,明令禁止这种违法行为。清乾隆六十年(1795年)七月,发现有"泥甲贪得无厌,不遵定价,以致杨日茂等纷纷上控,是设立泥甲,反启勒索争讼之端,殊非恤商安民之道",于是,明确规定:"嗣后尔等商舡需用钞泥,照闽广商舡之样,在于公置滩地内挖掘,或自运,或雇小舡驳载,均听其便。"②堵住了"泥甲"乱收费的渠道。还有,禁止乱收丈量土地之费也是如此。③

整顿市场管理秩序,打击以假冒真、以次充好的行为。那时上海的市场管理秩序常会被一些不法之徒破坏。他们为了牟利,往往不择手段。对此,上海县衙使用了一些治理手段,也公布了一些规定。清宣统元年(1909年),有些"京帮"人和无赖经常到上海老北门的珠玉业市场滋事。为了避免纠纷,维护正常的市场秩序,上海县作出规定,不准京帮人进入市场设摊,更不允许无赖肆意滋事捣乱。"须知该处市场,系苏州珠玉各帮筹款建设,专为该帮贸易之所,不许京帮入内摆摊,以免纠葛。倘有无赖棍徒借端滋扰,准即就近禀局,禁阻驱逐,各宜遵照毋违!"④还有,"不许牙行"干涉农民以平价在市场内买卖粮食的规定也是如此。⑤清宣统二年(1910年),发现有些不法分子用外国精制的仿真珠宝混入市场,以假充真,牟取暴利。"近来珠宝翡翠仿真之物,层出不穷,欺骗牟利,实属有坏市规。"对此,采取了严厉措施予以打击,规定:"如有牟利之徒,不顾大局,再将珠宝翡翠赝物入市混售,欺骗牟利,一经查出,或被告发,定行提案,从严究办,决不宽贷。"⑥在市场上,除了以假冒真的之外,还有以次充好的。那时的法规也不允许这种行为。清咸丰八年(1858年),发现在上海市场上出售一种用面粉涂抹过的布。这种布坯本来质量很差,涂上面粉后便可掩盖质量问题,以次充好,商人企图

---

① 上海博物馆图书资料室编:《上海碑刻资料选辑》,上海人民出版社1980年版,第76—77页。
② 上海博物馆图书资料室编:《上海碑刻资料选辑》,上海人民出版社1980年版,第69—70页。
③ 上海博物馆图书资料室编:《上海碑刻资料选辑》,上海人民出版社1980年版,第155页。
④ 上海博物馆图书资料室编:《上海碑刻资料选辑》,上海人民出版社1980年版,第368页。
⑤ 上海博物馆图书资料室编:《上海碑刻资料选辑》,上海人民出版社1980年版,第101页。
⑥ 上海博物馆图书资料室编:《上海碑刻资料选辑》,上海人民出版社1980年版,第369页。

因此而牟取暴利。"近有射利之徒,竟用粉面逐布涂抹,希图以丑饰美"。对此,上海县作出规定:"示谕各乡布庄、贩卖人等,嗣后毋许将面粉涂饰布上。其布行布号,毋许收买粉饰之布,限半月以后,一律禁止。如违,定将贩卖乡庄机户人等,提案重惩。"①

加强外贸管理,制止各种进出口中的违法行为。上海是我国的重要通商口岸,进出口商船来往频繁,贸易量也较大。可是,有些不法商人总希图通过违法来获取额外之利。对此,上海县从外贸的一些主要方面着手,制定了一些法规,加强外贸管理,同时也惩治违法者。据同治《上海县志》卷二《建置》记载,进出口船只要履行报关手续。"凡海洋贸易商船,令报明。监督及地方官查明确系殷实良民姓名、住居及往何洋贸易,取具保结,依式成造船身,烙号刊名,填给执照于出口时验放,回日销号。其从外洋进口者,亦必详查注册或因风信不能回籍,请照即在经由该地方官具保给照,回日仍赴原衙门销之。"同时,还载明出境人员可以携带的粮食、商品的种类和数量,违者还要受到相应的制裁。"凡内商出洋商入市,核计人口程期,每人日准带食米 1 升 5 合,违禁多带者究治。地方员弁不行实力稽查,致有夹带及别从僻港、海滨透起者,一并参处。凡内地米谷、麦豆、杂粮偷运出洋,希图厚利者,俱分别治罪,船货入官。地方员弁贿纵者,一并分别参处。凡内地黄金、红黄铜、废铁,私贩出洋,照斤数多寡治罪。沿海员弁徇私故纵者议处。"进口商船也应依法缴税。"进口商船,应完货税,将钱交牙易银代缴。"任何人不得"任意多索,留难掯报,扰累客商",否则,就要受到重究。"一经察出,定行重究"。②

那时,上海虽有一些关于维护经济秩序的法规,但从总体上看,还不成体系。而且,在很多方面,规定的内容不完整,以致经济秩序经常发生问题,有的还影响很大,使许多上海人蒙受损失,1910 年的"橡皮股票风潮"便是如此。当时有关发行股票的规定不全,致使英国人麦边钻了空子,在 1909 年掀起大肆抢购橡皮股票的风潮。一年以后,此人席卷资金逃之夭夭,股票价格随之下跌,最后成千上万的人遭殃,许多人因资不抵债而走上了绝路,"上海滩一片鬼哭狼嚎"。③因此,对以上这些规定的作用不能估计过高。

①　上海博物馆图书资料室编:《上海碑刻资料选辑》,上海人民出版社 1980 年版,第 202—203 页。

②　上海博物馆图书资料室编:《上海碑刻资料选辑》,上海人民出版社 1980 年版,第 68 页。

③　详见王立民:《惨不忍睹的旧上海橡皮股票风潮》,《劳动报》1994 年 2 月 14 日。

三、维护社会治安秩序

上海镇、县衙，一方面实施国家的刑法，如宋代的《宋刑统》，元代的《大元通制》，明代的《大明律》和清代的《大清律例》等法典中有关刑法的内容；另一方面，根据上海的治安情况，还颁行了一些规定，打击各种违法犯罪行为，以维护当时的社会治安秩序。

为了有效地防止违法犯罪，上海建立过连保制度，一人犯罪要牵涉数人，一家犯罪要连坐数家，以此来起到威慑作用，达到预防犯罪和追查犯罪的目的。这种连保制度，清时称为"保甲"。清康熙年间，上海"保甲"的组织建制是这样的："上海共十保，大约十图为一保，一百甲为一图，四十九亩零为一甲"。①与"保甲"相联系的连坐也在当时实行了。清康熙二十五年（1686年），上海也实行私藏容隐五圣庙神像者要连坐的规定。此规定说："民间如有私藏容隐"五圣庙神像的，"则十家连坐"。②从实际情况来看，也确实有利用这种连保制度，来追查犯罪的实例。据同治《上海县志》卷七《田赋下》记载，清嘉庆十八年（1813年）上海的"黄浦一带，匪徒鱼户，夜间拦河设网，托名捕鱼，实阴谋伺劫，以致行舟昏黑，误碰倾翻，乘机抢夺，殊为民害"，于是，上海县衙便下令："檄令编查互相稽察"。清道光年间，还曾规定，如发现"有恶丐结党盘踞，恃强硬讨，乘机肆窃，滋扰地方"的，要求"保甲扭禀解县"。③

与此同时，上海还颁布了一些法规，禁止破坏社会治安的违法犯罪行为，并严惩其中的严重者。下面列举数例。

1. 禁止流丐成群结党扰乱治安的行为。清道光二年（1822年），上海曾流窜有不少乞丐，而且伺机作案，严重扰乱社会治安。他们中有的"成群作队，沿乡强讨"，如遇有婚丧喜庆之家，便"聚党盘绕"，一旦乞讨不成，便"出言无状"；有的强占农民的车棚栖居，遇有反抗或被驱逐，不是"放火烧车"，就"在棚滋事贻累"。一些受害农民不得不到县衙告状。为此，1822年的六月三十日县衙规定："嗣后如有前项恶丐成群结党，持强硬讨，夜不归厂，聚宿车棚，滋扰地方，许该保甲扭禀解县，以凭究办。如丐头故纵容隐，一并重惩"。④

① 《阅世编》，上海古籍出版社1981年版，第152页。

② （清）姚廷璘：《历年记》下，载《清代日记汇抄》，上海人民出版社1982年版，第122页。

③④　上海博物馆图书资料室编：《上海碑刻资料选辑》，上海人民出版社1980年版，第441页。

2. 禁止盗卖地产的行为。旧上海的地产大多为个人所有，但也有一些，如会馆地产等具有集体性质，这类地产不能擅自买卖，更不能盗卖。道光十一年(1831年)，有人窥伺泉漳会馆地产，企图盗卖，从中获利。上海县衙得知以后，便在此年五月二十九日作出规定。在这个规定里，首先道明了当时出现盗卖情况的可能性。"现在泉漳两郡来上海贸易人数众多，良莠不齐，难保无从中觊觎，藏匿原契，私行盗卖情弊，不可不预为防范。"接着，明示有关人员："所有后开房屋田地，永为会馆公产，不准盗卖，以垂久远，均各遵照毋违！"①

3. 禁止敲诈勒索行为。上海出现过的敲诈勒索行为较多，而且涉及不同领域，它们都在不同程度上扰乱了正常的治安秩序，同时也引起了人们的不满。为此，上海县衙多次作出规定，不允许这种行为存在。清道光二十一年(1841年)，发现有人拾到钱庄的票据后，往往敲诈票据人，以图获取份外之利。于是，1841年三月二十二日作出规定：今后凡"有拾取庄号往来银票，即行送还，听凭照议酬谢，毋许争多论少"，如有违反的，"许即禀县，以凭饬提拾票之人，从严惩治，决不宽贷"。②还有，清同治七年(1868年)四月另规定，不准巧立名目"向民间需索分文"，否则，可到县衙状告，"计赃科罪，决不稍贷"。③1868年六月，再次规定，不许任何人"混称行头名目"，向烛业人员"需索诈扰"，否则就可"指名具禀，或扭获解县，以凭究办"。④

4. 禁止造谣惑众行为。那时，上海也有造谣滋事，甚至酿成哄闹的情况。每当发生造谣惑众之事，上海县衙便作出规定，发出告示，加以禁止。清同治十三年(1874年)，有人利用"四明公所"事件，"任意滋闹"。1874年的三月二十日县衙发出布告，告诫"无赖之徒"，如果他们再"不听地方官约束，捏造谣言，煽惑众心，甚至哄闹争殴，定当尽法惩办"。同时，还示仰上海商民："尔等各有身家，应知法纪，务须及早省悟，各惮谆谆告诫。"⑤

在史籍中，我们也可看到上海县衙重惩那些严重扰乱社会治安秩序的犯罪分子的记载。《清代日记汇抄》说：明崇祯十五年(1642年)，上海曾有三男二女乘灾荒之机，杀人取肉，自己食用，甚至还烧熟出卖，从中牟利。

---

① 上海博物馆图书资料室编：《上海碑刻资料选辑》，上海人民出版社1980年版，第233—234页。

② 上海博物馆图书资料室编：《上海碑刻资料选辑》，上海人民出版社1980年版，第130—131页。

③ 上海博物馆图书资料室编：《上海碑刻资料选辑》，上海人民出版社1980年版，第154页。

④ 上海博物馆图书资料室编：《上海碑刻资料选辑》，上海人民出版社1980年版，第131页。

⑤ 上海博物馆图书资料室编：《上海碑刻资料选辑》，上海人民出版社1980年版，第428页。

"有恶贼拣肥壮抱去,杀而食之",还"将小儿肉煮烂,冻一瓦钵",然后出售获利。章光岳知县知晓后,"立将此三男二妇杖毙在县场上。其日大雨,看者甚多,杖至二百方死,人人忿恨"。以后,又有人在村中放火杀人和抢劫,他们同样受到严惩。"又有村中放火杀人者,章知县亦将其立在木桶内,活活烧死,抢劫者立时枷死"。①

上海县衙虽制定了种种规定,打击各种破坏社会治安的行为,企图维护治安秩序,但是,这无法改变广大民众被压迫剥削,受苦受难的状况。因此,从根本上讲,即使这种秩序得到维护也是暂时的,脆弱的,总有一天会被广大被压迫、被剥削者的反抗运动所打破。事实也是如此。1853 年,上海终于爆发了上海近代史上规模空前的、由城市贫民和农民组成的小刀会起义。起义持续了一年半左右,还建立了自己的政权和法制。

四、教育及其他问题

辛亥革命前,上海也办教育,并有自己的学校和规章制度。不过,鸦片战争前和鸦片战争后办学的情况和制定的规章制度均有所不同。

鸦片战争前,上海的教育仍是一种封建教育,沿袭传统模式。根据同治《上海县志》卷九《学校》记载可知,清时上海设有书院,学生分为住院生与不住院生。住院生的人数仅为 30 人。"住院肄业诸生额共 30 名"。每名住院生每月可得一定的生活费。"补每人月给膏火,自 4 两至 8 两不等"。书院的教育内容还是"经史"、"文辞"之类,同时,比较重视人品等的培养。"课以经史性理为主,而辅以文辞,尤重躬行、人置、行事。"所有院生都要写日记和读书,院长要定期评论日记、上课。"日记各一册,每日填记,逢五、十日呈请院长评论。每月十三日院课,不住院者亦与。"请假也有时间限定。"告假,近者十日一出,远亦不过三月。"从以上的规定中,可以得知当时教育的一个基本情况。

鸦片战争后,由于多种原因,教育受西方的影响较大,开始大量接受西方的文化与教育,逐渐形成了中西合璧的模式。在教育内容中,除了保留了一些传统内容以外,还大量引进了西方文化,而这一切又都在当时的规章中作了明文规定。这可以说是前后非常明显的区别。以同文馆和广方言馆最为典型。

---

① 《清代日记汇抄》,上海人民出版社 1982 年版,第 52 页。

　　清同治二年(1863年)四月,确定了上海初次设立的外国语言文字的学馆——同文馆的《同文馆试办章程12条》。①此章程中虽有一些有关传统教育的规定,如要每月两次躬奉"至圣先师像",即"馆供奉至圣先师像,每月朔望,教习委员董事率肄业生清晨齐集拈香行礼";又如还要学生们学习一些传统的科目,即"经学、史学、算学、词章为四类,而以讲明性理、敦行立品为之纲"。但是,大多数所规定的内容都与学习西方文化有关,包括师资、学习内容、考试及奖惩等各个方面。章程规定,师资中需有两名精通英国学问的老师,"馆中延订英国学问通贯者二人为西教习"。西文是学生的重要学习内容,"凡肄业者算学与西文并须逐日讲习","每日西教习课读时,四人环坐,传递语言,发明西教习意指,使诸生易于领受。"西学是当时的主要考试内容,而且每月要考两次。"肄业诸生由总教习每月初一、十五日两日课试西学"。根据考试结果,还要对学生进行必要的奖惩。"于西语西文茫无通晓者,即行撤换。如西文西语以及所业之文均有进益,着赏银4两至8两,以示鼓励。"学习西方文化已成为同文馆的主要教育内容。

　　清同治九年(1870年)三月,确定的《广方言馆课程10条》,②进一步扩大和规范了西学的范围,内容涉及许多自然科学领域。它规定:馆内学生分上、下班,初进馆者在下班学习,学成后再进入上班。不论上班或下班,学习的内容都侧重于西学。下班的学生"学习外国公理公法,如算学、代数学、对数学、几何学、重学、天文、地理、绘图等事,皆用初学浅书教习。若作翻译者,另习外国语言文字等书"。上班学生的学习的内容较为专业化,已不再是基础类课程。他们要学习七门课程,分别是:"一、辨察地产,分炼各金,以备制造之材料;二、选用各金材料,或铸或打,以成机器;三、制造或木或铁各种;四、拟定各汽车图样或司机各事;五、行海理法;六、水陆攻战;七、外国语言文字,风俗国政。"可见,广方言馆的教育内容更为西化和专业化。

　　清光绪二十年(1894年)前后,广方言馆"变通从前办法",对课程设置等都作了些调整,规定了《简明条规10则》。③此条规规定要对学生进行分科教育,"英文、法文、算学、天文生徒,分作四馆教授。"但是,无论是哪一科的学生,都要学习中西学课程,其中西学仍占有较大比例。"每星期前4天肄业西学、算学,各专其门,每日以8点钟为限。后3天肄业经史、古文、时艺"。另外,品行教育得到了加强,条规特别规定:"士子以敦品为先,如有吸

　　①　杨逸等:《广方言馆全案》,上海古籍出版社1989年版,第110—112页。
　　②　杨逸等:《广方言馆全案》,上海古籍出版社1989年版,第119—122页。
　　③　杨逸等:《广方言馆全案》,上海古籍出版社1989年版,第160—163页。

食洋酒嫖赌酗酒者,立即革除。其争闹懒惰不遵规矩者,由委员戒责,再犯开除。"

以上这些有关教育的规定,虽不是当时全部的教育立法内容,但它却表现出鸦片战争以后教育立法中崇尚西学、中西兼学的基本态势。这一态势又与当时上海正在融合中西法制的大趋势相一致。从中也可见,此时的教育立法与以往所有时期上海的教育立法相比,均有明显的区别,它标志着这类立法发展到了一个新的阶段。

除了以上各类规定外,那时还有其他以下一些规定。

有关工作人员收入的规定。旧上海曾对一些工作人员的收入作出过规定。这种收入包括每月的"饭食银"和"工食银"两部分,而且,职位高的比职位低的要多。据同治《上海县志》卷二《建置》记载,当时的这种收入情况大致是这样的:"书吏、经制书吏,每名月给饭食银1两8钱,工食银8两。稿房,每名月给饭食银1两8钱,工食银4两。贴写、算手、写单手,每名月给饭食银1两8钱,工食银1两5钱……大关及十八口岸巡舍,每名月给饭食银1两8钱,工食银2两。提舱手、走差巡、船舵工、更夫、食夫,每名月给饭食银9钱,工食银6钱。"

有关市政建设的规定。此时此类法规还不多,主要是在兴建一些较大规模的市政工程,或是与租界接壤的一些工程时,才作出相应的规定,明示百姓周知。清同治年间,法租界在筑路时侵权,与"四明公所"发生纠纷。法租界当局一度放弃筑路打算。于是,同治十三年三月十九日上海县衙作出规定,要筑墙和清界。此规定说:"照得四明公所冢地,现已不筑马路,并由宁董筑墙,各清界址。"①以保持华界的市容。

有关习俗的规定。有些民间习俗也被吸收为法规,使其具有强制性,保证其得到贯彻。如明末清军进入上海城后,就规定:"毋论贵贱老幼,皆剃头编发。"把满族人的习俗规定为地方法律,在上海强制施行。"自此而辫发小袖矣。"②这一法定习俗,在辛亥革命后,被剪辫法令所废止。

以上的种种规定,只是反映了辛亥革命前上海地方法规中的一些重要侧面,而不是全部情况。即使如此,综合起来仍可勾勒出当时上海立法的大概状况。从这一大概状况可以看到,那时上海的法规内容是不系统、不全面的,还处于一种遇到问题再作应急规定的被动局面。这一局面在上海由县变市以后才逐渐有所改变,上海的地方法规才有了较大程度的发展。

---

① 上海博物馆图书资料室编:《上海碑刻资料选辑》,上海人民出版社1980年版,第427页。
② 《清代日记汇抄》,上海人民出版社1982年版,第62页。

第四章　辛亥革命和南京临时政府时期法规的基本内容

　　辛亥革命及以后中华民国南京临时政府时期的上海地方政权,是在推翻原清朝上海地方政权的基础上建立起来的。它所创立的法制是辛亥革命的产物,具有资产阶级民主共和的性质,与以前清朝的法制有明显的区别。为了发展革命形势和巩固新生政权,上海地方政权除了执行中央法以外,还制定了一些地方法规,涉及的范围也较为广泛。由于当时处于战争环境,情况比较复杂,变动也较大,同时,上海地方政权不可能在此时抽出大量的时间花在立法上,因而,这一时期制定的法规以单行法规为主,很少有较为系统的法规。综合当时法规的基本内容,主要有以下一些方面。

一、建立和巩固新生政权

　　上海地方的新生政权是辛亥革命的成果。它的诞生顺应民意,是一种历史的必然。同时,旧势力也不甘心自己的失败,不愿退出历史舞台,总是千方百计地捣乱和破坏,妄图扼杀这一新生政权。这样,上海地方新政权不得不使用法律手段,作出有关建立和巩固新生政权的规定,禁止和打击各种有损这一政权的行为。这不仅是维护辛亥革命成果的需要,也是上海人民的根本利益所在。

　　在推翻原清朝上海地方政权后,建立和健全新生政权及一系列制度就变得刻不容缓了。上海的新生政权及时开始了这项工作,制定了一些有关这一方面的法规,如《沪军都督府办事简章》、《值日规则》、《会议规则》、《沪军都督府条例》、《会客暂行规则》、《都督府编制职员表通告》、《沪军都督府问事处规则》、《请领印布办法》等。①这些法规对当时的政权机关沪军都督

────────────────────

　　①　上海社会科学院历史研究所编:《辛亥革命在上海史料选辑》,上海人民出版社1981年版,第295—303页。

府的机构设置、职制及办公规则等一些主要问题都作了必要规定。《沪军都督府条例》规定:都督府下设司令部、参谋部和军务部 3 个部,每部又下设了一些部门,如军务部设置了军事、人事、军械、军需、执法、训练和总务等 7 科。所设的机构均有相应的职责,如军务部执法科的职责是"关于军事司法、监狱及一切事项"。《沪军都督府办事简章》对都督府工作人员的办公规则作了具体规定,内容包括办公时间、签到手续、请假办法、会客要求等。如关于办公时间,规定为"上午 9 时起,至下午 6 时止"。签到手续是:"各科人员到时,须向该部出勤簿上签名盖印,至上午 9 时 30 分,由部长送呈都督查阅。"

为了保护新生政权的安全,上海地方政权颁令禁止各种有损新生政权的行为。这类行为主要是造谣、非法结会结党、在军事上接济旧政权等。辛亥革命后不久,上海便有各种谣言。这些谣言混淆视听、蛊惑人心,直接有损新生政权在人们心中的形象,故民政总长、都督等人均明令禁止,并要追究造谣人的法律责任。1911 年 11 月 23 日的《民立报》报道:民政总长说近来谣传"本总长派人承管关科"之事,"迹近招摇",要求市民"毋得轻信谣言,自相纷扰",如再发现谣言,"定将为首之人查明,从重究办不贷"。1912 年 3 月又起谣言,攻击新政权"争攘权利"。为此,都督颁令要求军民"互相策勉,勿信谣言",对于造谣之人要"照军法严加惩办,以为蠹国殃民者戒。"①非法结会结党易汇成反对新生政权的反动势力,同样是当时严禁的行为。1912 年 3 月,都督发现"有宗社党党员到处煽惑,希图破坏民国",便颁令"通饬各商团、各区巡警严密防查"。②在军事上接济旧政权更是不能容忍,也在严禁之列,包括对外国人。上海起义后不久,军政府就发现"沪上一二不肖西商,竟为虎作伥,接济满政府之海、陆以军火,或竟为其雇用,破坏公法",故严令禁止,要求他们"严守中立",并"不得协助满政府或接济军用或违犯品等种种之破坏公理事"。③此外,还有其他一些危害新生政权的行为也在严禁之列。如 1912 年 1 月都督曾公布《禁例五条》,被禁止的行为是:冒称长官;僭用官府服饰、徽章;伪造民国通用之金银货及纸币;伪造官府印章及各种记号徽章;伪造官府文书等。④

同时,新生地方政权还打击各种严重威胁新生政权的行为,其中,又以对抗起义军和偷窃军械行为为重点打击对象。上海起义是辛亥革命的一

① 《民立报》1912 年 3 月 17 日。
② 《民立报》1912 年 3 月 7 日。
③ 《民立报》1911 年 11 月 5 日。
④ 《时报》1912 年 1 月 26 日。

部分。在起义过程中,上海军政府立场坚定,态度明朗,严厉打击违抗起义军的行为。先规定:"倘有敢抗义军,为虎作伥者,杀无赦。"①后又再次重申:"若有敢抗义军者,杀无赦。"②起义胜利后,上海时有军械被窃事件。大量的军械被盗,有可能被敌对势力利用,这不能不引起新生政权的重视。都督府马上发出布告,严厉打击这类行为:"本都督府访闻局中军械,时有失窃情事,特饬兵卫严密梭巡。合再出示严禁。此后若仍有私窃军械情事,一经查出,定以军法从事。"③私售和私藏枪械行为与此有关,也在打击之列:"如有军人私售洋枪及个人私藏者,查出后,即咨行军政府按照军法治罪。"④

以上这些规定都为建立和巩固上海的新生政权,惩治损害这一政权的行为奠定了法律基础。它直接有助于巩固和发展辛亥革命的成果,推进资产阶级共和国的进程,具有历史的进步性。

二、创立和保护新的经济秩序

上海起义胜利后,新生的上海地方政权便着手创立和保护新的经济秩序,制定了一些法规,使其能适应辛亥革命发展的需求,从经济上稳固新生政权。这类法规涉及的面较广,此处仅介绍一些主要的侧面。

上海人民饱受清政府的苛捐杂税之苦,新生政权把废除这些捐税作为创立新经济秩序的一项重要内容。上海军政府首先颁令废除清政府规定的一些捐税:"念我苏浙等省,民困已久,暴征苛税,是皆满清之虐",所以,"特将江浙皖闽境内一切恶税,尽行豁免,以纾我父老之难"。具体免除的捐税是:除盐酒糖各税捐外,所有统税关卡,一律永远裁撤;除海关外,所有税关,一律永远裁撤;本年下忙丁漕,概行蠲免;本年以前积欠丁漕,概行蠲免;各属杂捐,除为地方所用者外,概行蠲免。⑤上海的民政部作了相应的规定:"父老苦满清苛法久矣,百货落地捐尤为吾商独受之虐政。今吾上海即日宣告独立,所有前项落地捐及筹防捐,自本日起立即革除,毋再累吾市民。"⑥以

① 《民立报》1911 年 11 月 6 日。
② 上海通社编:《上海研究资料》(续集),上海书店 1984 年版,第 160 页。
③ 《民立报》1911 年 11 月 11 日。
④ 《民立报》1911 年 11 月 19 日。
⑤ 上海通社编:《上海研究资料》(续集),上海书店 1984 年版,第 159—160 页。
⑥ 《申报》1911 年 11 月 5 日。

后,此部又废除了捕盗船捐:"捕盗船捐一项,捐数较巨,船商苦累不胜",故也"将此捐撤除"。①在废除原捐税的同时,上海民政总长还曾规定免除市民的一些原有所欠钱粮:"所有中华民国元年以前应完地丁、正杂钱粮实欠,在民者皆予免除,有司毋得追索。"②废除原有的苛捐杂税后,根据形势的发展,上海新地方政权还建立了新的捐税制度,规定收纳必要的捐税,以满足政府的日常开支。这些捐税包括:清洁捐、路灯捐、房捐、车捐、宰牲捐等。收取它们被认为是"与民政既无窒碍难行之处,于地方实为公共利益之图"。③

上海起义后,上海军政府就多次要求各商店等继续营业,并保护它们的安全,以维护正常的经济秩序:"在各商家遍给传单,剀切晓谕,维持市面。"④"所有各该店主生命财产,本军政府力任保护,不使扰及分毫。吾民其各安居乐业,各守秩序,有深望焉。"⑤"所有本埠居民人等,俱可各安生业,开市贸易。"⑥以后,都督府还抚恤过被毁的米店。该米店在起义时,被战火所毁,查清实情后,都督府就"勉力设法给恤洋千元,以示民国轸念商艰、推诚待人之至意"。⑦同时,还禁止故意关闭、倒闭行为:"各钱庄务须顾全大局,互相维持,勿得彼此倾轧,收积现银。如其只顾私利,有意违背,扰乱市面;众商等亦不得借此金融恐慌之际,故意倒闭。经人控告,均须加等治罪。"⑧

随着政府与军队的开支增加,上海一度出现了募饷、募捐活动。上海新生政权用发布法令的形式加以引导。首先,规定募捐机构。1911 年 12 月,先确定广肇公所、军事募捐团和女界协赞会为募捐团体,⑨后又规定特设立中华民军协济会为统一的募捐机构,"务望募饷各团体热心诸公,此后与该会联络办理,以免分歧"。⑩其次,规定募捐规约。都督府发布的募饷规约共六条,内容包括:募饷须以团体名义,并得到都督府认可;都督府认可的募饷团体要登报声明;收到募饷后要同时给予收据;个人的捐款须入收捐处,不准私自收款等。⑪最后,规定禁止勒捐行为。在募饷、募捐过程中,发现有人

---

①　《时报》1911 年 12 月 23 日。

②　《申报》1912 年 3 月 15 日。

③　《民立报》1911 年 12 月 7 日。

④　《民立报》1911 年 11 月 4 日。

⑤　《申报》1911 年 11 月 5 日。

⑥　《申报》1911 年 11 月 6 日。

⑦　《申报》1912 年 5 月 14 日。

⑧　《民立报》1911 年 11 月 9 日。

⑨　《民立报》1911 年 12 月 5 日。

⑩　《民立报》1911 年 12 月 25 日。

⑪　《民立报》1911 年 12 月 1 日。

强行征捐,其中有假冒军人者。对此,都督多次颁布通告,禁止这类行为。先说:有书"报告勒捐情形,读之为之发指",要求被勒之人"鸣交警察,或径送本府"。①后又说:发现有人"向殷实绅商量人财产多寡勒捐巨款,并以炸弹、手枪多方恫吓",还明确表示对此类行为"决不稍予宽贷也"。②稍后,再一次申明,那些"用恫吓手段勒令捐输"之人,必是一些"假冒民军之徒",要求"被勒之家禀报本府",以便"从重治罪"。③这些规定为保护募饷、募捐活动的正常开展,打击利用这一活动进行破坏者,都起到了积极的作用。

为了保证辛亥革命后上海经济的稳定和发展,上海新生政权还根据形势,利用法律手段,及时调整金融秩序。上海起义后的几天里,上海军政府允许原旧钞票仍可通行,规定:"所有一切贸易,仍将旧有官设各银行钞票,照定价行用,以保金融而安市面。"④不久,便觉得应由自己的金融机构"以期流通泉货,酌剂盈虚,既裕饷需,兼苏商困",⑤于是决定创设中华银行,还公布了《中华银行简章》。此简章共16条,规定的内容包括:创立银行的目的、银行的牌号、银行股份的数额、入股的手续、营业项目、银行的股东会和董事会的组成等。⑥银行创设后,随即开展了业务,其中较为重要的是发行公债票、军用票和各种钞票。都督规定这些有价证券、纸币均为合法:"设立中华银行,具有国家银行之性质,专理公债票及军用钞票","所发各种钞票,务须一律通用,流行无滞"。⑦数月后,发现有伪造的军用钞票,于是都督府又及时发令,严行打击:"讵有罔法之徒,大胆妄为,竟敢伪造前项军用钞票到处混用",对此,一定"严密侦缉,尽法惩办"。⑧

此外,上海新生政权还根据需要,对没收清政府企业、限定米价、允许外国人合法贸易等问题也作了明确规定。上海起义后,军政府就下令没收原清政府在上海的企业制造局,认为它"虽系满清设立,而其实皆吸取我同胞民脂民膏所办",规定:"自应即日收回,由军政府管理"。⑨上海米价一度上涨,为了维持人民生计,都督明令限制米价。"示仰各米商等知悉,须知目前地方人民生计困难,米价已至十元以外,若再增贵,其何以堪? 此后但

①　《民立报》1911 年 12 月 8 日。
②　《民立报》1911 年 12 月 10 日。
③　《民立报》1912 年 1 月 20 日。
④　《申报》1911 年 11 月 6 日。
⑤　《民立报》1911 年 11 月 12 日。
⑥　上海通社编:《上海研究资料》(续集),上海书店 1984 年版,第 103—104 页。
⑦　《民立报》1911 年 11 月 19 日。
⑧　《时报》1912 年 6 月 10 日。
⑨　上海通社编:《上海研究资料》(续集),上海书店 1984 年版,第 161 页。

可减低,不可再涨。"①上海外国人不少,其中不乏商人。对于守法商人进行的合法贸易,上海新生政权不加干涉。上海民政总长曾发布告表示:"须知德人系严守中立,凡系合法贸易,我华民自可无须干涉,以重邦交,其各知照。"②

上海新生政权在作出以上规定的同时,还依法打击一些干扰经济秩序的犯罪行为。1912 年 1 月,抓获了周阿根等 6 个抢米犯,"交闸北总局讯究"。③同年 3 月,又发现前清银行经理宋汉章等人有"乘民军光复之际,捏造假赈巨款等情",于是将他们拘获,"听候查核,秉公讯究"。④

以上这些规定,为创立和保护辛亥革命和南京临时政府时期上海的经济新秩序发挥了极其重要的作用,使这一时期上海的经济没有出现大起大落的状况,有力地支持了辛亥革命和新生的资产阶级共和国政权。

三、维护治安秩序

上海新生政权在立法中没有忽视对有关维护治安秩序的规定,把它也作为立法中的一项重要内容。从而在法律上保障广大上海市民的人身和财产等安全,稳定人心,以及巩固和发展辛亥革命后的大好形势都起到了积极的作用。

上海起义胜利后不久,军政府就颁布了一个刑赏条例。⑤此条例开门见山地告诫上海市民:"凡我同胞,皆宜谨守秩序,勿违军法。所有刑、赏各条,开列于后"。其中,有 8 种人要处斩,8 种人可受赏。要处斩的 8 种人是:违抗义师者、藏匿侦探者、伤害外人者、奸掳烧杀者、扰乱商务者、罢市抵抗者、强赊硬买者和冒充民军者。可受赏的 8 种人是:乐输粮饷者、接济军火者、保护租界者、守卫教堂者、率众投降者、劝导乡民者、报告敌情者和维护商务者。在这中间,大多与维护社会秩序有关。

在此前后,上海新生政权还根据案发情况,及时规定了须惩治的一些破坏治安秩序的行为。当发现有匪徒手缠白布,冒充民国军人,在民间"假名筹饷,恐吓敲诈"后,立即告示"城厢内外各色人等",日后再发现此类"勒索

---

① 《申报》1912 年 5 月 24 日。
② 《民立法》1911 年 12 月 18 日。
③ 《时报》1912 年 1 月 7 日。
④ 《时报》1912 年 3 月 26 日。
⑤ 《民立报》1911 年 11 月 5 日。

情事"，就要将他们"立拿扭送，尽法惩办"。①当发现有人造谣、抢劫后，就马上告诫上海商民，"自（应）一律安分营业，切勿轻听谣言"，同时明确规定："如有匪徒造谣生事，希图抢劫等情，一经拿获，当以军法从事"。②当发现有扰乱社会治安的团伙后，又颁令严禁，因为他们借结党立会的名义，组成团伙，"实行其自私自利之诡谋"，"图害治化"。为了"维持地方治安及促助文明进化"，都督明示：一旦查获他们，"本都督唯有按律惩治，决不宽贷"。③当发现粪夫"聚众滋闹"以后，上海民政总长又及时禁止，要求粪夫"各安生业，切勿受其唆弄，致蹈愆尤"，并表示"再有粪夫滋闹，立即拘送，从严惩办不贷"。④

　　由于当时缺乏治安人员，上海新生政权一度规定原清巡警和绿营弁兵可充任治安人员，被当作巡警和巡士使用。先规定，起义军所到之处，凡原巡警左手袖以白布、局中高悬白旗以示诚意、支持起义的，"上至长官，下至巡警"，都可继续行使巡警之职，而且"其守望巡逻之规则、官弁长警之薪饷，概照向章办理"。⑤后又规定，原绿营弁兵如果愿意担任的，也可考验录用。上海民政总长曾"谕各城门旧时绿营弁兵知悉：本月之饷，由本总长筹款给发，尔等即日迁出，以便派巡警驻守。如有愿当巡警者，即至警务处报名，听候定期考验录用"。⑥在这些应召而来的警员中如能竭力从事公务者，照样可以得奖，当时还如是规定："此次响应来归之巡士，如能恪守本政府命令，竭力从公者，当予特别之优奖。"⑦

　　在制定有关维护治安秩序的规定的同时，上海新生政权还利用法律手段惩治一些扰乱社会治安秩序的违法犯罪者。1911 年 11 月，徐仲鲁、张毛毛和真修 3 罪犯"谋财害命，罪恶昭著"，被认为是"有害社会之徒"，于同月 5 日在九亩地处被处决。⑧以后，闵行镇的庄壬生、翁三、曹和尚等罪犯因赌博而起衅，与警兵发生冲突，还"焚毁警局"。对于其中的"滋事要犯"，也在审讯得实后，"即行枪毙，以昭炯戒"。⑨还有，川沙出现土匪闹事、开枪拒捕的情况，"实属扰害治安"。经率兵痛剿后，要犯唐文卿、王永岩和李锦春 3 人

---

①　《民立报》1911 年 11 月 10 日。

②　《申报》1911 年 11 月 9 日。

③　《时报》1912 年 3 月 5 日。

④　《申报》1912 年 3 月 15 日。

⑤　《时报》1911 年 11 月 6 日。

⑥　《民立报》1911 年 11 月 11 日。

⑦　《民立报》1911 年 11 月 9 日。

⑧　《民立报》1911 年 11 月 5 日。

⑨　《民立报》1912 年 3 月 1 日。

被捕,"明正典刑"。①有些案犯在逃,便通缉捉拿,1912 年 5 月就有两次这样的通缉。一次是通缉土匪。上海起义后,一度流窜在乡村的土匪"蠢起",以致"抢劫之案层见迭出",以后查实这些均为土匪所为。"查土匪结党横行,内(则)扰乱治安,外则勾引盗贼,贻害地方。"于是,开列各匪名单,共有叶阿龙、王福生、周阿土等 30 人,责成有关部门,"务获究办"。②另一次是通缉盗匪。1912 年 5 月 21 日夜晚,有"盗匪多人在宝昌路西首奇祁路王姓坟地行劫",他们抢劫了他人的洋元、衣服后便逃遁而去。对此,都督认为"若不严行拿办,必致民不安枕",故下令定要"严缉拿办"。

以上这些规定,在维护治安秩序、确保当时的治安中都十分有效,以致那时总体社会状况是令人满意的,人民的生命和财产也得到了切实的保护,即使在起义后不久那段最易发生混乱的时期也是如此。《上海近代史》一书曾这样描述那时的社会情况:"由于革命的保护,上海市面秩序安定,行人照常往来,店铺照常开市,一如以往。"③这是一个真实的写照。

四、树立新的社会风尚

辛亥革命前,上海和全国其他地方一样,留有一些旧的习俗。辛亥革命后,上海新生政权在竭力提倡树立新的社会风尚的同时,还用立法形式加以规定,其中,主要有禁赌、禁烟、剪辫、改用纪年和贺年服等。

清政府统治时期,上海赌博盛行,聚赌不足为奇。"时有开场聚赌,常常达旦通宵"。尤其是在过年之际,开场聚赌更多,似乎成了一种民间习俗。"惟满清时代,民间于元宵之前开场聚赌。"由此而造成的后果令人痛心:"大则倾家荡产,小则争攘斗殴。"特别是那些贫民小户,本来就没什么家底,"一家待哺嗷嗷",赌输以后,家产全荡,乃至"老小号啕"。因此,人们认为,赌博"伤风败化,莫此为甚"。上海都督府考虑到这一点,于 1912 年 2 月两次告示市民,禁止赌博。一次规定:"通饬严禁赌博",违犯者"定予严办"。另一次规定:销毁赌博用具,赌博者要"洗心革面",如果有人再"敢故违禁令,自有军法专条"惩治。④

---

① 《时报》1912 年 2 月 4 日。
② 《民立报》1912 年 5 月 15 日。
③ 刘惠吾编著:《上海近代史》(上),华东师范大学出版社 1985 年版,第 358 页。
④ 《民立报》1912 年 2 月 21 日,1912 年 2 月 27 日。

　　禁烟,即禁止吸食鸦片及其他毒品也十分必要。上海开埠后,外国的鸦片蜂拥而入,成了进口鸦片的主要口岸。据 1847 年至 1860 年的统计,从上海进口的鸦片在数量和占全国进口率中均有很大提高。1847 年上海进口鸦片 16500 箱,占全国进口率的 49.02%。至 1860 年,上海进口鸦片猛增到28400 多箱,所占比率上升了 10 个百分点。①与此同时,鸦片在上海公开买卖,“辛亥革命前,在上海公共租界及法租界公开贩卖鸦片,均由租界当局征收各种名目的捐税,并发给牌照,不问中外商人,都可以公开营业”。②以致鸦片在华界也泛滥起来,连“小小村镇,必有烟室。其中三五成群,所讲无一正经话”。其后果是“伤财废事,民生日形憔悴”。③从维护上海人民的利益出发,上海的新生政权严令禁烟。1912 年 2 月,都督专门发布禁吸鸦片告示,规定:“如有私卖灯吸者,一经查出,财产立即发封,本犯严行惩办。”④同年 3月,民政总长又谕示市民,“禁绝私种”鸦片,还要“注意输入”的鸦片,不可使“烟禁略弛”。⑤

　　清政府曾强迫全国的男性留辫。这不仅不方便、不雅观,而且还具有民族压迫的性质。上海起义胜利后,新生政权多次作出规定,要求男性市民剪辫。1911 年 11 月张贴告示:“凡我同胞,一律剪辫。”⑥1911 年 12 月又一次告示:“务各父诫其子,兄勉其弟,速将辫发剪除,以表众心一致。”⑦1912 年 4月再次命令:“凡未去辫者,于令到之日,限 20 日一律剪除净尽。有不遵者,以违法论。”⑧这一规定得到了上海广大市民的支持,许多人上街积极配合实施。1911 年 12 月 31 日,在大东门火神庙举行了一次剪辫大会,到会者千余人,演讲者慷慨激昂,使在场的三分之一人当场剪辫。有的市民还成立了义务剪辫组织,其中,最早的要算小南门的群学会。在 1911 年 12 月 31 日召开的一次义务剪辫大会上,一下子就有数万人要求剪辫。群学会规定,剪辫后还修成美观发型的,只收钱一角。所以,吸引了大量的要求剪辫者。还有以个人名义组织剪辫会的。有个名叫徐志棠的人,在畅园茶馆里附设了一个义务剪辫会,只要在 3 天内前来剪辫的,不仅分文不取,还另送大肉面一碗。

———————————

①　详见黄苇:《上海开埠初期对外贸易研究》,上海人民出版社 1979 年版,第 31 页。
②　上海市文史馆:《旧上海的烟赌娼》,百家出版社 1988 年版,第 6 页。
③　金惟鳌:青浦县《盘龙镇志·风俗》。
④　《民立报》1912 年 2 月 22 日。
⑤　《时报》1912 年 3 月 16 日。
⑥　《时报》1911 年 11 月 12 日。
⑦　《民立报》1911 年 12 月 30 日。
⑧　《时报》1912 年 4 月 6 日。

结果,3 天内共有 350 余人前去剪辫。①这些活动都着实地推动了剪辫规定的实施。

另外,还对改用纪年和贺年服作了规定。原来,上海与全国其他地方一样都用清朝年号纪年,带有封建统治的色彩。上海起义后,先改定用黄帝纪年方式代替清朝年号纪年:"即日起用黄帝纪元,不准再用'宣统'字样。"②以后,又把黄帝纪年改为中华民国纪年,与全国一致起来:"布告军民各界人等知悉,以黄帝纪元四千六百九年十一月十三日,着改为中华民国元年正月第一日。从前行用阴历,一律变更。"③同时,改用贺年制服的规定也出台了。上海市民有贺年的习惯,贺年服为"前清冠裳"。随着清政府的垮台,已无必要再用此服装了,故于 1912 年 2 月规定:"除大褂冠顶禁用外,听便",并嘱"人民一体遵照毋违"。④

以上这些法规的颁行,在较大程度上改变了上海市民原有的一些封建习俗。从此,人们不再留辫,也不再用清朝的年号纪年和贺服贺年,赌博和吸烟禁令也收到了实效。这有利于形成民国初期的新风尚,使其更贴近中国近代社会的发展洪流。

五、军队纪律

上海起义军是推翻清朝上海地方政权,建立并巩固上海新生政权的决定力量。但是,要使这支军队立于不败之地,少不了要得到上海广大人民的拥护和支持。在这里,军队本身的建设就十分重要。上海都督府重视这一建设,制定了一系列有关军队纪律的规定。

在当时制定的有关军队纪律的规定中,大致可以分为两部分:一部分是较为完整的规定,内容较为复杂。另一部分是针对某一或几种情况或行为制定的规定,内容较为简单。

当时,曾颁行过几个内容较为完整的规定。据 1911 年 11 月 9 日的报道,沪军都督颁布了《军律 11 条》,内容主要是规定了 5 种可受赏的军人和 6 种要被处斩的军人。5 种可受赏的军人是:临阵冲锋勇敢者;擒获敌军将领

---

①　参见王立民:《两个"剪辫"法令》,《档案与历史》1987 年第 3 期。
②　《民立报》1911 年 11 月 8 日。
③　《申报》1912 年 1 月 2 日。
④　《民立报》1912 年 2 月 21 日。

者;捕获敌军间谍者;恪守纪律、能为一队模范者;能招降敌军者。6 种要被处斩的军人是:奸淫掳掠、扰害地方者;招摇撞骗及借招兵名目,聚众要挟者;加害外人生命财产及扰害租界治安者;反抗上官命令、临阵脱逃者;泄漏军机及降而复叛者;散布谣言、摇惑军心者。以后,都督府训练处又发布《军规赏罚 18 条》,①规定 9 种军人要被处斩,9 种军人可以受赏。其中,有些内容是《军律 11 条》所没有的,主要是:盗窃军械、粮饷者;杀人放火者;聚众赌博、私食洋烟者都要被处斩。还有,服从上官命令者;遇敌不惊者;爱护同胞者;品行端正、勤慎耐劳者;卧室清爽、衣服洁净者,均可受赏。它具有补充《军律 11 条》的作用。

据 1912 年 1 月 29 日《民立报》报道,都督府在同月还发布了《军营律令》。这是当时发布的最为详尽的军队纪律,内容由"军律 10 条、赏例 8 条、惩罚令 27 款,又附注 7 条、军机律 10 条、逃亡律 8 条"组成。《军律 10 条》专门惩治那些在战时和合围地驻扎军队中的犯罪军人,共 10 条,即 10 种犯罪,内容与以上两个规定基本相同。凡构成这 10 种犯罪的,均"处死刑"。《赏例 8 条》是关于酬偿立功军人的规定,共 8 条。前 6 条是可受赏的军人,内容也与以上两个规定基本相同。后两条是新增加的,为"优恤"条款,规定:阵亡者,遗族优恤;因伤残病者,优恤。《惩罚令 27 款》专为制裁那些违法军人、军属而设,共 27 条,即 27 种违法行为。这些行为在情节和造成的后果均轻于犯罪行为,且有一些是属于过失行为,如误泄秘密事件而未遂者,误解命令及传达迟误者,误犯军纪者等。触犯这类规定的,除要记过处分外,还要依照不同情节,处以 10 日以上、3 个月以下的禁闭。《军机律 10 条》是打击泄漏军事机密行为的规定,共 10 条。前 7 条均为具体的泄漏军事机密的行为,主要是:因各种原因而泄漏了军事上的秘密事件、图书及物件;私自测量、摹写、摄影或记录军事港湾、要塞、制造军火船械厂等地方等。后 3 条对以上各罪的量刑作了原则规定,包括未遂者、屡次作案者和共同犯罪者的适用范围等。构成这类犯罪的,除军人外,一般市民也都要被处罚。量刑为监禁、死刑和罚金,依犯罪情节科处。如未经长官同意,"而用作伪手段擅入窥伺"要塞及水旱雷敷设所在、制造军火船械各厂或其他防御建筑物件者,要"分别情节轻重,处 10 年以上 15 年以下之监禁刑,并科 20 元以上 500 元以下之罚金;在戒严时处死刑"。《逃亡律 8 条》规定的是军人在平时或战时构成逃亡罪的 8 种表现和处罚幅度。共 8 条,对逃亡不返,逃亡时携带服装、枪械、马匹,多人逃亡,耕兵逃亡,逃亡士兵的长官等,都作了明确的处

---

① 《时报》1911 年 11 月 16 日。

罚规定。量刑为监禁和死刑，也依不同情节处断。如军人携带服装逃亡的，"处1年以上3年以下之监禁刑"；戒严时，共同逃亡人数在10人以上，为首者"处死刑"。

在有关军队纪律的规定中，还有一部分是针对某一种或某几种情况或行为而制定的。这类规定的数量较多，且往往因事因地而制宜。其中，大多为以上军律无明确规定，具有拾遗补阙的作用。1911年11月，因发现有军人"随意乘车"，于是规定：军政府人员和军人"乘坐火车、轮船，除领有本军政府执照外，概行一律购票，并不得越级乘坐"。①1911年12月，得知有些士兵"硬剪行人发辫，以致议论纷纷"，便明令："各军官长，火速查禁无徇"，"士兵勿再越分"。②1912年1月初，仍有少数士兵留辫，故立即下令："各兵士迅将发辫即日剪除尽净，如有抗违不遵者，即行追缴饷银，革除军籍，不稍宽贷。"③同月，还收到有关军人出入妓院、戏馆、剧场，甚至混闹的报告，又颁令："凡有见穿军服之人在妓院、戏馆混闹者，许即扭解来府，即以军法从事。"④"如有敢身穿戎装出入于妓院、剧场者，经本都督查明，立即军法从事。"⑤1912年2月，接到沪宁铁路总管反映，有军人在火车上不守规则，甚至用军械恐吓乘客，"殊失军人体统"。为此，要求"各营兵士，嗣后乘坐火车，需谨守该站规则，不得妄自争闹，致失军人体面"。⑥1912年4月初，有士兵三五成群"游行街市，或驼背搭背，或沿街食物，甚至调笑土娼"。掌握了此情况后，又马上规定："如以后有兵士任意外出嬉游街市者，除将该兵从严责办外，并将该管官长撤差示惩。"⑦

在作出以上规定的同时，也惩治了一些违犯者。如1912年4月初，抓获了两个具有抢劫行为的叛逃士兵李超胜、吴胜堂以后，"经都督府执法科讯明实情，立即枪毙"。⑧

由于及时颁布并严格施行了以上的军纪，所以，沪军始终处于良好的状态，为此，还受到了上海广大民众的拥护和支持，人们纷纷参军。据估算，上海起义后，参军总人数在4万人以上。有人还因年龄未到而瞒着家人，报名

---

① 《申报》1911年11月24日。
② 《申报》1912年1月1日。
③ 《申报》1912年1月4日。
④ 《民立报》1912年1月13日。
⑤ 《时报》1912年1月20日。
⑥ 《申报》1912年2月10日。
⑦ 《民立报》1912年4月5日。
⑧ 《民立报》1912年4月3日。

参军。山西路盆汤弄某烟纸店一个姓王的学徒,年仅 17 岁,瞒着父母,径自报名参了军。[①]

在辛亥革命与南京临时政府时期,上海地方立法的主流值得肯定。它体现了辛亥革命的进步性,反映了广大民众反对清政府统治的愿望和建立资产阶级民主共和制度的要求。但是,在当时的历史条件下,不可避免地存在其局限性,比较突出的是两个方面:一是具有压迫劳动人民的一面。如1912 年 6 月,江南制造局工人发起成立了"制造工人同盟会",宣传反对压迫,要求平等,提出"如有不平等之事,一体罢工"。[②]入会者有 200 多人。都督知晓此事后,不仅"严行禁止,设法解散",还要对不从令者"从严律办,毋稍宽纵"。[③]把工人们反对剥削、压迫的行为,看作是一种违法犯罪行为。二是对列强过于软弱。凡是与上海租界有关的,在立法上大多退让三分,害怕得罪洋人。1911 年 11 月 13 日的《时报》说,因为"徐家汇一带有洋人交涉",所以,都督和民政总长联合规定:"即日禁止游人入内"于这一地区。1912 年 3 月 19 日的该报又说:都督规定,逃兵进入租界,军人"不得径行搜捕"。尽管如此,也不能抹杀这一时期法规的主流。它在旧上海的立法史上,仍是不可磨灭的一页。

①   参见唐振常主编:《上海史》,上海人民出版社 1989 年版,第 478 页。
②   《申报》1912 年 6 月 23 日。
③   《申报》1912 年 7 月 1 日。

第五章　北京政府时期法规的主要内容

自 1912 年 7 月袁世凯取消沪军都督府,设置镇守使以后,上海便直接在北京政府的军阀独裁政权控制之下,立法也进入了另一个时期,即北京政府时期。北京政府是袁世凯篡夺辛亥革命成果而建立起来的军阀独裁政权,受到外国列强的支持,代表了地主买办阶级的利益,具有明显的反动性。这就决定了在那时上海的法规中,有许多内容是有关打击进步力量的。事实也是如此,抓捕进步人士、禁止进步活动都是那时法规中的重要内容。这部分内容直接地反映了此时上海地方法的本质。同时,为了维持上海地方的统治和应付社会舆论,上海地方军阀政权还制定了一些有关经济与金融治安与交通等方面的法规,甚至还有一些要求禁烟、禁赌等的规定。布告、通告和禁令等单行法规仍是当时的主要法律形式,较为系统的法规还是不多见。由于时代的发展和上海城市的变化,这时法规中的有些方面内容比以往有所扩展,如卫生、交通等方面都在其中。综合这一时期法规的内容,主要是以下几大方面。

一、打击进步力量

在北京政府时期,上海地方军阀政权实行军阀独裁统治,处处与人民为敌,倒行逆施。这从根本上违背了广大民众的意志和愿望,不能不激起上海进步力量的反对和广大民众的反抗。面对这种反对和反抗,上海地方军阀政府竭尽全力进行打击,矛头首先指向进步力量,包括利用法律手段。其中,首先从剥夺各种自由开始。1925 年 12 月 1 日的《申报》报道:淞沪司令部"发现一种传单",而且散发的面较广,"南北市皆有散布",内容是要求"创设民主政体、言语自由、集会自由等语"。对于这些传单"淞沪警察厅长饬属一体查禁,并严予制止"。它不仅表明了上海地方军阀政府对于上海人民要求自由的基本态度,也直接反映了其打击进步力量的反动立场。

　　上海地方军阀政府不只是禁止散发要求自由的传单的进步行为，还以戒严为借口，三番五次地下令不允许集会和游行。1923 年 12 月 31 日，护军使下令："查沪上仍在戒严期内，无论何种集会，均应禁止"，如发现此种行为，"制止为要"。①1925 年 7 月 18 日，淞沪戒严总司令"重申禁令"，禁止集会和游行。在此禁令中，诬蔑爱国行为是"以行其奸"、"适以祸国"，是"破坏秩序，妨害治安"，还规定：如发现集会、游行者，"获案讯实，或被告发，应即按照戒严法定予从事，严行究办，决不姑宽"。②1925 年 9 月，淞沪戒严司令部又两次明令禁止集会、游行："遇有工人集会等事，按照戒严法立即禁止。"③"嗣后集会游行，应按照戒严法一律禁止"。④至 1926 年 3 月，这种禁令继续有效，淞沪戒严司令部还是规定："如有结党开会、集众游行，仍应一律禁止。"⑤

　　就是在五一劳动节、五卅纪念日等节庆和纪念日，集会、游行仍在被禁止之列，且有明文规定。1924 年 5 月 1 日，护军使"惟恐劳动界会员或有结队"，"为五一劳动纪念"，所以，规定："华界仍在戒严期内，一切结社开会游行演说，均在禁阻之例，届时如有劳动界团体，倘入华界游行演说者应当阻止。"⑥1926 年淞沪戒严司令部又张贴布告，禁止五一和五卅的纪念活动："本埠工学各界对于五一、五卅各纪念日，尤为热烈"，但是，"集会游行易滋事端"，所以，"特酌派军警严行查禁"，"嗣后如有不法之徒，利用时机，希图煽惑，本部定即从严拿办，决不姑宽"。⑦孙传芳到达上海后，连 10 月 10 日当时的国庆节纪念活动也被取消了："现在军事期内，无论何种名义，一律不准开会游行。10 月 10 日国庆纪念，亦只许悬旗庆祝，仍不得有开会演说等情事。"⑧

　　除了集会、游行之外，罢课、罢市和罢工等也在严禁范围之内。1925 年的五卅惨案以后，华界举行"三罢"，即学生罢课，工人罢工，商店罢市，以声援租界工人的行动，但是上海地方军阀政府却加以制止。至 1925 年 7 月，戒严司令部还发出告示，规定：自出示之后，再有人参加、组织罢课、罢工或罢市的，"一经查实，定即拿办，按照戒严法予以枪决"。⑨1926 年 6 月，面对丝

---

① 《申报》1924 年 1 月 1 日。
② 《申报》1925 年 7 月 19 日。
③ 《申报》1925 年 9 月 20 日。
④ 《申报》1925 年 9 月 23 日。
⑤ 《申报》1926 年 3 月 22 日。
⑥ 《申报》1924 年 5 月 1 日。
⑦ 《申报》1926 年 5 月 3 日。
⑧ 《申报》1926 年 10 月 5 日。
⑨ 《申报》1925 年 7 月 23 日。

厂工人的罢工风潮,上海地方军阀政府再次下令禁止。6月25日,淞沪警察厅长以莫须有的"藉词恐吓威迫罢工,如不服从,辄敢恃众用武等事"为由,通令华界各区从严查禁罢工之事,"倘敢故违,定即拘案从严法办,决不宽贷"。①

这种禁止在1926年6月达到了疯狂的程度,甚至连人们谈论军事都被认为是非法行为。6月9日的《申报》报道:"淞沪警察厅严厅长,还以本埠发生种种谣言,其谓徐州方面,已有军事行动等语",认为"显有奸人从中散播,希图谣惑人心",因此,出令在华界"境内茶坊、酒肆暨其他公共场所,禁止妄谈军事",而且"自前日起,各茶酒肆内,均贴有'奉警厅严谕,禁止谈论军事'之字样"。这荒谬得简直令人难以置信。

在上海地方军阀政府所要打击的进步力量中,最主要的是进步团体的领导人和中国共产党人,他们都在"禁防"和"严拿"范围之中。1925年12月,华界两次"严防"共产党。先是淞沪警察厅长"访悉有共产党在沪宣传开会等种种行动",认为这"殊与地方治安,大有关系",所以,"不得不严予禁防",同时还"严饬该探员一体注意,随时侦察据实呈报"。②后是淞沪戒严司令部获悉,苏联共产党一行20余人"不日来沪宣传赤化",便"特函知许交涉员,转请英法当道共同防范"。③至1926年,严拿的范围扩大到了进步团体的领导人。1926年12月25日的《申报》透露了一条消息,说孙传芳"密令查封非法团体,并严拿各该团体之领首,重惩不贷,并闻列名逮捕者,有80余人之多"。

以上这些规定的颁行,大多是在出现爱国、正义的群众运动前后,很显然,其目的是妄图通过打击进步力量来扑灭人民革命的烈火。这里略举两例以证之。1925年5月30日,上海公共租界发生了震惊世界的五卅惨案。租界巡捕竟在光天化日之下用枪扫射手无寸铁的示威人群,当场打死13人,伤数10人,这激起了华界民众的极大愤慨,全市实行"三罢",游行、集会的浪潮一浪高过一浪,充分体现了上海人民的正义感、爱国心和不屈不挠的精神。但是,上海地方军阀政府却胆战心惊,生怕危及自己的地位,一再禁止"三罢",1925年7月还发出告示,以"枪决"相威胁。在1926年的五一和"五卅运动"1周年之前,上海地方军阀政府预料上海人民会举行游行和集会等纪念活动,反对独裁统治,并表达自己的爱国热情和寄托对死难烈士的哀

---

① 《申报》1926年6月25日。
② 《申报》1925年12月9日。
③ 《申报》1925年12月30日。

思,便在这以前匆匆张贴布告,明令禁止五一和五卅的任何纪念活动,还扬言要"从严拿办"领导者。但是,上海人民并没有被这些规定所吓倒,进步力量也没有因此而被削弱,相反却不断壮大,人民革命的波浪此起彼伏,从不间断。据《上海史》的"上海史大事记"所列,自 1920 年至 1926 年的 7 年中,上海爆发的较大规模的罢工、游行和集会等就有近 10 次。[1]最后,上海地方军阀政府在 1927 年上海第三次武装起义的炮火中彻底垮台。

二、经 济 与 金 融

在北京政府统治时期,适逢第一次世界大战,一些欧洲列强忙于战争,无暇东顾,暂时放松了对中国的经济侵略,输入上海的商品明显减少。与此同时,上海的民族资本工业获得了空前的发展,新厂增多,资本积累速度加快,大批旧厂更新。第一次世界大战以后,上海多次掀起抵制外货的运动,不少上海民族资本工业在夹缝中得到了发展,这给上海的经济发展提供了良好的机会。上海地方军阀政府也利用这一机会,制定了一些有关经济的法规,目的是为了获取更多的经济利益和形成更有利于自己的经济秩序。

确定工商企业的行为规则,是当时经济立法中的一个组成部分,《工厂通则》和《售丝章程》[2]是其中的两个。前者制定于 1924 年 3 月,是在英国工场视察员安特生女爵士来华之时,由上海工业委员会委员与她"参照中国情形,及采取英国法律",撰拟初稿,历经两个月,经"邀各团体加以修订后"才定稿。共有 28 条,对工人的划分、工作时间、工资、处分等问题均作了规定。如对工作时间的规定为:每日工作除休息时间外,至多不得超过 8 小时;因特别事情,确需延长工作时间的,每日不得超过 2 小时,每年不得超过 48 日,每周不得超过 3 日,等等。后者制定于 1924 年 5 月,由上海市丝绸总公所拟订,交各丝商和洋行执行。共 10 条,对抛丝时间的约定、交货期限、检验、付款、违约责任和丝的质量等一些问题均有规定。如关于检验的规定是:"交货之日起,不问船期,1 星期内检验,检验完毕,随即过磅";"检验不合,必须调换者,应给卖客期限,如 5 件者,宽于 1 星期"。关于付款的规定是:"过磅后,先付 8 成货银,每天每千贴息 3 钱,至遇首先出口开船日为止,不问已装未装。"

---

[1] 唐振常主编:《上海史》,上海人民出版社 1989 年版,第 984—987 页。

[2] 详见《申报》1924 年 4 月 2 日,1924 年 5 月 13 日。

上海地方军阀政府为了满足自己的花费,向广大上海市民收缴各种捐税,而且作了明文规定,此处以 1919 年 1 月发布的《车捐章程》和 1922 年 4 月公布的《公益税规定》为例。①《车捐章程》规定:在华界行驶的各种车辆,"无论自备、营业,均须纳捐领照",其中包括汽车、马车、东洋车、大货车、马货车、小货车、小车和粪车;它们每月应纳捐款不等,车大款多,车小款少,从营业汽车每月缴捐 3 元递减到粪车每月缴捐 1 元 5 角;按期向工巡捐局纳捐者可得到车执照;查到无照者,要进行处罚。公益税由工巡捐局收缴,纳税比例按房租折算,具体为:居民户"照房租 5 厘纳税";商店、货栈照房租"7 厘纳税";不交房捐的,"照 1 成 2 厘纳税"。上海收缴各种捐税的趋势是日益加重,这激起广大商民的反对,在 1922 年已经如此。据 1922 年 9 月 8 日的《申报》记载:9 月 7 日,因沪北工巡捐局"迭次加捐,群起反对",认为它只顾收捐,"不顾吾民痛苦",所以,在闸北召开"紧急会议,以谋对付办法"。

此时,上海有关金融方面的法规也有发展,经修订的《上海钱业营业规则》在 1923 年问世。据 1923 年 2 月 27 日《申报》报道,此规则对上海钱业营业的时间、假期,营业范围、行市、利息、票贴及票力、收解、各种放款办法等一些钱业营业的基本问题都作了较为详细的规定。如对营业时间的规定是:"每日自上午 8 时起,迄下午 7 时止,但认为必要时,得延长之。"营业范围分为 7 大类,分别是:各种存款、信用放款及抵押贷款、抵押往来透支、各种期票之贴现、买卖生金生银、汇兑各路银两或银圆及货物押汇和其他关于钱业固有之习惯事业。它对规范钱业的行为有积极作用。此时的上海钱庄业也确有较大发展,被认为是上海"金融市场上的一支重要力量"。②

在这一时期,有关证券交易方面的规定也有颁行,是当时金融投资立法方面的一个重要组成部分。上海有关证券交易方面的机构有一个演变过程,"上海证券物品交易所"就出现于这个时期。它发起于 1917 年,正式创设于 1920 年,是我国历史上创办最早的一家综合性交易所。随着它的创设和发展,有关规定也就随之产生和发展起来了。其中,主要有 1920 年颁布的《上海证券物品交易所股份有限公司营业细则》和《上海证券物品交易所经纪人公会受托契约规则》,1923 年公布的《上海证券物品交易所股份有限公司临时整理委员会简章》。③它们分别对上海证券物品交易所的营业活动、经

① 《申报》1919 年 1 月 4 日,1922 年 4 月 13 日。
② 刘惠吾编著:《上海近代史》(下),华东师范大学出版社 1985 年版,第 131 页。
③ 上海档案馆:《旧上海的证券交易所》,上海古籍出版社 1992 年版,第 37—58、107—110、125 页。

纪人受托人买卖的委托、临时整理交易所事务等一些问题作了较为明确的规定。

《上海证券物品交易所股份有限公司营业细则》共 15 章,113 条。章目依次为:开市闭市及休假日、经纪人及其代理人、经纪人公会、受托、交易、保证金及交易证据金、公定市价、经手费及佣金、计算、交割、违约处分及赔偿责任、公断、制裁、仓库和附则。每章又有若干条并对相关问题作了规定。如第 2 章有 17 条,规定的内容主要是经纪人的权利和义务、种类、名额、办理买卖的手续、死亡、除名及设置代理人等一系列问题。而第 3 章有 14 条,规定了交易物品的种类、现期和定期买卖的方法、物品标准、营业和交割时间等一些内容。《上海证券物品交易所经纪人公会受托契约规则》仅有 28 条,不分章。其中有 8 条下设款。如第 13 条下设 4 款,分别是委托本证据金、委托追加证据金、委托增加证据金和委托证据金之代用有价证券。每条都有自己规定的内容。如第 1 条要求经纪人、受委托人在买卖委托、订结受托契约时,必须依照有关规定进行。第 2 条规定委托人对于市场买卖自成立时发生效力,应即将相当之委托证据金交付予经纪人。

《上海证券物品交易所股份有限公司临时整理委员会简章》专为"临时整理所务"而设,目的是"交换意见,决定办法"。此简章共 9 条,也不分章。其中,第 3 条下有 5 款。该简章的主要内容是委员会应办事务和人员组成。应办事务为 5 大类:整理经纪人款项、整理存出款事项、处理诉讼事件、催收款项和其他委员长认为应归本委员会办理各事件。人员组成是:设委员长 1 人,另有常务理事、参事、计算科主任及会计科主任,必要时可增加顾问或临时委员。以上这些规定,不仅规范了当时的证券物品交易所的活动,也为以后发展和成立上海证券交易所创造了条件。

此外,这个时期还有一些与经济有关的法规。1924 年 6 月,上海县知事公署发现,有人在收购的棉花中"夹以沙泥,和以棉子,以期增加重量,而售其奸",认为这会在生产时"致招大险,危害尤大"。所以,规定不论是产地农民,还是商贩,不可贪图小利,如果再发现此类情况,要"严重罚镪,或举全数充公,或科以诈欺之罪"。①1925 年 4 月,淞沪警察厅发现菜市上出售田鸡者"触目皆是",认为"田鸡一物,有益农田,人民捕捉,素干例禁",因此,规定要"从严查禁"出售者。②1924 年 9 月,上海出现了用进口火酒(酒精)搀水,"以充烧酒,且假冒商等牌号"情况。为此,上海县知事公署又下禁令:"不准再

① 《申报》1924 年 6 月 20 日。
② 《申报》1925 年 4 月 23 日。

行贩运火酒,搀水假冒白烧,供人沽饮","如有故违,一经查实,或被告发,定即拘案,决不姑宽。"①1926 年 1 月,孙传芳以"近日米价飞涨,全由奸商偷运出口所致"为由,下令禁止大米运出上海,违反者"如有截获,全数充公"。②1926 年 6 月,上海县知事公署又规定:今后洋商租地所用的出租契纸"一律由县颁发",并责成"各图地保切实领用,并须缴县验明盖戳",以杜绝纠纷。因为,在此之前,人们使用的契纸没有统一格式,"契纸内所刊文字,既系未甚妥切,而业户主契成交后,又不报县登记",以致造成纠纷。③

三、治安与交通

为了巩固自己在上海的统治地位,维护自己在舆论上的形象,上海地方军阀政府还不得不设法维持上海的治安和交通,并制定了一些相应的法规。

上海华界曾数次成为军阀的争夺之地。战争之后,总有一些兵器丢散,流入民间。有些人也有意识地收藏这些兵器,以作他用。上海地方军阀政府知晓这种情况后认为,这将有碍地方治安,所以,政府严令要收缴这些流散的兵器,违犯者还要受到法律的追究。1913 年 8 月,上海镇守使曾明确规定:对私藏兵器者"限 3 日内尽行呈缴(枪支弹药),如有隐匿不缴,日后查出即以私藏军火论罪"。④到了 1925 年 2 月,淞沪警察厅又一次发出布告,严禁窝藏枪械。布告说:战争后,溃兵枪械,"遗弃者甚多,若落入匪人之手,为害尤不堪设想,亟应严加防维,以杜后患"。为此,凡藏有兵器者要限期交出,"倘有窝藏不报情事,一经察觉或被告发,定予拘案严惩,决不宽贷"。⑤

旧上海帮会林立,且具有黑社会性质,帮会间斗殴司空见惯,这严重扰乱了社会治安。上海地方军阀政府从维护自己的利益出发,多次下令禁止这种斗殴行为,仅 1926 年就有数次。1926 年 2 月 25 日的《申报》报道:淞沪戒严司令部近来发现,上海"有无业游民,自称为斧头党及刀剪铁尺铁锤等党,名称不一,聚散无常,专业行凶为能事,不知国法为何物,动辄因小忿而斗殴",他们"扰乱地方,似此自相鱼肉,惨无人道,蔑法伤风",所以,要求"军警从严取缔并查拿",而且"尽法惩治,决不姑宽"。1926 年 3 月,又两次作出

---

① 《申报》1925 年 9 月 14 日。
② 《申报》1926 年 1 月 4 日。
③ 《申报》1926 年 6 月 4 日。
④ 《申报》1913 年 8 月 6 日。
⑤ 《申报》1925 年 2 月 8 日。

类似以上的规定。一次是因为闸北区潭子湾的"湖北帮与江北帮互殴",而且"携带凶器,及斧头多柄",故淞沪戒严司令部下令,此"事关地方治安,现值戒严期间,结社集会,例在取缔"。①以后,该司令部针对经常出现的"械斗情事",再次规定对此类行为"以绳其后,决不稍事姑容,致碍地方治安,其各凛遵勿违"。②

当时,把禁止燃放爆竹作为维护治安的一个方面,也曾对此作过明文规定。据 1924 年 2 月 29 日和 1925 年 2 月 12 日的《申报》报道,护军使和淞沪警察厅都曾下令禁放爆竹。其中,首先讲到了禁放爆竹的原因,主要有四点:一是影响交通。人们尤其是儿童在马路上燃放爆竹后,会造成危险,妨碍交通。"有顽童抛掷金钱炮,拦路嬉戏,殊妨交通","波及交通,更形危险"。二是引起流氓衅事。有些流氓借放爆竹,调戏妇女。"有流氓等类,以此炮为调戏妇女之用,沿路抛掷,资为笑乐"。三是视燃放爆竹为陋俗。虽然燃放爆竹已有悠久历史,但它有伤"风化路政",被认为是一种陋俗,故要禁放"以杜陋俗"。四是扰乱人心。爆竹之声很像枪炮声,在军阀混战的年代里,人们会误认为是枪炮声而造成误会,扰乱人心。"军事甫经结束,人心尚未大定之时,一闻此声,即不免因惊疑而发生误会。"为此,禁止燃放爆竹,亦不得制造和出售。"不得再行燃放,并传谕花炮店,不得制造售卖,以端风化。""此后,不准再有燃放爆竹情事,倘敢故违,定即拘案,从重罚办,决不宽贷"。也确有人因燃放了爆竹,同时触犯了戒严令而被罚。1925 年 11 月 11 日的《申报》记载了这样的事。"住居梅园路之瞿慕义及共和路之张福林均因燃放爆竹,违犯戒严令,由司令部宪兵查获送请四区惩办。经刘署长讯明,瞿罚洋 5 元,张罚洋 3 元,分别示儆。"

为了控制上海华界的人数,掌握人们的动向,当时也使用调查户口的方式,并规定了《调查户口细则》,以此作为维护治安的一项措施。根据 1926 年 5 月 17 日《申报》的载录,此细则以详细调查上海华界区域内户口的确切数字,随时注意查察居民的身份、职业及其举止为宗旨。同时,它还规定了具体的实施范围,主要是:调查户数和人数、编钉门牌、颁给调查证等。在此细则颁布后不久,调查便开始了,而且是"挨户调查",调查人是巡警。居民对于调查人员提出的问题,必须详细回答,因为这是一种义务。在淞沪警察厅发布的一个布告里,要求"居民,也要负一种详细答复的义务"。③

---

① 《申报》1926 年 3 月 21 日。
② 《申报》1926 年 3 月 22 日。
③ 《申报》1925 年 2 月 8 日。

维护正常交通也是当时法规中的一项内容,且有一系列的规定。依据1919 年 1 月 5 日《申报》的报道,沪南工巡捐局在当时颁发了一个以规范车辆行驶为主要内容的车辆规则。此规则共 12 条,分总则、分则两部分。总则重点规定各种车辆在行驶中的一般原则,其中包括:车辆须靠马路左边向前行驶;车辆过桥、通过十字路口或转弯时,要格外缓行;驾驶人员在车辆左转弯时先举左手,右转弯时先举右手,以免车辆冲撞等。分则侧重规定对各种不同车辆的不同要求。如对汽车的要求是:车辆必须坚固完好;车内外须整洁;晚上要燃灯于车的前后;不准与其他汽车争先疾驰;在上、下桥或人车拥挤时,均须缓行;车上要标明号数等。还有,马车、大货车、粪车等也都有相应的规定。此规则同时还规定有罚则。例如,凡伪造各种车辆执照及知情行驶者,查出后要按伪造官文书行为究办,并把车辆没收充公。

在有关交通的规定中,有些是禁止行为。1923 年 2 月 22 日的《申报》记载:小车及人力车在新铺设的汽车道上行驶,"不惟铁轮入土甚深,道路易于损坏,且与汽车同在一线,运让甚难,危险异常",所以,规定这类车辆今后"不得再于汽车路上行驶,以避危险而弭事端"。1923 年 6 月 1 日的《申报》讲:浦东塘工善后局发现,轮渡上的"行旅日多",以致在轮渡船未用缆绳泊定时,"各乘客一齐起立,拥挤船面,争先登岸,船身侧重",十分危险,因此规定,乘客在上下轮渡时,不可争先恐后,而要"先下后上,莫乱秩序",如果再"争先上下",就要派"巡捕干涉"。1926 年 5 月 30 日的《申报》又报道:由于近来出现了"各种车辆,往往装载逾重"的情况,故市公所特别规定"限制载重数量",各种车辆均不可超载。同时,还明列了各种车辆的最大载重量:马车,两轮车至多载 4 人,四轮车至多载 5 人,均连车夫在内;小车(即二把手车),载重不得超过 500 斤。货物不可过高、过长;小货车载重不可超过 600斤;大货车(即板车)载重不得超过 2000 斤;马货车载重也不可超过 2000斤,等等。

以上规定中的有些方面,特别是有关打击具有黑社会性质的帮会方面,执行得很不像样。究其原因,主要是它们的许多利益与北京政府并无二致,它们的头目与北京政府的首脑有千丝万缕的联系,甚至还得到他们的赏识、嘉奖。就以黄金荣为例,1923 年 6 月,总统黎元洪下台后,曾到上海驻留 3个月,在此期间,黄金荣派人为其保驾,使他十分感动,特制 10 个纯金牌送给有关人员,以示谢意。1924 年 9 月,上海军阀更迭频繁,但黄金荣始终是他们的结交对象,不是咨议,便是顾问,均为座上宾。他还得到北京政府授予的嘉禾勋章和上校军衔。①在这样的情况下,那时上海的帮会,尤其是它们的头目,又怎么会受到法律的制裁?

四、禁赌与禁烟

旧上海的赌博盛行。赌博的方法仍以传统的为主,像搓麻将、斗鸡等。它使一般平民一贫如洗,危害匪浅。这类情况常见于报端。这里仅以 1922 年 2 月 5 日《申报》援引联合通讯社的一则消息为例。这则消息说:家住南车站路德润里锅匠王金生之妻徐氏,乘其夫"于除夕因事回甬"之机,"大胆赌博",自年初一起,便"日夜奔走,寻觅赌寮"。结果,到年初五止,总共输去"现洋 300 余元"。此外,连衣服首饰等也不得不"典卖一空",其状十分凄惨。

上海地方军阀政府在此期间也颁行了一些禁赌法令,仅在 1922 年至 1925 年间就有多项。1922 年 1 月淞沪警察厅规定:"查有以赌博为常业,或纠赌渔利者,应即拘拿解(淞沪警察)厅,以凭惩办。"②1924 年 2 月,上海县知事公署又规定:对于那些"无赖之徒,纠集党羽,往往在茶坊酒肆之间及偏僻秘密之处,或摇宝牌九,或麻雀掷骰"等赌博者,随时严查,"倘敢故违,定行从严惩办,决不姑宽"。③1925 年 10 月淞沪警察厅再次规定:禁止斗鸡赌博,斗鸡场须"勒令停止"。④

当时,也确实关闭了一些赌博场所,查获了一批赌徒。据 1923 年 12 月 2 日《申报》报道:1923 年 11 月 30 日淞沪警察厅受护军使署之令,在闸北的吴淞路口林家花园的一幢洋房内,破获一个"大赌窟",查获参赌之徒 23 人,其中"以西洋俄国等籍者为多"。1925 年 10 月 7 日的《申报》又报道:闸北永兴路西河里曾开设过一个以赌博为目的的"斗鸡场","每逢星期六、星期日,斗鸡两天,一班好赌者咸趋之如鹜",结果被淞沪警察厅查封。尽管如此,禁赌的收效仍几乎是零,赌博之风禁不胜禁,赌徒们视禁赌令为具文。1925 年 1 月 28 日的《申报》说:"阴历岁首,赌风极盛,此次虽奉警厅长出示严禁,无如若辈视为具文,连日仍兴高采烈"。更有甚者,那些负有禁赌之责的警察也参与赌博。1926 年 1 月,有一巡警在油车街一名为沈长林的家中搓麻将

①　参见中国人民政治协商会议上海市委员会文史资料工作委员会编:《旧上海的帮会》,上海人民出版社 1986 年版,第 132—133 页。

②　《申报》1922 年 1 月 31 日。

③　《申报》1924 年 2 月 28 日。

④　《申报》1925 年 10 月 7 日。

赌博,被陆军的稽查兵当场抓获。①

　　那时,上海除盛行赌博外,还流行吸烟(即吸毒)。为了装点门面,上海地方军阀政府也明令禁烟,其主要措施为以下三个方面:第一,禁止私种烟苗。上海县知事曾不止一次地规定禁止私自种植烟苗(即罂粟),把它作为禁烟的第一步骤。1919 年 4 月 27 日,又颁令,禁止私种烟草,如有"此等毒物发现,应即报告就近巡警,拿解究办,以绝根株"。②1922 年 5 月 22 日再一次规定:"倘有烟苗发现,立即查明布种之人,从严惩办,勿稍宽纵。"③第二,禁止开设烟馆。烟馆是销售和吸食毒品之处,与禁烟关系很大。上海县知事等,于 1922 年 9 月下令"清查烟馆",令"各区烟馆一律封禁、闭歇",而且,"决不稍事宽假也"。④第三,禁止贩运烟土。上海的烟土大多来自外地、外洋,要在上海禁烟不可不禁止贩运。上海的护军使和淞沪警察厅都曾发过布告,严禁贩运烟土,并把烟土作为主要的违禁品。1924 年 12 月护军使在布告中说:"倘再有私行贩运(烟土)及假冒招摇人等,一经发觉,立按军法重惩,决不姑宽。"⑤1925 年 5 月,淞沪警察厅在布告中特别规定要发"运柩护照",目的是为了"防范假借名义,私运违禁物品",⑥即防范假借运柩贩运烟土。为了配合以上措施的实施,还另有些办法,如秘密查拿出售烟土者和处分吸烟警察的长官等。1920 年 1 月 6 日的《申报》载:"近来市上私土充斥,早经禁止云土、川土及新发明之边土等公然出售",为此,上海县知事和淞沪警察厅长"分饬所属各警区秘密查拿矣"。1925 年 2 月 12 日的《申报》报道:淞沪警察厅长训令"各区所队",如发现有警察吸烟,除处罚其本人外,还要给予"该管长官以严重处分,决不宽贷"。

　　从现有史料来看,上海的海关和地方检察厅等也都曾焚烧过被查获的毒品。据 1920 年 4 月 15 日的《申报》报道:上海海关焚烧了自 1911 年 12 月 16 日至 1920 年 3 月 19 日收缴的各种毒品,"共计烟土烟膏案 117 起,计重 12 担 33 斤 3 两 5 钱,又吗啡、高根、海洛因、印度麻、戒烟丸等,共计 27 起。烟土种类以西比利亚土、波斯土、小土最居多数,其次为烟膏等"。1922 年 9 月 5 日的《申报》又报道:上海地方检察厅于 9 月 4 日焚烧了此年上半年收缴的毒品,"计 1008 两 3 钱,烟膏 57 两 5 钱,烟灰 13 两 4 钱,吗啡 7 两 9 钱,

---

① 《申报》1926 年 1 月 21 日。
② 《申报》1919 年 4 月 29 日。
③ 《申报》1922 年 5 月 23 日。
④ 《申报》1922 年 9 月 22 日。
⑤ 《申报》1924 年 12 月 22 日。
⑥ 《申报》1925 年 5 月 13 日。

以上为原封载明,其余各烟土、烟膏、烟灰、吗啡、烟具等,共计 1726 件"。

对于吸烟者,上海曾采用设立戒烟所的方法,帮助戒烟。"先行设立戒烟所,劝令吸烟者到所报告戒除,以祛烟毒。"①1925 年 6 月,还公布了《上海市设戒烟所简章》,②附戒烟所的设立地点、等级及收费、用药、未经允许离所者的缴费等都作了明确规定。此简章说:先在上海华界设立两个戒烟所,一附设在南市三泰码头公立上海医院内;二设在南车站路东煤屑路新普育堂东首。戒烟所内的条件分三等,前两等需收费,费用含饭食、药资(不含戒烟费),其中,第一等每日缴费 2 元 4 角,第二等 1 元 3 角,第三等不收费;用药"中正和平,不吐不泻",体强瘾浅者"旬日内可以戒净",体弱瘾深者,两个星期也可"尽绝";所内的戒烟者"非经医生许可,不得中途出外",凡未经允许而离所的,要另收戒烟费,按"头等每日 2 元,二等每日 1 元,三等每日半元"的标准收取。但是,上海吸烟成风,吸烟者不计其数,仅两所戒烟所能解决什么问题呢?

禁烟的收效微乎其微。1926 年上海华界仍存在大量贩售烟土的情况。1926 年 4 月 29 日的《申报》引用东南通信社的消息称:"昨据确报,华界土商,连日运动恢复营业,已告成熟,由张仰记、胡玉记组织五福公司"经销,而且"于前日由白龙港运入(烟土)240 箱"。1926 年 7 月 23 日的《申报》又援引《上海日报》的消息说:"自下本埠私贩烟土大行家共有 25 家,其资本共约150 万元。此外,小行家及燕子窠更不计其数,计自本年 1 月以来,私运入口之烟土已不下 3000 吨"。对于这种情况,有人在数年前就已作了概括性的总结:"鸦片之供给愈禁而愈多,吃鸦片之风亦愈禁而愈盛。"究其原因,其中之一是非法渔利者在作怪。"不禁则鸦片之价廉,一禁则鸦片之价贵。价贵则包种者之利息厚,包运者之利息亦厚,开烟窟者之利息亦愈厚。于是,不知不觉产生一种靠鸦片吃饭之人。靠鸦片吃饭之人愈增愈多,即鸦片之供给亦愈增愈多。"③此话不无道理。

五、其 他 方 面

这个时期还有一些其他方面的法规。

上海地方机构组织方面的法规是其中之一。较为典型的是参议会组织

---

① 《申报》1925 年 5 月 20 日。
② 《申报》1925 年 6 月 13 日。
③ 《申报》1920 年 6 月 14 日。

法。据1926年5月6日《申报》的载录,在淞沪商埠督办公署中设置了参议会,并有关于其组织的规定,具体内容是:设立参议会的目的,是为了满足督办公署"因实行职务集思广益"的需要;参议会设参议9人,均由督办公署"聘任";参议会会议由督办公署组织"召开",议决的问题由"督办裁决";参议会开会时需要的记录等人员,均由督办总务处"临时派员",等等。从这一规定可知,当时的参议会只是一个附属于督办的咨询机构,不具有地方议会的性质。

那时,一方面社会腐败现象触目可见,另一方面又对一些文艺小说控制很严,连言情小说也在禁阅之列。1922年7月4日《申报》说:7月3日警署的警务处发出通令,要求查禁"爱情小说"。这个通令的大致内容是这样的:小说固然"可以应时势之要求,同文物之新理",特别是那些"优美小说,其影响于国家社会,实非浅鲜"。但是,言情小说"一般青年子弟,一经阅看,往往心醉神迷,殊与风化上大有关系",因此,要"一体查禁"。

有关药品管理方面的规定也是当时法规的内容之一。据1923年2月3日《申报》的报道:上海颁行了《中西药店注册暂行章程》和《特许执照暂行章程》两个法规。前者共8条,规定了上海的中西药店均须领取执照并合法经营,内容主要是:上海的中西药店均应在呈请违禁品管理局,转呈内务部注册,发给执照后,"方准营业";在呈请注册报告中,要写明店的资本金额、制售药品的种类及年销量的概数、股东及经理的姓名和籍贯等;提交永不私售违禁品的保证;发现药店有不法行为,得"取消注册,追缴营业执照,停止营业"等。后者共10条,规定了上海特许经营麻醉品的药店取得营业执照及一些应依法经营的事项,内容主要是:凡是要求运售吗啡、高根、海洛因等麻醉品的药店,应呈报"违禁药品管理局,转呈内务部,核发特许照";特许商店要详细登录买卖麻醉品的数量和购买者的姓名、职业、住址,并"每3月后,报由违禁药品管理局查核,转呈内务部备案";违禁药品管理局可随时派人"密查各药店所售药品数量,是否与执照所载相符",如果不符及有不正常情况的,"应交由该管官厅依法惩办"等。

淞沪警察厅多次发出"取缔售卖食物"布告,规定了不准出售的食品。这里以1919年7月23日发布的《取缔章程10条》[①]和1921年7月22日发布的《取缔简章10条》[②]为例。《取缔章程10条》规定有以下情况的食品"不准售卖":自死物、猪牛肉未盖印的;菜蔬水果已经霉烂变色的;搀和生水和冰块的冰淇淋及凉粉汽水;不开的茶水和馊茶叶水;染病的牲畜、隔夜的

---

① 《申报》1919年7月24日。
② 《申报》1921年7月23日。

鱼肉及一切油腻物;无纱罩覆盖的刀切西瓜等。违者,"定行惩罚,决不宽贷"。《取缔简章10条》也规定有不准出售的食品,其中大部分与《取缔章程10条》中的相同,仅有3条为新增:鱼馁肉败不准售卖;熟肉、糖果、熏炙等物,须用铅纱罩护,违者禁售;其他一切妨碍卫生之食物饮料,不准售卖。1922年6月12日,又发布了同样内容的布告,要求市民遵守。它们的颁布时间均在夏初,主要是考虑到夏令时节"天气炎热,时疫流行,居民食物、饮料关系卫生非浅,偶一不慎,最易发生疫疠,妨害卫生",所以作出规定,"从严取缔"。①

关于卫生方面的立法,还有禁止抛尸和沿河抛垃圾的规定。上海乡民因贫困,没有条件把尸棺掩葬,所以便出现了这样的情况:"常见无数尸棺暴露野中,有的腐烂秽臭,有的浸在水中,凄惨情形,令人酸鼻",究其原因,"或因缺乏经济,或因没有地方,在乡民确有万不得已的苦衷"。面对这一情况,上海县知事不是从根本上去帮助乡民解决困难,而是硬性规定"要把未葬的尸棺一律掩埋,倘有不肯遵照办理,从严拘罚"。②这样的规定怎能得到实施? 这是在市郊,在城市则是另一番情形:沿浜房屋"随意抛掷垃圾"情况严重,以致"横浜河久形淤塞"。对此,沪北工巡捐局明令:"不得沿河抛弃垃圾"。③

另外,在1919年淞沪警察厅发布垃圾处罚专则,④规定乱倒垃圾者要被罚。此专则规定的乱倒垃圾行为包括:早上10时以后倾倒垃圾于路的;不倾倒垃圾于垃圾箱的;见有人在自己门前倒了垃圾后不阻止、不清扫又不报告就近警察的;把菜、果皮壳、瓦砾等倒弃在道路的;行人将口食瓜果的皮壳随路抛弃的;随路便溺的等。犯有以上情况者,"处以3角以上5元以下之罚金"。

虽然有以上规定,但华界的卫生状况依然很差,因此而犯病者仍然很多,不管是冬是夏,都是如此。1922年1月3日的《申报》说:近来"天花、红疹、喉症等疫痕,至今仍未稍衰",仅北河南路某里,一个星期内"患疫而不活者,有17口之多"。1922年7月28日的《申报》又报道:今年患霍乱重症的"已近500人",由于医院"不能收容多数病人,故凉棚下及路隅坑侧,皆睡满病人"。

北京政府时期,上海地方法规涉及的范围已较以前为广,内容也较以往为多,但是有相当部分实际的实施情况很糟糕,与立法的本意距离较远,所以,当时上海地方法制的整体情况仍较为混乱。

　①　《申报》1919年7月24日。
　②　《申报》1923年4月25日。
　③　《申报》1923年8月17日。
　④　《申报》1919年5月25日。

第六章 全面抗战前国民政府时期法规的重要内容（上）

这里的全面抗战前国民政府时期是指 1927 年 4 月 12 日蒋介石在上海发动反革命政变，以后成立上海特别市政府（后改称为上海市政府），至 1937 年 11 月 12 日上海华界被日军占领，上海沦陷前的时期。一方面，这一时期中的上海地方政府建立在血腥镇压共产党人和进步人士的基础之上，具有明显的反动性，在由其颁行的一些法规中，可以看到它对革命运动和革命人民的极端仇恨。另一方面，上海地方政府开展了大规模的立法活动，内容广涉政治、经济、文化、治安等各个方面，其数量之多，内容之广泛，为以前任何时期所不及。从法制发展史的角度来看，上海地方立法在这一时期走向了一个新的阶段。下面是当时颁行法规中的一些重要内容。

一、政治方面的法规

在这一时期中，中国存在着民族矛盾和阶级矛盾，而且这两种矛盾交织在一起。1931 年发生了九一八事变，日本侵略者迅速占领了东北三省。在上海，1932 年还爆发了一·二八事变，日军竟然明目张胆地攻击上海。中日的民族矛盾日趋尖锐。同时，国民政府还于 1930 年 12 月发动了对江西红色根据地的"围剿"，阶级矛盾也日益突出。由于国民政府推行攘外必先安内和消极抗日的政策，一方面，采取不抵抗方针；另一方面，又积极"围剿"红色根据地，扼杀人民革命，因此，激起了包括上海人民在内的广大中国人民的反对。对于上海人民的革命运动，上海地方政府极为仇视，并采用了残酷的镇压手段，颁行了一些镇压法令。

面对日寇的侵略行径和中国同胞被害的现实，上海人民再也按捺不住了，他们纷纷成立抗日救亡团体，组织抗日救国活动，扩大全民抗日的影响。但这与政府的消极抗日政策相违背，因而被列入取缔范围。1931 年 12 月 25 日，上海市政府和淞沪警备司令部联合发出布告，把抗日团体说成是擅自成立的"非法团体";把抗日活动说成是"殊足妨害地方秩序,影响社会安宁",并声称要把这些团体"严予取缔,如敢故违,立即依法究办不贷。"1932年9月1日,上海市政府再次发出布告,颠倒黑白,把抗日爱国行为讲成是"扰乱治安,破坏秩序",其结果是"误国"和"害民"。对此,布告竟然要追究爱国人士的法律责任,强调要"执法以相绳"。

上海的爱国学生以满腔热情投入抗日救亡活动,但同样遭到上海地方政府的禁止。1931年12月25日,上海市政府以布告形式作出规定。规定一方面不得不承认:"自辽吉事变发生以来,各地学生因激于义愤,纷纷入京请愿,游行示威,爱国涤忱,原所嘉尚"。另一方面,又竭力否定学生的这种爱国行为:"近日所到人数愈多,分子愈杂,且有共党插入,其间种种违法越纪不一","社会秩序悉被破坏"。最后,此布告作出禁止性规定:"后遇有学生团体出境赴各地游行示威者,各该地军民长官务必负责严行制止。如有危险情事发生,即予紧急处置"。

上海工人阶级的力量在这一时期不断壮大,因各种原因而举行的罢工运动此起彼伏。对此,上海市政府十分惊慌,并利用各种手段妄图扑灭如火如荼的工人运动,其中包括使用法律手段。1932年9月29日,上海市政府作出规定:凡是劳资纠纷,均需调解解决,不可罢工或停业,更不可游行示威。"凡我全市工商各业劳资双方务各力持大义,共体时艰,迅谋协调,互相维系,纵有不得已之事故发生争议,即依法呈请主管机关调解。在未经调解之先及调解期内,双方均不得罢工或停业以要挟。凡有请愿事项尽可推派负责代表向主管机关陈述,不得集众游行,致碍地方治安。"1937年4月19日,上海市政府和上海市国民党执行委员会再次作出禁止罢工的规定,而且措词更为严厉,提出要严办罢工者。"自即日起,凡劳资争议事件,均须依法呈主管机关解决,其在未经召集调解以前,或调解期内,如有擅自罢工怠工,或无故停业等情事,即当查明主动严行拿办。至若不轨之徒,煽动工潮,危害治安,并当执法以绳,从严惩处,不稍宽贷。"

江西红色根据地反"围剿"的胜利极大地鼓舞着全国广大民众,使人们看到了中国光辉前景的曙光。相反,国民政府及其官员却惶惶不可终日,他们只能用欺骗舆论和禁止事实宣传的卑劣方法,蒙骗群众,维持其政权。上海地方政府也是如此。1933年12月,当江西红色根据地在取得四次反"围剿"胜利的基础上,正准备进行第五次反"围剿"时,上海市政府与淞沪警备司令部于12月6日发出布告,竭尽歪曲事实之能事,说:"查自赣省清剿匪共以来,叠据捷报,业经节节进展,人乱戡平"。同时,还叫嚷要惩办传播反"围剿"胜利事实者,并把他们说成是"不肖之徒"和"反动分子":"查有不肖之徒及反动分子潜伏市区,散布谣言,企图煽动以遂其捣乱之阴谋,居心险恶,实堪痛恨,除令饬军警一体严密查拿,以凭究办外,凡我市民务须各安职业,毋得轻信谣言,自相惊扰。"

面对日益深入人心的马克思主义和风起云涌的革命运动,上海市政府还搬出"党义"和"三民主义"来掩人耳目,维持其不得人心的舆论阵地。1931年4月30日,上海市政府颁布了《上海市政府研究党义暂行规则》。此规则规定:市政府及所属机关的工作人员要坚持研究"党义","研究时间暂定每日半小时,除例假外,不得间断";研究范围"由本府党义研究委员会拟具,呈请市长核定之";每期党义研究完毕后,"由党义研究委员会襄助市长,总测验一次";在研究中,如发现疑难问题,"得用书面提请市长发交党义研究委员会或转请党部解释之"。同一天还颁布了《上海市政府测验党义办法》。办法要求:"各机关工作人员研究党义于每一期终了时,举行测验一次",测验时间"由本府党义研究委员会规定之",测验时,"由主管长官负责监督之责"。对于广大市民与社团,上海市政府则处处以"三民主义"压制,违反者要受到处分。1937年2月26日,上海市政府颁布施行《上海市社会局监督体育运动团体规则》,此规则规定:已登记的本市体育运动团体只要有4种情况之一的,就要被"吊销其登记证,并解散其组织"。这4种情况的第一种即是"有违背三民主义之言论或行为者"。

然而,上海地方政府的这些规定,非但没有阻止上海民众的抗日救亡运动和人民革命运动,相反,这些运动却更为高涨。"一·二八事变"后,上海就有56家日本工厂,近7万工人举行大罢工,并自动退厂。1月29日,上海商人实行罢市,拥护十九路军抗战。1936年5月,在上海各界救国会的基础上,又在上海成立了全国学联和全国各界救国联合会,这极大地推动了上海人民的抗日救国运动。与此同时,一批上海的进步人士发起了民权保障运动。1933年1月17日,中国民权保障同盟上海分会成立,并选举宋庆龄、蔡元培、杨杏佛等9人为执行委员。同年3月,民权保障同盟还发起组织了国民御侮自救会。这两个组织都主张恢复民权、停止进攻红军、团结抗日。它们都直接推动了当时的人民革命运动。

二、组织方面的法规

在这一时期,上海地方政府已比较重视有关组织方面的规定,制定了一系列组织法规。

　　1931 年 5 月 2 日,《上海市政府组织规则》颁布。根据这一组织规则,上海市政府直隶行政院,掌理全市行政事务,监督所属机关及自治团体;市政府设市长 1 人,指挥和监督市政府所属的职员;市政府还设参事 2 人,掌全市单行规则或命令的拟订和审查事项;市政府下设 1 处 8 局,即秘书处、社会局、公安局、财政局、工务局、教育局、卫生局、土地局和公用局,每个处、局都有相应的职掌,如秘书处掌理文牍庶务及其他不属于各局分管的事项,等等。

　　当时的一些局属机构也有自己的组织规定。1930 年 10 月 24 日,上海市教育局公布《上海市教育局注音符号推行委员会组织简则》。此组织简则规定:该委员会委员人数在 9 至 15 人之间;委员分为当然和聘任两种,当然委员由教育局下属的各科科长、督学及国语视察员担任,聘任的委员由对于注音符号有兴趣及研究者担任,他们均需经局长委任;委员会设主席 1 人,由局长在委员中指定;委员会下设 3 个股,分别是:设计股、宣传股和指导股,各股事务由各委员分任;委员会会议每两个星期举行一次,必要时可由主席召集临时会议。1931 年 2 月 14 日,上海市财政局颁布《上海市财政局营业税筹备处组织大纲》。这个组织大纲对局属的营业税筹备处的组织机构作了较为全面的规定:该筹备处为筹备全市的营业税而设定;处中设处长 1 人,秘书 1 人,筹备员 8 至 10 人,事务员 4 至 6 人,调查员 40 至 50 人;处下另设两个组:一为总务组,专门办理文书、会计、统计、交际等事务;二为编纂组,专门拟订有关征收营业税的各种条例、表册和宣传等事项;处长由财政局局长兼任;其他人员由处长委任;根据情况,如有需要,可聘请财政专家或熟悉商业情况者为顾问或专门委员,但他们“为无给职”,即不占筹备处编制,亦不任行政职和另得薪金。

　　城市中最小的组织——街坊里的一些组织,也有专门的组织规则加以规范。1932 年 10 月 27 日,《上海市坊调解委员会组织规则》施行。此组织规则对坊调解委员会的组织问题作了明确规定:坊调解委员会由坊民大会选举产生;调解委员须是本坊公民,共为 9 人,坊长不得任委员;调解委员也“为无给职”,没有工资;调解委员会中设主席 1 人,在委员中选举产生;须有半数调解委员出席,才可召开调解会;其决议也须有半数以上委员通过,才能成立;调解委员受坊公所的监督,处理民事调解和依法需撤回告诉的刑事调解事项,等等。

　　那时,上海召开一些较为重要的会议,也都拟订了组织规则,以使会议的顺利进行。1931 年 1 月 30 日,上海颁行《上海市工会代表大会组织规则》。此规则对工会代表大会的组织机构、代表产生等一些问题都作了规定:代表大会的代表由各部分的会员大会直接选举产生;代表的比例是:不满1000人的每10人中产生1名,超过1000人的每500人中增加代表1人;须有三分之二以上代表出席,才可合法召开会议;代表大会主席由理事会推举1人担任,如设主席团,则另推荐2名代表,共同组成;代表大会开会前,应先期呈请社会局派人前往监督。

即使只是筹备一个全市性的一次性会议,也有其组织规则。1933年3月20日实施的《上海市庆祝儿童节筹备委员会简则》规定:此筹备委员会仅以负责筹备市庆祝儿童节为宗旨;委员会委员由市教育局聘请各机关、社团代表及教育局的职员充任;委员会设常务委员3人,轮流担任主席;委员会在筹备事务完毕后即行取消。

有些临时性工作委员会同样有其组织规则。1931年2月5日,上海市政府根据疏浚吴淞江的需要,颁布《上海市吴淞江疏浚委员会组织规则》。此组织规则明文规定:该委员会仅为疏浚市区吴淞江一段而设,"俟工程完竣,即予撤销";委员会隶属于上海市政府,受其监督和指挥;委员会由5人组成,并从中推选委员长和副委员长各1人,都是"无给职",不另发薪金。

可见,这一时期组织法已被广泛运用到上海的各级、各种组织之中,已发展到了比较完备的程度。这对于规范上海的组织发挥其应有的职能,都具有重要意义。

三、经济方面的法规

20世纪30年代初,上海的经济有了较快的发展,与此同时,有关经济方面的法规也陆续颁行,内容比过去更为广泛,涉及诸多方面。

作为经济关系主体企业的行为首先被规范起来,而且还随着情况的变化被不断修正。《上海市营造厂登记章程》先于1933年1月11日公布,后于1933年12月2日和1936年1月16日两次进行了修正。修正后的章程对上海营造厂的登记问题作了全面规定,内容也比较完善。1936年1月16日公布的《修正上海市营造厂登记章程》规定:凡在本市营业的营造厂及建筑公司等都要向市工务局登记,未经登记的不可承包工程;登记费分为50元、30元和10元不等;登记时要递交资本、经理人资历等证明文书;未经登记而私自承包工程的,要被处以20元罚款;有以下4种行为之一的,登记要被注销,这4种行为是:不按核准的施工图样营造的、偷减工料足致发生危险的、违犯规章屡教不改的、顶冒他人的登记号或把登记证借给他人的。

随着股份制的建立,上海一些股份制企业的章程也出现了。1931 年 4 月 25 日公布了《上海市度量衡器具制造厂股份有限公司章程》。此章程按股份公司的要求对该厂作了全面规定,内容包括:总则、股份、股东会、董事及监察人和会计等部分。根据此章程的有关规定,该公司的股本为 4 万元,分为 40 股,每股 1000 元,由上海市政府和经营度量衡业的商人各控股一半;公司设董事 5 人,监察人 3 人,其中 3 个董事和 2 个监察人由市政府派任,都可以连选连任。可见,这是个由官方控制的股份制企业。

当时上海的土地有公私之分,为了管理这些土地,上海市政府制定了一些有关土地方面的法规。1930 年 9 月 4 日颁布的《上海市土地局土地证转移注册办法》对不动产所属土地的转移时,土地证转移的注册问题作了规定。规定指出:土地证的转移须由得失主一起到土地局填写转移申请书;申请书要写明土地数量、方位、价格等情况;土地得主需交纳土地转移税等。关于公有土地也有一些规定。1928 年 9 月 14 日公布的《上海特别市市民租用公地规则》对一般市民租用上海公地的问题作了简要的规定。规定说:市民要在市区的公地上种植或建筑,应向市土地局请求租用;租用土地人除要呈交申请外,还要缴纳租金;凡擅自占用公地者,一经查出,就要被勒令加倍处罚,等等。1931 年 9 月 24 日施行的《标卖公地办法》对出售上海公地问题作了规定:愿买公地者可到市土地局查阅地形图和有关合同条款;土地局将把出卖公地的位置、最低价格等情况登报公布;买者应先缴纳百分之五的保证金,并从地价中扣除,等等。

捐和税是上海地方政府的重要经济来源,因此,有关征收捐税的规定纷纷出台,名目繁多。据《上海市政府公报》公布的资料表明,从 1945 年 9 月至 1949 年 4 月,上海规定收取的捐税达 54 种之多。①这里列举其中两则为例。1936 年 7 月 28 日上海实施《上海市公用局发给营业人力车缴捐执照办法》,办法要求车主须凭执照在每月的 15 日前向财政局稽征处缴捐,并领取当月捐牌,以作行驶之用;领取的执照不得涂改,违者将被吊销执照等。1931 年 7 月 11 日上海市政府公布《上海市营业税课税标准及税率表》,此表明载各行业所应缴之税率,如制造业、物品贩卖业为 1‰至 3‰;运输业为 1‰;西餐馆业、旅馆业、照相业、金银首饰器皿业等为 3‰;印刷出版及书籍文具教育用品业、银行业、证券业、保险业等为 2‰,等等。为了保证营业税的收缴,1931 年 8 月 1 日,上海市政府又实施了《上海市征收营业税处罚规则》。规则明文规定:凡隐匿不报者,除责令补税外,还要被处罚,幅度是:初

---

① 详见唐振常主编:《上海史》,上海人民出版社 1989 年版,第 898—900 页。

犯者处以漏纳税额 3 至 5 倍的罚金;再犯者处以漏纳税额 5 至 10 倍的罚金;违犯两次以上者处以漏纳税额 10 倍至 15 倍的罚金。

在旧上海,剥削和被剥削是一种普遍现象,而且上海地方政府用制定法规的形式维护剥削者的利益。在市郊,《上海特别市佃农缴租暂行规则》于 1930 年 2 月 21 日实施。它规定:佃农可用缴租和分租两种形式向地主交租;缴租的最高限额可达当地平均地产收获总额的 35%;分租的,佃农可得收获总额的六成五,交三成五;佃农不依此规定交租,而且欠租数量满两年的,地主可以撤佃,另行召租。在城市,《上海特别市房屋租赁规则》于 1928 年 12 月施行。它规定:房客或转赁人如果拖欠房租超过 3 个月的,不论有无特别约定,房主或分租人都得声明解约。

这一时期,上海市政府也制定了一些有关劳动方面的规定。从内容来看,这类规定都极力保护资本家的利益,无视工人的应有权利。1931 年 12 月 29 日颁行的《上海市工人服务通则》规定:工人均须承受雇主及雇主所指定管理人员的指挥及监督;雇主可随时调派工人的工作,而工人不得违抗;雇主的通告,工人均应遵守;工人在工厂随意唾涕或在工作时间与人嬉笑闲谈的,就要受到"警戒"处分;工人不服从指导、监督或在禁止吸烟处吸烟的,就要受到"记大过"处分。同一时期颁行的《上海市工商业店员服务通则》,同样对店员十分苛刻。它规定有以下情形之一的,雇主即可解雇店员:未经店主同意而兼营其他事业,并有碍店主营业的;患有肺结核病或其他传染疾病者;丧失工作能力,并在 3 个月里不可能恢复的等。当劳资双方发生争议时,上海市政府照样站在雇主一边,并在 1928 年 11 月 3 日实施的《上海特别市劳资争议处理法施行细则》加以规定:处理劳资纠纷的机构是市的行政官署,调解和仲裁权都在市政府;当事人一方在提出申请调解书后,不得再提出新的要求和条件。这个细则的前一个规定是把处理劳资纠纷的权交给了市行政当局,实际上即是交给了资方。后一个规定则是限制工人提出进一步的合理要求和条件,因为工人处在被剥削的地位,他们才会提出这样的要求和条件,这个规定同样站在资方一边。

为了维护当时的经济秩序,上海市政府还作出了一些禁止性规定。如 1929 年 11 月 27 日市政府发出了一个名为"禁止中外人在沪西漕河泾一带越野赛马"的布告:入冬以来,发现常有洋人在沪西漕河泾一带"越野赛马驰骋",以致"农田禾苗受其践踏,损失不可数计",为此作出规定:无论中外人士,一律"禁止赛马游戏,以维农田"。1930 年 2 月 11 日市政府颁布了一个训令。此训令从维护本市粮食市场和确保本市的粮食供应出发,一方面,禁止"奸商私运粮食出口";另一方面,又禁止"奸商囤积粮食"。1932 年 2 月

18 日,市政府推出《上海市禁止贩运宰杀耕牛暂行办法》。该办法规定:凡年龄在 6 岁以下而无残废的、"齿虽满口"而体力强壮仍可耕作的耕牛均禁止在本市宰杀;如果发现违反本规定而贩运宰杀耕牛的,除将其"充公外",还要"科以每头 10 元以下之罚金"。

上海市地方政府在此时还作出了一些鼓励性措施,促进城市发展。1930 年 4 月 4 日《上海特别市政府奖励建筑平民住所办法》实施。此办法鼓励私人或团体建造平民住所。它规定:平民住所在未拆造或改换用途以前,可免交房捐;市政府将协助购租用房土地,代为设计,经手建筑。1930 年 2 月 21 日,市政府还核准了《发给外商派员前往内地办理商务证书暂行章程》,以方便外商在中国的投资。它规定:只要外商持有本市的证明书,即可"派员前往国内各地办理商务",采购货物;路经各地,如遇地方官员查询,只要将此证书上呈,即可通行。

以上这些有关经济领域方面的法规,虽然在规范上海的经济活动、促进上海的经济发展有一定作用,但在当时生产资料私人占有的情况下,这些法规还是以维护私有制和资本家的根本利益为宗旨,其局限性非常明显。

四、社会方面的法规

旧上海贫富差别悬殊,富人家产万贯,贫者衣褛破烂,社会问题十分突出。为了缓解尖锐的贫富矛盾,上海市政府采取了一些措施,制定了一些法规。

上海的贫民很多,他们没有工作或没有固定工作,生活没有着落。1930 年 3 月 21 日,上海地方政府核准《上海特别市社会局贫民借本处章程》。此章程说:为了"资助贫民经营生利事业起见",设立贫民借本处,办理借本事务;借款以 20 元为限,分 20 期归还,每 5 日还本一次,利息在最后一次付清;利息定为每周付 8 厘,如果只借 10 元,而且分 10 次按时还清的,只需按 6 厘付息;在本金与利息没有还清前,不得续借。

上海职工的退职情况常有发生,他们的待遇问题如何解决,1928 年 11 月 3 日实施的《上海特别市职工退职待遇暂行办法》对此作了明确规定。给予退职金的计算办法是:工作连续 3 年以上,年满 60 岁的职员或年满 50 岁的工人,因身体衰弱不能工作而被解雇或自行退职的,雇主须给予退职金,金额以最后一个月所得之工资数,再按其工作年数计算,满 1 年的给 1 个月,不满 1 年的按比例确定,10 年以上的从第 11 年起减半计算;职工是因公致残而被解雇的,雇主除应给退职金外,还须酌情支付赡养费;职工因为自身的不轨行为,如染上性病、与人斗殴等,或因疏忽而致伤,而不能工作的,雇主可不给退职金和赡养费;职工因违反工厂、商店的规章而被解雇的,不给退职金。

旧上海仍有封建残余,蓄婢情况不为少见。1936 年 9 月 3 日公布的《上海市公安局解放婢女择配暂行办法》为一些婢女提供了一条出路。该办法指出:在征得本人同意的情况下,市公安局可为年满 16 岁、被解放的婢女"择配",即寻找丈夫;这个丈夫必须具备以下条件:年满 18 周岁、身体健康、无恶劣的嗜好、非重婚或纳妾、有正当职业和保证人;择配程序是:先由男子看婢女的照片,认为合意的就可填写申请书,经公安局查明并征得婢女同意后,由双方选定婚期,办理结婚登记手续;婚后男女双方都要遵守以下约定:严守一夫一妻制;相爱相助;男方提供女方衣服、妆奁等用品;有事要迁家离沪须得到市公安局的同意。违反这个办法的,保证人要负连带责任。

上海平民的用水是个问题。那时,华界的平民很多,棚户区连片,饮用水主要取自河道,极不卫生。1936 年 12 月 3 日颁布了《上海市平民免费自来水龙头用水规则》。此规则规定:免费用水龙头由市政府装置,专供本市贫苦居民取水使用;酒饭馆、茶楼、酒吧间等营业性店堂均不可取用免费龙头之水;取水者每次只可手提一桶,不能肩抬或担挑两桶;龙头周围不可淘米洗菜或洗衣服;不得损毁龙头、水表及其他配件;违反本规定的,一经查出,就要被处以 20 元以下的罚金,并赔偿损失。

这一时期,中央政府曾号召开展所谓"新生活运动",上海市政府于 1935 年 5 月 1 日实施了《上海市公安局推行新生活运动办法》,以在上海也落实这一运动。该办法要求:局内外员警应备有《新生活须知》、《新生活运动纲要》、《新生活之实践》各一册,而且要"随时熟读,体察实行";发现员警违背新生活运动的"信条",如衣冠不整齐、随地吐痰,而且不服纠正的,即要报告主管长官核办;进行清洁检查时,要特别注意厨房、厕所、阴沟等处,防止污秽阻塞等等。在这以前,上海还于 1935 年 1 月 26 日公布了《上海市新生活集团结婚办法》和《参加新生活集团结婚须知》两个法规。"办法"规定:每月第一个星期三为集团结婚日,地点在市府大礼堂,由市长和社会局长证婚;结婚者须向社会局申请、核准,交纳费用 20 元;结婚证由市政府印发;结婚仪式有奏乐、来宾入席、证婚人主婚人及结婚人入席、行结婚礼、发给结婚证书和纪念品等。"须知"要求结婚人到社会局申请结婚登记时,需缴最近的全身 4 寸照片两张和 2 寸半身照片一张,以及本人图章;结婚前五日,由主婚人、介绍人和结婚人到社会局,并在结婚证书上盖印;结婚时,新郎须穿礼服,礼服为蓝袍黑褂;结婚时间定为下午 3 时,要在 2 时 30 分前到达市政府;结婚时不用候相,但可由儿童提携新娘的婚纱服,人数至多为两人;场地内不准散发花、纸等物。这两个法规公布后,也确有人参加了这类集团结婚。据 1936 年 6 月 30 日的第 170 期《上海市政府公报》的"上海市第 8 届集团结婚参加结婚男女姓名年籍表"的统计,在 1936 年 6 月有 99 对,计 198 人参加了集团结婚。

　　以上种种规定,虽针对上海存在的一些社会问题而制定,并希图解决这些问题,但是由于当时的社会制度,这些问题并不可能真正得到解决。

第七章　全面抗战前国民政府时期法规的重要内容(下)

在这时期中,上海地方政府还在教育、文化与医疗卫生、治安和其他领域作了一些比较重要的规定。

一、教育方面的法规

那时,上海的教育已形成了体系,特别是中、小学教育。与此同时,上海有关教育方面的法规也先后被制定和施行。

上海市地方政府对市立学校校长的任职资格有一定的要求,这里以市立中等学校的校长任职资格为例。1930 年 10 月 13 日发布的《修正上海市市立中等学校校长任免规则》规定:本市的市立学校校长要"遵照中华民国教育宗旨,依照中央及本市法令",并秉承教育局局长处理全校事务;他们除了要"人格高尚、服从党义"以外,还需具备其他一些条件,如:大学教育专业或师范大学毕业、曾任教 1 年以上、著有成绩的;高等专科毕业、曾任教 3 年以上、著有成绩的;大学本科(非教育专业)或高等师范毕业、曾任教 2 年以上、著有成绩的。当他们犯有以下情况之一时,将被解职,这些情况是:违背国民党"党义"或国家的教育宗旨,违反中央或本市的教育法令;治校不力,改进无方;学生的各科成绩太差,不符合规定标准;训育失宜,校风恶劣;本人行为不检,人格堕落;身心缺陷,不能履行职务等。

上海中小学教职员的服装有统一规定。1934 年 10 月 18 日颁布的《上海市中小学教职员服装统一办法》要求:上海市的中、小学,无论是私立,还是公立,从 1935 年度起,应一律穿着规定的服装;男性教职员的服装是:学生装、长裤,冬季为藏青色,夏季为白色,春秋季为衣藏青色裤白色,鞋为黑色的皮鞋或布鞋;女性教职员的服装是:长袍,春冬季为深蓝色,夏秋季为淡灰色(体育教员例外,为白衫、黑裙),黑色平底布鞋或皮鞋,袜亦为黑色;服装用料皆须采用国产货。

　　市立中小学教职员的待遇也有明文规定。如 1933 年 11 月 9 日施行的《上海市市立小学教职员待遇规则》规范了上海市立小学教职员的待遇。依据此规则的规定,小学教职员分为 15 级,每级中均有校长、级任教员、专科教员和助教员之分,而且月薪金也不等,从第 1 级向第 15 级递减。在第 1 级中,校长为 120 元,级任教员为 110 元,专科教员为 100 元,助教员为 90 元。在第 15 级中,校长为 35 元,级任教员为 30 元,专科教员为 25 元,助教员为 20 元。他们工作每满 3 年而且成绩优良的,可向上进 1 级,直至第 1 级为止。师范大学或大学教育学院教育专业的毕业生,可得第 7 级的薪金。市立小学教职员都是"专任职",不得在校外兼有任何"有给职务",得到其他报酬。

　　市教育局常在暑假期间举办"暑期学校",而且有法规作出规定。1930 年 6 月 21 日公布了《上海特别市教育局暑期学校简章》,此简章明示:自 7 月 12 日起,举办一期暑期学校,时间为 3 周,目的是"使小学校校长、教师有进修机会";总课时为 96 小时;课程有 11 门,分别是:三民主义与小学教育、小学组织及行政、小学课程概论、心理学、特殊儿童心理、教育测验及统计、党义科教材纲要、工作科教材纲要、幼稚园教材纲要、设计教育法和注音符号等;免交学费,经考试合格的,由教育局发给证书。此外,市教育局还举办"暑期讲习会",也有法规规定。1933 年 6 月 23 日市教育局颁布了《上海市教育局第一届私立立案小学教师暑期讲习会简章》。它对"暑期讲习会"作了这样的规定:宗旨是"利用暑期使本市私立立案小学教师有进修机会";讲习科目有:三民主义与小学公民训练、小学国语教学法、小学算术教学法、小学社会科学教学法等。

　　当时,中、小学生的制服也有统一规定。1934 年 9 月 18 日施行的《上海市中小学学生制服统一办法》,根据教育部的要求,结合本市的情况,确定了本市中小学生的统一制服。制服有男、女生之别,而且高中、初中和小学生均不同。先讲男装。高中生为学生装和长裤,春冬季为深灰色,夏秋季为黄色,另有"硬顶军帽",色与衣裤同;初中生为"童军装",黄色,无季节区别,另有"童军帽",春冬为深灰色,夏秋为白色;小学生中实施童军训练的,亦服"童军装",色也为黄;小学生中未实施童军训练的,穿学生装长裤,春冬为深灰色,夏秋黄色,夏秋季另可穿白色短袖连领衬衫;小学生另得戴"瓜皮鸭舌帽",春冬为深灰色,夏秋为白色;鞋皆为布鞋或皮鞋,黑色,袜子也为黑色。再讲女装。高中生在春冬季穿蓝衣长袍,夏秋季穿黑裙白衬衫;初中生穿女式童军装,衣为黄色,裙为黑色;小学生中实施童军训练的,也穿女式童军装,与初中生的相同;小学生中未实施童军训练的,高年级的春冬季穿蓝色长袍,夏秋季穿黑裙白衬衫,而低年级的穿"背心连裙"和衬衫,裙为深蓝色,衬衫春冬为黄色,夏秋为白色;鞋也都是布鞋或皮鞋,黑色,袜子也是黑色。以上所有服装的面料,都须采用国产货。从 1934 年度起,全市中小学生"一律穿着制服,方得入学"。

学生上学需缴纳学费,但有些人可免缴学费,1930 年 2 月 10 日公布的《修正上海特别市市立学校学生免费规程》对此作了规定。此规程说,有 3 种人的子女上市立学校可以免费,他们是:"革命功勋之子女";成绩优异而家庭贫困,确实无法支付学费者;现任市立学校职员的子女。

当时中学以上学校也实行奖学金制度,并有相应的法规对此作了规定。1930 年 5 月 14 日实施的《上海特别市政府奖学金规程》规定:本市的市立和"已准立案"的私立中学以上学校实行这一奖学金制度。具有以下情况的学生可申请奖学金:本人和家属已连续在本市居住 3 年以上;学习成绩有四分之三在甲等,其余在丙等以上;家境贫寒而又无其他补助方法。奖学金于每年开学时发放,具体数额是:中等学校学生,每名每年给 60 元;专科学校学生每名每年给 80 元;大学生每名每年给 100 元。核准给予奖学金的学生有下列情况之一的,立即停发奖学金:违反"党义"及政府法令;品行不良被学校开除;学习成绩不良,以致各科成绩在乙等以下;经济情况得到改善,"力能自给者"。

由师范专业毕业的本市毕业生,还需为本市的教育界服务一定年限。1933 年 5 月 30 日施行的《上海市市立师范学校暨高级中学师范科毕业生服务暂行规程》,对上海市师范专业毕业生的服务问题作了规定:师范专业毕业生毕业后,至少在本市的市立、私立小学或社会机关服务满 3 年;服务期间,薪金照标准降低一级支付;在未满 3 年前,不得改就教育以外的工作;满足 3 年后,由服务机关给予服务证明书。

以上均为上海地方政府对普通教育所作的规定,另外,还对有些非普通教育也作了规定,主要有以下这些方面。

关于私立特殊学校。1932 年 6 月 3 日制定的《上海市私立特殊学校立案规程》对"特殊"学校作了规定,主要内容是:允许本市的私人或团体依法成立特殊学校,但需呈请市教育局立案,转呈国家教育部备案;特殊学校分为 4 类,分别是:聋哑学校、盲人学校、低能儿童学校和其他特殊学校;在核准开办特殊学校前,须提供以下一些文件:学校名称、校址校地及校舍情况、经费来源及收入支出的预算、编制和课程及各项规则、教学上的各种设备准备情况、教职员一览表、招收学生数及开办日期等。

关于民众学校。根据 1933 年 4 月 17 日实施的《上海市市立民众学校办法大纲》的规定,这种学校的宗旨是以"三民主义"为指导,使"年长失学者"学到简单的知识和技能,以适应社会生活。学生的年龄在 16 至 50 岁之间。入学学生须是失学者,而且要有保证人填交保证书。学习科目有识字、习字、日用文、公民、常识、珠算或笔算、乐歌等。

关于劳工教育。1934 年 1 月施行的《上海市劳工教育实施办法大纲》对这类教育作了规定,基本内容是:劳工教育分为识字训练、公民训练和职业补习三种;本市各厂、场、公司和商店的工人均应加入劳动学校或劳工班接受训练;本市的厂、场、公司或商店等雇用的工人在 50 人以上的,均应设立劳工学校或劳工班;不满 50 人的,要送工人到私立劳工学校或劳工班学习;每个工人每周至少在业余时间学习 8 小时以上,学习年限为 1 年;不向学生收取学费和书籍文具等费用;学习的课程中,首先是"三民主义千字课",还有历史、地理、笔算、珠算、自然等。

从以上各种教育法规可见,上海的教育已有相当发展,并形成了体系,但能从那时教育中得益的还只是少数人,上海的整体知识水平仍然很低,文盲现象十分普遍。

二、文化和医疗卫生方面的法规

上海市政府在这一时期中还重视对文化和医疗卫生方面的控制,颁行了不少有关这两个方面的法规。

上海地方政府实行文艺表演等方面的审查制度,并由市教育局履行审查职责。1931 年 9 月 16 日公布的《上海市教育局审查戏曲及唱片规则》规定:本市表演的歌剧、词曲、杂耍及其他戏曲或制售的唱片,都要受到审查;如果发现有违反"党义"及国体、妨害风化及公共安全或提倡迷信邪说的,都应予禁止;经审查合格的戏曲或唱片,如发现与原审查有不符之处,除立即撤销其执照、停止其公演或发售外,还要将其取缔;教育局可随时派员持证到各公共娱乐场所及唱片公司审查。

对于报纸、杂志上刊登的广告,上海市政府也有专门的规定,特别强调哪些是不能刊载的内容。1930 年 6 月 11 日实施的《上海特别市取缔报纸违禁广告规则》明文规定,凡有以下内容的广告,均不可刊载:宣传诲淫书画,有伤风化的;宣传药物言过其实,迹近欺骗的;刊登猥亵图画,刺激青年视觉的;用诱惑、欺骗手段,企图诈取财物的;具有激烈、危险性,有碍社会秩序和安宁的;其他主管官署认为禁登的。含有以上内容的广告一经刊出,就要追究报馆的责任,受到制裁。制裁措施是:勒令其停刊;如果仍违令登载的,就要被判处 15 元以下的罚金或 15 日以下的拘留;如果屡犯不悛的,就要勒令其停业。1936 年 11 月 27 日公布的《上海市取缔报纸杂志登载诲淫及不良广告暂行规则》修正了以上"规则"的部分内容,对违反者采取了更为严厉的制裁措施。此规则指出:凡在本市发行的报纸和杂志,都不可刊载以下内容:宣传诲淫书画,有伤风化的;刊用猥亵图画的;违反本市戏曲、唱片审查规则的;用诱惑欺骗手段,企图诈取财物的;其他经主管官署通知禁登的。还有,如果属于淫猥药物及虚假医药新闻广告的,要依照上海市管理中西医药新闻广告暂行规则处理。凡送登诲淫及不良广告者,得送请法院惩办;报纸、杂志发行人违反本规定的,即可随时勒令其停登,违抗者"得依法处分之"。

当时,还有过禁止出版有迷信内容出版物的规定。1929 年 11 月 27 日,上海市政府公布了一个以"严禁新历书附印迷信"为内容的布告。此布告规定在历书中不得刊登迷信的内容。它明示:已发现历书中附载有"婚嫁、丧葬、修造、动工、移徙等之宜与不宜,某神之值日、值年"等事项,这足以"助长民众之迷信"观念。对于这类历书要依法没收,今后也不准在新历书"附载迷信事物",否则,定将"严惩不贷"。

对那些以儿童为主要阅读对象的连环图画,上海市政府也有其审查标准。1935 年 8 月 7 日市政府核准了《修正连环图画审查标准》,该标准在"应予禁止"事项中特别强调有下列 5 种情况之一的,禁止出版发行:提倡迷信邪说的;妨害社会风化的;神怪离奇的;引起国际性恶感的;其他有违教育宗旨的等。

此外,还有关于医疗卫生领域方面的法规。要在上海行医,必须先行注册,具有执照,否则就被视为非法,并将被取缔。1937 年 1 月 23 日《上海市中医注册规则》颁行。它规定:没有"中医证书者"不予注册,非经注册的,不准在本市开业;通过注册的,发给"中医注册执照",准予在本市开业行医;行医时,要把注册执照"张挂易便众览之处",以作证明,防止假冒。但是,要得到中医证书并能行医的,须符合一定的条件,根据与以上"规则"同日颁行的《上海市中医声请给证章程》的规定,只有具有以下 4 种情况之一者,才准予发给这种证书:通过中央或省市级政府的中医考试,并有证书的;具有中央或省市级政府发给行医执照的;在由教育部备案或各地方教育主管机关立案的中医学校毕业,并有证书的;曾行中医 5 年以上,并有执业所在地方官署的证明。

医院对病人的收费也有标准,而且有明文规定。1935 年 3 月 21 日颁布的《上海市立传染病医院收费规则》对病人的收费问题作了规定,主要内容是:病房费分为头等、二等和普通 3 种,分别是每人每日 6 元、2 元和 3 角;血清费,住头等病房的照实价收费,住二等病房的按八折收费,住普通病房的免收;陪伴人费仅限用于头等病房,每日收费 2 元;病人入院时,应先缴纳 7 日的住院费,出院时总结算,多退少补;无力缴费的可免缴,但得经院长的核准,并只能住入普通病房;收入费用后,医院给予盖有市卫生局印信的三联式收据。

为了加强对药商和药品的管理,1930 年 8 月 9 日颁布了《上海市卫生局检查药商药品及簿册规则》。该规则规定:本市的中西药商都要遵守本规则,"随时受卫生局之检查";药商经售药品,应将原料、成药及麻醉品分类登记在进货簿及出售簿,并详记每种数量;如果是成药,还要注明卫生部许可证的编号及领证日期;药商自制的剧毒药品,应随时将制出的数量分别详载于簿册等。

要刊登医药新闻广告者,亦必须遵守规定。1936 年 10 月 9 日公布的《上海市管理中西医药新闻广告暂行规则》指出:未经本市卫生局核准注册的医师、医院和药商等一律不准登载医药广告或类似医药广告的文字或图画;有关医师广告的内容仅限于姓名、学位、科目、地址、电话和时间;医院刊登广告,不得夸张其疗法、疗程及设备的价目;药物广告中不得有以下内容:涉及猥亵或"壮阳种子"的文字与图画;暗示避孕或堕胎等语句;虚伪、夸张及以他人名义保证效能,使人易产生误解的内容;其他经卫生局指明的禁止事项;各报登载医药副刊的内容,仅以浅明文字宣传的卫生常识或医药学理为限,不得假托病家口吻故意宣扬医师技术及药品功能等;违反本规则的,卫生局可根据情节,处以"20 元以下之罚锾";屡戒不悛的,可吊销其注册和开业执照。

有些营业性场所的卫生问题也在法规规范之列,理发店的卫生即是其中之一。1930 年 1 月 15 日《上海特别市卫生局管理理发店规则》对理发店的卫生提出了具体要求:理发用具要随时擦干净,并用酒精消毒;围布和颈巾务求洁白,每月至少洗换一次;毛巾须常用沸水泡洗,面盆每用一次,即肥皂或沸水洗净;理发匠在操作时,须穿戴白色衣帽;理发匠不得替人放血、挑痧;理发店的墙壁、地板要擦扫清洁,并多备痰盂,任何人不得随地涕吐;违反本规则的,将被"处以 1 元至 5 元之罚金",屡犯不听者,将被吊销执照,停止其营业。

关于公共场所的清洁卫生问题,上海市政府也有过规定。1931 年 11 月 28 日颁布的《上海市户外清洁规则》用 8 个"不准"的形式对本市的清洁卫生问题提出了要求:不准抛弃鼠类或猫犬等动物尸体于道路或河内;不准毁损垃圾箱、厕所、便池及其他公共卫生设施；不准在未设垃圾箱的地方倾倒垃圾或倒垃圾于箱外；不准在未设厕所或便池之处大便或小便，也不准在小便池大便；不准倾倒粪便于道路、河内或沟中；不准存留易发秽气或滋生蚊蝇的污水器皿；不准将建筑物或燃料等废物倒入公用垃圾箱内；不准任意糟蹋路面(如抛弃药渣等)。凡是违反八"不准"规定的，要被处"5元以下之罚金"，如不能依限缴纳罚金的，每1元用拘留1日来代替，不满1元的也以1日来计算。

上海地方政府虽在有关文化和医疗卫生领域方面作了许多规定，但它们的执行情况却与规定的要求相差很远。就以医疗卫生方面来说。上海的华界内，绝大多数是贫民，他们生活在饥寒交迫之中，哪里有钱治病，得了重病就意味着死亡。上海人口也因此而减少。据1929年至1930年华界的统计资料表明，"人口死亡率反而超过了人口出生率，因而形成了人口自然增加率为负数"。①卫生情况也没有得到改善，"旧上海的棚户区，人口拥挤，卫生条件极差，夏秋季节流行的传染病如霍乱、伤寒等，引起人口的大量死亡，这是极普遍的"。②这些都是事实。

三、治安方面的法规

治安问题仍是上海地方政府感到棘手的问题。它与社会问题等交织在一起，无法得到根本治理。尽管如此，上海地方政府还是颁行了不少有关治安的法规，企图控制治安秩序。

从现有资料看，上海市政府对执行治安职能的市公安机关的工作人员的行为作了规定。1930年10月施行的《上海市公安局警长警士服务细则》指出：发现有以下行为的人员时，警长或警士"应行当场逮捕"。这些行为包括：刊印或散布、粘贴"反动文字"，煽惑人心者；毁坏官方文书或电线、电杆、轨道、邮筒及测量标线者；捏造谣言，鼓动众听者；私设会社，谋为不轨者；行凶伤人者；携带枪械而未领执照者；私铸货币、私印伪钞或伪造票据者；纵火焚毁房屋及林木者；趁火抢劫者；盗匪在场抢劫或施行绑掳者；盗窃物品者；身穿制服，冒充官长者；赌博者；身藏鸦片、吗啡者等。1935年3月16日实施的《上海市公安局侦缉队人员服务规则》对具有侦缉职能人员的行为作了规定，内容包括：凡发觉绑、盗、命、窃案犯、赃物及军火危险、违禁物品藏匿

---

①②　邹依仁:《旧上海人口变迁的研究》,上海人民出版社1983年版,第62页。

处所的,应"一面设法监视,一面飞报分队长";普通刑事案件,侦缉队人员,非承长官命令不得率行搜查、逮捕;在不得已情况时可使用武器,但要注意犯人的部位,勿使他们死亡,另外要避免误伤;在侦破案件时要"严守机密",未经许可,不得向外泄漏等。根据公安机关工作人员的表现,也实行奖惩制度。1930年2月6日实施的《上海特别市公安局各区所巡官长警缉捕盗匪奖惩规则》对此作了较为详细的规定。此规则把奖励形式分为升级、记名升用、奖金、记功和嘉奖5种。有以下行为的,属于奖励范围:盗匪意图行劫,防范得宜,立时破获的;督同岗警防御盗匪,奋勇当先,不避危险,率能擒获的;办理侦缉著有特殊劳绩者;搜获身怀枪械的匪徒的等。惩罚分为撤差、降等、罚薪、记过和申斥5等。以下情况列入惩罚之列:遇有匪盗,畏缩不前;在所管地段内发生盗案或伤及事主等情况;在所管地段发生盗案后,未能限期破案等。

与治安有很大关系的编钉门牌和户口调查制度也在当时被确定下来了。1929年11月21日的《上海特别市修正编钉门牌规则》告诉市民,门牌与治安关系密切,是"呈报户口等之依据",因此,唯有"公安局有制造、编钉之权"。如果有人擅自编钉门牌,就要受到处罚,被"处以10元以上,30元以下之罚金"。关于户口调查问题有几个法规分别加以规定。1928年5月公布的《上海特别市公安局户口调查章程》对在户口调查中特别需注意的问题作了规定:户口调查"以随时注意居民身分、职业及其举止为宗旨";调查时,由区长、所长督率巡官、长警进行,还可随时商请就地的士绅协助。遇有以下情况的,要"详细登记":曾受刑事制裁而假释出狱的;曾受缓刑处罚的;曾受有期徒刑处罚,而已执行期满的;原来朴素而"骤然衣冠华丽"的。还有,如遇以下情况要详记事实并"呈报长官":有形迹可疑或来历不明的人与本市人士同居或来往的;有原因不明的死、伤或家庭内有其他异状的;家庭内的器具与铺设与户主身份不相称的等。户口调查人员有不法行为,经人告发并核查属实的,要"依照刑法处断之"。1928年8月《上海特别市公安局户口调查章程补充条例》对无执照枪支的处理作了规定,内容是在户口调查中发现有"收藏各种枪支并无自卫必要且无核准执照"的,持枪人应立即呈缴该管区的区、所,并索取印制的收据,否则,要按"私藏论罪"。1935年10月11日实施的《上海市公安局户口调查规程》把户口调查的要求更为具体化。它规定:户口调查的种类分为普通户、船户、寺庙、公共处所和外侨5大类;调查的内容有性别、年龄、籍贯、婚姻状况、有无子女、是否国民党员、废疾、身体上的特征、到沪日期、是否吸用鸦片或代用品等。同时,还增加了要密切注意并报告长官的情形,如有反动嫌疑的、平时有粗暴过激言论的、吸食鸦片或代用品的、散兵游勇不事生产的等。对于罚则的规定也更为详尽。它指出：居民如果不接受调查或故意欺蒙的，处5元以下的罚金；如果妨碍调查的，处5日至10日的拘留或5元至10元的罚金。

赌博在当时仍是一种被禁止的行为。1932年10月17日，上海市政府和淞沪警备司令部"会衔布告"，要查禁赌博。布告讲：近来"有人私设赌博，诱人入赌等情"，它"遗毒社会，为害至烈"，所以，要切实查禁并把为首者抓获法办，"以维风纪而安地方"。

对于某些营业性娱乐场所，也从治安角度作了规定，跳舞场所就是如此。1930年10月13日颁布的《上海市公安局登记跳舞场舞女营业规则》规定：本市以跳舞为业的，都要到公安局登记；登记时要交申请书和最近的两寸半照片两张；申请书中要写明姓名、年龄、何处毕业、在何处学跳舞、家庭状况（特别是有无丈夫）等；未满16岁的女子不得成为营业舞女；舞女在营业时"有不正当之行为"，要被依法追究责任。

在这一时期中，除了仍有一些禁烟（即禁毒）规定外，较为突出的是建立了一些禁烟组织和采取了一些戒毒措施。

关于禁烟组织。当时建立的禁烟委员会是一个比较重要的禁烟组织，1935年6月29日公布的《上海市禁烟委员会组织规程》对这一组织的性质等一系列问题作了规定。该规程说：委员会对本市执行禁烟的机关有监察、督促、检举、纠正、设计、调查、稽核、建议之责；它由七人组成，聘请本市"热心、公正人士充任"，不给薪金；委员会设常委会3人，由委员推举产生，处理日常事务及执行决议事项；委员会下设两个科，分别处理具体事务；委员会每星期开会一次，会议的决议函致市政府，由其决定、实施。

关于戒毒措施。建立戒毒所和戒烟医院都是当时的重要戒毒措施。根据1934年8月18日公布的《上海市临时戒毒所组织简则》的规定，该所的任务是监督拘获的吸烟犯、戒除他们的毒瘾及调验事宜。所内设所长1人，医师和护士若干人。该所每月都要编写工作报告呈市政府，并送警备司令部备案。同一时间颁布的《上海市临时戒毒所警备及收解瘾毒人犯办法》把有关事项具体化了。它规定：送来的人犯，非经戒绝，不得出所；人犯由警员押送；人犯违反本所规则，由"警备司令部惩治之"；所内人犯，禁止探望；由于戒毒所地方狭小，暂定留所人犯"以一百名为限"等。

在这里必须指出的是，当时虽然对有关治安的规定内容不少，涉及的方面也很多，但其主要矛头却对准着革命运动和进步人士，特别是共产党人，规定中所指"反动嫌疑"、"过激言论"等都是如此。事实也是这样。据1935年和1936年两年《上海年鉴》的统计数字表明，这两年中华界共逮捕共产党人 831 人。相反,一些真正扰乱治安,令上海市民不得安宁的大流氓却一直逍遥法外,尽管他们"大规模贩卖鸦片,开设赌场,横霸街坊,鱼肉人民",①罪恶累累。令人惊讶的是,这些无恶不作的大流氓还得到市政府的褒奖。1935 年 7 月 3 日上海市政府发出"指令","颁发杜月笙四等奖状",原因是"捐资兴学"有功。从中可见,有关治安领域方面法规的本质所在。

四、其他方面的法规

上海地方政府还颁行过其他方面的一些法规。

关于无线电广播的规定。1923 年 1 月,上海首次进行了无线电广播试播,两年后,第一座广播台正式开播。以后,广播台像雨后春笋般地建立起来。②到了全面抗战以前,上海华界的无线电台已初具规模,有关法规也被制定出来。1932 年 8 月 26 日,上海市教育局发出"训令"。"训令"认为,现无线台广播的内容"含有诲淫伤风之意",足以影响社会风气,因此,要求各电台"关于播音材料务应郑重选择,俾免流弊,而维风纪为要"。③1933 年 3 月 21 日公布的《上海市教育局公布施行无线电播音暂行办法》,对无线电广播提出了全面要求:目前暂借上海中西药房及大中华电器公司广播无线电台为播音地点;播音时间为每周 3 次,分别是每周三、四的下午 7 时至 7 时半和周六的下午 4 时至 5 时;播音材料要由教育局上"核定",并在第二天的报纸上刊布等。④

关于禁发奖券的规定。当时,发行奖券亦需得到政府的批准,擅发奖券是一种违法行为。但是,擅自发行奖券的事情常有发生。为此,1933 年 12 月 25 日上海市政府发出"布告",再次禁止这种行为。此"布告"说:近来本市的公司及商店"巧立名目,擅自发行奖券,或类似奖券之事,层见迭出",如此下去,投机流毒必定肆行,所以,"所有未经政府核准之奖券,及类似奖券办法均应一体严厉禁止",更不能登报招摇,以杜流弊。

关于乘坐公共汽车的规定。当时,上海的公共汽车已经很普遍,根据1934 年 3 月 26 日公布的《上海市公用局公共汽车管理处乘客规则》规定:乘

①　中国人民政治协商会议上海市委员会文史资料工作委员会编:《旧上海的帮会》,上海人民出版社 1986 年版,第 2 页。

②　详见王立民:《开洛公司首创沪上播音广告》,《劳动报》1994 年 9 月 2 日。

③　上海档案馆等编:《旧中国的上海广播事业》,档案出版社 1985 年版,第 184 页。

④　上海档案馆等编:《旧中国的上海广播事业》,档案出版社 1985 年版,第 192 页。

客乘车必须按价目表买票;车票只限本人使用,不得转售或转赠他人;无票乘车的,一经查出,照最高价补票;车上座位,每人一座,不得横卧;不得与车务人员谈笑;不可在车内涕唾、吸烟、歌唱或奏乐等;有赤膊、衣服褴褛、病重垂危而无人扶持、身患传染病、酒醉等情况的,均不得乘车等。

关于宣传造林的规定。在这一时期里,上海地方政府曾组织过造林活动,还作了一些规定。1930 年 2 月 18 日施行的《上海特别市造林宣传周规程》规定:宣传周"以提倡民众植树,造成美丽都市为宗旨";植树时间在孙中山"逝世纪念日"前后;每期准备树苗 1 万株为限;本市民众、团体和机关需要树苗的,可将数量、栽培地点等交到社会局,由其统一安排;市立学校至少栽培树苗 10 株,用于校园绿化;种植树苗以后,"任意放弃,不事培养,以致枯槁者",要责令原栽培人自行购苗补种,等等。

关于保护军事要地的规定。上海地处东南沿海,有不少军事要地。上海市政府根据需要制定了一些有关保护这些军事要地的法规,1936 年 8 月 4 日颁布的《上海市吴淞狮子林炮台限制及禁止事项惩奖办法》就是其中之一。此办法规定:吴淞狮子林炮台是"国防要地",除军警有责保护外,市民亦有"协同监护、保守绝密之责";非经允许,不得在此炮台测量、摄影、描绘等,违者将处"1 年以下有期徒刑、拘役或 100 元以下之罚金";举报者将获50 元至 100 元的奖金;在距炮台 400 米以内,非经允许,不得擅自"渔猎采藻、系泊船只及采掘河土、矿石等",违反者要被处以 15 日以下拘役或 5 元以下的罚金等等。

综观全面抗战前国民政府时期的法规内容可以发现,它比以往任何时期的立法都要完备,无论在数量还是所涉及的范围等方面,都远远超过以前。这是管理和发展上海这样的大都市所必不可少的,大量法规的制定也正是为了适应这样的管理和发展。但是,其中的有些内容直接反人民、反革命,这正是这些法规阶级性的真实反映,也由上海地方政权的性质所决定。

第八章 抗战后国民政府时期法规内容的主要变化

这里的抗战后国民政府时期是指 1945 年 9 月日本投降后，国民政府的上海市政府成立至 1949 年 5 月 27 日上海解放以前的一段时期。

1937 年 11 月 12 日上海被日军侵占后，华界就不复存在，上海的租界则变成了"孤岛"。此时，上海华界国民政府的法制也就中断，取而代之的是伪上海地方政府的法制。抗战胜利后，上海被国民政府接管，9 月 12 日上海市政府重新成立，其法制得到恢复，立法又开始了。从此时的法规内容来看，它在以前的基础上，又有较大发展，达到了旧上海的最高水平，上海的法制也因此而达到了最为完备的阶段。然而，这一时期的立法又是在直接继承全面抗战前立法的基础上发展起来，有许多内容相似或相近。因此，在这里只介绍其主要的变化，不作全面叙述。

一、处理抗战以后的善后事务

1945 年 9 月 12 日，上海市政府再次组成。此时的市政府很重视抗战以后上海的一些善后事务，颁布了一系列有关这一方面的法规，如 1945 年 10 月的《上海市民向警察局密告警察、官吏及汉奸、盗匪、烟、赌须知》；同年 11 月的《上海市地政局清理战前清丈积案办法》、《上海市沦陷期间敌伪组织所占土地权利登记清理暂行办法》、《上海市整理契税实施细则》和《上海市人民团体调整通则》；同年 12 月的《上海市抗战损失调查办法》，等等。从内容上看，汉奸和投靠日伪的组织是重点清理对象。《上海市民向警察局密告警察、官吏及汉奸、盗匪、烟、赌须知》把汉奸作为密告对象之一，并对密告的各种问题作了规定，说密告人要提出被密告汉奸的"真实姓名、住址"，警察局接到密告后应"即予查办"，并对密告人"绝对保守秘密"，但不允许诬告，"诬告者则依法重究"。《上海市人民团体调整通则》把那些投靠日伪的四种组织列入解散的范围，其中第一种就是投靠日伪的组织，即"分子多数附逆或负责人附逆，影响团体行为者"。

但是，实际情况与市政府的规定差别甚大。当时的上海市政府对汉奸姑息迁就，相反对揭发汉奸的民众则百般刁难、敷衍了事。1945 年 10 月，上海四大公司之一的新新公司有 800 多名职工联名揭发公司总经理李泽充当汉奸的罪行，《周报》杂志还发表了以此为内容的一封信。哪知信发表后，警察局就传讯了杂志社的记者，还提出有关李泽当汉奸的证据问题，甚至以写信人未盖章为由发难。相反，汉奸李泽则逍遥无事。1946 年元旦，公司职工再次以同人联谊会名义，组织了一个由 10 人组成的检举李泽代表团，公开发起检举运动。市警察局又为虎作伥，传讯代表团，公然污蔑职工张贴检举李泽标语的正义行为是非法行动，对职工们施加压力。具有正义感的市民们对市政府姑息汉奸的行为极为愤慨，工人、学生、文化各界纷纷声援新新公司职工的义举。在强大的舆论压力之下，警察局不得不逮捕了李泽。又拖了 5 个月，才于 1946 年 6 月将其判处有期徒刑 3 年，褫夺公权 3 年。①这只是许多案例中的一个。不过，足可见上海地方当局对汉奸的态度。

更令人感到意外的是，一批接收大员和上海政府官员非但没有依照上海市的有关规定处理善后事宜，相反还利用职权，中饱私囊，大量劫收上海的敌伪财产，首要目标是房产和黄金。当时上海有日伪的房屋 8500 幢，但被那些接收大员侵吞的就达 5000 幢。还有，市长钱大钧利用市长之权，勒索汉奸，从中掠得大批黄金。上海市民对这批贪官污吏极为不满，讥讽他们为"三洋开泰"，即捧西洋、爱东洋、捞现洋。②《秦风工商日报》也用一首打油诗来讽刺说："万千钞票绿花花，不发洋财是傻瓜，快去洋场捞一把，国家民族管他妈！"③

二、完善全面抗战前的法规

全面抗战以来，社会情况的变化，使原来制定的一些法规已不再适应这种变化了的情况，需要修正。同时，随着立法经验的获得和立法技术的提高，也具备了完善以前一些法规的条件。因此，上海市政府采用了一些方法，以进一步完善全面抗战前一些法规的内容。

---

① 详见唐振常主编：《上海史》，上海人民出版社 1989 年版，第 862 页。
② 刘惠吾编著：《上海近代史》（下），华东师范大学出版社 1985 年版，第 445、447 页。
③ 《秦风工商日报》1945 年 10 月 24 日。

　　利用补充规定是完善全面抗战前的法规的一种方法。被补充的法规整体内容仍然可行,只在局部内容上有所不足,经补充以后,这类法规仍可继续被使用。关于集团结婚的规定就属这类法规。这一规定颁行于 1935 年 1 月,它规定只有市政府才能组织这种集团结婚。抗战胜利后,上海要求集团结婚的人数有所增加,市政府已无力包揽一切,于是在 1949 年 1 月 8 日又公布了一个《上海市管理集团结婚补充办法》。这个办法允许各机关、团体及商办都可成立集团结婚服务社,举办集团结婚,只是需经一定手续核准:"上海市区内各机关、团体及商办集团结婚服务社,经申请上海市民政局登记核准,得举办集团结婚。""商办集团结婚服务社收取查用数目应呈请民政局核准",等等。

　　有的法规没有使用补充规定的办法,而是颁布新法规,并使有关内容更为周全,来完善立法。这种办法适用于原法规的许多地方都需修改的情况。如果采用补充规定的办法已不足以完整地表现新法规的精神和内容,那么,还不如重新颁布一个法规,同时废止原法规。1945 年 12 月颁布的《上海市经常保持清洁办法》就是这样。它用 11 个"不准"的要求来规范上海市公共场所的卫生,取代了 1931 年 11 月 28 日颁布的《上海市户外清洁规则》所规定的 8 个"不准"。这 11 个"不准"分别是:不准随地吐痰便溺;不准任意排泄污水;不准随地抛弃纸屑果壳;不准任意弃置牲畜尸体;不准燃放有恶臭烟火或其他有特殊气息的物品;不准制造或售卖腐烂物品;不准跨街晒晾衣服;不准无故停尸不检或停尸不葬;不准将摊贩停搁道旁;不准在市中心区任意停泊粪船;不准在道旁或公共场所任意设立粪缸、粪坑或畜舍。另外,还有垃圾秽物应责令倒入垃圾箱内,装载粪土秽物经过街道应加覆盖并不得任意逗留等。

　　当时还有一种完善以前立法的方法是推出一套新法规来取代原来的零星规定,使这一方面的规定变得很完备。这种方法适用于政府需要加大力度规范某种行为,而过去在这个方面只有零星规定,不成体系,如果使用补充规定或颁布一个新法规已不能满足需要的情况。有关禁毒的规定就是如此。1937 年前,上海只有零星的禁毒规定。1946 年以后,上海加大了禁毒力度,并颁行了一整套禁毒规定,如 1946 年 1 月 12 日的《肃清上海市烟毒大纲》《上海市肃清烟毒总检查实施办法》《上海市烟毒调验规则》;1946 年 4 月的《上海市区保甲人员协助肃清烟毒实施办法》和 1947 年 5 月 29 日的《上海市肃清烟毒警保联系办法》等。这些法规从各方面对禁毒问题作了规定。《肃清上海市烟毒大纲》对"实施原则"和"实施步骤"提出了要求:种植、制造、运输、销售毒品的,应在 1946 年 3 月底前"具结自新,逾期即送军法机关,依法治罪";发动新闻界广为宣传,鼓励市民检举、密报,密报人"须具反坐切结,运用保甲机构严密检查",等等。《上海市烟毒调验规则》对查验是否吸毒问题作了规定,说在总检查吸毒期间,吸染烟毒犯经警察局查觉或被人检举而拒不承认者,"送所调验"。《上海市区保甲人员协助肃清烟毒实施办法》使用连坐手段来禁毒,规定:保甲人员办理本市户长出具"连坐切结工作"应于 1946 年 4 月 15 日前完成,"户民连坐自 4 月 16 日起实行"等。《上海市肃清烟毒警保联系办法》提出警务人员与保甲长联手禁毒的措施,要求每周举行一次禁政人员与保甲长的联席会议,"商讨查缉、检举及有关禁政推进事宜";保甲长要密切注意本管区人员,"如发现有贩运、制售、吸藏烟毒犯,立即密报该管区公所、会同警察分局处办"等。从以上规定可知,当时已形成禁毒体系,有一整套禁毒措施。

　　从执行情况看,似乎也有些成效。1947 年破获毒案 1152 起。1947 年 3 月经上海高院判决,处死了"鸦片大王"盛幼庵。[①]1948 年 4 月 5 日在外滩公园当众烧毁毒品 1700 余斤等。[②]但从整体上看,收效甚微。如至 1946 年底,前去有关机关登记的烟民只有 6000 余人,去调验的才 2000 余人,离禁毒的要求甚远。官方人士对上海的禁毒工作也不满意。一个到上海来调查禁毒的内务部人士认为,上海"办理禁政困难繁多","残毒犹存",要肃清"尚难逆料"。[③]

三、新增治安规定

　　为了进一步解决治安问题,上海市政府还根据需要,新颁行了一些有关治安的法规。关于保甲组织的规定即是其中之一。抗日战争以前,上海市政府没有颁布过有关这类组织的完整规定。在这一时期里,一系列有关保甲组织的规定问世。1946 年 1 月公布的《上海市区保甲组织暂行办法》和《上海市保甲整编施行细则》是其中两个较为重要的规定。《上海市区保甲组织暂行办法》确定了保甲的编制、不得享受本市公民资格的人员和保民大会等重要事项。它指出:市以下区,区内的编制为保甲;每区以 30 保为原则,不得少于 10 保;每保以 30 甲为原则,不得少于 10 甲;每甲以 30 户为原则,

　　①　《申报》1947 年 3 月 23 日。
　　②　上海文史馆编:《旧上海的烟赌娼》,百家出版社 1988 年版,第 68 页。
　　③　上海文史馆编:《旧上海的烟赌娼》,百家出版社 1988 年版,第 70 页。

不得少于 10 户。有以下情况之一的,不可"享受本市公民资格":褫夺公权者、附逆有据者、亏欠公款者、赃私处罚有案者、禁治产者、吸毒者。保民大会由本保中每户推举 1 人组成,它的职权有:审议保甲规约和保与保之间的公约;议决保长交议及本保公民 10 人以上的建议事项;选举或罢免区代表会代表、保长及副保长;听取保办公处的工作报告等。保民大会每两个月举行一次,由保长召集;如有特别事务或经本保 20 户以上请求的,可召集"临时会议"。《上海市保甲整编施行细则》规定了在编制保甲中的一系列具体事项,如编制保甲及调查户口应在全市同时举行;本市的户分为普遍户、船户、寺庙户、公共户、外侨户、特编户、临时户、荣誉户等;编户时应按主要街道,设定标准、起点和顺序,挨户编组;保甲编户时,"应按户发给户口证",并张贴于进门易见之处,"不得遗失毁损";保甲编户后,由户长择选甲长,再由甲长推选保长,并报"市政府择委";保长确定后,就应召开保民会议,制定"保甲规约",并由户长以上人员在规约上签名,共同遵守;遇有形迹可疑之人潜入或出生死亡、迁移或其他情况发生户口变动时,应由甲长转报保长等。根据 1946 年 5 月《上海市各区保甲户口统计表》①的数据表明,上海的保甲组织在此以前已经建成,保甲制度也已建立。那时全市共有 700780 户,24084 甲,1055 保。

　　与治安有关的身份证制度在 1946 年 2 月也建立起来。此时颁布的《上海市政府发给国民身份证暂行办法》对发证条件、换发年限、办证手续等都作了规定。《办法》指出:凡具有中国国籍、在本市已设籍或迁入登记、年满 14 岁的,准予申请"国民身份证";每 5 年换发一次国民身份证;申请时,要缴纳脱帽正面半身相片三张,无相片者可用"指纹代替之";每人只限一张国民身份证,并"不得冒领";伪造国民身份证者,送当地司法机关"依法处办"等。

　　上海地方政府把管理娼妓也作为一个与治安有关的问题。旧上海丑恶现象到处可见,娼妓即是其中之一。那时,上海的娼妓业十分发达。有人说:"上海的娼妓比什么地方还要多,繁华的程度比什么地方还要高。"②具有正义感的有识之士对此十分不满,多次提出"禁娼"。在舆论压力之下,上海市政府在这一时期制定了一系列有关管理娼妓的规定。1946 年 12 月 11 日公布的《上海市警察局管理娼妓办法》和《上海市警察局整理娼妓实施办法》、1947 年 1 月 28 日颁布的《上海市卫生局警察局娼妓检验工作办法》,都是其中的重要部分。《上海市警察局管理娼妓办法》规定了什么是娼妓和妓

---

① 《上海市政府公报》1946 年第 4 卷第 3 期。

② 上海通社编:《上海研究资料》,上海书店 1984 年版,第 578 页。

院、开设妓院的条件、妓院应遵守的规则等:娼妓是指"卖淫为业之妇女",妓院是指"卖淫营业之场所";凡在本市开设妓院的,都应得到"营业许可证"。所有妓院都须遵守以下规则:要有预防性病的卫生设施;不得强留有传染病或已怀孕4个月以上或分娩未满3个月的妓女营业;不得接待未满20岁或身心不健全的嫖客;不准雇人或纵容妓女在妓院外拉客等。《上海市警察局整理娼妓实施办法》重点规定了整治妓女的原则和步骤。它要求全市娼妓在年底前登记,化私娼为公娼;私娼应予取缔;用抽签方式逐渐淘汰公娼,最终在5年内禁绝上海的娼妓;被淘汰的妓女应由社会局安排或由救济机构收容等。《上海市卫生局警察局娼妓检验工作办法》专门规定了娼妓的健康检查问题,指出:发现"娼妓患有传染性花柳病时,即通知警察局扣留执照,停止营业,并勒令患者就医"。可是,实际情况却为这一规定作了个最具说服力的注脚。1946年上海市政府卫生部门检查了1420名妓女,其中66%患有性病。1947年又作了一次检查,在3550名妓女中,有62%患有性病。①性病比例之高,令人吃惊。

上海虽有一套有关管理娼妓的规定,但犹如没有,娼妓的活动没有丝毫的收敛,至"解放前夕,上海仍有妓女3万余人,公开登记的妓院800余家"。②真正禁绝上海娼妓的,还是在上海解放以后的事。1951年11月25日,上海市公安局和民政局联合查封妓院,收容妓女。数年以后,上海的妓女全部得到改造。

四、制定限制供给的措施

由于蒋介石积极内战,大量物资用于军需,因而许多人民的生活必需品供不应求。在这种情况下,上海市政府不得不采取一些限制供给的措施,并用法规作了规定。纳入这种限制范围的商品包括食米、食油、食糖等。

民以食为天,米又是主要食品,但它却是主要的限制供给对象。1946年9月16日,上海市政府首先对市政府所属员工的食米供应作出限制。此日公布的《上海市政府所属员工食米配售办法》规定:市政府所属员工的配给食米"每人每次以5斗为限";买米前先向"合作社付款",领得"购米票",然后在一定期限内"凭票购米"。随着内战的扩大,食米更为紧张,于是配售食

---

① 参见洪泽主编:《上海研究论丛》,上海社会科学院出版社1989年版,第193页。

② 王凌青:《扫荡上海"红灯区"》,《解放日报》1989年10月8日。

米的范围便扩展到了全体市民,而且配售量减少了。1948 年 3 月 5 日《上海市计口配售食米暂行办法》颁布。它规定:"所有上海市市民均须凭政府所发购米证购买食米,各售米店必须凭证购米"。具体的限额是这样的:年满 7 岁以上的,称为大口,大口每月购米不得超过 2 市斗;未满 7 岁的,称为小口,小口每月购米不得超过 1 市斗;其中,美国的救济米和政府的储备米,"各半供应之"。同年 6 月 28 日《上海市计口配售食米实施细则》施行。它不仅规定具体的售米办法和米价的公布事宜,而且还继续减少配售量。售米时间为"每月 1 日起至 25 日止,逾期无效"。米价"每月调整一次,在同月内,不予变更",公布时间在"每月 1 日"。配售额是每个市民"均得凭证购买配米 15 市斤"。

与此同时,对粮食的加工问题也有规定。1948 年 2 月 3 日施行的《上海市节约粮食消费办法》规定:"禁止碾制上等精白食米","禁止精制上等精白面粉","禁止以稻谷、食米及小麦等主要粮食酿酒",还有"禁止以稻谷、食米、小麦等主要食粮制糖及饲养牲畜"等。

除了食米以外,上海的食糖和食油供给也受到了限制,而且也都有明文规定。1947 年 7 月 2 日,上海社会局发出"通告",明确限制购糖的办法和时间,指出:"本市市民不论大口、小口均得凭户牌",每人领取购糖证一张;每张购糖证限购 1 斤,"每斤定价 2500 元";售购时间,从 7 月 8 日起到 7 月 17 日止。1947 年 12 月 16 日《上海市食油调配暂行办法》规定限量购买食油问题:凡是已办户口登记的市民"大口(14 岁以上)每月每口配售食油 1 市斤,小口(10 岁以下)每月每口配售食油半市斤";每户于每月 3 日前领取本月的"购油证"。

随着内战的延续,人民必需品日益短缺,通货膨胀日趋严重,上海地方政府的以上种种规定已不足以成事,这些商品的价格如脱缰之马失去控制,并以惊人的速度上涨。仅 1947 年 2 月至 4 月的两个月时间里,米价上涨 1.6 倍,食油等也上涨了几倍。到了 1948 年 3 月 5 日上海市政府在"公告"里规定的 3 月份米价已高达"每市石(净重 150 市斤)240 万元"。而在 6 年前,米价仅为每斗 10 元。真正受害的是广大市民。当时的流行语"大票满天飞,工人饿肚皮"和"物价天天涨,工资跟不上"真实地反映了那时的实际情况。

五、加紧镇压人民革命

内战爆发以后,国民政府反共反人民的真面目暴露无遗。人民革命运动因此而一浪高过一浪,"打倒蒋介石,解放全中国"已成为一种势不可挡的历史潮流。然而反动派总不会自行退出历史舞台。在这段时间里,他们丧心病狂地使用最为严酷的手段,加紧镇压人民革命。在上海解放前夕,他们面对末日的到来,颁布了一些极为残酷的法规,妄图逆转历史的车轮。

1949年1月4日制定了《上海市警察局特殊事件统一指挥办法》。①制定这一《办法》的宗旨十分明确,就是"为处理学潮、工潮、群众暴动事件"。同时,还规定一旦出现"突发事件",督察处长应秉承局长的命令,"即时率领必要人员驰赴现场,指挥并随时将现场情况报告总局"。侦缉组要秉承上司的命令,进行一系列特务活动,包括"侦察主动分子、监视非法活动,搜集情况,及搜捕罪犯与各种证据"。其中,还规定了一些程序性的内容,如"逮捕人犯时,应填写逮捕报告单,并须凭单解送人犯"等。

1949年2月,上海公布了一个京沪杭警备总司令部"布告"。②此"布告"严令禁止"罢工、怠工、聚众请愿要挟以及其他破坏治安扰乱秩序等情事"。具体内容有3条。第1条规定:凡遇"福利问题",要由主管机关处理,"绝对不得罢工怠工"。第2条规定:出现罢工、怠工情况的,即由当地治安机关处理,"强制其回复原状"。第3条规定:如有不服从治安机关命令的,"得由治安机关依军法就地枪决"。

1949年3月3日,上海实施《报刊审查标准》,③企图从舆论上压制民主,反对革命。它明确指出:"备战"是政府的"既定之国策",因此,"不得登载中伤讥讽或违反该项国策之文字"。为了封锁消息,它甚至严控国外的报道,规定"对国外通讯社电讯,尤须审慎发表或剪裁运用"。对共产党和解放战争的真实报道,更在严禁之列:"严忌泄露军事秘密及为共党作夸大宣传之文字。"那么,这个规定允许什么样的宣传呢? 是那些鼓动内战,和对广大人民群众实行专政的宣传,美其名曰:"对本市治安与社会秩序之维护,以及军民合作之提倡,应共同予以有力之鼓吹。"

1949年4月21日人民解放军渡过长江,4月23日解放南京,上海解放指日可待。就在此月,上海施行了《上海市紧急治安条例》,④内容十分简单,只规定对8种人可"处死刑"。这8种人是:造谣惑众者、集中暴动者、罢工怠工者、鼓动学潮者、窃盗抢劫者、扰乱金融者、破坏社会秩序者和无命令而破坏物资者等。其矛头首先指向革命人民,而且用的全部是死刑,已到丧失

---

① 上海档案馆编:《上海解放》,档案出版社1989年版,第197—199页。
② 上海档案馆编:《上海解放》,档案出版社1989年版,第211页。
③ 上海档案馆编:《上海解放》,档案出版社1989年版,第223—224页。
④ 上海档案馆编:《上海解放》,档案出版社1989年版,第318页。

理智的程度。这也从法规的角度反映了上海地方政府一种惊慌失措和无可奈何的心态。

1949 年 5 月 21 日，人民解放军正在进行解放上海的战斗。就在此时，上海的反动派如坐针毡，惶惶不可终日，炮制了一个《淞沪警备司令部奖励检举共匪办法》，①专门打击共产党人。这个《办法》不仅使用悬赏的方法，甚至照搬中国古代曾经使用、在近代已禁用的连坐手段。此规定是为了"肃清本警备区内共匪潜伏分子"而制定的本办法。悬赏和金额是这样的：按被捕人的职务，"实赏银元 500 元至 5 万元"；破获一部电台的，"实赏银元 1 万元"；破获潜伏对象的，"实赏银元 500 元至 1 万元"等。其连坐的范围非常广泛，包括家属、邻居、保甲长、首长和店主等。它规定："凡本警备区破获之共匪潜伏分子，非其家属、邻居、甲保长、乡（镇）长主管警察局及户籍人员或所隶首长、店主检举者"，都要连坐被罚，具体是：家属要"受连带处分，并查封其全部财产"；邻居、甲长、户籍人员"以窝藏包庇匪徒论"；店主、直属主管也要"受连带处分，并查封其店号"；乡（镇）长及主管警察局与户籍人员，要"按情节从重处分"等。这个连坐规定还四处宣传。上海解放前夕，史良为了躲避特务追踪，住在上海的亲戚家里，家里的墙壁上就写着："一人不报，全家杀绝；一家不报，全里（里弄）杀绝。"②连坐是一种十分残酷的刑法制度。它产生于我国奴隶制社会时期，以后便被广泛使用，无数无辜者屈死黄泉。近代以后被废止。但是，上海地方政府竟明目张胆地恢复这一规定，真是逆历史而行。

在这样的法规之下，上海笼罩在一片白色恐怖之中，人们往往因为一句话而被关押，嫌疑者亦在被杀之列。一名在车站等车的市民说了句："八路（电车）怎么还不来"，就被特务诬为"通匪"而投入监狱。一个退伍士兵因带有"军人手牒"，也被说成是"冒充军人"。两个好心的邻居去解释、保释，即被指控为"同党嫌疑"，一样被关押。据有关资料揭示，上海在解放前夕就抓了 3000 多名"嫌疑犯"，杀死了其中的 1300 多人。另一份资料中表明，在 336 个被害者中，半数以上的罪名为"不详"。③这样的草菅人命，在上海法制史上实属罕见。

但是，上海的人民大众并没有被这种白色恐怖所吓倒，人民革命运动也没有因此而停止。相反，这种运动更是风起云涌，不断高涨。1949 年 2 月上

①　上海档案馆编：《上海解放》，档案出版社 1989 年版，第 377—378 页。
②　《史良自述》，中国文史出版社 1987 年版，第 72 页。
③　参见刘惠吾编著：《上海近代史》（下），华东师范大学出版社 1985 年版，第 523 页。

海铁路工人举行罢工,使沪宁线全线停运。以后,上海教育界由复旦大学和交通大学的教授们发起组成上海国立大专院校教授联谊会,与反动政府展开斗争。农工民主党通过《沪讯》、《新青联》等刊物,宣传反蒋,支持革命,等等。1949 年 5 月 27 日人民解放军以摧枯拉朽之势,解放了上海。从此,上海以一种崭新的面貌出现在东方,上海的法制也开始谱写全新的历史。

　　这一时期经过对上海地方法规的修正和补充,上海的地方立法达到了旧上海法制史上的最高水准,比以往任何时期都要完备得多。从《上海市政府法规汇编》①来看,从 1945 年 9 月至 1947 年底,上海已颁行法规 631 件,分为 10 类。这 10 类法规的数量及其在全部法规中所占比例的情况如下:

法规类序	法规类名	法规数(件)	所占比例	部分法规名称
1	总类	59	9.35%	《上海市政会议暂行规则》、《上海市政府市政咨议委员会组织规则》、《上海市政府公文处理办法》
2	民政	13	2.06%	《上海市区公所组织规则》、《上海市户籍登记处理规则》、《上海市政府发给国民身份证办法》
3	警察	123	19.49%	《上海市烟毒调验规则》、《上海市警察局处理摊贩规则》、《上海市警察局值日规则》
4	社会	91	14.42%	《上海市劳资争议暂行处理标准》、《上海市慈善团体登记规则》、《配售及代办米粮办法》
5	教育	42	6.66%	《上海市私立中小学经费稽核委员会规则》、《上海市立体育场组织规则》、《上海市立民众学校设置办法》
6	财政	23	3.65%	《上海市房屋评价委员会组织规程》、《上海市房捐征收细则》、《上海市奖励检举偷漏市税办法》
7	公用	74	11.72%	《上海市公用局电气场组织规则》、《上海市给水规则》、《上海市节约用电办法》

---

① 上海市政府编印:《上海市政府法规汇编》,1948 年。

（续表）

法规类序	法规类名	法规数（件）	所占比例	部分法规名称
8	工务	89	14.10%	《上海市开辟整理道路规则》、《上海市建筑规则》、《上海市工务局公园管理通则》
9	地政	31	4.91%	《上海市市有不动产管理办法》、《上海市解救房荒治本办法》、《上海市整理契税实施细则》
10	卫生	86	13.62%	《上海市市立医院组织通则》、《上海市卫生局管理药商规则》、《上海市垃圾倾倒办法》

这一时期的法规，无论在数量上，还是在所涉及的范围和内容上，都远远地超过了以往，可谓是旧上海法制史上的立法最为完备的时期。

第九章 日伪时期法规的主要内容

1937 年 11 月 12 日，日军侵占华界，上海沦陷，租界成了"孤岛"。1937 年 12 月 5 日，伪上海市大道政府成立（以后改称"上海特别市政府"等），它以日伪的汉奸法制取代了原上海市政府的法制。1941 年 12 月 8 日太平洋战争爆发，随后，日军即占领了公共租界。1943 年 7 月 30 日上海法租界又被日伪政府接收。从此，上海全都处在日寇和伪上海地方政府的统治之下，"孤岛"不再存在，日伪的汉奸法制统一上海。这种局面一直维持到 1945 年日本投降。这个时期的上海法规，除了仍具有反动性一面外，还明显地具有殖民性的一面。上海作为一个殖民地在日寇及其傀儡伪上海地方政府的控制之下，上海人民饱受欺凌。那时的上海地方法规体现的是日寇及其傀儡的意志，并为他们的殖民政策服务。从具体内容来看，主要是以下几个方面。

一、伪上海地方政府的组织法规

为了对上海实行永久性的殖民统治，日军侵占上海后，便组织了伪上海地方政府，并用组织法加以确认。

伪上海市大道政府是日寇在上海扶持的第一个伪政权。它建立于 1937 年 12 月 5 日，由汉奸苏锡之任伪市长。1937 年 12 月 5 日制定的《上海市大道政府暂行组织法》①对伪上海市大道政府的组织等问题作了规定，主要内容是：伪市长总揽"本政府之治权"；辖区内共有 14 个区，分别是浦东、南市、沪西、闸北、真如、市中心、吴淞、北桥、嘉定、宝山、奉贤、南汇、川沙、崇明等区；伪市政府有"公布市法规及发布市命令"的职权；伪市政府设立秘书处、特区办事处、社会局、警察局、财政局、教育局、卫生局、土地局、交通局、工务局、肃检处和地方政务总署等 12 个机关；伪市政府还下设参政会，"审议重

---

① 详见上海市档案馆编：《日伪上海市政府》，档案出版社 1986 年版，第 3—4 页。

要政务";伪市政府还另设参事 2 人和专员 1 至 3 人,参事的职能是掌理和拟订市法规,专员的职能是"办理外交事务,并研讨施政及其建议事项",等等。但是,这个日伪政府不能独立行使权力,它还有个"太上皇"。《上海市大道政府组织系统表》①显示,这个"太上皇"是日军的"特务部西村班"。伪市大道政府的行为要受这个"太上皇"控制,其傀儡嘴脸一清二楚。这个傀儡地方政府有一面政府旗,称为"大道旗"。这面旗"定为方形、黄色旗,中央配置红、绿两色的太极体图案。黄色表示宇宙纯洁的光芒,太极体象征着从微小的电子到浩瀚的日月间包罗万象的事物融合在一起"。②用这样的图案作旗,实属不伦不类。

1938 年 3 月 28 日伪中华民国维新政府成立,伪上海市大道政府隶属于这个政府。1938 年 4 月 28 日伪上海市大道政府改组为伪督办上海市政公署。同月,《督办上海市政公署暂行组织条例》③颁布。这个组织条例规定的内容与《上海市大道政府暂行组织法》有所不同,主要区别是:确定伪督办上海市政公署"直隶于行政院",市内事务"兼受内政部长之指示监督";市长改称"督办";市政公署仅下设秘书处、财政局、警察局、社会局、教育局、工务局和土地局 7 个机关;另外,还详列了这 7 个机关的职责。1938 年 5 月 3 日颁布了《督办公署关于更换旗帜训令》,它明确规定将原来上海的"大道旗"改为"太阳旗"和"五色旗",说:"本署现已隶属于维新政府管辖之下,所有本署及所属各局、处应用旗帜,自应采用太阳旗及五色旗两种,以昭划一,而明系统。"而原来的"大道旗"则"应即更换"。④用日本的太阳旗来作为上海市旗,其傀儡政权的本质暴露无遗。

1938 年 9 月 12 日,伪督办上海市政公署公布了《督办上海市政公署区政务署组织暂行章程》,对所属区的组织问题作了规定。它规定:上海共设 12 个"区政务署",分别是市中心区、宝山区、闸北区、沪西区、南市区、浦东南区、浦东北区、南汇区、川沙区、奉贤区、北桥区和嘉定区等政务署;每个区政务署设"政务长"1 人,"秉承督办之命并受各主管机关之指挥监督";区政务署下设 3 个科,第 1 科主管文书、印信、会计等事务,第 2 科主管编制保甲、编练青年团和土地调查、农工商业等事务,第 3 科主管税赋、公款公产、卫生、教育、文化等事务;各科设科长 1 人,科员 2 人,办事员 2 至 4 人,书记员 3 至 6 人;区政务署下设镇和乡,镇设镇长 1 人,乡设乡长 1 人;乡下设村,村设村长

---

① 上海市档案馆编:《日伪上海市政府》,档案出版社 1986 年版,第 5 页。
② 上海市档案馆编:《日伪上海市政府》,档案出版社 1986 年版,第 12 页。
③ 上海市档案馆编:《日伪上海市政府》,档案出版社 1986 年版,第 23—30、34—36 页。
④ 上海市档案馆编:《日伪上海市政府》,档案出版社 1986 年版,第 31 页。

1 人,等等。

1938 年 10 月 16 日,伪督办上海市政公署又奉伪中华民国维新政府的命令改组为伪上海特别市政府。1940 年 3 月 30 日汪伪国民政府在南京成立,伪上海特别市政府改换门庭,隶属于汪伪国民政府,直至 1945 年日本投降,彻底垮台。其中,1941 年 1 月 1 日至 1941 年 5 月 31 日一度改称为上海市政府。汉奸傅宗耀、陈公博、周佛海先后出任伪市长。

《上海特别市政府组织系统表》①显示,伪上海特别市政府受"上海特务机关顾问部"控制,它只是一个地地道道的傀儡政府。伪上海特别市政府下设秘书处、社会局、警察局、财政局、公用局、教育局、土地局、司法处等 30 个机关和市中心区、沪北区、沪西区、川沙区、北桥区等 15 个区。1938 年 12 月制定的《上海特别市区公署组织条例》,②对上海各区的组织机构和职责作了规定。它规定:上海各区设区公署,行政长官为区公署长,其"直接受市长之指挥监督";区公署"办理全区行政事务",下设科长 2 至 3 人,科员 6 至 8 人,办事员和书记员若干人;区公署的下属机关是分区所,每个分区所设所长 1 人,科员及办事员若干人,等等。

1941 年 2 月制定了《上海市政府组织规则》。③这个组织规则仍步以上各组织法规的后尘,整体内容没有太大的变化,只是在个别内容上有所调整。它规定:伪上海市政府下属机关有秘书处、社会局、财政局、警察局、教育局、土地局、公用局、工务局、卫生局等 9 个机关。有些机关的职责较为详尽,如财政局的职责有 12 项,多于以往。1941 年 8 月 1 日制定的《上海特别市政府各区公署暂行组织规则》,④对市所属的区、区公署及坊、乡、镇的机构、组织和职责作了规定,内容亦是大同小异,与以往的差不多。

伪上海地方政府还颁布了一些与组织法规有关的规定,1938 年 4 月 21 日公布的"训令"便是其中之一。这个"训令"的内容是关于各级政府职员的连保问题。它规定:上海的政府职员,"应即自行择定 5 人以上互相保证,1 人有过,5 人共同负责。"连保范围"重在奉公守法,以不反动、不贪污、无烟瘾为限"。⑤实际上,这个"训令"是企图用严厉的连坐形式制止抗日的行为。

在日伪统治时期,上海的地方傀儡政府更名频繁,组织法也随之颁废变化。这有其一定的必然性。伪上海地方政府是日本政府豢养的一条走狗,

① 上海市档案馆编:《日伪上海市政府》,档案出版社 1986 年版,第 43—45 页。
② 详见上海市档案馆编:《日伪上海市政府》,档案出版社 1986 年版,第 50—51 页。
③ 上海市档案馆编:《日伪上海市政府》,档案出版社 1986 年版,第 67—79 页。
④ 上海市档案馆编:《日伪上海市政府》,档案出版社 1986 年版,第 79—81 页。
⑤ 上海市档案馆编:《日伪上海市政府》,档案出版社 1986 年版,第 18 页。

它的行为要受主子的控制。在主子面前,它只能唯命是从。主子的主意一变,它也就不得不改名换制了。

二、打击抗日活动的政治法规

为了巩固在上海的统治,伪上海地方政府在政治上竭力打击各种抗日活动,并通过颁行法规,使这种反动行为"合法"化。

颁行戒严规定。上海人民万分痛恨日寇的暴行,通过各种形式进行抗日活动。伪上海地方政府非常害怕人民的这种活动,用颁行戒严法规的方式来限制人们的行动,达到压制这一活动的目的。戒严的时间少则几天,多则无限期。1941 年 11 月 27 日制定的《实施戒严办法》①是为了纪念所谓"中日基本条约缔结一周年",戒严时间为 3 天,从 11 月 28 日至 11 月 30 日。在这段时间里,除了不准行人在公路及里弄徘徊、各娱乐场所不得容留游客、不准举行任何集会、派宪兵和警察巡守以外,还不准燃放爆竹,要检查来往车辆等。1938 年 1 月 15 日发布的《大道政府关于戒严条例紧急布告》②则规定:戒严时间自 1 月 16 日起,"至相当肃清日为止"。没有截止时间,是无限期戒严。这里的"肃清"是指肃清抗日活动。在戒严时间内,人们只可"日间营业,夜间绝对禁止通行";严厉检查陆上交通,禁止水上交通;如有违反此戒严规定的,"格杀勿论"。

颁行戒备规定。伪上海地方政府还在一些纪念日来到前颁布戒备规定,以阻止大规模的抗日活动。戒备的严厉程度不及戒严,一般没有禁止通行的内容。戒备的时间也有长有短。1939 年 4 月 28 日制定的《戒备办法》③规定:戒备时间从 4 月 30 日至 6 月 1 日;派警察检查公共场所、偏僻处、要隘路口等地方;加派"干练探员分赴各区密察市民行动";警察局所有官员、长警"一律不准请假"等等。1939 年 9 月 13 日制定的《九一八纪念日戒备办法》④规定:戒备时间从 9 月 16 日至 20 日;警卫队负责保卫日伪市政府;多派岗警,检查各码头、车站的行人、车辆;严厉抽查户口,遇有形迹可疑之人"应即拘解讯办";多派探员分赴各署、队,协助检查行人、车辆;官员、长警一律不准"无事外出"和借故请假,等等。

---

① 详见上海市档案馆编:《日伪上海市政府》,档案出版社 1986 年版,第 241 页。
② 上海市档案馆编:《日伪上海市政府》,档案出版社 1986 年版,第 141 页。
③ 上海市档案馆编:《日伪上海市政府》,档案出版社 1986 年版,第 195—196 页。
④ 详见上海市档案馆编:《日伪上海市政府》,档案出版社 1986 年版,第 205 页。

颁行"清乡"规定。上海人民抗日力量的不断增长,特别是共产党领导的新四军和抗日游击队的活动和出击,使伪上海地方政府心惊肉跳。为了对付抗日力量,1942 年 8 月上海成立了"清乡"委员会上海分会,9 月便在南汇、奉贤、北桥三区进行第一期"清乡"。以后,还对崇明、宝山、嘉定、川沙等区进行了"清乡"。与此同时,一些"清乡"规定相继出笼。1942 年 8 月 16 日的《关于上海地区清乡工作中日协定》①推出,规定:"清乡"的目的是为彻底实现日本对中国的占领,美其名曰:"实现汪主席(指汉奸汪精卫)之抱负,建设模范理想之境,令民心归一,以确立国民政府之基干。"关于日寇和上海汉奸在"清乡"中的分工,日寇"担任军事事项为主",上海汉奸"担任政治工作为主"。其中,日寇还向汉奸提供部队所需的汽油、粮食、兵器和弹药等。上海的汉奸部队如果逮捕了"间谍或俘虏",首先要"由日本行必要处置",等等。1942 年 9 月《上海清乡地区检查邮电实施办法》②,由"清乡"委员会上海分会颁行。它明确表示:颁行这一办法的目的是"强化清乡工作,防止清乡地区情报资匪,并期获匪情动态"。一句话,即企图掌握抗日情报,以利"清乡"进行。检查工作由特别区公署和区警察局共同负责办理,必要时得"商请友邦宪兵队协助"。发现有"敌方情报"、语言令人不解、泄漏当地"清乡"军队行踪等情况的,"应予以扣留",并作没收、传讯、拘讯、移送"清乡"法庭或有关部队机关的处置,等等。"清乡"的内容基本是封锁交通,设置关卡,搜查行人等,最终是为了彻底扑灭抗日活动。但是,上海的汉奸部队却浑水摸鱼、敲诈百姓。他们所到之处十室九空,鸡犬不存,就连铜锁、铜箍之类的物品也不放过,因此,人们把"清乡"说成"清箱"。此话言之有理。

颁行"围剿"规定。伪上海地方政府还颁布过一些"围剿"规定,以打击抗日力量。1938 年 11 月 8 日伪上海市政府发出"指令",要求"秦兴炎地方居民速迁",目的是为了所谓"剿匪"。日军也叫嚣,如果百姓违令不迁,"届时无论男女老少一律认为匪贼,杀戮不贷"。③可谓凶残至极。

颁行保甲规定。伪上海地方政府也制造恐怖气氛,推行保甲制度,以防反政府行为,并颁行了一些规定。1943 年 3 月 17 日制定的《上海特别市政

---

①　详见余子道等编:《汪精卫国民政府"清乡"运动》,上海人民出版社 1985 年版,第 190—191 页。

②　详见余子道等编:《汪精卫国民政府"清乡"运动》,上海人民出版社 1985 年版,第 284—286 页。

③　上海市档案馆编:《日伪上海市政府》,档案出版社 1986 年版,第 171 页。

府保甲委员会暂行组织规程》,①对以推行保甲制度为任务的保甲委员会作了规定。它指出：设立保甲委员会的目的是"推进保甲制度、健全保甲组织"；具体任务是秉承日伪上海市长的命令,指示推进及监督本市各区办理保甲的各级机关；委员会设 11 至 13 人,伪市长指定其中 1 人为主任委员,主持工作；委员会下设总务、编查和训导 3 课,各司其职；如有必要,各区可设置区保甲办事处,等等。与保甲制度有密切关系的抽查户口规定不久也出台了。1943 年 10 月 1 日制定《上海特别市政府保甲委员会抽查各区户口暂行办法》。②此《暂行办法》规定："为整顿保甲抽查户口起见",特制定本法；督查员、警察、区长、坊长、镇长、联保长、乡长等人是抽查户口的执行人；抽查户口时,任何人"不得规避"；发现无居住证或无户籍人,应即拘送当地警务机关处理；以每保至少抽查 5 户、每日最少抽查 50 户为原则,等等。根据伪中央政府《乡镇保甲法》③和确定保甲组织的要求,上海的住户设户长 1 人,1人出事,全家连坐；10 户为甲,设甲长 1 人,1 户出事,全甲连坐；10 甲为保,设保长；10 保为联保,联保长由官方指派。1943 年,上海全境的保甲全部编制完成。其中,南汇、奉贤、北桥、崇明、嘉定、宝山区共有户数 392325 户,甲数 36271 甲,保数 3430 保。④原公共租界和法租界共有甲数 9353 甲,保数1438 保,联保数 296 个。⑤

　　除了以上这些规定外,伪上海地方政府还施行了其他一些有关打击抗日活动的规定。1938 年 4 月 15 日,浦东东昌路发生炸弹爆炸事件,当日,伪上海市警察局便贴出布告,要求爆炸地居民"协力查缉",如有隐匿不报者,一经查出,"决予以相当处分"。如能抓获持有"凶器之暴徒者",可赏洋 500元,等等。1938 年 7 月 21 日,伪督办公署发出指令,要建立"人民连坐保结"制度,用古代使用过的极其残酷的连坐法来对付抗日活动。指令要求"至少限定 5 户"为一个连坐保结单位。一户有犯,将连坐其他各户。1945 年 5 月16 日,伪上海市政府批准《关于实施集会结社申请登记》的规定。这个规定指出：要举行集会结社的,务必在集会结社前向警察局"申请登记"；经审查合格后方可"如期举行"；每次登记需收费 500 元,等等。⑥1945 年 8 月,苏联

①　上海市档案馆编：《日伪上海市政府》,档案出版社 1986 年版,第 251—252 页。

②　上海市档案馆编：《日伪上海市政府》,档案出版社 1986 年版,第 298—300 页。

③　详见上海市档案馆编：《日伪上海市政府》,档案出版社 1986 年版,第 413—422 页。

④　参见余子道等编：《汪精卫国民政府"清乡"运动》,上海人民出版社 1985 年版,第 323—324 页。

⑤　参见刘惠吾编著：《上海近代史》(下),华东师范大学出版社 1985 年版,第 409 页。

⑥　详见上海市档案馆编：《日伪上海市政府》,档案出版社 1986 年版,第 147、162、424、429 页。

向日本宣战,日寇的末日就要来临。但是,伪上海特别市政府还要作最后的挣扎,1945 年 8 月 10 日它与上海特别市保安司令部联合发出布告。布告还鼓吹要秉承"国民政府既定方针,与盟邦日本始终协力",并叫嚷发现"散布谣言,破坏秩序,扰乱经济,危害民生者",定要从严惩办不贷。①这正是日寇及其伪政权本性的大暴露。

三、横征暴敛的经济法规

日寇侵占上海不仅有它的政治目的,更有其经济野心。上海当时已是亚洲的金融中心之一,同时它的商业和工业也名列全中国的前茅。日寇要通过横征暴敛上海的经济,推行"以战养战"的政策,扩大其侵略范围。这在日伪上海地方政府的经济法规中昭然若揭。

开征多如牛毛的捐税是日寇和日伪上海地方政府榨取上海人民血汗的一种手段。从 1938 年 1 月起,各种苛捐杂税便开始压在上海人民头上。1938 年的 1 月 19 日,伪上海大道市政府发出"布告":自"正月初一日起,所有各项税捐均应遵照旧章一律缴纳,不得违抗"。②以后,有关各种捐税的规定又竞相颁行,其中有 1943 年 2 月的筵席捐、1944 年 5 月的献机捐、1944 年 9 月的消费特税、1944 年 10 月的牛只家禽营业专税、1945 年 6 月的黄金交易特税,等等。③据统计,在日伪统治时期,上海人民共缴纳有 50 余种捐税,其中有不少捐税的税率高达 30%—40%,如蔬菜行帖税、娱乐税、物品零售消费特税、筵席旅馆消费特税、娱乐消费特税等都是如此。④有些捐税还十分荒唐,如装电话要付"电话税",服务员要交占小费 20% 的"侍役外赏捐"等。这些捐税一开,上海人民的大量血汗钱就流进了日寇和日伪上海地方政府的腰包。据估计,仅在沪西越界筑路区的 7 家主要赌台,每天上缴的捐税就多达 15 万元。⑤

伪上海地方政府还通过收缴田赋来掠夺上海人民的财富。把田赋作为政府的主要收入之一,因而千方百计地多收田赋,多刮民脂民膏。1939 年 2 月 18 日,伪上海特别市政府贴出"布告",要征收 1938 年度的田赋,说:原有

---

①　详见上海市档案馆编:《日伪上海市政府》,档案出版社 1986 年版,第 429 页。

②　上海市档案馆编:《日伪上海市政府》,档案出版社 1986 年版,第 433 页。

③　上海市档案馆编:《日伪上海市政府》,档案出版社 1986 年版,第 630、695、726、731、777 页。

④　上海市档案馆编:《日伪上海市政府》,档案出版社 1986 年版,第 435—437 页。

⑤　Barnett: *Economic Shanghai*, New York, 1941, p.131.

市区及旧县划入市区各处，"自应一律依照向例设柜启征田赋，以济要需"。田赋按亩收缴，数额为 1 元 2 角 3 分，其中，"漕银 4 角 7 分、上下忙 2 角 5 分"；还有附加费和手续费，包括"自治费每亩 2 角、教育费每亩 1 角、建设费每亩 1 角、防共自卫团经费每亩 1 角、手续费每亩 1 分"。①但是，这仅仅是个开始，以后的田赋便不断加码。1942 年伪上海特别市政府调高田赋率，以每亩 1 元 2 角 3 分，增至"最高则田每亩年征 12 元 3 角，最低 9 元 4 角"，除去物价上涨因素，平均每亩要增加 4 元。调高后，日伪上海特别市政府每年可增净收入 3996 万余元。②一年以后，日伪上海特别市政府又巧立名目，用征收田赋时带征军警米的办法，变相抬高田赋。1944 年 2 月施行的《上海特别市政府军警米暂行办法》③规定：根据 1943 年度的田赋征收册"所载亩分办理"军警米事宜；征收数额是：每亩征米 1 升 5 合，非产米区每亩折征面粉 3 市斤；征收时，运用保甲制度，责成镇、乡、保、甲长"挨户催收"，等等。另外，对于拖欠田赋者，日伪上海地方政府采用了严厉的措施。1945 年 4 月 10 日公布的《上海特别市清理田赋旧欠暂行办法》④规定：清理旧赋的时间为 3 个月，逾期仍然不缴的，要"按户出票提追，并得拘案押追"，甚至"查封家产备抵"。一副穷凶极恶的腔调。

日寇和日伪上海地方政府还用强制废用旧币、流通"新币"的办法，抢劫民财。日寇侵入上海后，曾利用国民党政府发行的法币。以后，日伪中央发行"中储券"。日伪上海地方政府便强令上海市民使用这种伪币，而且与国民政府的法币等价流通。1941 年 1 月 16 日，日伪上海市政府发出"布告"，强调照财政部的规定"查照办理"。这个规定的内容是要求"现在流通之各种旧法币，暂准与中央储备银行之法币等价流通"，如果有人意存破坏，拒收伪币的，一经发现，"定当依法惩处，不稍宽贷。"⑤根据 1941 年 3 月 13 日由日伪中央政府公布的《妨害新法币治罪暂行条例》⑥的规定，凡故意妨害伪币流通的，"处 5 年以上有期徒刑，得并科 5000 元以下罚金"；凡拒绝使用伪币的，"处 3 年以上、10 年以下有期徒刑，得并科 5000 元以下罚金"。但是，到了 1942 年，日伪上海特别市政府依据日伪中央政府的指令，也规定在上海禁止流通国民政府的法币，只准使用伪币。1942 年 8 月 4 日伪上海市政府发

① 上海市档案馆编：《日伪上海市政府》，档案出版社 1986 年版，第 476、475 页。
② 上海市档案馆编：《日伪上海市政府》，档案出版社 1986 年版，第 614 页。
③ 上海市档案馆编：《日伪上海市政府》，档案出版社 1986 年版，第 673—674 页。
④ 上海市档案馆编：《日伪上海市政府》，档案出版社 1986 年版，第 770—771 页。
⑤ 上海市档案馆编：《日伪上海市政府》，档案出版社 1986 年版，第 494、495 页。
⑥ 上海市档案馆编：《日伪上海市政府》，档案出版社 1986 年版，第 505—506 页。

出训令,再次强调"自本年 8 月 1 日起,实行禁用旧币各区域,应一律禁止携带旧币"。①这样一来,遭殃的是上海人民。因为,自那年起伪币大量发行,价值一落千丈。1942 年 5 月每两黄金折 21 万伪币,但到了 1945 年 8 月则增加了 30 多万倍,简直成了天文数字。仅换币一项,日寇及其走狗劫得的民财就不可胜数。

　　日寇和伪上海地方政府还用参股、发行公债等形式侵吞财产。日寇强占上海以后便开始用各种方法侵吞财产,参股并控制公司就是它的方法之一。1938 年 9 月 7 日,日寇以出资四分之一的办法控制了"担任上海附近都市及港湾建设事业之实施及有关不动产之经营管理"的上海恒产股份有限公司,并用"设立要纲"加以确认。②1940 年 6 月 13 日,日寇又用出资一半的方式控制了经营"黄浦江内之水上交通"的上海特别市轮渡股份有限公司,并用文件进行了确认。③上海的许多企业就这样被日寇收入囊中。据统计,到 1942 年 2 月,上海有 200 余家企业因合办、委任经营、强买等遭此厄运。④日伪上海地方政府则用强制发行公债等形式盘剥人民钱财。1945 年 2 月,上海颁行《上海特别市民国 34 年临时救济库券条例》,⑤用以发行"临时救济库券"。《条例》规定,此券总数为 15 亿元,用于调整配给米价和慈善救济两个方面,分 5 年偿还,年息为 1 分 2 厘等。1945 年 7 月,又拟订《民国 34 年上海特别市建设公债条例》,⑥规定发行建设公债 50 亿元。由于几个月后,这些钱因日本投降、日伪上海特别市政府垮台而无法兑现,所以又被他们侵吞。

　　日寇和伪上海地方政府还用物资统制来强掠上海财富。这个物资统制就是对一些重要的生产资料和物资实行限价收购,统一分配,并禁止其自由流通的强盗性制度。这是一种赤裸裸地掠夺财物的伎俩。1942 年 5 月 16 日,《上海特别市物资统制委员会暂行组织规程》⑦施行。它规定:此委员会有物资供求的督导、计划配给、产销运输、物资标准数量等职权;委员会设 6 人,由伪市府秘书长、社会局长、警察局长等人组成,由日伪市长指定其中 1 人为主任委员;委员会下设主任秘书 1 人,秘书 2 人;另设事务、调查两个组,

①　上海市档案馆编:《日伪上海市政府》,档案出版社 1986 年版,第 596—597 页。
②　详见上海市档案馆编:《日伪上海市政府》,档案出版社 1986 年版,第 446—448 页。
③　详见上海市档案馆编:《日伪上海市政府》,档案出版社 1986 年版,第 488—489 页。
④　参见刘惠吾编著:《上海近代史》(下),华东师范大学出版社 1985 年版,第 413 页。
⑤　上海市档案馆编:《日伪上海市政府》,档案出版社 1986 年版,第 747—748 页。
⑥　上海市档案馆编:《日伪上海市政府》,档案出版社 1986 年版,第 781—782 页。
⑦　上海市档案馆编:《日伪上海市政府》,档案出版社 1986 年版,第 581—582 页。

办理具体事务,等等。被统制的物资有18种之多,其中包括钢铁、非铁金属、矿石、棉花及其制品、羊毛及其制品、麻及其制品、橡胶及其制品、皮革、木材、煤炭、药品、颜料、油漆、机器、米及粮食、纸类、油脂等。①违反物资统制的要被制裁。1944年6月26日,日伪上海特别市颁布实施《上海特别市第一警察局经济违反行政处分规则》。此规则规定:凡是擅自移动统制物资、隐匿或囤积统制物资、超过规定价格及其他违反统制规定者,都要受到制裁。制裁措施有罚金、拘留、停止营业、没收物资等。

在以上种种强盗般的劫夺之下,上海经济很快便千疮百孔,人民生活必需品奇缺。于是,不得不采用配给供应、限制分配的办法。1942年3月27日发布的《上海特别市粮食管理局关于团体食米配给标准》②规定:伪市政府及所属各局的职员,每人每月限购粮食12公斤,工役每人每月6公斤;工厂职工每人每月限购5公斤;小学教师每人每月限购10公斤,中学教师每人每月8公斤,大学教师只有6公斤。1942年8月,在全市推行统一的配米标准,规定的配额比以往更低,具体是:每日"大小口一律暂以3合(10合等于1升)计算配给"。③到了1943年,大米更为匮乏,7月10日开始实行《关于规定市民以杂粮为主食》的规定。此规定说:因为"大东亚战争正在进行",需要有充分的食粮作准备,所以,要求市民"移转观念,今后兼以杂粮为代用粮食"。④这里的杂粮是指麦、豆、苞米、高粱、甘薯等。除粮食以外,实行配给、限制供应的生活必需品还有棉布、香烟、火柴、肥皂、食盐、煤球、煤气、自来水、电等等。这种限制还殃及日寇控制下的租界。那时,公共租界的外国居民每月不能从银行"取走超过2000美元的钱。"⑤在1944年7月,他们每人仅能得到"14只鸡蛋和7立升牛奶"。⑥以后,鸡蛋停止供应,在1000多人的集中营里,每天供应300立升牛奶。再往后,日本当局的经常性供应是"病人每周5只鸡蛋,其他人每周2只鸡蛋。"⑦

上海市民缺少应有的物质生活条件,生活十分困苦,市内乞丐处处可见,无数难民露宿街头。天气骤冷,便是尸体横陈,惨不忍睹。难怪有人说:"和平中的狗比战争中的人强。"⑧

---

① 参见陶菊隐:《孤岛见闻》,上海人民出版社1979年版,第139页。
② 详见上海市档案馆编:《日伪上海市政府》,档案出版社1986年版,第576—578页。
③ 上海市档案馆编:《日伪上海市政府》,档案出版社1986年版,第606页。
① 上海市档案馆编:《日伪上海市政府》,档案出版社1986年版,第661页。
⑤ H. E. Amhold: *Shanghai 1941—1945*, p.1.
⑥⑦ H. E. Amhold: *Shanghai 1941—1945*, p.43.
⑧ Vicki Baum: *Shanghai'37*, 1939, Doubleday, Doran & Company Inc, New York, p.8.

四、卖国奴颜的宣传教育法规

日寇和伪上海地方政府不仅在政治上打击上海人民的抗日活动,经济上百般搜刮上海人民的财富,还在宣传教育上对上海人民推行奴化政策。

通过新闻、电影和戏剧等各种检查,禁止抗日宣传,是日寇和伪上海地方政府推行奴化政策的一种手段。1938 年 3 月 14 日,伪上海大道市政府发布"密令",对新闻进行检查。此密令声称:"现值军事时期,统制新闻事关重要。"它规定:凡有"言论反动及宣传赤化者"和"破坏中日邦交者"等情况的新闻,都要严格检查,"一律不许登载"。①这里的"反动"、"赤化"无非是指共产党领导的抗日运动。这里的"中日邦交"就是指卖国投日。1940 年 3 月 2 日伪上海特别市政府颁发"训令",明言:"凡未经电影检查所许可之影片一律禁止放映为荷。"②也就是说,上海只能放映一些符合日伪政府胃口的卖国降日影片。到了 1944 年,这种检查扩大到了戏剧领域。1944 年 3 月 15 日《上海特别市戏剧检查规则》③颁布。它明确规定,有 5 种情况属于"不得上演"情况,其中前两种就是"违反三民主义及现行国策者"和"有伤国体或诋毁政府者"。这里的"国策"是日伪上海特别市政府的卑躬屈膝、卖国求荣的国策。这里的"国体"和"政府"即是日伪、傀儡的国体和政府。这个规则还规定,剧本内容有部分"不妥者",就要删除或命令申请演出人自行修改;如果剧本内容"全部不妥者",就不准上演,未经核准之剧本,不得公开排演及预登广告、预售演出票;经核准的剧本,不得擅自加减其中的台词;违反规定的,会受到警告、短期停演、吊销准演执照、处以罚金和送法院究办等处分。从以上的检查规定中可以清楚看到日伪上海地方政府卖国投敌的丑恶嘴脸。

以上的检查只在沦陷区有效,日伪上海地方政府无法阻止海外抗日电波的传入。为了切断正义的声音,日伪上海特别市政府竟严控收音机,妄图利用愚民政策来为它的奴化政策服务。1942 年 12 月 18 日,伪上海特别市政府发出"通告",规定"凡普通无线电收音机之登记,无论长波、短波",④都须由警察局负责。从登记结果来看,⑤不仅上海市的一般市民拥有的有短波

① 　上海市档案馆编:《日伪上海市政府》,档案出版社 1986 年版,第 803 页。
② 　上海市档案馆编:《日伪上海市政府》,档案出版社 1986 年版,第 850 页。
③ 　上海市档案馆编:《日伪上海市政府》,档案出版社 1986 年版,第 1032—1034 页。
④ 　上海市档案馆等编:《旧中国的上海广播事业》,档案出版社 1985 年版,第 442 页。
⑤ 　上海市档案馆等编:《旧中国的上海广播事业》,档案出版社 1985 年版,第 451—458 页。

的收音机全部被列入不许可收听对象,连有些日伪官员和外国人也都被列进同一对象,其中有陈群、丁默邨等汉奸和一些德国人、意大利人。所以,登记只是一种借口,不许可收听才是真意。这再次表明,日寇和日伪汉奸是多么害怕正义、抗日和反法西斯的声音。

这种害怕还表现在对待抗日歌曲问题上。抗日歌曲反映了广大中国和世界人民抗日和反法西斯的心声,并激励人们进行持久的抗日斗争。因而,这种歌曲会使日寇、汉奸闻风丧胆,而他们能做的还是"禁止"两字。1943年8月31日,日伪上海特别市政府发出"训令",规定"所有违背政府国策,不合时代意义者,自应厉行查禁,以绝邪靡"。①随同这一"训令"下发的,还附有一份"禁止歌曲清册"。列入这份清册的歌曲共有200余首。其中,大多数是中文抗日歌曲,如《救亡进行曲》、《九一八》、《抗战进行曲》、《太行山上》、《义勇军进行曲》、《松花江上》等。还有一些是外国反法西斯歌曲,如苏联的《假使明天战争》、《钢铁的纵队》;法国的《伤兵莲花落》等。这200余首歌曲都被"严行禁止使用",同时还要审查已经出版的歌集,有禁唱歌曲的,也要"予以删除"。②

出于汉奸卖国本性,日伪上海地方政府提倡和规定的宣传口号都是一些投降日寇、甘做亡国奴和消灭共产党的陈词滥调。1941年7月5日,伪上海特别市政府发布了关于"七七"宣传周标语的"训令"。这个训令规定的标语有10条,条条都是如此,如"中日两大民族联合起来实行东亚联盟"、"肃清匪共,确立治安,改善民生"、"拥护最高领袖汪(精卫)主席"等。③1941年9月15日,日伪上海特别市政府又一次发布关于"九一八"纪念标语的"训令"。这个训令规定标语有10条,内容与以前的相仿,如"要打倒破坏和平的共产党"、"中日和平前途万岁"、"奠定中日永久和平",等等。

日本侵略者和汉奸的奴化宣传并没有泯灭广大上海人民的爱国之心。人们对这种宣传嗤之以鼻。上海的《新申报》是汉奸第一大报,形式与日本的《读卖新闻》相似,内容与日寇的如出一辙。它的销路一直不佳。此报曾悬赏100万元,规定每介绍推销此报1份至3个月的,可得赏金1元。但臭名昭著的《新申报》仍无人问津。而且,每当此报贴出街头不久,便会被大块泥团覆盖。其他汉奸报纸的命运也大体如此。

汉奸的电影,同样得到的是受抵制、冷遇的下场。伪华影拍摄了八十部

---

① 上海市档案馆编:《日伪上海市政府》,档案出版社1986年版,第994页。
② 详见上海市档案馆编:《日伪上海市政府》,档案出版社1986年版,第994—1002页。
③ 上海市档案馆编:《日伪上海市政府》,档案出版社1986年版,第898页。

内容下流、低级、吹捧日本侵略者的电影，什么《何日君再来》《两地相思》、《春江遗恨》《万紫千红》等。但是，市民们对它们丝毫没有兴趣，宁可冒着生命危险，到苏联侨民俱乐部看新闻纪录片。

在教育方面，日伪上海地方政府同样推行奴化政策，也表现出卖国的奴颜。伪督办上海市政公署于1938年7月29日颁布《督办上海市政公署市立小学校长任免暂行规则》。①该规则规定："曾有抗日或共产行为，证据确实，迄未自新者"为不得任用为市立小学校长的人员；如果现任小学校长是"违背东亚和平宗旨及大道精神或中华民国教育方针者"、"违背政府或本市教育法令者"，经查实以后，就要被停止职务。对于教师，也有相似的规定。1938年9月24日，伪督办上海市政公署出台了一个《志愿教师登记办法》。②此办法规定：志愿教师必须具备"愿竭其精神，励行中日亲善并推广文化事业"的信条，才能被录用。

日语被日伪上海地方政府作为一种奴化市民的工具。强制性学习日语成为教育法规中的重要内容。1938年3月9日，伪上海大道市政府印发了一个各校教职员注意事项。③这个注意事项把日语作为小学生的必修课程，无论是低、中年级，还是高年级，周课时一律为3节。这一周课时，仅少于汉语和算术，比其他任何一种课程都多。同时，还规定："日语科用指定之课本"。到了1941年，伪上海市政府竟用开办日语补习学校的办法来推广日语。1941年4月18日公布《上海市立日语补习学校暂行规程》。④此规程毫不掩饰地规定：开办补习学校的目的"不独为增进知识技能，抑且为谋中日亲善之有效办法。"另外还规定：凡年在15岁以上、50岁以下者均可入学学习；补习班分为初级班、高级班两种，学习期限为1年；教师是曾留学日本、精通日语或对日语有经验者等。实际上，日寇从本土调来大批寡妇充任补习学校的教师。但是，由于广大上海市民的抵制，这种日语补习学校被人们冷落，最后不得不停办。这一点连日伪官方都十分清楚。1945年5月25日伪上海特别市教育局在一份上呈报告中承认"窃查市立第一、二两日语补习学校以往办理成绩欠佳，业经先后予停办在案"。⑤

伪上海地方政府还利用各种途径，进行卖国反共教育。1939年5月17日，规定在全市小学教员中进行一次思想及智力测验。在测验题中，明目张

---

① 详见上海市档案馆编：《日伪上海市政府》，档案出版社1986年版，第815—816页。
② 上海市档案馆编：《日伪上海市政府》，档案出版社1986年版，第818页。
③ 上海市档案馆编：《日伪上海市政府》，档案出版社1986年版，第800—802页。
④ 上海市档案馆编：《日伪上海市政府》，档案出版社1986年版，第882—884页。
⑤ 详见上海市档案馆编：《日伪上海市政府》，档案出版社1986年版，第1065页。

胆地灌输卖国反共思想。在"选择法"中,把"党政权失败之原因"说成是"联俄抗日";把"日本现与中国战争"说成是"永奠东亚和平";把"中国这次抗战"说成是"做苏俄的傀儡"①等。1938 年 4 月 27 日,伪上海大道市政府规定小学的纪念日放假日期,共有 11 天,但日本的节日却占四分之一有余,它们是 4 月 29 日的"大日本天长节"、5 月 23 日的"太阳节"和 5 月 27 日的"大日本海军纪念日"等。②1941 年 11 月 8 日,日伪上海特别市教育局对市内各学校发出了"关于严密查拿鼓动罢课之共产党员密令"。密令说:"近有一向潜伏之共产党分子"乘物价高涨、各校教师要求增加工资之时,希图利用时机,四出煽动罢课,"以遂其扰乱秩序之阴谋"。因此,"对于煽动罢课之共产党徒严密查拿,依法惩处"。③

　　然而,事实雄辩地证明,破坏上海教育的罪人正是日寇和伪上海地方政府。日军占领上海后,上海的教育设施遭到灾难性的破坏。同济、复旦、光华等大学和上海法学院、上海女子医学院、上海美术专科学校等大专院校都遭严重毁坏,不能开学上课。中小学生的失学现象十分严重,失学人数多于以往。在 1940 年 12 月的《市教育局一年来教育行政概况报告》里显示:上海"各中小学校数量与学生数字,比较战前相差虽属相远"。报告还列举了具体数字:除租界外,上海市各区"学龄儿童估计约在 139000 人",但是"尚有失学儿童 38362 人",④占学生总数的四分之一左右。

　　日伪统治时期,上海地方法规给上海广大民众带来了深重的灾难。它在上海法制史上是极其黑暗、丑陋的一页。

①　上海市档案馆编:《日伪上海市政府》,档案出版社 1986 年版,第 826—827 页。
②　上海市档案馆编:《日伪上海市政府》,档案出版社 1986 年版,第 810 页。
③　上海市档案馆编:《日伪上海市政府》,档案出版社 1986 年版,第 908 页。
④　上海市档案馆编:《日伪上海市政府》,档案出版社 1986 年版,第 866 页。

第十章　租界法规的部分内容(上)

上海租界是上海近代社会的怪胎,是西方列强在上海实行殖民统治的产物。自 1845 年上海出现的第一块租界地起,至 1943 年最后一块租界地被收回,上海租界先后存续了近百年。在这近百年中,租界建立了自己的法制,行使自己的管理权,并不受中国法律和主权的管辖。《上海问题》一书毫不忌讳地说:"上海的公共租界和法租界是外国人控制的地方",还称上海华界和公共租界、法租界的三个行政管理机构为"上海的三个市政府"。①百年来,上海租界颁行的法律也很多,此处只能撷其比较重要的部分,加以阐述。

土 地 章 程

这里的"土地章程"是《上海租地章程》(Shanghai Land Regulations)的简称,亦称为"地皮章程"、"地产章程"等。它与不平等条约联系在一起,是上海租界存在、发展的主要法律依据,故也有人把它看作是租界的"根本法","大宪章"等。②从中也可见,土地章程在租界立法中的重要地位。自从 1845年颁布了第一个土地章程以后,历经多次修改。每次修改以后,租界的地域便不断扩展,并由此而引起了一系列的变化。

1. 1845 的土地章程

1845 的土地章程是上海的第一个土地章程,有人称其为"上海地皮章程"。③它是《南京条约》及其附件《五口通商章程》的直接恶果。1842 年 8 月清政府在鸦片战争失败后,被迫与英国侵略者签订了不平等的《南京条约》。此条约允许英国人可在上海等 5 个通商口岸经商并派驻领事。条约规定:

---

① W. C. Johnstone: *The Shanghai Problem*, Stanford University Press, U.S.A, 1937, p.7, 8.

② 参见王鹏程等:《上海史研究》,学林出版社 1984 年版,第 100 页。

③ 参见《上海公共租界史稿》,上海人民出版社 1980 年版,第 43 页。

"自今以后,大皇帝恩准英国人民带同所属家眷,寄居大清沿海之广州、福州、厦门、宁波、上海等5处港口,贸易通商无碍,且大英君主派设领事管事等官住该5处城邑,专理商贾事宜,与各该地方官公文往来"。1843年10月,在虎门签订的《南京条约》附件《五口通商章程》(又称《虎门附加条约》、《五口通商附粘善后条款》等)把这一规定具体化,对英国人的经商、居住等问题都作了较为详细的说明。规定:"广州等5港口英商或常川居住,或不时来往,均不可妄到乡间任意游行,更不可远入内地贸易,中华地方官应与英国管事官各就地方民情地势,议定界址,不许逾越,以期永久彼此相安。""在万年和约内言明,允准英人携眷赴广州、福州、厦门、宁波、上海5港口居住,不相欺侮,不加拘制。但中华地方官必须与英国管事官各就地方民情,议定于何地方、用何房屋或基地,系准英人租赁。其租价必照5港口之现在所值高低为准,务求平允。华民不许勒索,英商不许强租。英国管事官每年以英人或建筑房屋若干间,或租屋若干所,通报地方官,转报立案。惟房屋之增减,视乎商人之多寡,而商人之多寡,视乎贸易之衰旺,难以预定额数。"

以上述的规定为依据,1843年11月,上海的第一任英国领事巴福亚(George Balfour)向上海道台宫慕久交涉租地等事宜,并在上海设立了英国领事馆。即1845年11月,宫慕久以上海道台的名义发布告示,内容涉及允许英国人在上海合法居留的地区及有关事宜,还公布了与巴福亚"依约商妥"的土地章程。这个告示的内容不多,主要说:"兹顾全该地民情,体察该地情况,划定洋泾浜以北,李家场以南之地,准租与英国商人,以为建筑房舍及居留之用"。①土地章程有23条,②内容涉及租地界域、租地程序、居留地居住格局等一系列问题,归纳起来主要有以下这几个方面。

第一,确定了界域。土地章程确定了上海第一块为英国人所居住的租界③地域。它东靠黄浦江,北至李家场(又称李家庄,今北京东路),南至洋泾浜(今延安东路)。1846年9月,又划定西至界路(今河南中路)。

第二,确定了租地程序。土地章程确定了租地的程序:先由租地人直接向中国业主商议,议成后,由双方分别呈报英国领事和上海道。然后,由"华官与领事会同遴派中英正直人士四、五名,估定房价、地租及移运屯地等费",再上报英国领事与上海道。"出租人与承租人之凭件系一种契纸形式,须送呈道台审查,加盖钤印,然后移还关系各方收执。"每年的完租时间为农

---

① 《上海公共租界史稿》,上海人民出版社1980年版,第44页。
② 《上海公共租界史稿》,上海人民出版社1980年版,第44—50页。
③ 俗称租界,实为居留地。

历 12 月 15 日。

第三,确定了华洋分居的居住格局。土地章程规定界内土地只可为洋人租用,不得出租给华人,这就确定了一种华洋分居的居住格局。"界内土地,华人之间,不得租让;亦不得架造房舍租与华商。"界内准备建一市场,但"其地点与规则,须由双方官员会商决定,惟商人不得为私益而设此种市场,亦不得建筑房舍租与华人,或供华人之用"。

第四,确定了界标与建筑。土地章程规定一旦租界地界确定后,即"以界石标志之。其有道路者,该界石须置于道旁,以免阻碍行人。惟界石上须刊明该处离实界若干尺"。关于界内建筑,土地章程规定:"商人租定土地后,得以建筑房舍,安顿其眷属侍从及储藏合法之商品,并得建设教堂、医院、慈善机关、学校、会堂等",但"界内不许架造易燃之房屋"。对于界内原华人的墓地,"租地人不得加以损毁,如须修理,华人得通知租地人,自行修理之",同时还确定每年的扫墓时间为清明节。另外,土地章程还允许租地人在界内开路筑桥,雇用更夫等,说可以"修造木石桥梁,清理街道,维持秩序,燃点路灯,设立消防机关,植树护路,开疏沟渠,雇用更夫"。

第五,确定了租让与租金。土地章程特别规定了界内土地的租让与租金问题,内容是:租地人租地或房屋后,可以"自行退租",而且出租人还必须把押金"如数返还";但是,出租人却"不得任意停止出租,尤不得任意增加租金";如果租地人要把全部或一部分转租给他人,那么,"所让地之租金,只能依照原额,不得加增"。可见,这是个极不公平的规定,因为洋人有了退租的自由,而华人则没有停止出租的自由,双方的权利不平等。另外,根据这一规定,洋人可以无限制租用土地,上海租界变成了永租地。

第六,确定了英国领事的管理权。土地章程规定界内的管理权属英国领事所有,具体表现为多方面,除了在确定租地程序中有决定权外,另有其他许多权利,如有其他国家的商人要在界内建房或租房、屯物的,"须先禀明英国领事,得其许可";租地人如果"欲设立船夫及苦力头目"的,也"须陈报领事"等。

第七,确定了司法权。土地章程也对界内的司法权问题作了规定,主要是:界内发生的华人违法犯罪案件,由上海地方政府处理。"尚有赌徒、醉汉、宵小扰乱公安或伤害商人、或在商人中混杂者,即由领事行文地方官宪,依法惩判,以资儆诫。"如果属于违反土地章程的,则由英国领事惩处。"嗣后英国领事,倘发现有违犯本章程之规定者,或由他人禀告,或经地方官通知,该领事均应即审查犯规之处,决定应否处罚,其惩判与违犯条约者同。"从中可知,英国领事已拥有租界的司法权。

第八,确定了章程的解释和修改问题。土地章程还规定了章程的解释和修改问题,基本精神是由中英双方官员协商解决或决定。"嗣后关于本章程如有增改,或解释,或改变形式之必要,均由双方官员随时商议,众人如有议决事项,须呈报领事,转与道台商妥决定后,始得发生效力。"

土地章程颁行后不久,上海的第一块租界地便出现了,被称为英租界(British Settlement),面积约为 832 亩。①开始,来英租界居住的洋人不多,租界比较萧条。到第一年年终,只新建房屋 11 幢,开设商行 23 家,来往船只 40 艘。在英国领事馆登记的洋人也只有 25 人。以后,人数逐年增加,1844年为 50 人左右,1846 年增至 90 人。②

1846 年,美国领事沃尔科特(Wolcott)在英租界内设领事馆,还悬挂美国国旗。此事引起英国领事的不满,声称除英国国旗外,任何国家的国旗均不得悬挂,并因此而发生了纠纷。③于是,1847 年,上海道台又颁布了土地章程的第 24 条,内容是:"在特许英商租地之范围内,除得悬挂英国国旗外,任何国人不得悬挂该国国旗。"这样,土地章程也就变成 24 条了。

1848 年,英国领事阿利国(R. Alcock)利用"青浦教案"④向新任上海道台麟桂提出了扩充租界的要求。屈服于英人的压力与嚣张气焰,麟桂于1848 年 11 月和阿利国订立了扩大英租界的协议。协议规定:英租界的地域扩大,界址是:东面仍靠黄浦江,西面则从界路延伸到泥城浜(今西藏路),北面从李家庄推进到吴淞江(苏州河),南面仍为洋泾浜。这是英租界的第一次扩充,净增土地面积 2000 亩,以致英租界的总面积达 2820 亩,是原来面积的 3 倍以上。与此同时,英租界的人口也有所增加。1848 年,到英国领事馆登记的洋人已超过 100 人,其中,妇女为 7 人。⑤

《南京条约》及其附件《五口通商章程》和 1845 年土地章程给英国人带来的丰厚成果使美国、法国的殖民主义者垂涎不已,他们也准备如法炮制。

1844 年 7 月,美国全权公使顾盛(Calb Cushing)迫使两广总督耆英在澳门望厦签订了《望厦条约》,其内容与《南京条约》及其附件《五口通商章程》相仿。它规定:"嗣后合众国民人,俱准其挈带家眷,赴广州、福州、厦门、宁波、上海共五港口居住贸易。其五港口之船只,装载货物,互相往来,俱听其

① 参考上海地区面积分布统计(1843—1950 年),邹依仁:《旧上海人口变迁的研究》,上海人民出版社 1980 年版,第 92 页。
② 参见《列强在中国的租界》,中国文史出版社 1992 年版,第 3—4 页。
③ 参见《上海公共租界史稿》,上海人民出版社 1980 年版,第 23 页。
④ 详见刘惠吾编著:《上海近代史》(上),华东师范大学出版社 1985 年版,第 67—71 页。
⑤ 参见《上海公共租界史稿》,上海人民出版社 1980 年版,第 318 页。

便。""合众国民人在五港口贸易,或久居,或暂住,均准其租赁民房,或租地自行建楼,并设立医院、礼拜堂,及殡葬之处"。"五港口地方官各就民情地势,与领事官议定界址,不准逾越,以期永久彼此相安",等等。这个条约成为以后美国在上海设立租界的法律基础。

以《望厦条约》为依据,美国圣公会主教文惠廉(W. J. Boone)于1848年到上海,先在苏州河北岸地价低廉的虹口一带广置地皮,设立教堂,然后,向上海道台吴健彰提出把虹口一带作为美租界(American Settlement)的要求。当时,吴健彰作了口头承诺,但没有签署正式协议,周围界域也没明确划定。到了1863年,英美两租界合并时,美国领事熙华德(George F. Seward)才匆匆与上海道台黄芳商定美租界范围。可是,此时美租界的建立已成了一种既成事实,它的雏形已经存在。

1844年10月,法国全权公使剌萼尼(de Lagrene)也迫使两广总督耆英签订了《黄埔条约》,该条约也与《南京条约》及其附件《五口通商章程》相仿。它规定:"自今以后,凡法兰西人家眷,可带往中国之广州、厦门、福州、宁波、上海五口市埠地方居住贸易,平安无碍,常川不辍"。"无论其逗留时间之长短,听其租赁房屋及行栈贮货,或租地自行建屋、建行。""地方官会同领事官酌议定法兰西人宜居住、宜建造之地。凡房租、地租多寡之处,彼此在事人务须按照地方价值定议。中国官阻止内地民人高抬租值,法兰西领事官亦谨防本国人强压房地主降低或接受租值。在五口地方,凡法兰西人房屋间数、地段宽广不必设立限制,俾法兰西人相宜获益。倘有中国人将法兰西礼拜堂、坟地触犯毁坏,地方官照例严拘重惩。"这个条约也成为法国在上海设立租界的法律依据。

根据《黄埔条约》的规定,1849年4月,法国领事敏体尼(de Montigny)与上海道台麟桂签署了租地协议。为此,上海道还专门在4月6日发布了一个"告示":"本道台会同法国领事敏体尼勘定上海北门外一处地:南至城河,北至洋泾浜,西至关帝庙诸家桥,东至广东潮州会馆沿河至洋泾浜东角,注明界址。倘若地方不够,日后再议别地;若需另划新地,亦当会商议定。其所议界内地,凭领事随时按照民价议租,谨防本国人强压迫受租价;如若当地民人违约昂价,不照中国时价,凭领事向地方官饬令该民人等遵行和约前录之条款。至各国人如愿在界内租地者,应向法国领事商明办理。"①法国人十分看重这个租地协议及其告示,认为"具有极重要的意义,它是上海法租界

----

① [法]梅朋、傅立德:《上海法租界史》,倪静兰译,上海译文出版社1983年版,第43页。

的出生证,也是上海法租界的宪章"。①

不久,法租界(Concession Francaise)②便出现了。它占地面积为 986 亩,界址在上海北门外,具体为:南至城河(今人民路),北至洋泾浜(今延安东路),西至关帝庙诸家桥(今西藏南路附近),东至广东潮州会馆沿河至洋泾浜东角(今龙潭路)。法租界初建时同样十分萧条,至 1849 年底,只有 9 人居住在租界内,其中 5 人是领事敏体尼一家人。

1845 年的土地章程签署以后,上海竟一下子冒出英、美、法 3 个租界,而且把上海交通最便利、地理位置最重要的外滩和苏州河口一带地段都分割完毕:英、美租界夹持着苏州河口,英、法租界占据着外滩。

2. 1854 年的土地章程

1853 年 9 月,在刘丽川的领导下上海爆发小刀会起义,并很快占领了上海城。英、美、法 3 国领事以租界需要自己保护自己为借口,自行决定改订原土地章程,并于 1854 年 7 月 5 日由租地人大会通过。这个土地章程被称为《上海英法美租界租地章程》,共 14 条。③与 1845 年的土地章程相比,这个土地章程在以下内容上作了明显的改动。

第一,确定了租界的新范围。在这个土地章程里,确定了在 1845 年土地章程里所没有规定的新范围,主要是 1848 年 11 月英国领事阿利国迫使上海道台麟桂接受的扩大的英租界,以及 1849 年 4 月法国领事敏体尼迫使上海道台麟桂签订的法租界的范围。这两个租地范围原来都没有正式规定在土地章程里,这次作了规定:"道光二十六年(1846 年)八月初五日巴领事与宫道台所判,并于二十八年(1848 年)十一月初二日经阿领事与麟道台,二十九年三月十七日敏领事与麟道台勘定法兰西地界,出示内指南至城河,北至洋泾浜,西至诸家桥,东至潮州会馆,沿河至洋泾浜东角等处,曾经法兰西钦差大臣会同广东制台徐,均行允准。"④这样,由土地章程明确规定的租界地域扩大到 3800 余亩,是原来规定的 3 倍以上。这还不包括美租界的地域,因为那时还没作正式的划定。

第二,改变了租地程序。在原有的租地程序中,有租地人必须向上海道呈报与上海出租人签订的协议并接受审查的规定。在这个新的土地章程里,强调外国领事在租地程序中的决定作用,上海道台只处在一种从属的地

---

① [法]梅朋、傅立德:《上海法租界史》,倪静兰译,上海译文出版社 1983 年版,第 42 页。
② 法租界当局称其为 Concession(租界),实为 Settlement(居留地)。
③ 详见《上海公共租界史稿》,上海人民出版社 1980 年版,第 53—55 页。
④ 详见《上海公共租界史稿》,上海人民出版社 1980 年版,第 53 页。

位,如同一个傀儡。"凡欲向华人买房租地,须将该地绘图注明四址亩数,禀报该国领事。""查明并无先议之碍,即议定价值,写契二张,绘图呈报领事官,转移道台查核。"

第三,变"更夫"为"巡捕"。在原土地章程内,允许租界当局开路筑桥,雇用更夫,只字没提巡捕之事。但是,新的土地章程则在第 10 条中含糊其词地提到设立巡捕问题,说:"设立更夫或巡捕"(establishing a watch or police force)。①更夫与巡捕完全不一样。更夫只是在夜间报更鸣警而已,但巡捕却是武装的警政人员,性质和作用截然不同。这一改变为租界建立自己的警政机构、组织自己的警政人员提供了法律依据。事实也证实了这一点。就在通过这个新土地章程的租地人会议上,还同时通过了组织巡捕的决议,允许巡捕可奉领事之令搜查军械和解除华人武装、协助征税等。

第四,默认了华洋杂居的居住格局。在原土地章程中,不准华人租用租界内的房屋,也不许洋人把房屋出租给华人,这就形成了一种华洋分居的居住格局。但是,新土地章程却删去了原规定,代之以默认华洋杂居的规定。在这个章程所附的"租地契式"里明确说:"若华民欲在界内租地赁房,须由领事官与中国官宪酌给盖印契据,始可准行。"②对其限制,新章程里说:"不准华人起造房屋草棚,恐遭祝融之患。不遵者,即由道台究办。"新章程默认华洋杂居,完全是出于无奈。因为,在小刀会起义期间,曾有一些华人涌进租界。到新章程制定时,英租界已约有 2 万华人。对于这一既成事实,租界当局也无良策,只得接受。另外,在杂居情况下,租界当局还可返租土地给中国人,从中渔利。当时有人预计,以这种方式可以赚到30%—40%的利润。③

第五,规定了罚则。在原土地章程里,没有明确规定罚则的内容。在这个新的土地章程内,则增加了具体的处罚条款:华人如果用"易燃之物起造房屋",或者存储硝磺、火药等"易于着火之物"的,初次罚银 25 元,不改的,以后"每日加罚 25 元";华人如果"堆积秽物,任沟洫满流,放枪炮"等的,每次罚银 10 元,等等。

第六,新定了禁止行为。新土地章程还明定了一些原来没有规定的禁止行为。比如:在美国领事馆至苏州河一带,不经领事许可,"不许开设公店,违者按后开惩罚";在租界里,未经领事同意,"不准卖酒并开公店";华人不准在租界内"再停棺材",等等。

---

① 《上海公共租界史稿》,上海人民出版社 1980 年版,第 57 页。
② 《上海公共租界史稿》,上海人民出版社 1980 年版,第 56 页。
③ 参见刘惠吾编著:《上海近代史》(上),华东师范大学出版社 1985 年版,第 122 页。

第七,修改了章程的修订问题。原土地章程规定,章程的修订申领事与上海道台商议决定即可,不涉及其他官员。但在新土地章程里,却对此作了修改,主要是在英、美、法三国领事与上海道台商定后,还增加了一个程序,即"详明三国钦差及两广总督允准,方可改办也。"这一繁琐程序如同一道不可逾越的障碍,使这个章程的修订可能性几乎等于零。

从以上1854年土地章程对1845年土地章程的改动可见,上海租界当局攫取了更多的中国主权,中国同时也丧失了更多的属于自己的主权。从地域上看,租界地扩大了;从租地程序上看,上海道处在从属地位,洋人讲了算;从机构上看,租界设立了巡捕,有了不受中国政府和法律控制的警政机构和人员;从修订程序上看,使其十分繁琐,以致修订变得没有可能,而洋人的决定便成了一种不可改变的法律等,都是一种明证。它告诉人们,上海租界的殖民化程度更甚于以往。关于这一点,英国殖民主义者也曾有过十分"动听"的表露。阿利国曾说:"新法律(指1854年土地章程)的制定具有一种明白的企图",这就是"经由租地人,为全体外人社会获得自治的权利和为市政目的而征税的权利;由此二端而得有手段,以保障外人社会本身的安全与幸福。"①可是,这种"安全与幸福"却是以牺牲中国的主权为代价,以剥夺上海广大人民的安全与幸福为条件的。

这个新土地章程的所谓生效,是因为由租地人会议通过。但是,这本身并无法律依据。根据《南京条约》和《五口通商章程》、《望厦条约》、《黄埔条约》及1845年土地章程等的规定,洋人居留地的确定都须有中国地方官与外国领事商定。租地人无权决定居留地内的大事,因为这是中国领土。可是,租界当局无视条约的规定,擅自组织租地人会议,并通过了所谓的新土地章程,这完全是一种赤裸裸地无视中国主权的行为。不过,当时出现这样的情况,有其一定的必然性。因为在鸦片战争以后,中国已逐渐沦为一个半殖民地半封建社会,国家主权不断受到威胁并日趋丧失。在这种情况下,上海租界当局为所欲为便不足为奇了。

由于有1854年的土地章程为依据,上海租界里的殖民主义措施不断加强。同年,工部局(Municipal Council)成立了。它是租界的完全独立于中国行政系统的行政管理机构,总揽着租界内的全局事务。关于它的作用,阿利国说得十分清楚,那就是:"使驻在当地的文武官员由于一种严重的需要而不得不采取,可是不能为任何法律原理所容许的许多办法成为合法。"②可

---

① 参见王鹏程等:《上海史研究》,学林出版社1984年版,第108—109页。

② 王鹏程等:《上海史研究》,学林出版社1984年版,第108页。

见,它是一种上海租界当局不依法律规定,不受中国主权约束,可以自行其是的工具。也是在 1854 年,租界正式决定招募自己的警政人员巡捕。接着,又决定函聘曾在香港巡捕房任职的克列夫登(S.Clifton)来上海租界任"总巡"之职,还要求他选择一些"优良"巡捕一同来上海。①1855 年,巡捕的人数增加,洋人巡捕扩大至 30 名。更为甚者,1860 年上海租界竟重新组织了"义勇队"(Volunteer Corps)(又称"商团"、"万国商团"等)。这是由洋人组织的租界军队,可以与中国军队抗衡的武装力量。以上这些措施证实,在 1854 年土地章程后,上海租界的殖民性、独立性越来越强,"国中之国"的说法决非夸大其词。

1853 年上海小刀会起义后,租界当局自感受到威胁,于是在 1854 年成立工部局时,英、美、法三租界有过一段时间的组合,但起义失败后就散伙,继续分而治之了。到 1862 年,考虑到美租界的人少、治安差、管理混乱等多种原因,美国领事熙华德等人提出了把英、美两租界合并的建议。同年 3 月,英租界的租地人会议正式通过把美租界并入英租界,实现英美两租界合并的议案。但是,此时美租界的地界还未划定。于是,熙华德加快了定界步伐,于 1863 年 6 月与上海道台黄芳商议,决定了美租界的地界:西从护界河(泥城浜)对岸之点(今西藏北路南端)起,向东沿苏州河及黄浦江到杨树浦;再沿杨树浦向北 3 里,从此处划一直线,连接护界河对岸之起点。此次地界的划定虽然十分笼统,也未仔细勘察,但大体已定,面积为 7856 亩。同年 9月,英、美两租界正式宣布合并,总面积达 10676 亩。人们称合并后的租界为英美租界,洋人则用"Foreign Settlement"来表示。至 1899 年又改名为"公共租界"(International Settlement)。英、美两租界合并后,上海便从 3 个租界变成了两个租界,即法租界和英美租界(后改称为"公共租界")。

当英美租界大量鲸吞上海租地之时,法租界当局也没有袖手旁观,也把其触角伸到了法租界以外的地方。1861 年,法国领事爱棠(B.Edan)以要在上海设立邮船公司、扩大从上海到法国的航线为由,先后在上海县城小东门外 3 次租地,使法租界在靠近黄浦江的边界延伸了 650 多米,扩充面积 198亩。这样,法租界的总面积达到了 1124 亩。②这是法租界的第一次扩充。

随着上海租界面积的扩大和华洋杂居等情况的出现,上海租界逐渐繁

---

① 详见上海通社编:《上海研究资料》,上海书店 1984 年版,第 93 页。

② 刘惠吾编著:《上海近代史》(上),华东师范大学 1985 年版,第 155 页认为,法租界此次扩充面积为 198 亩。《上海辞典》,上海社会科学院出版社 1989 年版,第 473 页同。唐振常主编:《上海史》,上海人民出版社 1989 年版,第 202 页认为扩充了 130 亩。《上海租界的形成及其扩充》一文则认为,只扩充了 40 亩,详见《列强在中国的租界》,中国文史出版社 1992 年版,第 19 页。

荣起来。到 1865 年,英美租界的人口近 9300 人,法租界的人口近 5600 人,两租界人口的总和已占全上海人口总数的 20% 以上。①与此同时,上海的对外贸易也迅速发展起来了。在 19 世纪 50 年代,上海的对外贸易数已超过广州,成为中国最重要的通商口岸。到了 19 世纪 60 年代,又有了进一步的发展。故有学者称:"从那时起,以租界为中心的上海地区已稳执中国对外贸易的牛耳。"②

3. 1869 年的土地章程

这个土地章程被称为《上海洋泾浜北首租界章程》。它的产生与上海租界当局策划的把上海变成"自由市"的阴谋有关。1862 年工部局下属的防卫委员提出把上海改为"自由市"的计划。这个计划要把上海及其附近地区完全置于英、美、法、俄四个大国的"保护"之下,成为一个"独立共和国",并由租界内的产业所有人选举产生政府。这个"自由市"计划的实质是要彻底摆脱中国政府的管辖,也要解脱外国领事的束缚,进而使上海成为一个享有主权的国际自由港。这个计划理所当然地遭到上海人民和全中国人民的反对。同时,也引起租界主事的不满。英国公使布鲁斯(Bruce)曾说:英租界应是"英国政府得施行权力"③的地方。他也不赞成这个"自由市"计划。在"自由市"计划流产以后,上海租界当局就转向修改土地章程,企图从中获得更大控制权和独立权。

1865 年 4 月,工部局董事会设立了一个专门的委员会,负责修改 1854 年的土地章程。此委员会在上海租界当局的授意下完成修改草案,并使其在 1866 年 3 月的租地人会议上通过。1869 年 9 月驻北京的公使团"暂时批准"了这个草案,于是它便在上海租界施行。从具体内容来看,它赋予工部局以极大的权力,在事实上形成了一个自治政府。这次修改,主要修改了以下内容。

第一,改租地人会议为西人纳税会议。1869 年的土地章程用西人纳税会议取代了原来规定的租地人会议,使之成为英美租界的主要议决机关,起到了"市议会"的作用。这个纳税人会议扩大了参会西人的范围,不再限制为租地人,凡是"所执产业地价计 500 两以上,每年所付房地捐项,照公局(工部局)估算计 10 两以上,(各执照费不在此内)或系赁住房屋,照公局估算每年租金计在 500 两以上而付捐者"都可参加西人纳税会,而且有选举

---

① 详见邹依仁:《旧上海人口变迁的研究》,上海人民出版社 1980 年版,第 90、92 页。

② 费成康:《中国租界史》,上海社会科学院出版社 1991 年版,第 269 页。

③ 《上海公共租界史稿》,上海人民出版社 1980 年版,第 36 页。

权,这一改变是为了扩大统治基础,有更多的洋人可进入议决队伍,同时也增强了纳税人会议的有效性,更利于自治政府的活动。

第二,赋予工部局以更大的权力。这次修改后的土地章程给予工部局比以往更大的权力,主要这样两项:一是具有征收捐税之权;二是具有增订土地章程附则之权,这种附则一旦经纳税人会议通过和领事团、公使团的批准即可生效,在上海租界实施。这两种权力非同一般,前者是经济权,后是立法权,加以工部局本身是行政机关,具有行政权,这样工部局就拥有极大的权力,租界中的任何机构都无力与其匹敌。工部局权力的加大,意味着上海租界独立性的增强,也意味着中国主权的进一步削弱。

关于工部局还有一些修改之处。把工部局的组成人员从 3 人或 3 人以上增至为 9 人,并规定为定期选举产生;设立"领事公堂"(Court of Foreign Consuls)审理以工部局为被告的案件等。①另外,还允许租地人购买租界边界或界外基地,"以为造路或开辟花园及公共休养游玩之用"。②

但是,这次修改也与上一次修改一样,只是洋人的单方面行为,没得到中国政府、上海地方政府的同意,不符合 1845 年和 1854 年土地章程的规定,因此,实际上是一个没有法律基础、不合法的土地章程。它之所以能得到实施,完全是基于一种强权政治的力量。关于这一点,洋人自己也承认。在1897 年任工部局总董的伯克尔(A.R.Burkill)说:"该章程虽经有约各国代表之批准,但未经中国政府正式承认。"到上海调查租界问题的费唐(R.C. Feetham)也说:这个土地章程"未曾由领事团与上海道台会商,只于公使团批准后,由领事团通知道台而已。此种不完备之手续,显与 1854 年章程第14 条之规定违背,故此次新章程之效力已发生问题"。③

自这次修改以后,上海租界的土地章程基本定型,租界当局统治租界的所谓"宪章"存续了此后的 70 余年。以后,虽仍有增损与修改,但变动之处不多,也没有从根本上突破这一框架。从这一角度讲,这次修改在上海土地章程发展中的作用非同小可。

这次土地章程修订后,同样也在上海租界产生了影响。1869 年,法租界的行政管理机构公董局的《公董局章程》被北京的公使团批准通过。在 1854年的土地章程施行后,英、美、法 3 租界有过一个时期的组合,而且由工部局统一行使治理权。但是,就在组合时期,法租界与英、美租界之间仍存在隔

---

① 参见《上海公共租界史稿》,上海人民出版社 1980 年版,第 58 页。
② 参见《列强在中国的租界》,中国文史出版社 1992 年版,第 14 页。
③ 《上海公共租界史稿》,上海人民出版社 1980 年版,第 58—59 页。

阁。在对待小刀会起义的态度问题上,英、美租界曾一度表现出的"中立"姿态,令法租界十分恼火。以后,他们间的矛盾连续不断。1862 年 4 月,法国领事宣布法租界脱离工部局的管辖,另成立"法国筹防公局",处理法租界事务。不久,这个筹防公局又改称为公董局。接着,《公董局章程》①的拟订也开始进行了。到 1869 年,这个章程正式被批准、实施。它对法租界的立法、行政机构的组织办法等问题都作了全面规定,使公董局成为一个拥有广泛权力的殖民统治机构。

1874 年 4 月,上海法租界发生"四明公所事件"。早在 1849 年,居住在上海的浙江宁波人建造了"四明公所",把它作为宁波同乡会馆(今人民路852 号)。以后,它被划入法租界。1874 年公董局越界辟路,侵及该公所,因而受到民众的抵制。尽管法租界调兵镇压,但上海民众仍不畏强暴,最后法租界只得取消筑路计划。这个事件的起因在于法租界公董局的横行霸道,无视华人的合法权利,这充分说明此时的上海租界当局已十分猖狂,到了肆无忌惮的地步。

4. 1893 年的土地章程

这个土地章程被称为《上海新定虹口租界章程》,制定于 1893 年 7 月,由上海地方官员与美国副领事埃门斯(Emens)等人议定、签署。②此章程共 8条,主要内容有关以下 4 个方面的事宜。

第一,有关竖立界石事宜。这个土地章程规定:在美租界四周竖立一定数量的界石,界石上刻有华、英文字。"所定之界,应立界石,石上凿华英文字,以示分划清楚,并另绘一图备考。所立界石,均有数目。"如果界石竖在华人的土地上,租界当局工部局应付租金。"如系华民之产,已允永远租与工部局,每年租洋 5 元,由工部局付与地主以及地主之后裔,或转买该地之地主。倘工部局与地主将该一方地租洋归一次总付清结,亦可商办。"

第二,有关租界筑路事宜。此土地章程允许租界当局筑路,只是在筑路时要注意一些问题,如道路要经过华人产业的,须预先购地和搬迁;有华人坟墓的,非经同意,不得动迁;还有,不能穿过"义冢"等。"倘工部局欲筑公路,穿过华人产业,则须于动工之前,预先商让购地及搬迁房屋或坟墓之在路线上者。""华人坟墓,若非其家属自行允准,不得动迁。""凡筑公路,不能穿过义冢。"

---

① 详见[法]梅朋、傅立德:《上海法租界史》,倪静兰译,上海译文出版社 1983 年版,第 410—420 页。

② 详见《上海公共租界史稿》,上海人民出版社 1980 年版,第 69 页。

第三,关于收捐事宜。该章程还对在划入租界中华人房屋和耕地的收捐问题作了规定,其基本精神是都在不收捐之列。"一切向来所有住宅,因系华人原业户之产,并系华人原业户居住,现在并不收捐者,又一切新旧房屋,在华人原业户地上,离马路或应筑之路较远,并无利益可得者,工部局情愿概不收捐。""凡虹口租界内耕种之田,倘常为华人原业户之产,工部局愿不收捐。"

第四,关于造桥和建码头事宜。此土地章程还作出了关于造桥和建码头事宜的规定。苏州河(即吴淞江)不在美租界范围内,所以由上海地方官负责。"吴淞江不在美租界内,水利之事,归中国地方官经营"。如在苏州河上造桥,不得低于现在已有桥梁的高度;建码头也不可有碍船只的运行。"工部局如在吴淞江添造桥梁,同现在所造之桥一律,不能再低。倘在北岸建筑码头,亦不得填出河外,淤塞河身,有碍水利。"

就内容而论,1893 年的土地章程没有新的突破,只是根据原有土地章程的原则,对美租界的划定及相关问题作了补充性规定。正如两位中国学者所言:"此《新定虹口租界章程》系关于划界及划界后对原有华人产业等之处置办法的规定,系属补添(additional)性质。"①但是,它却是美租界界域划定的法律依据,使 1863 年由熙华德与黄芳所商议,只是笼统划定的美租界地域精确化并具有法定性质。

这个土地章程公布后不久,便爆发了中日甲午战争。甲午战争后,列强们掀起了瓜分中国的狂潮,上海租界再度疯狂扩张。

1899 年 4 月,清政府在英美等列强的压力下,命两江总督刘坤一处理上海英美租界的扩张之事。刘坤一便派员到上海,会同道台李光久,并与外国领事商议扩充租界的具体办法,其中唯一保留的条件是不要把闸北也划入租界范围。1899 年 5 月,英美租界改变为:东自杨树浦桥起,至周家嘴角止;西自泥城桥起,至静安寺镇止,又由静安寺镇划一直线,至新闸苏州河南岸止;南自法租界八仙桥起,至静安寺镇止;北自虹口租界第 5 界石起,至上海县北边界限为止,再从此划一直线至周家嘴角。英美租界扩张后,便正式改称为上海公共租界。1899 年 7 月,工部局开始在上述新定区域里设置巡捕。

这次扩张并未使上海的租界当局满意,1899 年 12 月,公共租界再次扩大,并将它的界域擅自确定为:北自小沙渡起,沿苏州河至接连泥城浜(今西藏中路)之西约 70 码处,由此处朝北至上海、宝山两县之交界线(今海宁路

---

① 《上海公共租界史稿》,上海人民出版社 1980 年版,第 66 页。

西端），循此界线（即沿今海宁路西段、浙江北路北段及天目路等）至接连虹口河地方（今虬江路东端嘉兴路桥北首），再朝东直至顾家浜口（今军工路南端）；东临黄浦江，自顾家浜口至洋泾浜口（今延安东路外滩）；南界洋泾浜（今延安东路）自洋泾浜口至接连泥城浜处，由此向西循大西路北首支路及大西路（即沿今延安中路及复兴中路），至静安寺后面的五圣庙（今延安西路东端）；西自五圣庙朝北至苏州河小沙渡。①经过这次扩张，公共租界的面积达到了 32110 亩，比过去增加了两倍有余。为了便于管理，公共租界工部局不得不于 1900 年把租界划分为东、西、中、北 4 个区。东区为原美租界东部及新扩充的地区；西区为泥城浜以西地区；中区为 1848 年时的英租界地区；北区为原美租界的西部，以虹口河（横浜河）为东界。同时，还设置了相应的管理机构。

在公共租界频频得手以后，法租界也不甘落后。1900 年 1 月，法租界实现了它的第二次扩张，使其总面积达到 2135 亩，比以前增加了 1 倍多。扩张后的法租界地界为：东至城河浜（今人民路西段）；西至顾家宅关帝庙（今重庆中路、重庆南路北段）；南至丁公桥、晏公庙、打铁浜（今方浜西路、自忠路、顺昌路、太仓路）；北至北长浜（今延安东路西段、延安中路东段）。②

法租界自第二次扩张以后，公董局便大肆向界外筑路，并以此作为第三次扩大界域的资本。至 1914 年，法租界实现第三次扩界前，公董局先后筑了吕班路（今重庆南路）、宝昌路（今淮海中路东段）、善钟路（今常熟路）、圣母院路（今瑞金一路）、华龙路（今雁荡路）、宝建路（今宝庆路）、杜美路（今东湖路）、薛华立路（今建国中路）、古拔路（今富民路）等 24 条马路。1913 年，法国公使康德（Conty）正式向中国政府提出法租界界外所筑马路地区的警权问题，目的是为了把筑路地区也划归法租界管辖，进行第三次扩界。1914 年 4 月，袁世凯急欲求得帝国主义国家的支持，不惜以牺牲主权为代价，同意法国公使的要求，允许法租界派巡捕在筑路地区行使警权，征收捐税，管理马路，以后还设立了租界的审判机关。这样，法租界的筑路地区便成了事实上的新租界。正如《法租界沿革》一文中所说的：“虽然名义上不叫扩充，事实上还不是道道地地的扩充吗？”③

经过这次扩充以后，上海法租界的面积净增 13015 亩，总面积达到15150 亩，是 1849 年初定面积的 15 倍，也是第二次扩张时面积的 7 倍。

---

①　参见《上海公共租界史稿》，上海人民出版社 1980 年版，第 476—477 页。
②　参见上海通社编：《上海研究资料》，上海书店 1984 年版，第 146 页。
③　上海通社编：《上海研究资料》，上海书店 1984 年版，第 147 页。

至此,上海租界的地域基本固定了,它占据了上海市区的绝大部分地区,也是最为繁华的地段。同时,租界也进入了它的全盛时期。租界的人口大幅度增加,从 1869 年的 21 万余人增加到了 1915 年的 83 万余人。租界人口占全上海总人口的比率也在增长,从 1865 年的 20%以上增长到了 1915 年的 40%以上。①先后建成了先施公司、永安公司等当时在中国是一流的大型百货商场。商店成行的南京路和霞飞路(今淮海中路)也成了全国最为繁盛的商业街道。它被称为"远东最大的商贸中心和中国最大的商业城市"。②同时,租界的市政建设和公用事业也领先于中国的其他租界。新式马路、垃圾处理和煤气、电灯、自来水、公共交通等等西方国家时兴的事业,租界全都仿行。当时的上海已成为世界上的最大城市之一。

5. 越界筑路的有关规定

越界筑路是上海租界当局从租界向外延伸,在租界以外地区修筑马路的活动。它是上海租界当局扩大实际租界面积的一条途径,与租界本身的发展也密切相关。事实证明:"道路一经筑成,租界的范围随之伸展,所以越界筑路完成之时,正是租界扩张之日。"③因此,有关越界筑路的规定实是土地章程中的一个组成部分。

越界筑路始于 1860 年。租界当局以帮助清政府镇压太平军为借口,开始在租界以外地区修筑军路。以后,界外筑路便持续不断,所筑道路也越来越多,面积也越来越大。自 1860 年至 1865 年间筑成的军路已有新闸路、麦根路(今淮安路)、极司非而路(今万航渡路)、徐家汇路(今华山路)、吴淞路等。战争结束后,工部局把它们都辟为马路了。

1869 年英美租界租地人会议擅自在修改土地章程的草案中作出了以下规定:"租界内执业租主、有关议事在内,会议商定,准其购买租界以外接连之地、隔相之地,或照两下言明,情愿接受西人或中国之地,以便编成街道及建造公共花园,为大众游玩怡性适情之处。所有购买建造与常年修理等费,准由公局(即工部局)在第 9 款抽收捐项内,随时支付。但此等街道、公园,专为公用与租界以内居住之人同沾利益。"④这次修改的土地章程虽未经中国政府认可,只是租界当局的单方面行为,但他们却以此为依据,开始了更大规模的越界筑路。在英美租界,1869 年修筑卡德路(今石门一路),1870 年修筑杨树浦路,1901 年始筑虹桥路、白利南路(今长宁路)、罗别根路(今

---

① 参见邹依仁:《旧上海人口变迁的研究》,上海人民出版社 1980 年版,第 90 页。

② *1843—Shanghai—1893*, Shanghai Mercury Office, 1893, p.1.

③ 《列强在中国的租界》,中国文史出版社 1992 年版,第 94 页。

④ 参见《列强在中国的租界》,中国文史出版社 1992 年版,第 14 页。

哈密路)等。据统计,从 1862 年到 1925 年,越界筑路共有 41 条之多,面积 5 万亩。①1884 年,工部局还开始在卡德路建立巡捕房,派巡捕巡视静安寺路。1900 年,工部局设清丈局,负责租界外 1 英里内的土地清丈事宜。以后,还在越界筑路地区兴办公用事业,征收捐税。越界筑路地区成了变相的租界。

与英美租界相比,法租界在越界筑路方面毫不逊色。早在 1900 年以前,法租界当局就以防守租界,抵御太平军,保护徐家汇天主教堂为借口,筑了一条由县城西门外起,直通徐家汇的军用大道,全长约 8 公里。1900 年,此军用大道改成了马路,即为徐家汇路。到法租界第二次扩界前,他们还筑了恺自尔路(今金陵中路)、华格臬路(今宁海西路)等。这些越界所筑的马路均划入第二次扩界的范围之中。

值得注意的是,在 1914 年法租界第三次扩界前,当时的北京政府还与法国驻华机构于 1914 年 4 月 8 日分别派代表在上海签署了《上海法租界推广条款》。②此条款共 11 条,其中有 6 条直接与越界筑路有关,对法租界的越界筑路和界域的扩大都产生过很大影响。其内容主要是以下 5 个方面:

第一,可以选派两名中国董事参与公董局办理越界筑路(即"外马路")地区的华人事务。"上海交涉员或观察使同法国领事议定,选出中国绅董两员,专与法公董局会办华人住居法界及外马路各事。"

第二,具体缴纳税赋问题。居住在越界筑路地区的中、外人员均要向中国政府缴税,并由法租界公董局代收缴纳。"住居法租界及外马路之中、外人等,所有应纳中国政府地税,悉归法公董局主任代收缴纳。"如果上海的田赋有所增加,那么,越界筑路地区华人的田赋也要增加。"若以后中国他处华人田赋有增加问题,法租界及外马路华人田赋亦一律增加。"还有,法租界不得向越界筑路地区的华人居民收缴有些捐税。"法租界及外马路华人耕种之田地、住居之房屋及平等人家之各产,法公董局永不抽房捐、地税及他种类似之捐,以及人头税。"

第三,任何人不得擅自迁移越界筑路地区华人的坟墓,华人也不得在该地区不掩埋棺柩,除非有公董局的批准外。"华人所有法租界及外马路坟墓,无业主本家允准,万无迁移之责。各家仍可听其自由扫祭,然为卫生起见,此约批准以后,所有华人棺柩只准在界内掩埋;不准浮厝,如有特别情形暂为殡寄者,应得公董局之批准。"

---

① 参见唐振常主编:《上海史》,上海人民出版社 1989 年版,第 512 页。
② 王铁崖:《中外旧约章汇编》(第 2 册),生活·读书·新知三联书店 1959 年版,第 1030—1031 页。

第四,法租界的越界筑路地界与公共租界的交界事宜,由公董局与工部局协商解决。"法租界及外马路与英界交界事宜由法公董局与英工部局直接商办。"

第五,法租界的审判机关有权审理越界筑路地区的华人诉讼案件。"中国政府所派定上海法租界会审公堂之中国审判员亦有权审问在外马路区域内中国人之民、刑诉讼,是以在此区域内特立一厅所,为该员执行审判事项之用。"

此条款签订后不久,公董局便进行了具体的划界手续。①法租界的第三次扩界也很快变成了现实。

上海租界当局的越界筑路是扩大租界的前奏,其目的是为了攫取更多的租界地。事实也证明,越界筑路是有计划、有目的进行的。1899 年,清政府承认公共租界扩充时,越界筑路是其中的主要扩张地域。以后,工部局又在界外筑了虹桥路、罗别根路(今哈密路)和白利南路(今长宁路),统称"罗别根系统"。这一系统的马路呈环形状,如同下围棋一般,围好了界外地盘,为再次扩大界域作准备。法租界同样使用这样的伎俩。第三次扩界的范围就是以前越界筑路的地段。上海租界当局胆敢如此放肆地在界外筑路,与他们迫使中国政府签署的越界筑路的有关协议有关。这些协议事实上成了他们在租界外筑路的所谓法律依据。

6. 对土地章程的承认和收回租界的协议

1854 年和 1869 年的土地章程均由上海租界当局擅自制定、通过,没有得到中国政府的承认,其非法性十分明显。但是,清政府对此却保持着长期的沉默。以后的南京国民政府竟也承认了土地章程。在 1930 年 2 月签订的《关于上海公共租界内中国法院之协定》的第 2 条关于上海"土地章程"上说:"至现时沿用之'洋泾浜章程及附则',在中国政府自行制定公布此章程及附则以前,须顾及之。"②由此承认自 1854 年以来中国政府从未正式承认过的非法章程及其附则。此事一出,当时一些中央研究院的学者都认为这是"当局之失策",指出:"'洋泾浜章程'本为外人非法产物,中国政府始终未曾加以正式承认。至协定中忽复引及,不特正式承认此项章程,予以法理上的根据,且强令法院必须顾及,已妄认外人非法取得之特殊权利,复损及中国法律之尊严。"③

---

① 参见《列强在中国的租界》,中国文史出版社 1992 年版,第 24—25 页。

② 王铁崖:《中外旧约章汇编》(第 3 册),生活·读书·新知三联书店 1959 年版,第 770 页。

③ 详见唐振常等:《上海史研究》,上海人民出版社 1989 年版,第 140 页。

上海人民始终要求收回租界,站在与租界当局斗争的前列。1925年5月30日,上海公共租界发生了震惊世界的"五卅惨案"。上海人民发动、参加了大规模的抗议运动,"收回租界也成了当时群众的普遍要求之一。"①在这种正义、强烈的要求之下,上海租界当局不得不承诺停止越界筑路。此后,上海工人在1927年3月举行了第三次武装起义,并占领了华界后,也曾作好了用武力收回上海租界的准备,只是由于上海租界当局调集了大量军队和共产国际的反对,这一武力尝试才得以放弃。②

1941年12月太平洋战争爆发,日本公开向英、美宣战,国际形势发生了急剧变化。这种变化也同样影响到了上海租界的收回问题。1942年初,世界反法西斯阵线形成,中国是其中的重要一员。出于加强盟国团结的需要,美、英两国作出姿态,在1942年10月正式向中国政府提议,从速签署中国与美、英两国关于废除治外法权、交还华租界的新条约,其中包括上海的公共租界。1943年1月11日,中国政府分别与美、英两国签订了《关于取消美国在华治外法权及处理有关问题之条约》和《关于取消英国在华治外法权及其有关特权的条约》。这两个条约的签订,从法律上向全世界宣布,上海公共租界归还中国,它的历史就此而告终。但是,由于当时上海的公共租界还在日军的占领之下,所以,还无法在事实上归还中国。

《关于取消美国在华治外法权及处理有关问题之条约》③由国民政府特派驻美国特命全权大使魏道明与美国外交部部长赫尔分别代表中、美两国政府在华盛顿共同签署。条约全文共8条,其中,与收回上海公共租界问题有关的主要是以下4个方面:

第一,取消美国人在华的特权。条约规定,过去条约所赋予在华美国人的特权都要废止。"现行中华民国与美利坚合众国之条约与协定,凡授权美利坚合众国政府或其代表实行管辖在中华民国领土内美利坚合众国人民之一切条款,兹特撤销作废。"从此以后,美国人在中国只能依照国际法而行使其权利,并受中国政府的管辖。"美利坚合众国人民,在中华民国领土内,应依照国际公法之原则及国际惯例,受中华民国政府之管辖。"这是收回上海公共租界的前提。没有这一规定,便没有收回租界的法律依据。

第二,中国收回公共租界。条约规定,美国把上海的公共租界交还给中国,同时终止其在公共租界的一切权利。"美利坚合众国政府认为,上海及

① 程道路主编:《近代中国外交与国际法》,现代出版社1993年版,第82页。

② 参见费成康:《中国租界史》,上海社会科学院出版社1991年版,第409页。

③ 王铁崖:《中外旧约章汇编》(第3册),生活·读书·新知三联书店1959年版,第1256—1259页。

厦门公共租界之行政与管理应归还中华民国,并同意,凡关于上述租界给予美利坚合众国政府之权利应予终止。"这是收回上海公共租界的直接规定,明示了上海公共租界史的终结。

第三,中、美双方都应在收还租界问题上履行一些相应的义务。条约还规定了中、美双方都应在收还租界时所要履行的义务。美方的义务主要是依约把上海公共租界的行政与管理权以及官有资产与义务交还给中国政府。"美利坚合众国政府愿协助中华民国政府与其他有关政府成立必要之协定,将上海及厦门公共租界之行政与管理,连同上述租界之一切官有资产与官有义务,移交于中华民国政府。"中方的义务主要是依约接收租界时要履行有关义务及债务,承认和保护原公共租界内的合法权利。"中华民国政府于接收上述租界行政管理时,应厘定办法,担任并履行上述租界之官有义务及债务,并承认及保护该界内之一切合法权利。"这是为解决收回上海公共租界后,中、美政府间的善后事务所作的规定,目的在于避免收回租界后再产生纠纷。

第四,中国政府在收回公共租界后,仍不能废除美国人在租界里拥有的土地、房屋等不动产的权利。条约也规定了中国政府在收回公共租界后,不可因此而废止美国人所拥有的不动产权利。"为免除美利坚合众国人民(包括公司及社团)或政府在中华民国领土内现有关于不动产之权利发生任何问题,尤为免除各条约及协定之各条款因本约第一条规定废止而可能发生之问题起见,双方同意,上述现有之权利不得取消作废,并不得以任何理由加以追究。"这主要是为解决收回上海公共租界后中、美民间的善后事务所作的规定,目的是为了避免民间纠纷。

《关于取消英国在华治外法权及其有关特权条约》①由国民政府特派外交部长宋子文与英国特派驻华全权大使薛穆爵士分别代表中、英两国政府在重庆共同签署。《条约》全文共9条,其中,与收回上海公共租界问题有关的也是4个方面,而且内容与中、美同日在华盛顿签署的《关于取消美国在华治外法权及处理有关问题之条约》中的内容相仿。规定:"凡授权英王陛下或其代表实行管辖在中华民国领土内英王陛下之人民或公司之一切条款,兹特撤销作废。英王陛下之人民及公司,在中华民国领土内,应依照国际公法之原则及国际惯例,受中华民国政府之管辖。""英王陛下认为,上海及厦门公共租界之行政与管理应归还中华民国政府,并同意,凡关于上述租

---

① 王铁崖:《中外旧约章汇编》(第3册),生活·读书·新知三联书店1959年版,第1262—1266页。

界给予英王陛下之权利应予终止。""英王陛下联合王国政府愿协助中华民国政府与其他有关政府成立必要之协定,将上海及厦门公共租界之行政与管理,连同上述租界之一切官有资产与官有义务,移交于中华民国政府",等等。

在中国与美、英两国谈判酝酿和达成收回上海公共租界条约之时,日本政府为了笼络汪伪傀儡政府,引诱其与美、英宣战,也于 1943 年 1 月 9 日与汪伪政府签订了《关于交还租界及撤废治外法权之协定》。《协定》规定:"日本政府应将日本国在中华民国之内现今所有之专管租界行政权,交还中华民国政府。""日本政府依据另行协议所定,应承认中华民国政府尽速收回上海公共租界行政权。"①1943 年 6 月 30 日,汪伪政府的外交部部长褚民谊与日本特命全权大使谷正之共同签署了《关于实施收回上海公共租界之条款》②和《了解事项》。③

《关于实施收回上海公共租界之条款》共 5 条,内容涉及收回时间、原权利与债务、保护日本人等。它规定:上海公共租界"定于中华民国 32 年 8 月 1 日,即昭和 18 年 8 月 1 日,由中华民国政府实施收回。"原属于上海公共租界工部局的公共设施、资产及财产上的权利,"应按照现状无偿移让于中华民国";同时,原属于工部局的一切债务,"亦应由中华民国按现状继承之"。还有,"中华民国政府应依照现状,尊重并确认日本国政府及臣民在上海公共租界及其越界筑路等地所有关于不动产及其他之权利利益,并应对此取必要之措置",等等。

关于《了解事项》共 6 条,其内容是对上述"条款"的具体化,以便操作,起实施细则的作用。比如,它规定:条款所规定的应移让的工部局的公共设施"包含附属于该公共设施之一切固定设备及为管理维持用之器具材料等"。还有,关于原权利与债务中,要"除去工部监狱关系",这一问题要"由工部局与中华民国当地地方官宪间办理之"。

以上 3 个协议中的"中华民国政府"均指汪伪政府。依据这些协议,1943 年 8 月 1 日,上海公共租界的交还接收仪式在工部局礼堂举行,并在大光明戏院举行了所谓的"上海民众代表大会"庆祝收回租界。当时上海的公共租界正在日军的铁蹄之下,"接收"只是一个骗局而已。收回的公共租界称为"上海特别市第一区"。

---

① 复旦大学历史系中国近代史教研组编:《中国近代对外关系史资料选辑》(第 2 分册下卷),上海人民出版社 1977 年版,第 197 页。

②③ 上海市档案馆编:《日伪上海市政府》,档案出版社 1986 年版,第 91—93 页。

在处理收回上海公共租界问题时,收回上海法租界也在进行。由于当时法国的维希政府是德国的傀儡政府,他们与中国政府分属两个阵营,因此,收回法租界问题在形式上由维希政府与汪伪政府解决。在日本政府的压力之下,继 1943 年 1 月 9 日日本政府与汪伪政府签订交还租界协定之后,1943 年 2 月 23 日法国维希政府也发表声明,决定放弃包括上海法租界在内的在华治外法权和租界。第二天,中国的报纸都报道了此消息。《申报》题为"法国政府正式宣布放弃在华治外法权",说:"法国政府正式宣布放弃在华治外法权,此为事实上之承认南京政府,并奠定调整两国关系之基础"。①

然而,法国维希政府并非真想交出上海法租界,所以,发表声明后便以拖为对策,无任何交还的动作。对此,汪伪政府不得不请日本政府帮忙。于是,狡猾的上海日军便以"张金海案"来声东击西。

从一份写于 1943 年 5 月 5 日日伪上海行政司法处给日伪上海市政府的报告②得知,张金海是张元吉的独子,他"新供职于本埠菜市路(今顺昌路)诚记衫袜厂,平日安分守己,从无不端行为"。但是,1943 年的 4 月 29 日下午 6 时,"竟被顾客李姓女及艺华干洗店主郭士元等诬告侵吞遗失之洗衣凭单,被拘入法巡捕房,由西探米来等威逼招供惨施酷刑,因此身亡"。法医王国安和管筹华所作的法医报告③也证实这一点,报告说:张金海"系胸肋部受外来之钝器打击致脾脏破裂与脾脏出血身死"。可见,张金海之死完全是"以惨无人道之酷刑致人于死"。

在上海租界,洋人打死华人不足为奇,日军历来都是闻如未闻。然而,这次却一反常态,它的机关报《新申报》在 5 月 4、5、6 日三天连续报道此命案;日本使馆的广田还发表声明,对张金海之死表示同情。日伪人员也随之起哄,新闻记者联合会要求严办此案,金融界头目出资聘用律师。伪市政府还正式向法国驻沪总领事马杰礼提出提议,并另附 3 个条件:一是惩办凶手;二是抚恤张金海家属;三是保证以后不再发生类似事件。④可是,醉翁之意不在酒,法租界当局心里也明白这是日军在作祟,目的是要自己尽快交出租界地。法租界当局不得不惩办米来,并于 1943 年 7 月 22 日签署了《交还上海法国专管租界实施细目条款》和附属"了解事项",为交出法租界作最后的准备。

《交还上海法国专管租界实施细目条款》⑤由汪伪政府的审计部长夏奇

---

① 《申报》1943 年 2 月 24 日。
②③ 存上海市档案馆,全宗号 R18,案卷号 427。
④ 参见陶菊隐:《孤岛见闻——抗战时期的上海》,上海人民出版社 1979 年版,第 243 页。
⑤ 上海市档案馆编:《日伪上海市政府》,档案出版社 1986 年版,第 97—98 页。

峰和法国维希政府的全权代表法国驻华大使馆参事柏斯颂等 9 人于南京共同签署。此条款共 3 条,内容是:上海法租界的行政权于 1943 年 7 月 30 日"移交中国政府";法租界内的道路、桥梁、码头、阴沟、沟渠、堤防等各种设施"无偿移交中国政府";收回法租界后,日伪政府要"按照现行法律状态尊重并确认法国政府及人民在租界内所有关于确属持有之不动产及土地之权利利益,并应对此取必要之措置"等。

附属"了解事项"①也由夏奇峰和柏斯颂等 9 人于南京共同签署。此事项共 9 条,主要内容包括:上海法租界"行政实施上必要之文书档案等应尽速移交中国当地官厅";日伪上海市政府应继续任用原法租界"雇用之中国籍职员与巡警";日伪上海市政府可接收原法租界"公董局所有各项资金";同时也要"承受公董局之债务";居住原法租界的法籍侨民"得继续享受现在之居住、职业及合法之行动自由等权利";法国侨民在原法租界内永租地所应缴纳的捐税,"应仍维持其现行税率"等。

以上的"条款"和"事项"签订后,法租界当局于 1943 年 7 月 30 日交出了法租界,伪市政府在同日"接收"租界。这种"接收"只是一种骗人的形式,接收后的法租界改称为"上海特别市第八区"。

从现存的档案资料来看,在上海法租界被"收回"以前,汪伪南京政府还与法国维希政府签订过一个关于雇用法籍职员等问题的协议。②此协议共 10 条,主要内容是以下几个方面。

第一,关于留用法籍人员问题。此协议规定,日伪上海市政府必须"重雇原有四分之三之法籍职员",而且他们的各项收入均"仍照上海法公董局现行章程办理";留用的法籍人员"在服务时应仅遵守中国官厅之命令";在决定法籍人员的任期时,"中国当局须顾及法籍职员之利益以及其归国之可能性"。

第二,关于留用法籍人员的安排问题。协议规定,日伪上海市政府可以随时调动留用法籍人员的工作,而且他们的"供职区域不仅限于前法租界以内,凡市政府管辖境内皆可随时调遣"。至于法籍人员的具体工作,"由当地官厅考核每一法籍职员之技能与经验,按级分别任命其职务"。

第三,关于退职金问题。协议规定,有以下情况之一的,中方都须支付"6 个月全薪为退职金"。这些情况是:未被留用的法籍人员启程时;留用的法籍人员辞职时;留用的法籍人员"未为中国官厅所继续留用"时等。

---

① 上海市档案馆编:《日伪上海市政府》,档案出版社 1986 年版,第 98—100 页。
② 存上海市档案馆,全宗号 R18,案卷号 426。

第四,法籍人员离沪、回国问题。协议规定,法籍人员愿意离沪的,"中国官厅当竭力设法予以启程之便利";他们及其家族回国的路费"由法国当局负责"。

第五,关于制定法籍人员雇佣详细办法问题。协议还规定,如果日伪上海市政府要"规定详细雇佣办法"的,要听取"法总领事之意见"。

以上关于"收回"法租界的协议等都由汪伪政府与法国的德国傀儡维希政府签署,因此,第二次世界大战以后,法国政府曾表示不承认。1948 年 1 月 20 日的《两租界清理委员法籍顾问对于争讼不动产事补充报告》①说:"法籍顾问兹声明 1943 年 7 月法租界作事实上之交还乃系时势所迫,法国政府从未正式承认南京之伪政府。"所以,这些协议的溯及力就成了问题。

上海的租界虽被"收回",但中国并未真正收回"治外法权"。1943 年 5 月 21 日由中、美两国在重庆签署的《中美关于处理在华美军人员刑事案件换文》仍规定,中国的法律与法庭对在中国犯罪的美军无管辖权。"凡美国海陆人员,如或在中国触犯刑事罪款,应由该军军事法庭及军事当局单独裁判。"②上海也确实发生过这样的案例。1947 年 8 月 1 日,驻上海美军"伍长"马莱用手枪打死上海市民余盛孝,并抢劫其身带的黄金。案发后,虽然马莱被捕,但却由在华的美军顾问团派员审理,最后他登上回美的轮船,此案不了了之。③

---

① 存上海市档案馆,全宗号 Q1,案卷号 9。

② 复旦大学历史系中国近代史教研组编:《中国近代对外关系史资料选辑》(第 3 分册下卷),上海人民出版社 1977 年版,第 188 页。

③ 详见《旧上海社会百态》,上海人民出版社 1991 年版,第 65—73 页。

第十一章 租界法规的部分内容(中)

在上海租界的法规中,除了土地章程以外,还有组织、政治、经济、治安和交通等方面的一些法规。它们也是租界法规中的重要组成部分。

一、组 织 法 规

上海租界自产生以后,不仅地域不断扩大,而且人口也越来越多,组织机构也越来越复杂。为了规范界内各种组织机构的行为,上海租界当局制定、认可了一些组织法规。这里重点介绍公共租界的《纳税华人会章程》以及法租界的《公董局组织章程》和《义勇队组织条例》3 个法规。

上海公共租界的纳税华人会成立于 1920 年,由界内的华人自己组织,目的是谋求参与界内的市政。1920 年制定的《纳税华人会章程》①共 15条,分别对组织名称、目的、会员资格、会费、代表人数、开会时间、机构等问题作了具体规定。此章程规定,纳税华人会的全称定名为"公共租界纳税华人会",它由"上海公共租界纳税华人所组织"。关于此会的目的,章程说是"为发达租界之自治,谋公共之利益与平等之待遇",即是强调了租界内纳税华人的参政议政作用,以及争取取得与界内洋人一样权利的要求。要参加此会,成为会员,还须具备一定的资格。该章程规定,拥有价值在500 两以上地产的,或每年所缴纳的地捐或房捐在 10 两以上的,或每年付房租 500 两而付捐的,可以成为会员并有选举权;居住在公共租界 5 年以上,并且每年"付房地各捐在 50 两以上"或者每年"付房租 1200 两以上而付捐"的,还可具有被选举权,可以成为代表及执行委员。凡是会员,有选举权者,每年交会费"银 2 元";有被选举权者,每年交会费"银 10 元"。大会设代表 81 人,任期 1 年。代表大会"每季开会一次",三分之一以上代

---

① 《上海公共租界史稿》,上海人民出版社 1980 年版,第 250—251 页。

表出席方为法定人数。此章程还对其中的机构作了规定:会中设正、副主席各1人,常务委员3人,均由执行委员选举产生;共设执行委员27人,由代表大会选举,任期1年,可连选连任;另设候补执行委员9人,以备补缺。执行委员会每半个月举行一次,"以委员三分之一之出席为法定人数";如果遇有"特别事件",可召开临时会议,等等。纳税华人会的一个重要作用在于选举产生参加工部局的华人董事及工部局所属各委员会的华人委员,参与公共租界的管理。

上海法租界的《公董局组织章程》①首次于1866年7月14日在《字林西报》上公布。此组织章程共18条,分别对公董局董事会的组成、董事会选举人和被选举人的资格、选举方式、董事会的职责及有关司法问题等都作了明文规定。关于公董局董事会的组成,章程规定:"应由法国总领事和通过选举确定的4个法籍董事和4个外籍董事组成";董事会的任期为2年,每年改选半数;董事会的总董由总领事兼任;另设副总董和司库各1名,由董事选举产生。关于董事会选举人和被选举人的资格,章程规定:凡年满21岁,并且拥有法租界内地产并具有正式契据的;或者租有法租界的房屋,年缴租金在1000法郎以上的;或者居住在法租界已3个月以上,"每年进款达4000法郎以上"的,可以成为选举人。凡年满25岁,并且"拥有法租界内地产而年纳税金在240法郎以上"的,或在法租界内年纳租金4000法郎以上的,或居住于法租界内而每年进款实达1万法郎以上的,才具有被选举权。关于选举方式,章程规定:"投票为不记名";选举应用"名单投票",每张名单的人数,法国侨民和外国侨民的人数应相等;所有候选人都"以得票最多者当选"。关于董事会的职责,章程规定共有11项,它们是:公董局收入和支出的预算;公董局各项捐税的税率;纳税人"纳税义务的分配";请求免捐或减捐"事情";征收捐税的办法;公董局产业的购进、卖出、交换和租赁;开筑道路和公共场所,计划起造码头、桥梁、水道,以及规划路线走向,确定市场、菜场、屠宰场、公墓等的地点;改善卫生和"整顿交通的工程";公用事业地产的征收;制定路政和卫生章程;由总领事交议的事情等。关于司法问题,章程规定:"凡违犯路政章程的诉讼",由公董局代表审理,但须上诉于总领事;"凡违犯警务章程的诉讼",由总领事或总领事官员审理;"凡诉究迟纳税金的诉讼",由公董局收税员向领事法庭控告该纳税人。另外,任何外国法庭或审判官,"如未得法国领事之核准"及其所辖巡捕房的协助,"不得出票在法租界内拘捕各该管之外国人。"1868年4月这个组织章程

① [法]梅朋、傅立德:《上海法租界史》,倪静兰译,上海译文出版社1983年版,第410—416页。

作了个别条款的修改,基本结构和内容都没有大的变更。从《公董局组织章程》可以看到,法租界的公董局与公共租界的工部局一样,掌握着租界的财政、税收、市政建设、司法等各项大权,"实际上成了帝国主义在华租界中的政府"。①

据《上海法租界史》记载,上海法租界在 1861 年初就力图建立一支义勇队,来维持租界内的"秩序和安全",原因是"大部分远征军即将开拔",这使法国侨民"感到很不放心"。到了 1862 年初,法租界的巡捕人手也少,只有 18 人,而且"他们值勤的方法也很难使人满意"。②于是,1862 年 1 月 13 日,于法国领事馆召开了一次内部会议,并在 24 小时内草成了《义勇队组织条例》,③第二天便正式通过。这个条例对法租界义勇队的任务、职权、纪律、编制、武器和制服等问题都作了规定。它指出:义勇队的任务是为了保护法租界和法国人及其他洋人的权益。"侨居上海的法国人和受法国保护的其他国家侨民联合组织义勇队,协助保卫共同利益。"它说:义勇队的职权十分广泛,可以不受任何影响和干预地进行自由仲裁一切问题。"义勇队是一个单独组织,应该为共同的目的行为,有自由仲裁权,不受任何影响和干预。"它还规定了义勇队及其队员一些纪律,包括义勇队要听从国家首领的支配、义勇队下属小组不可擅自行动等。"本队听从负责全体安全的本国首领的支配,并在必要时受其指挥。""在特别重要的问题上,本队队长应和各小组组长,以及本国军队司令协调一致,并规定必须和本国军队司令共同商议。""小组不得擅自武装集合,遇有紧急情况,应立即派人报告队长"等。它也确定了义勇队的编制,即由若干小组组成,每组设正、副组长各 1 人等。"本队成员分编为小组,由专门的组织委员会负责编组。""小组人数由上述委员会规定,任何小组的人数不得多于其他小组人数 1 人以上。""小组设正副组长各 1 名","由多数提名产生"。根据这个组织条例,法租界便很快组建了一支义勇队,即自己的军队。对于法租界如此侵犯中国主权的行为,清政府却采取了默认态度,真是腐败至极。

从以上 3 个组织法规的内容可见,它们已具备了一般组织法规所应具备的要素,其中包括组织名称、机构、职权等。这也说明,上海租界当局已具有相当的组织立法的经验和技术,善于运用法律手段来规范各种组织的行为,使它们充分发挥为租界当局服务的作用。

---

① 孙燕京:《近代租界》,中国华侨出版社 1992 年版,第 52 页。

② [法]梅朋、傅立德:《上海法租界史》,倪静兰译,上海译文出版社 1983 年版,第 317 页。

③ [法]梅朋、傅立德:《上海法租界史》,倪静兰译,上海译文出版社 1983 年版,第 317—318 页。

二、政 治 法 规

有关政治内容的法规是上海租界立法中一个非常重要的组成部分。每当上海人民准备、组织、开展爱国和革命的运动时,上海租界当局都会制定或颁布一些镇压这些政治性运动的法规,以维护他们的殖民统治和利益。

颁行"紧急办法"和"戒严条例"等法规是上海租界当局镇压上海人民爱国运动的一种手段。1931年的"九一八事变"以后,上海人民的爱国抗日情绪高涨,并开展了各种抗日活动,效果也十分明显,仅抵制日货而言,就使日商损失惨重。据统计,1930年上海每月进口的日货占总进口量的29%,到了1931年12月日货只占3%。租界当局从中也看到了上海人民的爱国力量。1932年1月28日,日军为了扩大战火,进一步侵略中国,发动了向上海华界的进攻,酿成了"一·二八事变"。面对日本的侵略战争,上海人民当然不会袖手旁观。可是,上海租界当局出于与日本政府的共同利益,采用了包括法律手段在内的镇压上海人民的抗日爱国运动。公共租界于"一·二八事变"爆发当天就发出"告示",宣布"自28日下午4时起,宣告戒严",同时还声称要"采取必要办法,以维界内安宁秩序"。1932年2月1日还专门颁布了一个《紧急办法》。此办法在形式上采用了戒严方式,实际上是为了禁止上海人民的各种抗日活动。它规定:自1932年2月1日起,除巡捕房和工部局特许的人员以外,"凡属居民,自夜间10时起至次晨4时正,概须留居户内,不得外出";居民不得在马路上或公共处所逗留,非经工部局的书面同意,"不得组织参加任何集合游行,或有聚众于公共处所之行动";也不得在"路上或公共处所演说、印刷或散布文字、图画、旗帜",等等。法租界则在同日颁布了《戒严条例》,其内容与公共租界的《紧急办法》有相似之处。它规定:从1932年2月1日起,在法租界内,自夜10时以后,一律实行熄灯。除法公董局警务人员、驻防军队,及执有特别通行证者外,无论何人,概不准于入夜10时以后,至翌晨6时以前,在法租界内通行;违反这一规定者,或妨碍警务人员、法国总领事所委派的公务人员者,"概行拘捕"。

1937年8月13日,日军又一次进攻上海,上海租界当局再次重演了同样的丑剧。公共租界于8月17日再次重申内容与1932年2月1日《紧急办法》相同的规定。法租界则发出"通告",说法租界实行灯火管制,"自入夜10时至翌晨5时止,租界各路上,无论何人,不准通行",如果有人因公务而必须在上述时间内外出的,一定要到"总巡捕房具领通行证"。

如果说上海租界当局用颁行"紧急办法"和"戒严条例"等只是间接镇压了上海人民的爱国运动,那么,他们颁行禁止政治性集会的规定则是赤裸裸地直接镇压上海人民的爱国运动和革命运动。上海的公共租界和法租界都曾颁行过这种规定。

1916年11月2日,公共租界当局颁布了一个"通告"。在这个"通告"里,革命党人与刑事犯罪分子同被列为不得进行集会的对象。"衣衫破烂者、革命党人、无政府主义者、反中国政府的阴谋者、政治犯、被中国政府通缉的人等都不得在旅店里集会。一旦发现上述情况,要立即报告警察。"①

1919年五四运动以后,上海的工人运动不断发展。据统计,自1919年7月至1920年5月,上海工人共举行了29次罢工,参加人数近5万人。②一些进步社会团体也出现了。1920年2月陈独秀从北京来上海,不久便成立了上海工读互助团,通过学习文化和革命理论来提高工人的斗争觉悟。这一切都使公共租界当局感到惊慌,于是1920年4月5日便发出了关于取缔政治集会的"条例"。此"条例"借口"近来有不满意于政治者,对于中国政府,出不检点之言,攻击公共人物,发表激烈议论,其性质足以扰动人心碍及公安",所以,"颁布取缔政治集会之条例,以便界内居民遵守"。其内容只有两条:一是未经工部局的许可,不得在租界内"开政治性质之会议";二是要开此类会议的,必须"至少48小时前到捕房请求必要之核准,同时说明开会之目的、及到人物、与所议事项之详情。"③1923年国共合作以后,革命运动有了进一步的发展。1923年8月2日,公共租界再次发出"通告",内容是"关于政治集会"的规定。此"通告"指出:"凡举行集会、游行、示威或者政治性的聚会而事先没有获得工部局特殊许可的,一律不准在租界内进行。""凡是要举行集会、游行、示威或者政治性聚会者,都必须预先在48小时前向警务委员会提出申请并取得同意。申请要说明会议的出席对象,并且提供全部有关情况。"④

在公布这类规定的同时,公共租界当局还采取了一些措施。1923年8月6日的《申报》报道:"公共租界工部局因欲免除界内发现关于政治之运动,故对于各种集会,新近重申公示取缔。昨晨,总巡司麦高云君得悉洋泾桥某交易所内将有议员定于昨日下午集会,爱特谕令该管巡捕房捕头,遴选中西包探多名,届时偕同巡捕到场纠察,倘有政治性质,遇必要时,应予制

---

①　The Municipal Gazette, No. 2369, October 12, 1916.

②　参见刘惠吾编著:《上海近代史》(下),华东师范大学出版社1985年版,第68页。

③　《申报》1920年4月15日。

④　The Municipal Gazette, No.283, August 2, 1923.

止。"1926年,公共租界又一次扬言要"取缔集会"并要惩办违反者。1926年7月3日的《申报》报道:公共租界总巡捕房规定:"事前非经核准,一概不准集会,如有秘密集会情事,一经查出,从严惩究。"

上海法租界也禁止政治性集会。1926年4月28日的《申报》报道:"法租界副总巡石维也,为预防法租界内政治集会情事,昨特派政治部主任程子卿,向各团体声明,以后法租界如有政治集会者,须先向中国交涉署要求。如经交涉署准许,转函法总领事。再经法领事允许,给予开会凭证后,始可开会。否则,一律取缔。"此报道还称:"昨日环龙路(今南昌路西段)44号之五一纪念筹备会即未能开成。"在法租界连庆祝五一劳动节的筹备会都无法召开。1937年8月19日再次发出"通告",以镇压上海人民的抗日爱国运动。此"通告"以所谓"上海时局严重,法当局决定采取对于相关维护租界内任何国籍居民安全之办法"和"维护严格的中立及避免一切妨害民众公益"为理由,专门规定禁止一切政治性集会,内容包括:"禁止公路上集合";"禁止任何场合举行开会演讲";"传布偏激谣言及虚妄消息的人,亦加以诉究"等。同时,此"通告"还规定,如果夜间租界入口处被关闭,行人要出入的"应备通行证一纸,该项通行证由法总巡捕发给"。

随着中国人民抗日运动的深入发展,上海租界采取了更为严厉的限制措施,甚至规定不得在租界里从事任何政治性活动。1939年5月11日,公共租界的工部局和法租界的公董局联合发出"告示"。该"告示"也承认,自抗日战争以来,"有政治性质之活动,虽在参与之人,视为爱国之举",但它仍坚持这种政治活动不能在租界"区域内进行"。因此强行规定:"政治性质之团体,亦因此不能任其在两租界内有所动作。"如果有违犯者,租界当局"均当就其权力所及,从严处罚",生动反映了上海租界当局对中国人民抗日运动的仇视态度。

上海法租界当局还对学校和学生行为作出规定,严禁任何爱国行动。1938年9月3日,法国驻沪总领事署发出第314号署令,署令规定:租界内的学校只"限于教授某种课程或某种拟授之教材",而且"所有课程及教材之详细情形,均应予声请书内叙述之";在学校里,"一切足以鼓动人心,使租界内居民互相敌视以及扰乱公共秩序之宣传,均在严禁之列";如果发生以上情况,除要处罚行为人本人外,还要将"加以赞助或容忍之学校封闭之"。其手段十分凶残。

上海租界当局总是以"鼓动人心"、"扰乱秩序"等为借口,以严厉制裁措施来处罚抗日爱国人士。这正说明,上海租界当局与日本政府一样都极端仇视中国人民的爱国运动。

三、经 济 法 规

为了维护租界的经济秩序,上海租界当局还颁行过不少经济法规,包括对于买地、执照费、物价、税收、公债、限制囤物等一系列的具体规定。

上海租界当局曾对购买土地问题作出规定,以避免日后产生纠纷。1914 年 2 月 15 日,公共租界曾颁布过一个于 1904 年施行的《工部局买地章程》。[①]该章程共 11 条,内容包括:工部局所买土地,应由其工务处测量,"按7260 英方尺为 1 亩计算";所买土地中的"公共浜、路所占地"均不作价,只按"测明确实之地址付价";所买土地中的"一切坟墓、蔬菜、篱笆、房屋等件",都视为包括在地价之内;如果地契中的土地数少于实际数,卖主要以其他土地补偿;凡华人所付的中间人介绍费及测量费用等,均由华人卖主付清;等等。

在上海的租界内营业都要领取执照,缴纳执照费。其中的执照费有明确规定。公共租界曾于 1931 年 5 月 6 日发出"布告":"本局(工部局)业已决定,将自 1931 年 7 月 1 日起,所应征收之各旅店及酒店执照费,重新规定"。同时,此"布告"还罗列了具体数额,如头等旅馆,每季度的执照费为300 至 500 两银子;二等旅馆为 200 至 300 两银子;三等旅馆为 100 至 200 两银子。头等酒店,每季度的执照费为 200 两银子;二等酒店为 150 两银子;三等酒店为 100 两银子。

上海租界当局还曾对有些商品的价格作出限定。1937 年 10 月 14 日法租界发出"公告",公布了租界内菜场出售各种商品的限价,如番茄每斤 4分,白菜每斤 6 分,洋葱每斤 3 分,毛豆每斤 1 角;猪肉每斤 4 角至 5 角,牛肉每斤 3 角至 6 角,鸡蛋每只 4 分,鸭蛋每只 3 分,童子鸡每斤 5 角,鲜虾每斤 3角 5 分;苹果每斤 1 角 2 分,生梨每斤 1 角 5 分,等等。公共租界曾于 1937年 11 月 19 日发出"布告",规定了焚尸、墓地费等价格。如焚化尸体的价格是 50 两银子。墓地费因地方和等级不同而不同:虹桥墓地,头等为 60 两,二等为 30 两;静安墓地,头等为 90 两;八仙桥墓地,头等 50 两;等等。

捐税是上海租界的主要财政来源,因此,上海租界当局设立各种名目,设置多种税种,搜刮更多的民脂民膏。据统计,1938 年法租界共规定了近 90种税,其中有狗照会税、汽机税、烟纸店税、跳舞场梲、滩簧场及男女泡书场

税、职业介绍所税、黄包车夫登记税、地捐、房捐等。各种税的缴纳要求不尽相同。1935年1月16日公布的《上海法租界公董局管理食物自动零售机章程》规定："凡在法租界内经营食物自动零售机业者,概应纳税。计每半年按具应税100元正";此税"应由置机场所之主人缴纳之"。1936年1月1日发布的《上海法租界公董局征收房捐章程》则规定："凡供居住或经营工商业利用之一切房屋或土地,无论其占不动产之全部或一部,概应照其租值,按本章程及本局税则表之规定征收房捐","凡纳税人在受征后15日内而未将房捐缴纳者,本局得取消其对于公用事业之享用",等等。

上海租界的捐税率还呈不断增长的趋势。1919年4月9日公共租界当局规定,自同年7月1日起,将房捐增加2%,即从12%增至14%;将地税增加0.5‰,即从6.5‰增至7‰;另新增特别捐1年,捐率1%。[①]1940年5月24日,法租界的驻沪总领事署发出署令,规定地捐和房捐的附加税都增加2倍或更多。署令说："地捐——该税率之附加税,应为照法租界全部地产之地债,由1‰增为3‰;房捐——该税率之附加税,应按现行章程规定,照房租总额,由2%增为7%。"

上海租界当局利用一切可以利用的条件,巧立税种,刮取税款,"马路钱"是其中之一。法租界规定,经过法租界的有些牲畜和棺柩,都须留下"马路钱"。1935年12月31日法租界发出"通告",规定凡经过法租界的牛、羊均要缴税："自1936年1月1日起,凡牲畜经过法租界(牵往本局宰牲场者除外),概须照下开税,计水牛、黄牛每头5角,小牛、绵羊、山羊每头5分。上项税票及通行证,即日起在本局(公董局)宰牲场出售。"这一税额并不低,因为当时的物价本身不贵。据上述规定的物价,5角可以买一斤牛肉,因此,水牛、黄牛每经过法租界一次便要留下一斤肉,实不便宜。1938年5月18日法租界颁布的《运棺过境章程》再次提出,要收取"马路钱"。该章程规定:运棺经过法租界要领照付税,"每棺收费1元";违反者还要罚款,"处以5元至500元之罚锾"。在此以前,法租界公董局还于1936年6月12日颁布了《上海法租界公董局管理游历经过上海租界人之汽车照会与驾驶执照章程》,并规定汽车"在驶入法租界或公共租界以前"要缴付执照费、保证金和照会费,缴费地点在公董局"捐务处"。其中,执照费规定为"洋1元正";"保证金20元";"照会费率之计算,系为最初3日税洋2元,以后每2日续洋1元,至30日为止"。

上海租界当局还颁行过一些有关金融方面的法规,包括证券物品交易

---

① 参见《上海公共租界史稿》,上海人民出版社1980年版,第508页。

所和发行债券的一些规定。《上海证券物品交易所整设委员会简章》和《上海证券物品交易所证券现期买卖申请规则》是两个比较重要的关于证券物品交易所的规定。《上海证券物品交易所整设委员会简章》①共 16 条,主要是以下几个方面:第一,设立上海证券物品交易所整设委员会的目的。"为谋财产之稳固与营业之发展起见,组织整设委员会"。第二,委员会组成。整设委员会成员由现任理事、监察人、现任顾问和各组专任委员组成。委员会下设两个组,即整理组和设计组。整理组"以整理旧有债权、债务,谋财产之稳固为宗旨"。设计组"以改善旧有制度,重新树立基础,谋营业之发展为宗旨"。第三,委员会议。整设委员每月开会一次。开会时"应推举 1 人为主席"。委员会议的议案"以出席过半数之委员决议之"。第四,专任委员。各组的专任委员"得以律师、会计师或其他经验丰富之专门家充之",他们对所办事务应随时作出报告或议案,提交给委员会。第五,各种支出。专任委员的每月薪金由常务理事确定;专任委员因职务上的关系须离开上海到外地办理事务的,"其旅费及其他必要费用得实报实支";各委员出席委员会议,每次得"马费洋 5 元",等等。

《上海证券物品交易所证券现期买卖申请规则》②共 20 条。主要内容有:第一,关于现期买卖申请书。此规则规定,凡在上海证券物品交易所"现期市场买进或卖出有价证券"的,必须使由该交易所的"定式申请书向本所申请"。申请书分为"买进申请书"和"卖出申请书"两种。申请书中要详细填明证券的种类、数量、价格"并附记其意见"。第二,关于缴纳证据金。此规则规定,买进申请人必须预缴其证券估价金额十分之三的证据金。证据金"由本所直接给予收据,于买进证券价额中结算之。"第三,关于佣金和经手费。按此规则买卖的证券,"其佣金及经手费照本所定率于交割时征收之。"其中,佣金的四分之一归交易所指定的经纪人所得,其余的四分之三"提存本所,充本所与经纪人之公共设施,并酌提若干拨给证券经纪人为劳绩奖励。"第四,关于证券的交易时间。此规则规定,交易所接受申请书后,如果已完全承认当指定经纪人承办,并将其买进或卖出的证券种类、数量等详细揭示于现期市场,"过 3 日后行其交易"。但是,如果申请的意见或交易所认为有买卖对手时,"得将前项之买卖即行上市交易"。第五,关于交割。此规则还规定,买卖成交后,"于其翌日履行交割";具体时间为"前市成交者

---

① 上海市档案馆编:《旧上海的证券交易所》,上海古籍出版社 1992 年版,第 144—146 页,附载于 1929 年 7 月 6 日的《上海证券物品交易所整理设计委员会成立会议事录》之后。

② 上海市档案馆编:《旧上海的证券交易所》,上海古籍出版社 1992 年版,第 147—149 页。

在翌日上午 12 时以前,后市成交者在翌日下午 5 时以前";如果申请买卖的证券数量未能全部成交的,"对于已成交之一部分,申请人不得拒绝履行交割";买卖成交后而不履行交割手述的,按"违约处分",具体是"以其成交之总价额十分之二赔偿于被违约者"等。

另外,上海租界当局也通过发行债券的形式募集资金。每次募集以前,当局都发出有关"通告"。1920 年 4 月 15 日,公共租界工部局发出"通告",内容有关发行当年的债券。"通告"说:凡是认购今年 7 厘债券的,"自缴款之日起利,每年 6 月底与 12 月底发息两次,实收 92.5,回赎之期定 1930 年 12 月底。"①1924 年 6 月 5 日公共租界工部局再次发出"通告",决定发行新的债券。"通告"说:此债券的总额定为 100 万两银子,"周息 6 厘,实收 95。每年发息两次,一在 6 月 30 日,一在 12 月 31 日。于 1934 年 12 月 31 日偿清。债券分 5000 两、1000 两、500 两、100 两 4 种。"②

抗日战争时期,当上海租界成为"孤岛"以后,那里的经济情况越来越糟糕,甚至出现一些与人民生活关系很大的商品的供应紧张状况。对此,上海租界当局颁布了一些规定,采取了一些限制措施。1939 年 12 月 10 日,法租界和公共租界联合发出"告示":禁止囤积、投机、垄断粮食的行为,违犯者要受到法律的追究。"凡知有将米粮囤积、投机、垄断情事,即行报告法租界或公共租界之警务处处长",由其法办。1941 年 9 月 26 日,法租界的法国驻沪总领事署发布"署令",规定要限制用电。此"署令"说:"自 1941 年 10 月 15 日起,在柴油供应不足期间内,关于电流消费,应遵行下列规定之节制办法。"这一"办法"的具体内容是:"以电流作电热之用者,除工业燃烧、面包厂、医疗器械及电灶外,概行禁止。"1941 年 11 月 14 日,法租界再次发出"通告",限制粮食储备:"无论个人,或商号,或公司等,存储米粮超过 1 个月正常需要者,应于 1941 年 11 月 15 日以前,以书面呈报法警务处",过此期限而不呈报的,"予以出卖或扣押"。

与此同时,上海租界当局还对由于商品紧张而不断上涨的物价进行限制。1941 年 11 月 16 日,法租界的法国驻沪总领事发出"通告",规定自 11 月 18 日起,下列商品限价供应:牛乳产品、咖啡、进口罐头食品及面制食品、脂油、油类、人造牛油、焙制细点所需物品、饮料、家庭日常用品及卫生用品、火油类、杂货物和药品等。11 月 19 日法租界又作出补充规定,把肥皂、香烟、烟叶等也划入限价之列。此外,这个时期的限价商品还有煤球、汽油等。

---

① 《申报》1920 年 4 月 15 日。
② 《申报》1924 年 6 月 5 日。

可见,凡是与人民日常生活关系较为密切的商品都在限价的范围内,从中也反映出当时商品供应紧张之程度。

在上海租界的经济法规中,还有一些禁止买卖某些物品的规定。1931年9月24日,公共租界当局发出"布告",禁止出售或在一定时间内禁止出售某些动物。"布告"说:在9月30日前,"禁止售卖猎得之雉鸡、鹿、兔、鹧鸪";"山鸡及雉鸡之剥脱羽毛者,绝对不准售卖"。1935年1月24日,法租界当局发出"通告",禁止河豚鱼出售。"通告"说:"河豚有毒,食之甚为危险,最近中河豚毒而致死者,查得已有多起,故贩卖及烹食豚必须绝对禁止。"1937年4月29日,法租界当局再次发布"通告",禁止河豚鱼出售:"查河豚有毒,食之甚为危险,故在法租界内绝对禁止贩卖河豚,仰居民等各宜注意。"

此外,在出售商品时,上海租界当局还作出过一些特殊规定。1932年8月4日,公共租界在《菜场外叫卖食物执照条例》中指出:"不准孩童叫卖食物"。1940年9月18日,公共租界发出布告,又对商贩出售牲畜作出规定:"商贩出售牲畜,包括家禽猎获物鸟类及田鸡等在内,均应以合乎人道之方法,待遇各该牲畜。贩卖之人务须设法预防,俾免受非必要之痛苦,倘有违犯本布告之规定者,本局当依法起诉。"

造船业、纺织业和电力业是上海租界工业中的重要组成部分,都曾发展得很快。以造船业为例。1852年,两个美国人分别在美租界开了以修船为业的修船厂和泥坞,上海近代造船业由此发端。到了1900年,公共租界造船公司的资本已达557万两银子,有六大船坞和一个机器制造厂,在以后的30余年里,还"发展成为英国资本在中国投资中的最大企业之一,垄断着整个中国的船舶修造业"。①租界工业的发展也带动了商业的发展。以洋布商业为例。19世纪50年代,上海有店址记录的洋布店是14家,租界内的只占其中的6家。但是,到了1932年,据上海棉布商业的统计,租界内的棉布店号多达366家,占全市棉布店总数573家的63%。金融业的崛起也十分令人注目。1847年第一家英国资本的银行——丽如银行在英租界设立了代理处。到了20世纪初,德国、日本、俄国、法国、荷兰、意大利和美国等国也都在上海租界开设了银行,总数多达35家。②与此同时,中国的银行也纷纷在租界立足,仅在1913年至1921年间就新开了26家之多。银行资本也在整个中国的资本中占有很大比例。据1933年的统计,上海银行公会会员银行资产总

① 汤伟康等:《租界100年》,上海画报出版社1991年版,第89页。
② 详见《旧上海的外商与买办》,上海人民出版社1987年版,第73—77页。

值为 33 亿元,占中国银行资本总数的 89%,其中绝大多数在租界,"以致人们都公认上海不但是那时全国的金融中心和枢纽,而且还是远东的金融中心,被称为'东方的纽约'"。①

随着租界经济的发展,"上海从一个封建的商业城镇一跃而为我国最大的近代都市,并成为一个具有多功能的经济中心"。②当然,这一切都是以剥削上海人民和掠夺中国资财为代价的。当时上海工人的劳动力极其廉价,比如,一个训练有素的男性工人,在耶松船厂一天所得的工资仅 2 角 6 分,这成为租界企业发财致富的重要原因。还有,租界的外国资本家还从中国掠夺了大量的财富。据有关资料显示,租界的外国银行在 1934 年 1 月至 10 月间就运走白银 23500 余万元。③正是在这种沉重代价下,上海租界的经济才得以发展起来。

四、治安和交通法规

在上海租界的立法中,还有关于治安和交通的规定。它们对于维护租界内的一般治安和交通秩序,起过一定的作用。

上海租界当局禁止和打击各种盗匪和敲诈欺骗等违法犯罪行为,并多次作出规定。1917 年 2 月 1 日,公共租界当局发出"通告",明示现在是租界内"一年中盗窃和抢劫的频发季节",因此,要特别禁止"各种偷盗行为"和"敲诈勒索"、"抢劫"等犯罪行为;发现有以上行为者,要立即报警并"立即逮捕"。④据 1923 年 7 月 13 日的《申报》记载,当时的公共租界工部局作出规定,凡发现"有流氓以借售香烟为名,索诈欺骗"的,"无论何人,均可将流氓扭交附近巡捕,依法惩治"。1924 年 9 月 18 日的《申报》还记载,公共租界工部局又作出规定,要驱逐进入租界的匪徒。"凡界内茶肆、旅馆及下流集合之所,均须加以极严密之搜查,一经查出,驱逐出境……勒令匪徒出境,匪徒不限于手上有花纹者。"

旅馆被认为是极易影响治安的地方,所以,上海租界当局曾对旅馆的管理作出特别规定。1916 年 10 月 12 日,公共租界当局发出"通告",规定:"在旅店的登记簿上必须写明住宿人的姓名、年龄、职业、工作地点、住址、目的

---

①②　上海研究中心编:《上海 700 年》,上海人民出版社 1991 年版,第 151、138 页。

③　《上海金融史话》,上海人民出版社 1978 年版,第 123 页。

④　*The Municipal Gazette*, No. 501, February 1, 1917.

地、到达和离开时间、总共居住时间；住宿人包括他的仆人或伙伴；以上登记项目将随时接受警察的检查。"旅馆里不准出现酗酒、喧闹等无秩序或不道德的行为。①1920 年 4 月 15 日的《申报》报道，公共租界工部局修正了旅馆酒店的领照条例，特别增加了一个条款，并立即生效，内容是：在旅馆、酒店的"屋内不许有醉酒、滋闹、不规则或淫亵行为、赌博及悬奖比斗等情事"。

燃放爆竹和花炮被认为是直接有损治安秩序的行为，因此，上海租界当局曾多次颁令禁止燃放、制造爆竹和花炮。1924 年 2 月 29 日的《申报》报道：公共租界工部局认为"燃放花炮，本于例禁，一般流氓，并以此为调戏妇女之用，非实行禁革，不足以端风化，并传谕限止制售外……令行巡捕房禁止，并有数次因违禁发生控诉及处罚情事"。1925 年 1 月 27 日《申报》又报道：法租界的总巡于公历上年底"发出布告一道，遍贴通街"，内容是关于禁止燃放任何爆竹。"际此上海战云密布，草木皆兵，爆竹之声，易起居民恐慌。本捕房有鉴于此，无论何种爆竹，均在禁例"，如有违犯的，要"解堂究办"。到了 1939 年 2 月 16 日公共租界工部局再次发出"布告"，禁止贮藏、贩卖或制造爆竹："本局定自本年 5 月 1 日起，至再行布告之日止，禁止贮藏、贩卖或制造爆竹，合特布告周知。"

上海租界当局对兵器、弹药类属于威胁治安秩序的武器，也多次作出规定，严加管制。据 1921 年 7 月 4 日的《申报》载：工部局已作出规定，凡非法携带军械者要受到刑罚处罚。"除缔约国海陆军官及工部局特许者外，余在界内携带军械者，则拘解公堂，处以不过 3 个月之徒刑，或科以不过 300 元之罚金。"1930 年 12 月 18 日，工部局发出"布告"，要求持枪者换调新执照，通过换照来控制和管理手枪。"凡持有本局所发手枪执照者，自 1931 年 1 月 1 日起，换给新照，请换发新照时，须将业已领照之手枪，连同本人 2 寸照片 2 张，呈交总巡捕房手枪执照股查验。"1937 年 12 月 18 日，法租界当局再次发出"布告"，严禁买卖兵器和弹药，严禁持有军用兵器，违反者要受处罚。"布告"说："买卖兵器及弹药，非经公董局之特许，禁止买卖"；在法租界禁止"持有军用兵器及弹药"；违反此规定的，"除得向该管法院控诉及没收其兵器及弹药外，并处 1500 元之罚金"。

除兵器、弹药以外，还有其他一些物品，如软鞭、小刀、过量煤油等都在禁止之列。1918 年由上海公共租界工部局出版的《地方法规手册》把一些非兵器、弹药也归入不可携带之列："除了领事官员、工部局官员的准许，军官、士兵以外，任何人都不可以任何借口携带进攻性或防御性武器，如手枪、匕

---

① *The Municipal Gazette*, No. 2396, October 12, 1916.

首、剑、装有弹药的手杖、头上装有石头或金属块的软鞭、小刀或类似武器。如有违犯将受到刑罚或处 10 美元以下的罚款,或 1 个星期的监禁。""在中国人的家里,不可在同一时间里存放超过 10 桶以上的煤油。"①1919 年公共租界工部局再次规定:"任何人都不得持有、贮藏、售卖或生产任何火器,除了仅是为了运动的志愿参加者、治安目的。"在列出的"不得持有"物品中,除了炸药以外,还有:赛璐珞、电石、煤焦油制品等。违反这一规定者,还要受到"交 300 美元以下罚款或 3 个月以内监禁的处罚"。②

为了准确统计租界内的居民数,租界当局也进行过户口调查。1942 年 1 月 26 日,法租界当局发出"布告",目的是"为调查户口事"。具体内容为:法租界警务处自 2 月 1 日起,"开始调查界内全部户口";户口调查表正本(黑字)于分发第 3 日"由警务处人员前往收取",而副本(红字)则由市民"妥为保存";调查户口"含有绝对强制之性质",妨碍户口调查者要被"处以罚金,其金额依其情形轻重而定,并于取得有关当局同意后,得将其逐出法租界及公共租界"。资料表明,1942 年法租界共有居民 854300 余人,其中外国人仅有 29000 余人。③

在较为准确地掌握了租界内的户口情况后,法租界当局于 1942 年 5 月 20 日推出了《法租界保甲章程》。此章程规定的主要内容有以下几个方面:第一,关于建立保甲制度的目的是为了维护租界内治安。"为谋减少法租界内之刑事案件,肃清意图匿迹界内之不良分子,并使居民与警务局密切合作,以维地方治安及秩序起见,兹于法租界内施行保甲制度。""凡居住法租界内之中华民国人民,均应遵守保甲制度。"第二,关于保甲筹备委员会。法租界的保甲区与警区相同,"计分六区",每区均设一个保甲筹备委员会;它在警务当局的"监督之下",负责编制保甲;委员会由 4 至 5 人组成,该管警区区长为当然主席。第三,关于保甲组织的编制原则。保甲组织分为家、户、甲、保和联保;家设家长;"每一住宅或每一商号为户",户设户长;"原则上 10 户为甲",甲设甲长,甲长在户长中选任或由保长推荐;"10 甲为保",保设保长,"保长由甲长中选任之,或由联保长所推荐之人中选任之。""以若干保组成联保",联保设联保长,联保长"由保长中选任之,或由区长所推荐之人中选任之"。第四,关于不得担任任何职务的保甲人员。各联保长、保长、甲长及户长,都"由警务处发给凭证,证明其职务",但是女性、未满 20 岁之

①　*Handbook of Local Regulations*, Shanghai, 1918, p.22, 35.

②　*Annual Report of the Shanghai Municipal Council*, Shanghai, 1919, p.234.

③　邹依仁:《旧上海人口变迁的研究》,上海人民出版社 1980 年版,第 91、141 页。

人和不识字之人等不得在保甲中担任任何职务。第五,关于保甲负责人的职责。共有5项,它们是:负责登记居民户口移动及出生死亡等事项;侦查并向警务处报告区内的不良分子及其行动;协助警务处搜捕恐怖党及其他不良分子;注意居民行动,并向警务处报告关于一切危险品以及违禁的搬运和储藏;协助维持地方安全秩序工作等。

此外,上海租界当局还颁布过一些有关交通方面的法规。

如途经上海租界的汽车必须在进入租界前办理一定的手续。1936年6月12日颁布的《上海法租界公董局管理游历经过上海租界人之汽车照会与驾驶执照章程》规定:凡途经上海租界的游历性汽车,在进入租界前,"该汽车主人应握有特别小册子一本,此册应于事先向中国汽车总会或两租界警务机关具领之"。另外,车主还要取得执照和照会,"此项执照及照会之有效期,仅以30日为限,过期作废"。

根据上海租界的规定,汽车的行驶有一定的规则。1920年8月26日《申报》报道:公共租界工部局公布,自9月1日起,实行下述管理汽车行驶之新章:"凡汽车向同一方向开行者,不得在静安寺路与南京路自马霍路(今黄陂北路)至黄浦滩之地段内,争先行驶,超过前车。"1922年11月4日的《申报》再次报道,工部局又作出新规定,内容是:凡客车都"不准越过前面同一方向开行之汽车",而货车"亦不准越过前面同一方向开行之运货汽车";摩托运货车、踏车、小车或其他货车等"不准在静安寺路(今南京西路)、南京路(今南京东路)或苏州路(今南苏州路)南之黄浦滩路(今中山东一路)开行,除非其不用此路,即不能达到其所欲往之地点"。1924年2月,法租界公董局也作出新规定:"凡驾车辆,不得故意或无心妨碍或阻塞交通。"①

上海租界当局还曾对货运汽车有过专门规定。1923年2月24日的《申报》报道:公共租界工部局规定,自3月1日起,对载货汽车有新的要求:载货汽车的所载货物"越过车之全身计长有2尺者,在穿过马路或转弯时,须从缓行"。而且,要在超长部分置放标记,即"自日出至日入时,在载物车之后尾尽处,插一红旗,至少1尺见方之长。自日入至日出时,则挽用红灯,在西边后面,所距离处,以能看清楚为合宜"。

对汽车的停放上海租界当局也作出过规定。据1920年7月8日《申报》报道,公共租界工部局在7月6日"为便利南京路管理行车起见",对停车作出新规定:在山东路(今山东中路、山东北路)至黄浦滩之间的南京路一

① 《申报》1924年2月22日。

段,"不许车辆久停";在以上路段,特别有"路旁石上白线为标识",作为暂停之处,"如无此标识,则不许停车";除星期日以外,"在午时 11 时 3 刻至 12 时半,无论何种车辆不许停于此段南京路之南面"。到了 1922 年工部局又规定,无论何人在收到巡捕官员禁止排车的通告后,"不准再在大路任何地段并排或横排车辆"。①

上海租界的出租汽车(即自动量程计费汽车)较为普遍,租界当局也曾对这类汽车的行驶等进行规范。1937 年 7 月 1 日,法租界公董局公布了《上海法租界公董局管理自动量程计费汽车章程》。此章程规定:出租车的"停车地点"由公董局车务处指定,"车行或公司应向车务处取具定有期间之特许,以便停车";汽车司机应循"最短之路线行驶"等。此外,该章程还规定,司机不得拉客或"用言语动作招徕公众",也不可在指定的"停车站以外",招载乘客;司机如有"粗暴或逞凶行为时,应立予严惩,并得吊销驾驶执照及其他之处罚";各汽车必须备有"时间路程表,明白显示乘客应付之车资",司机不可"要索或用任何方法托人要索,以求得表上所记价值以外之报酬";司机应戴"其所属车行之制帽,并穿着整洁之装束";违反以上规定的,"应处以 1 元以上、500 元以下之罚金"。

此外,上海租界当局还对车祸问题作出规定,其基本精神是要追究有关车主或坐客(乘客)的法律责任。1923 年 2 月 19 日的《申报》报道:近来"汽车伤人毙命之案,层见迭出",究其原因,除"行人自不经心"以外,还有"汽车任意速驶及车主不能随时告诫"的原因,因此法租界公董局特作出如下规定:以后发生车祸,而且查明是"由车主或坐客授意司机速驶"的,除要惩办司机车主外,"所有车主或坐客,亦须照共同律究治";司机肇事,而且情节严重,需判监禁的"即须照律执行,不得请求缓刑或赎罪,倘车主或坐客有共犯者,亦一律办理";司机因玩忽职守而伤人致死的,或被监禁数次以上的,"除从严究办外,并将汽车夫照会吊销,永不准在本租界内充汽车司机之职"等。

尽管上海租界当局颁布了一些有关治安的规定,但是租界的治安问题,一直十分严重。英国人克利斯多福·纽在《上海》一书中讲到,公共租界的黄浦江码头上,每天都有 100 多具尸体,其中"帮派殴斗,普通的谋杀,还有抢劫——都在这水上告终"。②《上海法租界史》中也介绍:"在 1866 年前后,法租界显得有些乱哄哄。"1866 年"拘捕欧洲人有 146 起,拘捕中国人 723

①　《申报》1922 年 11 月 4 日。

②　[英]克利斯多福·纽:《上海》,唐凤楼等译,学林出版社 1987 年版,第 53 页。

起"。以后,这种状况未得到根本改观,到 1873 年"巡捕房的报告几乎每天都记载着袭击、暴行……"。①英国人则直言不讳地说:"法租界罪案频频,人人都这样说。"②从具体的统计数字和案件中也能说明这个问题。据公共租界《1930 年警务处之罪案报告》③记载:这一年公共租界共发生各种刑事案件 15664 件,其中,"侵害人身之重大罪案"和"人身及财产或只侵害财产之重大罪案"就占了近 22%。另外,还有"违犯工部局章程"和"违犯执照章程或条例"的案件 83130 件。在法租界,1929 年 7 月 24 日发生了一件轰动上海滩的绑架案件,被绑架的"肉票"竟是法租界义勇队总司令魏廷荣,被绑时间久达 50 天。④这些都可以从不同侧面反映上海租界极其严重的治安状况。然而,造成这一状况的根源还在租界制度本身。这种制度培育和纵容了黑社会,上海黑社会头目黄金荣、张啸林和杜月笙都曾长期居住在租界,但始终没有受到法律的追究。具有讽刺性的是,黄金荣还曾任法租界巡捕房的探长,以致上海的黑社会"从上海开埠、租界诞生起酝酿",它的发育与规模"在中国黑社会史上达到了空前绝后的地步"。⑤

---

① [法]梅朋、傅立德:《上海法租界史》,倪静兰译,上海译文出版社 1983 年版,第 425、460 页。
② [英]克利斯多福·纽:《上海》,唐凤楼等译,学林出版社 1987 年版,第 98 页。
③ 《上海公共租界文稿》,上海人民出版社 1980 年版,第 124—127 页。
④ 参见《上海文史资料选辑》(第 57 辑),上海人民出版社 1987 年版,第 188—208 页。
⑤ 苏智良等:《近代上海黑社会研究》,浙江人民出版社 1991 年版,第 3 页。

第十二章　租界法规的部分内容（下）

上海租界当局还制定过医疗卫生、文艺教育出版和其他一些方面的法规。它们也是上海租界立法中的重要组成部分。

一、医疗卫生法规

现有资料表明，上海租界当局曾颁行过不少有关医疗卫生方面的规定，其主要涉及以下一些领域。

上海租界当局对中医（亦称国医）的执业问题作出过规定。1936年2月18日，法租界当局颁布《管理国医执行业务章程》，对中医执业作了种种限制，具体内容是：凡在法租界境内的中国人要"执行国医（中医）业务者"，必须同时具备得到法国驻沪总领事的准许和执有行业执照两个条件；在申请执照时，要"呈上海市政府卫生局所发给证明、曾经准许在中国执行医务之证明"；行业执照的"有效时间为5年"，每年都要缴足捐款；没经特许，中医师"不得配制或售卖药品，或与药师或国药商合伙营业"；没有预先通知公董局卫生处处长的，中医师"不得迁移诊所"；持照中医师如果受到刑事处罚的，"经法总领事之决定，行业执照得随时吊销之"等。这一章程对华人和中医具有明显的歧视，因为几乎所有洋人都可在租界随便开业行西医。一个美国人曾对一个英国人说："只要你口袋里有10美元，你就可以成为一个租界的开业医生，根本不需通过什么考试。"①

对肺结核（即肺病）和性病（即花柳病）等一些传染病患者，上海租界当局曾指定他们到专门的地方就诊。1932年2月，公共租界当局曾两次发出"布告"，规定这一内容。第一次规定：凡"患有肺病之人，在无另行布告以前，可至汉口路23号卫生分处就诊。其时间为妇女星期四下午2时至5时，

---

① Vicki Baum：*Shanghai '37*, Doran & Company, New York, 1939, p.88.

男子星期二下午 2 时至 5 时"。第二次规定:"花柳病仍在公济医院(住院及门诊病人)诊治,诊察及治疗时间照旧。院内有常驻之裹扎伤口助手。"法租界当局于 1937 年 8 月 12 日发出"通告",也指定专门的地方治疗花柳病。"通告"说:"本局(即公董局)花柳病治疗所,现经在法租界贝勒路(今黄陂南路)630 号开幕","华籍病人,每日(除星期日及假日外)均可就诊。外籍病人,每星期二、四、六,上午 8 时半至 11 时半就诊。凡有昂价药品之注射,其非赤贫者,应每次收费 6 角"。

上海租界的居民也盛行养狗,但是狗会伤人,甚至会传染狂犬病,致人死命,所以,上海租界当局对养狗问题也作了规定。公共租界工部局于 1931 年 4 月 13 日发出"布告",关于养狗的内容有:养狗者必须具有养狗执照,并交纳捐费 5 元;狗在街道或公众场合时,"务须戴有有效之口套",仅使狗能"呼吸及饮水为度";遇有无口套之狗,"不论有人领带与否,得由巡捕捕捉";如果此狗"不能捕捉"的,"得枪毙之";凡戴无效口套之狗,"作为未戴口套论"。

有些家畜也会得"疯病",并传染给人类,因此,上海租界当局要求及时掌握家畜得"疯病"的情况,以作处理。法租界当局于 1936 年 6 月 25 日发出"通告",规定:"无论何种畜类患有疯病者,均须报告。"

上海租界当局也曾颁布一些有关整治公共卫生的规定,内容涉及禁止随地吐痰、排除积水、禁止随便倾倒垃圾、扫清阴沟等。有些违反者还要被追究法律责任。1924 年 3 月 17 日的《申报》曾报道公共租界工部局卫生处作出的"关于禁止随地吐痰的规定":界内的"茶寮酒店戏馆等处,莫不痰沫遍地",而痰中含有微生物,"最易传染各种疾病",因此,对于随地吐痰行为,"亟应设法取缔",另外"特印就禁止随地吐痰之传单,分发于各公共场所张贴,并设置痰盂,便人唾于盂内,以重卫生"。1924 年 3 月 27 日的《申报》报道公共租界发布的"关于排除积水、防止滋生蚊蚋的规定":"土地上或器具内积储污水,为蚊蚋产生之由,即间接为疫病之媒介,须特发出布告,劝居户从速倾弃排除";如果在发出本布告后的"48 小时犹未倾弃排除者,每次应处以 10 元以下之罚金,其后每历 1 日即处以 2 元以下之罚金。"1924 年 4 月 11 日,《申报》又以"工部局发布卫生文告"为标题,报道了公共租界工部局作出的"关于扫清阴沟和禁止随便倾倒垃圾的规定":"各处房屋左右孔道,以及阴沟水管等,均须扫除清洁,以便流通。倾倒垃圾,必须倒入垃圾桶内,以免传染";如果违反这一规定的,要被"科罚金 5 元"。另外,工部局还于 1937 年 4 月 1 日发布了一个"关于倒便桶收费的'布告'":"粪夫倒除便桶,并不取费。惟倒除楼上之便桶,每双每个月得收费至多国币 4 角,连洗净费在内。如有额外需索,应即报告工务处,报告时以用书面为宜。"法租界曾作出过禁止随便倾倒垃圾的规定。1935 年 5 月 9 日,法租界当局发出《法租界公董局为清除垃圾事通告》。此《通告》规定:垃圾是指"厨房内所倾弃之渣滓及家中所扫集之灰尘而言";"凡园中之碎叶以及兽粪或砖土,均不当视为垃圾,且应由居户自行撤运之";"凡公路上、空地上或河沟内均不准抛置垃圾";凡有违犯本规定者,"应科以 1 元以上、5 元以下之罚金,如有重犯者,并得加倍处罚";还有,公董局"备有一种模范垃圾桶出售,各居户均可购取"。

此外,上海租界当局还颁布过一些有关食品卫生方面的规定。法租界公董局卫生处曾于 1931 年 8 月 6 日发出"通告",禁止在露天情况下陈列水果开片:"本租界内每有商人在各马路旁出售已剖开成片之黄金瓜、西瓜等水果,露天陈列不加掩盖,殊属有碍公众卫生,合行严予禁止";各出售人"务尽一星期内,各将所售水果妥加遮盖,以免尘污";"如故违,本处当立将该项果物悉数充公不贷"。1935 年 3 月 5 日,法租界当局又颁行《上海法租界公董局管理饮料制造章程》,规定了一些与制造饮料有关的卫生问题,要求饮料制造厂"应用石、砖或三合土建成之,其地面应敷水泥,以便大水冲洗,而污水之出路,应由最近阴沟排出之";那些用于制造或运输饮料之器皿及机具,应于用毕后,"立即以滚水洗濯之";各厂职工"应按期种痘,及注射预防伤寒针与霍乱针";工场内应写明"禁止吸烟"和"禁止吐痰"字样;凡是制造、出售或发卖伪造、腐败、有害或有毒的"人造或天然饮料,无论其毒害至何程度,概予严禁";一切饮料,凡非纯由果汁或草液浸渍、发酵或蒸馏而成之天然品者,"概认为人造之饮料",等等。1937 年 12 月 21 日,法租界当局又发出通告,规定到法租界内运售的肉类,必须经过检验。"凡各船只装运鲜肉或冰鲜肉至本租界者,应先由犬医或本局宰牲处长当场检验后,方准在本租界码头卸下运售。其经认为可供食用之肉,均盖以本租界宰牲处之印戳。"

上海租界当局处理过一些违反食品卫生规定的案件。据 1938 年 7 月法租界公董局的"报告":此月共"处罚"2924 起违犯公董局卫生章程的案件;"查获"210 斤"腐肉",300 头"毙猪",57 斤"坏鱼",1270 斤"烂果",30 斤"不良鸡鸭",100 斤"坏菜",267 起"不法饮料";"查验"牛乳样品 75 起,其中,有 3 起被认为是"伪造"的;"罚锾"案件 129 起,罚没款 64 元,等等。

上海租界的卫生情况在有些地方和时期仍是很糟糕的。"法租界大部分马路无下水道,英美租界半斤八两。一下雨(上海多雨)马路就成了臭水坑,马路当中受到浸泡的大小垃圾山冒出阵阵熏人欲倒的蒸气,而爱吃尸肉的沟鼠一只只肥壮硕大,它们在闹市区东窜西跑,勤劳地散播着瘟疫。"①法租界有些地方卫生的糟糕情况,连法国人自己也不得不这样承认:法租界的有些地方"垃圾成堆,使得街道都难以通行。"②虽然这是两段不同时期对上海租界卫生情况描写的资料,但从中可反映出那里实际卫生情况的一些侧面。

二、文艺出版和教育法规

上海曾对演出和影片放映有过规定。公共租界于 1931 年 12 月 17 日发出"布告":第一,不准举行猥亵性等一些表演。"猥亵之表演,以及各种表演之有妨害公共租界治安或影响其良好秩序之趋向者,一概不准举行。"第二,需有男女合演的,要事先得到工部局的许可。"非先经本局许可,不准男女合演。"第三,各种影片在公开放映前,要先经有关机关的审查。"凡未经本局电影检查委员会认可之电影片、广告片,以及任何其他形式之影片,未经本局以书面特许者,不得公开演映。"可见,公共租界对演出、放映问题控制得特别严格。

上海租界当局还禁止出售淫书,并惩治这类违法行为,《申报》曾多次报道此类消息。1922 年 5 月 17 日《申报》以"公共租界科罚出售淫书"为题,刊登了处罚 3 名出售淫书者的消息:"福州路各弄内之小书摊及小书店,几无一家不出售淫书,败坏风俗,莫此为甚。"所以,昨晨总巡捕房的包探潘连璧将"出售淫书之俞福金、冷安祥、屠永成三名,拘解公共公廨"。经审理,"以此辈书卖,若不严惩,殊无以维风化,各处罚金 50 元,无力(罚金),各改押两牢两月,以儆,其余抄获各种淫书,一律销毁"。1922 年 6 月 2 日的《申报》又以"公共租界罚出售淫书书局"为题,刊载了巡捕房查获出售淫书人的消息:"福州路来青阁与粹华两家书局,均因出售《野叟曝言》《金瓶梅》等淫书。经总巡捕房捕头查悉,以其有碍风化,禀解出单",并于第二天把这两家书店主传至会审公堂,"经中西官逐一讯明,判各罚洋 50 元充公,淫书销毁"。1922 年 11 月 10 日的《申报》再次以"公共租界要禁淫书之呈文与指令"为题,转载了查禁、搜毁淫书的"通令",称公共租界的"正会审官关炯之君,近以淫书流毒社会,曾具呈江苏教育厅,请转呈省农,通令查禁搜毁,业经蒋厅长指令照准"。

---

① 于醒民:《上海,1862 年》,上海人民出版社 1991 年版,第 24 页。

② [法]梅朋、傅立德:《上海法租界史》,倪静兰译,上海译文出版社 1983 年版,第 180 页。

公共租界查禁淫书的收效很不尽如人意,到 1930 年淫猥印刷物仍未禁绝,不断被查获。据 1930 年公共租界的"警务处之罪案报告",①当年报案的"淫猥印刷物"案有 55 起,占"杂项之罪案"中的 3%有余,其中也包括淫书。

除淫书以外,上海租界当局还禁止出售妇女裸体照片。1925 年 10 月 5 日的《申报》报道:"自有人体写生以来,模特人之名词,播腾人口。妇女裸体照片,公然出售。"初仅在华界出售,经华界官府严禁之后,"于是此种照片,遂流入租界"。前日,常之守和王张氏两人"均因沿途兜售,被捕房拘解公共公廨"。公共公廨以"该项照片,秽亵不堪,若任流传,匪特有伤风化,实足戕贼青年"为由,将此两人各判"徒刑 1 月",还把"裸体照片销毁示儆"。同时,要求各巡捕房一齐"严密侦察,如再有发现,着即拘办,以挽颓风,而维法纪"。

在出版方面,上海租界当局特别强调检查,非经当局检查而出版的就属违法行为。这种检查又主要是政治性检查,目的是为了扼杀租界人民革命和爱国运动。1919 年,正当马克思主义在上海传播和工人运动蓬勃兴起之时,上海租界当局收缴各种宣传革命的传单和漫画,当时有"不下 500 种的不同的传单入警察之手"。此外,他们还以"意图扰乱公安"的罪名传讯《救亡日报》主笔,并将该报封禁;把具有革命宣传作用的学联事务所和学联日报取缔。1919 年 6 月,法租界当局率先颁行了"发行、印刷、出版品定章"。此定章共 7 条,基本精神是:一切新闻出版机构"未奉法总领事允准,不能在法租界内开设";一切报刊书籍"非预先将底稿一份送至法捕房及法总领事署,不能在外发行";违反者就会被"送(会审)公堂追究"。不久,公共租界也把"印刷附律"在纳税西人特别会议上通过,成为法规。这一法规也是 7 条,基本主张与法租界的相同,只是更加严厉:"不得印刷、发行或转载凡含有扰乱毁渎性质以致破坏治安之事件",违犯者就要被控告"于法庭"。②以后,对出版的控制更严。20 世纪 30 年代,法租界当局竟然发布了《取缔出版物条例》,进一步规定:非事先得到法总领事的书面核准,一切新闻出版机构"不得在法租界内设立",一切报刊书籍"不得在法租界内发行销售"。究其理由,当时任公共租界工部局总董的裴尔斯讲得很清楚。他说,上海租界"非美国、亦非英国,不能与西方情形相比",因此,"须用特殊之共同法,以应需要"。③言下之意,租界内就不应有出版的自由。不过,他们所制定的有关法规也从事实和法律上作了这样的回答。

---

① 《上海公共租界史稿》,上海人民出版社 1980 年版,第 124—127 页。
②③ 参见唐振常等主编:《上海史研究》,学林出版社 1988 年版,第 63—75 页。

上海租界当局颁布过一些有关教育的规定。对于华人学校,其基本精神是要遵循国民政府的教育法规和维护租界的殖民统治。1932 年 5 月 11 日公共租界当局发布《上海工部局补助华人私立中小学校规程》,规定"凡受补助之学校"必须在课程设置和内容方面做到:"须遵照中华民国国民政府教育部之教育方针及教育法规"和"不得施行足以损坏国际感情及引起种族仇视之教学"。1932 年 7 月 4 日,法租界颁行的《华童小学章程》也明确规定:"本校全部规程,概系遵照中国政府法令办理。"也就是说,在租界中受中小学校教育的华人,必须完全接受半殖民地半封建的奴化教育。

在上海租界的教育法规中,还有一些特殊的规定,关于用于教学的解剖即是其中之一。1936 年 2 月 7 日,法租界当局公布了《管理活剖解章程》。这个章程特别强调了在解剖中应注意的问题,其中突出对实验动物的"兽道"主义。规定:"活剖解不得有任何无益之残忍举动,达到所求目的,应即停止";"凡能使动物失去知觉而无损于试验时,尤以目的只在教材者,必须先行将该动物知觉,使全部或一部分失去";"试验完毕,动物须受相当医治,倘该动物须牺牲者,务须使用无痛而有效之方式,从速杀死之";"供试验或教材用之动物,必须善为寄宿饲养待遇";"活剖解之处所,须准卫生处处长入内视察,苟遇处长提请处罚,本局即照情节斟酌施行"。从以上规定可见法租界当局对活剖动物是多么的"仁慈"和"关心",这与他们残酷镇压人民爱国和革命运动的做法形成了鲜明对照。

上海租界当局在租界内设立了不少公园。公共租界里有外滩公园(黄浦公园)、梵王渡公园(中山公园)、虹口公园、星嘉坡路(余姚路)公园、昆山公园和舟山公园等。法租界有顾家宅公园(复兴公园)和贝当路(衡山路)公园等。在 1928 年以前,这些公园都规定不准华人入内。"前租界工部局所开辟的公园,向来不许中国人入内游览,令人愤怒不平。"①租界里 95% 左右的居民是华人,而且华人又是主要的纳税人,对租界建设所作的贡献远远超过洋人。就以主要的税种房税为例。"据 1925 年统计,华人的纳税房屋(在公共租界)达 65471 栋,外人房屋之纳税者 4627 栋;华人所纳房税综计达 2021702 两;外人所纳房税综计仅 1763385 两。"②但华人却受到极不公平的待遇。在当时,就有人尖锐地指出这个问题:"其地为中国土地,经费亦多出自中国人民,而中国人民不得入园一步,实为不平之事。"③更为恶劣的是,外

---

①　傅湘源:《上海滩野史》,上海文化出版社 1991 年版,第 140 页。
②　王世杰:《上海公共租界收回问题》,太平洋书店 1927 年版,第 10 页。
③　《上海公共租界史稿》,上海人民出版社 1980 年版,第 438 页。

滩公园还特别规定:"华人与狗不得入内",①公然明目张胆地侮辱华人。后来在公众的强烈反对下,上海租界当局不得不于1928年7月1日起向华人开放外滩公园、虹口公园和中山公园,以后又逐步扩大到其他公园。

此外,租界公园还有一些规定。1931年4月23日,由公共租界施行的《星嘉坡路公园章程》规定了公园开放的时间、不准入园的人员和在公园里禁止的行为等。关于公园开放的时间,规定:"4月1日至9月30日,上午5时至日落时。10月1日至3月31日,上午6时至日落时。"关于不准入园的人员,规定:"小贩、乞丐、衣服褴褛者,及染有或近曾染有传染病之人,不准入内。"关于公园里禁止的行为,规定:"园内不准演说及开会","游人不准有妨碍公众之行为"等。1936年3月26日法租界公布了《上海法租界公园章程》,也规定了公园开放的时间、不准入园的人和物、在公园里禁止的行为,以及免票入园的人员和罚则等其他内容,但与《星嘉坡路公园章程》的内容不完全相同。关于公园开放的时间,规定:"自4月1日至10月31日,晨5时至晚11时半;自11月1日至3月31日,晨6时至晚7时。"关于不准入园的人和物,规定:"凡小贩、乞丐、衣服不洁者、患有传染病者,概不准入园。狗即装有口套及有人牵带者,亦不准入园。一切车辆,除小孩车、残废人车及携在手中之小孩脚踏车外,亦概不准入园。但穿有制服之巡捕,得坐脚踏车入园,执行公务。"关于在公园里禁止的行为,规定:"无论任何性质之演说或示威,概予严禁。"关于免票入园的人员,规定:"凡小孩在12岁以下者,可准免购票者,但应由成人伴之入园。"关于罚则,规定:"凡有违犯本章程者,应处以5角以上,50元以下之罚金。"由于种种限制,很多华人仍被拒之园外,所以,公园的游客人数就很少。据1931年6月公共租界当局的统计,此月公共租界所有公园的游客总数不到30万人次,其中,虹口公园的游客最多,也不过10万人次多一点。据1937年法租界当局的统计,1937年8月所有法租界的总游客数才7万余人次,春冬两季更少。

三、其 他 法 规

除以上各类法规外,上海租界当局还颁行过其他一些法规,而且涉及的面很宽,内容也很杂。

旧上海普遍存在"拾荒"(拾垃圾)现象,租界内也是如此。法租界当局

---

① 《上海公共租界史稿》,上海人民出版社1980年版,第438页。

却禁止拾荒。1932 年 8 月 10 日，法租界当局公布《上海法租界公董局取缔拾荒章程》，规定："在法租界全界内，无论何时，绝对禁止拾荒"，违反这一规定的，"应处以 1 元以上 5 元以下之罚金"。

第二次世界大战以后，德国法西斯对犹太人的迫害，使犹太人不得不外逃，成为难民，其中就有人逃到上海租界。对于这些犹太难民，公共租界当局作了限制性规定，只让那些符合条件的难民居留租界。1937 年 10 月 11 日，公共租界当局公布了一个有关限制犹太人进入公共租界的规章。根据这个规章，"今后向上海的移民仅限于：能交纳 400 美元作为'保证金'者；为上海居民之近亲者；有合同可在上海工作者；为上海居民的未婚妻者或未婚夫者。"①其他犹太人均不可进入公共租界。

上海租界当局制定过一些广播法规。在全面抗战期间，上海租界当局还直接或间接地规定在租界内禁止有抗日内容的广播。1938 年 4—5 月间，侵占上海的日军着力"收拾"上海租界里的广播台，其目的是为了控制舆论，杜绝各种有利于抗日的声音。但是，这些广播皆在租界，日军鞭长莫及，故只得求助于租界当局，借刀杀人。租界当局竟不负日军所望，积极行动。1938 年 5 月 5 日，公共租界工部局召开董事特别会议，目的"是要诸董事赞同工部局为管理广播电台所采取的行动，确保它们不播送反日或其他政治性内容"。会议决定，授权警务处监督广播电台，"以保证它们的广播不反对日本当局"。②第二天，警务处就致函租界内的所有广播机构，明确要求他们禁止播放有抗日内容的宣传，否则，将受到"关闭电台之处分"。③法租界也采取了相应的措施。1938 年 5 月 16 日，法国驻沪总领事署颁布《管理无线电话及无线电报章程》，④核心内容也是不准租界里的广播电台进行抗日宣传，只是在用语上更加隐晦。此章程的第 16 条规定了 5 种不得播放的内容，前两条就是不得"作政治宣传或散布足以扰乱公共秩序之新闻"，不得"广播含有政治性质，或足以煽惑听众从事战争、叛乱，或违犯足以引起战争、叛乱之行为之一切戏剧、歌唱、新闻等等"。违反者还要被处以 200 元以上至 5000 元以下的罚款，甚至受到"该管法院诉究之"。1938 年 6 月 29 日，法租界颁布法国驻沪总领事署署令，进一步规定："无论何人使用无线电收音机者，应向法当局申报"；"收音机停止使用时，应立即拆除之，并将登记证退还发证警察署"；违反者，除了要被没收收音机外，还要"处 5 元以上 5000 元以下之

---

① ［美］戴维·克兰茨勒：《上海犹太难民社区》，许步曾译，上海三联书店 1991 年版，第 168 页。
② 上海市档案馆编：《旧中国的上海广播事业》，档案出版社 1985 年版，第 314 页。
③ 上海市档案馆编：《旧中国的上海广播事业》，档案出版社 1985 年版，第 316 页。
④ 上海市档案馆编：《旧中国的上海广播事业》，档案出版社 1985 年版，第 321—326 页。

罚锾"。作出以上规定后,上海租界当局雷厉风行,要各广播电台作出书面保证。公共租界内 20 家中国广播电台的负责人被召到警务处,按要求在提交到警务处的保证书上签章,"担保不播送任何政治性宣传"。①这一切都在日军的意料之中,因为租界当局与他们早已有勾结。工部局总董自己也承认:关于防止租界广播电台播送反日本当局节目的办法,已"与日本当局进行了几次可喜的和满意的会谈"。

上海租界也有法定的节假日,并有明文规定,但是其中有许多是西方的节日,带有明显的殖民色彩。1940 年 1 月 16 日,法国驻沪总领事署颁布署令:"制定法租界休假日期表。"根据这个表,全年放假次数为 15 次,但多数来自法国,其中,有"耶稣复活节"、"耶稣升天节"、"圣神降临节"、"法国国庆节"、"圣母升天节"、"诸圣节"、"欧战和平纪念"和"圣诞节"等。

上海租界当局还曾作出过禁毒、赌、娼的规定。

上海开辟租界以后,外国列强便更肆无忌惮地大量贩运鸦片,并在租界内公开出售,还转销至全国各地。上海租界成了全国毒品的集散地,其进货的道路分为两路:"一路走公共租界在杨树浦上栈,一路走法租界在十六铺新开河上栈。"②租界当局还专设捐税,作为一项财政收入。贩卖毒品成为一种合法行为。"辛亥革命前,在上海公共租界及法租界公开贩卖鸦片,均由租界当局征收各种名目的捐税,并发给牌照,不问中外商人,都可以公开营业。"于是,上海的毒品泛滥成灾。"在这一时期,烟毒泛滥,挑膏店与烟馆在热闹马路上触目皆是。"③这种"靠摧残人命和败坏道德"④进行的买卖激起了世界人民的公愤。1909 年万国禁烟会议在上海召开。迫于世界舆论的压力,上海租界当局不得不在形式上作出禁毒的决定。公共租界用抽签方式,在两年内分批禁闭所有烟馆,结果到 1914 年那些烟馆才陆续停歇。法租界也限期在 8 个月内抽签 4 次,逐渐关闭了烟馆。

从此,也能从公开报道中看到一些打击贩卖毒品的报道。1925 年 1 月 12 日的《申报》报道:法租界嵩山路巡捕房的侦探徐阿东等人"侦得居民张夫生家私藏烟土,秘密售卖,有违禁令",故将其拘捕,以后"中西官判张夫生罚洋 4000"。1925 年 8 月 8 日的《申报》又报道:法国总巡费沃礼于前天晚上派遣侦探督察员沈德福率领侦探,到麦底安路(今山东南路)明德里 2 号

①　上海市档案馆编:《旧中国的上海广播事业》,档案出版社 1985 年版,第 336 页。

②　上海市文史馆编:《旧上海的烟赌娼》,百家出版社 1988 年版,第 10 页。

③　上海市文史馆编:《旧上海的烟赌娼》,百家出版社 1988 年版,第 6 页。

④　[德]马克思:《英人在华的残暴行为》,载《马克思恩格斯全集》(第 2 卷),人民出版社 1972 年版,第 14 页。

杨少甫家、6 号门牌李友才家、郑家木桥华庆里 146 号刘子英家、老北门外懿德里 3 号林阿亭家、中华里 3 号王喜松家、慎兴里 7 号张子和家，"抄出烟土各数十磅，拘入捕房，谕各家交保，听候讯究"。以上各被告传至"公堂"，最后"中西官判杨罚洋 500 元，判刘、林两人各罚 100 元，李、张两人各罚 75 元，王罚洋 50 元充公，烟土一并没收。"1925 年 10 月 29 日的《申报》再次以"法捕房昨日搜查违禁品"为题，报道：法国总巡费沃利在昨天特派西人探长第泼氏"带同全体西探、各班华探，在界内分段搜查"，结果"拘获 3 西人，1 华人"。在公共租界内也有动作。据 1925 年 5 月 25 日的《申报》报道："汪阿堂在厦门路 48 号屋内，私售灯吃洋烟，被包探朱汉波查悉，与 162 号西探前往"，共捕获吸毒者 17 人，"连同烟具带入老闸捕房"。

　　但是，上海租界的禁毒，屡禁不绝。"上海的公共租界虽无明目张胆的贩土机关，但在 1927 年左右秘密贩卖大宗鸦片及开灯售吸者亦有 90 多家。"[1]法租界是迫于舆论才同意不再进行鸦片交易的，而实际上"在法租界当局的默许下，售卖、吸食鸦片的场所一个接一个开设起来了"。[2]更有甚者，在 20 世纪 30 年代还办起了海洛因加工厂，这个厂先于 1931 年底在法租界起家，由黄彰发为负责人，后于 1932 年夏迁到了公共租界的虹口地区。[3]

　　自从上海开辟租界以后，租界内的赌博也中西结合，花样不断翻新，有彩票、跑马、跑狗、花会、吃角子老虎等，流毒社会，危害甚烈。上海租界当局有过禁止、惩治赌博的举动。据 1919 年 5 月 2 日的《申报》报道：公共租界的总巡捕房在福州路 49 号的"万家春大菜馆内破获大赌窟，拿获赌徒 32 人，及该馆经理兼股东之绍兴人沈廷芳"，以后判定沈廷芳聚赌情况属实，"罚洋 200 元；到案者各罚洋 25 元"。1926 年 8 月 22 日的《申报》以"法租界禁绝彩票"为标题，发出消息："法租界各种彩票，曾经禁止发行"，但是，近来发现有人"将在禁各奖券混同出售，迭经查抄重罚。现俄侨奖券亦连同于本月 5 号禁止发售，自本月 22 号起，一律禁绝，倘再有阳奉阴违者，查出后即行重办"。以后，法国驻沪总领事署发出第 483 号署令，再次重申禁赌。此署令说："一切奖券、赌约、赌博，在法租界内概行禁止"；"在法租界内持有、运输、发售，或购买一切供赌博、赌约、抽彩或用以证明招徕赌客或赌坊经理人之各项物件，概行禁止。"

　　然而，这些只是表面文章而已，他们所禁止的也只是那些百姓间的私

　　①　上海市文史馆编：《旧上海的烟赌娼》，百家出版社 1988 年版，第 51 页。
　　②　上海市文史馆编：《旧上海的烟赌娼》，百家出版社 1988 年版，第 49 页。
　　③　上海市文史馆编：《旧上海的烟赌娼》，百家出版社 1988 年版，第 34—35 页。

赌,租界里洋人开设的大赌场却一直公开、合法地存在。在公共租界就建立过3个跑马厅,这里"一直是帝国主义冒险家们在远东的大赌窟之一"。跑马厅为洋人创造了极其可观的收入,单是门票收入每年就高达10万银元;跑马票和行销全国各大城市的香槟票收入更为惊人,据统计仅从1920年至1939年间,这类收入竟达15000余万银元。①这种禁赌的实质是限制普通平民百姓。那些非法的私赌,因租界官吏被收买而堂而皇之地长期"营业"。设在福煦路(今延安中路)181号的大赌窟,它被称为"继著名的荣生公司大赌窟之后,在上海历史上最大的一个赌窟"。②赌博项目应有尽有,自称仿自世界赌城蒙特卡洛,其中主要是轮盘赌。尽管这一赌窟也在严禁之列,"而实际上两租界捕房既有贿赂到手,从未来捉过赌"。③

上海有了租界以后,娼妓越来越多。据1920年的统计,公共租界有成年妇女近21万,而仅"野鸡"这类妓女就有近25000人,占了近10%;法租界的成年妇女有近4万人,"野鸡"却有12000多人,占了近三分之一。④连租界里的洋人都这样说:"赌场和妓院到处都有"。⑤以后,一个国际联盟妇女调查团在考察了远东之后也说:"贩卖妇女最多的国家,推中国为第一,这种贩卖的妇女,主要是作为娼妓的。特别是港、沪二埠。"⑥

上海租界娼妓的大量存在,与租界的法制有直接关系,在长时期内租界的法制允许娼妓合法卖淫。因此,它是以"一种由政府控制下的制度而存在的",⑦政府所制裁的只是那些违法卖淫的妓院或妓女。事实也是如此。1913年7月13日的《申报》以"法租界有妓院违章被罚"为标题,刊登了私开妓院者被罚的消息:"邵徐氏、瞿银宝两鸨妇未领照会,私开妓院,又纵令妓女在途拉客,送厅请究。徐氏等供妓女来申未久,不知章程,求宥判。各罚洋5元充公。"1934年1月4日,法租界当局又颁行《上海法租界公董局管理妓院章程》修正条款,规定不允许患有传染病的妓女卖淫:"禁止各妓院雇佣或容纳患有传染病之妇女。各妓女入院时,概应受医生诊察,以后并应每半月诊察一次";"诊察费计每妓每次洋1元5角正,应由该院主担负之"。

---

① 参见《上海经济史话》,第2辑,第18页。

②③ 上海市文史馆编:《旧上海的烟赌娼》,百家出版社1988年版,第136页。

④ 参见上海市地方志办公室编:《上海研究论丛》(第3辑),上海社会科学院出版社1989年版,第214页。

⑤ 《上海法租界史》,第180页。

⑥ 孙国群:《论旧上海娼妓制度的发展及其特点》,载上海地方志办公室编:《上海研究论丛》(第3辑),上海社会科学院出版社1989年版,第214页。

⑦ 〔美〕贺萧:《上海娼妓(1919—1949)》,载上海地方志办公室编:《上海研究论丛》(第3辑),上海社会科学院出版社1989年版,第177页。

1937 年 2 月 18 日,法租界当局再次修正《上海法租界公董局管理妓女章程》,强调妓女的执照遗失后要及时补领,患有传染病的妓女的执照要被吊销,不得营业;妓女的执照遗失或损坏时,"应即补领,随缴费 1 元正,并依情形,处以 2 元 5 角至 20 元之罚金";发觉妓女有传染病的,其执照"应即吊销,并由捕房按每名病妓,处该妓院主以 2 元 5 角至 20 元之罚金。如有过犯时,则法国总领事可以裁决执行警务之处分,而径封闭该妓院"。

　　上海租界当局在强大的公众舆论压力之下,曾用法律手段禁娼。具体办法是先要界内妓女登记领照,然后用抽签方式分批禁娼,直至完全禁绝。公共租界于 1920 年 4 月 7 日召开的纳税人年会上通过了禁娼案,此案"决定实行妓寮领照,逐年递减,5 年肃清等办法"。①1920 年 5 月 13 日工部局公布了领照办法,办法规定:"此项执照,系专发与请照之妓寮者,不得转让";"请领执照者,须为开设妓寮之人,对于妓寮行为负有责任";"领执照者,不得未经工部局允许,擅自租出妓寮或脱离妓寮";"妓寮内所有妇女,其姓名、年龄、籍贯,皆须详注于执照内,苟有更动,须具函通告河南路总捕房";"违背上述任何条例,工部局得撤销或停止其执照,并将其保证金全部或一部酌量充公,且可控诉领照人",等等。1920 年 5 月 24 日,禁娼案规定的禁娼办法开始实施,"无论中外妓寮之主人,均须往黄浦滩 7 号门牌捐务处填写志愿书,以便办理发给执照之手续"。以后,这一实施日期改在 7 月 1 日。②1920 年 12 月 22 日,关闭妓院的第一次抽签进行了,当时公共租界共有中西妓院972 家,"共计抽出 174 家,迄至抽完,已钟鸣 5 点半矣。所有抽得各家,限至明年 4 月 30 号一律收敛"。③但是,由于没有善后安排妓女等原因,关禁后妓院中的妓女仍进行卖淫活动,只是换个地方而已。1921 年 4 月 2 日的《申报》评论说:"迟至昨日,尚未闻有善后办法,苟无以安插之,则妓寮之停闭,不过妓女移出公共租界外或分匿于未闭妓寮中之谓耳。"这种情况随着抽签的进行而愈演愈烈。到 1923 年 4 月,公共租界已抽签 3 次,妓院也只剩 300余家了,可"私娼则大有与日俱增之势,其卖淫所在,大多以旅馆为多,如大新街、后马路、昼锦里,各处之旅馆,几无一家不有此辈踪迹"。④

　　1924 年 4 月,公共租界尚存妓院 98 家,工部局认为"毋庸再行抽签",统限于公历 12 月 31 日"一律关闭"。⑤法租界也采取类似措施。1920 年 10 月

---

① 《申报》1920 年 4 月 9 日。
② 《申报》1920 年 7 月 2 日。
③ 《申报》1920 年 12 月 22 日。
④ 《申报》1923 年 4 月 3 日。
⑤ 《申报》1924 年 4 月 22 日。

公董局的董事会决定"将法租界内卖淫各户,切实调查,逐渐减少,每3月抽签一次,勒令闭歇,以5年为度,一律禁绝"。而且当月"已着手调查,不久即可实行"。①

上海租界的禁娼以后效果如何,1925年2月5日的《申报》作了较为客观的报道:公共租界的妓院虽"于去年12月31日完全闭歇",但是,租界内的变相妓院"书寓"骤增,"现已增至184家";还有,"今日租界之内,到处皆有暗娼,其中以华人居多";另外,在公园等公共场所,"多有一种妇人,逗留其间,其所操业,看其举动,一望而知不甚正当";更有"男子夜间乘车独行,常有中西妇女,上前兜搭,尤在散戏时为甚"。于是,合法卖淫又一如既往。据有关数字显示,公共租界在1936年发出妓院执照697张,以后逐年增加,至1940年发出的这种执照达1325张,②比1920年禁娼前的妓院还多得多。究其原因,与上海租界的社会制度有因果关系。上海租界把妓院税收(花捐)作为一种重要的财政收入。自1939年至1940年,公共租界的税收分别高达近69000元和77000余元,仅次于旅馆和饮食业。没有这一税收,租界便要失去一条重要收入渠道。因此,要彻底禁娼必须以改变这种社会制度为前提。

---

① 《申报》1920年10月8日。

② 参见上海地方志办公室编:《上海研究论丛》(第3辑),上海社会科学院出版社1989年版,第221页。

第十三章　旧上海的治安机关（上）

上海自建县以后，县衙里便设置了专门从事治安事务的官吏，称"巡检司"，但历代所设的巡检司数额不等。清同治《上海县志》记载，根据元代县的建制，上海县除了设有县尹、县丞、主簿等官员外，还有"尉1员，典史2员，别设巡检司"；明代的上海县则设"巡检司3员"；清代虽沿袭明制，但上海县却只设"巡检2员"。[①]可见，人员很少，机构也相应地十分简单。有人曾这样来形容："三间东倒西歪屋，几个东西南北人。"[②]上海开埠以后，随着城市的发展，治安机关有了较大的发展。由于那时有租界、华界之别，因此，各自的治安机关情况也不相同。日伪统治时期和抗日战争结束以后，上海的治安机关情况也各不相同。

一、华界的治安机关

清同治（1862—1874年）初年，上海建立了与保甲制度配套的"巡防保甲局"，目的是通过推行保甲制度来达到维护治安的目的。该局有总局和分局之分。"总局设在城中，初在沉香阁，后迁入县署旁常平仓内。"[③]总局中设总巡1人，由上海道委任，总管局的各项事务。另在城内的东、南、西、北4处和城外的北新泾、引翔港、虹口、浦东等地区设置分局，分管各地治安。巡防保甲局的具体任务涉及许多方面，正如一张布告中所说："督办城厢内外巡防保甲事务，向闻有等著名痞棍以及拆梢、蚁媒、拐骗、剪绺、窃贼并外来流氓，三五成群，聚于茶坊酒肆，其名曰吃讲茶；纠党串诈，横行不法，贻害地方，并途假称碰撞、讹诈、抢帽、窃物、攫取妇女首饰，捏造谣言。……尤有不肖之徒，聚众开设赌场，抽头渔利，即黄牌九、掷羊、押宝、翻天印诸色名目，不一

---

① 清同治《上海县志·职官》（上、下）。
②③ 上海通社编：《上海研究资料》，上海书店1984年版，第89页。

而足。……本总巡为民除害起见,本当按名立拿重办,姑念无知,不忍不教而诛。若能从此敛迹……则免其已往;如敢仍蹈前辙……立即指名拿究。"①这个时期的军、警尚未严格区分,巡防保甲局还与现代意义上的治安机关有一定的距离。

1898年(清光绪二十四年),南市的马路工程善后局成立。由于向黄浦江沿江一带开发、筑路,需有更多的警力相配合,于是"中国巡捕房"创办,其成员除了部分士兵外,还另招一些巡捕。招聘对象的条件是:身体强壮;年龄在30岁左右;熟悉本地情况,能讲本地语言;须有当铺户担保;没有吸烟、嗜酒和好赌的恶习,等等。当时,共招聘了60名巡捕,以后,上海道又雇用了6名印度巡捕。

1904年,清政府推行新政,在中央设立了巡警部。此时的上海,租界地区扩大,外籍人口大量增加,治安问题也随之突出。加之受到租界影响,上海地方政府便着手建立类似租界的治安机关。1905年,巡防保甲局改称"警察总巡局",共有巡长、巡士260人。从此,上海华界便有了警察,并用以代替"巡捕"。1907年,上海地方政府将官办的上海北市马路工巡总局改组为"上海巡警总局"。1908年,此局已有警力1000余人,分置于上海的20个区。

以上都是官办的治安机关。当时,上海还有一些民办的或被称为绅办的治安机关。它们是:1906年的上海城厢内外总工程局警政科,有418人,巡管南市地区;1910年成立的上海城自治公所警务处,有455人,巡管上海的东、西、南3个区;1910年成立的上海市政厅警务长处,有2000人,管理城内外及浦东的部分地区。

辛亥革命以后,上海的警察分为县警察和商埠警察两大类。县警察有1912年成立的警务公所、1913年成立的县警察事务所和1914年成立的县警务所。商埠警察有成立于1913年1月的上海商埠巡警局和闸北巡警局,成立于同年5月的淞沪警察厅。从总体上看,此时的治安机关的机构不断扩大,管辖区域更为广泛,人员也增多。淞沪警察厅管辖的区域包括上海和宝山两县。内部机构也有所扩大,设有机要处、督察处以及总务、行政、司法和卫生科,还有6个区署和19个所。另外,还有保安警察1队、游巡警察4队、水巡警察1队、侦缉警察1队4个专门警察队伍。总计警察人数达3000余人。②

---

① 上海通社编:《上海研究资料》,上海书店1984年版,第89页。

② 参见上海通社编:《上海研究资料》,上海书店1984年版,第91页。

　　以后,上海的治安机关不仅名称有变,而且队伍也比过去更大。1927年7月上海成立了上海特别市公安局,1930年又改称为上海市公安局,警察人数多达5073人。1934年改变原来区、所的建制,代之以局、分局和所的编制,共设西门、浦东、新闸、北站、曹家渡等8个分局,下设董家渡、塘桥、永兴路、徐家汇路等22个警察所。到1936年,上海共有警察4856人,其中警长446人,警士440人。1937年1月再次改名为上海市警察局,地点在南市的警厅路(今金坛路)。

　　在1937年前,上海华界治安机关的组织体系已正式定型,从那以后只是局部性的变动。1935年,上海市公安局的组织体系由1处、3队、3科和各分局、所组成。1处是指勤务督察处。3队是指水巡队、侦缉队和警察总队。3科包括第1、2、3科。各分局、所是指设在各区、县的警察分局及所。有的科、处还有下属机构。第1科下设8个股,分别是警事、人事、训育、统计、编纂、装械、会计和庶务等股。第2科也下设8个股,它们是:治安、消防、外事、户籍、交通、商事、救济和保健等股。第3科则有4个股,即审讯、事务、指纹和收解等股。勤务督察处也有下属的3个股,分别是:勤务、训校和调查等。那年,在市局机关的各种人员共计345人,而全市人口是370万。

　　另外,上海市公安局还有其附属机构,拘留所是其中之一。当时的拘留所专门关押违警犯和行政拘留者,也暂押少量刑事犯。拘留所内有男普通室、男特别室、男病室、女普通室、女病室和候讯室。男、女普通室关押违警犯和行政拘留者。男、女病室关押有疾病的男、女犯。男特别室关押重要的刑事犯。候讯室关押未经讯问的嫌疑犯。拘留所设所长1名,负责所内的一切事务。另有巡长1名和一些巡警,负责看守、传解事务等。关押的人犯不可在所内喧哗谈笑及吸烟饮酒,禁止刑事案犯与所内人员及外人互相通气。人犯的书信来往必须先由本案承审员负责审核,认为有不妥内容的,可以扣押。拘留所的人犯一日三餐,按规定分额发放。

　　华界的警服于1934年正规化了。当时,根据"经济、严肃、美观"三项原则,上海自己设计了警服,报请内政部备案,并于1934年7月1日起使用。其式样大致是:上装为中山装,夏季是白色,其余的是黑色;领口左右缀有白铜号码;大小纽扣11个;肩章用铜制,左为分局、所、队的名称,右为沪警字样;臂章在左,缀有人字形标识,表明警阶。警帽为黑色,帽套为白色,帽的前部中间缀有国民党党徽和嘉禾。裤为西式马裤式,冬季为黑色,其余的为白色,另有黑色绑带缠小腿。鞋为皮鞋,长筒,高过脚踝部位。[①]这一式样对

---

① 参见上海通社编:《上海研究资料》,上海书店1984年版,第111—121页。

以后旧上海警服的设计有很大的影响。

旧上海华界警察在各个时期的具体任务不尽相同,但一般来说,有以下方面:镇压革命运动,残害进步人士和共产党人;维持治安;管理交通;负责消防。另外,"还须执行公共卫生规则以及核发营业执照等"。从 1934年开始还有所谓"改善都市道德"的职能,"规定市民须正衣冠,即使夏天再热,也不可打赤膊、穿内衣在外行走,在公共场所举止要守秩序,不得高声喧哗;还有,要革除个人恶习,不可随地吐痰,当街擦鼻涕"。①其中,主要是镇压革命运动、残害进步人士和共产党人以及维持治安这几个方面。这可从以下的统计数字得到证实。1934 年的一项主要工作是抓获人犯。那年,共有 6756 人被捕,其中男的 6021 人,女的 735 人。②具体分类则是:有855 人是进步人士和共产党人,其他的是一般刑事犯,包括绑架、强盗、杀人、偷盗、诈骗、纵火和伪造货币等。被抓捕的进步人士和共产党人所占比例很高,近 13%,仅次于偷盗,大大高于杀人(不到 0.3%)、诈骗(5%)、绑架(1%)等其他人犯。可见,镇压革命运动和残害进步人士、共产党人成为当时最为主要的任务。

旧上海华界具体治安机构和人员的职能、职责都有明确的规定。1934年 5 月 7 日公布的《上海市公安局警察总队办事细则》规定:警察总队的职能是"维持全市公安及应付临时事变","秉承局长命令"。总队长的职责是:"统率各中队,总司全队,指挥训练一切事宜。"总队中的教练、中队长、小队长、特务长等人员都有相应的职责。如教练的职责是:"秉承总队长命令",办理全队的"训练事宜",特务长的职责是:"秉承各中队长命令,办理军械、服装器具、伙食及一切内勤事宜。"

此外,上海的治安机关还曾对警察的某些行为作出过规定。在 1918 年和 1919 年上海的淞沪警察厅曾多次规定警察不可乘坐头等电车。1918 年 3月 23 日的《申报》以"淞沪警察徐厅长训令长警出差不得乘坐头等电车"为题报道:"本埠电车头等车座位妇女乘坐者甚多,遇有长警因公出差,不准乘坐其间历经通令禁止",但是近来仍"有长警乘坐头等电车,竟与妇女混杂"。所以,再次重申:"查有乘坐头等者,立将该长警责革,并罚官长薪金半月。"1919 年 2 月 4 日的《申报》再次以"淞沪警厅长训令巡警不准坐头等电车"为题作了报道:"各署、所、队长警不准坐头等电车,迭经通令,禁止在案",但是

---

① 参见[美]魏斐德:《1920—1937 年的上海警察》,载洪泽主编:《上海研究论丛》(第 4 辑),上海社会科学院出版社 1989 年版,第 83 页。

② 《上海市年鉴》,上海市通志馆编印,1935 年版,第 70 页。

现在仍发现有长警"杂坐头等车内,殊属不成事体"。为此,再次重申:"即使因公往来,亦只准乘坐 3 等,以免混杂",如果再发现违犯者,"长警立即责革,并将失察之该管官长从严处分,决不宽贷"。

上海曾把警察作为优待的对象。1934 年 3 月 26 日颁布的《上海市公用局公共汽车管理处优待军警乘坐公共汽车规则》规定:"凡身穿制服佩戴正式符号之军警,得认购军警优待票",其票价是"不论路程远近一律售铜元拾枚",如果按照路程票价未满此价的,"得照普通票价购买"。此规则还同时规定:优待票一经售出,"不得退票或调换普通车票";军警随带的乘客"不得享受军警优待票权利",等等。

旧上海华界警察的素质极差,欺侮百姓是常事。据 1921 年 7 月 4 日《申报》的报道,著名的爱国人士黄炎培曾遭警察毒打。事情的经过是这样的:当天上午 9 点 50 分,黄炎培到中华职业学校去,经过"陆家浜迦陵桥,见 269 号警察,在学校东墙新笆脚下小便",于是便上前告诉他:"此地不可小便"。此警察不仅不认错,还强词夺理地说:"我非你管的"。黄炎培则义正词严地回答:"我当然有权禁止,你为警察,他人随地小便,尚应查照警章禁阻,岂可自犯,不过我希望你明白这个道理,以后不再如此罢了。"哪知这个警察怀恨在心,伺机报复。黄炎培进校约 10 分钟后,又离校外出。经过迦陵桥时,"该警竟趋前向炎培猛下两拳,一中左额,一中右肺"。此事有"职业学校学生倪世昌、倪衍昌在旁,眼见为证据"。这仅是被揭露的一例。

更为可恶的是,华界的警察与黑社会、流氓勾结在一起,进行非法活动,坑害百姓。以旧上海的"三鑫公司"为例。这是个由上海流氓头子开设,具有黑社会性质的公司,成立于 1918 年,公司的董事长为杜月笙,总经理是金廷荪,幕后主子为黄金荣。这个公司以非法贩卖鸦片为业,营业额和利润都十分惊人,毒害了无数上海人。据 1923 年 8 月的《字林西报》称:近来三鑫公司"私运之范围渐大,每月吴淞一处上岸之土,在一千箱以上,每箱平均 2800 盎司,每盎司该机关收费 1 元,而每箱 2800 元,每月收入有二百五十万元,或一年三千万元之多"。这个公司能做成这么大的生意,原因是该公司的成员"有中国武人、警官、文官、查烟员及租界巡捕与流氓等"。鸦片到华界时,由军警全线保护,真可谓是步步设防,固若金汤。①另外,闸北流氓大亨顾竹轩也曾勾结闸北第 4 区警察署署长,明目张胆地行凶作恶。②这种警匪勾结,为非作歹之事,在旧上海司空见惯。

---

① 　苏智良等:《近代上海黑社会研究》,浙江人民出版社 1991 年版,第 80—81 页。
② 　参见苏智良等:《近代上海黑社会研究》,浙江人民出版社 1991 年版,第 57 页。

　　旧上海,既有警察与军队、黑社会等恶势力互相勾结的一面,也有其互相抵触、倾轧的一面。在这种斗争中,也有警察,甚至警察头目被杀。1913年以后,淞沪警察厅内调来大批北洋警察,因此而激化了警内外各种矛盾,结果警察厅长徐国梁被人刺死。①警察被杀的就更多了。1923年3月7日的《申报》报道:3月6日晚上,闸北宝山路5区警署的巡警张凤岭和在第23岗位值班的警察贾富明都遇害。张凤岭"似生前被人用枪刺中伤,故穿过后脑"。贾富明"亦系生前被人用枪刺刺死,刺刀尚陷在左目之内,深约2寸余,其后尚有手枪弹之伤洞,洞穿出左肋"。

　　还有华界警察与租界警察发生冲突的事件。1927年至1931年间,上海公共租界巡捕房与华界公安局的"司法冲突,比比皆是",原因基本是由巡捕与警察的冲突而起。法租界巡捕与华界警察也有冲突。一天,有一群华界公安局的警察在南市训练结束后的回程途中,被一个法国巡捕和一个越南巡捕拦住了。这激怒了中国警察,"结果是双方就干上了",而且法国巡捕"遭到公安局的人痛揍"。最后,在领事的干预下,"才避免了这事件演变成国际事件"。②

二、公共租界的治安机关

　　公共租界的治安机关称为"巡捕房",治安人员称为"巡捕"。"巡捕"一词取自中国古籍中巡检司等治安官吏的职掌"巡捕盗贼奸宄"和清朝京城中设置的"巡捕营"的长官名"提督九门巡捕五营步军统领"。③当时,认为把英语的Policeman(警察)翻译成中文的"巡捕"最为妥当。以后,华界用了现代化的"警察",可租界仍沿用中国传统的"巡捕"不改。

　　根据1845年地皮章程的规定,英租界在设立之初便雇用了数名华人为更夫,由领事管辖,任务是鸣警报更,即"夜间击竹之声,远近咸闻"。1848年,随着英租界的扩充,更夫也增加到了20名,并设更长2人。④1854年,英、美、法3个租界当局共同成立了一个行政管理机构——工部局,接着就决定成立警务处,正式设置巡捕,不久还函聘了在香港巡捕房任职的克列夫登到上海租界任总巡。1855年4月,英国领事阿利国(Alcock)和工部局都正式

①　参见上海通社编:《上海研究资料》,上海书店1984年版,第91—92页。
②　洪泽主编:《上海研究论丛》(第4辑),上海社会科学院出版社1989年版,第85页。
③　参见上海通社编:《上海研究资料》,上海书店1984年版,第92页。
④　参见《上海公共租界史稿》,上海人民出版社1980年版,第347页。

签字,把巡捕房作为一种常设机关,这是"公共租界巡捕真正的开头"。①

1862 年法租界与公共租界分立前,也有了自己的巡捕房和巡捕。

公共租界巡捕房的机构、人员等都发展很快。到 1935 年,它的机构已十分庞大。中央巡捕房设在福州路,其下属机构包括:管理处、缉捕股及特务股、各警区总办事处、武装后备队、车务办事处、法庭及律师办事处、材料储藏及转运处、特务股办事处和马巡(骑马的巡逻队)。还有 13 个分巡捕房:虹口、老闸、戈登路、新闸、静安寺、汇司虹口、嘉兴路、狄思威路、汇山、杨树浦、普陀路、成都路和榆林路等。随着机构的庞大,巡捕人数也不断增加。1883 年共有巡捕 200 人。②1930 年时巡捕人数已达 4879 人。③以后,人数继续攀升,1935 年时竟达到 6000 人左右。④

随着巡捕人数的增加,其中的人员构成也发生了变化。开始仅有西捕(主要是英国人),以后又出现了华捕、印捕和日捕。1865 年公共租界首次招聘华捕。1882 年华捕人数有 182 人,1909 年时多达 1149 人。1884 年公共租界招用 16 名印捕,到 1915 年印捕人数已达 569 人。20 世纪初,公共租界内的日本人猛增,于是在 1914 年开始雇用 3 名日捕,到 1934 年日捕也有 256 人。但是,华捕的人数仍占绝大多数。在 1930 年的 4879 个巡捕中,华捕就有 3477 人,占 71%有余。⑤

在公共租界的巡捕中,各类巡捕的衣着各不相同。初时,华捕是头戴瓜皮帽,身穿号衣,前衣襟上写着号码。印捕则"穿着红制服包着白头巾"和"蹬着大皮靴",⑥也有的"头缠红巾"。⑦以后,华捕的服装也西化了。在 20世纪 20 年代初已是"革靴军帽","今日华捕所戴之帽与昔日西捕所戴之帽一式"。⑧

巡捕房的开支非常大,而且不断增长。1855 年巡捕房的预算为 20600元,占该年工部局总支出的 82%有余。到了 1930 年开支激增到 580748 余两。⑨这些费用来自纳税人,主要是华人,租界中以华人为多,他们是主要的

---

① 上海通社编:《上海研究资料》,上海书店 1984 年版,第 94 页。
② 上海通社编:《上海研究资料》,上海书店 1984 年版,第 99 页。
③ 参见上海师范大学历史系等:《上海外滩南京路史话》,上海人民出版社 1976 年版,第 31 页。
④ 参见上海通社编:《上海研究资料》,上海书店 1984 年版,第 95 页。
⑤ 参见苏智良等:《近代上海黑社会研究》,浙江人民出版社 1991 年版,第 47—48 页。
⑥ [英]克利斯多福·纽:《上海》(上册),唐凤楼等译,学林出版社 1985 年版,第 57 页。
⑦ 上海通社编:《上海研究资料》,上海书店 1984 年版,第 110 页。
⑧ 上海通社编:《上海研究资料》,上海书店 1984 年版,第 100 页。
⑨ 参见上海市黄浦区革命委员会写作组等编:《上海外滩南京路史话》,上海人民出版社 1976年版,第 31—32 页。

纳税人。

公共租界巡捕房的矛头所向,首先是共产党人和革命运动。自 1921 年中国共产党在上海成立以后,在工部局警务处的年度报告中,几乎每年都有"公共租界捕房制止共党活动"的内容。1936 年的年度报告说:"本年本处仍与本埠中国官厅合作努力,以制止共党活动根据地 13 处,被告之经解送中国官厅讯办者共十名,抄获刊物 52 种,23300 份。"①这一自供状与他们的罪行完全一致,在租界中被捕的许多著名共产党人被"引渡"给中国政府而被杀害。1925 年 11 月 29 日,刘华在参加一个群众大会后的归途中,被公共租界的密探逮捕,并移解到军阀孙传芳所部处,12 月 17 日被秘密杀害。罗亦农时任中共中央常委兼中央组织局主任,因叛徒的出卖,于 1928 年 4 月 15 日在公共租界被巡捕逮捕,并很快被引渡到淞沪警备司令部,4 月 21 日即遭杀害。②对待革命运动,巡捕房同样残酷无情。1925 年的"五卅惨案"就是明证。公共租界的巡捕竟向手无寸铁的群众开枪,南京路血流成河。在那天的游行队伍里,同济大学学生尹景伊看到同学受伤,便上前进行包扎,巡捕却对他开枪。中弹后,巡捕又连续再开两枪,他当场倒在血泊之中,晚上就在医院去世了。③

为了加强对共产党人和革命运动的镇压,公共租界和法租界的巡捕房还"例行每周每日互换情报,有时也提供给英、法、美的领事,还有驻在首都的军事外交人员。两个巡捕房的头目都把控制革命分子列为要务,而在目睹了 1919 年五四运动前后之不安后,对此更加重视"。④

作为一个治安机关,公共租界巡捕房也处理一些日常违法犯罪案件。据统计,1930 年共处理各种刑案 14575 件,处理各种违章违规案件 83130 件。刑案分为五大类,即"侵害人身之重大罪案"、"人身及财产或只侵害财产之重大罪案"、"侵害人身之轻微罪案"、"侵害财产之轻微罪案"和"杂项之罪案"。它们所占罪案总数的比例分别是:3%、18%、5%、62% 和 12%。违章违规案件分为两大类,即"违犯工部局章程"和"违犯执照章程或条例",它们分别占总数的比例是 85% 和 15%。⑤

---

①　参见上海市黄浦区革命委员会写作组等编:《上海外滩南京路史话》,上海人民出版社 1976 年版,第 35 页。

②　参见上海烈士陵园史料陈列室编:《上海烈士小传》,上海人民出版社 1983 年版,第 14、72 页。

③　参见上海烈士陵园史料陈列室编:《上海烈士小传》,上海人民出版社 1983 年版,第 10 页。

④　洪泽主编:《上海研究论丛》(第 4 辑),上海社会科学院出版社 1989 年版,第 76 页。

⑤　参见《上海公共租界史稿》,上海人民出版社 1980 年版,第 124—127 页。

公共租界的巡捕房允许私人雇用巡捕，提供有偿服务。1930 年 11 月 3 日工部局发出布告，规定："私家欲雇用巡捕，可向警务处处长陈请"，并且明列了价格表。其价格是：每日（以 8 小时计算）骑马西巡长或巡士 50 元，骑马印巡长或巡士 15 元，西巡长或巡士 20 元，日巡长或巡士 10 元，印巡长或巡士 8 元，华巡长或巡土 4 元。每月印巡长或巡士 60 元，华巡长或巡士 45 元，银行华探 60 元。

巡捕房曾对巡捕的行为作出规定。1913 年 7 月规定："华捕穿着号衣上差之时，必须精神倍加，恪恭将军，不准倚靠电灯杆及栏杆等处"，如果华捕小头目"三道头"遇有以上情况而"不加意监察或徇情容让"，此"三道头"就要受到处分，"轻则降等，重则革除三道职衔，决不姑宽"。①但是，巡捕的总体素质极差，他们的丑恶行径时时可见，仅 1913 年 7 月的上半个月就有多起。1913 年 7 月 2 日的《申报》报道：老闸捕房 311 号印捕在前一天"饮酒甚醉"，然后闹事。他"闯至四马路（今福州路）永香居宵夜馆内，夺取帐簿"，当主人与他论理后，还"一味吵闹"。当一个华捕上前劝阻时，他竟"逞凶用手将华捕右额击伤。"7 月 5 日的《申报》又报道：总巡捕房 115 号华捕姚伯林在"前日将人力车夫王二拖至山东路堍小便处，将其发际吊起，任情凌虐"。7 月 14 日的《申报》再次报道：一个巡捕于前晚在华德路（今长阳路）的一个银行里"窃得银铁箱一只，内有现洋数百元"，并雇用了一辆"洋车载至嘉兴路瑞康里 150 号"。这些事例，反映了公共租界巡捕的胡作非为，令人痛恨。

公共租界的巡捕也与黑社会有千丝万缕的联系。上海的黑社会恶势力用金钱收买了大量公共租界的巡捕，沆瀣一气，共同危害人民。1934 年春，在公共租界发现了一个扒窃组织，这个组织的成员在车站、戏院、大百货公司、珠宝店等处频频作案，但长期没被抓获，其中的一个主要原因是他们买通了公共租界的巡捕，"与扒窃者有牵连而每日接受津贴的捕房刑事科人员，公共租界有 65 人"。②被收买的不仅有一般巡捕，还有长官。从 1939 年起，常玉清的黄道会势力逐渐深入公共租界，"被常（玉清）收买的有公共租界捕房政治部对外联络高级警官、圣约翰大学毕业的督察长谭绍良，公共租界捕房刑事科督察长陆连奎"③等人。他们收买了巡捕房的人，便在公共租界横行霸道，为所欲为。以黄金荣为师的"江北大亨"顾竹轩在福州路开了

①　《申报》1913 年 7 月 7 日。
②　中国人民政治协商会议上海市委员会文史资料工作委员会编：《旧上海的帮会》，上海人民出版社 1986 年版，第 97 页。
③　中国人民政治协商会议上海市委员会文史资料工作委员会编：《旧上海的帮会》，上海人民出版社 1986 年版，第 107 页。

天蟾舞台,收了徒弟1万余人,还买通了公共租界的便衣探员,于是就无法无天,草菅人命。"他曾在上海搞过多起谋杀凶案,据其亲信徒弟王兴高说,顾至少谋杀过7位有名望的人物,其中两个是律师。"①

　　两个租界都有自己的巡捕,其管辖范围也都在自己的范围内。同时,这两个租界又有较长的相邻线,于是有些罪犯就利用这点,作案后逃到另一租界,避开巡捕的追击。当时有座名为"郑家木桥"的桥,桥南属法租界老北门大街,桥北属公共租界的福建路。有些罪犯就云集在桥堍,见有老实的农户,就上前敲诈勒索,"若被害人高声呼唤,英租界(即公共租界)巡捕过来干涉,则逃至桥南,法租界巡捕过来干涉,则逃至桥北。"②不过,正直的中国人也曾利用这一点来与恶巡捕作斗争,并取得过胜利。1914年前,洋泾浜(今延安东路)还是黄浦江的一条支流,而且还是公共租界与法租界的分界线,"在南边法租界站岗的是戴安南(即越南)帽、牙齿黑黑的安南巡捕;而在北边英租界(即公共租界)站岗的却是面色漆黑,头缠红巾的印度巡捕"。京剧大师盖叫天等一些人常在靠近洋泾浜的地方练功,包括翻跟头、练手把式等。一天,盖叫天在练完功回家的路上,边走边练起了"打飞腿",还发出了"啪啪"的响声。印度巡捕认为这也是"扰乱治安,要把他抓到巡捕房去罚钱"。那时的盖叫天才20多岁,年轻气盛,"迅速飞起一个扫堂腿,冷不防把巡捕摔了一个大脑壳"。当这个巡捕起来要抓盖叫天时,他已一个跟头"到了对面法租界上,气得印度巡捕只能望'洋'兴叹"。③

三、法租界的治安机关

　　法租界的治安机关也称巡捕房,建立于1856年。据《上海法租界史》一书介绍,建立巡捕房的原因是因为那年"从内地和南方港埠来的那些可怜的逃难者,成千上万地聚居在法租界上尚未占用的地方。经常有人报告夜里有偷盗事件。各种国籍、各个地方来的逃兵从事真正的抢劫活动。租界内的侨民为自己的生命和财产感到惶惶不安"。这是为了维护法租界内法国殖民者的权益。于是,在1856年开始组建自己的巡捕房,专门雇用3名外籍

---

① 中国人民政治协商会议上海市委员会文史资料工作委员会编:《旧上海的帮会》,上海人民出版社1986年版,第95页。

② 中国人民政治协商会议上海市委员会文史资料工作委员会编:《旧上海的帮会》,上海人民出版社1986年版,第89页。

③ 华道一主编:《海上春秋》,上海书店出版社1992年版,第98—99页。

巡捕，执行巡逻任务。1857 年 12 月又增到 12 名，并正式成立法租界的巡捕房。1862 年 5 月，法租界与公共租界的行政机关完全划分独立，各自为政。为此，法租界还专门成立自己的管理机关公董局，从此，巡捕房便划归该局管辖。以后，巡捕房不断发展，先是委任驻沪的法国退伍军人龙德（Londe）为巡捕房的第一任总巡，另外，还设了 4 名捕头和 20 名巡捕。①

1900 年，法租界的地域扩大，渐感警力不足，于是法国领事白藻泰（Bezaure）执行公董局的决议，商请越南总督杜美（Doumer）调派越南巡捕到上海法租界来任职。1900 年 7 月 27 日，第一批越捕 29 人来到上海。白藻泰对杜美的慷慨"支持"，十分感激，先是用"法租界居留民"的名义向他致谢，后又用一条新辟的马路冠以杜美的名字，称为"杜美路"（今东湖路）。1906 年 12 月 12 日，法租界开始正式招聘越捕。除越捕以外，法租界还聘用过俄国巡捕和华人巡捕。到 1934 年，法租界共有巡捕 2045 人，其中，法捕 187 人，越捕 492 人，俄捕 127 人，华捕 1239 人。

与公共租界的巡捕房一样，法租界的巡捕房也有庞大的机构，但内部设置不同；设警务总监 1 人，负责巡捕房的全面事务；另有 2 名副总监。下设秘书处（又称总务处）、司法顾问处和制服部及便衣部。秘书处分管巡捕房的内勤事务。司法顾问处从事与巡捕房有关的法律事务，制服部管理穿巡捕服装的警务人员，由一个副总巡和一个监督警察负责。其下属机构有交通处、警备队（防暴队）、装甲车队（汽车修配间）、制服缝制间和贝当分局、福煦分局、卢湾分局、嵩山分局、麦兰分局和小东门分局。便衣部管理穿便衣的巡捕，由一副总监负责。下有刑事处、政治处和鉴别科（手印间）。刑事处设处长 1 人，下有采访股（行政股）、外勤股、正俗股（花捐班）、文书股和强盗班。政治处也设处长 1 人，下有社会股、外事股、查缉股、文书股、译报室、马龙特务班、物价管理处和司法警察。②

法租界巡捕房的人员和机构都有其工作职责。在巡捕房正式成立时，就确定了总巡的职责，共 5 方面：指挥全体巡捕；监督道路检查员的工作；监督收税员的工作；照管道路、码头、路灯和一切有关路政的事务；查究巡捕的罪案等。③以后，随着巡捕房内部机构的增多，分工和职责也更细。刑事处中正俗股的职责是负责征收法租界内妓院的捐税，而强盗班则是专门侦查和缉拿重要的强盗罪犯。其他机构也都有自己的职责。

---

① 参见上海通社编：《上海研究资料》，上海书店 1984 年版，第 94、102 页。

② 参见《列强在中国的租界》编辑委员会编：《列强在中国的租界》，中国文史出版社 1992 年版，第 63—65 页。

③ 参见［法］梅朋、傅立德：《上海法租界史》，倪静兰译，上海译文出版社 1983 年版，第 332 页。

这个巡捕房有许多装备和器材。在法租界被接收前,它还拥有卡车18辆,此外,另有各种小型卡车、装甲车、防御器材、机器脚踏车、脚踏车等。在这中间,还不包括实验室中的各种器材等。①

一年中,法租界巡捕房要处理不少刑案,以维持租界内的治安。据1934年的统计,当年收案的华人数为26846人,外国人数100人。在华人的刑案中,包括盗窃1259人,杀人12人,绑票7人,抢劫144人,强奸16人,和奸18人,诬告4人,妓女拉客731人,赌博297人等。在外国人的刑案中,涉及盗窃的25人,伤害的25人,诈骗的4人等。另外,同年还处理了很多违章违规案件,其中,与汽车、马车、人力车和拉货车有关的各种交通案件就有49623起,罚款所得达128308元。

法租界巡捕房也把打击进步人士和共产党人、镇压人民革命作为主要任务。其中,政治处是一个搜集租界内各进步团体和革命人士的组织和活动情况,对其进行秘密监视和控制的机构。密探是政治处的骨干力量,其成员既有洋人,也有华人。法租界内的主要工厂、学校、团体和新闻出版等单位都在政治处的严密监视之下,每逢重大节日前后更是如此。当时的美亚绸厂、大中华橡胶厂、法商百代公司唱片厂、上海美专、上海法政学院、同业公会、市民联合会、纳税华人会以及一些新闻出版机构里,皆有政治处的密探。他们每天晚上5时至8时在政治处内的"特别间"汇总情况,编写报告,第二天就送至法国总领事署及法国驻沪的陆海军指挥部。一旦出现工人罢工等进步运动,马上进行镇压。②法商电车公司曾两度发生罢工,政治处的密探都参与了镇压,并对共产党人采用了严厉的处罚手段。1934年,巡捕房共逮捕30名共产党人,其中4人被处死刑,2人被判3年有期徒刑,3人被判2年半有期徒刑,还有20人被引渡给南京国民政府。

政治处的一批骨干由于工作"出色",被重用,且晋升职务。萨尔利就是其中之一。他出生于法国巴黎,中学毕业后便参加了入侵非洲的殖民军,后来到上海法租界政治处任密探。北伐战争一爆发,他就卖力收集有关情报,密切注视上海事态的发展。1927年的"四一二政变"前,他又四处刺探情报,并利用手中的情报,预测中国政局的变化趋势及法租界应采取的对策,上报给法租界当局。为此,他立了功,被越级提升为督察长,警阶也由少尉晋升为中尉。另一个程子卿,虽为华人,却为法租界当局卖命。

---

① 上海市档案馆,全宗号Q21,案卷号9。

② 参见《列强在中国的租界》编辑委员会编:《列强在中国的租界》,中国文史出版社1992年版,第68页。

有人查证后认为,当中国共产党第一次全国代表大会在法租界开会时,有个"身穿蓝袍黑褂",探头探脑的人就是他。在"四一二政变"中,他也插手参与,"密报"有功。对此,法租界当局给予奖赏,破格提升他为华人督察长,并授予金质奖章。①

法租界巡捕房的巡捕在审案中,经常使用刑讯逼供方法,手段极其野蛮。刑事处强盗班的审讯人员在审案时常常使用酷刑逼供,以致人们提起这个班便谈虎色变。②曾任大律师的史良在《史良自述》中回忆:1934年,她曾为熊氏兄弟辩护,当她去会见他们时,"法巡捕房正用刑逼讯熊氏兄弟,我便用律师身份提出,警方用刑是违反法律规定的,要求立即移送法院,开庭审理"。③1942年11月,家住安纳金路(今东台路)纯德里6号,在广西路新华酒家为大司务的广东人罗本,其8岁儿子因"邻居诳为窃盗报捕",说家里遗失了一块表,肯定是这个8岁孩子偷的。为此,这个孩子被巡捕抓走,并"在(巡)捕房受刑3次之多"。④

巡捕对市民极其凶残,仅在1942年就有多起巡捕恶打界内居民,甚至致死的事件。1942年4月27日,在"法租界巨泼来斯路(今安福路)某米号粜米时,又有647号越捕,将一14岁之男孩踢中要害身死"。这并不是偶然事件,因为"最近法捕房华、越捕对于平粜时,维持秩序,不时越轨妄行,对籴米贫民,拳打脚踢,不足为奇,平民之因而受伤者,不计其数"。⑤1942年8月,有"赵姚氏,在跑马厅路(今武胜路)当佣工,因有病送伊(她)至南京路来看,看毕送回租界,行至十六铺铁门口,遇有法捕不准出去,并用藤条将赵姚氏周身打伤",以后她被人送往医院,但因伤势过重,"至院身死"。⑥

法租界巡捕的形象比公共租界的更为丑陋恶煞,无论是总巡,还是一般巡捕,都是如此。第一任总巡龙德上任后,便随意缺勤,玩忽职守,甚至肆意勒索,捞取外快。这种表现使公董局大失所望,于是,不得不要求法国外交部物色一名"第一流的总巡"来沪任职。1863年,这个"第一流的总巡"来到法租界,名叫加洛尼·迪斯特里阿。可是,一上任就与他的部下一起"滥用职权,非法拘捕,敲诈勒索,不合理的罚款,对人施加暴行,无恶不作",以致"四面八方都提出控告和愤怒的抗议"。连一个法国人都说:"外交部是找到

---

① 参见王立民:《上海法租界的政治处》,《上海法制报》1994年8月19日。
② 参见王立民:《法租界刑事处内幕》,《上海法制报》1996年5月17日。
③ 《史良自述》,中国文史出版社1987年版,第14页。
④⑥ 存上海市档案馆,全宗号R18,案卷号427。
⑤ 《新中国报》1942年4月28日。

了一个宝贝!"①最后,公董局不得不在他上任后的第 63 天就将其免职了。总巡尚且如此,巡捕则更是不齿了。一次,巡捕房派 6 名"最优秀"的西捕去办案,其中,4 名来自法国,2 名分别来自西班牙和希腊,他们大多数是从"商船上开小差的"。案件还未处理完毕,其中两人就先期盗窃了财物,"逃到宁波去做海盗了"。这些招聘来的巡捕被公认是"缺乏纪律、精神萎靡","对中国纳税人进行敲诈勒索"。②他们的种种劣迹,与土匪有什么区别?

巡捕还与黑社会搅和在一起,黑社会的头目便是巡捕房的长官,最为突出的是青帮头目黄金荣竟任巡捕房的探长、督察长,先后在巡捕房供职达 34 年之久。这 34 年,他依仗巡捕房探长、督察长身份干尽坏事。如他在《黄金荣自白书》③中供认:"做包打听(巡捕),成为我罪恶生活的开始。""我被派到大自鸣钟巡捕房做事,那年我 26 岁,后升探长,到 50 岁时升督察长,60 岁退休,这长长的 34 年,我一直在执行法帝国主义的命令,成为帝国主义的工具,来统治压迫人民。譬如说私卖烟土(毒品),开设赌场,危害了多少人民,而我不去设法阻止,反而从中取利,实在不应该。"杜月笙也是如此。那时,法租界巡捕房的高级长官每月都能拿到红包,而"红包内藏至少 2%的贩毒利润,也就是 15 万元。交换条件是杜月笙手下可以为所欲为,而杜本人,此时已成为青帮的新大亨,因此被聘为法租界公董局华人董事"。④还有不少黑社会成员都在巡捕房任过职,有的还成为骨干,如程子卿、金九龄、吕竹林、范广珍、丁永昌等人。⑤这种"警匪同一"的情况虽在旧上海不足为奇,但在法租界却特别典型。这是由他们的共同利益而驱使和造成的。法租界当局需要黑社会来帮助维持界内秩序,所谓"以华治华";而黑社会也需要法租界当局做靠山来发展势力,为虎作伥。两者目标是一致的,就是要使殖民统治能维持下去。

---

① ［法］梅朋、傅立德:《上海法租界史》,倪静兰译,上海译文出版社 1983 年版,第 357—358 页。

② ［法］梅朋、傅立德:《上海法租界史》,倪静兰译,上海译文出版社 1983 年版,第 330 页。

③ 原载《文汇报》1951 年 5 月 20 日。

④ 《1920—1937 年的上海警察》,载洪泽主编:《上海研究论丛》(第 4 辑),上海社会科学院出版社 1989 年版,第 80 页。

⑤ 参见苏智良等:《近代上海黑社会研究》,浙江人民出版社 1991 年版,第 73 页。

第十四章 旧上海的治安机关（下）

一、日伪统治时期的治安机关

1937年11月12日,日军占领上海华界,上海市警察局亦在被占领之列。1937年12月5日,伪上海市大道政府成立,警察局成为直属伪市政府的8个局之一,而且地位很重要,仅次于社会局。1938年4月,伪督办上海市政公署取代伪上海市大道政府,警察局仍是市政府的8个直属局之一,其地位还是第二,仅次于财政局。[①]1938年10月,伪督办上海市政公署再次改名为伪上海特别市政府,警察局的地位和排行都无变动。但是,在两个租界收回以后,上海的警察局改设为3个局,即在原公共租界地区设立第1局,在原法租界地区设立第3局,原华界地区改称为第2局。1937年11月以后,又将第1、3两局合并,改称第1警察局。1944年8月,第1、2两个警察局再度合并,改组为一个警察局,直至抗日战争胜利。

《督办上海市政公署暂行组织条例》[②]对警察的组织、编制和职责等都有过规定。警察局设局长1人,下设1处、4科,即督察处和总务、行政、司法和卫生等4科。督察处设督察长1人,督察员2至4人,稽查10人,巡查10人。4科均设科长4人,科员12至16人,办事员若干人。局长的职责是:秉承督办命令综理全局事务,并指挥监督所属各机关及各职员。督察处的职责为:关于内勤及外勤、长警考绩及奖惩、警察教育及训练、长警升调及革补、警察招募编制及区域划分、检查取缔及监护等事项。总务科的职责是:关于收发保管文件及典守印信、统计、会计、交际、外侨的招待、其他不属于各科的事项。行政科的职责为:关于保安、户籍、建筑、交通、消防等事项。司法科的职责是:关于违警案件的处理、刑事案件的查缉和押送、通缉人犯

---

① 参见上海市档案馆编:《日伪上海市政府》,档案出版社1986年版,第23—24页。
② 参见上海市档案馆编:《日伪上海市政府》,档案出版社1986年版,第23—30页。

的收管及拘留等事项。卫生科的职责为：关于公共卫生、传染病的预防和排除、医药师助产士产婆的审定登记及取缔、菜场屠宰场的设置和取缔、公共娱乐场所的设置和取缔、药品及饮料食物的检验等事项。警察局还下设直辖队、消防队、侦缉队和拘留所，分别隶属于督察处、行政科、司法科；在各区还共设立了 10 个警察分局和 13 个区公所。至 1938 年 6 月，上海的警察人数多达 1 万人。

当时的警察局虽是伪上海地方政府的一个下属机构，但实际上都是日军的傀儡，为日军所操纵。《上海市大道政府组织系统表》①明示，警察局亦为日军特务部西村班所控制。这是当时的社会状况所决定的。此时上海是沦陷区，完全在日本侵略军的控制之下。事实也证明，那时的警察局确是一个效忠于日本侵略者、镇压抗日运动、卖国反人民的治安机构。1938 年 7 月，市警察局拟具的《人民连坐保结变通办法》②、同年 8 月制定的《八一三特别戒备计划办法》③、1939 年 2 月颁布的《旧历年节防范办法》④等，都是警察局为打击抗日爱国运动、效忠日本侵略者而制定的。

伪市警察局积极参与镇压各种人民抗日的活动，"清乡"即是其中之一。上海的"清乡"从 1942 年 9 月 1 日开始，计划两个月完成，目的在于清除抗日力量、巩固日本的殖民统治。"清乡"以武力为主，上海的警察是"清乡"的主要力量之一。当时的师团长是"清乡"的"战备警备指挥"，警察队"亦同受指挥"，其作用是"使用于维持地面，用于分驻及扫荡剿除"。警察队完全受日军的支配，"警察队的扶植，由当地日军负责，大约每个大队中配备(日本)军官 1 名，下级士官及兵士 4 至 5 名"。⑤

伪上海的警察局也与黑社会联手一起破坏抗日事业，为维持日本的殖民统治效力。当时任警察局长的卢英，本人就是黑社会成员，流氓出身。⑥上述的 3 个打击抗日爱国运动、效忠日本侵略者的规定——《人民连坐保结变通办法》、《八一三特别戒备计划办法》和《旧历年节防范办法》都由卢英亲自策划和签发的。这些黑社会成员为虎作伥，除了帮助维持殖民秩序外，还利用警察身份干尽坏事。他们遵从日军的旨意，强迫川沙、南汇两县的农民种植鸦片，规定除了种植水稻和棉花之外，必须有 10% 的土地种植，而且鸦

---

①　上海市档案馆编：《日伪上海市政府》，档案出版社 1986 年版，第 5 页。

②　上海市档案馆编：《日伪上海市政府》，档案出版社 1986 年版，第 161—162 页。

③　上海市档案馆编：《日伪上海市政府》，档案出版社 1986 年版，第 163—165 页。

④　上海市档案馆编：《日伪上海市政府》，档案出版社 1986 年版，第 189—190 页。

⑤　余子道等编：《汪精卫国民政府"清乡"运动》，上海人民出版社 1985 年版，第 510—514 页。

⑥　参见苏智良等：《近代上海黑社会研究》，浙江人民出版社 1991 年版，第 144 页。

片浆只能由日伪的禁烟局验质收购,不从者要受到处罚。同时,赌博之风也越演越烈。南市的大赌窟在西园(今为西园书场,中华路1449号),经理则是伪上海警察局的密探副大队长李小宝。他在赌场内设置了牌九、转盘、麻将、铜宝台、花旗摊等多种赌博设施,工作人员达200余人,其规模可同时容纳赌客1000多人,在当时也属于屈指可数者。这些都直接毒化了上海的社会风气。

二、抗日战争结束后国民政府的治安机关

抗日战争胜利以后,国民政府接收了上海,上海的治安机关也相应发生变化。

那时,治安机关沿用全面抗战前华界的"上海市警察局"名称。但内部结构有所变化,不再采用原来1处3科3队的形式,开始时,使用了5处3室的组织系统,即在警察局长下分设总务、消防、刑事警察、行政警察和督察5个处,另有统计、会计和人口3个直属室。每个处都有各自的职责。总务处分管后勤方面的事务;消防处分管防消火灾方面的事务;刑事警察处分管政治犯和刑事犯方面的事务;行政警察处分管劳资纠纷和交通管理方面的事务;督察处分管应急和监督警察方面的事务。每个处又分别设有课(科),分管处下的具体事务。另外,总局下还设有分局,一个区一个分局,共计32个分局。到了1947年,警察局的机构比以前更为强化,变5处3室为6处4室,即总务、消防、刑事警察、行政警察、督察和特刑等6处和人事、会计、统计和外事等4室。另外,还有了飞行堡垒总队、经济警察组、特警大队、装甲车队等一些特别警种和队伍。

这一时期,上海市警察局的任务有过变化。1947年以前,主要任务分为4个方面,即行政、刑事、消防和人事。在每个方面中,又有若干具体任务。行政方面的具体任务是:巩固地方治安;禁绝烟赌,整理娼妓;整饬市容,管理交通;增强警力,充实警备;清查户口等。刑事方面的具体任务是:处理汉奸;缉捕盗匪。消防方面的具体任务是:检查公共娱乐场所消防设备;救护等。人事方面的具体任务是:留汰旧人员,接收新人员等。

经过一段整饬,警察人员有所减少。恢复上海市警察局后,总计有职业警察15159人,比以前两个租界巡捕总数还多1倍半,以后减少到9615人,其中官警2126人,警员7489人。在这些警察中,还有64名外籍警察。人员减少的主要原因是淘汰了一些在日伪时期的任职者。

　　1947 年以后,警察的任务作了局部性的调整,改变为:巩固治安、肃清烟毒、管理交通、整饬娼妓、改良警察勤务制度等。但是,在 1945 年到 1949 年这一时期中,上海市警察局的最根本的任务在于镇压人民革命运动、打击进步人士和共产党人。这可从一个数字来证实。1947 年逮捕犯中有所谓“内乱罪”的革命人士案件为 22 件,而且还把它列在外患、渎职、妨害公务等罪的前面,突出其被重点打击的地位。根据国民政府颁布的刑法的规定:“内乱罪”是指一种“意图破坏国体、窃据国土,或以非法之方法变更国宪、颠覆政府”的行为。显然,这是一种维护国民政府反动统治、镇压人民革命运动的规定。而且,对判处这类“罪犯”的用刑极重。如规定:凡是着手实施的,“处七年以上有期徒刑。首谋者,处无期徒刑”;使用暴力的,“处无期徒刑或 7 年以上有期徒刑。首谋者,处死刑或无期徒刑”;即使是预备或只是有图谋的,也要被判处“6 月以上 5 年以下有期徒刑”。①上海市警察局正是实施这种反动法律的马前卒。1945 年 11 月至 1946 年 5 月,上海市警察局共查封、停刊了 5 种偏重于政治或政论性的综合性期刊,妄图消灭正义的舆论和声音。相反,在这一时期内,每月都有 10 余种低级趣味的出版物上市,警察局对其却十分宽容。②

　　对于革命运动,上海市警察局穷凶极恶地镇压和打击。1946 年 7 月,中共上海局职委提出“挽救工商危机,反对美货倾销”的口号,组织广大职工开展爱用国货、抵制美货的群众运动。1947 年 2 月 5 日,上海百货工会召集职工成立了爱用国货抵制美货筹备委员会(简称“爱抵会”),宣布抵制美国奢侈品及本国已能生产的同类美国商品。2 月 9 日,当爱抵会在劝工银行大楼召开成立大会时,一批警察特务冲进会场,并且挥动凶器,逢人就打,见物就砸。顿时,几十名与会者被打伤,而永安公司的职工梁仁达因怒斥他们这种罪恶行径竟被当场活活打死。同日,还有 13 人被黄浦警察分局的警察抓走,并宣布在劝工大楼受伤的职工全为“政治犯”。酿成了震惊全国的“二九惨案”。此后,上海的学生运动风起云涌,他们为争取人身安全、言论自由和生活保障而斗争,这种正义行为也遭到上海市警察局一次又一次的残酷镇压。1947 年 5 月 23 日,上海交通大学第一宣传队的学生们在外滩向市民作宣传时,被警察全部抓走。这天,共有 97 名学生被捕。次日凌晨,警察和特务又冲进上海法学院,逮捕了 11 名学生。几天后,又拘捕了 60 多名大中学校的学生。上海市警察局对镇压上海人民的革命运动真可谓是不遗余力。

---

①　《中华民国刑法》第 100、101 条,《最新六法全书》,上海春明书店 1946 年版,第 210—211 页。

②　参见刘惠吾编著:《上海近代史》(下册),华东师范大学出版社 1987 年版,第 451 页。

上海市警察局还密谋组织残害共产党人,罪恶累累。王孝和、李白、秦鸿钧、穆汉祥等烈士都在那时被害。警察局长毛森在逃离上海前夕,还下令保安处长黄炳炎在局拘留所内枪杀了9名"政治犯",其中就有共产党人沈鼎法等人。①

在审讯共产党人时,他们大肆使用酷刑,对王孝和就是典型一例。在审讯中,王孝和的回答使审讯官恼羞成怒,黔驴技穷。于是,先是拷打,再用老虎凳。在法庭上,王孝和解开自己的衬衣,露出累累伤疤,进行控诉。他说:"你们为了陷害我,制造假案,提供伪证,刑讯逼供,还不让我的辩护人出庭,可算是无所不用了。在你们那里,无辜者成了罪人,法律象征着邪恶,一切都以颠倒的形式存在。"王孝和的这一血泪控诉,把当时的法庭变成控诉警察罪恶和法律不公正的场所。②

普通市民也同样遭受警察的残酷欺压。1946年上半年,上海的失业人数达30万之多。在物价飞涨的情况下,人们不得不自找生路,有人则靠摆地摊谋生。到1946年下半年,以摆地摊为生者人数达到了40万,摊贩逐渐成为上海的"一个不可或缺的重要行业"。可是,上海市警察局却以"有碍市容"和"整顿交通"为由,向他们"开刀"。自1947年11月20日以后的几天内,警察就拘捕摊贩几千人。时值寒潮袭来,被拘者饥寒交迫,但警察局还不准家属探望、送衣,以致"许多人被折磨得奄奄待毙"。这不能不使广大摊贩及其家属愤慨,并爆发了"摊贩抗命事件"。12月1日,5000名摊贩包围了黄浦、老闸警察分局,用石块、竹竿与警察对垒。上海市警察局再次进行镇压,开枪打伤多人,逮捕90多人。③还有,1948年1月的舞潮案④也是警察使用血腥镇压手段的突出案件。

在此时期,警察与宪兵的矛盾甚深,金都血案⑤则是这种矛盾的一个爆发点。1947年7月27日晚9时多,坐落在福煦路(今延安中路)的金都电影院(今瑞金剧场)正上映由陈燕燕和冯喆两人主演的《龙凤花烛》。此刻,门口发生了争执,原因是有3个人只持有两张票,但硬要入场,被稽查员拦住。

---

① 参见袁志平:《毛森逃跑之时,匆匆枪杀九人》,《劳动报》1993年7月12日。

② 详见王立民:《王孝和案》,《上海档案》1988年第6期。

③ 详见王志平:《摊贩抗命》,载信之、潇明主编:《旧上海社会百态》,上海人民出版社1991年版,第54—58页。

① 详见金涤:《上海舞潮案》,中国人民政治协商会议上海市委员会文史资料工作委员会编:《上海文史资料选辑》(第1辑),上海人民出版社1981年版,第152—160页。

⑤ 详见周晴:《金都血案》,载信之、潇明主编:《旧上海社会百态》,上海人民出版社1991年版,第59—64页。

此 3 人要求补票,但稽查员不允。随着争执的持续,围观者越来越多,致使交通堵塞。于是,有人找来了在附近值勤的第 6588 号警察卢云亨。正巧,警备司令部宪兵队的 10 个左右宪兵由排长李豫泰带领巡逻至此。他们见到有警察,便不问青红皂白,上前对卢云亨说:"这里有我们在,你不用管了。"岂料卢云亨不买这批宪兵的账,还说:"民众纠纷,警察应当过问,责无旁贷。"平时与警察有隙的宪兵此时便淫威大发,把卢云亨拖进电影院毒打一顿。路经电影院的下岗警察邱树森看到此景,立刻电告新成警察分局。分局两次派人才救出了奄奄一息的卢云亨。宪兵的行为使分局的警察气愤填膺,并立即出发,到电影院去报复。那些宪兵受到电影院款待后,刚出门就看到一群警察,知道大事不妙,赶快再逃进院内,电告康定路宪兵队。20 分钟以后,两车宪兵赶到现场,并很快占领了有利地势,不久枪声大作,宪兵与警察互相开火。结果,警察死 7 人,伤 7 人,另有 4 名无辜行人被击中,酿成血案。事后,虽惩罚了肇事者,但警察与宪兵的矛盾更深了。

三、与治安有关的机关

还有些与治安有关的机关,在不同程度上也担负一些治安任务,协助警察、巡捕维持地方治安。华界、租界、日伪统治时期及抗战结束后的上海都建立过这种机关。

华界的"保卫团",为一种与治安有关的组织,其前身是一种民众的自卫团体,历史较悠久。20 世纪 20 年代,这一组织已发展为执行巡逻等一系列任务。1925 年 10 月 20 日的《申报》报道:上海的戒严司令部命令保卫团团员要"维持地方安全之责,勿得疏忽为要","如再发现不法之徒聚众集会,不服解散,当将捉送本部,以便按法惩办"。1925 年 11 月 11 日的《申报》报道了两则关于保卫团成员巡逻值勤的情况。一则是:南市的保卫团成员"一律戎装,荷枪实弹,协同淞沪警察,分投梭巡,以安闾阎"。另一则是:在闸北的新闸桥、舢板厂桥,"均有保卫团团丁四五名,排长 1 名,立在桥上防守;桥堍有警察三四名站望"。在巡逻值勤的过程中,他们确实抓住过一些现行犯。1926 年 7 月 24 日上午 10 时余,在永盛里值勤的张在久"突见四盗行劫一坐包车之人",他便上前捉获,这些行劫人"见势不佳,将赃洋 500 元弃于路上",但张在久仍"奋力上前获住盗匪 1 名"。[①]除了巡逻值勤外,保卫团还举

---

① 《申报》1926 年 7 月 27 日。

行检阅活动。1926 年 5 月 23 日,"在西门公共体育场,检阅南北市及董家渡全体保卫团会操。本邑各官厅均将参与校阅。检阅之后,对于服装帽章等,为统一编制起见,将有整齐之改编"。①保卫团组织不仅设立在市区,还扩大到郊区。1925 年 3 月 4 日的《申报》报道:法华乡也成立了保卫团,"为了划一防务起见",决定把保卫团成员划分为 3 队,即"共和队、忠勇队、公平队"。以后,保卫团进一步扩大到整个淞沪地区,还在 1925 年 8 月成立了"淞沪保卫团联合会",颁布了《淞沪保卫团联合会简章》。②此简章规定:淞沪保卫团联合会由淞沪区域内各保卫团所组织,定名为"淞沪保卫团联合会";其宗旨是"联络淞沪区域内各保卫团企图划一操防,共维安宁";会址"暂设闸北大统路慈善团内"。

1930 年,上海保卫团的活动进一步规范化,并颁行了一些有关规定。1930 年 6 月发布的《上海特别市保卫团团员服务规则》即为其中之一。规则严格规范了保卫团团员的行为,内容包括职责、行动要领等许多方面。它规定:保卫团团员的职责是:"明了党义,遵守党纲,以保卫地方安宁为其唯一天职,不得有逾越轨范之行为";非经长官的命令"不得以捕拿匪盗为由擅入居宅逮捕人民或搜索物件";所有团员遇有任务"应立时到场,不得迟误",在操课时间也"不得无故旷课或迟到";非在服务时间,不可携带"枪械子弹",不得"无故鸣枪",也不可"穿着制服"等。

保卫团参加了上海 1932 年的"一·二八"和 1937 年的"八一三"两次抗日保卫战,并起到积极作用:"过去'一·二八'、'八一三'两次抗日之役,保卫团曾经参加作战,颇著劳绩。"③

抗日战争结束后,上海恢复了保卫团,并使其进一步完备化。1945 年 11 月,上海成立了"保卫委员会",下设"保卫总团部"作为它的一个指挥机构。保卫总团部有两个下属机构:常备大队和区团。常备大队的团员是招募而来,有固定收入,担任经常性的警备任务。区团的团员是志愿义务的参加者,没有固定收入。当时上海的沪东、沪南、沪西、沪北、沪中、浦南、浦北、吴淞等 8 区,各设 1 个区团。每个区团中设有 3 个大队,每个大队中又设有 3 个中队。到 1946 年 3 月,上海共有保卫团成员 14958 人,其中常备团员 1309 人,义务团员 13649 人。他们"所需武器,是由军政部在接收日军军品内拨

①　《申报》1926 年 5 月 23 日。
②　见《申报》1928 年 8 月 20 日。
③　《上海市政府公报》1946 年第 3 卷第 1 期。

用,服装则由地方筹募"。①当时,上海把恢复保卫团作为一种巩固治安的手段,即"市政府一方面增强警察力量,一方面恢复保卫团的组织"。②

租界也建立过与治安有关的组织。以法租界的"民警团"为例。法租界的民警团建立于1942年,它与保甲制度相配套,目的是迫使界内居民协助维持地方的治安秩序。界内20岁至45岁的华人,都要参加民警团。保甲区的区长和副区长分别兼任本区内民警团的正、副团长。根据1942年5月20日颁布的《法租界民警团章程》的规定,民警团团员的职责共有6项,其内容是:一经队长之召集,应从速归队;遇事变生,应立施警报;协助警察从事侦查,并逮捕罪犯;督促居民遵守法律章程及警务当局之命令;供给警务处关于地方安全秩序之一切情报;在巡逻时,应注意形迹可疑之人等。他们在巡逻值勤时,可携带警棍、警笛各一。

在日伪统治时期,也曾建立过与治安有关的机关,取名为"自警团"。1943年5月27日公布的《上海特别市各区自警团组织暂行办法》和《上海特别市各区自警团团员服务暂行规则》,③对自警团的一些主要问题都作了规定。建立自警团的目的是"为增强市民自卫力量、确保地方治安"。凡年在18岁以上至45岁以下的男性,都要到自警团服役,除公务人员、邮电员工、学校的教职员、学生、医师、药剂师、律师及残废或有特殊情形者以外,但须"经各该机关证明或经查明属实,得予免役"。自警团也与保甲制度相配套,"各区自警团受保甲委员会指挥"。各区设团长1人,副团长2人,由"该管区办事处主任或区公署长及警察分局长分别兼任"。各区自警团下设大队、中队、分队、班,并分别由坊镇长、联保长、乡长、保甲长兼任。他们都是"义务职,不支薪给"。自警团团员"有协助军警维持地方治安之责任",在执行任务时,应受当地军警长官的指挥。他们遇有下列情况之一的,应报告军警机关并尽力协助之:居民触犯警章而不服制止者;发生火警时,有扰乱公共秩序之行为者;探获不良分子有妨害地方之预谋者;发生盗窃及暗杀案件者;携带来历不明枪械者等。另外,遇到火灾,自警团员应协助救火会员竭力扑救,发现有烧伤者要护送至医院治疗。自警团员的服务时间为每3小时一班,市区日夜轮流值勤,乡镇地区从上午6时起到晚上12时止。班长每3小时查勤一次。值勤之时,不得"擅自委人接充,更不准以老、弱、残、幼或女性代替"。

旧上海有过一些特务组织。它们通过各种秘密活动,包括暗杀、绑架、

---

①② 《上海市政府公报》1946年第3卷第1期。

③ 上海市档案馆编:《日伪上海市政府》,档案出版社1986年版,第273—276页。

勒索、栽赃、陷害等非法活动,来完成上海当局、特务机关下达的任务,其目标首先是对准革命和抗日人士。在这些特务组织中,日伪统治时期的"七十六号"较为典型。

"七十六号"是日伪特工总部的代名词,因设在极司非尔路 76 号(今万航渡路 435 号)而得名。此处原为国民政府军事参议院院长陈调元的住宅,上海沦陷后被日军占用,后为"特工组织"(后改为"特工总部")所用。"七十六号"的前身是设在上海大西路 67 号(今延安西路 666 号)的特工组织,后因特务人数增多,于 1939 年春迁至忆定盘路(今江苏路)65 弄 10 号的一幢洋房内。由于行动不便,日本特务晴气庆胤又选定了"七十六号"的地址。当时,在"七十六号"前沿马路华村 20 多幢 3 层楼房以及对面 75 号(今万航渡路 444 号)5 层大楼的居民,全部被逼迁走,改做"七十六号"的办公处和宿舍。①"七十六号"的主任是丁默邨,副主任是李士群和唐惠民。下设政治保卫局,李士群兼任局长。以后,"七十六号"实权逐渐移入李士群之手,最后他自成体系,成为警政部长。吴四宝(后改名吴世宝)是政治保卫局的警卫队长。

"七十六号"的主要成员是一群乌合之众。丁默邨早年背叛革命,加入"中统",后又投靠日本侵略者。李士群也是一个叛徒,与黑社会和日本侵略者都有交往。吴四宝是正宗的黑社会成员,是青帮大流氓季云卿的徒弟。②他们臭味相投、狼狈为奸,镇压抗日爱国运动。他们首先把黑手伸向共产党人。1938 年,茅丽瑛以提倡正当娱乐活动为掩护,组织了"职业妇女俱乐部",团结广大妇女群众,从事抗日爱国活动。这使日本侵略者坐立不安,欲除之而后快。1939 年 12 月 12 日晚 9 时,当她走出俱乐部,行至南京路四川路口时,突遭"七十六号"特务枪击,后在仁济医院去世。其次,他们还向抗日人士下毒手。抗日人士被捕以后,"先由吴四宝手下的亡命之徒严刑逼供,惯用的有灌水、皮鞭抽打、上老虎凳等酷刑"。③凡不愿与日本侵略者合作的,也难逃厄运。"除新闻人士外,教职员、司法人员和银行职员,由于不肯同敌伪合作,也被("七十六号")歹徒们当作活靶子而在街头巷尾受到阻击。"④由于"七十六号"特务横行霸道,无恶不作,以致人们听到"七十六号"无不痛恨。

---

① 参见王惠农:《李士群与七十六号》,载中国人民政治协商会议上海市委员会文史资料工作委员会编:《上海文史资料选辑》(第 5 辑),上海人民出版社 1980 年版,第 136—152 页。

② 详见陶菊隐:《孤岛见闻》,上海人民出版社 1979 年版,第 70—71 页。

③ 《李士群与七十六号》,载中国人民政治协商会议上海市委员会文史资料工作委员会编:《上海文史资料选辑》(第 5 辑),上海人民出版社 1980 年版,第 139—140 页。

④ 陶菊隐:《孤岛见闻》,上海人民出版社 1979 年版,第 73 页。

　　"七十六号"特务还与国民政府派遣在上海的军统特务多次发生冲突。令人心怵的是集体屠杀银行职员事件。1941年1月汪伪南京政府成立伪中央储备银行,上海设立了分行,不久便发行伪币,但进展很不顺利。上海的中国、农民银行拒绝兑换这种伪币,只有汇源银行接受兑换业务,可不久此银行的经理就被军统特务击毙,而且伪中央储备银行的上海分行也被军统特务施放定时炸弹,炸死炸伤一些人。作为报复,1942年3月22日,"七十六号"特务冲进中国银行宿舍,一下子抓获128人,枪杀了其中3人。同日,还冲击了农民银行的集体宿舍,抓走12人,然后集体加以枪杀。①还有,郑苹如刺杀丁默邨案,②也是"七十六号"与军统特务间的一次冲突。

　　当然,国民政府也在上海华界安插了大量特务,从事反共反人民的罪恶活动。他们同样杀人如麻,罪行满贯。史良同志的一句话真实客观地反映了这种情况。她说:"凡在中国地界被捕的,国民党特务往往不经司法程序,秘密处理。如果转到特务手里,就既不能出庭辩护,又无法前往会见,甚至押在哪里都可能不知道。"③无数革命志士就这样遇害牺牲了。

---

　　①　参见《李士群与七十六号》,载中国人民政治协商会议上海市文史资料工作委员会编:《上海文史资料选辑》(第5辑),上海人民出版社1980年版,第145—146页。
　　②　详见徐有成等:《郑苹如刺杀丁默邨案》,载信之、潇明主编:《旧上海社会百态》,上海人民出版社1991年版,第225—243页。
　　③　《史良自述》,中国文史出版社1987年版,第13页。

第十五章　旧上海的审判机关（上）

　　在 20 世纪初清末进行法制改革以前，地方政府体制一直是行政与司法合一，即行政机关与司法机关合体，行政长官与司法长官混同。因此地方行政长官便是地方司法长官，要行使审判权。如明代对各县的知县，"凡养老、祀神、贡士、读法，表善良、恤穷乏、稽保甲、严缉捕、听狱讼，皆躬亲厥职而勤慎焉。"①清代的"知县掌一县治理，决讼断辟，劝农赈贫，讨猾除奸，兴养立教。凡贡士、读法、养老、祀神，靡所不综"。②上海自元代建县以来也是如此。

　　据有关史志记载，③上海知县也确实履行了审判权，有的还秉公审判，清正廉洁。明天启二年（1622 年），任上海知县的鲍奇模"尽心民事"，"积蠹、聚赌、私斗，法在必行"。清康熙四十五年（1706 年），任上海知县的许士贞"廉洁清正，狱无沈冤"。乾隆十七年（1752 年），任上海知县的李希舜"清介自守，断狱必以诚"。有的知县因依法审判，有力打击了犯罪，而致社会秩序大变。颜洪范就是这样。他是明万历十一年（1583 年）进士，初任上海知县，时"狱讼纷沓"，经过他依法司法，"耳受、目摄、口讯、手判，裕如也"，全县很快"徭役均平，豪奸敛迹"，受到百姓的称颂。还有一些知县以分别不同情况来处理案件，很具有特色。如朱星耀在明万历二十七年（1599 年）任知县。他"剔蠹除奸吏，民知戢仍噢咻之。小讼听其和解"，因而也得到好评。

　　但是也有一些知县未谨守职责，草率审断，甚至私设公堂而引起民愤。明万历三十年（1602 年），任上海知县的刘一炉，"断狱片言立决"④，如此草率的审判，只会使百姓遭殃。清康熙二十年（1681 年），任知县的史彩，"竟在私宅内审问，尽情夹打，逼招成案"。后私设公堂事败露，"百姓不服，罢市三日"，他才不得不"立放出禁"。⑤这样非法审判，又用刑讯逼供，很易制造冤、假、错案，还会引起民愤，酿成恶性事件。

---

① 《明史·职官志四》。

② 《清史稿·职官三》。

③④ 清同治《上海县志·名宦》。

⑤ 姚廷遴：《历年记下》，载《清代日记汇抄》，上海人民出版社 1982 年版，第 124 页。

一、华界的审判机关

清末实行新政,法制改革以后,我国的地方政权逐渐在形式上实行行政与司法分开的体制,地方审判也开始独立,并形成了一套机构和制度。但是,这些审判机构和制度只适用当时的华界,两个租界内各有自己的一套,不受华界的制约。

1909 年,清政府的宪政编查馆制定了《法院编制法》。它模仿日本的裁判所构成法,对审判机构、审级、审判方式、审判程序都作了明确规定,是审判脱离行政,实行独立审判的法律依据。但是,当时的上海没有完全实施这一法律,只是在一些地方自治机构中设立了裁判所。如在上海城厢内外的总工程局中附设了裁判所,审理一些违警案件和一般的民、刑案件。一些较为重大的案件,如命案、盗案等仍由上海县署审判。

辛亥革命以后,1911 年 11 月 9 日上海始设立上海司法署。这是在形式上独立的审判机关。嗣后,又在南市、浦东、东沟、曹家渡、三林塘、闵行、闸北等处设立了裁判分所,受理各种民、刑案件。这样,上海形成了两级审判的体制。1912 年 1 月 9 日,上海司法署又改名为"上海地方审判厅",地址在上海县署内。地方审判厅下属机构也进行改建。先是设置第一初级审判厅,制约各裁判分所。1912 年 10 月 1 日,原南市、闸北、闵行的 3 个裁判分所分别改组为第二、三、五初级审判厅,原浦东、东沟两个裁判分所合并改为第四初级审判厅,原三林塘、曹家渡两个裁判分所合并改为第七、八初级审判分厅,还在引翔港增设了第六初级审判分厅。同时,在地方审判厅和审判分厅内都配置了检察厅和检察分厅。1913 年 2 月,在上海的各初级审判厅内也都配置了初级检察厅。它们都是一种审检合署的体制。以后,上海又开始归并初级审判厅。1913 年 11 月,第三、四初级审判厅分别归并到第一、二初级审判厅。1914 年 5 月,第一、二初级审判厅归并入上海地方审判厅。1917 年 7 月,上海地方审判厅迁至南车站路。

上海地方审判厅每年受理的各种案件有数千件。1926 年 1 月 7 日的《申报》曾报道 1925 年受理案件数及有关情况:"上海地方审判厅 14 年度(即 1925 年)收结案件总数(甲)民事诉讼案件旧受 224 案,新收 3213 案,已结 3229 案,未结 208 案。(乙)刑事诉讼案件,旧受 33 案,新收 2313 案,已结 2331 案,未结 15 案。(丙)民事执行案件,旧受 285 案,新收 1309 案,已结 1390 案,未结 204 案。"

那时,地方审判厅法官的丑闻很多,有偏听士绅之言的,也有弃职逃跑的。据 1926 年 5 月 23 日《申报》报道:近来,"各县士绅,每以人民词讼",便向法官说情。报道认为"即无其他情弊,而一面之词,亦足以蔽兼听之聪"。在此以前,1923 年 1 月 8 日《申报》还报道地方审判厅的法官弃职逃跑的消息,并为此而作评论说:近闻有地方审判厅的法官"弃职潜逃",并认为法官是"执法绳人,正宜奉公守法,正己正人",因此,其弃职行为也是一种不守法行为。"官有守,弃职即弃其守,法官而弃其守,有玷官箴特甚,以其司法不守法也。"可见,当时法官的素质非常糟。

1927 年南京国民政府在中央设立了司法部,并在 10 月 29 日通令全国把审判厅改称法院。于是,上海在 11 月 1 日将上海地方审判厅改为江苏上海地方法院,直接隶属于江苏省高等法院。同时,在上海地方法院内也配设了检察官,独立行使检察权。

上海地方法院设院长 1 人,综理全院的司法事务;院长下设有 2 庭 1 室。2 庭,即民事审判庭和刑事审判庭;1 室,即书记室。民事审判庭中又有民事审判庭和民事简易庭。刑事审判庭中也有刑事审判庭和刑事简易庭。2 庭共设庭长 3 人,总管民、刑事案件。另有 15 个推事(即法官)和 10 个候补推事。书记室下设文牍科、民事记录科、刑事记录科、民事执行记录科、统计科、会计科和不动产登记处。此室设书记 1 人,总管全部书记室事务。另设书记 27 人,候补书记 7 人,学习书记官 4 人,翻译官 1 人,录官(缮写文件等)33 人,执达员 14 人。在上海地方法院中另设有检察官,承办刑事侦查和执行事务。其对外行文都要由首席检察官签署。这部分的组成人员有:首席检察官 1 人,全面负责检察事务;还有,检察官 6 人,候补检察官 7 人,主任书记 7 人,候补书记 4 人,学习书记 1 人,检验吏 1 人,警长 1 人,法警 26 人。

上海地方法院受理的案件数要比上海地方审判厅受理的多。据 1933 年的统计,那年共受理各种民事案件 4400 件,各种刑事案件 9021 件。在民事案件中,有关钱钞的最多,有 2598 件,占总数的 59% 有余;其次,是有关土地的,有 548 件,占总数的 12%;再次,是有关房产的,有 494 件,占总数的 11% 多;还有一些其他案件。在刑事案件中,涉及鸦片的罪案最多,有 3173 件,占总数的 35%;其次,是犯盗窃罪的,有 1479 件,占总数的 16% 有余;再次,是犯赌博罪的案件,有 1190 件,占总数的 13%;还有一些其他案件。

1937 年 11 月 11 日,日军攻占南市,上海地方法院便停止办公。

二、公共租界的审判机关

公共租界的前身是英租界和美租界。它们设立的审判机关与领事裁判权(即是一种"治外法权")联系在一起。1843 年 10 月,英国侵略者迫使清政府签订《南京条约》的附件《五口通商章程》,使在华的英国人取得了领事裁判权。此章程的第 13 条规定:"凡英人控诉华人时,应先赴领事处陈诉。领事于调查所诉事实后,当尽力调解使不成讼。如华人控诉英人时,领事均应一体设法解劝,若不幸其争端为领事不能劝解者,领事应移请华官共同审讯明白,秉公定断,免滋诉端。至英人如何科罪,由英国议定章程法律发给领事照办。华民如何科罪,应以中国法论之。"也就是说,在华的英国人行凶作恶以后,他们可不受中国法律的惩罚,因为中国的法律和司法机关对他们没有管辖权。1844 年 7 月,美国侵略者迫使清政府签订的《望厦条约》,不仅使在华的美国人取得了领事裁判权,而且也使领事裁判权的范围扩大了。在第 21 条中规定:"中国民人与合众国民人有争斗、词讼、交涉事件,中国民人由中国地方官提拿审讯,照中国例治罪,合众国(即美国)民人由领事等官捉拿审讯,照本国例治罪"。另外,第 25 条还规定:"合众国民人在中国各港口自因财产涉讼,由本国领事等官说明办理;若合众国民人在中国与别国贸易之人因事争论者,应听两造查照各本国所立条件办理;中国官员均不得过问。"在《五口通商章程》中,中国法律仅对在华英国人无管辖权;而在《望厦条约》中,除在华美国人以外,中国法律对与美国人有纠纷的其他外国人也无管辖权。中国的司法权进一步丧失。

以后,法国、瑞典、荷兰、日本、秘鲁、巴西、瑞士、挪威、意大利、比利时、葡萄牙、西班牙和丹麦等国也都取得了领事裁判权。①但是,外国列强还对已经取得的领事裁判权感到不满足,蓄意扩大其权限。1876 年的中英《烟台条约》和 1880 年的中美《续约附款》还确立了所谓"观审"制度,即中国各地审理有关外籍人的案件时,即使他们是原告,其所属国的领事官员也可前往"观审",而"承审官应以观审之礼相待";如果"观审"人员认为审判不妥,还可提出证见或再传原证,也可"逐细辩论,并详报上宪"。也就是说,在华外国人可以干涉对华人的审判,真是得寸进尺。于是,中国便出现了"外人不

---

① 　详见孙晓楼等:《领事裁判权问题》,商务印书馆 1936 年版,第 168—171 页。

受中国之刑章,而华人反就外国之裁判"①的荒诞现象。

上海是"五口通商"城市之一,也是外国列强蚁集的地方。适用以上的章程、条约以后,领事裁判权便在上海出现了。开始,因那时租界人口很少,由英、美领事审理的案件不多。据统计,1855年10月仅审理24起案件,同年12月仅受理42起案件。②随着英租界中外国人的增加,与他们有关的案件也增多了,审判的任务加重了,于是1856年英租界中设立了领事法庭(Consular Court),并在英国驻沪领事馆的基地上建起了一座监狱,以拘禁英、美国的罪犯。这个领事法庭审理5类案件,即同国籍的外侨案件;不同国籍的外侨案件;华人为原告,享有领事裁判权国家的侨民为被告的案件;为中国服务的外侨因公事而引发的民、刑案件;受享有领事裁判权国家保护的其他外侨的案件等。以后,美国、比利时、丹麦、意大利、日本、荷兰、挪威、葡萄牙、西班牙、瑞典、瑞士、巴西等12个国家也在上海租界设立了自己的领事法庭。在这些法庭中,除意大利和日本两国的特设审判官外,其他的均由该国驻沪总领事充当审判官。③这就严重影响到审判公正性和严肃性,因为这些领事没有法律知识,更不懂审判业务。正如美国学者约翰斯顿所讲的:"那些能对他的公民适用本国法律的是领事,但这些领事没有受过专门的法律培训,尤其是在租界的早期,那些领事多是商人。虽然,以后公共租界建立了自己的法庭,但法律的实施还要依靠领事。"④可以想象,此时的领事法庭还有什么正义可谈,无非是外国侨民的法律庇护所罢了。

1882年,上海公共租界内又设立了一个领事公堂(Court of Foreign Consuls)。这是一个专门受理控告工部局案件的审判机关。1869年土地章程的第27条规定:"凡控告公局及其经理人等者,即在西国领事公堂投呈控告。系于西历每年年首,有约各国领事会同公议,推出几位,名曰领事公堂,以便专审此等控案。"设立这一公堂的原因在于:工部局成员由各国侨民共同组成,不可能仅受一国领事的管辖,所以就设立这个由各国领事混合构成的领事公堂。1882年7月10日,《上海领事公堂诉讼条例》⑤被批准实施。它规定:领事公堂任用书记官1人,"其职责系掌理一切文件,并在公堂指导之下发出及传达或令传达各种通知及文件,并办理来往公文;公堂将诉状副本交发被告,并通知于10日内具答辩书;审讯须公开进行;当事人有责任寻找证

---

① 《清史稿·刑法志》。

② 参见吴圳义:《上海租界问题》,台湾正中书局1981年版,第194页。

③ 参见《上海公共租界史稿》,上海人民出版社1980年版,第388页。

④ *The Shanghai Problem*, p.129.

⑤ 详见《上海公共租界史稿》,上海人民出版社1980年版,第248—249页。

人"，而"公堂须设法使证人到场"；判决后的 60 日内，如有不服，"公堂认为合宜时，得重审之"；开庭费为 10 元，传达费为 3 元；记录费、诉讼费的保证金、诉讼费和律师费，"由公堂酌定，令缴纳之"。等等。然而，领事公堂自设立之日起就有很大的弊端，较为突出的是它用哪种法律去进行审判。曾竭力粉饰公共租界的英国人费唐曾转弯抹角地说："租界内一般适用之法律，厥惟地皮章程及附件之规定。关于未为此种规定所逐一包括之事端，公堂得依一般原则，以公堂认为公平而适用特殊案件之裁判，解决之。"实际上，"公堂没有适用的法律"。①这一弊端在于"公堂"集立法与司法为一体，可以随意解释和适用法律。这样，还有什么公正可言呢。

英、美两国还在上海公共租界设立了一些其他审判机关。英国在上海设立的高等法院和上诉法院是受理上海和全中国英国侨民民、刑案件的法院。②1865 年，英国政府派洪卑（Hornby）作为审判官，在上海设立高等法院，以代替以前的领事法庭，因为当时亦兼管日本侨民的案件，故称为"英皇中日高等法院"（H.B.M.'s Supreme Court for China and Japan），地址选在英国领事署边上。以后，日本放弃了领事裁判权，它便改名为"英皇在华高等法院"（H.B.M.'s Supreme Court for China），俗称"英国按察使署"。此法院受理在华英国侨民的一切民刑案件，尤其是离婚和谋杀案件。英国政府还在上海设立上诉法院（Appeal Court），由 3 个审判官组成，受理民刑案件的上诉案件。凡民事案件中诉讼额在 25 英镑以上的和任何刑事案件的当事人不服一审判决的，均可向该法院提起上诉。其管辖范围也是上海和全中国。

美国于 1906 年在上海设立"美国在华法院"（The United States Court for China），1920 年又设置"上海美国司法委员法院"（United States Commissioner's Court at Shanghai），受理在上海及中国美国侨民的民、刑案件。其中，上海美国司法委员法院审理诉讼金额在 500 美元以下的民事案件和主刑在 100 美元以下罚金或监禁在 60 日以内或罚金和徒刑并科的刑事案件。美国在华法院则受理不属于上海美国司法委员法院受理的和它的上诉案件。这个法院内设法官、检察官、执达吏、书记官和委员各 1 人，其中，法官由美国总统任命，任期 10 年。③

上海公共租界的法院影响最大的是会审公廨（Mixed Court），亦称"会审

---

① 《上海公共租界史稿》，上海人民出版社 1980 年版，第 394 页。
② 详见《上海公共租界史稿》，上海人民出版社 1980 年版，第 388—389 页。
③ 《上海公共租界史稿》，上海人民出版社 1980 年版，第 389—390 页。

公堂"。说它影响最大的理由主要有两点：一是它对中国司法权的侵犯最严重。"与中国关系最密切，侵犯中国法权最严重者，莫如会审公廨之成立。"[1]二是它受理的案件特别多。上海发生的华洋混合案件占全国的十分之七八，"而上海华洋诉讼案件，其属于会审公廨管辖者，则又占十之八九；总括而言，上海会审公堂，实占领事裁判权之重要部位"。[2]

会审公廨是一种设在租界、受西方列强控制的、由中外审判人员组成的审判机关。前身是1864年5月1日上海公共租界在英国驻沪领事馆内设立的"洋泾浜北首理事衙门"。这个衙门是个由上海道台派出的一个属员与外国驻沪领事组成的、专门审理租界内华人罪犯和无领事代表的外侨案件的审判机关。这个属员赴英国驻沪领馆开庭，并与外国领事一起审案。外国陪审官最初由英国驻沪副领事、美国驻沪总领事或其翻译担任，1866年起又增加了一名德国陪审官。原定此衙门的审判权限是：诉讼金额在100元以下的民事案件；判为做苦工或监禁100天、枷禁30天、杖100或罚金100元的刑事案件。不过，以后的审判实际突破了这一权限。1868年底，这个理事衙门迁到南京路小菜场附近的一座房子里。

1869年4月20日，上海公共租界的《洋泾浜设官会审章程》[3]生效。此章程共10条，对会审公廨的人员组成、外国领事观审会审的案件、诉讼的管辖、提传办法和上诉程序等都作了规定。从规定的内容来看，以下这几个方面值得注意：第一，名为华人主持会审公廨，即"遴委同知一员，专驻洋泾浜，管理各国租地界内钱债斗殴窃盗词讼各等案件"，实是洋人控制审判权。因为"凡遇案件，牵涉洋人必应到案者，必须领事官会同委员审问，或派洋官会审"。而且，这些洋人以侵略者自居，蛮横无理，咄咄逼人，根本不把华人委员放在眼里，完全控制着审判权，正如一个洋人所说的，这是"由外国人控制下的会审公廨"。[4]第二，中国进一步丧失司法权，由过去的洋人只能审理洋人案件变为洋人也能审理华人和无领事裁判权的洋人的案件。它规定：凡为外国服务和被洋人聘用的华人，如涉诉讼的，"至讯案时，或由该领事官，或由其所派之员，准其来堂听讼"；还有，"无领事之洋人犯罪，即由委员酌拟罪名，详报上海道核定，并与一有约之领事公商酌之"。第三，虚设了上诉程序。它虽规定，如有不服判决的，"准赴上海道及领事处控告复审"，但他们本身是一审的判决者，不可能再起到上诉审的作用，一审判决实际上就是终

---

① 吴圳义：《上海租界问题》，台湾正中书局1981年版，第53页。
② 郝立义：《领事裁判权问题》，商务印书馆1948年版，第46页。
③ 详见《上海公共租界史稿》，上海人民出版社1980年版，第236—237页。
④ *The Shanghai Problem*, p.153.

审判决,上诉程序毫无意义。从以上的规定可以看到,这个章程扩大了领事裁判权的范围,外国列强攫取了更多的司法权,而中国则进一步丧失了司法权,殖民化的程度更严重了。开始时,这个会审公廨的地点设在原南京路的理事衙门处,1899 年 9 月 18 日迁至浙江北路。

《洋泾浜设官会审章程》还是没有使公共租界当局感到满足,于是,他们便仗势在司法实践中违章,肆意非法获取章外的司法权,主要体现在以下这三个方面:首先,公廨人员的组成权。按照此章程的规定,公廨的华人委员由上海道遴选,洋人无权干涉。可是,公共租界当局则横加干涉,主张华人委员的委任须经他们同意。1904 年,上海道改派孙建臣代理华人委员张炳枢,但英、美、德 3 国领事则具文干涉,声称:"嗣后更换谳员,必须先行知照,俟本总领事等照允,始可办理。"[1]其次,案件的管辖权。根据该章程的规定,公廨只可管辖枷杖以下的刑事案件,但事实上它却审判了枷杖以上,甚至判决了无期徒刑的案件。"闹天宫案,竟判处无期徒刑,而英领尚以处刑过轻,向上海道提出抗议。"[2]还有,依照章程的规定,陪审官只限于审理华洋混合的案件,可是他们却也审起了华人案件。"凡是巡捕房解讯的,不问其是否华人,竟全由各国领事轮流陪审。"[3]最后,依据此章程的规定,会审公廨案件判决后的执行权由华官负责。但是,公共租界的巡捕房却越俎代庖,以致"捕房押所所押囚犯,已远过其容量"[4]。从上可见,《洋泾浜设官会审章程》对洋人的约束力微乎其微,这也是外国入侵者在上海横行霸道的一个明证。

1905 年,英国、美国、德国、日本、荷兰、比利时、意大利等驻中国公使照会清政府,要求修改《洋泾浜设官会审章程》,主要的修改以下两个方面:一是要求除纯华人案件外,其他的案件都由洋人来审;二是住在公共租界的华人要由会审公廨提究传讯的,要经总领事的同意。[5]这样,洋人在租界内的司法权更大了。

1911 年辛亥革命爆发,同年 11 月 3 日上海光复。也就在此刻,公共租界会审公廨的中国正、副审判官弃职外逃,这无疑给洋人以可乘之机。"领事团乘机于 1911 年 11 月 10 日,接管公堂,中国厅员亦由领事团委派。自是

---

① 《上海公共租界史稿》,上海人民出版社 1980 年版,第 384 页。

② 《上海公共租界史稿》,上海人民出版社 1980 年版,第 382 页。

③ 《上海公共租界史稿》,上海人民出版社 1980 年版,第 383 页。

④ 《上海公共租界史稿》,上海人民出版社 1980 年版,第 386 页。

⑤ 参见《列强在中国的租界》编辑委员会编:《列强在中国的租界》,中国文史出版社 1992 年版,第 36 页。

始,不特涉外案件,即租界内的纯粹华人案件,亦出以会审,外国领事乃掺审判大权。"①他们占领了会审公廨以后,遂对其中的组织进行了变动。第一,设立了检察处,监督公廨内工作人员的工作。第二,设立了交保间和牌票间。交保间负责保释事务,牌票间负责收取诉状和出票等事务。第三,改派巡捕管理监狱。以前,监狱由上海道派员管理,此后则改由公共租界派遣巡捕管理。②总而言之,其基本点仍然是洋人加强对会审公廨的控制。

1925 年的"五卅惨案"以后,上海人民和全国人民要求收回领事裁判权、废止会审公廨制度的要求更为强烈,呼声也更高。在中国人民的强大压力之下,1926 年 8 月 31 日,美国总领事克铭汗与江苏省代表丁文江、许沅亦正式签署了《收回上海公共租界会审公廨暂行章程》。③第二天,此章程正式公布。全文共 9 条。规定:"上海公共租界原有之会审公廨改设临时法庭(后改称为"临时法院"),除照条约属于各国领事裁判权之案件外,凡租界内民刑案件,均由临时法庭审理";"凡现在适用于中国法庭之一切法律(诉讼法在内)及条例及以后制定公布之法律条例,均适用于临时法庭"。但是,这个章程根本没有动摇领事裁判权,原有一切重要的制度仍保留在那里。它还是规定:要顾及由"协议所承认之会审公廨诉讼惯例";"凡与租界治安直接有关之刑事案件,以及违犯《洋泾浜章程及附则》各案暨有领事裁判权约国人民所雇华人为刑事被告之案件,均得由领袖领事派委员 1 人观审,该员与审判官并坐";"凡有领事裁判国人民或工部局为原告之民事案件,及有领事裁判权约国人民告诉之刑事案件,得由该关系国领事或领袖领事按照条约规定,派官员 1 人,会同审判官出庭"等等。所以,这个临时法院与会审公廨没有根本的区别,只是穿了新鞋走老路而已。

1930 年 2 月 17 日,中国代表徐谟与巴西代表第安斯、美国代表雅克博、英国代表许立德、挪威代表葛隆福、荷兰代表赫龙门、法国代表甘格霖于南京签署《上海公共租界特区法院协定》,④并于 1930 年 4 月 1 日起施行。全文共 10 条。它取消了原有的会审、观审制度,依照中国的法院组织法在公共租界建立上海特区地方法院(后改称为上海第一特区地方法院)和它的上诉法院江苏高等法院第二分院。此协定规定:"所有以前关于在上海公共租界内设置中国审判机关之一切章程、协定、换文及其他文件,概行废止";"中国

---

① 吴圳义:《上海租界问题》,台湾正中书局 1981 年版,第 175 页。
② 参见《列强在中国的租界》编辑委员会编:《列强在中国的租界》,中国文史出版社 1992 年版,第 39—40 页。
③ 详见《上海公共租界史稿》,上海人民出版社 1980 年版,第 238—240 页。
④ 《上海公共租界史稿》,上海人民出版社 1980 年版,第 243—246 页。

政府依照关于司法制度之中国法律、章程及本协定之规定,在上海公共租界内设置地方法院及高等法院分院各一所,所有中国现行有效及将来依法制定公布之法律、章程,无论其为实体法或程序法,一律适用于各该法院";"领事委员或领事官员出庭观审,或会同出庭于公共租界内现有中国审判机关之旧习惯,在依本协定设置之各该法院内,不得再行继续适用"。这些规定显然比以往的条约、章程等有所进步,新建立的上海第一特区地方法院和江苏高等法院第二分院也比以前的公廨、法院等审判机关更少具有领事裁判因素。但是,它并没有彻底摆脱领事裁判权,第 2 条中还规定须顾及"现时沿用之《洋泾浜章程及附则》"。因此,对这个协定及上海第一特区地方法院和江苏高等法院第二分院不能估计过高。

上海公共租界的上海第一特区地方法院设法院院长 1 人和首席检察官 1 人。法院院长下设有民庭、刑庭、书记室和附属看守所 4 个部门。民庭中设有庭长 1 人,下另有民庭、简易民庭和民事执行处 3 个部门。刑庭中也设有庭长 1 人,下也另有刑庭、简易刑庭和刑事执行处 3 个部门。民刑两庭中共有推事、代理推事和候补推事 29 人。书记室中设书记官 1 人,下设有文牍科、民事记录科、刑事记录科、统计科、会计科、翻译室、执达员和法警,总计人数为 48 人。首席检察官下设有候补检察官 2 人,主任书记官、书记官和候补书记官各 1 人,法医和法医助理各 1 人。江苏高等法院第二分院的组织结构与以上第一特区地方法院的基本相同,区别之处主要有两点:一是另附设有监狱;二是机构的人数相对较少,如书记室中的总人数不到 30 人,要比第一特区法院的少 40% 左右。

1937 年日军占领上海以后,日本帝国主义与英、美帝国主义的矛盾也在公共租界的司法机关上有所反映。他们"对司法人员软硬兼施,少数司法人员苟且妥协",[1]因而有人不肯屈从而遭难。1939 年 11 月 23 日,江苏高等法院第二分院的刑庭庭长郁华,刚出私宅不远,即被狙击身亡。[2]

上海公共租界审判机关审理案件的数量不算少。1926 年,会审公廨由 7 个中国的地方官和 7 个外国法官组成。在 7 个外国法官中,有 2 个英国人,2 个美国人,2 个日本人和 1 个意大利人。那年开庭 2186 次,除刑事案件外,还处理了 2848 件中国的民事案件,606 件混合性的民事案件等。[3]1933 年,第一特区地方法院受理了民刑案件 26865 件,其中民事案件 14508 件,刑

---

① 何武:《关于抗战期间的殉难司法人员》,载中国人民政治协商会议上海市文史资料工作委员会编:《上海文史资料选辑》(第 5 辑),上海人民出版社 1980 年版,第 181 页。

② 参见王立民《孤岛时期租界司法人员的遭遇》,《上海法制报》1994 年 5 月 13 日。

③ *The Shanghai Problem*, p.153.

事案件 12357 件。这些数量的案件够华、洋审判官忙的,正如熙安主人的《上海市景词》中一首所描写:"华洋会审有公堂,领事轮流会审忙。风化案多收罚款,无钱责押坐班房。"①

上海公共租界的审判机关同样是镇压人民革命的机关。"苏报案"中的章太炎和邹容就是被会审公廨判决的"罪犯"。1903 年 5 月 27 日至 6 月 29 日,上海《苏报》连续刊登介绍邹容的《革命军》和发表章太炎的《驳康有为论革命书》等文,使清政府恼羞成怒。于是,清政府与公共租界当局相勾结,由会审公廨审判邹容和章太炎。1904 年 5 月,邹容被判 2 年徒刑,章太炎被判 3 年徒刑。由于监狱的恶劣条件,邹容于 1905 年 4 月被折磨致死。②以后的审判机关也是如此。1929 年 8 月 24 日下午 4 时,彭湃、杨殷、颜昌颐和邢士贞 4 位共产党员在公共租界开会时,被巡捕拘捕。临时法院经过多次审问,最后为讨好南京国民政府,把他们引渡到华界的警备司令部。四烈士 8 月 30 日便被秘密杀害。③

公共租界的审判机关还因非法欺压华民而引起民众公愤,酿成重大事件。大闹会审公廨案是其中之一。1905 年 12 月 8 日,一个广东籍官眷黎黄氏携带 15 名女孩,乘船来沪,被巡捕以"拐卖"罪被捕。经审问,中国法官认为判罪证据不足,依法要把她送进公廨的女所关押。但是,英国副领事则非法地主张应拘押于西牢。中国法官据法力争,可此副领事却蛮横无理,喝令巡捕带走黎黄氏。在争执中,中国廨役还被巡捕围殴,当场致伤两人。外国审判人员的粗鲁野蛮行径引起了广大民众的极大愤慨。次日,上海人民就在商务公所召开千人大会,声讨外国殖民者的非法行为。12 月 15 日黎黄氏被释放,但租界当局拒绝处理打人凶手。18 日公共租界的部分中国商店联合罢市,部分市民围攻老闸巡捕房和工部局等地方,又遭巡捕开枪镇压,当场死亡 5 人,伤多人。此事件虽被镇压下去,但这意味着中国司法机关的会审公廨却越来越变为外人侵夺中国司法权的机关。如同一位中国学者所评论:"虽中国地方官力求公允,而外官吹毛求疵,尽力发挥私意,必达其意而后快。名为华官审理,外官观审,而实等于外官主审,华人备位而已。"④

---

① 顾炳权:《从竹枝词看上海的历史变化》,《解放日报》1991 年 5 月 19 日。

② 详见《苏报案始末》,载上海通社编:《上海研究资料》(续集),上海书店 1984 年版,第 71—84 页。

③ 详见周恩来:《彭杨颜邢四同志被敌人捕杀经过》,《周恩来选集》(上册),人民出版社 1984 年版,第 23—28 页。

④ 钱端升:《钱端升学术论著自选集》,北京师范学院出版社 1991 年版,第 438 页。

第十六章　旧上海的审判机关(下)

一、法租界的审判机关

1844 年 10 月法国迫使清政府签订的中法《黄埔条约》,使法国也取得了在华的领事裁判权。于是 1859 年 3 月,法国驻沪总领事敏体尼在法租界设立违警罪裁判所,由领事馆的书记任审判长,翻译和巡捕房的总巡任审判员。每天上午 10 时,此裁判所便在法国驻沪领事馆内开庭,审判那些由巡捕房移送来的包括华人在内的违警案件。在庭上,巡捕房总巡先为原告审明"罪情"。罪行轻的,作出处罚判决,所罚之款用于巡捕房开支;罪行重的,移送中国官厅处理。

1869 年 4 月 13 日,上海法租界的会审公廨正式开庭。在此以前,法租界已在审理界内的民刑案件。"1865 年以来,每当法国人和中国人之间发生商务上的案件时,道台或他的代表就到领事馆来,按照天津条约第 35 条,诉讼案件由道台和领事会审。然而,涉及法租界的中国人案件,如违法、不法行为、治安问题、追索捐税的起诉等,则由领事单独审理。根据白来尼的说法,即使在民事案件中,领事也起'仲裁作用'。他写道:'关于中国人对中国人的不法行为以及其他纠纷,罪犯和讼棍总是一起被带到领事馆,或是主动到领事馆来;案件立即得到处理,或者是惩处,或者是以和解的方式解决。'至于'被称为重罪的'行为,虽然讲起来好像是法典规定,它们完全属于中国官府的审理范围;但是中国官府的逮捕令必须事先得到法国领事馆的签署,否则不能在法租界上进行拘捕。"①这一记述清楚地反映了法租界早已取得领事裁判权的实际情况,事实上已控制了界内的审判权。

---

① 〔法〕梅朋、傅立德:《上海法租界史》,倪静兰译,上海译文出版社 1983 年版,第 440—441 页。

　　在上海，"法国会审公堂的第一次开庭是在 1869 年 4 月 13 日"。①法租界另设一个会审公廨的原因是因为对公共租界会审公廨制度的不满。法国外交部在给上海总领事的训令里曾这样说："公共租界会审公廨的协定第 1 条，如中国人在民事和商事上的华洋讼案为被告时，得按照中国法律单独裁决，我国政府不能承认如此公然违反条约的规定。"②法租界会审公廨规定的内容主要是以下这些：上海道派遣一委员，经法国总领事承认后，会同副领事一起办理会审事务；华洋诉讼及华人的民刑案件，均由华人委员与法国副领事会同审理。其中，刑事案件由巡捕房起诉；公共租界的《洋泾浜设官会审章程》虽未经法租界承认，但华人委员可以此办事，等等。③

　　1902 年，北京的领事团委派英、美、法 3 国总领事为特别委员，共同商讨上海两租界会审公廨受理诉讼案件的权限问题，并制定了 4 条规定，其中与法租界或法国人员有关的是这样一些内容：若原告为非法籍的外国人，而被告为华人，居住于公共租界的，应向公共租界会审公廨控告；若原告为法国人，被告为华人，居住在法租界的，应向法租界会审公廨控告；若原告为非法籍的外国人，而被告为华人，居住法租界的，仍应向公共租界会审公廨控告；若原告为法国人，被告为华人，居住在公共租界的，应向法租界会审公廨控告，等等。④这些规定都更有利于法租界对于法国人的庇护，因为法租界的会审公廨掌握着审判权，而且这是一种不讲公正的、包庇法国人的审判权。关于这一点，法国驻沪总领事拉达（Ratard）就曾说过："领事裁判权更有弹性和公正。依照我的看法，它是十分适合我国在上海的侨民。他们人数不多，但是所从事的商业活动却很重要。在激烈的商业竞争中，我们应积极地支持他们，对抗人数众多、资金雄厚的敌人，而不能处处加予掣肘。"⑤这话尽管说得十分婉转，也讲得很有技巧，但其本意却是非常明白的。"为了保护其本国的利益，领事会做有利其本国（法国）国民之判决"⑥这种判决甚至是可以违法的。

　　1911 年的辛亥革命以后，法租界当局便乘机攫取了对华人审判人员的任命权。以后，即使是纯粹华人的民、刑案件，也皆听从法国审判人员的判定。"自此以后，法租界会审公廨遂丧失中国审判机关之性质，变成了一个十

---

① ［法］梅朋、傅立德：《上海法租界史》，倪静兰译，上海译文出版社 1983 年版，第 441 页。

②③　参见《列强在中国的租界》编辑委员会编：《列强在中国的租界》，中国文史出版社 1992 年版，第 45 页。

④　《列强在中国的租界》编辑委员会编：《列强在中国的租界》，中国文史出版社 1992 年版，第 35 页。

⑤⑥　参见吴圳义：《清末上海租界社会》，台湾文史哲出版社 1978 年版，第 18 页。

足的法国法庭。"①

1914 年,中国北京政府外交部与法国驻华公使改订了有关条约,其中以下一些内容与上海法租界的审判有关:犯有内乱罪者,一经在法租界被捕,讯明后即交中国官厅审理,但不得违反法律上的手续;中国官厅不得无故指控租界内的人民犯有内乱罪;法租界的巡捕房有权协同缉获内乱犯;内乱犯的审理,须有领事参加会审,如果证据不足的,立时取消;案件的勘验事宜由华人委员与检厅成员、法国领事共同参与;华洋诉讼案件,两方当事人都可聘用律师,但只有懂得法语的律师方可到庭辩护;民事案件的被告人及证人均羁押在总巡捕房,刑事案件的人犯在审定前暂分拘于各区巡捕房;禁用枷号和跪审方式;民事诉讼费以每百元收费 2 元计算,收取的费用归会审公廨使用,等等。②

法租界会审公廨的地点有过变动。成立之初,它设在公馆马路(今金陵东路)的法国领署内。1915 年 9 月,迁至薛华立路(今建国中路)。

1927 年,公共租界当局改会审公廨为临时法院,但法租界当局却没有采取同步行动,只是将属于纯属华人的民事案件,改归华人审判人员独自审理而已。

在上海和全国人民一致要求收回租界司法权、废止领事裁判权的强烈呼声下,法国总领事也不得不于 1930 年 1 月 27 日改组法租界的会审公廨。改组后的会审公廨执行这样一些主要规定:自 1930 年 1 月 27 日起,任何华人刑事案件,概由华官审判,洋人不得参加会审;华洋混合的刑事案件,如法国人或公董局为原告的,无论是初审还是复审,仍由一名华官与法国人员会审;凡在会审公廨登记认可的律师,都可出庭为华、洋人辩护,等等。③这些规定没有在根本上触动领事裁判权制度,仍然保留着法国人员参加会审的权利。

1931 年 7 月 28 日,中方代表和法方代表在南京签署了关于收回上海法租界会审公廨、建立上海第二特区地方法院及其上诉法院江苏高等法院第三分院的 14 条协定。1931 年 8 月 1 日,设在法租界的中国法院正式设立。但是"从形式上看来,好像是中国的一个独立司法机构,但在实质上,还是有不少地方受到法租界行政当局的干涉,我国的法权仍然受到限制"。④

---

① 《列强在中国的租界》编辑委员会编:《列强在中国的租界》,中国文史出版社 1992 年版,第 46—47 页。

② 《列强在中国的租界》编辑委员会编:《列强在中国的租界》,中国文史出版社 1992 年版,第 45—46 页。

③ 参见《列强在中国的租界》编辑委员会编:《列强在中国的租界》,中国文史出版社 1992年版,第 47 页。

④ 《列强在中国的租界》编辑委员会编:《列强在中国的租界》,中国文史出版社 1992 年版,第48 页。

　　法租界的审判机关也是在中国的主权受到侵蚀、司法权部分丧失的情况下产生的,这就决定了这种审判机关会无法无天、枉法而行。事实也证明,法租界的会审公廨常常越权受理案件。法国领事拉达自己就承认了这一点,他说:"现在(指 1902 年 6 月 6 日)在我们的监牢里关着一个过失杀人嫌疑犯,众人皆知非故意犯罪。会审公廨要将他移送至县城法官处,因为这件案子已非属公廨的职权范围。但是,我们担心他将受到极严重的惩罚,所以不敢将他移送给知县。"①一个根本不能成立的借口就可明知故犯地违反中法之间都认可的会审公廨制度,可见当时法租界当局就毫不顾忌法定的协定和章程,可以想象,当时法租界当局实际窃取的司法权要远远超过明文所规定的限度。

　　在领事裁判权的保护下,法租界的洋人在刑事案件方面几乎不受法律的制裁,他们完全可以为所欲为。一个法国总领事曾毫不掩饰地说:"我们的警察不敢在我们的领域内(法租界)逮捕任何欧洲人,甚至他是个现行犯时亦是如此。"②难怪有人要说:"假如拿华人的司法地位跟洋人一比较,就可知洋人在上海真犹如天之骄子。"③这是殖民地或半殖民地社会才会出现的一种畸形现象。在这种现象下,受害的只能是包括上海人民在内的中国人民了。

二、日伪统治时期和抗日战争结束以后国民政府的审判机关

　　1937 年 11 月 12 日日军侵占上海,华界成了日占区,两个租界暂时未遭日军占领,成了"孤岛"。但是,设在公共租界的第一特区地方法院和江苏高等法院第二分院的工作人员经常受到日本侵略者的威胁,有的还被杀害。1941 年 12 月 8 日太平洋战争爆发以后,日军占领公共租界,也控制了租界内的这两个法院。1943 年,两个租界在形式上被日伪政府接收后,整个上海全都成了沦陷区。于是,日伪政府把原公共租界的上海第一特区地方法院与原法租界的上海第二特区地方法院合并入上海地方法院,首任院长为吴贻谷。同时,还把原公共租界内的江苏高等法院第二分院和原法租界内的江苏高等法院第三分院合并入上海高等法院,首任院长是徐维震。日伪统

---

　　①　吴圳义:《清末上海租界社会》,台湾文史哲出版社 1978 年版,第 25 页。

　　②　吴圳义:《清末上海租界社会》,台湾文史哲出版社 1978 年版,第 18 页。

　　③　吴圳义:《清末上海租界社会》,台湾文史哲出版社 1978 年版,第 20 页。

治上海时期是上海历史上最黑暗的时期之一。那时的伪上海法院只是日本侵略者镇压上海抗日爱国运动的反动工具。

1945 年 8 月 9 日日本宣布无条件投降以后,国民政府于 9 月 15 日至 25 日接收改组了原日伪统治时期的上海地方法院和高等法院,并继续实行审检合署的体制。

上海地方法院设院长 1 人,首席检察官 1 人。院长下设 2 庭 4 室。2 庭即民庭和刑庭,4 室即书记室、统计室、人事室和会计室。首席检察官下设有检察官和执行处、书记、法医、通译和指纹等一些部门。其中,在书记下还有人事科、收发室、缮写室、文牍科、庶务科、出纳科和统计科等一些机构。首任院长是查良鉴,首任首席检察官是黄亮。

上海高等法院也设院长 1 人和首席检察官 1 人。院长下也设 2 庭 4 室,与上海地方法院相同。其中,民庭下还分为一、二、三庭,刑庭下也分为一、二、三庭,每庭皆设庭长 1 人,推事 3 人。书记室下设了文牍科、民事科、刑事科、监狱科和总务科,每科皆有科长 1 人,科员若干人。统计室、人事室和会计室都有主任 1 人,科员若干人。首席检察官主管检察处,下有检察官 6 人;书记室 9 人,其中,主任 1 人,书记 8 人;法医师 2 人;法警 42 人,其中警长 1 人。首任院长为郭云观。上海地方法院和上海高等法院均设在浙江北路 191 号。

那时,上海的法院还管辖看守所、监狱、法医研究所等一些司法机构。另外,为了加紧对人民革命运动的镇压,上海还设立过特别刑事审判庭等一些专门审理、迫害革命志士和共产党人的极其反动的审判机构。

这一时期上海法院的收案数越来越多。以上海高等法院的收案数为例。在 1945 年 10 月至 12 月,检察处共收受检察案 100 件,而 1947 年全年的收案数竟达 6946 件。以月平均收案数相比较,1947 年是 1945 年的 17 倍。1945 年 10 月至 12 月,收受审判案件 255 件,而 1947 年全年的收案数就达 4407 件。以月平均收案数相比较,1947 年是 1945 年的 4 倍多。

在收案数中,刑事案件数占了多数。在 1945 年的最后 3 个月中,共收受的审判案件是 255 件,而刑事案件就占了 205 件,占案件总数的 80% 以上。1947 年,共收受的审判案件是 4407 件,而刑事案件也占了 4051 件,占案件总数的 92%。这从一个侧面反映了当时阶级矛盾的尖锐和阶级斗争的激烈,特别是人民革命运动的高涨,因此,国民政府也就疯狂地利用“刀把子”进行镇压,所以,刑事案件一直居高不下。到了上海解放前夕,国民政府甚至不经审判就杀害许多被关押在拘留所的革命志士和共产党人,残酷无比。据史良回忆:1949 年 5 月黄炎培先生之子黄竞武烈士遇难“系在夜阑人静时执行,执行时先用绳索勒死,然后埋入土中。由于同时等候执行的人太多,来不及按上述办法办理,而解放军已临近上海。拘留所长接到上司命令,改为用卡车装运投入黄浦江里淹死"。①

抗日战争结束后,上海的法院忠实地实施国民政府的反动法律,把革命志士和共产党人作为主要的专政对象。1948 年 6 月 23 日,第一次开庭审理王孝和案时,检察官在起诉书中称:"因民国 37 年(即 1948 年)检字第 84 号危害国家一案,业经侦查终结,应予提起公诉。"王孝和"渲染赤化","参加共党","欲图群众斗争,反抗政府","于本年 3 月 26 日及 4 月 15 日先后两次集会密商,反抗政府逮捕工人","参加共党,共同密谋破坏本市治安,显有触犯《戡乱时期危害国家紧急治罪条例》第 3 条、第 5 条第 1 项第 10 款、第 3 项,刑法第 11 条、第 28 条罪嫌",又"实施破坏电气设备未遂系犯同条例第 3 条、第 5 条、第 1 项第 10 款、第 2 项,刑法第 11 条、第 25 条、第 28 条、第 198 条之罪之嫌,均应依刑法第 55 条从重处断"。最后几句话是说:王孝和构成了危害国家罪和妨害电气罪,并按危害国家罪的首犯量刑,幅度是死刑或无期徒刑。同年 6 月 28 日第二次开庭时,审判长就宣读了判决书,最后几句话是:"王孝和连续教唆意图妨害戡乱,扰乱社会治安未遂,处死刑,剥夺公权终身……"整个庭审都在秘密的情况下进行,辩护律师被拒之门外。王孝和向审判人员进行了坚决的斗争,显示了一个共产党人应有的革命精神和气概。1948 年 9 月 30 日上午 10 时许,王孝和在上海监狱刑场牺牲,终年 25 岁。②

当时上海法院的审判人员在法庭上道貌岸然,一本正经,但在背后,违法乱纪者不乏其人。从浦东新区档案馆的历史资料中,可以发现 1948 年 1 月国民政府在案卷中查获犯罪审判官的资料。其中一则资料这样写道:"查川沙县司法审判官戴冕,大肆囤积米粮,查获有案。顷悉该法官在职以来,滥用职权,拘押被告,责令交保,缴纳保证金,借此费用营利。"③从中可知,当时的某些审判人员本身就是贪赃枉法的群体。

①　《史良自述》,中国文史出版社 1987 年版,第 73 页。
②　详见王立民:《王孝和案》,《上海档案》1988 年第 6 期。
③　详见桂波达:《民国时期的浦东审判机构》,《上海档案》1997 年第 1 期。

第十七章　旧上海的监狱和其他司法设施

上海自建县以后,有了县衙也有了监狱。典史是具体负责监狱事务的官吏。"典史掌稽检狱囚。"①上海开埠后,特别是辛亥革命以后,上海的监狱有了较大的发展,华界和租界的监狱都是如此。另外,其他的一些司法设施,如看守所、公证处、法医所和验尸所、刑场等,也都兴建起来,形成了一定的规模。

一、华界的监狱

上海自从有了租界以后,华、租两界实行分治,它们都设置了自己的监狱。

全面抗战以前,上海华界有设在北新泾的国民政府司法行政部直辖的第二监狱(简称北新泾监狱)和设在漕河泾的江苏第二监狱(简称漕河泾监狱)及其分监。另外,还有设在郊县的一些监狱,如宝山监狱等。它们都归属于法院和检察系统,不另独立。

北新泾监狱建于 1936 年 7 月。由于当时漕河泾监狱人满为患,所以将其中的女囚犯转押到此。1937 年 8 月日军进攻上海时,将此监狱炸毁,前后仅存 1 年有余。

漕河泾监狱是华界设立时间最长、关押囚犯最多的监狱。它建成于 1919 年 5 月。1937 年 8 月日军进攻上海时,也毁于炮火。

漕河泾监狱有一套监管机构,其中设典狱长 1 人,下有 3 科 2 所,即第 1、2、3 科和医务所、教务所,共计 300 人左右。这些科、所下另有一些机构和人员。第 1 科下设文书、会计、名籍、保管、统计和收发 6 股。第 2 科下设中央监、后新监和女监及其监管人员。第 3 科下设材料、成品、器械、会计、庶

---

① 《清史稿·职官三》。

务、考工6股。医务所中有西医、中医和药剂士3人。教务所设有教诲师和教师各1人。每个人员都有自己的职责。如教诲师的职责是感化囚犯,教诲方法分为集合、类别和个人3种。教师的职责是讲授文化,教讲中、小学课程。

漕河泾监狱不断扩展,监房等的设施越来越多,关押定额囚犯的人数也越来越多。初建时,有男监房5排,女监房3排。另有病囚监房、工场、看守室、电机房、浴房、职员宿舍和办公室等。1924年时,增加男监房2排、工场1座。1925年再增建工场和看守膳房各1座。1933年又一次再建大杂房十间。至1934年设计关押容额为1300人。

此监狱曾被吹嘘为"模范监狱"。上海的报纸曾用参观记方式大肆渲染。1925年10月26日的《申报》以"参观江苏第二模范监狱记"为题,作了长篇报道:进入监狱为"男女接见室及收发处",再进去"为一小园,遍植花木,左为女监狱,右为吏员之宿舍、阅报室、休息室等,进为应接室及办公室";"囚人寝室,室之大小不等,有容1人,有容6、7人,大概视犯案轻重而定,内有高约3尺之木铺,及天窗,门上均有一小孔,可窥罪人举动";"记者至时,适为午后3时,为第二次餐时,饭盛瓷质器内,约合普通饭碗两碗,想已能果腹,每人菜汤一碗,据云每月有两块肉食";"工厂计有木作、泥水、漆、印刷、织布、藤器等10余处,另有种菜1科。所织布匹,外甚精细;所制藤器,则异常工巧,与孤儿院出品不相上下";"病时,有病院专聘医生诊治";"昔有俄犯、德犯,今已出狱。"文章最后称:"综观其设施,非特定为江苏监狱模范,即较之欧美,亦不多让"。1926年3月4日的《申报》再次以"漕河泾第二监狱参观记"为题作了报道:"监狱本身分三大部分,为男监、病监及女监。男监系星光形,分甲、乙、丙、丁、戊、己、庚7翼;病监系一字形;女监系丁字形";"本月3日查容人犯604名,计刑事男541名,女37名;民事男15名,女1名";"除根据伦理纪纲修身外,极注重佛理教诲。教育不限年龄,一律施行,分初级及补习两种。初级课本用平民千字课等,补习科则用新法国语教科书等。"此报道也称:"管理设备亦均极严饬而完美,堪称模范。"

但是实际情况并非如此。据1935年的《上海市年鉴》记载,这个监狱的情况十分糟糕,主要表现在以下几个方面:第一,监狱内拥挤不堪。实际关押人数大大超过设计要求,狱内人满为患。其中的中央监应收囚犯800人,1934年实际收押了1710人;后新监应收500人,同年也收了1100余人;女监的关押人数也超过应押人数的1倍。原因是国库困难,无款增建监房。第二,饮食条件很差。每日仅供应两餐,菜为豆芽、萝卜和豆腐等;每周的一、三、五加油豆腐3块,二、六加豆腐干1块;每周日才有猪肉1块。第三,其他生活条件也很差。1934 年计划拨给 1200 元用以制棉衣。这些钱只能制棉衣 200 套,棉被 200 条,这怎么够用。所以,此年监狱不得不向慈善机构募集。还有,夏天每周洗澡 3 次,冬天每两周洗澡一次,不能洗澡时只能用手搓垢。可见,这个所谓"模范监狱"徒有虚名。

江苏第二监狱分监在今蓬莱路、学前街一带,原址是普育堂。清同治年间,应宝时擢调苏松兵备道移驻上海,他动员地方集资,还调拨了一些库银,组成了官民联办的慈善团体,取名"普育堂"。该堂一方面救济老弱病残者,一方面也收留一些无家可归的儿童。1913 年 2 月,普育堂扩建并迁至陆家浜以南的新址。此时正遇上海改组地方审判厅和地方检察厅,需关押的人数逐日增多,于是便将原普育堂的旧址作为监狱。经修整,1913 年 10 月正式成立"上海监狱第二分监"。漕河泾监狱落成后,它又改名为江苏第二监狱分监。

这个分监一般关押 200 人左右,多时竟达 500 余人。在押人犯要从事织布、缝纫、制盒、炊事等劳作。监内的生活条件很差。此监多为平房,坐北朝南。房内不仅设施简陋,而且十分潮湿,所以,囚犯生病甚至死亡的人数不少。据统计,1921 年死亡了 49 名,1923 年也死亡了 24 名。①以后,漕河泾监狱扩建,1924 年 1 月这个分监也就撤销了,原押囚犯全部转入漕河泾监狱。

宝山监狱的情况更糟。1922 年 11 月 5 日的《申报》记载:此监狱的典狱官没有把下达的钱去购买囚犯的粮食,以致狱内粮食短缺,引起囚犯哄闹。"昨狱中忽发生闹饭风潮","众犯不服,致起哄闹,彭狱官喝令钉镣,各犯哄闹更甚"。另外,据 1922 年 11 月 25 日的《申报》的记载:此监狱的典狱官彭锡绳还"纵容书记鞠某串通看守人员,向囚犯索诈钱洋,否则私刑吊打,因此各囚犯在狱激成风潮"。

从上述可见,旧上海华界的监狱非常黑暗,如同人间地狱。

二、租界的监狱

1. 公共租界的监狱

早期公共租界监狱的各种条件都很差。"1898 年公共租界的囚犯被关押在位于南京路的老会审公廨里,那里肮脏、污秽、疾病……"②监狱门口有

---

① 参见徐家俊:《从"普育堂"到江苏第二监狱分监》,《上海法制报》1997 年 2 月 21 日。

② *Shanghai by Night and Day*, Shanghai Mercury, Limited, Printers and Publishers, p.28.

武装的士兵把守,里面也有士兵警戒。他们都是印度人。"监狱门口站着手拿带刺刀枪的士兵","监狱里的士兵都是来自印度军团的印度士兵"。①监狱里的囚犯都要被强制做工。"囚犯每周要砸碎40吨的金属"或"做囚犯穿的衣服"等。②

1900年和1930年,公共租界又分别建造了提篮桥监狱和江苏第二监狱分监(不是原华界的江苏第二监狱分监)。

提篮桥监狱,俗称"西牢"、"外国监狱"等,在今长阳路147号。始建于1900年,由英国人模仿美国监狱的式样和结构建造,因此通风、采光和保暖的条件都较差。1903年时定名"华德路监狱",收押囚犯数百人。以后,此监狱不断扩大规模,至1930年时形成一定规模。与此同时,在押囚犯人数也大量增加。据1935年出版的《上海市年鉴》统计,1925年在监人数为4422人,到1934年在监人数竟达6166人。日军占领公共租界后,将其改称为"刑务所"。1943年日伪政府接收后,始称"上海市监狱"。

提篮桥监狱是残忍的人间地狱。据一位曾在这所监狱囚禁过的难友回忆,③监狱里非人道的事例太多了,他举例:第一,续命饭。监狱内,每日三顿饭,总共125克,而且尽是稗子、芒刺。有人提出抗议,监狱当局则说:"这是给你们延续生命的,不是给你们填饱肚子的,稗子带尾巴,吃了好消化,能清肠胃。"第二,记日菜。监狱里,吃饭没有菜。英国人则说:"菜不是给你们下饭的,是给你们记日子的。"怎么记,原来是吃两片牛肉就是初一,吃几颗黄豆就是初二,吃臭鱼是初九,等等。第三,裸体舞。监狱中,每七天淋浴一次,但是冬天供应冷水,夏天则供应热水,以致洗澡时不得不跳,如同跳舞一般。第四,上吊铐。这是狱吏使用的法外刑罚,即把囚犯的双手铐住,高高地吊在铁门上,脚尖擦地,脚跟离地,此时全身的重量都由两只手来承受,肚肠好像拉紧的弓弦,痛彻心肝。可见,在这大监狱里惨无人道。

江苏第二监狱分监(简称北浙江路监狱)设在北浙江路(今浙江北路)的江苏高等法院第二分院内,根据1930年《关于上海公共租界内中国法院之协定》而设立。专门收押公共租界法院(即上海第一特区地方法院)已判决的女囚犯。关押的女囚犯人数也逐渐增加。1930年时被监囚犯为210人,可到了1934年就达到了2400余人。日军入侵公共租界时,将其炸毁。

---

① *Shanghai by Night and Day*, Shanghai Mercury, Limited, Printers and Publishers, p.30.

② *Shanghai by Night and Day*, Shanghai Mercury, Limited, Printers and Publishers, p.32.

③ 李守宪:《上海西牢回忆》,载中国人民政治协商会议上海市文史资料工作委员会编:《上海文史资料选辑》(第1辑),上海人民出版社1981年版,第40—46页。

北浙江路监狱的内部管理机构与当时华界监狱的管理机构基本相同，也设有 3 科 2 所。科下有股，所下有相应的工作人员。

监狱中与囚犯有关的制度如下：一是衣被。每人每年发一套棉衣，两套单衣；还有两人一条棉毯，两人一条席子，一人一把扇子。二是饭菜。一日三餐，早饭是粥，午晚餐是由加 20% 红豆煮成的米饭；菜是蔬菜。三是洗澡。设有洗澡池 1 只，浴盆 3 只，同时可浴 16 人，每日可浴 120 人左右。洗澡时间根据季节而定，4 至 9 月每 2 至 4 天开放一次，10 月至第二年 3 月每 5 至 7 天开放一次。四是教育。按照不同的文化程度，分为甲、乙两班。甲班的学习课目有：党义、国文、算术、常识和习字等。乙班的学习课目有：识字、习字和算术等。五是劳作。自 1930 年始试办简易的劳作，有缝纫、制巾、结网、制枕等。

监狱里还设有戒烟所（即戒毒所）。凡吸毒的囚犯都要进此所戒毒。据统计，从 1933 年 7 月至 1934 年 6 月，进此戒烟所戒毒的共有 440 人次。

公共租界工部局曾公开招聘过监管人员。1935 年 12 月 12 日以"布告"形式，招聘一名副典狱长。此布告说："本局现欲任用副典狱长一人，该员年龄须在 28 岁至 40 岁之间，最好未曾结婚，并须有陆军、海军、警务或狱务之经验。35 岁以上之人，除非有特别资格，毋庸陈请任用。"

2. 法租界的监狱

1909 年以后，由于法租界巡捕房大肆抓人，所以，在建立卢家湾总巡捕房的同时，也建造了法租界监狱，并于 1911 年 7 月落成。它由巡捕房管辖，但人员设置、薪金则由公董局决定。1931 年此监狱改名为"江苏上海第二特区监狱"。

此监狱的关押囚犯定员为 1000 人，1934 年的实际关押人数为 1068 人。其中，男囚犯 919 人，女囚犯 81 人，童囚犯 68 人。

法租界监狱的机构设置与当时华界和公共租界的也都大致相同，设有 3 科 2 所。

法租界监狱里中外囚犯的饮食和监房都有明显的区别，外国囚犯的优，中国囚犯的劣。关于饮食：外国囚犯每天的饮食费是 6 角，早餐吃的饭是面包，中餐的菜是一菜、一肉和一汤，晚餐是一汤，病囚喝牛奶、吃面包；中国囚犯每天的饮食费只有 1 角 4 分，早餐是米加小麦、赤豆合煮的粥，中、晚餐是饭，每周给鲜肉 5 次、咸鱼 2 次，其他的都是蔬菜，病囚吃萝卜干、酱瓜和咸蛋。关于监房：外国囚犯的男监房有 11 间，女监房有 1 间，房内都有衣柜、床和抽水马桶等设施；中国囚犯的男监房有 332 间，女监房有 34 间，都是席地而睡，无床。这种差别也反映了旧上海法制的殖民色彩，连外国囚犯也高人一等。

这个监狱还有其他一些规定,主要是关于衣被:每人每年发单衣 3 套、棉衣裤 1 套、棉被 1 条,夏天各发汗衫 2 件。关于洗浴理发:夏天每人 3 日洗澡 1 次,冬天 6 日洗澡 1 次,各给肥皂 1 块,有温热水。夏天每周理发 1 次,冬天两周理发 1 次。关于劳作:有印刷、装订、针织、木工、金工、糊盒等劳作。关于教育:与公共租界监狱的基本相同。

法租界当局对监狱内的囚犯也很残忍,以致囚犯反抗,发生越狱事件。1926 年 2 月 19 日的《申报》以"法租界西牢昨发生越狱案"为题作了报道:"昨日上午 2 点时,发生越狱巨案,先是各押犯已经商通,乘隙预将脚镣手铐凿断后,将监门锁扭开,一哄而出,希图逃逸。"但是,他们的行动被监狱内的巡捕发现,并急鸣警笛。此时,洋人巡捕头目"闻警出外察视,见势汹涌,即出手枪,拍机开放,当场格毙要犯 3 名,受伤 10 余名。"在这种情况下,囚犯们退回监房。待调来大批军队和巡捕后,将"西牢包围,逐一检点之下,并无脱逃一名"。于是,"重新用镣铐把囚犯钉就"。次日《申报》又报道,在受伤的囚犯中"内有 8 名,因伤过重,医治无效,延至昨晨,相继毙命"。越狱虽无成功,但越狱本身就能证实法租界监狱同样是个惨无人道的地方。

三、抗日战争结束后国民政府的监狱

抗日战争结束以后,国民政府又控制了上海。当时,上海的监狱仅剩提篮桥监狱。1945 年 9 月 26 日国民政府接收了这座监狱,并于 1945 年 11 月 1 日称其为"上海监狱",直辖于司法行政部。

这时,提篮桥监狱的结构和管理机构均作了调整,与以往有所不同。首先,在监房中划出一部分专门关押女囚犯,称为女监或第一分监。这样,在监狱中,除了有高层监房 8 幢,分别以忠、孝、仁、爱、信、义、和、平命名外,另有了一所女监。此外,还有 8 层高楼的监狱医院一所,炊食房大楼一幢。各监房之间有轻便铁轨,用于运送囚犯的衣、食。在监房里设置了行绞刑用的常备绳套,把囚犯吊死后,尸体即可从楼板的活动口子中坠下。其次,管理机构调整为:典狱长为监狱长官,下设总监。总监下再设 4 科 1 所,即教化科、作业科、警卫科、总务科和医院,分管各类具体事务。

在提篮桥监狱里有一幢被称为"西牢"的监房,因其在公共租界时期专门关押外国囚犯而得此名。抗日战争结束后,这个监房里关押了一批大汉奸,如陈璧君、陈春圃等人。他们一般会受到特殊待遇,如可用电炉在监房内烧煮等。监房的警卫人员则与他们勾勾搭搭,闹得乌烟瘴气。其中的警卫科长常与他们中的一些人喝酒言欢;有人还收徒弟,认干儿子,简直成了汉奸和流氓的天地。①

当时,提篮桥监狱的定额容量是 6000 名囚犯,可是,到了解放前夕仅存 600 人不到,其中,男囚犯 329 人,女囚犯 61 人,少年犯 201 人。盗窃犯占了近一半。原因是国民政府在那时故意用保释的方法,大批放走囚犯。这样,一方面可以减少囚粮的负担,另一方面则可以借机搜刮钱财。当时规定,只要能交金条、现金作担保的,5 年以下的有期徒刑囚犯都可保释出狱。所以,上海解放后,当上海市军事管制委员会接管这个监狱时,其中的囚犯只占可囚人数的十分之一都不到了。

旧上海的监狱,无论是华界、租界的,还是抗日战争以后国民政府的,都是为他们反动统治服务的工具,都曾残害过进步、革命人士和共产党人。解放战争时期,被关押在提篮桥监狱的进步、革命人士和共产党人不计其数。到上海解放前夕,除了大量被害以外,还有 50 人被关押在那里。②因此,旧上海的监狱不仅仅是人间地狱,还是摧残革命人士和革命运动的魔窟。

四、其他司法设施

1. 华界的看守所

华界和租界都有自己的看守所。华界的看守所创办于 1911 年,地点在上海县城内。1918 年,随上海审判厅一起迁入地方厅路。1912 年时,仅有 12 间房,关押人数只有 100 人。至 1925 年,增至 20 间房,人数也多达 900 余人。1933 年,此看守所再次扩展,押房分为上、下两层,共有 88 间,可关押人数也有了大幅度增加。抗日战争结束后,国民政府把设在今南车站路的原华界看守所改为"上海市地方法院第二看守所",人们俗称其为"南市看守所"。上海解放后,改称为"上海市第一看守所",现址为南车站路 152 号。

华界看守所有自己的组织系统。它设所长 1 人,下设所管 1 人。所管的属官是 5 个主任看守,每个主任看守分管一个部门的事务,这 5 个部门是:戒护、文牍、名籍、会计和识别。另外,还设医士,负责医务事务,直属所长管

---

① 参见中国人民政治协商会议上海市文史资料工作委员会编:《上海文史资料选辑》(第 46 辑),上海人民出版社 1984 年版,第 123 页。

② 参见中国人民政治协商会议上海市文史资料工作委员会编:《上海文史资料选辑》(第 46 辑),上海人民出版社 1984 年版,第 122 页。

辖。据 1935 年《上海市年鉴》的统计，当时共有看守人员 41 人。

2. 租界的看守所

上海的公共租界和法租界都有自己的看守所。

上海公共租界的看守所设在北浙江路的监狱内。在会审公廨时期，此监狱与看守所不分，至 1927 年才分离。未判决的关在看守所，已判决的押在监狱里。1931 年，江苏上海第一特区（公共租界）地方法院成立后，此看守所取名为"江苏上海第一特区地方法院看守所"。20 世纪 30 年代前期，此看守所的关押人数有近 5000 人。据统计，1932 年为 4878 人，1933 年为 4853 人。抗日战争结束后，国民政府将其改名为"上海市地方法院第三看守所"。

公共租界看守所的组织结构中比较突出的是，当时的监狱长兼任看守所所长，其具体事务亦由监狱部门来混管，类似"一套班子，两块牌子"的情况。

上海法租界的看守所在 1931 年以后改称为"江苏上海第二特区（法租界）地方法院看守所"。其地方大于公共租界的看守所，关押的人也多于公共租界关押的人数。1933 年，在这一看守所关押的人数达 11807 人，多于公共租界看守所关押人数的 1 倍以上，抗日战争结束后，国民政府改其名为"上海市地方法院第二看守所"。因其地点在思南路，故人们亦称其为"思南路看守所"。上海解放以后，人民政府继续使用这个看守所，地址为思南路99 号。

法租界看守所设所长 1 人，属官为主任看守，每人负责一个股的事务。看守所有 3 股：第 1 股负责文书、会计、表册、保管、收发、检阅等事务；第 2 股负责警戒、纪律、清洁、消防、监视等事务；第 3 股负责卫生、药剂、治疗等事务。

上海解放前夕，3 个看守所中的在押人数为 507 人。其中，有少数为解放区的民兵干部和基层地方工作干部，他们流落到上海，被发现后，警察局将他们扣押起来，关在了看守所。①

3. 公证处

1935 年 7 月，国民政府颁布《公证暂行规则》。一年以后，司法行政部便指令南京和上海首先试办公证事务。同年 8 月 1 日，上海正式设立了一个公证处，地方置于上海地方法院之内，由一个法院的书记员办理公证业务。公

---

① 参见中国人民政治协商会议上海市委员会文史资料工作委员会编：《上海文史资料选辑》（第 46 辑），上海人民出版社 1984 年版，第 124 页。

证业务的范围很有限,仅限于公证合同和财产权的转移等事项。当时是这样规定的:"凡关于缔结契约等法律行为,或其他关于私权得丧移转之事实,毋庸来院声请备案,均应书状或言词,请求本院公证处作成公证书,或认证私证私书,俾得有公证力之保证,免除将来一切之纠葛。"

同时,公共租界在江苏上海第一特区地方法院(浙江北路)划出一部分房屋,也设立了公证处。该公证处由 3 人组成,即推事、书记和录事,并由推事全权负责。

抗日战争结束后,上海的公证处仍处在附属地位,公证业务发展不快。

4. 法医所和验尸所

1930 年国民政府在上海筹建法医所,1932 年 8 月正式成立并开始工作,地点在真如的交通路。这个法医所直属司法行政部,建所的目的在于:鉴定民、刑案件中的有关问题;进行法医学的研究和培养法医人才。

第一任所长是孙逵方。建所前,他曾去欧洲国家了解有关法医的业务,采购有关器材。至 1936 年,这个法医所已具备了当时的一些新式科学仪器和冷藏设备。所内有冷藏柜 32 个,存放尸体的有 30 个,其中,24 个为 6 摄氏度,另有 6 个是零下 5 摄氏度。

所内有 6 个研究室:法医、物证、病理、微菌学、生理学及毒物学、爱克司光室。其中的研究人员各自承担自己的研究任务。

这个法医所的组织结构是:设所长 1 人,下置 3 个科,每个科负责几类具体事务。第 1 科负责法医学的研究、法医人员的培训、法医学著作的编写和出版事务;第 2 科负责毒物及各种化学成分的化验、验尸、诊察、病原的检查等事务;第 3 科负责收发文件、管理标本、会计等事务。

考虑到报验尸体数量的增加,上海于 1936 年 9 月 1 日成立了南市验尸所。尸体由公安局派车送验,验尸结果呈报法院。验尸时由法院派检察官到场。

上海公共租界也有验尸所。它们的验尸所与公墓连在一起,目的是便于安葬。据统计,1936 年时公共租界共有 8 个公墓,分别在山东路、八仙桥、静安寺、虹桥路等处。这些地方都设置有验尸所。

5. 刑场

这里的刑场是指执行死刑的地方。在 20 世纪初中国进行法制改革以前,对百姓来说,中国仍采用传统的行刑方式,即在闹市地段公开执行死刑,人们可在刑场周围观刑。上海也同样如此。刑场的正前方坐着知县,左右两边站着士兵,前面跪着罪犯。一个行刑者手持大刀,站在罪犯的侧面。另一个行刑者手拉头发,以便大刀从颈部砍下。这是刑场的基本情况。

《上海》一书较为详细地叙述了其中的一些情况。本书主人公丹顿于1903年到上海后不久,便看到了行刑场面。刑场周围挤满了人,"女人们背上绑着婴儿,男人们穿着长衫,还有苦力们和孩子们——有的骑在父母的肩上,全都目不转睛地盯着空地中心,用他们沙细或沙哑的嗓音兴高采烈地笑着讲着"。这个空地就是刑场,罪犯"跪在人群中的一小块空地上,光着上身",站在他身旁的一个行刑者"揪住跪着的人的长辫朝前拉",另一个人"两手托着一把沉甸甸的大刀,阳光洒在刀刃上,寒光逼人"。行刑时,"刀斧手扬起胳膊,两手紧握刀柄,锋利的刀刃在空中划出一条弧光,猛地劈了下去。当刀刃劈到跪着的人的脖子时","只听到轻微的一声咔嚓,一颗头颅滚落了。在躯体倒地时,深红色的鲜血从脖子里像泉水似地喷射而出"。①这种刑场都是暂时性的,行刑结束,也就不是刑场了,人们可以自由行动。"人群又汇成一股不可阻挡的人流,朝尸体蜂拥过去,男人、女儿和小孩争先恐后地把手伸到血泊中。"因为"中国人认为血会带来好运。实际上伸出去的不是手,是他们手里拿着的铜板","他们认为,血会给铜板带来运气,铜板会使他们发财"。②执行斩刑的刑场是在公开场合,其他一些死刑的执行刑场也在公开场合。据姚廷遴《历年记》上记载,明崇祯十五年(1642年)上海知县章光岳在刑场杖死和烧死、枷死过罪犯。那年有3男2女杀死小孩,并"将小儿肉煮烂,冻一瓦钵","章知县立将此3男2妇杖毙在县场上,其日大雨,看者甚多,杖至二百方死"。以后,"有村中放火杀人者",章知县便用火和枷死方法处死了他们。"章知县亦将其立在木桶内,活活烧死,抢劫者立时枷死"。③

辛亥革命以后,刑制发生了变化,死刑逐渐以枪决来取代。国民政府时,由于残酷地镇压进步人士和共产党人不得人心,所以,死刑的执行往往秘密进行,而且不在固定的刑场。许多共产党人被害于龙华、枫林桥、江湾、闸北宋公园(今闸北公园)及郊外的一些地方。共产党人彭湃、柔石和殷夫等就义于龙华;糜文浩、佘立亚和陈乔年等牺牲于枫林桥;汤景延等被害于江湾刑场;穆汉祥和史霄雯等被害于闸北宋公园。还有,共产党人李一谔被害于松江山河庄,陆铁强被害于崇明海门镇,李白就义于浦东戚家庙,等等。

---

①② 〔英〕克利斯多福·纽:《上海》,学林出版社1987年版,第12—14页。
③ 《清代日记汇抄》,上海人民出版社1982年版,第52页。

第十八章　旧上海的律师

上海是中国最早拥有律师的城市之一。上海的律师又与上海的司法联系在一起，是其中一个不可缺少的组成部分。旧上海的政权重叠、多变，司法机构也随之不断变化，律师的情况显得更加错综复杂。此处只能从一般的角度，叙述与旧上海律师有关的一些问题。

一、旧上海律师执业的法律依据

律师执业必须遵循一定的法律，在旧上海同样如此。那时的这类法律，除了诉讼法中的有关规定外，主要是一些中国政府颁布的有关律师问题的专门规定，此是旧上海律师执业的主要依据。

1912 年 3 月，中华民国南京临时政府内务部草成一份《律师法草案》，呈临时大总统孙中山核准。孙中山对此草案十分重视，认为："律师制度与司法独立相辅为用；夙为文明各国所通行。现各处既纷纷设立律师公会，尤应亟定法律，俾资依据。"①但是，由于南京临时政府执政的时间太短，律师制度未能建立起来。

1912 年 9 月 16 日，北京政府颁布了《律师暂行章程》，被认为是"中国近代第一部律师单行法规"。②此章程对律师资格、证书、职务、公会和惩戒等一些问题作了规定。同年，北京政府又公布了《律师登录暂行章程》。1913 年 12 月 27 日又颁布了《律师惩戒会暂行规则》。它们从不同角度对有关律师的问题作了规定，基本形成了中国近代的律师制度。

南京国民政府在北京政府建立的律师制度的基础上，又作了改进，另颁行了一些法规。如 1927 年 7 月 23 日公布的《律师章程》和《律师登录章

---

① 《孙中山全集》(第 2 卷)，中华书局 1982 年版，第 274 页。

② 王申：《中国近代律师制度与律师》，上海社会科学院出版社 1994 年版，第 41 页。

程》,1929年5月11日颁布的《律师惩戒委员会规则》。以后,国民政府又调整了律师制度,在废止以前规定的同时,又颁行了一些新法规,如1941年1月11日公布的《律师法》,同年3月24日颁布的《律师法施行细则》,同年5月23日公布的《律师检核办法》,同年9月11日颁布的《律师登录规则》,同年9月13日公布的《律师惩戒规则》等。至此,中国近代律师制度的完整体系已经形成,律师执业的规则也发展到了较为完善的程度。

以上的律师制度有改进和发展的过程,这个过程的基本走向是使这一制度更为完备化。如北京政府的《律师暂行章程》把女子排斥在律师队伍之外,规定只有"中华民国人民满20岁以上之男子"才可以取得律师资格。南京国民政府的《律师章程》就取消了这一规定,认为只要具有法定学历和通过律师考试的,不分男女,均可取得律师资格,没有性别的限制。①这一规定,无论是提高妇女地位,体现男女平等,还是扩大律师队伍,促进律师队伍的合理构成,都具有积极意义。

南京国民政府的律师制度是旧中国完备的律师制度。综观这一制度,主要对以下这些方面作了规定。这些规定同时又是上海律师执业的法律依据。

关于律师资格。根据《律师法》的规定,取得律师资格主要有两条途径,即考试和甄拔。具有下列资格者之一的可参加律师高等考试:公立或立案的私立专科以上学校或经教育部承认的国外专科以上学校法律系科毕业,而且有证书者;凡有法律专科以上学校同等学历的,要参加律师高等检定考试并通过这一考试者;经普通考试、书记官考试及格,任法院书记官连续任审判记录或检察处书记官担任侦察记录4年以上,并且有文件证明者。他们经过律师高等考试并及格的,可以取得律师资格。以上即是考试途径。还有一种是甄拔途径,就是一种不需经过律师高等考试就能取得律师资格的途径。具有以下条件之一的,可以通过甄拔途径取得律师资格:曾任推事(即法官)或检察官者;曾在公立或经立案的大学、独立学院、专门学校任教授、副教授、讲师,并讲授主要法律科目2年以上者;在教育部认可的专科以上学校修习法律学科3年以上毕业,并曾任司法行政官,办理民刑案件2年以上,成绩优良者,或者曾任立法委员3年以上者。另外,具有以下情况之一的不得成为律师,已经是律师的要被撤销律师资格。这些情况是:背叛中华民国证据确实者;曾受1年有期徒刑以上刑罚宣判者;曾受除名之律师惩戒处分者;曾任公务员而受免职之惩戒处分者;亏空公款者;受破产之宣告而

----

① 参见王申:《中国近代律师制度与律师》,上海社会科学院出版社1994年版,第42、50页。

尚未复权者。

关于律师的执业条件、方式和范围。根据《律师法》的有关规定,取得律师资格者,在具备以下条件后才可正式执业:必须到两个地方法院及其直接的上级高等法院或分院申请登录,以取得在它们管辖的地区执业的资格;必须加入执业地区的律师公会;应在执业地区置有律师事务所,并报告法院,但不得在同一地区设立两个以上律师事务所或任何类似之名目。律师的执业方式分为当事人选任或委任和法院指定两种。通常,刑事被告人选任律师为其辩护人者为多,刑事案件中的自诉人和民事案件中的当事人委任律师为其诉讼代理人者为多。无论是选任或委任,律师均应向法院提交委任状或委任书,以证明其受权的依据。另外,在未设置公设辩护人的法院,对于 5 年以上的有期徒刑或高等法院管辖的第一审案件中未选任的被告,法院可为其指定律师,充当其辩护人。这样的辩护人无需委任状,也无需被告的同意。律师的执业范围分为诉讼和非诉两大类。在民事诉讼中,律师的执业范围是:代理原、被告拟具诉状,收集各种证据,提供给法院;代理或辅佐当事人出庭,参加庭审;庭审中,当原、被告和证人陈述后,可当庭诘问;辩论后,要将反驳对方当事人及其代理人的意见提交法庭;抄阅卷宗笔录,提出证据,申请复勘及检验、鉴定等事项。在非诉事务中,有担任常年法律顾问、提出法律咨询、进行法人登记、管理失踪人财产、处理债务、代为请愿,等等。

关于律师的回避。根据《律师法》的有关规定,有下列情况之一的,律师应该回避:司法人员自离职之日起,3 年内不得在曾任职务的法院管辖区内执业;律师在注销登记最后 1 年内,不得在曾执业区域的法院担任司法官;律师与法院院长或首席检察官有配偶、五亲等内的血亲或三亲等内姻亲关系的,不得在该法院登录等。

关于律师的酬金。旧上海称其为"律师之公费",是指委托人按法律规定而支付律师的报酬。国民政府时期,各地律师公会都曾规定了律师收费额。上海律师公会在 1927 年 9 月规定了最高收费额。通过对 1928 年至 1930 年全国 17 个地方律师公会的收费标准进行比较以后发现,在涉及讨论案情、阅卷或会见被告、民刑庭出庭、撰写民刑起诉状、刑事辩护书、在本地区调查、赴外省市处理事务等 25 项收费标准中,上海律师的收费最高,高于其他城市 2 成至 1 倍的情况十分普遍。如讨论案情,上海每小时的收费是 8 元,而浙江杭县是 6 元,安徽怀宁是 4 元。又如民庭出庭费,上海每小时的收费是 100 元,而江苏吴县是 80 元,浙江瑞安是 50 元。[①]出现这一情况的主要

---

① 参见王申:《中国近代律师制度与律师》,上海社会科学院出版社 1994 年版,第 70—72 页。

原因,是因为上海是个经济文化比较发达的城市,生活水准也相对比较高,故水涨船高,收费也就高于其他城市了。在这里还要提及的是,律师除了收取规定的酬金外,不得取收其他任何额外酬金。《律师法》还对此作了专门规定:"律师不得违背律师公会章程要求期约或收受任何额外之酬金。"

关于律师的义务。国民政府的《律师法》还对律师的义务作了规定,主要是以下一些:必须执行法院所命令的职务;承担损害委托人的赔偿责任;不得参与曾受相对人委任的事件;不应参与在任司法官时所办理的事件;不应参与曾以仲裁人的资格处理的事件;在法庭内服从法官的指挥与监督;不得从事作伪证或其他犯罪行为;不得有足以损害律师名誉或信用的行为;不可兼任公务员;不可兼营商业;不得与执业地区的法官往返应酬;不得在报纸、杂志上对自己所担当的、还未判定的案件发表议论;不得以不正当方法招揽业务;不可提起无理由的上诉,等等。违反以上义务的,将会受到不同程度的惩处。

关于律师的惩戒。《律师法》对律师惩戒问题也作了规定。律师中有违反《律师法》所规定行为的、有犯罪行为应受刑罚处罚的、有违反律师公会章程的行为并且情节重大等3种人,都应受到惩戒处分。惩戒处分分为:警告、申诫、停止执行职务2个月以上1年以下、除名等4种。依照《律师惩戒规则》的规定,律师惩戒的初审机关是律师惩戒委员会,由高等法院院长、庭长和法官等5人组成,其中高等法院院长任委员长;律师惩戒的复审机关是律师惩戒复议委员会,由最高法院院长、庭长和法官等5人组成,其中最高法院院长任委员长。高等法院及其分院、地方法院首席检察官、律师公会的会员大会或理监事联席会议,都可对违法律师提出惩戒理由书。被惩戒律师如果对惩戒决议不服,可在法定时间内向律师惩戒复议委员会提出复审。复审结果呈请司法部确定,并以命令形式执行,同时登载于《国民政府公报》。

旧上海的律师必须依照以上规定依法执业,违反者将受到惩戒,乃至被追究其他法律责任。

二、上海律师公会

律师公会是一种以律师为成员的职业性社会团体。1912年1月,由上海的留日法科毕业生发起成立了我国历史上第一个律师公会,并经上海都督批准和司法部立案。

上海律师公会的产生是反对封建专制和引进西方民主思想的直接结

果。辛亥革命前后，随着西方民主思想和制度的进一步传播，使人们对封建专制更加深恶痛绝，尤其是司法专制。一些从国外留学回来的法科大学生，受到西方民主与法学思想的熏陶，主张在中国建立辩护制度，发展律师组织，以反对司法专制。他们把"处罚必须审判，审判必须辩护"作为司法改革的目标，为此他们还为组建律师组织积极奔走。杨天骥等人专门发起倡议，提出要把分散的律师及其组织集中起来，形成合力，发挥更大作用。倡议说："民国初建，法治始基。本会拟集通国法学人才，将已颁未颁之一切法令从事研究，调和学说，保障人权，以宣扬法律精神，巩固民国之精神，巩固民国之始基。"①他们的努力把可能变成了现实，上海律师公会终于呱呱坠地了。以后，我国的一些大城市也纷纷效仿，律师公会在全国各地建立起来了。

上海律师公会的领导体制先后采用过会长制和委员制两种形式。1927年以前，采用的是会长制，由会长和副会长各1人负责。他们都由律师大会选举产生。

随着律师的大量增加，会长制已不能适应管理的需要，于是在1927年9月18日的上海律师公会改选大会上，决定改会长制为委员制。其体制是：律师公会的会员大会是议决机关，下设监察委员会和执行委员会两个组织。监察委员会由3人组成，负责监督公会中的一切事宜。执行委员会由15人组成，其中3人为常务委员，主持公会中的日常工作。执行委员会下设庶务和书记各1人，从事公会中的具体事务。抗日战争胜利以后，上海律师公会于1945年恢复，并且继续采用委员制，因为律师大增，所以，组成人员有所增加。监察委员增至10人，执行委员增至34人。执行委员会下设立了秘书机构，由总务、会计和文书人员构成。上海律师公会的办公地点在贝勒路（今黄陂南路）。

由于各种原因，上海律师公会会议常常无法正常举行，上海《申报》多次作过这样的报道。1919年4月28日《申报》报道：昨日"上海律师公会特假江苏教育会开春季大会，会员到者68人"，"不足法定人数"，"照章应以144名为定额"，所以会议无法举行。1923年4月23日《申报》又报道：昨天上海律师公会又在"西门外林荫路江苏省教育会，开春季定期总会"，可是陆续到会的只有34人，"仍不足法定人数，只得改为谈话会"。1923年5月14日《申报》再次报道：昨天再开"第3次春季定期总会"，可是"午后1时起至3点30分止"，到会者还是只有46人，不到法定人数，又改为谈话会。1926年

---

①　参见《法政杂志》1912年第2卷第4号。

4月26日《申报》又有报道:"上海律师公会于昨日下午2时,在林荫路江苏省教育会举行春季大会",可是到会人数仍不到"法定人数",所以又一次改为"谈话会"。上海律师公会无法正常举行会员大会的情况,无疑会对公会的正常工作带来一些不良影响。

上海律师公会成立以来,开展过一些有利于律师发展、社会和民生的活动,主要是以下这些方面:

第一,促成全国性律师组织的建立。为了扩大律师队伍的影响,协调全国各地的律师组织,也为了便于对外交流,1928年6月,由上海律师公会发起并在上海召开了"中华民国律师协会"(简称"中华律师协会")成立大会。这个律师协会的宗旨是:"促进政府修订法律,厉行法纪,维护国家主权,废除不平等条约,撤销领事裁判权,整肃律师风纪,砥砺律师品德,提高律师地位,阐扬中国法系,并研讨世界法学为宗旨。"①它把分散在全国的律师公会组织起来,可以统一的名义进行活动,因此,它的成立标志着我国近代的律师组织发展到了一个新的阶段,也是我国近代律师史上的一件大事。

第二,设立为无力聘请律师的劳动团体和劳动群众服务的法律援助机关。在旧中国,贫民不计其数,有冤无钱没法请律师告状的人也大有人在。为了"欲博施以济众,使贫而无告之弱小百姓,得有所告",②在上海律师宋士骧等人的倡导下,上海律师公会于1924年在上海成立了"上海律师援助会"。它为贫民提供服务,使他们"得有所告"。在此基础上,上海律师公会又于1928年成立了专为无力聘请律师的劳动团体和群众提供法律服务的贫民法律援助机关。这一机关比以上的援助会更进一步,因为它派员为贫民出庭辩护,或负责代理,而丝毫不取报酬,使法律服务更为直接和有效。这一机关不仅受到上海贫民的欢迎,也为推动全国性的贫民法律援助运动起了积极作用。1934年3月,中华律师协会成立了全国性的"贫民法律扶助会",把无偿的法律服务扩大到了全国贫民。这一举措受到舆论的赞扬。1935年4月2日的《大公报》发表文章指出:"各处律师公会附设贫民扶助会,为贫民排忧解难,皆可表现律师界维护人权,服务社会之精神,值得国人称赞。"

第三,积极参与收回治外法权的爱国运动。上海自从出现了租界和领事裁判权后,上海的治外法权日益丧失,洋人也依仗此裁判权而为所欲为。

① 参见王申:《中国近代律师制度与律师》,上海社会科学院出版社1994年版,第88页。
② 《法治周报》1934年第2卷第8期。

这对上海人民来说无疑是个灾难,因为他们的合法权益得不到保障,随时都可能受到洋人的威胁。所以,长期以来上海人民都要求政府收回治外法权,以维护国家的主权和人民的正当权益。上海律师公会也积极参与了这一爱国运动。1929年4月,上海律师公会在举行春季定期会议时,提出了要求政府完全收回上海租界治外法权的议案。议案指出:"在上海一域,仍有人类不能忍受之领事裁判权,乃观审会审制度继续存在,割裂我法权,侮辱我民族,莫此为甚。"①以此来敦促政府当局尽快收回治外法权。上海律师公会参与配合了全国收回治外法权运动的开展,具有积极影响。

第四,积极参加抗日救国运动。日本发动侵华战争以后,激起了全国人民的极大愤慨。上海律师公会以具体行动,积极参加抗日救国运动。1931年的"九一八事变"后不久,上海律师公会便通过了《抗日救国议决案》。此议决案决定:上海律师公会不与在沪的日本律师合作,如有会员与日籍律师合作的,立即令其退出公会;拒绝接受日侨的民、刑诉讼案件;在沪召开律师招待会,宣布日寇罪行;搜集各种抗日资料,由公会汇总发表,等等。1932年,日军侵略上海的"一·二八事变"爆发后,上海律师公会一方面致电政府,要求派遣精兵增援守卫上海的十九路军,坚持抗战;另一方面组织抗日募捐活动,成立慰劳捐款委员会,以慰劳十九路军及其他抗日将士。据统计,共募得现金34800万元。②这些活动都有力地推动了抗日救国运动,并在上海产生了一定的影响。

第五,积极参与冤狱赔偿运动。在国民政府的旧法制之下,出现了不少冤狱,受害人甚多,这激起了人民的愤慨,要求赔偿的呼声高涨。1934年,中华全国律师协会在广州召开的第6届代表大会上,议定组织"冤狱赔偿运动委员会",以推动冤狱赔偿运动。上海律师公会积极参加了这一运动。1935年5月5日,冤狱赔偿运动委员会在苏州召开了第1次会议。会后,上海律师公会召开大会,沈钧儒代表公会阐述了这一运动的重要性,指出:"冤狱运动之发起,全为保障人权,改进司法。人民以罪过入狱,其所受物质精神之痛苦,自不待言,而或以手续之繁重,或因处判之错误,使人民获无谓之痛苦及损失,当局必自负其责。"③他希望这一运动能得到上海广大人民的支持。1936年6月,上海律师公会在上海召开了全体会员会议,以参与全国第2届冤狱赔偿运动周。会议把冤狱赔偿与维护人权结合起来,认为它是保障人

---

① 《法学评论》1929年第286期。
② 《申报》1932年11月5日。
③ 《申报》1935年6月6日。

权的一项重要措施,指出:"吾人以为健全国家,必须保障人民,宪政实施在即,苟无冤狱赔偿以为之辅,则所谓人权保障,仅属粉饰文明。"①这对于保障进步、爱国人士的人权,推动抗日救亡运动,抨击南京国民政府的"攘外必先安内"的政策都具有进步意义。

上海律师公会作为旧上海的一个律师团体,曾组织律师参加过一些有益于社会和人民的活动,这对于唤起民众的民主意识,帮助人民解难,促进社会发展,都起到过一定的积极作用。但是,在当时以旧法制为准绳的条件下,这种作用受到了很大的限制,不能充分发挥其应有的力量,因此,它的局限性十分明显。

三、中 国 律 师

中国律师是旧上海律师队伍中的一支主要力量,他们承担了几乎所有华界的律师业务和少量租界的辩护事务。随着上海城市的发展,中国律师的人数也逐年增加,特别是在 1930 年以后,增加速度很快。1930 年以前,上海的中国律师人数极少。1930 年,上海有中国律师 95 人,1931 年便增加了176 人。以后,每年继续以平均 100 多人的速度递增,到全面抗战爆发前夕,上海的中国律师已达到了上千人。抗日战争胜利后,上海的中国律师人数仍有增加。1946 年,上海的复业律师有 920 人,新加入的律师有 151 人,总数达到 1071 人。1947 年底,上海的中国律师总人数已是 1191 人。在中国律师中,男性要比女性多得多。据 1947 年的统计,在总数为 1191 名律师中,男律师有 1123 人,而女律师只有 68 人,只占律师总人数的不到 6%。

有不少上海的中国律师曾为社会和人民做过一些有益的事,主要表现在以下这些方面:

第一,为进步人士和共产党人进行辩护。上海是工人阶级的集中地和中国共产党的诞生地,具有光荣的革命传统,许多进步人士和共产党人都曾在上海为中国人民的进步和解放事业工作。但是,在国民政府和租界当局的统治之下,他们常会遭到拘捕,甚至被残杀。具有正义感的中国律师,往往挺身而出,为他们进行辩护,敢于与国民政府、租界当局进行合法斗争,从中支持人民的进步事业和革命事业。

有的上海律师曾为进步人士作过成功的辩护。史良律师就是其中之

① 参见王申:《中国近代律师制度与律师》,上海社会科学院出版社 1994 年版,第 112 页。

一。她曾为左翼作家艾芜作过辩护并获得成功。1933 年 3 月 3 日,艾芜在上海被捕,原因是当天他曾到曹家渡的一家丝绸厂与他的工人通讯员们商量事宜,结果被特务抓获。同时被捕的还有 6 名工人,罪名是所谓的"危害民国罪"。史良接受了"左联"要求,担任艾芜的辩护人。由于辩护十分成功,所以,艾芜和其他 6 名工人顺利获释。艾芜后来在他的回忆文章里讲了这段历史,他被捕后,"左联"便设法"请史良律师进行书面辩护。后来史良得到法院通知,可以保释出狱","结果我和六个工人都得到了自由"。①在著名的"七君子"案件中,也有上海律师为他们辩护。②1936 年 11 月,居住在上海的抗日爱国人士沈钧儒、邹韬奋、李公朴、沙千里、史良、章乃器和王造时 7 人,因所谓的"非法组织上海各界救国会"等罪名而遭到逮捕。上海律师张志让和陈霆锐、俞钟骆等人担任了他们的辩护人。辩护中,律师们申明大义,以"抗日有功"来驳斥"爱国有罪",并因此而揭露了政府当局捏造事实、陷害爱国人士的险恶用心,辩护十分成功。在其他进步人士和中国共产党的努力配合下,1937 年 7 月,国民政府不得不释放了"七君子"。

有的律师还为共产党人作过成功的辩护。吴凯声律师是其中之一。1933 年 3 月 20 日,当时任全国总工会秘书长的王其良被国民政府抓获,并叛变投敌,陈赓因此在上海被捕。消息传出以后,中共上海地下组织立即与宋庆龄先生联系,并委托她聘请律师出庭辩护。宋庆龄认为吴凯声是合适的辩护人。他虽是国民党党员,也出任过外交官,但他拥护共产党的抗日主张,不赞成蒋介石的打内战政策。而且,在 1928 年还曾为共产党人陈延年作过辩护人。当吴凯声接受聘请时,他毫不犹豫地说:"这是我义不容辞的责任!"1933 年 3 月 31 日开庭审理陈赓案,吴凯声在法庭上把公诉人甘镜先驳得体无完肤。两个小时以后,甘镜先理屈词穷,不得不休庭,在成功的合法斗争配合下,陈赓同志终于脱险,并于同年秋到达了中央革命根据地。1955 年初,他对这段历史作了回忆,其中提到了吴凯声,说:"30 年代初期,上海有位大名鼎鼎的律师,叫吴凯声。他身为国民党员,却能在国民党法庭上维护正义,为共产党员辩护。此事至今,余音如在耳边。我对吴律师深为钦佩,如能相见,定当求教,甘拜为师。"③另外,史良也曾为中共地下党员熊瑾玎等同志进行过辩护。④

---

① 《左联回忆录》,中国社会科学出版社 1982 年版,第 237 页。

② 参见《上海救国会七君子被捕案轶闻》,载中国人民政治协商会议上海市委员会文史资料工作委员会编:《上海文史资料选辑》(第 5 辑),上海人民出版社 1980 年版,第 63—74 页。

③ 《文汇报》1992 年 5 月 19 日。

④ 详见王申:《中国近代律师制度与律师》,上海社会科学院出版社 1994 年版,第 169—170 页。

　　第二,为贫苦民众解难。旧上海既是个国际大都市,又是各地贫苦民众的聚集地,他们因生活所迫,不得不背井离乡,来到上海找活谋生。在上海,他们常常受尽欺压,但却不懂法律或没钱打官司,不能利用法律保护自己。那时,在上海也有一些律师出于正义和同情,为贫苦民众服务,为他们解难。虽然,这并不能从根本上帮助他们脱离苦海,但毕竟能帮他们解决一时的困难。

　　据包天笑《钏影楼回忆录续编》记述,有个名为朱榜生的律师曾为一些受苦受难的女孩解难,而且很有成效。"有许多孤苦女娃堕落在风尘中,受尽虐待,得以解脱的,全仗他的法力。"曾有一个 15 岁的雏妓向朱榜生求救,希望能逃出妓院这个苦海。当他知道她"家住南京,只知有母而不知有父,家穷得没有饭吃",被一个人贩子"贩卖到上海堂子里来"以后,决定帮助她。他首先了解有关情况。这个女孩子告诉他:"自己是 9 岁就卖出来的",而且"契约订定(与家人)断绝关系",现在老板硬要自己为一个 50 多岁的"粗野军官"服务。根据已掌握的情况,朱榜生找了这个老板并告诉她,她的这种行为触犯了两个罪名:一是"卖良为娼",因为用契约形式,买少女作妓女;二是"强奸",因为硬逼一个 15 岁的少女与男子"奸宿"。妓院老板自知理亏,不得不同意那少女离院。"此事结束以后,为朋辈所传闻,都说朱律师办得好,办得痛快。"①

　　史良律师为贫民解难的事迹更为动人,她甚至在监狱里都不忘为他们出谋划策,忙得不亦乐乎。《史良自述》中提到:1937 年因"七君子"案而被囚禁在苏州监狱时,"在牢狱中,我一方面积极为自己的'爱国有罪'罪进行研究,以便与敌人开展法庭上的斗争;一方面还帮助那些女犯们分析研究案情。事后我曾对人说过,这是我生平最忙碌的时刻之一"。②这种为贫民解难的精神十分可贵。

　　第三,积极参加各种有利于社会发展的活动。旧上海的中国律师还参加各种有利于社会发展的活动,以推动社会和民族的进步。

　　有的上海律师为收回中国的司法权而奔走。早在 1925 年,上海律师董康、李祖虞、陈霆锐等人就受上海一些爱国团体的委托,上访北京,要求北京政府废除领事裁判权,收回中国在租界的司法权。同时,还专门提出了废止上海会审公廨的理由:中国人的诉讼应由中国的司法机关受理,可是现在洋人可在租界擅为审判,实属侵犯了中国的主权;上海已成为全国的经济金融

　　① 包天笑:《钏影楼回忆录续编》,香港大华出版社 1973 年版,第 105—110 页。

　　② 《史良自述》,中国文史出版社 1987 年版,第 33 页。

中心,而经济金融的发展与法制密切关联,上海租界的法制长期在洋人的控制之下,必会阻碍上海经济金融的进一步发展;上海的会审公廨适用外国法律,讲的又是外语,中国人既不懂外国法律,又不熟悉外语,给诉讼带来了极大的不便等。①上海律师的呼吁得到了京城及全国各地有识之士的赞同,并为以后收回司法权开了个好头。

有的上海律师致力于解决社会问题。在旧中国,社会制度及其所造成的悬殊的贫富差距,迫使一些贫困民众走上犯罪道路,受到了法律的惩罚。但是,出狱以后,他们的生活仍无着落,完全有可能再铤而走险。正如有的律师所讲的:"查犯罪囚犯,类多缺乏谋生技能,受环境压迫不得已铤而走险,遂致陷身囹圄,情殊可悯。设于受刑出狱后,社会上无保护方法,不又故态复萌重罹法网者,实属罕见。"②为了使出狱者重新走上生活之路,缓解社会的犯罪问题,杭州律师公会首先于 1932 年 7 月倡导成立"出狱人保护会",以解决出狱者的生活问题。迫于舆论的压力,国民政府在 1932 年 10 月颁布了《出狱人保护会组织大纲》。可是,此大纲一直没有切实地得到实施。为此,上海律师宋士骧、焦鼎恩等人于 1935 年 10 月再次呼吁社会,要重视出狱人问题,指出:"沪地人民众多,因触刑章身入囹圄者,人数多过于全省。然而,受刑期满之出狱人,有因无资力谋生者,或无资回籍逗留沪上者,仍复铤而走险重罹法网,时有见闻。"③上海律师的呼吁尽管没有受到社会的足够重视,也不可能从根本上解决犯罪这一社会问题,但是它本身却反映了律师们致力于解决社会问题的良苦用心,这同样是可贵的。

有的上海律师积极投身中国人民的解放事业。有的上海律师在他们的律师业务活动中,深感当时社会制度的腐败,认识到中国的前途只能寄托于中国共产党领导下的人民解放事业。因此,他们积极投身于这一事业,开展各种革命活动。沈钧儒便是其中之一。他在 1941 年与张澜等人倡导成立了"中国民主政团同盟",后改组为"中国民主同盟",任中央常务委员。1947年冬,国民政府宣布其为非法团体,沈钧儒被迫远走我国香港地区。在我国香港地区,他继续组织和领导民盟成员,坚持与中国共产党合作,支持人民解放战争。1949 年北平解放后,他还代表民主同盟会参加了中国人民政治协商会议,为建设新中国继续努力。

旧上海的中国律师良莠不齐。以上是上海律师的积极一面,还有其消

---

① 《法学评论》1924 年第 50 期。

② 《法学评论》1930 年第 352 期。

③ 参见王申:《中国近代律师制度与律师》,上海社会科学院出版社 1994 年版,第 121—122 页。

极的一面。有的上海律师无论是办案,还是做人,都不那么严肃,以致引起人们的非议。

有的律师基础知识很差。律师是从事法律工作的人员,应有丰富的基础知识和法律知识,但是实际情况并非如此。有的上海律师连中文都不甚了解。有个熟知上海律师情况的记者说:"凡为律师者,不仅要精通法理,而且也要敷佐文理,这一班律师先生,竟文字也不甚了了,至于外国文,更不必说了。"①也有的上海律师办案不认真,以致在法庭上闹出不应有的笑话。有律师竟然忘带案卷而去出庭。"记得有一位律师,还是个原告方面的,临讯之日,匆匆忙忙到了法庭,摊开公文皮包,却忘带了这案的卷宗。法官嘲笑他道:'贵律师怕是叉了通宵麻雀,没有回家取卷吧?'"②还有律师在法庭上穿错衣服,把妻子的长袍当法衣。"有一位律师更有趣,照例,律师出庭辩护,应穿法衣,法衣是什么样子呢? 是一件黑色的长袍,到了庭上,方始穿起来。这天那位律师,不知如何,拿错了他的夫人一件黑呢绒的旗袍,四周还有花边,披在身上,短了半截,引得哄堂大笑,连法官也忍俊不禁。"③

有的律师枉法弄钱。他们通过各种手段,以便弄得更多的钱财,俗称的"树上开花"就是其中之一。这是一种律师硬敲对方当事人钱财的行为,多出现在离婚案中。常常是一个在上海已经发达的丈夫要与在外地的妻子离婚,妻子的律师便利用这个外地丈夫急于离婚的心态,敲他多拿些钱来。有时这个丈夫也请律师,此时就"律师和律师,讲斤头,那是再好也没有了"。这类案子往往以和解离婚了结,而律师等人都可从中得到好处。"如果敲得到 5 万元的,她最多可以得到 2 万元,其余 3 万元,由他们平分了。当然律师得了大宗。"④

有的律师与大流氓关系密切。旧上海的流氓势力很大,而且渗透到社会各领域,形成一种黑社会。有的上海律师便与大流氓保持相当密切的关系,以他们为后台老板,为虎作伥。有人认为:"律师界经营这种业务,最好有个黑社会中人,做后台老板,以助声势。"⑤

有的律师生活不检点。特别是有些大律师的生活不那么检点。有外遇是表现之一。"至于高级律师,也有很多趣事。大概他们都有外宠,上海人称之为'黑市夫人'。"为了欺骗自己的妻子,他们常以到苏州高院去办案为由,离家外出,其实是去约会。"哪知他并没有高院出庭,并没有到苏州去,

---

①　包天笑:《钏影楼回忆录续编》,香港大华出版社 1973 年版,第 105 页。
②③　包天笑:《钏影楼回忆录续编》,香港大华出版社 1973 年版,第 115 页。
④⑤　包天笑:《钏影楼回忆录续编》,香港大华出版社 1973 年版,第 114 页。

只是在他的小公馆温柔乡里,尽情享受了一夜,直到明天,夕阳在山,方说是从苏州回来了。"①这是个真实的写照。

旧上海中国律师的种种现象说明,旧上海的律师是复杂的群体,因此对他们不可一概而论,而要具体分析。

四、外 籍 律 师

上海外籍律师的出现与上海开埠出现租界联系在一起。1864 年 5 月 1 日,英国驻上海的领事署里设立了一个所谓的"洋泾浜北首理事衙门"(即"会审公廨"的前身),审理一些轻微的华洋诉讼案件。在这个衙门的审判中,便有了外籍律师出庭的记录。根据会审公廨档案资料记录,外籍律师1866 年就在洋泾浜北首理事衙门出庭的记载。可是,这时的外籍律师只是承办外国人之间纠纷的案件,为外国人提供服务。1875 年 4 月,英国怡和洋行的澳顺轮撞翻了中国福星号船,中国当事人聘请英国律师代为诉讼,从此,外籍律师也开始为中国当事人所聘用了。但是,这只是一个特例,并无明文规定。

以后,关于外籍律师出庭的规定逐步出台,而且规定也逐渐规范化。1926 年 8 月 14 日签署的《上海临时法院协定 9 条》对外籍律师的业务范围作了规定:外籍律师可以在外人诉讼案中代表外人执行律师职务;凡有领事列席出庭的案件,外籍律师可以代表任何一方出庭执业等。可见,外籍律师的业务范围已被大致确定下来,即可代表华、洋当事人出庭执业。1926 年 12 月 31 日,会审公廨公布了关于外籍律师工作范围的补充规定,进一步明确了他们出庭的具体范围:凡有领事会同中国法官观审的案件及工部局为原告的案件,不论是第一审或上诉审,外籍律师都得代表出庭;凡为外籍律师代表的案件,应为特别审问,在未收回之前外籍律师代表的华人案件,于收回后一年内仍准在第一审出庭,惟该项案件于一年内结束,如有必要,而须延长时期者,亦得延长等等。②

1930 年 2 月 17 日签订的《上海特区法院协定》对外籍律师出庭执业问题作了进一步规定,内容不仅涉及执业范围,还提出了需在执业前取得律师证明书和在执业中需遵守中国法令的问题,具体是:在一方为外国人的案件

---

① 包天笑:《钏影楼回忆录续编》,香港大华出版社 1973 年版,第 116 页。

② 参见王申:《近代中国外籍律师问题述评》,《学术季刊》1991 年第 1 期。

中,外籍律师可在各级法院代表外国当事人出庭;在工部局为刑、民事案件的原告或巡捕房起诉的案件中,有相当资格的中外籍律师都可代表出庭;工部局认为其他一些案件有关公共租界利益的,也可延请有相当资格的中外籍律师作为诉讼代表出庭;凡在法院出庭的外籍律师,应向中国的司法行政部领取律师证明书,并遵守有关律师执业的一切法令,等等。这些规定显然比以往的规定有所进步,体现了一些司法主权原则。

1944 年 3 月 28 日,国民政府颁布《外国人在中国充任律师办法》,1945年 4 月 5 日国民政府发布的《律师法》又对其进行了部分修改。《律师法》的第 47、48 和 49 条均对外籍律师执业问题作了规定,这同样适用于上海的外籍律师。其主要内容是:外籍律师的本国法律也允许中国人在该国充任律师的、具有与中国人相同应考资格并参加律师考试及格的、通过申请并获得法务部许可的外籍律师,才可成为执业律师;外籍律师必须遵守中国法律,否则,将会受到惩处,乃至注销其执照;外籍律师在中国法庭上,应用中国语言,所呈文件应用中国文字等。这是旧中国对外籍律师最为完整和规范的规定。

有学者认为,在公共租界和法租界的会审公廨里,有对外籍律师的特别规定。吴圳义指出:"至于司法审判过程中对律师的规定,两个会审公廨互不相同。在公共租界的会审公廨,无论刑事或民事案件,华人皆可请律师替他们辩护。然而,在法租界的会审公廨,这种律师的请求权,在民事案件方面,只限于债权或债务在 1000 元以上者。此外,律师还须有法国籍。所以有许多人因得不到律师的帮助,而成为审判不公的牺牲品。"[1]

外籍律师在上海的人数也有个变化过程。开始,外籍律师的人数呈上升趋势。1915 年,上海共有外籍律师 37 名(其中,英国人 15 名,日本人 4名,美国人 8 名,法国人 4 名,德国人 3 名,意大利、奥地利和比利时各 1 人)。1916 年,上海的外籍律师人数上升为 63 名(其中,英国人 33 名,美国人 11名,日本人 6 名,法国人 5 名,奥地利人 3 名,德国人 2 名,葡萄牙人、意大利人和西班牙人各 1 名)。[2]此后有段时间上海外籍律师的人数呈下降趋势,至1933 年,上海仅有外籍律师 58 人,少于 1916 年的人数。在 1920 年前,上海的外籍律师全为男性。1920 年后,开始出现外籍女律师。第一个外籍女律师是美国人。1920 年 12 月 12 日的《申报》以"沪上将有女律师出现"为题报道:"美国炮舰长麦考革氏,于星期三因公来沪,其夫人系去年大学法科毕业生,随之俱来,拟在上海办理讼案。从此,有一女律师出现于上海。"这既是

---

①　吴圳义:《清末上海租界社会》,台湾文史哲出版社 1978 年版,第 25 页。

②　参见王申:《近代中国外籍律师问题述评》,《学术季刊》1991 年第 1 期。

上海的第一名女律师,也是上海的第一名外籍女律师。

上海的外籍律师他们以一种殖民者的姿态出现在法庭上,往往有恃无恐。尤其是英、美律师依仗英、美两国在上海的势力,更是恃强凌弱、借势欺人。正如有人所评述的:"该两国律师在公堂之势力,亦颇有警人之慨,盖英美律师出庭,得直接询问当事人。中国会审官在外人势力支配之下,亦时受外国律师之蒙蔽及愚弄。外国会审领事亦以国籍关系,及其法律知识薄弱之故,亦多采用外籍律师意见。职是之故,外籍律师之于法庭,直有左右裁判官之优越势力,几驾裁判官而上之,此种特殊情况,实开世界未有之恶例。"在这种情况下,受害最深的还是上海人民。"毫无凭借之华人,无力委任外籍律师者,其所受之痛苦更深矣。"①这是不足为奇的,因为在当时中国国破受辱的年代里,连主权和司法权都不断丧失,"覆巢之下安有完卵",还谈什么保护上海人民的诉讼权呢?

另外,上海的外籍律师又有其先天不足,他们大多不懂汉语,不通中国法律,更不知上海民情,因此,他们的活动只会给诉讼带来麻烦。曾有人这样评论:"现在外籍律师大抵对于我国之法律程序向未研习,对于社会情形习惯,尤多隔膜,他们不通华语,言词辩论,转展翻译,费时劳神,鲜中肯綮,于其代表当事人利益,固毫无裨补,而于诉讼程序之进行,则多滞迟。他们不加入中国律师公会,其办事之操守与信义,为公会监察所不及。固维护少数外籍律师之职业,致妨碍国家审判权圆满行使。"②但是,在当时外国列强称王称霸的年代,他们是仗势而执业,中国政府都奈何不得,上海当局又能做什么呢?

上海的外籍律师伴随着列强入侵中国的步伐来到上海,他们为租界当局和洋人提供各种法律服务,充当了一种侵略者帮凶的角色,上海人民因此而遭受了不少苦难,历史不会忘记这一点。同时,也不能不看到,上海的外籍律师代表了一种制度,一种较中国封建法制更为先进的制度。因此,他们的出现,也给人们一些启示。上海民众从外籍律师的辩护中,看到了西方的司法民主,它比中国的封建司法专制进步得多,因而唤起了人们的司法民主意识。这种意识很快促成了行动。其中,一部分人积极投入了反封建的运动,另一部分人则直接加入了律师队伍,从事司法民主的实践。这些人到外籍律师事务所工作,学习西方的法制,以后成了中国近代律师队伍中的最早成员。这可以说是上海外籍律师所带来的一个副产品,一个有利于促使中国法制改革的副产品。

---

① 《法学评论》1924 年第 53 期。
② 《法学杂志》第 6 卷第 1 期。

第十九章　上海小刀会起义军的法律制度

　　1840 年鸦片战争爆发,英国侵略者用坚船利炮打开了中国的大门,以后上海成了"五口通商"城市之一。从此,上海人民也就忍受着封建主义和外国侵略势力的双重压迫和剥削。1853 年 9 月 5 日爆发了上海近代史上著名的小刀会起义,并建立了革命政权。上海小刀会起义军在清政府和外国侵略势力的联合进攻、扼杀下,于 1855 年 2 月 27 日失败。起义前后共坚持了近一年半时间。它充分表现了上海人民不甘屈服于帝国主义的顽强的反抗精神。

　　法律是取得政权的阶级意志的反映,也是"一种政治措施"和"一种政策"。① 为了保卫新生的革命政权,维护上海人民的权益,上海小刀会起义军建立了自己的法制。上海小刀会起义军的法制是上海近代史上唯一的农民政权的法制,在上海近代法制史上占有重要的地位。

一、小刀会起义军的立法

　　立法是取得政权的阶级进行统治的一种手段。因此,统治阶级总是通过广泛的立法,把本阶级的意志上升为国家意志,成为人们的行为准则,并通过它的贯彻和实施,达到维持有利于本阶级统治的目的。上海小刀会起义军在建立革命政权以后,即进行了立法。其概况大致如下。

1. 法律渊源

　　上海小刀会起义军的法律形式,主要是以"告示"方式颁布的单行法规。根据制定者的不同,这些法规可以分为两类。

　　第一类是以上海小刀会起义军领导人的名义颁布的单行法规。这类法规为数较多,现存较完整的有 23 个。其中有招讨大元帅刘丽川,副元帅李咸

---

① 《列宁全集》(第 3 卷),人民出版社 1984 年版,第 40 页。

池、林阿福和陈阿林等人，以个人名义颁布的法规；也有除元帅、副元帅以外，由大将军潘启亮、徐耀、蔡士良和张汉宾等人，以几个人名义联合颁布的法规。

第二类是上海小刀会起义军以"义兴公司"的名义颁布的法规。这类法规较少，现存仅有2个。

以上现存较完整的25个法规，是上海小刀会起义军统治时期法律的骨干和核心，也是研究上海小刀会起义军立法的主要依据。

此外，在上海小刀会起义军内部还有一些会规，如规定每个起义军成员都须"无条件地服从三合会的戒律"。服式须"依照古代中国的样式，把留得很长的头发挽成一个髻，表示他们对满族的痛恨。他们腰间束着红带，头上缠着红巾，作为标记"。①等等。这些会规在当时的起义军中有特殊的意义，也是当时法律形式中的一个组成部分。

2. 法律规范

上海小刀会起义军颁布过的法律规范主要包括刑法、军事法、民法、行政法和诉讼法等。

刑法。上海小刀会起义军的刑法，在所有法律部门中地位最重要，内容也最多。它是上海小刀会起义军代表上海人民的意志，用最严厉的方法——刑罚，来镇压破坏革命政权、扰乱社会治安的犯罪行为，以维护有利于上海人民的社会关系和社会秩序的主要工具。在上海小刀会起义军的刑法中规定的犯罪主要有：阴谋危害革命政权的犯罪、扰乱社会治安的犯罪、破坏新的经济秩序的犯罪等。上海小刀会起义军的刑法中规定的刑罚主要有：赎刑、肉刑（包括笞刑和烙刑等）、死刑（包括枪杀、斩、枭首、火刑和凌迟等）。

军事法。上海小刀会起义后，即遭到中外反动派的围攻，战争连绵不断。在这种战时状态中，军事法的作用是举足轻重的，它是确保起义军战无不胜、攻无不克的法宝。上海小刀会起义军自起义开始就一直是"号令极严"、②"纪律严明"，③所以能"凶猛杀敌"，以致清军"不堪一击"，甚至还使"西方武器丧失了威信"。④

民法。上海城虽日夜面临战火的考验，但是城内军民的日常生活仍需进行，因此，在战争间歇时的城内外和城内人们之间的财产关系还在发生，这就决定了在上海小刀会起义军的法律部门中，民法必定是个不可缺少的

①　《上海小刀会起义史料汇编》，上海人民出版社1980年版，第733页。
②　《上海小刀会起义史料汇编》，上海人民出版社1980年版，第148页。
③　《上海小刀会起义史料汇编》，上海人民出版社1980年版，第503页。
④　《上海小刀会起义史料汇编》，上海人民出版社1980年版，第476页。

组成部门。上海小刀会起义军的民法主要是反映有关交换方面的内容,如当时规定:买卖必须自愿,不可"强索硬买",更不能"借端索取"。①于是,常可看到:"一天的战斗结束了,附近村庄的乡下人带着大米、蔬菜、鱼和别的食品来到城墙下面,把食品卖给城内老百姓。这些物品就用绳索吊上城墙,同时买主把钱币扔下来付给商贩"。②通过民法的调整使他们的交换正常地进行。

行政法。其中,主要是户籍法。为了维持城内的治安,及时掌握城内人口的情况,上海小刀会起义军还制定了户籍法。当时编造、发放了"丁口册"、"人丁册",还规定:"户口不许增减,以备稽查"。③捐税是上海小刀会起义军财政收入的主要来源之一,因此,捐税法是个必要的法律规范。但是,上海小刀会起义军政权的捐税法又不同于清朝地方政府的捐税法,因为它"惟择城中绅富及典商等劝令捐助饷银",④而不是城中每户都须捐税。

诉讼法。为了保证以上实体法的实施,上海小刀会起义军还制定了诉讼法。以现有的资料来看,在诉讼法中,既有刑事诉讼法的内容,又有民事诉讼法的内容,其中以刑事诉讼法为主。

上海小刀会起义军的法律规范以诸法合体的形式存在,即在一个单行法规中,常包括有两个或两个以上不同法律规范的内容,这与我国古代有些法典的体例有相近之处。

3. 法律内容

与清朝地方政府的法律内容相反,上海小刀会起义军的法律内容集中反映了上海人民的意志和愿望,以打击各种有损于上海广大人民权益及革命政权的违法犯罪行为,巩固和发展有利于上海人民的社会秩序和社会关系为根本目的。具体表现在以下这几个方面。

第一,揭露清政权的罪恶,明确起义的目的。清政权以维护大地主、大官僚的权益,镇压人民的反抗为根本宗旨,这是造成上海人民受苦受难的根本原因之一,所以,上海小刀会起义军在立法中揭露他们的罪恶。就在起义的当天下午,起义军领导人李咸池在布告中概括地说:"自满篡统以来,礼义不存,廉耻尽丧。暴敛横征,野皆狼心狗行之吏;卖官鬻爵,朝尽兔头麛脑之人。有钱生,无钱死,衙门竟同市肆;朘民膏,剥民脂,官府直如盗贼。而且

---

① 《上海小刀会起义史料汇编》,上海人民出版社 1980 年版,第 6 页。
② 《上海小刀会起义史料汇编》,上海人民出版社 1980 年版,第 622 页。
③ 张佳梅:《补梅书屋诗存》,1919 年版。
④ 茸城铁道人:《苟全近录》。

选举不公,登庸尽弃,八旗之族满朝廷,六合之英伏草莽。登第发甲,徒作田金之翁,纳赇捐资,旋登天府之籍。所以政教日衰,风俗颓败,人心离而国势难支矣"。①同时,还明确了起义的目的。在起义的当日,上海小刀会起义军的主要领导人刘丽川、李咸池、陈阿林、林阿福等人共同告示上海人民,起义是为了"兴仁义之师,伐狼鸠之暴,救民水火,以安社稷",并使人民"各安生业"。②这些都如实地表达了上海人民的心声和愿望,因此起义得到上海人民的支持,起义军受到上海人民的欢迎。

第二,保卫革命政权,打击叛逆行为。叛逆行为是对新生革命政权的最大威胁,为了保卫上海人民自己的政权,上海小刀会起义军狠狠打击各种叛逆行为。

打击造谣惑众、扰乱人心的行为。起义后,城内外的反动分子就不断造谣惑众,扰乱人心,为中外反动分子张目,企图使城民与上海小刀会起义军离心离德,以达到孤立起义军的目的。对于这些反动分子,上海小刀会起义军是严惩不赦,规定要处"斩"刑。③

打击投敌图降的行为。上海城被围困后,连续的军事进攻和城内粮食等生活必需品的紧缺,给上海人民和起义军带来了很大的困难。反动分子就利用这种困难,策反起义军和城民中的不坚定分子,力图从内部攻破堡垒。上海小刀会起义军从维护上海人民的利益和革命政权出发,严惩投敌图降者,对起义军元帅刘丽川的重要助手也不例外,因为他通敌图叛,"所以杀掉他"。④

打击进行特务、间谍活动的行为。为了达到早日镇压、消灭上海小刀会起义军的罪恶目的,反动分子还通过利用城内的特务和派遣间谍等手段,窃取城内情报。对于这些特务、间谍,上海小刀会起义军是严惩不贷的。他们把抓获的特务、间谍"拘捕起来,戴上锁链,押在牢里",⑤等候审判和发落。

第三,严格整饬军队,重罚犯罪官兵。军队是革命政权的主要支柱,要使军队取信于民,取胜于敌,就必须有严明的军法。上海小刀会起义军在起义当日即明告部下:"漏泄军机者斩;行伍不整者斩;奸淫妇女者斩;畏葸不前者斩。"⑥以后,又作了更具体的规定:"不得取民间一物,不得奸民间一

---

① 《上海小刀会起义史料汇编》,上海人民出版社1980年版,第5页。
② 《上海小刀会起义史料汇编》,上海人民出版社1980年版,第503页。
③⑥ 《上海小刀会起义史料汇编》,上海人民出版社1980年版,第29页。
④ 《上海小刀会起义史料汇编》,上海人民出版社1980年版,第114页。
⑤ 《上海小刀会起义史料汇编》,上海人民出版社1980年版,第548页。

女,违者重究。"①上海小刀会起义军军法之严明,得到了公认,就是反动分子也不得不承认:他们"号令极严,如有抢夺,随即正法示众"。②"但与地方官吏为仇,民间则秋毫无犯,谕其安堵乐业,果民庶终不罹荼毒之与劫,是斯民之深幸也。"③

第四,维护社会秩序,严究扰乱治安分子。起义后,一些不法分子就兴风作浪,滋扰生事,妄图从中得利。为了维护正常的社会秩序,上海小刀会起义军严究、打击各种扰乱社会治安分子,规定:"不听号令者斩;奸淫妇女者斩;掳掠财物者斩;偷盗猪狗者斩。"④尤其是重惩共同犯罪,规定:凡"乘机抢夺民间财物,倘有三五成阵,沿街强索硬买,欺老凌幼"者,"一经察出,斩首号令,决不宽贷"。⑤另外,为了加强防范,上海小刀会起义军还制定了户籍法,规定如发现户口有"遗漏者即以奸细论斩。"⑥

第五,废止旧的经济制度,建立新的经济秩序。上海小刀会起义军进入上海城后,随即废除清朝的经济制度,规定没收贪官污吏、土豪劣绅的财产,"官员所遗之财物,皆被搜去",⑦对"平日有欺压以及反动行为人家的资财,一概给予没收"。⑧并且还规定:"免农民的税赋","应赋税钱粮,全行蠲免"。⑨"地方赋税亦经豁免三年"。⑩与此同时,上海小刀会起义军还建立了新的经济秩序,要求"商民铺户各宜开张",⑪而且"时价不准高低",⑫对于那些"居奇抬价奸牙"者,要令其即"须改过",否则就要"重咎"。⑬

第六,友善外国朋友,打击外国侵略者。上海小刀会起义军对于守法的外国朋友十分友好,规定必须充分尊重他们的合法权利。"对于一般外国人,颇为友善",⑭"外国人许予来往,并不加害"。⑮对那些支持、参加起义的外国人,上海小刀会起义军十分欢迎,"许多欧洲人、美洲人和亚洲人,他们

---

① 《上海小刀会起义史料汇编》,上海人民出版社1980年版,第4页。
② 《上海小刀会起义史料汇编》,上海人民出版社1980年版,第148页。
③ 《上海小刀会起义史料汇编》,上海人民出版社1980年版,第129页。
④ 《上海小刀会起义史料汇编》,上海人民出版社1980年版,第194页。
⑤ 《上海小刀会起义史料汇编》,上海人民出版社1980年版,第6页。
⑥ 张佳梅:《补梅书屋诗存》,1919年版。
⑦ 《上海小刀会起义史料汇编》,上海人民出版社1980年版,第59页。
⑧⑪ 《上海小刀会起义史料汇编》,上海人民出版社1980年版,第16页。
⑨ 《上海小刀会起义史料汇编》,上海人民出版社1980年版,第29页。
⑩ 《上海小刀会起义史料汇编》,上海人民出版社1980年版,第503页。
⑫ 《上海小刀会起义史料汇编》,上海人民出版社1980年版,第7页。
⑬ 《上海小刀会起义史料汇编》,上海人民出版社1980年版,第13页。
⑭ 《上海小刀会起义史料汇编》,上海人民出版社1980年版,第1214页。
⑮ 《上海小刀会起义史料汇编》,上海人民出版社1980年版,第511页。

已经到了城里",帮助起义军"作战"。①对于外国侵略者的进攻,上海小刀会起义军则给予坚决的回击,并"表现了出乎意料的勇敢",使来犯之敌"受到惨重的损失"。②这与清政府对外国侵略者的妥协、卖国的态度相比,是一种鲜明的对照。

二、小刀会起义军的司法

为了维护和发展已经建立起来的革命政权,切实保障上海人民的各种合法权益,上海小刀会起义军除了进行广泛的立法外,还建立了自己的司法制度。通过司法,使各种法律得到实施,使上海人民的意志和愿望得以实现。上海小刀会起义军法制中的司法情况大致如下。

1. 司法机关和司法官

为了赢得战争的胜利,保证城内各项工作的顺利开展,便于统一领导和指挥,上海小刀会起义军精设机构,采取了军事、行政、立法和司法合一的组织形式。这样,上海小刀会起义军的领导机关也就是司法机关。上海小刀会起义军元帅刘丽川曾谕示百姓:"倘有不法匪徒,胆敢借端滋扰,准即扭送来辕,如法重究。"③上海小刀会起义军的副元帅陈阿林也曾告示城民:"倘有捕获妖军、匪盗,着即捕送来辕。"④他们都把上海小刀会起义军的领导机关作为司法机关。

而上海小刀会起义军的领导人也就是司法官。在《上海小刀会起事本末》中载有上海小刀会起义军元帅刘丽川作为最高司法官"坐于学宫明伦堂"审判罪犯的史实。在《忆昭楼清杨奏稿》的"吴县禀"中录有上海小刀会起义军的另一个领导人周立春"设立将台",将犯人逐个发落的记载。

2. 诉讼

上海小刀会起义军的诉讼制度以刑事诉讼为主。诉讼方式主要有自诉和公诉两种。

自诉。上海小刀会起义军的自诉,是指受害人用口头或书面的方法到司法机关控告、检举犯罪人及其罪行的方式。自诉的方式又可分为三种:

---

① 《上海小刀会起义史料汇编》,上海人民出版社 1980 年版,第 482 页。
② 《上海小刀会起义史料汇编》,上海人民出版社 1980 年版,第 546 页。
③ 《上海小刀会起义史料汇编》,上海人民出版社 1980 年版,第 15 页。
④ 《上海小刀会起义史料汇编》,上海人民出版社 1980 年版,第 27 页。

一是到司法机关指名具控,面诉犯罪人的罪行。上海小刀会起义军曾规定:"所有当地土匪,乘机抢劫,奸淫妇女,被累之家,许即赴辕申报,立提大兵剿灭,枭首示众,以靖地方。"①二是用书信等方法函诉犯罪人的罪行。上海小刀会起义军还曾"晓论(谕)百姓,如有抢掠奸淫,只要写一字条与(上海小刀会起义军)","即为查明讯办"。②三是对正在实施犯罪行为的现行犯,可当场抓获并送至司法机关究办。上海小刀会起义军也曾告示人民,如有人"硬捐勒索,即送本帅"。③"如有土匪滋事,许即捆送来辕,以正军法"。④

公诉。上海小刀会起义军的公诉,是指起义军以革命政权的名义对所查出的犯罪人及其罪行提起诉讼的方式。为了清除城中的隐患,上海小刀会起义军还担负着维持城内的社会秩序、查处各种违法犯罪行为并提起诉讼的任务。如对"借端索取"者,"一经察出",就要提起诉讼,"决不宽贷"。⑤对"散布谣言之匪徒"必"饬目巡查",只要证据确凿,就马上提起诉讼,"着即重究","决不宽宥"。⑥等等。

同时,上海小刀会起义军还尊重和保护上海人民的合法权益,严禁乱捕:"本帅已饬目留意,缉拿匪盗,勿捕善良。""毋得皂白不分,见人即捕,违者重究不贷。"如果是误捕,只要"一经发觉,定当宣布无罪,立予开释"。⑦决不对无辜者提起诉讼。

为了方便上海城民的诉讼,及时、有力地惩罚各种犯罪行为,上海小刀会起义军规定的诉讼程序比较简单,以讲清事实、提供证据为主。

3. 审判

对于刑事诉讼案件,一般都先由上海小刀会起义军领导人亲自审问,然后才依规定定罪量刑。1853 年 9 月 16 日,上海小刀会起义军领导人周立春和王国初审判了一批刑事犯。在法庭上,"王国初正立,戴红斗篷,周立春旁坐,穿长衫,戴眼镜",对罪犯逐个进行审讯,然后依法"将监内人尽行发落"。⑧1853 年 9 月 20 日,上海小刀会起义军元帅刘丽川也受理了几件刑事案件,他坐在法庭中央,两边"排列仪从",通过审讯,"以决是非"。其中"有

---

① 《上海小刀会起义史料汇编》,上海人民出版社 1980 年版,第 29 页。
② 《上海小刀会起义史料汇编》,上海人民出版社 1980 年版,第 1092 页。
③ 《上海小刀会起义史料汇编》,上海人民出版社 1980 年版,第 7 页。
④ 《上海小刀会起义史料汇编》,上海人民出版社 1980 年版,第 13 页。
⑤ 《上海小刀会起义史料汇编》,上海人民出版社 1980 年版,第 11 页。
⑥ 《上海小刀会起义史料汇编》,上海人民出版社 1980 年版,第 21 页。
⑦ 《上海小刀会起义史料汇编》,上海人民出版社 1980 年版,第 1094 页。
⑧ 《上海小刀会起义史料汇编》,上海人民出版社 1980 年版,第 46 页。

兵率抢人财物者"在事实面前不得不低头认罪,最后处以刑罚。①

但是,对于一些在光天化日之下为非作歹,民愤很大而且犯罪事实显而易见的现行犯,上海小刀会起义军规定可以就地正法,不必经过诉讼和审判。如对于抢夺者,可"立即处斩"。②《江南传教史》一书也记载说:为了人民的安全,上海小刀会起义军"张贴布告说,凡有为非作恶的人,如果是兵,即予斩首;如果是民,用棍打死,都可不必加以审讯。有几个盗贼现行犯当场被捕正法了"。③

4. 监狱

上海小刀会起义军拥有自己的监狱。拘押的人犯主要是,拘捕后等候审判或已经审判有待执行的罪犯。在这些人犯中有中国囚犯,也有外国囚犯。《在华十二年》一书中就载有上海小刀会起义军把外国囚犯关在牢里的史实。④

监狱里不仅关押罪犯,还关押俘虏。当时有过这么一件事:"法国海军司令特准两位英国侨民进城去,在被拘押的俘虏中寻找一名失踪的仆役。陈阿林接见了他们,允许他们到监牢里去。"以后在拘押的俘虏中找到了这个"失踪的仆役"。⑤

在监狱里,每天都有饭、水等生活必需品供应,也不虐待囚犯,连囚犯自己也承认,每天"有饭、水供应","并未受到虐待"。⑥

5. 刑场

上海小刀会起义军在被称为"九亩地"的地方设置了刑场,专门处决死刑犯。《补梅书屋诗存》的"梅溪张氏诗录"中说到"九亩地":上海小刀会起义军"杀人必于此地,每杀或数人,或十余人"。

三、小刀会起义军法制的特点及局限性

1. 特点

上海小刀会起义军法制与清政府法制针锋相对,反映的是上海广大人民群众的意志和愿望,以维护革命政权和上海人民的各种合法权益为宗旨,

---

① 《上海小刀会起义史料汇编》,上海人民出版社 1980 年版,第 7 页。
② 《上海小刀会起义史料汇编》,上海人民出版社 1980 年版,第 881 页。
③ 《上海小刀会起义史料汇编》,上海人民出版社 1980 年版,第 548 页。
④⑤ 《上海小刀会起义史料汇编》,上海人民出版社 1980 年版,第 565 页。
⑥ 《上海小刀会起义史料汇编》,上海人民出版社 1980 年版,第 10、11 页。

以巩固和发展有利于上海广大人民的社会关系和社会秩序为根本目的。因此,革命性是上海小刀会起义军法制的本质特点。除此之外,上海小刀会起义军法制还具有及时性和简约性的特点。

及时性。上海小刀会起义军法制的及时性特点,主要表现在立法和司法两个方面。

在立法方面:上海小刀会起义军的法律形式主要通过"告示"来颁行单行法规。它的特点就是比较灵活,可以根据斗争形势的变化而及时立法。如在上海小刀会起义军占领上海城后不久,就有敌对分子造谣惑众,扰乱民心,这时上海小刀会起义军就及时告示百姓:"有少数不法匪徒,意图借端生事",制造"谣言",以"淆惑民听",起义军"已饬目巡查,追究散布谣言之匪徒,着即重究","自示之后,各宜凛遵"。①为及时打击、镇压这些不法之徒奠定了法律基础。

在司法方面:对各类案件,尤其是刑事案件,采取了随时发现,随时究办的原则。如对于那些"借端索取"者,"一经察出"就立即究办;对于那些"土匪",只要被害者一申报,就"立提大兵剿灭"。②由于上海小刀会起义军及时地打击各种刑事犯罪活动,所以当时的社会治安一直比较好,上海人民的各种权利也能得到切实的保障。

简约性。上海小刀会起义军的法制中还有简约性这一特点,也主要表现在立法和司法两个方面。

在立法方面:上海小刀会起义军颁行的单行法规,内容都非常简约。在现存的 25 个"告示"中,只有 2 个是超过 500 字的,其余的都在 500 字以内,其中最短的一个只有 60 余字。告示的内容往往是当时需及时解决的一个或几个问题,语言精练,一目了然。如 1853 年 9 月 20 日刘丽川颁布的一个告示,就专门讲了要查处、惩处故意抬高米价,妄图从中牟取暴利的"奸牙"问题。③

在司法方面:上海小刀会起义军采取军事、行政、立法和司法合一的组织形式,简化诉讼程序等,都反映了在司法方面的简约性。

上海小刀会起义军法制中以上特点的形成,有其特定的历史原因。

第一,为了适应战时需要。上海小刀会起义军自起义、建立革命政权之日起,无时无刻不受到中外反动势力联合进攻的威胁,战争的胜负决定了上海小刀会起义军政权及其法制的存亡。因此,武装保卫革命政权就必然成

①　《上海小刀会起义史料汇编》,上海人民出版社 1980 年版,第 10—11 页。
②　《上海小刀会起义史料汇编》,上海人民出版社 1980 年版,第 29 页。
③　《上海小刀会起义史料汇编》,上海人民出版社 1980 年版,第 12 页。

为上海小刀会起义军和城民的当务之急。法制中的简约性就是为了适应这种当务之急的。如军事、行政、立法和司法机关合一，就减少了领导层次，便于统一指挥，有利于集中精力粉碎中外反动派的联合军事进攻。

第二，为了便利人民群众。上海小刀会起义军的法制在废除清政权法制的基础上产生，在性质和内容上都与清政权法制截然不同。为了便利广大上海人民掌握、遵守新法，就以简约为特点。事实证明上海小刀会起义军的法律很快就被上海人民掌握和遵守，出现了"阖邑士民，各安其业"①的安定局面。

第三，为了有利于维护新的社会关系和社会秩序。随着上海小刀会起义军政权及其法制的建立，新的社会关系和社会秩序也得到了确立，但中外反动派却视它为"眼中钉"和"肉中刺"，千方百计地进行破坏和扰乱。为了维护新的社会关系和社会秩序，就必须及时打击各种违法犯罪活动，上海小刀会起义军因此而及时立法，及时司法，毫不留情地惩处各种违法犯罪分子，以确保新的社会关系和社会秩序的巩固和发展。

2. 局限性

上海小刀会起义军法制的优越性是清政府的法制所不可比拟的，但是因为当时还没有新的生产力和新的生产关系，没有新的阶级力量，没有先进的政党，所以，在上海小刀会起义军的法制中还带有不可避免的历史局限性。

首先，缺乏彻底的反帝反封建性。上海小刀会起义是上海农民和城市贫民的起义，建立的是农民政权。这就决定了它的法制不可能具有彻底的反帝反封建性。在它的立法中，没有提出明确的反帝反封建的目标，也没有制定出反帝反封建的具体规定，只是一般地规定要打击贪官污吏、土豪劣绅等。相反，在上海小刀会起义军的立法中还留有封建主义的残余，如在一些法规中，提出要恢复明朝的统治，即所谓"匡复明室事"，②甚至要上海人民提倡"忠孝"，遵循"古来国法及大明规章"。③又如在法规中多次出现"歃血同盟"、④"洪门兄弟"⑤等词句，渲染桃园结义等做法。

其次，留有唯心主义的色彩。在上海小刀会起义军的法规中，还留有唯心主义的色彩。如声称起义是承应"天命"，法规中出现了"奉天承运"⑥、

---

① 《上海小刀会起义史料汇编》，上海人民出版社 1980 年版，第 9 页。
② 《上海小刀会起义史料汇编》，上海人民出版社 1980 年版，第 8 页。
③ 《上海小刀会起义史料汇编》，上海人民出版社 1980 年版，第 23 页。
④ 《上海小刀会起义史料汇编》，上海人民出版社 1980 年版，第 16 页。
⑤ 《上海小刀会起义史料汇编》，上海人民出版社 1980 年版，第 5 页。
⑥ 《上海小刀会起义史料汇编》，上海人民出版社 1980 年版，第 6 页。

"上承天意"等字样,甚至起义军领导人也曾称自己是"奉天承运开国元勋"。①又如,上海小刀会起义军的元帅刘丽川还在一个告示中要上海人民信奉基督教,说:"天父上帝创造天地",它是"人类之生父",而且"赏罚祸福皆由天父上帝而来"。所以,要求"每人均应勤勤恳恳,虔心崇拜上帝"。"每人每日早晚祷告上帝,并遵守神圣安息日,始能去邪归正,获得平安与慰藉"。②

再次,缺少完整性和协调性。由于当时始终处于战争状态,上海小刀会起义军急于应付战争,故没有条件制定出比较系统的法典,法律形式以单行法规为主,这样就缺少了立法的完整性。同时,上海小刀会起义军由不同帮派组成,领导成员中亦有派别,又都以自己的名义颁行法规,出现了法出多门的情况,这就影响了立法的协调性。如对于抢劫勒索行为,刘丽川规定是"立行枭首",③潘启亮、徐耀规定是"立即重究",④李咸池规定是"斩"。⑤

最后,存在重刑主义的倾向。上海小刀会起义军的法制中还存在重刑主义的倾向,这在立法和司法上都有表现。在立法上,规定"偷盗猪狗者斩"、"行伍不整者斩"等,就过于苛刻,不利于集中力量打击少数罪大恶极者。在司法上,刑罚过于严酷。据《枭林小史》记载:上海小刀会起义军曾施行过"炮烙"之刑,而"炮烙之惨,莫可言状"。⑥还有,上海小刀会起义军曾逮捕过两名法国传教士,并"在他们首领之前拷问,判处挖心的刑罚"。⑦

上海小刀会起义是中国人民反抗帝国主义过程中的一个组成部分,它所创建的法制在当时的革命斗争中起过积极作用,虽有一些不足,但与其历史进步性相比微不足道,它在上海近代法制史上仍留有光辉的一页。

---

① 《上海小刀会起义史料汇编》,上海人民出版社 1980 年版,第 4 页。
② 《上海小刀会起义史料汇编》,上海人民出版社 1980 年版,第 23 页。
③④ 《上海小刀会起义史料汇编》,上海人民出版社 1900 年版,第 7 页。
⑤ 《上海小刀会起义史料汇编》,上海人民出版社 1980 年版,第 5 页。
⑥ 《上海小刀会起义史料汇编》,上海人民出版社 1980 年版,第 973 页。
⑦ 《上海小刀会起义史料汇编》,上海人民出版社 1980 年版,第 735 页。

第二十章　上海特别市临时市民代表会议政府的法律制度

上海特别市临时市民代表会议政府(以下简称"市民代表会议政府")是上海工人第三次武装起义胜利后建立起来的政权。与旧上海所有的地方政权都不同,它是一个以工人阶级为领导的、以工人阶级为主体的、代表了广大上海人民利益的民主政权。这个民主政权也有自己的法律制度。

一、上海工人第三次武装起义和市民代表会议政府

上海工人举行武装起义有其一定的历史原因,其中主要是社会矛盾的进一步激化、工人运动的蓬勃发展和北伐战争的节节胜利等。

进入 20 世纪 20 年代以后,上海的民族矛盾和阶级矛盾都进一步激化。上海中心区的主要地段都在租界范围之中,都被帝国主义国家所控制。它们通过增加捐税等多种形式加紧对上海人民的剥削。同时,它们还利用国家机器,派出巡捕、包探等人员,加强对上海人民的压迫,民族矛盾进一步激化。这正如 1926 年 9 月 6 日中国共产党上海区执行委员会在《中共上海区委告上海市民书》①中所讲的:"他们雇用了一些巡捕、包探、警兵把我们层层包围起来。他们兴办各种的捐和税,捐了一遍又一遍,抽了一次又一次。租界里帝国主义者的工部局,每年要收入 1240500 余两的捐银。"上海人民还受到国内军阀、官僚买办资产阶级的剥削和压迫。这也如《中共上海区委告上海市民书》中指出的:上海人民"以劳力买生活,用血汗换工资,近年来百物腾贵,生活艰难,还要受厂主和东家的百般虐待,任意打骂与开除,一有要求,便被停止生意"。上海的阶级矛盾也进一步激化。在民族矛盾和阶级矛盾不断激化的同时,上海人民也进一步觉悟了,他们深深体会到:"帝国主义的外人,卖国的军阀、官僚和大商办阶级,就是我们的死敌!"而且,"欲求中

---

① 上海市档案馆编:《上海工人三次武装起义》,上海人民出版社 1983 年版,第 1—7 页。

国民族自由独立,只有革命"。①

进入 20 世纪 20 年代以后,上海的工人运动也蓬勃发展起来。那时,上海有 80 万产业工人,占全国工人总数的三分之一。自五四运动和中国共产党成立以后,上海工人阶级很快觉悟,并挺身而出,组织和发动了多次罢工、罢市,工人运动不断高涨。其中,规模较大,影响深远的是 1925 年的"五卅运动"。在这一运动中,参加罢工、罢市的人数达 20 多万,给上海的租界当局以沉重的打击。此后,上海的罢工运动仍持续不断。1926 年的 7 至 9 月间罢工不断发生,而且人数不断增加。在蓬勃发展的工人运动中,上海工人阶级得到了发展和锻炼,并逐渐掌握了自己的武装,具备了举行武装起义的良好条件。

北伐战争的节节胜利给上海人民以极大的鼓舞。1926 年 7 月 9 日,北伐战争自广州发起,进行得比较顺利,势如破竹。同年 7 月 11 日,北伐军占领长沙,8 月 22 日攻占岳州,湖南全境的军阀势力很快被扫清。接着,北伐军又挺进湖北,9 月 5 日兵临武昌城下。不久,湖北也被北伐军收复。"两湖"胜利以后,北伐军转向江西,这给孙传芳以极大的震动,他不得不把主要兵力调往南昌和九江一带,上海兵力因此而空虚了。北伐战争的胜利,从精神上给上海人民以鼓舞,使人们看到旧军阀的末日即将来临了;从军事上给上海人民以支持,迫使上海的孙传芳军队大量调到江西,给工人武装起义创造了一个机遇。

尽管当时共产党内的右倾机会主义在发展,革命统一战线中也潜伏着危机,但是中共上海区委还是以上述的有利时机为契机,直接领导和发动了上海工人的三次武装起义。因为各种原因,1926 年 10 月 24 日和 1927 年 2 月 22 日发动的上海工人第一、二次武装起义先后失败。经过总结经验、教训和休整,中共上海区委又在 1927 年 3 月 21 日领导发动了上海工人第三次武装起义,并获得了成功。

市民代表会议政府是上海工人第三次武装起义胜利后建立起来的新生人民政权。1927 年 3 月 22 日,即起义胜利后的第二天,就在南市九亩地新舞台召开了第二次上海市民代表大会,会议一致决定建立市民代表会议政府。办公所在地设在原上海县署。这是上海人民自己的革命政权,也是"中国革命史上首次建立的具有新民主主义性质的人民政权"。②

起义胜利后,为了巩固市民代表会议政府的政权和维护上海广大人民

---

① 上海市档案馆编:《上海工人三次武装起义》,上海人民出版社 1983 年版,第 2、4 页。

② 《劳动报》1994 年 4 月 4 日。

的合法权益,上海人民通过各种途径,创建了自己的法制。

二、市民代表会议政府的立法概况

市民代表会议政府的立法概况主要包括立法机构、法律渊源和法律部门三个部分。

1. 立法机构

市民代表会议政府是在推翻上海军阀统治的基础上建立起来的人民政权。它在推翻上海军阀统治的时候,也同时废除了上海军阀的法制。因此,市民代表会议政府建立后,便依靠自己的立法机构,制定法律,建立自己的法制。

市民代表会议是全市的最高权力机关,也是具有立法职能的机关。1927 年 3 月 21 日,市民代表会议常务委员会就发布过关于全市罢工、罢市、罢课的紧急命令,命令规定自"(1927 年)3 月 21 日正午 12 时起,各界市民一致动作,宣布总同盟罢工、罢市、罢课。专特飞报,仰我全体市民一体遵照执行,不得延迟。此令!"[①]3 月 25 日,市民代表会议第三次常务委员会又通过了《上海特别市市民代表会议政府组织条例》。[②]市民代表会议的这一立法职能得到法律的认可。《上海特别市市民代表会议政府组织条例》的第 12 条规定,市民代表会议有 9 项职权,其中第 3 项规定:"议决市立法、工资、粮食、房租、失业救济、教育、市政工程等事件。"

市民代表会议政府曾设想建立"临时市议会",并由它来行使立法权。1927 年 4 月拟订的《上海特别市临时公约草案》[③]在第 13 条中规定了临时市议会的 5 项职权,其中第 1 项便是"议决市法律"。但是,由于市民代表会议政府存在的时间太短,临时市议会无法行使其立法权。

上海临时市政府委员会是上海最高的行政机关,它也参与立法,制定过《上海特别市政府政纲草案》和《上海特别市临时公约草案》等。[④]

上海总工会曾发布过一些布告,这些布告在当时也具有上海地方法的性质。1927 年 3 月 21 日,上海总工会向全市民众发出布告,主要内容是:"本总工会领导全沪 80 万工友一致奋起,响应北伐军,维持上海秩序,拥护

---

①　《时报》1927 年 3 月 22 日。

②　上海市档案馆编:《上海工人三次武装起义》,上海人民出版社 1983 年版,第 430—433 页。

③　上海市档案馆编:《上海工人三次武装起义》,上海人民出版社 1983 年版,第 440—443 页。

④　参见周尚文等:《上海工人三次武装起义史》,上海人民出版社 1987 年版,第 201—202 页。

上海临时市民革命政府,望各界人民安居营业。"①1927年4月12日,上海总工会又发出紧急罢工总命令,主要内容是:要求工友们"接到这个万急命令,立刻火速罢工,誓死奋斗,非达到打倒反动派、赔偿本会一切损失的目的誓不休止! 特此切切,紧急命令"。②因此,上海总工会实际上也参与了立法。

上海工人第三次武装起义在中共上海区委直接领导、指挥下组织和发起,上海市民代表会议政府也由中共上海区委直接组织、建立,因此,在这一时期中,中共上海区委的有些决定,在客观上也起到了上海地方法的作用。1927年3月23日上午,上海区委作出的关于"明天上午10时各工厂须一律复工"的决定③就是如此。

2. 法律渊源

从现有资料来看,市民代表会议政府的法律渊源主要由以下几个部分组成。

第一部分是法规。这个时期的法规是指那些内容比较系统和完整的、有关某一方面的规定。法规的名称不一,有的称"条例",也有的称"公约"等。制定法规的机构是市民代表会议或市政府委员会。《上海特别市市民代表会议政府组织条例》由市民代表会议制定,《上海特别市临时公约》则由市政府委员会制定。法规的内容比较完整和详细。如《上海特别市临时公约》对上海市的组织机构和职权、市民和住民的权利和义务等都作了全面规定。它共有5章,28条。第1章是"总纲";第2章是"市民及住民";第3章是"市政府";第4章是"监察院";第5章是"附则"。每一章都对某个问题作了具体规定。在第2章中,它规定了市民和住民所享有的各项权利和自由,同时也规定了相应的义务。不过,在市民代表会议政府的法律渊源中,法规的数量很少,不及其他的多。

第二部分是单行法规。这个时期的单行法规是指那些内容比较单一的、有关某一具体事宜的规定。它的名称有命令、布告等。颁布单行法规的机关有上海总工会等。单行法规的内容一般比较简单,往往只规定某一具体事项。1927年3月21日,上海总工会发出命令,只是要求市民"罢工、罢市、罢课"。同年3月23日上海总工会发出的布告,主要内容是"除武装纠察外,一律复工"。④由于它们的内容比较单一,所以,字数也相对较少。上述

---

① 《时报》1927年3月22日。
② 《时报》1927年4月13日。
③ 上海市档案馆编:《上海工人三次武装起义》,上海人民出版社1983年版,第370页。
④ 《申报》1927年3月23日。

的"命令"和"布告"都只有百余字。

第三部分是其他法律渊源。在这一时期,还有其他一些法律渊源,如决定、政纲、告民众书等。发布的机构有中共上海区委、上海总工会和市政府委员会等。它们虽不同于以上其他的渊源,但当时的起义是由中国共产党领导的起义,起义参加者主要是工人,起义胜利后的上海局势又主要靠工人阶级维持,在这种特殊条件下,决定、政纲和告民众书也具有一定的强制性,不能将它们排斥在这一时期的法律渊源之外。这些法律渊源的内容不尽相同。决定的内容比较简单,一般是就某一事情而作出,所以字数也不多。上述 1927 年 3 月 23 日上海区委作出的复工决定才十几个字。政纲和告民众书具有纲领性和宣传性,内容比较多,但涉及法律规定的那部分内容只是其中的一部分,甚至是小部分。在市政府委员会颁布的《上海特别市政府政纲》①中,涉及法律规范的部分不多,只有"人民有集会、结社、言论、出版、罢工等绝对自由";"法院取陪审制,由各界陪审";"改良兵警生活"等。在上海总工会于 1927 年 3 月 24 日发表的《告上海民众书》②里,也只提到要严惩"破坏我们的市民代表政府"的行为,表示要与这种行为"决〔一〕死战"。

3. 法律规范

从上海工人第三次武装起义后颁布的各种规定来看,涉及的法律规范主要包括组织法、刑法、经济法、行政法和军事法等。

组织法。上海工人第三次武装起义在推翻了上海军阀政权的同时,也建立了上海人民自己的政权。这一新政权以及相关的机关如何组织,依据什么来组织,组织法便显得十分重要。市民代表会议政府及时制定了自己的组织法,较为典型的是《上海特别市市民代表会议政府组织条例》。

刑法。上海工人第三次武装起义的矛头直指帝国主义和封建主义,是一次反帝反封建的革命运动。因此,它必定会遭到帝国主义和封建主义反动势力的反对和破坏,特别是在市民代表会议政府成立以后,犯罪分子更不会善罢甘休,他们会以十倍的疯狂进行破坏和捣乱。为了巩固新生的革命政权,维护广大人民的合法权益,市民代表会议政府用刑法严惩犯罪分子。起义以后,工人纠察队抓获了镇压工人起义的"大刀队"头目"小蓬头",鉴于他的滔天罪行,立即处以死刑。另外,周恩来同志还派遣专人从事锄奸工作,严惩那些证据确凿、民愤极大的工贼、敌探等罪犯。③

---

① 《平民日报》1927 年 4 月 10 日。

② 《申报》1927 年 3 月 26 日。

③ 参见《法律史论丛》(二),中国社会科学出版社 1982 年版,第 88 页。

经济法。上海是个经济发达的城市,又是工人阶级集中的地方,所以,经济法的作用就不可忽视。中共上海区委根据斗争需要,在起义前后及时提出要求,作出规定。在起义前,提出在"运输方面"要"取消包头制"。①起义后,又规定"实行八小时工作制","废除一切苛捐杂税"和"规定最低限度的工资"②等。

行政法。出于对起义后上海行政管理的需要,也有一些行政法的内容出台。如规定:统一上海市政;发展市乡交通;设立失业介绍所;取缔不良游艺场所;禁止赌博和严禁卖淫等。③

军事法。上海工人第三次武装起义本身是一次军事行动,起义胜利后上海仍处在随时都可能爆发战争的状态。为了赢得战争的胜利,保卫新生的革命政权,当时对武装人员和武器等问题都作出过一些规定。如工人武装"纠察队要整齐有秩序";④"纠察队分子非常复杂,要严密改编";⑤"器械要集中,各区在各区收藏"⑥,等等。

以上各部门法规构成市民代表会议政府的法律体系,尽管这个体系还不完全,但已有了雏形。

三、《上海特别市市民代表会议政府组织条例》的基本内容和意义

《上海特别市市民代表会议政府组织条例》⑦(以下简称《组织条例》)是市民代表会议政府的组织法,也是现存市民代表会议政府颁行的最重要、最完整和最典型的法规之一。通过对《组织条例》的了解,有助于我们进一步理解市民代表会议政府的性质和作用,乃至一些重要侧面。

1. 基本内容

《组织条例》共 16 条。它规定的基本内容主要是以下这些。

第一,规定了市民代表会议的性质、隶属和分级制度。《组织条例》首先确认全市的最高权力机关是市民代表会议。它的第 1 条明确规定:"上海特

---

①④　上海市档案馆编:《上海工人三次武装起义》,上海人民出版社 1983 年版,第 362 页。

②　上海市档案馆编:《上海工人三次武装起义》,上海人民出版社 1983 年版,第 365 页。

③　参见《法律史论丛》(二),中国社会科学出版社 1982 年版,第 86 页。

⑤　上海市档案馆编:《上海工人三次武装起义》,上海人民出版社 1983 年版,第 378 页。

⑥　上海市档案馆编:《上海工人三次武装起义》,上海人民出版社 1983 年版,第 369 页。

⑦　上海市档案馆编:《上海工人三次武装起义》,上海人民出版社 1983 年版,第 430—433 页。

别市以市民代表会议为全市最高权力机关,定名市民代表会议政府。"《组织条例》还确认市民代表会议政府直接隶属于国民政府。第 2 条说:"上海特别市市民代表会议政府直接隶属于国民政府,不入省县行政范围。"《组织条例》也规定了市民代表会议分为两级制,即"全市代表会议"和"区代表会议"。区代表会议按区的行政区划来确定,共分为闸北、南市、沪西、沪东、高桥、吴淞、公共租界和法租界等 8 个区。

第二,规定了市、区市民代表会议的职权。《组织条例》的第 12、13 条分别规定了市和区市民代表会议的职权。其中,市民代表会议的职权是:选举市执行委员;决议全市一切应兴应革事件;议决市立法、工资、粮食、房租、失业救济、教育、市政工程等事件;议决市税、市公债及市预算决算;议决各代表提议其所代表之团体群众对于市政意见;议决发展市有产业事件;议决市内各区管辖区域变更事件;议决市执行委员会之报告及提议事件;议决向国民政府建议事件等 8 项。

第三,规定了市民代表会议的选举方式、代表资格和任期。《组织条例》的第 5 条规定:市民代表会议的代表按系统直接选举产生,即"各区代表会议及全市代表会议之代表",须由所在工会、农会、公会等全体群众"各别开会直接选出"。同时第 5 条规定了 10 种人没有选举权和被选举权:非中华民国国籍者、曾为帝国主义或军阀效力者、受国民政府刑事上宣告剥夺公权尚未复权者、曾倡言反对革命者、洋奴、工贼、土豪劣绅、贪官污吏、军阀和贩毒品者等。关于市民代表会议代表的任期,《组织条例》规定为 1 年,"但得连选连任"。另外,如果代表"溺职"时,原选机关或团体可以合集有关会议"议决撤回之"。

第四,规定了市民代表会议政府的组织机构。《组织条例》的第 8 至 10 条对市民代表会议政府的组织机构作了规定,基本内容是:市和区的市民代表会议分别是市和区的权力机关;市和区的市民代表选出执行委员会,再由执行委员会选出常务委员会;市常务委员会由 13 人组成,"总揽全市政务";区常务委员会由 7 人组成,"处理全区事务";市和区的市民代表会议均是每月召开一次,特殊情况例外;为了防止官员堕落,市民代表会议还选出监察委员 7 人,专门"监察市内贪官污吏,搜集证据,控告于市民代表会议"。

2. 意义

联系当时的斗争实际和实施情况来看,《组织条例》的颁行具有重大的意义,主要表现在这样两个方面。

首先,《组织条例》的颁行是上海人民战胜资产阶级右派的一大胜利。在《组织条例》的制定过程中,上海人民与资产阶级右派有过斗争,斗争主要围绕着三个原则问题进行。第一,在市民代表会议的性质问题上。资产阶级右派企图把市民代表会议变成一个"日本式的半封建制的半资产阶级的议会制度",其目的是要把它"变为改良的反革命的会议"。①这同上海人民的愿望相反,上海人民需要的是"上海革命民众的苏维埃",而且还"必须以工人阶级为主体,因为没有工人阶级为骨干,便没有国民革命的苏维埃"。②第二,在产生代表的问题上。资产阶级右派"主张以区域为单位"产生代表,这样可以让"无业流氓、土豪劣绅都可以参加政治",原因是他们怕"工人人数之众多,将来必难制胜"。③上海人民则要求以职业或团体为单位产生代表,防止反革命分子混入代表队伍,保持代表队伍的纯洁性。第三,在市民代表会议的组织形式上。资产阶级右派主张搞"三权分立",把市民代表会议变成三权中议会性质的组织,原因是害怕人民掌握各项最高权力。上海人民则要求自己能掌握和行使上海的全部最高权力,希望把市民代表会议建成一个与资产阶级"议会制度完全相反"④的议行合一的政权。在中国共产党的领导下,上海人民与资产阶级右派在这三个原则问题上展开了针锋相对的斗争并取得了胜利。《组织条例》规定市民代表会议代表由以工人为主体的上海各界人民组成,各种反革命分子没有选举权和被选举权,被排斥在代表之外,这使资产阶级右派想把市民代表会议变为"半封建制的半资产阶级的议会制度"的企图成为泡影;《组织条例》规定市民代表会议的代表按职业或团体产生,否定了资产阶级右派提出的按区域选举代表的主张;《组织条例》规定市民代表会议是上海的最高权力机关,拥有立法、行政等一切大权,粉碎了资产阶级右派想搞"三权分立"的阴谋。

其次,《组织条例》的颁行促成了上海特别市临时政府的正式成立,并确立和巩固了工人起义的成果。根据《组织条例》的规定,1927 年 3 月 29 日下午 3 时,在南市九亩地新舞台召开了全市市民代表大会。会上宣布经国民政府核准,上海特别市临时市政府正式成立,还宣布市政府委员由罗亦农、汪寿华等 19 人组成。⑤临时政府的成立,改变了起义后上海"陷于无政府状态,百废待兴"的局面。⑥同时,临时市政府的成立,还确立和巩固了上海工人武装起义的成果。在临时市政府的第 5 次会议上通过了反映上海人民意愿的"总要求",并把它作为奋斗目标。此"总要求"共 13 项,内容有"帮助北伐军北伐";"人民有集会、结社、言论、出版、罢工绝对自由";"废除苛捐杂税,减

---

①②③④　上海市档案馆编:《上海工人三次武装起义》,上海人民出版社 1983 年版,第 327 页。
⑤⑥　《申报》1927 年 3 月 30 日。

轻人民痛苦"；"颁布劳工法，保护劳苦人民"①等。在临时市政府第 7 次会议上通过的《上海特别市临时市政府政纲草案》，把"总要求"的奋斗目标提得更为明确和完整，内容涉及政治、经济、文化等各个方面。比如，"肃清军阀残余、贪官污吏、土豪劣绅、洋奴等一切反动势力"；"充分发展民众政权及民众组织"；"收回租界，撤退外国海陆军"；"继续进行反帝国主义运动，废除不平等条约"；"劳苦人民得有免费受补习教育机会"；"实行八小时工作制"；"废除男女间不平等的一切法律和习惯，保障结婚、离婚自由"等。②这些都反映了上海广大人民的意志和愿望，有利于确立和巩固起义胜利后的成果。

四、市民代表会议政府的司法制度

在市民代表会议政府的法制中，也有司法制度这一部分。由于市民代表会议政府的存续时间不长，所以，它的司法不可能十分完备。

上海工人第三次武装起义以后，原警政机关与整个旧法制一样崩溃了。起义时，上海的警政机关，无论是警察所、警察分署，还是警察署，都是重点进攻的对象。进攻中，有的警长听到枪声就躲的躲，逃的逃；不少警察看到当官的跑了，也纷纷离开警署，四处逃散。淞沪警察厅厅长严春阳听到起义，丧魂落魄，躲在法租界不敢露面。整个警察厅的指挥系统实际已处于瘫痪状态，2000 多名警察如同惊弓之鸟。人们看到的是这样的景象：素习凶恶压迫人民的警察，自剥其黑色的制服而逃窜，大小警署门前丢出了枪械，挂出了投降的白旗。③上海的旧警政机关荡然无存了。

上海不能没有负责治安的队伍。上海工人纠察队承担了上海的治安任务。上海工人纠察队是在上海工人运动中锻炼成长起来的一支工人骨干队伍，也是一支具有严密组织、富有战斗力的武装力量。在第二次工人武装起义后，工人纠察队有 2000 人，以后发展到了 3000 人。它的编制情况是这样的："每 10 人为 1 分队，加一队长，3 分队为 1 小队，3 小队为 1 中队，3 中队为 1 大队"。④在第三次工人武装起义前，工人纠察队的主要武器是杠棒、铁锹和榔头，手枪很少，平均 10 人才一支。但是，在起义中，工人纠察队仍冲锋

①　《申报》1927 年 4 月 9 日。

②　《申报》1927 年 4 月 11 日。

③　参见上海市档案馆编：《上海工人三次武装起义》，上海人民出版社 1983 年版，第 169—170 页。

④　上海市档案馆编：《上海工人三次武装起义》，上海人民出版社 1983 年版，第 401 页。

陷阵,发挥了主力军作用。起义胜利后,工人纠察队又义不容辞地担当起维护上海治安的任务。"上海治安,由上海人民自己武装维持,如商人保卫团、工人纠察队等。当时,上海总工会从工人纠察队中选出 2700 人,用缴获的武器重新装备起来,并编成 14 个大队,分别驻在闸北、南市、浦东、吴淞等各区,维持社会秩序。"①这是中国共产党领导建立的最早的兼行社会治安职能的武装队伍之一。

事实也证明,工人纠察队在维护治安中的作用很大,使一些犯罪分子及时被缉拿归案。在杨树浦区举行的一次万人集会上,有个姓王的工贼混入会场,企图刺探工人领袖的行踪,收集工人领袖的言论,并从中进行破坏。但他很快被工人纠察队发觉,当即被拘捕。②由工人纠察队来承担治安任务有许多有利条件,其中之一是比较熟悉警政业务。起义前,为了摸清各警察署的情况,有些工人纠察队队员受组织的派遣,除了摸清警察署人数、武器装备和活动规律外,还通过与一些警察拉同乡关系,结把兄弟等形式,了解确切的行动计划等。因此,这些人对警政的业务十分熟悉。③以后,由他们来行使治安职能,可以说是已有一定的经验,不是门外汉了。

上海的"商人保卫团"在起义胜利后,也曾担负过一定的治安任务。它是在直鲁军阀统治上海时期,由中小资本家筹建的一支合法的自卫组织队伍。团内成员受过一些军事训练,也有武装。起义前,上海的党组织也曾派遣一些同志打进这个保卫团,并一起参加军事训练,得到枪支弹药,为武装起义做准备。起义胜利后,"商人保卫团"不仅被保存下来,还注意发挥作用,承担一些治安任务。

当时由中共上海区委组织和领导的另一支精干的工人武装队伍,工人同志们称其为"打狗队"。它以专门惩处罪大恶极的叛徒、工贼和走狗为主要任务,也具有司法职能。上海的帝国主义和军阀势力曾用各种手段收买共产党内的叛徒、工贼和走狗,来破坏共产党在上海设立的机关,摧残工会组织,绑架工人领袖,残杀进步、革命人士,实行白色恐怖,目的是妄图扼制、瓦解上海的工人运动。为了保证上海工人运动的蓬勃发展和工人武装起义的顺利进行,中共上海特委在 1927 年 2 月 24 日的会议上,④就提出用"红色恐怖"来反对白色恐怖,决定"维持群众革命情绪,打死一个走狗,即发表宣言,说是工会或 C.P.(即共产党)打死的"。"打狗队"在上海工人第三次武

---

① 参见《法律史论丛》(二),中国社会科学出版社 1982 年版,第 85 页。
② 参见《法律史论丛》(二),中国社会科学出版社 1982 年版,第 88 页。
③ 参见上海市档案馆编:《上海工人三次武装起义》,上海人民出版社 1983 年版,第 158 页。
④ 上海市档案馆编:《上海工人三次武装起义》,上海人民出版社 1983 年版,第 148—153 页。

装起义前后都发挥了很大作用。有人曾客观地评价："打狗队""曾经使许多恶贯满盈的不良分子闻之丧胆。在准备上海工人武装起义的过程中，这支革命的武装又发挥了巨大的作用，到起义发动时，这支队伍又成了工人纠察队骨干。"①"打狗队"的成绩也十分显著。沪西区是上海工人比较集中的地区，敌人对这一地区的防范特别严密，单是小沙渡地段就有 80 多个"包探"在工人中活动。他们勾结当地的流氓和警察，处处与工人们为敌，以致一部分工人不敢加入革命队伍。针对这一情况，"打狗队"及时出击，一下子剪除了几个首恶分子。以后，形势立刻改观，有 30 多个"包探"告假，不再上班，其余的也不敢再与工人们为敌了。②

当时的主要审判方式是群众性的革命裁判方式。这在当时的历史条件下是必要的和必然的。因为，那时的情况是处在战争状态和政权初创时期，阶级斗争十分尖锐，群众的革命热情非常高涨，所以，对于那些证据确凿、罪大恶极的罪犯，只能采用非常手段，即用群众性的革命裁判方式，就地枪决，以平民愤。这种裁判方式在第三次工人武装起义前已经实行，而且证明十分有效。对此，赵世炎同志曾这样说过："这便是群众的革命裁判。这亦正是以恐怖答复恐怖，以革命答复反革命。处死一个工贼走狗的判决，经过群众的判决，这便是革命的法律。反动派、反革命派一定对这种裁判，认为是群众的残忍行为，但这正是极有理的革命行动。即此事本身而论，敌人杀死了我们数十人，我们现在才裁判敌人一人。在革命群众的权力之下，此次屠杀工人的主使者李宝章，便应受到同一的裁判。"③这种裁判方式在第三次工人武装起义胜利后同样实行。

市民代表会议政府曾设想待形势趋于正常以后，也建立自己的法院，开展正常的审判工作，并实行陪审制。《上海特别市政府政纲草案》的第 8 条说："法院取陪审制，由各界陪审"。但是，由于蒋介石背叛革命，用血腥手段屠杀革命者，篡夺了人民政权，所以，这一设想未能实现。

五、对市民代表会议政府法制的评价

上海工人第三次武装起义以后建立的市民代表会议政府的法制，体现了以上海工人为代表的广大人民群众的意志和愿望，它以维护上海广大民

---

①②　上海市档案馆编:《上海工人三次武装起义》,上海人民出版社 1983 年版,第 161 页。
③　《向导》1927 年第 189 期。

众的合法权益和巩固人民民主政权为目的,与以往任何上海地方政权的法制相比,具有明显的反帝反封建性、开创性、广泛的人民民主性,是一种比较优越的法制。

1. 具有彻底的反帝反封建性

自鸦片战争以后,上海人民与全国人民一样,深受帝国主义、封建主义和官僚资本主义的压迫和剥削,反帝反封建也就成了上海人民的根本任务。可是,由于种种原因,上海历史上没有一个政权提出过彻底的反帝反封建纲领。19世纪中叶,上海历史上著名的小刀会起义后建立的政权,在清政府与外国侵略者的共同围攻下,仍坚持了一年半,算是一个创举。但是,这个政权是农民政权,它的目标是"匡复明室事",①即恢复明朝的统治。这就决定了它不可能进行彻底的反帝反封建的斗争。北洋军阀统治时期的上海地方政府与清末的上海地方政府一样,也是帝国主义的代言人,在这一时期,不会也不可能产生具有反帝反封建的法律。在上海历史上,第一个具有反帝反封建性质的政权就是市民代表会议政府,第一个具有反帝反封建性质的上海地方法制也就是市民代表会议政府的法制。这在它的法规里有充分的反映。《上海特别市市民代表会议政府组织条例》明确规定"洋奴"、"土豪劣绅"、"贪官污吏"等反革命分子没有选举权和被选举权。在司法中,又严惩各类工贼及破坏新生政权的犯罪分子。这些都证明,市民代表会议政府的法制的锋芒就是针对帝国主义和封建主义。它具有以往上海法制史上任何政权法制都不具有的彻底的反帝反封建性。

2. 具有开创性

在上海工人第三次武装起义以前,上海出现过清朝封建专制的法制、小刀会农民政权的法制、南京临时政府资产阶级共和政权的法制和北洋军阀独裁政权的法制。在这些法制形式中,除小刀会农民政权的法制外,全都是剥削阶级性质的法制,都为剥削阶级的权益谋利。小刀会农民政权的法制又不具有彻底的反帝反封建性,有较大的局限性。与以上所有的法制都不同,市民代表会议政府的法制是一种全新的法制,它以维护广大上海人民的权益为己任,为广大的上海民众谋利,因此,在一些具体规定中也突出了人民拥有当家作主的权利。《上海特别市市民代表会议政府组织条例》规定:市民代表会议采取议行合一的形式,"无立法与行政的划分",②而且它还是全市的最高权力机关。这样的政权组织形式便于上海人民根据不断变化的

---

① 《上海小刀会起义史料汇编》,上海人民出版社1980年版,第8页。
② 上海市档案馆编:《上海工人三次武装起义》,上海人民出版社1983年版,第327页。

形势,及时采取措施,尽快解决问题,避免或减少立法与行政之间的不必要摩擦。这一组织形式既不同于专制独裁的形式,也不同于资产阶级的"三权分立"形式,是一种有利于人民自己管理自己的新形式,并具有明显的开创性。

3. 具有广泛的民主性

在市民代表会议政府成立以前,上海人民没有享受过广泛的民主。在清代以前和北洋军阀专制独裁统治时期,人民没有民主;在小刀会起义军执政时期,人民只有很少的民主;在南京临时政府当政时期,人民只有虚伪的民主。市民代表会议政府成立以后,人民掌握了政权,才获得了真正的广泛的民主。这种民主得到了法律的保障,并有明确的规定。《上海特别市市民代表会议政府组织条例》不仅规定人民有被选举权,而且还规定人民有直接选举权。《上海特别市临时公约》规定了人民具有各种民主权利和自由。这些都说明,上海人民享有广泛的民主。为了保证上海充分行使这些民主权利,《组织条例》还规定各种反革命分子没有选举和被选举权,剥夺他们的某些民主权利,这又从另一个侧面来保证人民实现自己享有的广泛民主。

市民代表会议政府的法制在上海法制史上是史无前例的法制,它的优越性必须加以肯定。但是,它还有一些不足之处。如它所颁行的法律非常有限,没能形成完整的法律体系。又比如它有排斥知识分子的倾向,《组织条例》的第6条规定:凡学术团体、教育会、红十字会等"切不得选派代表",剥夺了他们的选举和被选举权,这就不利于团结最广泛的民众进行反帝反封建运动,这是它的局限性。尽管如此,市民代表会议政府的法制仍是旧上海较为先进、优越的法制。

市民代表会议政府的法制已成为历史,但是,它与上海工人第三次武装起义一样,将永远铭刻在上海人民心中,世世代代不会磨灭。

第二十一章　旧上海的法律教育

辛亥革命以后,上海的法律教育有了较大规模的发展。那时,帝制崩溃,民气大振,各类新型学校如雨后春笋般地建立起来了,法律院系也是如此。至 1949 年上海解放,上海较有影响的法律院系有:东吴大学法学院、上海法政学院、上海法学院、上海法科大学、大夏大学法学院、震旦大学法学院、暨南大学法学院、新中国法商学院、民国法律学校和上海大学法律系等。其中,又以东吴大学法学院、新中国法商学院、上海法政学院和上海法学院最为著名。新中国成立后,1952 年进行了全国性的大学院系调整,震旦大学和东吴大学的法学院与圣约翰大学的政治系等其他一些院校的政治系以及法律系等归并为华东政法学院。

本章从以下几个侧面来反映旧上海法律教育的一些主要情况。

一、法学院校系科等的设置和经费来源

旧上海的法学院校都设有两个或三个系。凡设有两个系的都有一个跨学科的系,即除法律系外,通常还有一个与经济有关的系。如东吴大学法学院有会计系,震旦大学法学院有政治经济学系。凡设有三个系的,除具有以上两类系外,还根据自己的特点,再另设系。如大夏大学法学院设有政治学系,暨南大学法学院设有外交领事专科,上海法政学院也设有政治学系。

有的法学院校还设有附属中学,上海法学院即是其中之一。它的附属中学分为初中和高中两部分,但学生人数不多。据 1938 年的统计,高中生共132 人,其中,男生 97 人,女生 35 人;初中生共 150 人,其中,男生 99 人,女生51 人。①这类附属中学具有大学预科性质,毕业生中的大部分人可进入法学院继续学习。

---

① 上海市档案馆,全宗号 Q247,案卷号 20。

东吴大学法学院设有法学研究机构,称为法学研究所,专门进行法学研究,特别是比较法的研究。同时,它还培养法学研究生,在教授的指导下,研究一些法学问题,撰写学位论文。通过论文答辩的,还可取得法学硕士、博士学位。

有的法学院还自办法学刊物,东吴大学法学院即是如此。1922 年 4 月,东吴大学法学院"刊行中英文合璧的《法学季刊》"。1930 年,又将"原来中英文合璧的《法学季刊》,分成中文和英文出版,中文的定名为《法学杂志》,英文的仍沿用旧名"。①

旧上海的法学院都是私立性质,办学经费需要自己筹措。由于各院的收支情况不完全相同,所以,它们的财政情况也各异。以下以上海法政学院和新中国法商学院 1946 年第二学期的收支情况为例来作分析。

上海法政学院这一学期的总收入为 5595 万元。②收入来自国家补助、学杂费、利息收入和其他各项收入等七个方面。其中,国家补助的很少,仅有 100 万元,只占收入总数的不到 1.8%;而学杂费最多,有 3000 万元,占总收入的 53% 有余。这一学期的总支出为 9892 万元,入不敷出,缺额达 4297 万元。支出的项目是教职员薪金、修缮费、办公费、购置费和学术研究费等八个方面。其中,学术研究费很少,只有 540 万元,仅占总支出的 5% 有余;而教职工的薪金最多,有 5100 余万元,占了总支出的近 52%。③

新中国法商学院这一学期的总收入为 6.2736 亿元,来自学杂费、利润利息和捐献赠送等三个方面。其中,利润利息最多,有 4.2 亿元,占收入总数的近 70%;而学杂费居次,有 1.5736 亿元,占收入总数的 25% 有余。此学期的总支出为 6.04 亿元,收大于支,余额有 2336 万元。支出的项目有教职工薪金、办公费、建设费、购置费、学术研究费等六个方面。其中,也是学术研究费最少,只有 400 万元,仅占支出总数的 1% 都不到;而教职工的薪金也是最多,有 4.28 亿元,占总支出的 70% 还多。④

从以上两所院校的收入情况可以看到:法学院的经费来源主要靠自己筹取,即使有国家的补助,其数量也极少;学杂费是收入中的重要部分,上海法政学院是占 53% 有余,新中国法商学院是占 25% 有余;这两所院校支出的主要部分都是教职工的薪金,上海法政学院占近 52%,新中国法商学院占

---

① 上海市文史馆等:《上海地方史资料》(四),上海社会科学院出版社 1986 年版,第 159—160 页。

② 上海解放后,10 万旧币换 1 元人民币。

③ 上海市档案馆,全宗号 Q248,案卷号 4。

④ 上海市档案馆,全宗号 Q254,案卷号 17。

70%还多;学术研究费在总支出中所占的比例非常少,上海法政学院仅占5%有余,新中国法商学院则更少,只占1%都不到。从中可知,旧上海法学院还是以维持教职工的生计为其重要任务,学术研究没有放在重要位置上。

二、思想教育与校纪校规

旧上海的法学院系都很重视对学生进行思想理论教育,并从以下四个方面予以实施。

第一方面是学习国民党的纲领、政策等。它们把"三民主义"、"基本党义"等一些课程作为学习国民党纲领、政策的重要内容,并列入必修课范围,规定了较高的学分。上海法学院规定:"三民主义"是第一学年两个学期的必修课,总学分超过国际公法、国际私法等许多法学课程。①新中国法商学院也把"三民主义"作为第一学年的必修课,总学分与宪法、民法物权等一些法学课程相同。另外,这个法学院还设有"基本党义"课程,其总学分也与法学绪论、民法总则、刑法总则和分则等多数法学课程的学分相同。②震旦大学法学院等其他一些法学院系也都设有相同或类似的课程。

第二方面是学习伦理学。旧上海的法学院系还注意对学生进行道德教育,开设了伦理学课程。这类伦理学课程分为一般伦理学和职业道德两种。东吴大学法学院和上海法学院法律学系都设置了"伦理学"课程。震旦大学法学院则开设了"社会伦理学"课程。另外,上海大学法律系设立了"法律道德"课,大夏大学法学院开设了"律师道德"课。这些课程的学分也不少。如上海法学院法律学系的"伦理学"课程,安排在第三学期,其学分与"理则学"、"世界通史"一样,比英语、刑法分则和国际公法的都要多。③

第三方面是学习基础理论。那时的法学院系还对学生进行基础理论教育,设置了有关的哲学、政治学、经济学等一些课程。新中国法商学院要求学生学习"哲学概论",东吴大学法学院要求学生学完"哲学"、"政治学"和"经济学",震旦大学法学院要求学生修完"政治经济学"和"方法论",上海大学法律系则要求学生学好"政治学"和"经济学"等。这些课程也同样被安排在重要位置,都是必修课,而且学分也不少。如新中国法商学院规定的

---

①③　上海市档案馆,全宗号 Q247,案卷号 20。

②　　上海市档案馆,全宗号 Q254,案卷号 25。

"哲学概论"被安置在第一、二学期学习,其学分与宪法的相同。①

第四方面是学习军事知识。为了提高学生的国防观念,旧上海的法学院系还安排了有关军事知识的教育。上海法政学院和上海大学法律系都设有军事教育课。大夏大学法学院则安排军事训练课。

以上这四个方面的教育都纳入教学计划,不学或考试不合格者均不可毕业,与法学专业课一视同仁。可见,当时上海的法学院系对思想理论教育的重视程度,不亚于对法学专业课程的重视程度。与此同时,这些法学院系还制定了较为严格的校纪校规,培养学生遵纪守法的习惯,维护正常的教育秩序,这也可以说是从另一个侧面对学生进行思想教育。校纪校规的内容比较广泛,包括许多方面,这里仅列举一些比较重要的规定。

关于注册的规定。注册是学生入学的第一程序。不注册的不能学习,晚注册的将受到处分。东吴大学法学院在《各种学则》②的第 1 章"入学资格"中规定:"注册时迟到者"要被取消学籍;学生必须"于规定日期内"注册,并在指定的银行缴费,然后"凭缴费收据向注册处领取上课证",上课证须有教务长签字后"方准上课"。上海法政学院在它的《私立上海法政学院学生通则》③第 8 条中规定:凡经请假核准而逾期注册的,"应每日按学费百分之一予以罚金之处分",如果在注册日期后的两个星期内还未注册的,"以休学论";凡未经请假核准而逾期注册的,"应予以加倍罚金之处分",如果在注册日期后一个星期内尚未注册的,"以休学论"。新中国法商学院在《新中国法商学院学则》④的第 5 条内规定:在上课 2 周后才注册的,要被"减修 3 学分";超过规定注册时间 3 星期的,"概不许入学"。

关于缺课和旷课的规定。旧上海的各法学院系都严格控制缺课,不允许旷课,违反者都会受到各种处分,轻者扣学分,重则取消学籍等等。上海法政学院在《私立上海法政学院学生通则》的第 30、31 和 36 条规定:学生"因特别事故请假在 3 日以上者",应将请假条和自己的证件由训导处转呈院长,得到批准后,请假才有效;缺课每两小时的,就要被扣该课程的"学期总成绩 1 分",旷课 1 小时以缺课两小时论处;如果缺课总时数超过一学期授课时数三分之一的,该学生"应令休学"。东吴大学法学院在《各种学则》的第 52 条规定:各学生因各种原因而缺课四分之一以上的,那么,该课程即以"辍读"处理,其成绩"一并取消"。上海法科大学在《上海

①④　上海市档案馆,全宗号 Q254,案卷号 14。

②　上海市档案馆,全宗号 Q245,案卷号 56。

③　上海市档案馆,全宗号 Q248,案卷号 19。

法科大学章程》的第 24 条规定：上课时间不得旷课；如果一星期内旷课 10 小时以上的，"由校长、教务长通知警告"；如果警告后仍旷课的，每满 20 小时，扣学期平均分数一分；旷课时数超过该课程三分之一的，"即以不及格论"。新中国法商学院在《新中国法商学院学则》的第 8 条中规定：因请假缺课不准参加期末考试的学分数达到此学期所学总学分数三分之一，或因请假不来学校补考的学分数达到此学期所学总学分数三分之一的，都要被"勒令休学"。

关于考试作弊行为的规定。上海的法学院系都不允许学生考试作弊，并有明文规定，违犯者都要受到严厉的处分。东吴大学法学院在《各种学则》的第 48 条规定：考试时，考生除随带的笔墨及仪器外，其他的"一概不准带入考场"，包括"书籍、字典、条文、讲义、札记、空白纸及其他物件等"，否则考试成绩"即行取消"；还有，如果学生在考试时，有"夹带、枪替、传递或其他舞弊等情"，那么，此学生将立即被"开除其学籍或于假期内令其退学"。另外，在《考试规则》①的第 11 条里还规定了对考试作弊行为的几种处分形式："扣分谴责"、"取消该次考试成绩"、"记过"、"记大过、停学或开除学籍"等。上海法政学院在《私立上海法政学院学生通则》的第 57 条规定：考试作弊者，将受到"令其休学退学或开除学籍"的处分。新中国法商学院在《新中国法商学院学则》的第 8 条规定：如果学生在考试时"有剽窃、枪替情事，经查明属实者"，将受到"勒令休学"的处分。

关于奖惩的规定。在旧上海法学院系的校纪校规中，还有关于奖惩的规定。上海法政学院在《私立上海法政学院学生通则》的第 45 条规定了学生可获得荣誉奖状和甲等奖学金的条件：各学科的分数均在 80 分以上，而总平均分数在 90 分以上；品行优良，并有教务主任、训导主任及有关系主任的书面证明；一学期内没有缺课或旷课，因亲属死亡或疾病准假的除外。此《通则》的第 46 条规定了可获得荣誉奖状和乙等奖学金的条件，此条件除一条与甲等奖学金条件不同外，其余的均相同：各学科分数均在 80 分以上，而总平均分数在 85 分以上。上海法科大学的《上海法科大学章程》规定了"退学"的条件：品性不良，难望悔改者；违犯校规情节特重者；记大过 3 次者；满一学期未考试，而且又不如期补考者；留级至 2 次者等。新中国法商学院的《新中国法商学院学则》第 8 条规定了"开除学籍"的条件：所交的证件有伪造、涂改，或借用他人证件冒名顶替的；品行不端，有损校誉或违犯法纪等。

---

① 上海市档案馆，全宗号 Q245，案卷号 56。

综上所述,旧上海的法学院系都十分重视对法学专业学生进行思想理论和校纪校规方面的教育,不仅有明文的规定,而且有严厉的处分措施。这除了是为提高学生的理论素养、增强学生的遵纪守法意识外,更重要的是为了培养能为国家所用的合格高级的法律人才。

三、课程设置和学习成绩的分等

旧上海的法学院系都有自己的教学计划,其中包括课程设置。这里,先罗列新中国法商学院法律系和上海法学院法律系的课程表及其学分,①然后作必要的分析。

新中国法商学院法律系四年课程表(含学分)

第一学年

课　程	第一学期学分	第二学期学分
基本国文	3	3
三民主义	2	2
基本党义	3	3
哲学概论	2	2
法学绪论	3	3
民法总则	3	3
宪法	2	2
选修科目	3	3
普通心理学	3	0
理则学	0	3

第二学年

课　程	第三学期学分	第四学期学分
伦理学	0	3
民法物权	2	2

---

① 上海市档案馆,新中国法商学院法律系的课程表与学分表在全宗号 Q254,案卷号 14;上海法学院法律系的课程表与学分表在全宗号 Q247,案卷号 51。

民法亲属	2	0
中国司法组织	2	0
刑法总则	3	3
民法债编	4	4
罗马法	3	3
选修科目	3	3
选修科目	3	3

第三学年

课　程	第五学期学分	第六学期学分
土地法	3	0
商事法	4	4
刑法分则	3	3
民事诉讼法	3	3
行政法	3	3
国际公法	3	3
选修科目	3	6

第四学年

课　程	第七学期学分	第八学期学分
国际私法	2	2
法理学	3	3
中国法制史	3	3
毕业论文	0	2
选修科目	8—10	6—7

选修科目有：中国通史、西洋通史、中国旧律研究、第二外国语、强制执行法、破产法、劳工法、犯罪学、中国政治制度史、中国法律思想史、比较民法等。

上海法学院法律系四年课程表(司法方向①)(含学分)

第一学年

课　　程	第一学期学分	第二学期学分
三民主义	2	2
国文	3	3
英文	2	2
中国通史	3	3
经济学	3	0
民法总则	6	0
宪法	3	0
刑法总则	3	2
政治学	0	3
社会学	0	3
哲学概论	0	3

第二学年

课　　程	第三学期学分	第四学期学分
理则学	3	0
伦理学	3	0
世界通史	3	3
英文	2	0
刑法分则	2	2
中国法制史	2	2
民法债编	5	5
国际公法	2	2
罗马法	0	3
行政法	0	3
公文程式	0	2

① 上海法学院法律系共分 3 个学习方向,分别是:司法方向、行政法方向和国际法方向。它们都是 4 年制,而且总学分也相同,都是 172 分。此处以较为典型的司法方向为例。

第三学年

课　程	第五学期学分	第六学期学分
民法物权	3	0
民法亲属	2	0
罗马法	3	0
行政法	3	0
民事诉讼法	4	4
中国司法组织	2	0
商事法	4	4
民法继承	0	2
国际私法	0	2
英美法	0	3
刑事诉讼法	0	3
证据法学	0	3

第四学年

课　程	第七学期学分	第八学期学分
国际私法	2	0
英美法	3	0
刑事诉讼法	3	0
强制执行法	2	0
法理学	2	2
破产法	2	0
土地法	3	0
诉讼实务	2	2
法医学	2	0
监狱学	0	3
刑事政策	0	3
刑事特别法	0	3
非讼事件法	0	2
判例研究	0	2
毕业论文	0	2

从以上两个法学院法律系的课程表中,可以发现某些相似或接近的方面:第一,一些法学主干课程,如宪法、刑法、民法、行政法、刑事诉讼法和民事诉讼法等,都是教学的重点,学分比较充足。第二,史论课程,如法理学、中国法制史、罗马法等,没有被忽视,都排在必修课之列,其学分或与一些部门法学的课程相同,或多于某些部门法学的课程。第三,有些内容较多的法学课程,被划分为一些专题讲授,如刑法分为总、分则讲授,民法则分为总则、物权、债编、亲属和继承讲授。第四,毕业论文都安排在最后一个学期,而且学分不多,仅 2 个学分。

同时,还可以发现以下这些方面相差比较明显:第一,上海法学院法律系的课程多于新中国法商学院法律系的课程。前者设置了 49 门课,而后者仅设置了 35 门课(含选修课)。第二,新中国法商学院法律系设有选修课,而上海法学院法律系则没有。第三,总学分也不相同。上海法学院法律系课程的总学分为 172 分,而新中国法商学院法律系课程的总学分是 170 分,前者比后者多 2 个学分。但总起来说,是大同小异,同者为主,异者为次。

在这里还需指出的是,有的法学院开设的史论性课程所占的比例比较高,东吴大学法学院就是如此。此院在 4 年中共开设 40 门法学课程,其中,史论性的就有 15 门,占总课程的 37%。这些课程包括:中国法制史、西洋法制史、罗马法、比较宪法、比较民法、比较刑法、比较契约法和法理学等。还有,有的法学院系还设有教学实习课程,让学生到司法部门,把书本知识与司法实际结合起来。其中,东吴大学法学院、震旦大学法学院和上海法政学院都安排有"诉讼实习"时间,上海大学法律系安排有"律师实践"时间。①可见,当时上海的法学院系都比较注意教学中理论和实践两个不同的侧面。

旧上海法学院系的学习成绩以甲、乙、丙、丁等来分等,每等中都有相应的百分制分数。但是,各院系对每等所含的百分数和及格分数的规定不尽相同。东吴大学法学院规定:学生成绩分为甲、乙、丙、丁、戊 5 等。其中,甲等指 90 至 100 分,乙等指 80 至 89 分,丙等指 70 至 79 分,丁等指 50 至 69 分,戊等指不满 50 分的。丙等为及格,丁等必须进行补考,而戊等则须重修。②新中国法商学院却把学生成绩分为甲、乙、丙、丁、戊、己 6 等。其中,甲等指 90 至 100 分,乙等指 80 至 89 分,丙等指 70 至 79 分,丁等指 60 至 69 分,戊等指 50 至 59 分,己等指 50 分以下。丁等为及格,戊等可补考一次,己

①　参见程晋权等:《旧上海法律教育几面观》,《政法高教研究》1990 年第 2 期。
②　上海市档案馆,全宗号 Q245,案卷号 329。

等要重修。①上海法科大学则把学生成绩分为甲、乙、丙、丁4等。其中,甲等指80至100分,乙等指70至79分,丙等为60至69分,丁等指不满60分。丙等为及格,丁等需补考。尽管以上各校的规定不尽一致。但多数仍以60分为及格线,不满60分的或要补考,或要重修。

四、教职工与学生

旧上海法学院的教职工,特别是教授,可以直接参与院重大事务的决策。那时院的领导和决策机构是校董事会(简称校董会),教授是校董会的主要成员。1946年,上海法政学院的校董会由15人组成,其中教授就占了大多数。校董会决定着院内的一切重大事务。据《私立上海法政学院校董会章程》②第5条的规定:校董会的"职权"是:议决并修正本院组织大纲;选任本院院长;议决本院重大执行计划;筹划本院经费及基金、资产;审核本院预算、决算;保管本院财产等。虽然,校董事的任期只有两年,但他们可连选连任,因此,教授也就成了法学院重大事务的重要决策人。上海其他法学院的情况也基本如此。

为了维护法学院的正常教学秩序,旧上海的各法学院都制定了一些有关教职工必须遵守的规章制度,以规范他们的行为。以1946年上海法政学院拟定的"教员聘用规则和职员服务规则"为例。③"教员聘用规则"规定:专职教师的薪金按月计算,一学期以6个月计算,每授课1小时,月薪为国币40元,津贴为59160元;兼职教师的薪金以实际授课时数计算,每小时为国币50元,津贴为14990元;专职教师有担任导师与各种委员会委员及出席院务会议、教务会议的义务;教师因故不能上课的,应在事前通知教务处,要请假在两个星期以上的,须经征得院长的同意并请人代课;教师在接到聘书后的5日内,应将聘书寄交院长室,超过5日的,作不应聘论处。"职工服务规则"规定:除考试和放假期间,各职员的办公时间为上午8时至12时,下午1时至5时;各职员必须将每日上、下午到院时间及离院时间,在签到簿上签名;各职员不得无故旷职或迟到、早退;凡未经准假而不到院办公的,以旷职论,要扣薪或作停职处分;上班期间,各职员不可阅读书报,也不得高声谈

---

① 上海市档案馆,全宗号Q254,案卷号83。
② 上海市档案馆,全宗号Q248,案卷号4。
③ 上海市档案馆,全宗号Q248,案卷号19。

笑;院对职员每月考绩一次,每学期总考绩一次,以决定奖惩;每个职员都要将每日所做的工作、经办事务,逐一记载,并送各处室负责人,转呈院长核示。旧上海的其他法学院也都有相似的规定。

旧上海法学院中的职员主要是教务长、训导主任、总务长、系主任、会计主任、秘书、课务员、书记员等人。据上海法学院 1938 年的统计,①那年职员人数是 12 人,而学生总人数是 193 人,他们的比例是 1∶16。据 1946 年新中国法商学院的统计,②此年职员人数是 32 人,学生总人数则有 370 人,他们的比例是 1∶11.6。可见,职员与学生的比例在 1∶12 左右,人数很少。其他法学院的这种比例也相差不多。

当时法学院职员的学历层次不低。在上海法学院 1938 年聘用的 12 名职员中,除一名书记员外,全是高校本科毕业生,其中,还有 3 人分别在日本的东洋大学和早稻田大学、德国的柏林大学取得学位。

旧上海的法学院都把教师分为两类,即专任(即专职)和兼任(即兼职)教师。专任教师的人数多于兼任教师。1946 年,新中国法商学院共聘用教师 75 人,其中,专任教师 51 人,兼任教师 24 人。③有的法学院对教师中专任教授和兼任教授的比例作出过规定。上海法政学院曾规定:"本院教授分专任、兼任,专任教授占三分之二,兼任教授占三分之一。"④

法学院的教师同样有职称,被分为教授、副教授、讲师、助教和特邀教员等。其中,教授为多,另外他们也都有专任和兼任之分。这里以 1946 年新中国法商学院为例,列表表示如下。⑤

职　称	专任人数(名)	兼任人数(名)	总　计(名)
教　授	22	6	28
副教授	4	8	12
讲　师	7	1	8
助　教	12	2	14
特邀教员	6	7	13
共　计	51	24	75

①　上海市档案馆,全宗号 Q247,案卷号 20。
②③　上海市档案馆,全宗号 Q254,案卷号 25。
④　上海市档案馆,全宗号 Q248,案卷号 4。
⑤　根据上海市档案馆所存档案制作,全宗号 Q254,案卷号 25。

　　如果从教师与学生的比例来看,教师的人数也不算多。1938 年,上海法学院的教师人数是 18 人,学生人数为 193 人,教师与学生之比是 1∶10.7 。[①]新中国法商学院 1946 年的教师人数是 75 人,学生人数为 370 人,他们的比例是 1∶4.9 。[②]另外,同一时期中,教师的人数总是多于职员人数。1938 年,上海法学院的教师为 18 人,而职员为 12 人。1946 年,新中国法商学院的教师人数为 75 人,而职员人数仅为 32 人。这种情况在其他法学院同样存在。据统计,东吴大学法学院在 1915 年至 1941 年间,共聘用过 211 名教师,而职员只有 27 名;在 1945 年至 1947 年间,共聘用教师 91 名,而职员仅 14 名。[③]

　　旧上海法学院的教授主要由两类人员组成:一类是具有高学位的;另一类是具有较丰富的司法实践经验的。这里以东吴大学法学院 1946 年聘用的教授为例。此年,这个法学院聘用了许多博士为教授,其中,包括在国外大学取得博士学位的人员,如讲授罗马法、国际法的王遂征教授,曾在比利时国立大学获法学博士学位;讲授行政法的马君硕教授,曾在美国纽约大学获法学博士学位;讲授刑法、国际法的鄂森教授,曾在美国林肯大学获法学博士学位。这个法学院还同时聘用了一些大学本科毕业、有司法实践经验的人员任教授,如讲授民法、刑法和诉讼法的张正学教授,在 1920 年从国立北洋大学法科毕业后,自 1924 年至 1926 年曾在上海任地方审判厅推事和地方检察厅检察官;讲授民法和民诉法的曹杰教授在北京大学取得法学学士学位后,1927 年到浙江金华地方法院任帮办推事等。[④]具有以上两种情况的教授占了教授中的大部分。另外,还需提及的是,当时的法学院还聘用过外国学者为教授,东吴大学法学院就是如此。1926 年此院聘德国高恩厚博士为德国法教授,聘法国宝道博士为法国法教授等。[⑤]

　　法学院聘用的教授大多一人要上两门课以上。王佩静教授讲授国文、中国通史、中国法制史 3 门课;吴芷芳教授讲授中国宪法、比较宪法和行政法 3 门课。最多的还开了 6 门课。金兰荪教授主讲商法概论、公司法、票据法、海商法、保险法、劳工法 6 门课程。[⑥]

　　旧上海法学院的学生呈上升趋势,因此,毕业人数也不断增加,这里以

---

①　上海市档案馆,全宗号 Q247,案卷号 20。

②　根据上海市档案馆所存档案制作,全宗号 Q254,案卷号 25。

③　上海市档案馆,全宗号 Q245,案卷号 322。

④　上海市档案馆,全宗号 Q245,案卷号 83。

⑤　参见上海市文史馆等编:《上海地方史资料》(四),上海社会科学院出版社 1986 年版,第159 页。

⑥　参见程晋权等:《旧上海法律教育几面观》,《政法高教研究》1990 年第 2 期。

东吴大学法学院为例。东吴大学法学院 1918 年毕业人数为 7 人,1928 年为 14 人,1938 年为 34 人,1948 年为 63 人,1949 年为 104 人。①

在法学院中,法律系的学生又多于其他系的学生。1938 年,上海法学院共有 193 名学生,法律系就占了 116 人,其余的,政治系有 10 人,经济系有 22 人,政治经济系有 17 人。②1946 年新中国法商学院共有学生 370 人,其中法律系有 179 人,经济学系有 117 人,政治学系有 74 人。③因此,可以这样认为,法律系是旧上海法学院中主要的系,培养的也主要是法律人才。

在旧上海法学院的学生中,男学生占了绝大多数,女学生只占有极少数。1938 年上海法学院的学生总人数是 193 人,其中男学生有 170 人,占学生总数的 88%有余;女学生只有 23 人,仅占 12%都不到。④1946 年新中国法商学院共有学生 370 人,其中男学生就有 338 人,占学生总数的 91%有余;女学生只有 32 人,仅占 9%都不足。⑤

另外,学生主要来自江浙两省,其他省的很少。据上海法学院 1938 年的统计,在 193 个学生中,来自江苏省的有 83 人,浙江省的 59 人;来自广东、山东、江西、湖南、广西五省的,总共才 25 人。⑥其他法学院也有相似情况。

从旧上海法学院系毕业的学生绝大多数人得到的是学士学位,只有极少数人能获硕士、博士学位。从东吴大学法学院公布的毕业生名册来看,自 1918 年至 1947 年,此学院共毕业学生 1061 人,其中仅 14 人获硕士学位,3 人获博士学位。⑦所以,从实际情况看,旧上海法学院、系培养的学生以本科为主。

五、培养目标和毕业后去向

旧上海的法学院系的培养目标不完全相同,在表述上也各有所异。大夏大学法学院以侧重研究法律、政治、经济,并适应社会需求为宗旨;上海法科大学以研究高深学理,造就法政人才为宗旨;上海大学法律系以研究法律原理及学识为宗旨;民国法律学校以普及法学知识,增进公民法制观念,为民国建设为宗旨。⑧还有,上海法政学院以研究高深学术,造就实用人才为宗

---

① ⑦　上海市档案馆,全宗号 Q245,案卷号 319。

② ④ ⑥　上海市档案馆,全宗号 Q247,案卷号 20。

③ ⑤　上海市档案馆,全宗号 Q254,案卷号 25。

⑧　参见程晋权等:《旧上海法律教育几面观》,《政法高教研究》1990 年第 2 期。

旨①,等等。但是,有一点是相似的,那就是都培养专门的法律人才,以满足社会的需求。

从法学院、系学生4年所学的法学知识来看,他们已经学习了法学主干课程,熟悉了主要部门法中的一些重要内容;学习了法学中的主要史论课程,掌握了法理和法史中的基本知识;同时,也接触了一点司法实际,对理论与实际的结合作了些尝试。因此,可以这样说,他们的法学理论知识比较扎实,进一步发展的潜力比较大,但就毕业生来说,要马上从事理论研究工作尚缺乏条件,因为他们缺少对某一法学领域的深入研究,这需要进一步的学习和研究。如果他们从事司法实践工作或为工商业提供法律服务,则比较适合,可以把学到的法律知识直接运用在实践中。或许这是法学院系办学者的初衷,所以,在培养目标中都强调以适应社会需求为宗旨。

从毕业生的分配去向来看,除少部分人继续进行学习或任教外,大多数人从事司法实践工作或进入工商界。东吴大学法学院曾作过一个不完全的统计:自办校后到上海解放前,共培养了1228名学生,其中,赴国外继续深造的约占10%;从事法律教育工作的约占10%;步入工商界的约占30%;其余的50%则到司法实际部门工作。②其他法学院系毕业生的去向也基本如此。

旧上海的法学院系为旧政权培养了大批法律人才。在他们所学的一些课程中,渗透着反人民、反革命的内容,“党义”和“三民主义”课程是如此,宪法、刑法、行政法和刑事诉讼法等法学课程也是如此。毕业以后,他们中的一些人掌握了司法权,实施反动的法律,镇压进步人士和革命运动。其中,还有人进入政界,成为反动政权的鹰犬,与人民为敌。但是,也应看到他们中的有些人以爱国爱民为己任,在当时就满腔热血,为国家独立、民族昌盛、维护正义而奋斗。东吴大学法学院的毕业生中就有这样的人士。陈霆锐等人在收回上海租界的会审公廨的问题上竭尽全力,为最终收回法权作出了贡献;李文杰等人尽力替抗日“七君子”辩护,伸张正义,支持抗日救亡运动,为中国的民族独立运动作了努力。新中国成立以后,他们还积极参加祖国建设,参与国际事务,为世界和平事业不懈工作。更多的毕业生还为促进法学研究和国际间的法学交流起了积极作用。

旧上海的法律教育作为与那时法制有密切关系的一个方面,虽已成为历史,然而作为一种专业教育仍可为今天所借鉴。

---

① 上海市档案馆,全宗号 Q248,案卷号 4。
② 参见程晋权等:《旧上海法律教育几面观》,《政法高教研究》1990 年第 2 期。

第二十二章　上海法制的新生

　　1949 年 5 月 27 日,随着中国人民解放军解放上海的炮声,旧上海的反动政权顷刻土崩瓦解,它的反动法制也随之被摧毁了。当天,上海人民自己的政权机关上海市军事管制委员会成立。上海从此迈出了向社会主义发展的步伐,上海的法制也获得了新生,开始谱写新的篇章。这个篇章的第一页便是上海接管时期的法制,时间从 1949 年 5 月上海解放至 1949 年 9 月。此处专述这个时期的法制,并作为本书上编的一个结尾。

一、上海的解放和接管

　　这个时期法制的诞生是上海解放和接管的必然的结果,与其密不可分。

　　1949 年 4 月 21 日,中国人民解放军百万雄师以雷霆万钧之势跨过长江,并很快攻占了南京。这预示着上海的解放也为期不远了。南京解放后,人民解放军随即着手准备解放上海的战役。第二野战军很快切断了浙赣线,封锁了上海守敌南逃的去路;第三野战军部分兵力直逼浙东宁波;山东部队积极准备解放青岛,牵制敌军兵力;第三野战军的其余部队,分多路赶向上海。5 月上旬,第三野战军指挥部在常熟召开了军以上干部会议,部署上海战役。

　　国民政府妄图死守上海,挽救败局。1949 年 5 月 9 日,汤恩伯奉蒋介石之命,举行军事会议,部署兵力。此时,在淞沪地区共有敌军 23 万人,分为 9 个军,25 个师,6 个交警总队和特种兵。他们被部署在上海的外围阵地、主阵地和核心阵地上,准备负隅顽抗。外围阵地指上海郊县地区的阵地;主阵地指距市区 3 公里处的阵地;核心阵地指市内的高大建筑物的阵地。一时间,上海郊区碉堡掩体林立,铁丝网、篱笆处处可见;上海市区则堆积着沙袋、铁丝网,变成了一个大兵营。国民政府夸口这些工事"比斯大林格勒的防御设备还要坚固 30%"。①言下之意是固若金汤。

但是,在中国人民解放军强大的攻势下,他们的夸口很快变成了笑柄。1949 年 5 月 12 日,解放上海的外围战打响了,而且只用了不到两周的时间,就突破了这个"比斯大林格勒的防御设备还要坚固"的阵地。至 1949 年 5 月 24 日,人民解放军解放县城 10 座,攻克据点 100 多个,歼敌 2 万余人,胜利完成了解放上海的外围作战,20 余万敌军被围困在上海市区至吴淞口的狭小地带里。敌人惊慌了,蒋介石临阵从复兴岛溜走,汤恩伯也率军逃往舟山群岛。

最后的决战时刻从 1949 年 5 月 24 日晚开始,仅 4 个小时,苏州河以南的市区就已完好无损地回到了上海人民手中。第二天,人民解放军便向苏州河北岸发起攻击。经过艰苦的战斗,人民解放军越过苏州河,向苏州河北面地区挺进。27 日,兵临杨树浦发电厂和自来水厂,经过政治攻势,迫使敌军投降,从而保全了上海最大的发电厂和水厂。至此,上海全境全部解放,上海终于获得了新生。1949 年 5 月 27 日,这个令人难忘的日子永载史册。

上海解放以后,随即由人民接管。然而,接管上海的准备工作早在 1949 年 3 月已经开始。1949 年 3 月 31 日至 4 月 20 日,党中央、毛泽东和周恩来在北平邀请上海的知名人士召开座谈会,听取他们对接管上海的意见,为正确制定接管上海、江南城市提供了依据。到 1949 年 5 月前,不仅已摸清了上海的各种情况,还作好了思想准备、入城的纪律教育、筹建上海的机构和干部配备的组织准备、入城前各种物资的调运、中共地下党组织的配合等接管的准备工作。同时,上海的接管工作还吸取了沈阳、北平、天津等一些先于上海解放的大城市的接管工作经验,并从上海的实际情况出发,制定了"按照系统、整套接收,调查研究,逐渐改造"的方针。为了保证接管工作有条不紊地进行,还把这一工作分为接收、管理和改造三大步骤。接收主要是办理清点和移交;管理主要是着手局部的整顿;改造主要是全面肃清反动制度。但这三大步骤不是孤立存在,而是交叉在一起,因此,接收中完全可能包含有部分管理和改造的内容。②

在中国共产党和上海军管会、市政府的正确领导下,在全市人民的参与和支持下,接管工作进行得比原来预计的要顺利。它既稳步前进,又快接细收,因此,在接收工作中未发生任何重大事故。到 1949 年 6 月 10 日,旧上海

---

　　① 参见《战争史上罕见的奇迹》,《文汇报》1979 年 5 月 18 日。

　　② 参见中共上海市委党史研究室等编:《接管上海》(下卷),中国广播电视出版社 1993 年版,第 15 页。

市政府系统的各机构接收工作告一段落,前后仅用了两周时间。到7月底,全市各系统以接收为主要任务的接管工作也基本完成,也只花了两个月时间。此后,上海的接管工作便转入了以管理、改造为主的时期。

上海的接管工作取得了明显的成效。它改变了旧的生产关系,促进了社会生产力的发展,上海的经济得到了恢复和发展。在很短的时间内,上海的税收就有了大幅度的上升。据统计,1949年7月的税收为26亿元,8月就增长到114亿元,9月达到了148亿元,10月便实现了收支平衡。12月底收大于支,余额为70亿元。①这表明解放后的新上海已顺利度过了刚解放时最为困难的时期,接管上海的工作取得了成功。

二、上海接管时期的立法概况

上海接管时期形成了自己的立法体系和制度,主要内容包括立法机构、法律渊源等。

上海市军事管制委员会的全称是"中国人民解放军上海市军事管制委员会"。它是上海市"军管时期的最高权力机关",②成立于上海解放的当日,任务是"保障全体人民的生命财产,维护社会安宁,确立革命秩序"和"统一军事政治经济文化等管制事宜"。③它也是当时上海的立法机关,行使上海的地方立法权。根据中国人民革命军事委员会的命令,陈毅任上海市军事管制委员会的主任,粟裕为副主任。④

上海市军事管制委员会下设秘书处、办公厅、交际处和财政经济接管委员会、文化教育管理委员会、军事接管委员会、政务接管委员会、近郊接管委员会、运输司令部等机构。这些机构下还设有一些工作机关,如文化教育管理委员会下设有4个处,分别是高等教育处、市政教育处、文艺处、新闻出版处。其中,财政经济接管委员会的下属机关最多,有19个。

上海市军事管制委员会制定和颁布过许多上海地方法规,如1949年6月6日发布的《上海市军管会关于解散、封闭反动党团组织的布告》;⑤7月

---

① 参见中共上海市委党史研究室等编:《接管上海》(下卷),中国广播电视出版社1993年版,第32—33页。

②③④ 中共上海市委党史研究室等编:《接管上海》(上卷),中国广播电视出版社1993年版,第78页。

⑤ 中共上海市委党史研究室等编:《接管上海》(上卷),中国广播电视出版社1993年版,第195—196页。

21 日颁行的《上海市军管会关于粮食统一调拨通令》,①等等。上海市军事管制委员会的下属接管委员会也参与立法,并以自己的名义颁布一些法规。如财经接管委员会于 1949 年 6 月 14 日公布了《上海市军管会财经接管委员会关于对外籍轮船进出管理暂行办法》,②文化教育管理委员会于 1949 年 6 月 5 日发布了《上海市军管会文化教育管理委员会关于不得擅自发行毛主席著作及中央各种政策文件等事项的通告》③等。

上海市人民政府是上海的政府机关,成立于上海解放的次日,即 1949 年 5 月 28 日。同日,它便开始接收国民政府的上海市政府。根据中国人民革命军事委员会的任命,陈毅为上海市市长,曾山、潘汉年、韦悫为副市长。④上海市人民政府也下设了一些办事机关,其中,有市府秘书处、办公厅、人事处、行政处、交际处、新闻处、高等教育处、房地产管理处和民政局、财政局、教育局、公用局、工务局、劳动局、工商局、地政局等。

上海市人民政府作为上海的地方政府也参与立法,以自己和上海市军事管制委员会的名义颁行过上海地方法规。如 1949 年 8 月上海市军事管制委员会与上海市人民政府联合颁行了《上海市军管会、人民政府关于处理旧员工的应行注意事项》。⑤上海市人民政府下属局、处也曾参与了立法,以自己的名义颁布有关规定。如上海市人民政府公安局于 1949 年 6 月 22 日公布了《上海市人民政府公安局关于国民党时期义务警察及私人自卫枪支处理办法》⑥等。但是,从数量上看,这类规定不多,这说明当时上海市人民政府及其所属机关参与立法的任务不多,上海市军事管制委员会承担了主要的立法任务。

接管时期上海地方法的渊源主要有:规程、办法、条例、通令、布告等。它们各有自己规定的内容和范围。

---

① 中共上海市委党史研究室等编:《接管上海》(上卷),中国广播电视出版社 1993 年版,第 233—234 页。

② 中共上海市委党史研究室等编:《接管上海》(上卷),中国广播电视出版社 1993 年版,第 288—290 页。

③ 中共上海市委党史研究室等编:《接管上海》(上卷),中国广播电视出版社 1993 年版,第 475—476 页。

④ 中共上海市委党史研究室等编:《接管上海》(上卷),中国广播电视出版社 1993 年版,第 79 页。

⑤ 中共上海市委党史研究室等编:《接管上海》(上卷),中国广播电视出版社 1993 年版,第 127—129 页。

⑥ 中共上海市委党史研究室等编:《接管上海》(上卷),中国广播电视出版社 1993 年版,第 199—200 页。

规程是一种内容比较系统、主要规范组织内部行为的法规性文件。1949 年 9 月施行的《上海市人民法院组织规程》①即是如此。它规定的内容非常系统,包括上海市人民法院的隶属、机构和人员的设置、职责等;规范的是法院内部的组织行为。

办法是一种内容比较具体,便于有关机关实施的法规性文件。办法涉及的范围比较广泛。1949 年 6 月 29 日上海市军事管制委员会公布的《上海市军管会关于对原伪市府旧人员处理的办法》,②规定了对国民政府时期上海市政府中原有人员的处理方法。6 月 22 日上海市人民政府公安局颁布的《上海市人民政府公安局关于国民党时期义务警察及私人自卫枪支处理办法》,对处理从国民政府统治时期遗留的有关枪支作了具体规定。在办法中还有一些是"暂行办法",它们或是具有试行性,或是具有短期性。1949 年 6 月 1 日颁布的《上海市军管会财经接管委员会航运处战时船舶管理暂行办法》③和同年 7 月 7 日公布的《市政教育处关于私人或团体申请新设学校或恢复原校的暂行办法》④即是如此。

条例是一种适用范围比较狭窄、强制性比较强的法规性文件。1949 年 6 月 13 日实施的上海市军事管制委员会颁布的《关于上海市私营广播电台暂行管制条例》⑤只适用在上海的"中国人经营之私营广播电台"。而且,明文规定:"如有故违,当分别情节轻重,予以惩处。"它的适用范围和强制性都比较特殊。

通令是一种适用范围广泛、要求人们严格遵守的法规性文件。1949 年 7 月 20 日发出的《上海市军管会关于粮食统一调拨通令》,要求"所有各接管单位"都要执行这一通令。

布告是一种广泛告知、内容单一的法规性文件。它被广泛用于政治、经济、文化等各领域,要求广大市民知晓、遵守,而且内容比较简单。1949 年 5 月 29 日上海市军事管制委员会颁发的《关于继续征收各项税收的布

---

①　中共上海市委党史研究室等编:《接管上海》(上卷),中国广播电视出版社 1993 年版,第 193—195 页。

②　中共上海市委党史研究室等编:《接管上海》(上卷),中国广播电视出版社 1993 年版,第 119—122 页。

③　中共上海市委党史研究室等编:《接管上海》(上卷),中国广播电视出版社 1993 年版,第 287—288 页。

④　中共上海市委党史研究室等编:《接管上海》(上卷),中国广播电视出版社 1993 年版,第 457—459 页。

⑤　中共上海市委党史研究室等编:《接管上海》(上卷),中国广播电视出版社 1993 年版,第 476—477 页。

告》，①主要强调了"原有各项国税市税，仍旧继续征收，希各界人民照旧缴纳，勿得逃避"。全文只有 400 字左右。从数量来看，这是上海接管时期为数最多的一种，其他渊源都不及它的多。

三、上海接管时期法规的主要内容

归纳上海接管时期上海地方法规的内容，主要涉及以下这些方面。

在政治方面，重点清除反动势力的残余，巩固新生的人民政权。上海解放以后，大量的反动军队不复存在了，但是，还有一些反动势力的残余遗留下来，它们处处与人民为敌，伺机进行破坏和颠覆活动。其中，有反动的党团组织、特务组织，等等。当时，它们手中还掌握着武器、电台等反动工具，这对于人民的生命、财产和新生的人民政权都是一种威胁。为了维护解放上海的胜利成果，巩固新生的人民政权，上海市军事管制委员会及时颁行了一些规定，从不同侧面清除残留的反动势力。《上海市军管会关于解散、封闭反动党团组织的布告》从扫除上海残余的反动党团组织的侧面，来巩固新生的人民政权。它规定：国民党、三青团、青年党和民主社会党等都是"非法的反动组织"，自即日起"一律予以解散"，组织成员要"改过自新"，如果有人要继续进行破坏的，"一经查明定予惩办"。1949 年 6 月 6 日公布的《上海市军管会关于解散、查封特务组织的布告》②，从查禁上海残留的特务组织的角度来巩固新生的人民政权。它规定：中统局、军统局和国防部二厅及其所属的组织均为"残害人民之法西斯特务组织"，这些特务组织"应即一律解散，查封并没收其所有公产档案"，组织成员必须立即停止活动，并"向人民政府悔过自新立功赎罪"；如果有人执迷不悟，怙恶不悛，那么，"一经查获，严惩不贷"。同日颁行的《上海市军事管制委员会收缴非法武器电台办法》③从查收非法持有的武器和电台的方面，来巩固新生的人民政权。它规定：凡是国民党军政官吏、党特人员、散兵游勇、保甲人员、反动社团所持有、遗散、埋藏、隐匿的武器和电台，"均为非法武器违禁物品，应予收缴"；持有

---

① 中共上海市委党史研究室等编：《接管上海》（上卷），中国广播电视出版社 1993 年版，第 330 页。

② 中共上海市委党史研究室等编：《接管上海》（上卷），中国广播电视出版社 1993 年版，第 196 页。

③ 中共上海市委党史研究室等编：《接管上海》（上卷），中国广播电视出版社 1993 年版，第 197—198 页。

这类武器和违禁品者,自即日起应"迅速向上海市人民政府公安局及各分局登记呈缴";拒不呈缴的,"一经查明,定予惩处。知情不报者罚"。那些义务警察的枪支弹药也在收缴之列。《上海市人民政府公安局关于国民党时期义务警察及私人自卫枪支处理办法》规定:义务警察名为协助地方治安,实为"统治人民之工具";目前,义务警察及其组织"再无存在之必要";所以,所用枪支弹药都要"按级缴送各区公安分局"。另外,原旧政府机关中的人员也应分别情况,作出相应的处理,以保证政府机关的纯洁性。《上海市军管会关于对原伪市府旧人员处理的办法》对此作出了规定。它对原市政府本部及各局集中训练的旧人员,在分清"是非轻重"之后,酌情处理,具体是:那些劣迹昭著,为人民所不满的反动分子、特务分子,"应予开除或送公安局";那些老弱而无工作能力的吃闲饭冗员,"予以遣散";对于多数愿为人民服务者,"动员南下及西南去服务";一部分高级职员和技术人才在"政治上予以改造"后,分别录用之。在当时,非法武器与反动武装密不可分,旧政府人员与旧政权联系在一起,他们都会危害新生的人民政权。以上这些规定的颁布和执行,无疑有利于新生政权的巩固。

在经济方面,重点铲除半殖民地半封建的经济基础,创立新的经济秩序。旧上海是个典型的半殖民地半封建化城市,其经济基础亦是如此,而且它还是上海人民受压迫和剥削的主要原因之一。上海解放以后,上海市军事管制委员会就着手铲除这一经济基础,并颁布了一些有关规定。1949 年 6 月 4 日公布的《上海市军管会关于将国民党政府国营事业官僚资本、战争罪犯财产收归国有的布告》①,规定要没收官僚资本等的资产,从根本上铲除半殖民地半封建的经济基础:凡属国民党伪政府的国营事业、官僚资本与战争罪犯财产,"均应收归国有";凡具有这类财产者,务必向财经接管委员会工商处报告登记,"如有化名隐匿不报者罚"。同月发布的《上海市军管会关于没收战争罪犯、官僚资本及反革命首恶分子房地产布告》,②进一步从不动产的角度冲击了旧上海的经济基础:由上海市军事管制委员会接管上海市"国民党反动党、政、军、特务及各级机关,及应予没收之战争罪犯、官僚资本,及反革命首恶分子之房地产";如果有对上述敌伪战犯房地产隐匿侵占、冒名顶替、擅行盗卖等行为,"必严加追究,依法惩处"。在铲除旧上海半殖民地半封建经济基础的同时,上海市军事管制委员会还很快创立了新的经济秩

---

① 上海档案馆编:《上海解放》,档案出版社 1989 年版,第 136 页。

② 中共上海市委党史研究室等编:《接管上海》(上卷),中国广播电视出版社 1993 年版,第 228—229 页。

序,并用法规形式规范这一秩序,以确保上海经济的恢复和发展。《上海市军管会关于粮食统一调拨通令》为维护上海的粮食供应作出了规定:"查现在值青黄不接时期,军需粮食又极浩繁",为了保证上海的粮食供应,"自应统一调度",所有接管单位都要迅将接收与确定应行接收之粮食种类数量,报告华东财办粮食局并即全部移交,"以济急需"。上海市军管会颁发的《关于继续征收各项税收的布告》规范了全市的税收行为。布告告诉市民:现在的"一切财政收入均转为人民服务,性质上已与过去完全不同",其目的是为了"发展市政建设,维护生产,并支援人民革命战争,争取全国胜利",所以,原有的各项国税、市税,"仍旧继续征收",市民都要依法缴税,不可逃避,如果有逃税等行为的,"一经查出,定予严惩"。1949 年 5 月 28 日,上海市军事管制委员会颁发的《关于使用人民币及禁用伪金圆券的布告》①整治了金融秩序。它规定:"伪'金圆券'自即日起为非法货币。"但是,为了照顾人民的利益,在 6 月 5 日前仍准暂时流通,"过期即严禁使用";人民币与金圆券的比价为"人民币 1 元折伪'金圆券'10 万元",等等。还有,1949 年 5 月 30 日上海市军事管制委员会颁发的《关于统一办理购销事宜的通告》②和同年 6 月 1 日公布的《贸易处关于进口货物清理事宜的通告》③等,也都从不同侧面规范了经济行为,以确立新的有利于人民的经济秩序。

在文教方面,重点整顿文教秩序,开创新的文教局面。在旧上海的文教系统中,同样充斥着反动的制度和内容,这与上海人民的意志和愿望格格不入,所以,上海市军事管制委员会对其进行了整顿。1949 年 5 月 31 日发布的《上海市军管会文化教育管理委员会关于除取消训导制度及公民课程外,余暂照旧复课的通告》④明确规定:"取消训导制度及公民等课程。"旧学校中的训导制度是一种对学生进行反人民反革命的教育、监督进步学生行动、打击进步学生的反动制度。公民等课程则是指那些向学生灌输反动理论、国民党的反共政策、宣传反人民的课程。这些反动的制度和课程当然要被取消。此通告还同时规定:上海市立以及在市区内的江苏省立各级学校及

---

① 中共上海市委党史研究室等编:《接管上海》(上卷),中国广播电视出版社 1993 年版,第 346—347 页。

② 中共上海市委党史研究室等编:《接管上海》(上卷),中国广播电视出版社 1993 年版,第 336 页。

③ 中共上海市委党史研究室等编:《接管上海》(上卷),中国广播电视出版社 1993 年版,第 337—338 页。

④ 中共上海市委党史研究室等编:《接管上海》(上卷),中国广播电视出版社 1993 年版,第 426—427 页。

社教机关负责人,要把学校的情况"造具清册",向委员会"作书面报告"。同月 27 日上海市军事管制委员会颁发的《关于上海市报纸、杂志、通讯社登记暂行办法》从新闻出版的侧面进行整顿。它规定:为了保障人民的言论出版自由,"剥夺反革命言论出版自由",凡本市已出版或将出版的报纸、杂志和通讯社,"均须依照本办法,向本会申请登记"。同时还规定:凡在出版的报纸、杂志和营业的通讯社都"不得有违犯本会及人民政府法令的行动"、"不得进行反对人民民主事业的宣传"、"不得泄露国家机密及军事机密"、"不得进行捏造谣言与蓄意诽谤的宣传"等。在整顿的同时,上海市军事管制委员会还根据建设新上海的需要作出新规定,以开创新局面。《上海市军管会文化教育管理委员会关于不得擅自发行毛主席著作及中央各种政策文件等事项的通告》要求由本市出版、发行的书籍和杂志等,"必须在封面背页或版权页注明出版者及印刷者之详细地址,各书店报摊不得出售不注明上项地址之书刊,各印刷所不得排印不注明出版发行者地址之书刊"。上海市军事管制委员会颁布的《关于上海市私营广播电台暂行管制条例》对私营广播电台广播的内容作出规定:"不得有反对人民政府、反对人民解放军及任何反共、反人民、反对世界民主运动的反动宣传与败坏风俗之节目。"以上的规定都直接有利于形成新的文教秩序,开创一个有益于新生政权和人民利益的文教局面。

四、上海接管时期的司法机构和制度

上海市军事管制委员会在接管上海的同时,也建立起了人民的新司法机构和制度,而它们的建立又与废止旧上海的国民政府的司法机构和制度联系在一起,废中有立,立中亦有废。

接管上海市警察局和成立上海市公安局是当时司法工作中的一件大事。解放前夕,国民政府的上海市警察局在总局中设有 7 处 4 室,拥有保警中队、骑巡队、飞行堡垒和机动大队等反动武装部队;在总局设立 29 个分局和 2 个警察所,共有 16000 多名员警。[①]他们是国民政府维持其反动统治的工具。上海市军事管制委员会在摧毁上海市警察局的基础上对其进行了接管,并成立了人民的治安机构——上海市公安局。

---

① 参见中国人民政治协商会议上海市委员会文史资料工作委员会编:《上海文史资料选辑》(第 46 辑),第 108 页。

1949 年 5 月 28 日,上海市军事管制委员会正式接管上海市警察局。此日,李士英、扬帆代表上海市军事管制委员会进驻上海市警察总局,并宣布接管总局各处及各分局。6 月 2 日,上海市军事管制委员会发布命令,宣布正式成立上海市公安局,由李士英为局长,扬帆为副局长。①

接管工作有条不紊地进行。对于旧员警,向他们阐明党的政策和出路,责令其各安职守,服从军事管制委员会和人民政府的命令,听候处理。最后,确定接收员警 14000 多人。对于各种装备,进行清点和利用。当时共查点了各种枪支 8520 支,六〇炮 18 门,装甲车 29 辆,各种弹药 8283600 余发,另有大量车辆、器具等。②对于遗留的档案材料作了接收和保存。当时,除了少量被敌人烧毁以外,大多数都经上海市的地下党员的工作而被保存下来。经过接收,它们被保存起来,回到了人民手中。接管工作的顺利进行,为上海新的治安机构上海市公安局行使职权奠定了基础。因此,从上海获得新生始,上海市公安局就开展工作,留用警察开始陆续上岗,维持上海的交通和治安秩序。

接管上海的旧法院和成立上海市人民法院,也是当时司法工作中的一件大事。1949 年 5 月 29 日,上海市军事管制委员会接管上海的旧法院,其中包括上海高等法院及其检察署、上海地方法院及其检察处等,接管负责人是叶芳炎。上海市军事管制委员会也是在摧毁旧法院的基础上对其进行了接管,然后成立上海市人民法院。

对上海旧法院的接管包括对旧法院人员、案卷和武器财产的接收。接管人员首先召集旧法院人员,宣传党的政策,命令他们停止行使旧职权,按原岗位办理移交。当时,上海旧法院的原有人员为 1000 多人。根据接收方针,留用了大部分书记员和录事,也留用了 20 余名推事和检察官。在上海市人民法院成立之初,这些留用人员占了法院总人数的 90%。③同时,接管人员还接收了大量的案卷。其中,已结案的案卷 8769 件,库存的案卷 727149 件,未结案的案卷 7496 件,另有人事档案、行政文书 6000 余件。④在接管过程中,还清查了旧法院中的武器和财产。当时,共接收了枪 19 支、子弹 826 发和在赃证物保管库里的黄金、银圆和首饰等。整个接收工作持续了一个月。

　　①② 参见中国人民政治协商会议上海市委员会文史资料工作委员会编:《上海文史资料选辑》(第 46 辑),第 109 页。

　　③ 参见中国人民政治协商会议上海市委员会文史资料工作委员会编:《上海文史资料选辑》(第 46 辑),上海人民出版社 1984 年版,第 125 页。

　　④ 参见中国人民政治协商会议上海市委员会文史资料工作委员会编:《上海文史资料选辑》(第 46 辑),上海人民出版社 1984 年版,第 120 页。

1949 年 8 月 11 日,上海市人民法院正式宣告成立。上海市军事管制委员会主任兼上海市市长陈毅同志亲临成立大会,还讲了话。在讲话中,他要求大家树立为人民服务的思想,把旧法院衙门与人民法院严格区分开来;勉励大家努力学习,勤奋工作,使人民法院真正成为人民民主专政的有力武器。①上海市人民法院的院长是汤镛,副院长是韩述之和叶芳炎。同日,法院即行办公。

根据 1949 年 9 月制定的《上海市人民法院组织规程》②的规定,上海市人民法院"隶属上海市人民政府";其任务是"根据人民政府施政纲领、政策、决议、法令等执行审判或调解全市人民有关民事刑事之一切纠纷,为维护一切人民政令,保障国防";设院长 1 人,副院长 2 人;法院下设审判委员会、调解委员会、秘书室、研究室及监狱委员会等。此规程还具体规定了每一机构中的人员设置和职责。如调解委员会设主任、副主任各 1 人,调解员 9 至 11 人,职责是依人民政府施政纲领、政策、决议、法令,担负民事及轻微刑事调解责任。

当时,还对审级、律师及诉讼费用等问题作了规定。关于审级问题,规定在军事管制期间,如果不服人民法院判决的,可申请军事管制委员会复核。关于律师问题,在中央没有规定前,暂在法院内设置公设辩护,以便为刑事被告人辩护。关于诉讼费用问题,公布了《上海市人民法院诉讼费用和其他费用的征收办法》,它对具体的收费额作了明确规定。而"公设辩护人和征收诉讼费用在当时都是没有先例的",③具有开创性。

接管旧监狱和看守所也是那时司法中的一项重要工作。1949 年 5 月 28 日,就有接管人员到上海监狱(即提篮桥监狱)查点政治犯。在监狱中共地下党组织的配合下,共查出未被国民政府发现而混在一般刑事犯中的 15 名共产党员和革命人士,并及时解救了他们。另据统计,上海监狱里的犯人总数为 591 人,其中,男犯人 329 人,女犯人 61 人,少年犯 20 人。盗窃犯约占一半。这些犯人中有一些大汉奸,如陈璧君、陈春圃等人。

旧上海在思南路、南车站路、北浙江路 3 处设有 3 个看守所,共有被押未决犯 507 人。其中,除少数是革命者外,大多数都是刑事犯。接管人员根据不同情况,对他们作了处理。④

---

①③　参见中国人民政治协商会议上海市委员会文史资料工作委员会编:《上海文史资料选辑》(第 46 辑),上海人民出版社 1984 年版,第 127 页。

②　中共上海市委党史研究室等编:《接管上海》(上卷),中国广播电视出版社 1993 年版,第 193—195 页。

④　中国人民政治协商会议上海市委员会文史资料工作委员会编:《上海文史资料选辑》(第 46 辑),上海人民出版社 1984 年版,第 124 页。

五、上海接管时期法制的几个重要侧面

从总体上来看上海接管时期的法制,有以下一些侧面比较突出。

1. 上海接管时期的法制充分反映了上海广大人民群众的意志和愿望

中国人民解放军解放上海,上海人民如久旱遇甘露,欢天喜地,他们知道只有共产党和人民政府才能救上海,才能使上海人民摆脱三座大山的压迫,做上海的主人。事实也是如此。解放上海是上海史上最为重要和彻底的一场革命,它要从根本上消灭剥削和压迫制度,把上海建设成为一个社会主义的大城市。这一时期的法制是上海社会主义法制中的一个组成部分,它最充分地反映了上海广大人民群众的意志和愿望,其程度远远超过上海历史上的任何时期的法制。上海历史上曾出现过多种剥削阶级的法制,有封建社会时期的封建专制法制,有半殖民地半封建时期的资产阶级民主共和国的法制和地主资产阶级独裁专制的法制等,它们都反映剥削阶级的意志和愿望,为剥削、压迫劳动人民服务,与接管时期的法制有天壤之别。小刀会起义军的法制虽不同于这些剥削阶级的法制,但集中反映的是农民阶级的意志和愿望,其先进性不如上海接管时期的法制。上海工人第三次武装起义胜利后建立的上海特别市临时市民代表会议政府的法制,虽也反映了上海广大人民的意志和愿望,但那时还在国共合作时期,政权存续时间也较短,因此,其反映的充分程度也不及接管时期的法制。从具体规定的内容来看,也能证实这一点。如关于解散和封闭反动党团组织的规定;解散和查封特务组织的规定;收缴非法武器和电台的规定;把国民政府国营事业官僚资本和战争罪犯财产收归国有的规定;禁用伪金圆券的规定;取消学校中训导制度和公民课程的规定等。都直接和充分体现了上海广大人民群众的要求,而且前所未有。形成上海接管时期法制这一重要侧面的原因在于中国革命本身。解放上海是中国革命的一个组成部分,而中国革命是一场史无前例的革命,它的任务是要推翻三座大山,把中国建设成为一个社会主义国家。因此,解放上海后便根除了反动的旧政权,同时建立了以公有制为主导的经济制度,确立了以马列主义、毛泽东思想为指导的思想理论基础。这些都为上海走向社会主义开辟了道路,与其相一致的上海地方法制当然也会以一种比较完美的形式出现,能够充分地反映上海广大人民群众的意志和愿望。

2. 上海接管时期的法制建立在彻底废除国民政府法制的基础之上

新中国的法制与国民政府时期的旧法制是建立在两种截然不同的社会

制度之上的性质完全不同的法制,它们之间没有共同之处,也不可互相替代,因此,新中国的法制只能建立在彻底废除国民政府法制的基础之上。这正如1949年2月《中共中央关于废除国民党的六法全书与确定解放区的司法原则的指示》①中所指出的:国民政府的法律即《六法全书》"是基本上不合乎人民利益的法律",因此,"在无产阶级领导的工农联盟为主体的人民民主专政的政权下,国民党的六法全书应该废除,人民的司法工作不能再以国民党的六法全书为依据,而应该以人民的新的法律作依据。"新上海的法制同样如此。在1949年5月27日公布的《上海市军事管制委员会成立布告》②里就体现了废除旧法、建立新法的革命措施。它指出:"遵照毛主席朱总司令所颁布之约法八章,实施军事管制。"其中"约法八章"是1949年4月25日颁布的《中国人民解放军布告》③内的主要内容,以具体规定的形式,贯彻了废除旧法、实施新法的精神。如它强调要"没收官僚资本",废除"农村中的封建的土地所有权制度","服从人民解放军和人民政府的命令"等都体现了这种精神。再从上海市军事管制委员会颁布的一些法规来看也同样如此。《关于继续征收各项税收的布告》首先废除旧上海的税收制度,因为"其征税政策则系保护少数官僚买办资本,有碍整个民族工商业发展;其征税方法则敲诈勒索或贪污中饱,其性质是极端反动的"。同时,这一布告规定了新的税收制度,"值此解放伊始,原有各项国税市税,仍旧继续征收",目的是为了发展市政建设和生产、支持人民解放战争。废除旧法和创立新法在这个布告里都得到了反映。

3. 上海接管时期法制的侧重点首先是维护和巩固新生的人民政权

上海解放以后,解放战争仍在进行,敌人不会自行退出历史舞台,还要进行各种破坏。一方面,他们在上海的南面结集军队负隅顽抗;另一方面则指使上海内部的残余反动势力进行捣乱,总之,妄图颠覆新生的人民政权。因此,维护和巩固新生的人民政权就成为上海接管时期的主要任务,此时法制的侧重点也是这样。由于敌人的捣乱和颠覆活动来自政治、经济和文教各领域,所以,维护和巩固新生政权的法制也涉及这些领域。在政治方面,规定解散和查封反动的党团组织、特务组织,收缴非法武器和电台,处理旧市政府的人员等。在经济方面,规定没收官僚资本和战犯的财产,禁止金圆券流通等。在文教方面,取消训导制度和公民课程,剥夺反革命的言论和出

---

① 法学教材编辑部:《中国法制史资料选编》(下),群众出版社1988年版,第1187—1189页。

② 中共上海市委党史研究室等编:《接管上海》(上卷),中国广播电视出版社1993年版,第78页。

③ 《毛泽东选集》(第4卷),人民出版社1966年版,第1394—1396页。

版自由,不得进行反对人民民主事业的宣传,不得泄露国家机密及军事机密等。这些规定都有助于上海新生的人民政权的巩固。历史证明,这些规定起到了积极的效果,上海的人民政权不仅得到了巩固,还不断发展。

4. 上海接管时期法制所涉及的领域已十分广泛

旧上海是中国半殖民地半封建社会的缩影,又是东方的一个大都市,它的各领域都有相当的发展,法制也是如此,内容涵盖了政治、经济和文教等各个方面。上海解放和接管以后,为了维护上海的新秩序,发展上海的建设,支持还在进行的解放战争,上海市军事管制委员会不失时机地进行立法,颁布法规,把法律也作为一种巩固胜利成果和进一步发展成果的强有力武器,而且法规的内容已十分广泛,涉及政治、经济和文教等各领域。为了尽快稳定解放后的上海,避免大起大落,上海市军事管制委员会在这种特定条件下,利用可为新上海服务的少量旧规定,重新在形式上加以确认,为己所用。如在《关于继续征收各项税收的布告》告知上海市民:"原有各项国税市税,仍旧继续征收。"这有利于发展上海的市政和生产建设,否则,就是"巧妇难为无米之炊",何况这么大的一个上海城。还有,通过发布《上海市军管会文化教育管理委员会关于除取消训导制度及公民课程外,余暂照旧复课的通告》告诉上海市民:"除取消训导制度及公民等课程外,其余暂行照旧。"也就是说,学校中的其他规定仍可继续实施,因为这有助于恢复正常的学校秩序,使教育不致中断。当然,这类规定只是在特定条件下才被利用,一旦局势稳定和情况发生了变化,它们也会被废止。历史也证明,随着上海经济、文化的发展,税制有了很大的变化,原有那一套相继被取消;还有,学校的有关规定也以新换旧,过去的那些都被驱逐出历史舞台。

5. 上海接管时期法制的实施情况比较理想

上海的解放使广大上海人民有一种翻身感,他们对反映自己意志和愿望的新法规有一种亲切感,这些都有助于形成执行和实施新法规的自觉性。另外,在军事管制的条件下,上海的国家行政机关和司法机关的工作作风也雷厉风行,执行和实施法规不折不扣,因此,这个时期的法制收到了明显的效果,实施情况比较理想。在政治方面,坚决施行查禁和打击特务组织和特务分子活动的规定,收到显著效果。从上海解放之日起到1949年底的7个月中,上海的公安机关共破获各类特务案件417起,抓获特务分子1499人,缴获电台109部,枪200支,"沉重打击了敌特机关的破坏活动。"①在经济方

---

① 参见中共上海市委党史研究室编:《接管上海》(下卷),中国广播电视出版社1993年版,第127页。

面,坚决执行没收国民政府的国有企业和官僚资本的规定,充分发挥新上海国有企业的作用,钢产量直线上升。从 1949 年 6 月到 12 月,上海钢铁公司就生产了 3182 吨钢锭、2376 吨钢材。1950 年的钢产量又大幅度上升,竟是前一年的 36.6 倍。① 在文教方面,坚决贯彻取消训导制度和公民等课程外,其余暂行照旧的规定,很快恢复了上海市所有学校的教学秩序。据回忆:"上海市所有学校,经历了解放上海这样一个大的军事政治事件,都没有停止一天课。"②这些成绩"只有在共产党领导下才能办得到"。③此话千真万确。

"雄关漫道真如铁,而今迈步从头越。"上海的解放也使它的法制获得了新生,并翻开了上海社会主义法制的第一页。随着上海社会主义事业的不断发展,其法制也向不断完善的方向迈进,尽管有过曲折,但前途依然是光明的。

---

① 参见中国人民政治协商会议上海市委员会文史资料工作委员会编:《上海文史资料选辑》(第 46 辑),上海人民出版社 1984 年版,第 288—289 页。

②③ 参见中国人民政治协商会议上海市委员会文史资料工作委员会编:《上海文史资料选辑》(第 46 辑),上海人民出版社 1984 年版,第 366 页。

下　编

第二十三章　上海的澳门路与公共租界的现代法制

上海有条澳门路,过去在上海公共租界的地界内。它的产生、命名、建设和发展都与上海公共租界的现代法制有一定的联系。本章拟对其中的几个问题作些探研。

一、澳门路是上海公共租界现代法制的产物

现在,澳门路是上海普陀区的一条道路,东西走向,东起西苏州路,西至常德路,全长 1233 米。过去,它则在上海公共租界西区的地界内,东起苏州河,西到小沙渡路(今西康路),建成的时间是 1900 年。此路既是上海城市发展的产物,也是上海公共租界相关现代法制的产物。其路名的命名、道路的建设和房屋的建造等都与上海公共租界的现代法制联系在一起。

1. 路名的命名是上海公共租界现代法制的产物

上海租界产生以前,上海的道路都在上海县城里,都是上海的传统道路,共有 63 条。它们的命名方式采取传统方式,主要有:以族居者的姓氏来命名,如谈家弄、赵家巷等;以当地官吏名人的姓氏或职业来命名,如唐家弄、王医马弄等;以沿路的商铺、作坊行业来命名,如彩衣巷、果子巷、面筋街等;以沿路的建筑来命名,如三牌楼街、观澜亭巷等;以沿路的机构、设施来命名,如仓桥弄、馆驿街等;以河溪水流之名来命名,如梅溪弄、白漾弄等;以道路的方位、地形、路面结构等状况来命名,如东街、新路巷等;以仁和吉祥之意来命名,如太平街、如意街等。[①]这种传统的路名在地方不大的上海县城里,易为华人所熟悉、运用。

上海租界出现以后,特别是上海公共租界形成前后,随着上海城市的区域扩大,人口的增多,特别是大量的外国人、外地人也纷纷入户上海后,上海

---

① 郑祖安编著:《上海地名小志》,上海社会科学院出版社 1988 年版,第 10—12 页。

传统的地名命名方式已明显滞后,不利于大家记忆,不适应上海城市发展的需求了。于是,从上海公共租界的前身——上海英美租界(1899 年改名为上海公共租界)开始,便利用现代法制手段,制定相关规定,整治界内路名,规范路名。经过多次酝酿和讨论,上海英美租界工部局董事会会议于 1865 年 12 月 13 日正式通过了改定界内路名的议案。此议案规定,界内道路命名的办法是:南北走向的道路以中国省份的名称来命名,东西走向的道路则以中国主要城市的名称来命名。为了使界内的华洋居民都能知晓新路名,议案要求工部局的下属机构广泛散发路名表,表中要列出相关路名。①从此以后,界内的路名开始规范化。上海公共租界沿袭这一规定。南北走向以中国省份名称命名的路名出现了,如四川路、西藏路、云南路等;过去不是以省份名称来命名的道路也进行了必要的调整,如教堂街改为江西路,栅路改为河南路,庙街改为山东路,石路改为福建路等。东西走向以中国城市名称来命名的路名也出现了,如香港路、厦门路、芜湖路等;过去不是以城市名称来命名的道路也进行了必要的调整,如领事馆路改为北京路,法院街改为天津路,教会路改为福州路,北门街改为广东路等。这些在现代法制规制下的路名便于华洋人共同记忆和使用,也得到了大家的认可。

1900 年,上海澳门路路名的命名就是这一现代法制的产物。那时的上海公共租界是从上海英美租界改名而来,仍然沿用英美租界的现代法制。根据规定,澳门作为中国一个城市的名称只能作为上海公共租界内东西走向道路的路名。以澳门来命名的这条道路正好符合这一规定。它地处当时大市鸣钟地块的北侧和小沙渡渡口的南侧,是一条东西走向的道路。从中亦可见,澳门路路名的命名正是上海公共租界路名规定实施的一个实例。

2. 道路建设是上海公共租界现代法制的产物

在上海租界出现之前,上海的道路都在上海县城内。县城之外,则是阡陌田野和芦苇纤道,没有城市道路。②县城内的道路也只是上海传统的道路,即道路狭窄,肮脏不堪。③上海租界出现以后,用相关的现代法制规范租界内的道路建设,使界内的道路渐呈现代道路。在上海澳门路建成以前,上海的英美租界已有关于道路建设的现代法制,以后的上海公共租界承续和发展了这一法制。澳门路的道路建设正是这一法制规范下的产物。

---

① 　上海档案馆编:《工部局董事会会议录》(第 2 册),陆森年等译,上海古籍出版社 2001 年版,第 528 页。

② 　唐振常主编:《上海史》,上海人民出版社 1989 年版,第 137 页。

③ 　熊月之主编:《上海通史》(第 5 卷),上海人民出版社 1999 年版,第 143 页。

上海公共租界以及此前的上海英美租界道路建设的一个重要背景是租界内人口的增多和面积的扩大。据统计,1876 年有 76713 人,其中外国人占1666 人;1880 年增长到 110009 人,其中外国人占了 2197 人;1890 年增至171950 人,其中外国人占了 3821 人;到了 1900 年增加到 352050 人,其中外国人占了 6774 人。①界内的面积也在扩张,1899 年为 3650 亩,1893 年扩张到 10676 亩,1899 年又增加到 33503 亩。②于是,租界内的现代道路需要增多,建设力度需要加大,现代法制也同样要跟上。1899 年,上海公共租界董事会会议批准了扩展的租界分区的议案。此议案规定:把租界分为 4 个区,沿苏州河、泥城浜和虹口浜划线,分别称为北区、东区、中区和西区。③以后,澳门路就建在西区的范围内。同时,对道路的宽度也作了规定。1900 年编制的《上海租界西区道路规划图》显示:干道的宽度均为 70 英尺(21.3 米),爱文义路(今北京西路)、静安寺路(今南京西路)、戈登路(今江宁路)等都是如此。1905 年编制的《上海租界东区道路规划图》显示:干道的宽度在 70 至 80 英尺,东百老汇路(今东大名路)、华德路(今长阳路)、庙海路(今海门路)等都是如此。④还有,道路施工必须保持清洁。1854 年规定:"起造修整道路、码头、沟渠、桥梁,随时扫洗净洁"。⑤另外,道路的质量也不断提高,建材不断升级,现代技术也不断被使用。1890 年始用水泥铺建人行道,1893 年又用柏油、水泥或其他混合材料铺筑人行道,1906 年又用铁藜木铺设南京路等。⑥新建成的上海公共租界道路四通八达,异常清洁,车不扬尘,与华界传统的道路相比是"天壤之异"。⑦可见,上海公共租界的现代道路建设与现代法制同行。上海公共租界内的澳门路正是在这种情况下建设起来了。它使用的是现代规划、现代技术、现代材料,是一条现代道路。

3. 房屋建造是上海公共租界现代法制的产物

上海租界出现以前的上海城内房屋都是中国传统建筑,不是现代建筑。这些房屋都是土木结构,阴暗潮湿,老鼠很多。上海公共租界的建筑则是现

---

① 邹依仁:《旧上海人口变迁的研究》,上海人民出版社 1980 年版,第 90 页、第 141 页。

② 史梅定主编:《上海租界志》,上海社会科学院出版社 2001 年版,第 96—98 页。

③ 上海市档案馆编:《工部局董事会会议录》(第 14 册),陆森年等译,上海古籍出版社 2001 年版,第 491 页。

④ 《上海城市规划志》编纂委员会编:《上海城市规划志》,上海社会科学院出版社 1999 年版,第 297 页。

⑤ 蒯世勋等编著:《上海公共租界史稿》,上海人民出版社 1980 年版,第 54 页。

⑥ 熊月之主编:《上海通史》(第 5 卷),上海人民出版社 1999 年版,第 136 页。

⑦ 熊月之主编:《上海通史》(第 5 卷),上海人民出版社 1999 年版,第 143 页。

代建筑。这种建筑包括了公共建筑、工业建筑、居住建筑和娱乐建筑。①上海公共租界制定过一系列规定,用其来规制这些房屋的建设,主要内容是以下这些方面:第一,规定不准建造易燃房屋。上海公共租界在 1845 年就规定:"界内不许架造易燃之房屋,如草棚、竹舍、木房之属"。②第二,规定了建造房屋的审批程序。1898 年上海公共租界规定:"凡欲造新屋或旧屋翻新,须将各图样呈送公局,听候核示,准示应于十四天内示知;倘造违式房屋,经公局派人拆去,所用工费,向屋主或承造者追缴,按控追偿款之例行。"③第三,规定了中式新建房屋的规格。1901 年上海公共租界还对新建中式房屋的规格作出了规定,内容涉及多个方面。比如,普通住宅和店铺高度不得超过两层;房屋地基要高于人行道的 3 英寸;房屋的地面至少要铺设 6 英寸厚度的优质石灰或水泥混凝土,并且要修整抹平;茶馆、剧院、娱乐厅或雇用 10 人以上的商店,均应配备适当的厕所,以供雇员、顾客使用;成排的两层楼房,每隔 96 英尺要设一垛隔火墙,其材料为砖头或石块不易燃物质等。④这些规定都是澳门路建造房屋的相关法制依据。

根据这些规定,上海澳门路在建造道路的同时,道路两侧的房屋也逐渐拔地而起。至 1939 年,澳门路已是一条成熟的现代道路,两边的房屋都已建成,包括居民住房和里弄、商铺、工厂、学校、茶室等。其中,居民的住房和里弄有华人住宅、日本人住宅和大有里、德明里、第安坊等;商铺有顺心诚号、李顺兴成衣、协和五金号、王茂海成衣、五金号、藤器号、盛昌号、华商永宁有限公司、朱泽洋行、大昌铁号等,工厂有中华书局的印刷厂、电器厂、电镀厂、荣森织绸厂、申新九厂、三益丝厂、荣昌丝厂等;学校有水月华童小学等,茶园有第一茶楼、茶园等。⑤这些房屋都是现代房屋,居住舒适,造型美观,布局合理,生活安全。其中,有的房屋还在世界上具有领先水平。1935 年在澳门路上新建的中华书局的印刷厂被称为"远东第一流的新厂"。⑥中华书局为中国的图书出版作出过很大贡献,《中华大字典》、《辞海》、《四部备要》、《古今图书集成》等都是它的出版成果。可见,上海澳门路的房屋建造和发展都与上海公共租界的现代法制联系在一起,是这一法制的一个结果。

---

① 熊月之主编:《上海通史》(第 5 卷),上海人民出版社 1999 年版,第 187 页。
② 蒯世勋等编著:《上海公共租界史稿》,上海人民出版社 1999 年版,第 49 页。
③ 马长林主编:《租界里的上海》,上海社会科学院出版社 2003 年版,第 293 页。
④ 史梅定主编:《上海租界志》,上海社会科学院出版社 2001 年版,第 709—710 页。
⑤ 葛福田:《上海市行号路图录》,福利营业公司 1939 年版,第 510—542 页。
⑥ 杨嘉祐:《上海老房子的故事》,上海人民出版社 2006 年版,第 328—329 页。

二、澳门路的上海公共租界现代法制基础

上海澳门路的产生、命名、建设和发展都与上海公共租界相关的现代法制联系在一起,是这一法制的产物。然而,这些相关法制却是以上海公共租界的现代法制为基础,不是以中国传统的法制为基础,它们之间存在很大的差异。上海公共租界的这一法制基础主要包括上海公共租界地域、自治机构、法规体系结构和语言等。

1. 上海公共租界地域的产生和发展

上海公共租界的法制是世俗法制,属地性很强,必须在一定范围的地域内才能存在和实施。在租界产生以前,中国所有地区都使用传统法制。这一法制在世界上有较高的地位,是五大法系之一。①然而,它是礼法结合,主张等级名分,以不平等为前提,竭力维护包括君权、父权和夫权在内的等级特权,与现代社会要求的平等、公正、自由、人权等相悖,不能在上海公共租界中使用。上海公共租界要适用现代法制,建立现代社会,首先要有一块建立自己现代法制的地域。

鸦片战争以后,作为南京条约及其附件五口通商章程的直接恶果之一是于 1845 年出台的土地章程。这章程有 23 条,内容涉及英租界的地域、租地程序、居留地居住格局等一系列问题。其中,确定了英租界的地域,东靠黄浦江,北至李家场(今北京东路),南至洋泾浜(今延安东路)。第二年,又划定西至界路(今河南中路),其面积约为 832 亩。②英租界便在这一地域内开始建立起自己的现代法制了。

上海出现了英租界以后,美国根据《望厦条约》的规定,也在上海取得了租界。1848 年,美国圣公会主教文惠廉到上海,先在苏州河北岸地价低廉的虹口一带广置地皮,设立教堂,然后,向上海道台吴健彰提出把虹口一带作为美租界的要求。当时,吴健彰作了口头承诺。1863 年,当英、美两个租界合并成为上海英美租界时,美国领事熙华德与上海道台黄芳正式商定了美租界的范围。③美租界地域的出现,也为其建立自己的现代法制创造了条件。

① 这五大法系是:大陆法系、英美法系、伊斯兰法系、印度法系和中华法系。
② 王立民:《上海法制史》,上海人民出版社 1998 年版,第 167—169 页。
③ 史梅定主编:《上海租界志》,上海社会科学院出版社 2001 年版,第 93 页。

上海英、美租界出现以后，又有扩大。1848年英国领事阿利国利用"青浦教案"，向新任上海道台麟桂提出扩充英租界的要求。在他的压力之下，麟桂与其签署了扩大英租界地域的协议。根据这一协议，英租界的西面从界路延伸至泥城浜（今西藏路），北面从李家庄推进至吴淞江（今苏州河），净增土地2000亩。1863年，上海英、美两租界合并时，土地面积多达10676亩。甲午战争以后，上海英美租界的地域再次扩大，即东自杨树浦桥起，至周家嘴角止；西自泥城桥起，至静安寺镇止；北从虹口租界第5界石起，至上海县北边界限为止，再从此画一直线至周家嘴角。1899年，上海英美租界更名为上海公共租界后，又有一次扩张，使其面积达到32110亩。①随着上海公共租界地域的扩大，颁行现代法制的地域也随之扩大了。上海澳门路就在上海公共租界不断扩大的地域中诞生，在这一地域中生存的现代法制中发展起来了。

2. 上海公共租界的自治机构的建立

上海公共租界的法规也需有相应的机构制定或认可。它们也是上海公共租界现代法制产生和发展的基础。这一机构就是上海公共租界的自治机构。它们独立于华界，不受中国政府的管辖和控制，单独行使自己包括立法权在内的自治权，使上海公共租界成为国中之国。这些机构包括领事、工部局、纳税外人会等。

1845年的土地章程已经确立了上海英租界自治机构的雏形。它确定英国领事是上海英租界的自治者，有权决定租界内的事务。它规定：英国以外国家的商人要在租界内建房、租房、屯物等都"须先禀明英国领事得其许可"；租地人如果"欲设船夫及苦力头目"，也"须陈报领事"。同时，英国领事还有司法权。它规定：英国领事"倘发现有违犯本章程之规定者，或由他们禀告，或经地方官通知，该领事均应即审查犯规之处，决定应否处罚"。②

1854年上海英租界又建立了工部局。这是一个租界内的行政管理机构。它下设工务、财政、警备、防卫、电气、卫生、运输、公用事业、学务等20余个常设委员会和普通教育、捕房特别调查、特别电气、宣传等10余个特别委员会等机构。它们均要行使租界内的各种日常管理事务。工部局就是上海英租界内的自治管理机构，如同一个政府。改名为上海公共租界后，工部局的性质仍然没变。③

① 王立民：《上海租界与上海法制现代化》，《法学》2006年第4期。
② 蒯世勋等编著：《上海公共租界史稿》，上海人民出版社1980年版，第45—50页。
③ 史梅定主编：《上海租界志》，上海社会科学院出版社2001年版，第190—202页。

1854 年,上海的英、美租界还建立了租地人会议制度。它要决定租界内的一些重要问题,其中包括规划市政公用设施建设、筹集各项事务的费用、决定开征捐税、审查工部局的账目等。①实际上是租界内的一个议决机构。1869 年,上海英美租界还进一步把租地人会议扩大为纳税外人会(又称"外人纳税会"、"纳税西人会"),是租界内成熟的议决机构,起了相当于议会的作用。它通过会议形式来行使其权力。这种会议又分为年会和特别会议两种。年会是每年举行一次,时间一般在 4 月初,议决一些重大事项,其中包括预决算、捐税、选举地产委员会等。议决问题需经过投票方式确定,本人不能出席会议的,还可以委托其他代表代为投票。特别会议讨论的事项只有两项,即审批工部局所制定的法规附则和决定租界内重大紧急事项。它的召开时间无定期,出席人员也只要达到 1/3 就可以。②上海英美租界改名为上海公共租界以后,纳税外人会没变,仍然行使着议决机构的职能。

上海公共租界有了自己的自治机构,就可根据自己的意志和愿望行使立法权,制定适合租界需要的现代法规,走法制现代化的道路。在这里还须提及的是,这些自治机构中的主要成员都是洋人。工部局由其董事会行使权力,重要事务均由其决定。董事会成员由纳税外人会选举产生,实为英国人所控制。其下属的各个机构中,一些重要职员无一不是英国人,包括消防队长、警察长、义勇队长、卫生处处长、工程处处长、财务处处长等。据统计,在董事会所任用的 1076 个职员中,英国人就占了 965 个。③在纳税外人会中更是如此,全为洋人组成。入会成员的条件是:居住在公共租界内,拥有 500两纹银以上价值的地产或每年所付租赁房屋的金额计价在 500 两纹银以上,每年缴纳的税金在 10 两纹银以上。根据 1930 年的统计,上海公共租界内共有洋人 36471 人,其中,符合这一条件的仅为 2677 人。④纳税外人会实际只是一个洋人的富人俱乐部。以后,虽然华人纳税的数量不断增加,甚至超过了洋人。据一般估计,华人所纳地税,当亦占公共租界地税总额百分之六七十。⑤可是,华人仍在被拒之列,无法加入此会,成为议决人员。洋人在自治机构中控制了权力,一方面利于制定符合他们意志和愿望的规定;另一方面也利于移植现代法制。上海澳门路就在上海公共租界的地域及其所产生的现代法制条件下,出现和发展起来了。

①　史梅定主编:《上海租界志》,上海社会科学院出版社 2001 年版,第 154 页。
②　王立民:《上海租界与上海法制现代化》,《法学》2006 年第 4 期。
③　王世杰:《上海公共租界收回问题》,太平洋书店 1927 年版,第 9 页。
④　蒯世勋等编著:《上海公共租界史稿》,上海人民出版社 1980 年版,第 103 页。
⑤　王世杰:《上海公共租界收回问题》,太平洋书店 1927 年版,第 10 页。

3. 上海公共租界现代法制体系、结构和语言的使用

有关澳门路的一些相关规定只是上海公共租界整个现代法制中的一个组成部分。它以整个现代法制为基础,以这一法制为依托。没有这种基础和依托,不可能造就与澳门路相关的规定,也不能建成澳门路这条现代道路。上海公共租界的现代法制突出表现在它的现代法规体系、结构和语言等一些方面。上海公共租界在 20 世纪初以前就已基本建成自己的现代法规体系。在这一体系中,除了有土地章程外,还包括有治安、邮政等一些内容。而且,每个法规都有自己具体的调整对象。1893 年施行的《工部书信馆章程》所涉及的内容就包括邮资、邮票、存款账户、邮件规格、书信馆的责任、姓名和地址的书写、投递时间、客户意见、挂号邮件、变更地址等。①这一现代法规不同于中国传统的法律体系。在中国的传统法律体系中,基本上都不是独立的部门法法典,而是诸法合体的法典。这是一种不发达的法律体系,与上海公共租界的现代法律体系有天壤之别。

上海公共租界的法规结构是一种现代的法规结构。首先,它采用的是现代法规的称谓,如"章程"等。除了《工部书信馆章程》外,还有 1901 年的《公共租界工部局中式新房建造章程》和 1903 年的《公共租界工部局治安章程》等都是如此。中国传统的法律则不是这样的称谓,而是称为律、刑统、通制等。其次,采用现代法规款、条的排列方式。在上海公共租界内容稍多一些的法规中,都采用现代的款、条排列方式。《公共租界工部局治安章程》就采用了这种现代法规的排列方式。②它共有 25 款,款下设条。第 1 款为"西客栈及大餐馆",下设 11 条,内容为:不可顶替他人执照、查验酒的人员和方法、开闭馆时间、转租、不准留宿的情况、不准滋事赌博等。在中国传统的法典中,没有这种现代的款、条结构,只有条的排列。最后,采用现代法规款标的做法。《公共租界工部局治安章程》即采用了这种做法。它的每一款都有款标。比如,第 2 款为"大小弹子房",第 3 款为"驳船"等都是这样。中国传统法典中没有采用在文中设款标的做法。这种现代的法规结构只在现代法制中才会出现。

上海公共租界的现代法制还使用了现代的法制语言。1903 年的《公共租界工部局巡捕房章程》就大量使用现代的法制语言,如"原告"、"被告"、"审问"、"拘送惩罚"、"一经查出照例惩罚"、"禁止虐待牲畜"、"不准燃放爆

---

① 王立民:《上海租界与上海法制现代化》,《法学》2006 年第 4 期。
② 史梅定主编:《上海租界志》,上海社会科学院出版社 2001 年版,第 690—699 页。

竹"、"不准将垃圾倾倒路上"等。①在中国传统的法典中则不是这样,使用的是传统的法制语言,如"十恶"、"八议"、"官当"、"笞"、"杖"、"上请听裁"等。

在上海公共租界的现代法制条件下,有关澳门路的相关规定应运而生并不断得到实施,成就了澳门路的现代道路。没有这一现代法制条件,不会制定出与澳门路相关的规定,也就无法产生出澳门路的现代道路了。

三、与澳门路及其现代法制有关的几个问题

1. 有关路名规定失控的问题

这是一个有关上海公共租界路名规定的实施问题。1865 年 12 月 13 日改定路名的规定实施以后,开始的实施情况比较理想。可是,以后由于租界地域的扩大,道路数量的增多,再加上越界筑路的推进,②出现了大量利用人名来命名路名的情况。澳门路是一条按照规定来命名的道路,然而就在澳门路命名前后,就已经出现了一些以人名来命名的路名。比如,施高塔路(今山阴路)是以 1894 年至 1897 年任工部局总裁的施高塔来命名,窦乐安路(今多伦路)是以英国传教士窦乐安来命名,乔敦路(今淮海西路)是以 1906 年至 1920 年任英国驻华大使的乔敦来命名,法磊斯路(今伊犁路)是以 1911 年至 1922 年英国驻上海总领事的法磊斯来命名,华伦路(今古北路)是以 1901 年至 1911 年英国驻上海总领事的华伦来命名,庇亚士路(今北翟路)是以 1913 年至 1920 年任工部局总董的庇亚士来命名,白利南路(今长宁路)是以 1898 年至 1901 年任英国驻上海总领事的白利南来命名等,都是如此。③可见,在这些时期,有关路名规定的实施情况已不理想,存在失控情况。然而,用这些英国工部局总裁、英国传教士、英国驻上海总领事、英国驻华大使等人名来命名为路名,直接有利于肯定他们的侵华作用和提高他们的地位。这从一个侧面反映出上海公共租界的半殖民地状况。

太平洋战争爆发以后,英美与日本处于战争状态,对抗更为公开化,日军很快便占领了上海公共租界。1943 年 8 月 1 日,日伪上海市政府又正式

---

① 史梅定主编:《上海租界志》,上海社会科学院出版社 2001 年版,第 700—704 页。

② 越界筑路是上海租界当局扩大自己地域和势力范围的手段。他们在连接租界之处的租界以外地区修筑道路,然后派遣巡捕进行巡逻,进行工务、卫生、收捐税等管理,最后再把这些地区划入租界范围。从辛亥革命至"五卅"运动这段时间,上海租界的越界筑路情况比较严重。

③ 郑祖安编著:《上海地名小志》,上海社会科学院出版社 1988 年版,第 40—41 页。

接收了这一租界。此时的上海公共租界虽然还存在,但却成了日伪控制的地区,原来有关路名的规定名存实亡。然而,在日伪上海市政府推行的去英美化过程中歪打正着,中国的许多地名替代了原来以英美人名等来命名的路名。比如,把爱多亚路改为大上海路,林肯路改为天山路,敏体尼荫路改为宁夏路,古拔路改为富民路等。另外,还有一些路名也都通过改名而产生了,如余姚路、大名路、武胜路、虎丘路、天目路等。①包括澳门路在内的一些原来就是以中国地名来命名的路名,自然不在这次改名之列,仍以原名保留。这样,上海的路名就出现了一种令日伪上海市政府所意想不到的结果。这正如一位学者所言:"其结果却产生了一个日伪势力所并未预想到的实际意义。这就是经 1943 年大规模的更改整理路名以后,以中国各省地名命名的路名在上海的全部路名中就占据了多数。于是这种以中国各地各类地名来命名上海道路的原则和方法得以确定,并被延续运用,从而促成了上海路名的地方特色的基本形成。"②此话不假。

2. 有关城市建筑规定的瑕疵和实施的问题

这是一个涵盖上海公共租界立法和法规实施的双重问题。它涉及以下三个方面:第一方面,建筑规定缺乏整体规划。虽然,上海公共租界对租界内建筑的规定,已经比较齐全,对房屋图纸设计的审批权、房屋建造活动中的监理权、违章建筑的查处权等一些内容都有明文规定,可对租界内的整体建筑却缺乏整体规划,留有瑕疵。究其原因有多个。比如,有私利原因。1874 年曾提议:在河南路以东地区不再新建中式房屋,但由于租界内的中式建筑多为洋人所建,为利所趋,洋人竭力反对,导致此提议流产。又如,有经济原因。由于租界的扩大,而且建筑的分布基本上是因为地价的差异和经济布局的变化而自然演化,没有从其城市建筑的合理性来考虑,建筑规划无法实现等。第二方面,有法不依情况比较突出。这又主要表现在娱乐场所等的特殊建筑和建筑物的高度限制上。考虑到安全等诸多原因,上海公共租界曾于 1925 年作出规定,不允许包括电影院、戏院等在内的娱乐场所,在其建筑的下层或上部建有居舍。可是,为了节省成本,上海公共租界的娱乐场所中,几乎全都设有居住、办公等场所,相关规定成了儿戏。另外,上海公共租界的建筑规定限制了西式建筑的高度,一般不得超过 85 英尺,但这一规定一直没有得到很好的实施,超高的建筑不是个别情况。1905 年天洋洋行在地产重建中,在现有的一个三层高的文艺复兴样式的建筑上,再加添了一

---

① 郑祖安编著:《上海地名小志》,上海社会科学院出版社 1988 年版,第 50—51 页。

② 郑祖安编著:《上海地名小志》,上海社会科学院出版社 1988 年版,第 51 页。

个新建筑,以致总高度达 115 英尺(35.052 米);1906 年,九江路四川路口的安利洋行建造了一幢 9 层的建筑,高达 130 英尺(39.624 米);另外,广东路上建筑的大来大楼也达到了 90 英尺的高度等。①这些都是有法不依的典型例子。第三方面,相应的措施不配套。这又突出表现在强拆棚户区的问题上。20 世纪 20 年代以后,随着上海工业的发展,贫困的工人大量增加,棚户区也大幅度增多。据统计,1925 年上海公共租界内共有棚户房 2000 间左右,仅杨树浦路、平凉路一带就有 1200 间,以后还有增加。这些地方,人口密度大,环境卫生差,工部局多次以违规为由,采取强拆的方式,加以取缔。可是,由于上海公共租界没有采用相应的安置措施,大量工人没有地方安置,以致强拆一再失败,棚户区仍然存在。1936 年 7 月 11 日,上海公共租界强令杨树浦一带棚户区居民迁出,准备强拆草棚,但立刻遭到 2000 多人的反对而作罢。1938 年,上海公共租界再次准备拆毁西边新工业区新建的棚户区居民31800 户,也没有成功。②由于缺乏相关的配套措施,上海公共租界有些关于建筑的规定,无法得到有效的实施,城市面貌大损。

3. 城市总体布局规定缺失的问题

上海公共租界虽有一些关于土地、道路、建筑的规定,但仍缺失租界内城市总体布局的规定,以致租界定型后,整体面貌不尽理想。首先,道路的总体布局不尽理想。上海公共租界的道路由于缺少整体布局及其相关的规定,导致了道路的布局不尽合理。那里,东西方向的道路比较宽敞,南北方向的道路比较狭窄。比如,北京路、南京路等都比较宽敞,广西路、云南路等都比较狭窄。随着城市的扩大和人口的增加,南北方向的道路就显得滞后,比较拥堵。同时,上海公共租界还与法租界接壤,其接壤地是洋泾浜(今延安路)。可是,这两个租界各自为政,城市总体布局既无相关规定,也无协调和实际操作,因此,南北向的城市道路多不衔接,以致交通不畅,很不方便。其次,建筑的总体布局不尽理想。上海公共租界内的建筑基本是一种随机建造的建筑,没有总体布局及其相关规定。于是,租界内不同收入的人们便建造、居住不同的房屋。其结果是:外国人、官僚、资本家等城市中的富人居住的是花园洋房;高级职员、商人等城市中的中产阶级居住的是公寓住房;普通居民居住的是一般里弄住房;贫苦劳工、流民等城市的下层人员则居住的是棚户或简易住房。③由于租界内没有城市总体布局的规划,这些不同材

---

① 练育强:《上海公共租界建筑管理法规研究》,《探索与争鸣》2010 年第 3 期。
② 史梅定主编:《上海租界志》,上海社会科学院出版社 2001 年版,第 568 页。
③ 熊月之主编:《上海通史》(第 5 卷),上海人民出版社 1999 年版,第 187 页。

质、不同式样、不同高低的住房交织在一起,呈现了一种乱象,很不美观。澳门路也是这样,日式、中式、西式住房都混杂在一起,没有章法,缺少美感。最后,城市相关配套设施的总体布局不尽理想。为了便于城市居民的生活,与居民区相配套的相关设施应当俱全。但是,上海公共租界也没有此类总体布局的规划及其规定,这类设施处于自生自灭的无序状态。业主觉得有利可图,便开店营业,否则,就关店闭门,以至于有的地方的居民区远离商业网点,有的地方的商业网点集中,又不与居民区结合在一起,这就造成了居民生活的不便。澳门路虽然不长,但这种情况也存在。它靠近东面的那一段大量的是居住与仓库,几乎没有商店;靠近西面的那一段则有商店等一些相关的设施,但又很少有居民点。①这造成了那里许多居民的生活不便。总之,上海公共租界具有现代法制,但是一种有明显缺失的现代法制,而这种缺失又是由这一租界本身造成,不可避免。

---

① 葛福田:《上海市行号路图录》,福利营业公司出版 1939 年版,第 510—511 页。

第二十四章　上海租界的现代公共卫生立法

　　上海租界是中国最早出现的租界。上海租界的法制是中国大地上最早生存的现代法制,要早于中国 20 世纪初的法制改革半个世纪。①其中的公共卫生立法是上海租界现代立法中的一个重要组成部分,也是中国大地上最早的现代公共卫生立法。本章对其作些探研。

一、上海租界公共卫生立法的主要内容

　　中国大地上最早的现代公共卫生立法即是上海租界的现代公共卫生,其中主要包括公共环境卫生、公共食品卫生和公共医疗卫生等立法。它们都有自己的内容,有些内容早在 19 世纪就已制定出来了。

1. 关于现代公共环境卫生立法

　　上海租界的现代公共环境卫生立法主要集中在保护租界内公共场所和特殊场所的卫生,禁止各种损害这一卫生的行为。特殊的场所主要是那些加工、出售食品的场所,如屠宰场、菜场、饮料加工场所等。关于公共场所卫生的立法。早在 19 世纪,上海租界已进行此类立法。1845 年,上海租界《土地章程》里就已规定有保持公共场所卫生的内容。它规定:在租界内禁止"堆积秽物、红沟汕满流路面"②等有损公共场所卫生的行为。以后,这类内容有了扩展,特别是进入 20 世纪以后此类内容扩展到了更广泛的范围,1903年,上海公共租界《工部局巡捕房章程》甚至规定在租界内不可燃放爆竹,以免污染公共场所。"租界居民无论在于马路僻径及公地,均不准燃放爆竹"。还有,在马路上散落鸡毛等物品也在禁止之列,违犯者还要受到行政处罚。"所有鸡毛等物在租界马路上搬运者,均应装包裹扎,以免飘飞路上,有碍行

---

　　①　王立民:《上海租界与上海法制现代化》,《法学》2006 年第 4 期。
　　②　王铁崖编:《中外旧约章汇编》(第 1 册),生活·读书·新知三联书店 1957 年版,第 9 页。

人,其包扎不固之鸡毛等物,一经查出,即由巡街捕随时拘入捕房,并将违章之人照例惩罚。"①上海法租界也有关于公共场所立法的内容。1869 年颁行的上海法租界《公董警局警务路政章程》禁止多种有损于公共场所卫生的行为。这类行为包括:随地倾倒垃圾、燃放鞭炮烟火、清除异味物品而有碍公共卫生等。它规定:"在法租界内,禁止在指定地点以外堆积或倾倒垃圾";禁止在马路上或在住宅旁边"燃放鞭炮或点燃烟火等";"清除粪便或其他散发异味物品者,在操作时,不得有碍公共卫生"等。②关于特殊场所的卫生立法。这些特殊场所与加工、出售食品联系在一起,与人的健康、生命安全直接相关,所以,上海租界也重视这类立法。1929 年,上海公共租界施行了一个宰猪场执照规则,其中对宰猪场的卫生作了规定,内容包括:保持清洁水源、场内不准随地吐痰;屠宰后的血液、汗水等污秽物质在 3 小时内要洗净结束等。③1935 年,上海法租界《公董局管理饮料制造章程》对饮料制造场所的卫生作了规定,内容有:这一场所的地面要用石、砖或三合土建造,污水及时从阴沟排出,场所内禁止随地吐痰等。④1931 年,上海公共租界《工部局公共菜场章程》对菜场卫生作了规定,内容涉及不准随地吐痰;生猪、生羊、生牛等牲畜不得带入菜场;染有传染病的人不准进入菜场等。⑤

2. 关于现代公共食品卫生立法

上海租界的现代公共食品卫生立法涉及食品的多个方面,特别是一些与人们日常生活关系较为密切的食品。上海租界的这类立法也起步较早,在 20 世纪以前就已有相关规定,以后又有进一步发展。上海英美租界(1899 年改名为上海公共租界)在 1873 年就规定:夏季的肉类食品不得隔夜出售,其他季节不得出售存放两天以上的肉类。1898 年上海英美租界又规定:牛奶中不准掺水或掺假,所有装牛奶的器皿必须用开水浇过,牛奶瓶上要注明牛奶生产单位等。到了 1932 年,上海公共租界又进一步规定:菜场的摊位要用适当的方法来防止苍蝇、灰尘或其他不洁物侵及食品;生食的果蔬不得切开或去皮出售;未经检验之肉,不得出售;菜场收市后,要将未售出之肉存入冷藏室或冰箱,煮熟或生食之食品,不得与天然冰接触等。⑥上海法租界也在公共食品卫生方面作出过规定。1903 年规定:出售的肉类需有宰牲

---

① 史梅定主编:《上海租界志》,上海社会科学院出版社 2001 年版,第 700—701 页。
② 史梅定主编:《上海租界志》,上海社会科学院出版社 2001 年版,第 713 页。
③ 马长林等:《上海公共租界城市管理研究》,中西书局 2011 年版,第 109 页。
④ 王立民:《中国法制史》,上海人民出版社 1998 年版,第 222 页。
⑤ 史梅定主编:《上海租界志》,上海社会科学院出版社 2001 年版,第 706 页。
⑥ 史梅定主编:《上海租界志》,上海社会科学院出版社 2001 年版,第 498—501 页。

场的检验印；运输肉类须盖以白布，送肉之人不得坐在肉上等。1914 年又对乳制品作出规定，内容有：禁止出售患病牲口的乳制品；禁止出售变质、受污染等的乳制品等。1935 年还进一步规定：严禁陈列、售卖伪造或有害于人类身体之饮料；在出售饮料的器皿上要注明该饮料性质、制造方法和制造之地；严禁制造、出售不合格饮料；饮料中加入味素、香味、颜色者，不得以此水果名称命名；不是以纯水果而发酵制成的酒，不得以水果酒命名等。①

3. 关于现代公共医疗卫生立法

上海租界对现代公共医疗卫生也进行了众多立法，而且主要集中在传染病的防治方面。其中包括霍乱、鼠疫、狂犬病、性病等一些那时出现过危害较大的传染病的防治。这里仅以对狂犬病的防治立法为例，来窥视当时的公共医疗卫生立法。狂犬病的防治与犬的管理联系在一起，带有狂犬病毒的犬是引起人得狂犬病的主要原因，因此，上海租界的相关立法首先是对犬类的管理，而且在 20 世纪以前已是如此。1893 年上海公共租界就对租界内犬的管理作出规定，内容是：凡在租界马路上游荡而又不戴颈圈的犬，一律采取捕捉办法，将其送入虹口捕房的犬舍；如果关入的 7 日内无人领取，此犬即被杀死。1899 年，上海公共租界还施行了《狂犬病及家犬上口套管理条例》，规定家犬外出必须戴上口套；后又对养犬户征收执照税。1900 年以后，上海法租界也建立了关于养犬的制度。另外，上海公共租界还对人感染狂犬病的治疗作了规定。1907 年此租界发出通告，要求被犬咬伤者前往巴斯德研究院进行治疗，因为那里的治疗比较有效。1922 年又发出狂犬病防治通告，告知租界内居民关于感染狂犬病的途径、狂犬病的症状、可疑犬的处理、治疗方法等，以丰富他们防治这类疾病的知识，要求他们遵循。②综上所述可知，上海租界在 20 世纪前就开始了公共卫生立法，一直持续到 20 世纪以后，内容涉及城市公共卫生的一些主要方面，可以基本满足上海租界城市公共卫生管理的需要。

二、上海租界公共卫生立法的传播与实施

上海租界的公共卫生立法要变成现实，形成现代公共卫生秩序，离不开它的传播与实施。传播是为了让人们知法，进而加以实施；实施是传播的目

---

① 史梅定主编：《上海租界志》，上海社会科学院出版社 2001 年版，第 502—503 页。

② 马长林主编：《租界里的上海》，上海社会科学院出版社 2003 年版，第 308—312 页。

的，为了实施才进行传播。上海租界在现代公共卫生立法的传播与实施方面都有动作。

1. 上海租界公共卫生立法的传播

上海租界公共卫生立法的传播随着这一立法的出台而开始。20 世纪以前就已有这一传播，而且随着时间的推移，传播的形式也多样化了。早在 19 世纪时，上海租界公共卫生立法的传播就已开始了。成书于 1876 年的《沪游杂记》里，就记载了《租界例禁》，其中有关于公共卫生的规定。比如，有关于维护公共环境卫生的规定："禁路上倾倒垃圾"、"禁道旁小便"、"禁施放花爆"、"禁九点钟后挑粪担"等；有关于维护公共食品卫生的规定，"禁卖臭坏鱼肉"等。①它们随着《沪游杂记》一书的发行而得到了传播。进入 20 世纪以后，这种传播规模更大，方式也更多了，形成了一种由张贴布告、报纸刊载、发放宣传品和口传等方式多方位的组合式传播形式。

关于张贴布告的传播形式，即一种把上海租界制定的有关公共卫生的规定印刷在纸上，在租界内进行张贴，让租界居民知晓其中的内容的传播形式。1906 年 8 月，上海公共租界工部局发出 1794 号布告，内容是关于食品卫生的规定。布告说：所有不合时宜之食物，如水果、蔬菜、冰淇淋和各种冰冷汽水以及各种汽水等，"一概不准摆摊设市出卖"，如有违犯此规定者，不仅要被拘惩办，还"将其制作之器具全行充公不贷"。1909 年 7 月，此局再一次发出 1981 号布告，内容亦是关于食品卫生的规定，与 1794 号布告相似。②

关于报纸刊载的传播形式，即一种把上海租界制定的有关公共卫生的规定刊载在报纸上，并通过报纸的发送来扩散这些规定的传播方式。1929 年 6 月，上海公共租界制定了一个关于禁售不洁饮料的规定，这一规定的内容刊载在当时的《申报》上，其因此而得到广泛传播。其内容主要是：那些"掺水之蔗浆，冷水之梅汤，污秽之冰淇淋等，俱与卫生有害"，因此，"禁止售卖一切不洁饮料，违则拘罚不贷"。③

关于发放宣传品的传播形式，即一种把上海租界制定的有关公共卫生的规定及其相关卫生知识印刷在宣传品上，然后将其散发到居民手中，进行宣传的传播形式。为了执行上海租界关于预防狂犬病的规定，抑制狂犬病的传播，上海公共租界于 1935 年把这类规定和相关的卫生知识制成小册子，在租界内发放，进行宣传。由于租界内有一部分外国居民，故小册子还分为英文、中文、

---

　　① （清）葛元煦等：《沪游杂记　淞南梦影录　沪游梦影》，郑祖安等标点，上海古籍出版社 1989 年版，第 3 页。

　　②③　马长林：《上海的租界》，天津教育出版社 2009 年版，第 117 页。

日文、俄文等不同语言的版本。另外，还编写出版了《卫生须知》、《居住上海应如何卫生》、《疾病之原因及如何抵抗》等书籍，分送至居民家中。①这些都有利于帮助他们提高执行相关规定的自觉性和卫生知识的水平。

关于口传的传播形式，即一种把上海租界制定的有关公共卫生的规定，通过居民间口授的途径而进行传播的形式。这种传播形式往往在熟人之间进行，也十分有效。据《老上海三十年见闻录》记载：有某甲"初来上海，行至四马路（今福州路）棋盘街转角处，因欲解手"，此时的随同"友人告明租界章程，须拉进捕房，罚洋二角"。某甲听完以后，十分为难，说："洋钱事小，颜面攸关，然尿胀腹中，急不能禁，奈何？"急中生智，此位友人便拉了某甲到附近妓院去解手，进妓院的费用为两元。最后，这两人"互相笑述，谓今日一场小便，值洋钱两元云"。②这样便避免了违法与被罚。

这些形式结合起来，便利于上海租界公共卫生立法的传播，为上海租界这一立法的实施打下了基础。

2. 上海租界公共卫生立法的实施

为了实施上海租界关于公共环境卫生立法，上海公共租界自 19 世纪 70 年代开始，每天清除一次垃圾，雇用 100 名垃圾清洁工，使用 6 辆马车和一些小车，进行城市垃圾的清扫和清运，每天从街道、住房清运的垃圾数量达 40 余吨。随着城市地域的扩大，清扫垃圾的数量有了增长，处理的方法也有所变化。1932 年起采用焚化炉焚化方式，每日平均焚化的垃圾达 280 余吨。上海法租界 1922 年每天平均清除垃圾 172 立方米，以后也有增加。③一些违犯公共环境卫生立法人员也受到应有的惩罚。一位北方人在上海租界"马路上大便"，被巡捕抓住，但"其人不服，吵闹不休"，最后被押运到会审公廨进行审判，结果被"加罚数元"。④再加上其他一些措施，上海租界的公共环境卫生情况良好，与当时的华界形成了强烈的对比。正如郑观应所言："余见上海租界街道宽阔平整而洁净，一入中国地界则污秽不堪，非牛溲马勃即垃圾臭泥，甚至老友随处可以便溺，疮毒恶疾之人无处不有，虽呻吟仆地皆置不理。唯掩鼻过之而已。"⑤

关于现代公共食品卫生立法的实施。上海租界对于实施公共食品卫生立法的力度比较大，对于违法者绝不姑息。1893 年 5 月，上海公共租界河南

① 马长林等：《上海公共租界城市管理研究》，中西书局 2011 年版，第 128 页。
② 陈无我：《老上海三十年见闻录》，上海书店出版社 1997 年版，第 263 页。
③ 史梅定主编：《上海租界志》，上海社会科学院出版社 2001 年版，第 505—506 页。
④ 陈无我：《老上海三十年见闻录》，上海书店出版社 1997 年版，第 244 页。
⑤ 郑观应著、夏东元编：《郑观应集》（上），上海人民出版社 1982 年版，第 663 页。

肉摊上被发现准备出售的 3 只已宰的羊,因为没有盖上屠宰场的印记而被没收,送油脂店处理。①上海法租界同样如此。1938 年 7 月此租界共处罚了 2924 起违反公共食品卫生立法的行为,其中查获腐肉 210 斤、死猪 300 头、坏鱼 57 斤、烂羊 1270 斤、不良鸡鸭 30 斤、坏菜 100 斤,还有"不法饮料"267 起等。②相比之下,上海华界的食品卫生情况就比较差,有些饮食店出售的食品没有卫生保障。一位顾客在上海的华界餐馆用餐,多次吃到不洁食品,十分尴尬。第一次,他与几位朋友到华界的"一家著名的馆子聚餐",在清炖全鸭汤中,"忽见一只壁虎,众人不觉惊骇不已";第二次,他与一个朋友到素菜馆吃冬菇面,面中发现"一只很大的蟑螂"。第三次,他到一家餐馆用午餐,"忽见汤汁中蠕蠕而动,仔细一看,原来是活蛆"。③上海华界的公共食品卫生立法及其实施情况可想而知。

关于现代公共医疗卫生立法的实施。上海租界的现代公共卫生立法出台以后,其实施也随之进行了。为了落实关于狂犬病防治的规定,上海公共租界在 1893 年就捕捉了 4457 条狗,除了其中的 750 条被认领外,其余的全部视为野狗而被溺死。1899 年又捕捉了 4758 条野狗,大部分被处死。以后,射杀野狗变成了惯例。这对抑制狂犬病的发生起了重要作用。1902 年还发生了一起引人注目的案例。那年 12 月,荷兰驻沪总领事阿德瓦凯特豢养的一条家犬因违规没戴口套而被巡捕捉住,但此领事拒交罚款,于是此案被移送到外国驻沪领事团处理。以后,领事团决定在荷兰领事法庭对其提起诉讼,由瑞典、挪威总领事任法官,最后判决处以罚款终结此案。另外,再加上狂犬疫苗的使用,上海租界的狂犬病就得到了有效控制。上海租界还把防治狂犬病的规定和措施推广到华界,以致整个"上海治疗狂犬病的技术达到当时世界上较高水平"。④

综上所述可见,上海租界现代公共卫生的立法得到了有效实施,也起到了积极作用,成绩比较明显。

三、与上海租界公共卫生立法相关的其他问题

与上海租界的公共卫生立法相关联,还有一些值得关注的问题,下面逐

① 马长林等.《上海公共租界城市管理研究》,中西书局 2011 年版,第 109 页。
② 王立民:《上海法制史》,上海人民出版社 1998 年版,第 222 页。
③ 醉痴生:《暑天的饮食问题》,《申报》1931 年 7 月 8 日。
④ 马长林主编:《租界里的上海》,上海社会科学院出版社 2003 年版,第 307—316 页。

一论述。

1. 上海租界公共卫生立法现代性的表现

1845 年出现的上海英租界是中国大地上产生的最早的租界,现代立法开始在那里发祥。以后,随着上海的租界的不断扩大,先后产生、发展了美租界、法租界、英美租界、公共租界等,上海租界的立法也有了发展。这些租界的立法包括公共卫生立法在内,都属于现代立法。这种现代性在公共卫生立法中有了充分体现。

首先,具有现代立法的理念。上海租界的公共卫生立法把现代立法理念作为自己的立法理念,其中规定的内容体现了法律面前人人平等的理念,没有任何特权的规定。这与中国古代立法中存在大量的特权理念与规定有天壤之别。中国古代立法中的"八议"、"上请"、"减"、"官当"等一些特权性规定长期被使用,在《唐律疏议·名例》等法典中都有明文规定,其中的大部分在清末才被废除。其立法理念与上海租界的公共卫生立法理念大相径庭。上海租界公共卫生立法的这一理念在实施中也得到佐证,荷兰驻上海总领事因养犬违法被罚就是一个明证。

其次,具有现代的立法语言。上海租界公共卫生立法中使用了现代立法语言,如"不准"、"违犯者"、"禁止之列"、"违章"、"拘罚不贷"等,都是如此。中国古代的立法则大量使用传统的立法语言,如"五刑"、"同居相为隐"、"化外人相犯"、"断罪无正条"等。它们在《唐律疏议》等一系列法典的《名例》中都有明文规定。可见,它们之间区别明显。

最后,具有现代科技作支撑。上海租界公共卫生立法中有不少现代科技的元素,并以这些元素为支撑。缺少这些元素,上海租界的公共卫生立法便无法制定与施行。从这种意义上讲,其现代科技含量不低。防治狂犬病的规定就需有防止狂犬病的科技为支撑,否则还是无法体现其意义。事实也是如此。上海租界在制定这类规定时,就有这一科技的支持。第一,现代科技证明,人的狂犬病是一种由被患有狂犬病的狗猫等动物咬伤而感染狂犬病毒而引起的疾病,其发病后不可逆转,死亡率达 100%。这些都以实验的结果来证明。上海租界曾对兔子进行实验,发现其潜伏期为 9 至 14 天。第二,上海租界还设立了狂犬病治疗所,取名为上海巴斯德研究院。其以研究治疗狂犬病为己任,而治疗的主要方法是注射预防狂犬病的疫苗。第三,改进预防狂犬病的疫苗。从 1922 年上海租界开始使用经过改进的森普尔疫苗,其提高了狂犬病疫苗的稳定性与防腐性,品质得到了提高,人的免疫力也提升了。[①]这些

---

① 马长林等:《上海公共租界城市管理研究》,中西书局 2011 年版,第 92—95 页。

都是现代科技的产物,并被运用在上海租界的防治狂犬病及其立法中。没有这些现代科技作支撑,上海租界防治狂犬病立法便成了空中楼阁。中国古代没有这种现代科技,也不可能有与上海租界类似的防治狂犬病的立法。可见,上海租界公共卫生立法是一种现代立法,在中国大地上最早产生,比中国华界的相关立法要早得多。因为清末法制改革在 1901 年以后才开始,从那以后中国华界才大规模进行现代公共卫生立法。

2. 上海租界的公共卫生立法对上海华界的相关立法产生过影响

在上海,租界与华界毗邻,租界的周围全是华界,即租界被华界包围。上海租界是个开放区域,一般情况下,华界居民可以进入租界,租界的居民也可以进入华界。这样,租界与华界之间来往、交流就不可避免了。上海租界的公共卫生立法是现代的公共卫生立法,比上海华界的传统卫生立法具有明显的优越性,其实施后所带来的积极效果往往被华界所关注,有的还被华界所借鉴。除了防治狂犬病的规定外,还有防治天花的规定也是如此。1869 年 12 月,上海英美租界出现了天花患者,防治天花病流行迫在眉睫。同月,上海英美租界的亨德森医官运用相关现代卫生知识,及时向租界管理机构工部局提出防治建议,翌年此局董事会便批准其建议并作为规定开始实施。这一规定还在报纸上公布和张贴布告宣传。其中的主要内容是,为租界居民免费接种牛痘、接种地点、指导中国开业医生如何接种牛痘等。租界采取的措施对华界产生了影响。华界原广泛采用的是传统的人痘接种法,效果不理想,于是改用现代的种牛痘防治方法。1870 年,上海道台还发出布告,认为采用租界的种痘方法十分必要,动员华界居民去租界接种,还规定在租界内禁止本地人使用的传统人痘接种法。以后,上海华界居民也逐渐接受了租界使用的现代种牛痘法,认为这一方法"简易稳当"、"万无一失"。①从此,整个上海不论是租界还是华界,都规定和使用现代的种牛痘法来防治天花传染病,而且还取得了较好的效果。

3. 上海租界现代公共卫生立法的成因

上海租界建立以前,租界的那片土地在上海城以外,而且比较荒僻。②上海开埠以后,洋人带来了西方的现代城市理念、模式、技术、制度,要把租界建成现代城市。在现代城市中,必须具备现代城市治理、城市法制与城市环境建设等,而这一切均少不了现代公共卫生立法,这一立法也就应运而生了。

① 马长林等:《上海公共租界城市管理研究》,中西书局 2011 年版,第 84—86 页。
② 熊月之主编:《上海通史》(第 3 卷),上海人民出版社 1999 年版,第 22 页。

首先,现代城市治理少不了现代公共卫生立法。上海租界推行的是现代城市治理,这种治理以法制的治理为主要特征,与中国传统的人治治理不同。上海租界对于公共卫生的治理就不可或缺现代的公共卫生立法。否则,对上海租界的公共卫生就无法跟上现代城市治理的步伐。这种现代的城市治理倒逼上海租界不得不进行现代公共卫生立法。

其次,现代城市法制少不了现代公共卫生立法。上海租界建立的是现代城市法制,与中国传统的以农村法制为主的法制也有很大区别。这一法制要适应现代城市的发展需要,有自己的法制体系,其中亦不能缺乏城市公共卫生立法。否则,这一法制就不完善,造成很大的缺陷。在建立这一法制时,上海租界当然不会遗忘公共卫生立法,避免留下不应留下的缺憾。

最后,现代城市环境建设同样少不了现代公共卫生立法。上海租界要建设现代城市环境。这是一种卫生、健康的环境,绝不是肮脏、疾病丛生的环境。这就需要用现代公共卫生立法来规范租界内居民的公共卫生行为,养成良好的公共卫生习惯,共同营造上海租界的现代城市环境。如果没有这类立法,上海租界的居民面对公共卫生就会无所适从,现代城市的环境也就无法建成了。事实已经证明,上海租界的现代城市建设比较成功,以致被称为"东方巴黎",其中的现代公共卫生立法功不可没。

4. 上海租界现代公共卫生立法的局限性

上海租界的现代公共卫生立法是上海租界现代法制中的一个重要组成部分,也对上海的现代城市建设起了积极作用,但不可否认其有较为明显的局限性。治标不治本是其中较为突出的一个方面,关于防治性病的规定就是如此。上海租界关于性病防治的规定主要集中在对妓女的管理上,上海公共租界和法租界都有这方面的规定。上海公共租界规定:妓女必须进行性病检查。[①]上海法租界也规定:妓女入院时,需先接受医生诊察,以后每半月诊察一次。[②]然而,这些规定仅是治标而已。因为,上海租界允许大量妓女合法存在,而且把其作为一种税收来源,即"他们想的是如何将妓女变成一项税收收入"。[③]这就像在"欧洲的大城市一样,租界当局对它产生了兴趣,并试图控制与管理它,而不是去消灭它"。[④]在这种情况下,上海租界的妓院、妓女必然泛滥,人数也不断增加。据统计,早在 1869 年上海公共租界的妓院就有 463 家,妓女 1612 名;上海法租界有妓院 250 家,妓女 2600 名。到了 19

①　马长林等:《上海公共租界城市管理研究》,中西书局 2011 年版,第 98 页。
②　王立民:《上海法制史》,上海人民出版社 1998 年版,第 233 页。
③　[法]安克强:《上海妓女》,袁燮铭、夏俊霞译,上海古籍出版社 2004 年版,第 304 页。
④　[法]安克强:《上海妓女》,袁燮铭、夏俊霞译,上海古籍出版社 2004 年版,第 401 页。

世纪,上海租界的妓院增至 1500 家,妓女在 5500—6500 名。1915 年,仅上海公共租界的妓女就有 1 万名。①甚至有洋人认为"上海的妓女在人类上实居世界各处之冠"。②于是,性病没法得到有效控制,性病的防治无法从根本得到解决,其相关规定也就收效甚微了。以后,上海租界也曾开展过废娼运动,但只是走过场而已。"1920 年至 1925 年的废娼运动,可以说是租界在极不情愿的情况下人为地强加给中国社会的","而妓院则以各种各样的手段逃避当局的管理"。③其成效可想而知。从中亦可反映出上海租界公共卫生的一些软肋,其局限性也不可避免了。

上海租界的公共卫生立法随着上海租界的产生而出现,也随着上海租界的收回而被废除,距离今天也有 70 余年了。作为上海城市中曾经生存过的这一现代公共卫生立法,已成为上海法制史中的一个组成部分,但其在上海城市治理中的经验与教训,仍可为今天所关注,甚至借鉴。

---

① [法]安兑强.《上海妓女》,袁燮铭、夏俊霞译,上海古籍出版社 2004 年版,第 130 页。
② [美]霍塞:《出卖上海滩》,越裔译,上海书店出版社 2000 年版,第 190 页。
③ [法]安克强:《上海妓女》,袁燮铭、夏俊霞译,上海古籍出版社 2004 年版,第 339—340 页。

第二十五章　上海租界法制的差异

鸦片战争以后，上海作为五口通商城市之一，率先于中国其他城市出现租界，而且还不断发展。上海的租界不仅建立了自己的立法、行政与司法等自治机构，还建立了自己的现代法制，如同"国中之国"。①尽管上海的租界法制都是现代法制，与华界的传统法制有很大的区别，②但是它们之间也不尽相同，有的还差异明显，本章就其中的一些问题进行探研。

一、上海租界法制差异的主要表现

上海历史上出现过多个租界，它们的法制都是现代法制，有一些相同之处，但也有不同的地方，存在差异。这种差异突出表现在以下三个方面。

1. 适用时间和空间方面的差异

上海历史上曾经出现过的租界，在时间和空间上都不相同，其法制适用的时间和空间也就不同了。从时间上来看，上海租界产生的先后顺序是：英租界、美租界、法租界、英美租界、公共租界。同时，这也是这些租界适用自己法制时间的顺序。1845 年 11 月 29 日，土地章程公布，③上海英租界的主要界域划定，1846 年 9 月 24 日，全部界域确定并正式诞生。④这个土地章程也是上海英租界的第一个规定。这是上海租界史上最早出现的租界，也是最早适用自己租界法制的时间。1848 年，美国圣公会主教文惠廉到上海，先在苏州河北岸地价低廉的虹口一带广置地皮、建教堂，还与上海道台吴健彰"磋商成议"建立上海美租界之事，吴健彰作了口头承诺。1863 年 6 月 25 日，在上海英租界与美租界合并成立上海英美租界时，美国领事熙华德与上

---

① 费成康：《中国租界史》，上海社会科学院出版社 1991 年版，第 10 页。

② 王立民：《上海租界与上海法制现代化》，《法学》2006 年第 4 期。

③ 上海"土地章程"又被称为"地皮章程"、"租地章程"、"地产章程"等。

④ 蒯世勋等编著：《上海公共租界史稿》，上海人民出版社 1980 年版，第 307 页。

海道台黄芳把上海美租界的地域正式确定下来。①1848 年,是上海美租界适用自己租界法制的时间起点。1863 年 6 月 25 日,则是上海英美租界适用自己租界法制的起始点。1849 年 4 月 6 日,法国领事敏体尼与上海道台麟桂签署了租地协议(即土地章程),不久上海法租界也诞生了。②这是上海法租界适用自己租界法制的时间开端,它晚于上海英租界和美租界,但早于上海英美租界。1899 年,上海英美租界更名为上海公共租界。③这是它开始适用自己租界法的时间。那时,上海就两个租界并存,即上海公共租界和上海法租界并存,直至 20 世纪 40 年代上海租界收回。这段时间也就是这两租界法制的适用时间。1941 年 12 月 8 日太平洋战争爆发,日军很快进入、占领上海公共租界,同时虎视眈眈上海法租界。1942 年年初,世界反法西斯阵营形成,中国是其中成员。出于加强盟国团结的需要,美、英两国做出姿态,于1943 年 1 月 11 日分别与中国政府签订了《关于取消美国在华治外法权及处理有关问题之条约》和《关于取消英国在华治外法权及其有关特权的条约》,在法制上废止了上海公共租界。④1943 年 7 月 22 日,汪伪政府和法国维希政府签署了《交还上海专管租界实施细目条款》及《附属了解事项》,7 月 30 日,举行法租界被接受仪式。1946 年 2 月 28 日,以戴高乐为首的法国临时政府追认了其对法租界的收回。⑤至此,上海公共租界和法租界的法制在时间上都终止了。由此可见,上海各租界的起始和存续的时间均不同,其法制存在的时间随之不同,其法制的时间效力也就不同了。

从空间上来看,上海各租界先后出现的顺序也是:上海英租界、美租界、法租界、英美租界和公共租界。上海各租界法制就在自己控制的地域内有效。上海英租界的地域在洋泾浜的北面,先是东靠黄浦江,北至李家场(今北京东路),南至洋泾浜(今延安东路),西至界路(今河南中路),面积达 830 亩。⑥1848 年,上海英租界扩大了它的地域,西面从界路扩大到泥城浜(今西藏北路),北面从李家场扩展到苏州河。于是,它的界域便是:东南以洋泾浜桥为界,东北至苏州河第一渡场,西南到周泾浜,西北到苏州河滨的苏宅,共有面积 2820 亩,比原来的扩大了 3 倍多。⑦上海英、美租界合并时,确定上海

① 蒯世勋等:《上海公共租界史稿》,上海人民出版社 1980 年版,第 366 页。
② [法]梅朋、傅立德:《上海法租界史》,倪静兰译,上海社会科学院出版社 2007 年版,第 30 页。
③ 上海通社编:《上海研究资料》,上海书店 1984 年版,第 130 页。
④ 工立民:《上海法制史》,上海人民出版社 1998 年版,第 188 页。
⑤ 马长林:《上海的租界》,天津教育出版社 2009 年版,第 227—228 页。
⑥ 姜龙飞:《上海租界百年》,文汇出版社 2008 年版,第 28 页。
⑦ 蒯世勋等编著:《上海公共租界史稿》,上海人民出版社 1980 年版,第 317 页。

美租界的地域在上海英租界的北面,西从扩界河(泥城浜)对岸之点(约今西藏北路南端)起,向东方向沿着苏州河和黄浦江到杨树浦,顺着杨浦向北三里为止,以此划一直线回到护界河对岸的起点,面积达 830 亩,这样,上海英、美租界合并后的上海英美租界的总面积便有 3650 亩了。①至上海英美租界改名为上海公共租界时,上海公共租界的面积已增至 32110 亩,地域是:东面从原美租界的杨树浦桥到周家嘴;西面从龙华桥到静安寺,再从此到苏州河南岸的新闸;南面从八仙桥到静安寺;北面从虹口的第 5 号界石到上海县北境,即宝山与上海县交界处,再从此划一条直线到周家嘴。②这一地域一直维持至上海公共租界收回。上海法租界的地域是在洋泾浜的南面,最初是南至城河,北到洋泾浜,西至关帝庙诸家桥,东至广东潮州会馆沿河至洋泾浜东角,共有面积 986 亩。③1861 年 10 月 30 日,上海法租界在靠近黄浦江的界线上延伸了 650 多米,以致其面积增至 1124 亩。④1899 年 6 月,此租界再次扩张并确定了新地域,即北至北长浜(今延安东路西段、延安中路东段),西到顾家宅关帝庙(今重庆中路、重庆南路北段),南至丁公桥、晏公庙、打铁浜(今方浜西路、西门路、顺昌路、太仓路),东到城河浜(今人民路西段),总面积达到 2135 亩。⑤1914 年 9 月 14 日,上海法租界再次扩展地域,以改其西面的地址延伸为:北自长浜路,西自英之徐家江路,南自斜桥、徐家江路沿河至徐家江桥,东从麋鹿路、肇周路各半起至斜桥为止。因此,法租界的面积大增,达到 15150 亩。⑥这一地域维持到上海法租界收回。上海各租界的法制就在这些不同的地域中产生、发展,适用自己的法制,具有法律效力。上海的租界法制都是世俗法,其地域性很强,它们发生效力的地域不同,空间也不同。这也是上海租界法制的一个差异。

2. 立法方面的差异

上海租界法制的另一个重要差异是立法方面的差异,这种差异又有多种表现形式。首先,立法主体中成员构成的差异。上海各租界都有自己的立法主体,但它们的成员构成不尽相同,存在差异。这里以行使立法权的上海英美租界和法租界的纳税外人会为例。⑦这两租界的纳税外人会都是立法主体,行使本租界的立法权,但其选举人的资格却不完全相同。根据 1869 年

---

① 史梅定主编:《上海租界志》,上海社会科学院出版社 2001 年版,第 96 页。
② 蒯世勋等编著:《上海公共租界史稿》,上海人民出版社 1980 年版,第 74—75 页。
③ 史梅定主编:《上海租界志》,上海社会科学院出版社 2001 年版,第 92—93 页。
④ 史梅定主编:《上海租界志》,上海社会科学院出版社 2001 年版,第 100 页。
⑤⑥ 史梅定主编:《上海租界志》,上海社会科学院出版社 2001 年版,第 101 页。
⑦ 纳税外人会又被称为"外人纳税会"、"西人纳税会"等。

修订的《上海洋泾浜北首租界章程》和 1870 年《纳税人议事规程》等规定而
建立起来的上海英美租界纳税外人会选举人的资格,与根据 1866 年修订的
《上海法租界公董局组织章程》和 1927 年经修改的这一章程而组成的上海
法租界纳税外人会选举人的资格相比,在多个方面存在差异。第一,关于经
济资格。上海英美租界只规定置有一定数量的地产、缴纳一定数量的地捐
或房捐,即有选举权。可是,上海法租界则另规定需住在法租界内 3 个月以
上、每年进款达 4000 法郎以上的要求,这一要求上海英美租界却没规定。第
二,关于国籍资格。上海英美租界规定只要居住在英美租界的西方外国人
即可。但是,上海法租界则另规定法国国籍人和其他国籍人的人数比例各
占一半,都以得票多者为当选人。第三,其他资格。上海法租界还特别规
定,凡在法国领事馆登记,而且在选举的前一年曾经担任过租界内义勇军工
作的人员,也可享有选举权。上海英美租界则没有这一规定。①

其次,立法内容是否规定的差异。在上海的租界中,有的租界有某些规
定,有的租界则没有这些规定。这里以《城市建筑区域规划》(《城市建筑区
域规则》的简称)的规定为例。上海法租界有此类规定,上海公共租界则没
有这一规定。1900 年 10 月 10 日,上海法租界公董局的董事会做出《西式建
筑区域规划》的决议。此决议规定:除非得到法国总领事的同意,否则,从嵩
山路起,及其西面租界扩充区内要建造的任何建筑,都必须按照欧洲习惯用
砖头和石块建造,至少要在房屋的底层上有整整一层楼,而且这种设计图必
须经过公董局工程师的批准。后来,因为华人业主的强烈反对,公董局董事
会在 1910 年 12 月 28 日取消了在嵩山路以西地区禁止建造中式房屋的规
定,但坚持要按照欧洲习惯,用砖头和石块建造。以后,这一董事会还对其
他地区的建筑区划做出规定,以致整个上海法租界的建筑风貌比较一致。②
然而,上海公共租界则没有这一规定,所以租界内的建筑风貌明显参差不
齐。难怪 1916 年上海公共租界的一位西侨居民写信给工部局,质问为何公
共租界就不能像法租界一样"精心布局",导致很多英国人都居住在法租界。
工部局的回答是:因为"工部局没有权力在任何地点规定建筑类型",即没有
建筑区划的规定依据。③

最后,立法内容上都有不同的差异。上海租界虽都有某一方面的规定,
但内容上仍有差异,不尽相同。比如,上海法租界与公共租界都规定禁放花

---

① 史梅定主编:《上海租界志》,上海社会科学院出版社 2001 年版,第 163—174 页。
② 史梅定主编:《上海租界志》,上海社会科学院出版社 2001 年版,第 571 页。
③ 上海档案馆藏,案卷宗号:U1-14-5769。

爆,但具体内容上就有区别。1869年颁行的《法租界公董局警务路政章程》在第19条中规定:"禁止在马路上或在住屋旁边焚烧纸锭,燃放鞭炮或点燃烟火等;在焚烧这些物品前,须通知当地警局,征得同意后方可行事。"①1903年公布的《公共租界工部局巡捕房章程》在第8项中规定:"租界居民无论在于马路僻径及公地,均不准燃放爆竹,如欲燃放,或于家中天井焚化冥镪,应预向巡捕房领取执照,惟火铳自燃之爆竹,则一概禁用。"②从这两个规定可见,在以下方面差异明显。第一,在燃放地点方面,公共租界的规定中有"家中天井";法租界则没有规定。第二,在燃放对象方面,公共租界规定"火铳自燃之爆竹",一概禁放;法租界则没有规定。第三,在燃放的申请程序方面,公共租界规定要向巡捕房"领取执照";法租界则规定只要征得当地警局的"同意",也不完全相同。

3. 司法方面的差异

上海租界在司法方面也存在差异,不完全一样。这里以会审公廨为例。同在上海,也同在1869年于上海租界设立的会审公廨,上海公共租界的会审公廨就与上海法租界的会审公廨有差异。就在成立之初,这种差异至少已有三点。第一,审判人员组成的差异。当租界内发生纯属华人之间的案件时,上海公共租界会审公廨的审判人员就为中国的审判人员而无外国审判人员,即"如系纯粹华人案件,领事不得干涉",只有当案件中有约国人或为其所雇用及聘请的中国人时,领事或领事所派之人才参与会审,即"领事官或领事官所派之员,得到堂诉讼"。③可是,在上海法租界会审公廨所有的审判人员中,均有领事官或其派遣人员,包括纯属华人之间诉讼的案件。④第二,审理案件的差异。上海公共租界会审公廨审理的刑事案件仅限于枷杖以下的案件,即仅"发落枷杖以下罪名",那些军徒罪以上案件则由上海县审判,即"若军流徒罪以上案件,则由上海县审断"。⑤但是,上海法租界会审公廨则要审理租界内发生的民刑案件,包括军徒以上案件。经审理后,才把这类案件移交给上海知县。⑥可见,上海公共租界与上海法租界会审公廨管辖的案件也不完全相同。第三,诉讼费的差异。上海公共租界与上海法租界会审公廨收取的诉讼费也有差异。同是民事案件,上海公共租界会审公廨

① 史梅定主编:《上海租界志》,上海社会科学院出版社2001年版,第713页。
② 史梅定主编:《上海租界志》,上海社会科学院出版社2001年版,第701页。
③ 蒯世勋等编著:《上海公共租界史稿》,上海人民出版社1980年版,第163页。
④ 史梅定主编:《上海租界志》,上海社会科学院出版社2001年版,第285页。
⑤ 蒯世勋等编著:《上海公共租界史稿》,上海人民出版社1980年版,第163—164页。
⑥ 史梅定主编:《上海租界志》,上海社会科学院出版社2001年版,第284页。

收取的诉讼费是 3%；①而上海法租界则为 2%，少于上海公共租界。②

综上所述可知，上海租界虽都拥有现代法制，但其内容也不是铁板一块，相反，却在有些方面差异显著。

二、形成上海租界法制差异的主要原因

形成上海租界法制差异有其一定的原因，主要是以下几个方面。

1. 土地章程方面的原因

上海各个租界的产生和发展都以土地章程为基础，它们被认为是租界的"根本法"、"大宪章"等，③其地位很重要。它们规定的时间和内容不同，会形成上海租界法制时间和空间上的差异。比如，上海英租界第一个土地章程《上海租地章程》的颁布时间为 1845 年 11 月 29 日，它的法制的建立和实施的时间便在这一时间之后；《上海法租界土地章程》公布的时间是 1849 年 4 月 6 日，它的法制建立和实施的时间就在此后，要晚于上海英租界。《上海英租界土地章程》确定上海英租界的地域在洋泾浜以北，《上海法租界土地章程》认定上海法租界的地域在洋泾浜以南，也不同于上海英租界，于是，上海英租界与法租界法制建立和施行的空间也不相同了。另外，上海租界的土地章程还确定了其他一些内容，也成为租界法制差异的一个原因。比如，上海英租界 1845 年土地章程中有关于"更夫"的规定，其内容是："洋泾浜以北之租地与赁房西人，须共谋修造木石桥梁，清理街路，维持秩序，燃点路灯，设立消防机关，植树护路，开疏沟渠，雇用更夫。"④这个"更夫"有"看守人"、"卫士"的意思，以后又成为武装巡捕之滥觞。⑤为了有效规范巡捕房和巡捕的行为，上海英租界于 1854 年 12 月专门制定了 17 条巡捕房警察员的职责，1884 年又颁布了巡捕房章程等。⑥《上海法租界土地章程》里则没有关于"更夫"的内容，⑦也在很长时间里没有专门对巡捕房和巡捕做出规

①　史梅定主编：《上海租界志》，上海社会科学院出版社 2001 年版，第 281 页。
②　史梅定主编：《上海租界志》，上海社会科学院出版社 2001 年版，第 286 页。
③　谯枢铭等：《上海史研究》，学林出版社 1984 年版，第 100 页。
④　蒯世勋等编著：《上海公共租界史稿》，上海人民出版社 1980 年版，第 47 页。
⑤　蒯世勋等编著：《上海公共租界史稿》，上海人民出版社 1980 年版，第 50 页。
⑥　史梅定主编：《上海租界志》，上海社会科学院出版社 2001 年版，第 244—245 页。
⑦　[法]梅朋、傅立德：《上海法租界史》，倪静兰译，上海社会科学院出版社 2007 年版，第 30—31 页。

定,直到 1866 年才把巡捕房纳入《上海法租界公董局组织章程》里,才有了相关规定。①可见,上海租界的土地章程对整个租界的法制均产生影响,以致土地章程中不同的内容会导致租界法制的差异。

2. 司法习惯方面的原因

上海租界立法主体对一些具体法制在司法习惯上的看法不同,也会引起法制内容的差异。他们虽都来自西方,其所在国的法制均属于现代法制,但是由于各自的情况不同,司法习惯也不同,以致会在一些具体法制中与其他租界发生分歧,导致其出现差异。产生上海法租界与上海公共租界会审公廨制度差异的主要原因之一就是司法习惯上的不一致。上海公共租界的会审公廨筹设之初,管辖的地域范围中也包括有上海法租界。可是,当时的法国领事白来尼提出,《上海公共租界会审公廨章程》第 1 条和第 5 条规定与法租界的司法习惯不合,故不同意由其来管辖法租界的相关案件。②"这个章程虽然为美国、英国和德国所接受,却没有得到法国的同意。"③上海法租界随后便设立了自己的会审公廨,这个会审公廨的有些规定就与上海公共租界会审公廨的有些规定不同。与上海公共租界不同,上海法租界的一个司法习惯是,从 1865 年起,每当法国人和中国人之间发生商务方面的案件时,上海道台或由他派出的代表就会到法国领事馆去,诉讼案件由此道台或其代表和领事共同会审。如果仅涉及法租界内中国人的案件,如治安问题、追索捐税的案件,则由领事单独审理。根据白来尼的说法,即使在民事案件中,领事也起到"仲裁作用"。他写道:"关于中国人对中国人的不法行为以及其他纠纷,罪犯和讼棍总是一起被带到领事馆,或是主动到领事馆来;案件立即得到处理,或者是惩处,或者是以和解的方式解决。"至于"被称为重罪的"行为,虽然讲起来好像是法典规定,它们完全属于中国官府的审理范围;但是中国官府的逮捕令也必须事先得到法国领事馆的签署,否则,不能在法租界上拘捕犯罪嫌疑人。④也就是说,在上海法租界发生的案件中,都要由法国领事参与审判。这一司法习惯与上海公共租界会审公廨的规定中,关于凡是民事和商务方面的华洋讼案,如中国人为被告的,则由中国法官按照中国法律单独审判的内容不吻合。这一不同的司法习惯导致了这两个租界会审公廨制度的差异。

---

① 史梅定主编:《上海租界志》,上海社会科学院出版社 2001 年版,第 256 页。

② 姜龙飞:《上海租界百年》,文汇出版社 2008 年版,第 255 页。

③④ [法]梅朋、傅立德:《上海法租界史》,倪静兰译,上海社会科学院出版社 2007 年版,第 301 页。

3. 管理传统方面的原因

上海租界均由西方人管理,为现代式的管理。但是,又与西方国家的现代式管理不完全相同,受到了不同管理传统的影响。那些来自上海租界的西方人习惯了其母国的管理传统,并把其移植到上海租界,于是,上海租界的管理便深深烙上了其母国的传统印记。这种不同的租界管理传统同样对其法制产生了影响,形成了差异。上海英租界、英美租界和公共租界均受到英国式自治管理传统的影响,上海法租界则受到共和管理传统的影响。①这种不同的影响在法制上便显露出了差异。这种差异又有一些具体表现。比如,对立法主体体制的影响。上海公共租界与上海法租界立法体制都受到自己管理传统的影响。虽然他们皆把外人纳税会作为立法主体,都有本租界内的立法权,可仍有区别,主要是:上海公共租界外人纳税会通过的议案,即会生效,具有最高效力;上海法租界外人纳税会通过的议案,还须经法国领事核准才能生效,否则,即会无效。于是,上海法租界便出现了除非得到法国总领事的同意,否则,从嵩山路起,及其西面租界扩充区内要建造的任何建筑,都必须按照欧洲习惯用砖头和石块建造等的决议。上海公共租界就不可能有这样的决议,因为外人纳税会通过的议案即可生效,无须有领事核准。可见,立法主体的体制不同会对具体法制内容产生影响,形成差异。又如,对立法内容的影响。上海租界的不同管理传统不仅对立法主体产生了影响,还对立法内容也发生了作用,以致这一内容出现了差异。上海英租界、英美租界和公共租界在英国式自治管理传统的影响下,特别强调商业行为,重视市场开发和资本运作,因此,有关土地流动的规定便是外侨私人按相关章程在特定范围内直接向中国原业主商租。其规定的内容是:"出租人(华业主)与承租人(英商)之凭件,采一种契约形式,须送呈道台审查,加盖钤印,然后移还关系各方收执,以昭信守,而非侵夺。"②上海法租界则受到共和管理传统的影响,更注重整体利益,侧重公共管理和利益,于是其有关土地流动的规定则是按相关章程,土地整个租给租界的公董局,再由此公董局租给外侨。其规定的内容便是:"其所议界内地,凭领事随时按照民价议租,谨防本国人强压迫受租价;如若当地民人违约昂价,不照中国时价,凭领事向地方官饬令该民人等遵行和约前录之条款。至各国人如愿在界内租地者,应向法国领事商明办理。"③在租界土地上建造建筑物也要受到整体规划

① 熊月之:《中共"一大"为什么选在上海法租界举行》,《学术月刊》2011 年第 3 期。
② 蒯世勋等编著:《上海公共租界史稿》,上海人民出版社 1980 年版,第 45 页。
③ [法]梅朋、傅立德:《上海法租界史》,倪静兰译,上海社会科学院出版社 2007 年版,第 31 页。

的制约,遵守相关规定。比如,1902 年 3 月 27 日公董局董事会决议,从法租界外滩至公董局大厦的公馆马路(今金陵东路)上,任何新房屋的两面墙,都要用西式砖建造。1928 年 2 月 18 日,法国领事署 20 号令规定:从法租界外滩至敏体尼荫路(今西藏南路)的公馆马路两边房屋的业主必须在他们的房屋前建造一条有屋顶的走廊。按此规定,公馆马路被改建成西式骑楼式街道了。①这些都为上海英租界、英美租界和公共租界的法制和整体建筑规划所不及,以致这些租界中的许多英侨搬到上海法租界去居住,享受那里的整体环境。可见,管理传统对上海租界法制的影响还真不小。

4. 其他方面的原因

除以上三个方面的原因以外,还有观念、参照物等其他一些方面的原因,也导致了上海租界法制的不完全相同。首先有观念上的原因。在关于禁放烟花爆竹的规定中,由于上海法租界与上海公共租界的观念不尽相同,故其规范的内容也就有了差异。上海法租界以"避免危及公共安全"为前提,②只要保证不危及公共安全,就可燃放烟花爆竹,于是 ,便做出了"在焚燃这些物品前,须通知当地警局,征得同意后方可行事"的规定。也就是说,其贯彻的是相对限制的观念,只要确保安全,征得警局的同意,居民还是可以燃放。上海公共租界则有所不同,是一种绝对禁止的观念,没有任何条件和变通,故作出了"惟火铳自燃之爆竹,则一概禁用"的规定。这样,在任何情况下,租界内居民都不可燃放这类爆竹,形成了与上海法租界同类规定的差别。另外,有参照物上的原因。上海租界对界内路名的取名,因为参照物不同,于是做出的规定和具体的路名便有差异了。上海英美租界以中国的省名和城市名为参照物,1865 年作出决议,规定界内南北向的道路以中国的省名来命名,东西向的道路则以中国的主要城市之名来命名。③这样,四川路、江西路、河南路、山东路、山西路等一批南北向道路名诞生了,苏州路、北京路、厦门路、宁波路、天津路等一批东西向道路名出现了。上海法租界取路名的参照物则不同,规定以中国的山名和江河之名作为参照物来命名路名,即南北向的道路以中国的山名来取名,而东西向的道路都以中国的江河名来取名。于是,1900 年以后,嵩山路、衡山路、华山路等一批南北向的道路名产生了,淮河路、黄河路、珠江路、闽江路等一批东西向的道路名面世了。④可见,形成上海租界法制内容差异的原因具有多元性,正是这种多元的原因

---

① 史梅定主编:《上海租界志》,上海社会科学院出版社 2001 年版,第 571 页。
② 史梅定主编:《上海租界志》,上海社会科学院出版社 2001 年版,第 713 页。
③ 郑祖安编著:《上海地名小志》,上海社会科学院出版社 1988 年版,第 36 页。
④ 郑祖安编著:《上海地名小志》,上海社会科学院出版社 1988 年版,第 44 页。

造成了中国租界法制的不统一。因此,不可一概而论,而要作具体分析,探究其背后真实的原因。

三、上海租界法制差异所产生的后果

上海的华界有自己的中国法制,加上上海租界也有各自的法制,于是在上海这块土地上便同时存在三种以上不同的法制了。即上海租界前期存有的华界法制、英租界法制、美租界法制和法租界法制,后期则演变为华界法制、公共租界法制和法租界法制。这种在同一个城市而法制不统一的情况产生了一些后果,主要是以下方面。

1. 给中国人带来了不便

在上海的有约国人,他们享有领事裁判权,对上海租界法制的依存性相对较小,故租界法制给他们带来的不便也相对较小,可对中国人就不同了。不论是居住在上海的中国人,还是居住在上海以外地区的中国人,都长期生活在华界,知晓中国的法制,不熟悉上海租界法制。这两种法制又不相同。中国华界的法制在清末法制改革以前还是传统法制,其法律体系、法制语言、司法制度等都与现代法制有很大差异,而上海租界法制则属于现代法制范畴。[1]清末法制改革以后,中国的华界法逐渐开始走上法制现代化的道路,但与上海租界法制还是不一样。这会给他们带来不便,不论是居住在上海华界还是从上海以外地区来上海的中国人都是如此。为了便于这些人及时知晓上海租界法制的内容,减少不必要的麻烦,有人专门在出版的有关书籍中介绍租界法制中的"例禁"。1876 年出版的《沪游杂记》一书就是如此,[2]其中,记载有 20 条"例禁",内容包括"禁路上倾倒垃圾"、"禁道旁小便"、"禁私卖酒与西人饮"、"禁卖臭坏鱼肉"、"禁乞丐"、"禁聚赌酗酒斗殴"等。以此来告诫人们,在上海租界必须遵循这些规定,不要犯法。这些只是上海租界法制中的相同之处,还有一些不同的规定在此"例禁"中则没有提及。然而,中国人到了上海租界以后,不仅要遵守上海租界相同的一些规定,还要遵守那些各上海租界所作出的不同的规定,否则,也会受罚,上海公共租界的一个特有规定就使一批上海的中国人力车夫吃了苦头。它规定,西人可以超车华人,华人不可超车西人,否则,就要受罚,这就使一批上海的

---

① 王立民:《上海租界与上海法制现代化》,《法学》2006 年第 4 期。

② 尤乙:《杂交,从物质到精神的惯性导入》,《档案春秋》2008 年第 11 期。

中国人力车夫因此而受罚。因为他们在其他地方习惯了超车,不知上海公共租界有这样的规定,于是便落入法网。他们"不懂这些,不论是起初的'江北车'(独轮),还是后来的'东洋车'(双轮),从来都是有空就钻,有缝就挤,以致最多时每天有多达十几、数十名人力车夫被巡捕逮住,押送会审公廨认罚"。①

2. 给规避法制行为开了方便之门

上海租界法制所适用的地域性很强,不同的法制所管辖的地域也不同。一个租界的法制仅在本租界生效,对其他租界则无效。于是,就给规避法制行为创造了条件,人们可以利用这一点来为自己提供方便。在革命的年代里,进步人士就利用这种方便,到法制环境相对宽松的上海法租界居住和从事革命活动。不仅辛亥革命时期的人物孙中山、黄兴等都曾居住在那里,中国共产党的创始人陈独秀、李汉俊、李达等人也是如此。进步人士主办的一些进步刊物也在上海法租界创办、发行。邵力子等人于 1919 年创办的《觉悟》、陈独秀等人于 1920 年创办的《新青年》、李达于 1920 年主编的《共产党》月刊等都是这样。1921 年 7 月,中国共产党第一次全国代表大会选择在上海法租界望志路(今兴业路)召开。其中,很重要的一个原因是与规避法制有关。与上海华界、公共租界的法制有别,自袁世凯死后,上海法租界的法制较为宽松,党禁被解除,那里便成了进步人士开展进步活动较为理想的场所,只要不是明目张胆地举行反政府的暴力活动,上海法租界一般不会多加干涉。陈独秀在 1921 年 10 月和 1922 年 8 月先后两次被上海法租界巡捕拘捕,案由都是宣传"过激主义"。可是,他只是分别被关押了 22 天和 5 天,最后都被处以罚银元了事。以后,他还是照样在上海法租界开展进步活动。②

进步人士是这样,其他的市民也是这样。1914 年前,洋泾浜(今延安东路)只是黄浦江的一条支流,而且还是上海公共租界与上海法租界的一条分界线,它的两边分别由上海英租界与法租界的巡捕房派遣自己的巡捕值勤。"在南边法租界站岗的是戴安南(越南)帽、牙齿黑黑的安南巡捕;而在北边英租界站岗的却是面色漆黑、头缠红巾的印度巡捕。"京剧大师盖叫天等一些人经常在靠近洋泾浜的上海公共租界一侧练功,包括翻跟头、练手把式等。有一天,盖叫天在练完功后的回家路上,边走边练起"打飞腿",还发出了"啪啪"的响声。印度巡捕以为这也是"扰乱治安,要把他抓到巡捕房去罚

钱"。那时的盖叫天才20多岁,年轻气盛,"迅速飞起一个扫堂腿,冷不防把巡捕摔了一个大脑壳"。当这个巡捕从地上爬起来,再去抓盖叫天时,他已一个跟头翻过洋泾浜,"到了对面法租界上,气得印度巡捕只能望'洋'兴叹"。①当然,有些不法分子也会利用上海租界法制的不同,使用规避法制这一手,从事非法活动,以致百姓遭殃。当时,有座横跨上海英租界与上海法租界的桥梁,名为"郑家木桥"。它的南面属于上海法租界管辖的北门大街,北面则是属于上海英租界的福建路。有些不法分子就利用这种地形,云集在桥堍,见到老实的农户,就上前敲诈勒索,"若被害人高声呼唤,英租界巡捕过来干涉,则逃至桥南,法租界巡捕过来干涉,则逃至桥北"。他们能玩这种猫抓老鼠的游戏,欺侮百姓,就是因为可以规避上海租界的法制。"因为桥南北分属英法两租界,形同二国,在英租界犯了罪,到法租界就不管,反之亦然。这样就被坏分子钻了空子,由此,上海旧社会流行着一句话:'当心郑家木桥小瘪三',成为上海人民群众当心吃亏的口头禅。"②

3. 给法制借鉴提供了机会

由于上海租界法制的不同,上海租界以外的地区可以有选择地借鉴那些较为适合自己的法制,取长补短,推进自己的法制建设。这种借鉴突出表现在中国其他城市租界对上海租界法制的借鉴和上海华界对上海租界法制的借鉴等。上海英租界是中国大地上最早出现的租界,其法制也诞生最早,而且还与以后建立的上海法租界的法制有所不同,故往往成为中国其他城市中英租界向其学习法制的样本。这种情况在19世纪60年代已经出现。以借鉴巡捕房为例。1861年宁波英租界为了向上海英租界借鉴巡捕房制度,曾向上海英租界董事会"索取一份上海的规章制度和一份由汉人组成一支巡捕队伍的估计费用备忘录,以及董事会可以提供的任何其他促进这方面事务的材料"。③这些材料为宁波英租界巡捕房提供了借鉴。一年以后,汉口英租界还两次借鉴过上海英租界的巡捕房,其方法是调用巡捕房人员和装备。一次是要求"上海(英租界)工部局派去5名巡捕"支援汉口英租界巡捕房,其中还包括像"制服"这样的装备。④另一次则是要求上海英租界派遣

---

　　① 华道一主编:《海上春秋》,上海书店出版社1992年版,第98—99页。

　　② 中国人民政治协商会议上海市委员会文史资料工作委员会编:《旧上海的帮会》,上海人民出版社1986年版,第89页。

　　③ 上海档案馆编:《工部局董事会会议录》(第1册),陆森年等译,上海古籍出版社2001年版,第630页。

　　④ 上海档案馆编:《工部局董事会会议录》(第1册),陆森年等译,上海古籍出版社2001年版,第650页。

名为惠勒的巡捕去充任"汉口英租界工部局巡捕房的巡长"。①以后，中国其他城市的租界也借鉴过上海公共租界的法制。在鼓浪屿公共租界开辟时，"大体上将上海公共租界的制度照搬到鼓浪屿"，其中包括设立会审公廨，即"查照上海成案设立会审公堂一所"。②

除了中国其他城市的租界借鉴上海租界的法制外，上海华界也曾有选择地向上海租界借鉴过其法制。上海华界就在上海租界的周边，对于这一现代法制耳濡目染，也体会到其先进之处，于是借鉴便顺理成章。这里以城市规划与管理法制为例。这种借鉴在1900年前后已经开始。那时，华界成立的城市规划与管理主体的命名以及建立的相关制度均借鉴了上海公共租界的有关做法。那时先后建立的"开埠工程总局"、"闸北工程总局"、"上海南市马路工程局"、"马路工程善后局"、"上海城厢内外总工程局"等机构，都与上海公共租界的"工部局"名称相似，而且它们的职能也与这个"工部局"基本一致，这种规划与管理涉及城市管理的方方面面，包括户籍管理、门牌编排、地产登记、捐税收支、平抑米价、查禁鸦片、违警事件及一般民刑案件的受理等，如同"工部局"的职能。③还有，华界制订的《取缔各种车辆规则》借鉴了上海公共租界工部局于1904年制定的《马路章程》，其内容的相似之处很多。《取缔各种车辆规则》总则的内容与《马路章程》总则的内容相同之处不少。例如，《马路章程》第1条规定的"凡行车者须靠马路左边前行"和第3条规定的"过桥或十字路口，或转弯之时，应格外缓行。向左转弯，应靠近路边，向右转弯，则从宽而转，即俗所谓大转弯"在《取缔各种车辆规则》中都有相同的规定。分则中规定的汽车、马车、人力车、大货车、马货车、小货车、小车所应遵循的规则，《取缔各种车辆规则》与《马路章程》也十分相似。④可见，上海华界曾受到上海租界法制的不小影响。从中亦可知，就在上海这个城市中，华界在1900年前后就已开始借鉴、移植租界的现代法制了。

上海因为有了租界法制，而且这种法制还不一致，有差异，导致上海法制的多元化，既有华界的法制，又有不同租界的法制。在同一个城市中就有这种多元法制，在世界上并不多见。这是由列强的入侵和半殖民地社会造成的，是一种特殊的法制现象。这种法制具有双重性。一方面，它们的差异

①　上海档案馆编：《工部局董事会会议录》（第1册），陆森年等译，上海古籍出版社2001年版，第651页。

②　费成康：《中国租界史》，上海社会科学院出版社1991年版，第141页。

③　王立民、练育强主编：《上海租界法制研究》，法律出版社2011年版，第87—88页。

④　史梅定主编：《上海租界志》，上海社会科学院出版社2001年版，第690—704页。

破坏了法制的统一性,给中国人带来了不便,容易在不经意中违法犯罪,以致缺乏法制的预期性;同时,又给人们提供了规避法制的机会,冲击法制的严肃性;另一方面,由于上海租界的法制是现代法制,而且在 19 世纪中叶就已出现,早于清末中国法制改革半个世纪左右,这就使上海甚至中国其他地区的中国人,对这种新型法制具有新鲜感,体会到它们的先进面。这有利于人们对现代法制的认同,容易接受以后清末法制改革时引进的西方现代法制。同时,这一法制的差异存在,又便于华界在法制的借鉴中有所选择,选择那些比较适合自己情况的法制加以引入、使用。从这种意义上讲,上海租界法制的差异在客观上成为中国法制现代化的一种预演和选择,起到了多种试验田的作用。正因为如此,本书认为有必要对中国大地上曾经出现过的上海租界,乃至中国其他城市租界的法制及其差异作些研究,从而全面理解和认识中国法制的现代化问题。

第二十六章　上海租界与威海卫租借地区域法制的差异

近代中国的领土上不仅出现过租界与租借地,还存在过它们各自的区域法制,而且它们的法制还不相同,有差异。然而,对它们法制的差异研究不足,成果稀少。上海租界与威海卫租借地区域法制是那时中国租界与租借地区域法制的代表,先后出现于鸦片战争与甲午战争之后。本章以论述它们的差异为主题,对其作些探索,从一个侧面来反映中国租界与租借地区域法制的不同,加深对其认识,并从中得到一些启示,为今天的区域法制建设提供一些借鉴。

一、上海租界与威海卫租借地区域法制差异的主要表现

把上海租界与威海卫租借地的区域法制比较以后可以发现,中国租界与租借地区域法制的差异十分明显,突出表现在以下一些方面。

1. 在时空、法律体系方面的差异

中国租界与租借地区域法制在时空方面都有差异,而且这种差异还不小。这从上海租界与威海卫租借地区域法制的差异中就可得到反映。在时间方面。上海租界区域法制存在的时间要比威海卫租借地区域法制存在的时间长。上海英租界建立于1845年,其法制也在此年诞生,至1945年上海租界收回,上海租界的区域法制共生存了百年时间。①威海卫租借地区域法制的存续时间则较短。此租借地产生于1898年,收回于1930年,前后实际存续时间为32年,其区域法制也存在了32年,比上海租界区域法制存在的时间要短。②在空间方面。上海租界区域法制存在的空间在上海的商贸之

---

① 1845年上海英租界设立,1863年上海英租界与美租界合并成立上海英美租界,1899年上海英美租界改名为上海公共租界。参见史梅定主编:《上海租界志》,上海社会科学院出版社2001年版,第96页。

② 参见邵宗日:《英国租借时期威海卫法律制度研究》,法律出版社2011年版,第15页。

地,即通商口岸;而威海卫租借地区域法制的存在空间则在威海卫沿海军港,即战略要地。上海自 1845 年首先出现英租界以后,还产生了美、法租界。1848 年,美国在苏州河北岸地区广置土地、建教堂,逐渐形成了美租界。1849 年,法国也在上海设立了法租界。之后,英美租界合并,改名为公共租界。同时,上海租界的空间不断扩大,从先前的 830 亩最后扩张至 4 万多亩,约为 30 多平方公里。①这些空间都为租界的区域法制所覆盖。这一法制的覆盖的空间全为陆地,即上海的城区,不含江海。威海卫租借地区域法制覆盖的空间则包括刘公岛、威海卫城、码头区、四乡区及其海域,总面积为 300 平方英里。②威海卫租借地区域法制控制着这些空间,其中既有陆地,也有水域,总空间要比上海租界区域法制覆盖的空间大得多。它们之间也有差异。

　　上海租界的区域法制的法律体系与威海卫租借地的区域法制的法律体系之间同样存在差异。上海租界除了也适用领事裁判权外,其法律体系主要由租界区域内立法主体所制定的各种规定构成。其中,包括了议政机关西人纳税会、行政管理机关工部局、公董局等立法主体所制定的各种规定,其表现形式主要为"章程"、"条例"、"规程"等。③也就是说,上海租界的区域法律体系,主要由租界地所属的立法主体自己制定的各种规定所构成,没有租界国法律或其他地方适用法律的部分。威海卫租借地区域法律体系就不同了。它的法律体系主要由 4 个部分组成,即租借国英国的法律、变通后的我国香港地区法律、威海卫租借地政府所颁布的法令、中国法律与风俗习惯等。这在由英国发布的《1901 年枢密院威海卫令》④的第 9 条、第 19 条中都有明文规定。此令的第 9 条规定:为维护本属地及人民的和平、秩序和良好管理,"行政长官可制定和颁布各种条例";"所有施行于香港法律和条例可以在适当修改后适用与或者直接适用与本属地。"第 19 条又规定:在审理民、刑案件时,可视情况"遵守英格兰现行成文法及其他法律之原则";"发生于本地人之间的民事案件,法院应根据中国法律之规定或者本地习惯进行裁判"。也就是说,威海卫租借地区域法制的法律体系要比上海租界的区域法制的法律体系更为多元和复杂,包括了上海租界区域法制的法律体系中所没有的一些部分。

2. 在法律内容方面的差异

　　中国租界与租借地区域法制在法律内容方面也存在差异,这在上海租界与威海卫租借地区域中同样可以得到反映。把上海租界区域法制的法律

① 参见史梅定主编:《上海租界志》,上海社会科学院出版社 2001 年版,第 90 页。
② 参见[马来西亚]陈玉心:《英租威海卫的刑事审判》,方芳译,《环球法律评论》2005 年第 5 期。
③ 参见王立民:《上海法制史》,上海人民出版社 1998 年版,第 31—35 页。
④ 邵宗日、陈光编译:《英国租借期间威海卫法令汇编》,法律出版社 2012 年版,第 9—26 页。

内容与威海卫租借地区域法制的法律内容相比较以后就可以发现,其差异同样存在并突出表现在以下一些方面,即上海租界比较重视城市规划、商贸金融等方面的立法;威海卫租借地则较为重视对军港的维护、农业的开发和农村组织的建设等方面的立法。上海租界的城市规划法中包括了土地、道路、建筑管理等一些规定。早在1845年制定的《上海租地章程》①中就已有这些规定。此章程的第1条对土地出租契约管理作了规定:"原业主与租户出租、承租各字据,经查核钤印,交换收执,以凭信守,并免违犯。"第3条对公用道路的位置作了规定:"兹决定在洋商租赁地基内,保留自东而西通江边四大路,充作公用:一在海关之北;一在老绳道旁;一在四段地之南;一在领事署地基之南。"第10条对建筑的种类、配套设施等作了规定:"洋商租界后,得建造房屋,供家属居住并供适当货物存储;得修建教堂、医院、慈善机关、学校及会堂;并得种花、植树及设娱乐场所。"随着上海租界区域的发展,其法律内容也有所发展。比如,随着租界内道路的增加,1865年,上海英美租界就对区域内道路的命名作了规定。这一规定要求南北向的道路以中国的省名来命名,东西向的道路则以中国的主要城市之名来命名。于是纵向便有了四川、江西、河南、山东、山西、福建等路名,横向则有了苏州、北京、宁波、天津、南京、杭州等路名。②另外,上海租界在商贸金融方面也进行了大量立法,内容包括土地买卖、税费标准,货物囤积、公债发放、证券交易,等等。关于公债的发放,上海租界就作出过规定。仅上海公共租界就于1920年、1924年等年份都发放过公债。其中,1924年发放公债时规定:公债的总金额为100万两银元;周息6厘;每年发息两次,于1934年底前偿清;券面分5000两、1000两、500两、100两4种等。③上海租界的这些规定在威海卫租借地区域法制的法律内容中均无发现。

　　威海卫租借地区域则较为重视对军港的维护、农业的开发和农村组织的建设等立法。威海卫租借地区域法制的法律内容从多角度对军港加以维护。《1914年港口条例》④为保证军港的安全,专门对军港中的汽船、帆板、救生艇等船只的停泊、停靠、转移、上船与下船爆炸物的装卸、救生圈的配备都作了规定。1923年颁行的《港口章程》⑤对军港的维护作了更为详尽的规定,内容扩大到非军舰不得使用转动吊杆、遵守军港的信号、方便军舰出行、

①　王铁崖编:《中外旧约章汇编》(第1册),生活·读书·新知三联书店1957年版,第65—70页。

②　参见郑祖安:《上海地名小志》,上海社会科学院出版社1988年版,第36页。

③　参见王立民:《上海法制史》,上海人民出版社1998年版,第208页。

④　邵宗日、陈光编译:《英国租借期间威海卫法令汇编》,法律出版社2012年版,第174页。

⑤　邵宗日、陈光编译:《英国租借期间威海卫法令汇编》,法律出版社2012年版,第174—178页。

商船不得停靠海军水域,等等。这一章程第一部分第 2 条就规定:"除军舰外任何船只不得使用转动吊杆"。第 9 条规定:任何船只使用本地水域的,"对本属地内陆或刘公岛发出的任何信号或指示,不论白天黑夜,其船必须立即遵守。"第三部分的第 8 条规定:停泊于战舰附件的船只,"须保持在下弦杆以外,并且距离步桥足够远,以方便船只进出"。第四部分的第 2 条进一步规定:"任何商船不得停泊于外岛与观察岛屿两端之间的海军水域。"另外,1926 年的《装客之船板及小船规章》、1929 年的《港口章程》和《汽船管理规章》等也都有与维护军港安全相关的内容。①在威海卫租借地区域法制的法律内容中还有发展农业的内容,1919 年颁行的《1919 年政府荒地条例》和《开垦政府荒地规章》都是如此。②《1919 年政府荒地条例》允许开发政府的荒地,发展农业。它的第 3 条第 2 款规定:"签发许可证,根据可能制定的规章所规定的条件和费用,允许有关人员占有和开发政府荒地。"《开垦政府荒地规章》则用免交粮食的方法,进一步鼓励开垦政府荒地,发展农业。此规章的第 2 条明文规定,无论何人如愿开垦政府生荒者(指未曾耕种的土地),到政府部门办完手续后,就可"按该荒地主情形分别免粮三年或五年"。另外,威海卫租借地区域法律内容里还有关于村董制的规定。它于 1920 年起实行村董制并规定,以 20 村左右为原则,设立一个小区;20 个小区为一个大区;威海卫共有 350 个村,分为 26 个区,每个小区设一个村董,村董的上级是总董,他们负责管理事务,职责是传达英国政府的命令,颁布公告,代征地丁税收,售发各种契币,批准土地买卖,调解纠纷,清理诉讼,等等。③实际上,村董制是一种参照西方的地方自治制度而建立起来的由基层农村自治团体进行管理的制度。威海卫租借地区域法制的这些法律内容在上海租界区域法制中都不存在,它们之间有差异。

3. 在司法方面的差异

中国租界与租借地区域法制在司法方面同样存在差异,这在上海租界与威海卫租借地的区域司法中也可得到反映。相比较后发现,它们的差异主要表现在以下这些方面:第一,审判机构的性质有差异。上海租界的审判机构以会审公廨为代表。它是租界中设立的审判机构。1869 年制定的《上海洋泾浜设官会审章程》④第 1 条就明文规定:"管理各国租地界内钱债、斗

---

①　邵宗日、陈光编译:《英国租借期间威海卫法令汇编》,法律出版社 2012 年版,第 178—181 页。

②　邵宗日、陈光编译:《英国租借期间威海卫法令汇编》,法律出版社 2012 年版,第 188—190 页。

③　参见张志超:《略论英租威海卫时期威海乡村的社会控制》,《山东大学学报》(哲学社会科学版)2005 年第 4 期。

④　王铁崖:《中外旧约章汇编》(第 1 册),生活·读书·新知三联出版社 1957 年版,第 269—270 页。

殴、窃盗、词讼各等案件。"威海卫租借地的审判机关则不然,其是英国设在威海卫的审判机构,即是英国的审判机构。英国制定的《1901 年枢密院威海卫令》明文规定,威海卫的法院是英国的法院。"司法"部分的第 12 条规定:"在本属地境内,应设立一处国王陛下威海卫高等法院,在本法令中亦称'法院'"。第 16 条进一步规定了它的管辖权,从中亦可反证此法院是英国的审判机构。"所有发生在本属地人民之间,以及发生在本属地之内的刑事和民事案件,依据本法令相关条款之规定高等法院均有管辖权。"上海租界自设的审判机关与威海卫租借地中英国的审判机关在性质上有差异,是两类性质不同的审判机构。第二,审判官的组成有差异。上海租界会审公廨设有专门的审判官,由华人与洋人组成,即华、洋各 1 人。该华人称"委员",由中国选派的官吏出任;洋人则由领事官或派遣的洋人官员担任。《上海洋泾浜设官会审章程》第 2 条规定:"凡遇案件牵涉洋人必应到案者,必须领事官会同委员审问,或派洋官会审"。由于会审公廨的审判官由华、洋人组成,于是有人习惯把其称为"混合法庭"。[1]威海卫租借地法院的审判官仅为 1 人,而且是租借地的行政长官兼任。《1901 年枢密院威海卫令》"司法"部分的第 12 条同时规定:"在正式任命法官之前,高等法院应由行政长官掌理。法官被正式任命之后,高等法院由行政长官或者法官掌理,或者由行政长官与法官共同掌理。"实际的实施情况是此法院的审判权长期由行政长官兼任,形成了行政与司法合一的格局,因此,那里独立和专门行使司法职能的审判官自始至终没有设置。[2]这与上海租界会审公廨的审判官的组成明显不同。第三,审判使用的实体法有差异。上海租界会审公廨适用的实体法除了按照领事裁判权的规定外,主要是租界自己颁行的规定,不适用香港等地方的法律。威海卫租借地适用的实体法则有香港的法律,《1903 年鞭刑管理条例》[3]中所规定使用的鞭刑就是我国香港地区法的翻版。它的第 2 条规定:如需使用鞭刑,"对一个犯罪的成年人不得处以超过 24 下的鞭刑;对于犯罪为少年犯的,则不得超过 12 下。"这一规定的香港版本即是其"1903 年鞭笞法令",两者的基本内容十分相似。[4]第四,审判程序有差异。上海租界的审判程序中,有律师辩护的程序。早在 1862 年就有洋人律师在上海租界出庭,

---

① 费成康:《中国租界史》,上海社会科学院出版社 1991 年版,第 130 页。
② 参见王娆:《英租威海卫司法体制初探》,《环球法律评论》2005 年第 5 期。
③ 邵宗日、陈光编译:《英国租借期间威海卫法令汇编》,法律出版社 2012 年版,第 269 页。
④ 参见王一强:《法律文本的矛盾——从英租威海卫时期的一份鞭刑文件说起》,《山东大学学报》(哲学社会科学版)2005 年第 4 期。

参与审判。①在会审公廨的前身洋泾浜北首理事衙门的审判中,有外国律师出庭的记录。会审公廨成立后,律师出庭参与审判代理更是常态化了。②甚至华人也开始聘用洋人律师,为自己代理、辩护。早在 1866 年的一个经济纠纷案中,华人就已聘用外国律师为自己代理参与审判。③在 1903 年发生的《苏报》案中,外国律师还为中国被告人章太炎、邹容进行辩护。④在威海卫租借地就不同了,那里长期没有律师参与审判的程序。⑤在《1901 年枢密院威海卫令》司法诉讼部分的规定中,也无关于律师及其参与审判的规定。可见,上海租界与威海卫租借地在审判的程序方面也存在差异。

通过对上海租界的区域法制与威海卫租借地的区域法制相比较以后可以得知,中国租界与租借地区域法制在时空和法律体系、法律内容、司法方面均有诸多的不同,其区域法制的差异十分明显。

二、上海租界与威海卫租借地区域法制差异形成的主要原因

以上海租界与威海卫租借地区域法制差异为例,探究中国租界与租借地区域法制差异形成的原因,原因可以有多个,其中突出表现为以下三个。

1. 区域性质的原因

鸦片战争以后,通过不平等条约的签订,中国主权开始受到侵害,逐步进入了半殖民地半封建社会。甲午战争以后,半殖民地的色彩更加浓厚。带有殖民地、半殖民地性质的区域不可避免地在中国出现了。中国租界与租借地就是这样的区域。但是,它们的殖民化程度还有所不同。租界具有半殖民地性质,租借地则具有殖民地性质。这种不同的区域性质决定了它们的法制也有所不同,形成了差异。以上海租界与威海卫租借地区域法制为例。

上海租界产生于鸦片战争后不久。它的英、美、法等三大租界均在鸦片战争结束后的 20 年内都出现了。那是中国刚刚进入半殖民地半封建社会不久,半殖民化程度还不算高,主权受损的程度也没有像甲午战争以后所设立的租借地那么严重。上海租界虽然具有自己的立法、行政执法、司法机关等

---

①　参见陈同:《近代社会变迁中的上海律师》,上海辞书出版社 2008 年版,第 41 页。

②　参见王申:《中国近代律师制度与律师》,上海社会科学院出版社 1994 年版,第 124 页。

③　参见陈同:《略论近代上海外籍律师的法律活动及影响》,《史林》2005 年第 3 期。

④　参见上海通社:《上海研究资料续集》,上海书店 1984 年版,第 76 页。

⑤　[马来西亚]陈玉心:《清代健讼外证——威海卫英国法庭的华人民事诉讼》,赵岚译,《环球法律评论》2002 年秋季号。

自治机构,自治性也客观存在,以致被称为"国中之国",①但是,其殖民性质还不是很彻底,也不是彻头彻尾的殖民地。上海租界的机构不是西方国家的直接派出机构,而是由外国侨民自己组织的自治机构;上海租界不属于西方国家直接统辖,西方国家也不直接对其发号施令并直接实施其本国的法律。比如,上海租界的土地不是切割给西方国家,而是西方的洋人向上海原居民租用并取得使用权。《上海租地章程》对英租界土地的租用作了明文规定。除了规定租地需要签契约文书外,还对租地的地界、租金等都作了规定。此章程的第6条对地界的确定作了这样的规定:"洋商租地日期,先后不一,高出地价后,应知照附近租主,会同委员、地保及领事署官员明定界址,以杜争论。"第7条对洋人的租金作了规定:"洋商租地或付同数押手、年租,或押手高而年租低,难以划一;洋商应酌增押手,每年纳地租一千文者付一万文,并在此次另增押手外,每亩地付定额年租一千五百文。"另外,上海租界会审公廨刑事审判的管辖案件有限定,华人犯有徒罪以上案件者应由租界外的中国审判机关审判。《上海洋泾浜设官会审章程》的第4条规定:"华人犯案重大,或至死罪,或至军流徒罪以上,中国例由地方正印官详请臬司审转,由督抚酌定奏咨,应仍由上海县审断详办。"上海租界这种半殖民地性质的区域法制,也就不会与威海卫租借地区域法制一致,会存在一些差异。事实也是如此。上海租界的区域法制中没有直接适用英国的法律、使用香港殖民地的法律、设置英国法院等的内容。

　　威海卫租借地产生于甲午战争以后,当时中国的国防力量一落千丈,主权进一步受损,西方国家掀起了瓜分中国的浪潮,中国社会半殖民化程度进一步加大。中国大地上具有殖民地性质的租借地随之出现,其中包括威海卫租借地。此租借地的殖民地性质比较明显。英国把威海卫租借地作为自己的属地,即海外领地。威海卫租借地的行政长官直接由英王任命,是英国的官员。此行政长官拥有威海卫租借地的立法、行政和司法的最高权力。英国及其殖民地香港的法律、法令都可直接适用于威海卫租借地。威海卫租借地设有英国的高等法院,审理在那里发生的各种民、刑案件,其上诉法院是设在香港的最高法院。威海卫租借地设有监狱,受行政长官管辖,等等。据此,威海卫租借地便是英国货真价实的殖民地,与英国在其他国家的殖民地十分相似。而且,这一切都在当时英国颁行的法律中有明文规定。比如,《1901年枢密院威海卫令》的第3条规定:"行政长官的人选随时由国王陛下以敕令方式任命。"第9条规定:"行政长官可制定和颁布各种条例。"

---

① 　费成康:《中国租界史》,上海社会科学院出版社1991年版,第10页。

第 32 条规定:"未经行政长官批准,死刑判决不发生效力"等。威海卫租借地殖民地的社会性质便决定了其法制与具有半殖民地性质的上海租界区域法制会存在差异。它在时空、法律体系、司法等方面便会与上海租界区域法制有诸多的不同。

2. 区域定位的原因

中国租界与租借地的区域定位也有所不同,本章也以上海租界与威海卫租借地为例。上海租界具有洋人居住、贸易的定位,而威海卫租借地则是定位于英国军港。这两种不同的区域定位同样决定了它们区域法制的差异。1843 年的中英《南京条例》①和《上海租地章程》都对上海租界的区域定位有明确规定。《南京条约》的第 2 条规定:"自今以后,大皇帝恩准英国人民带同所属家眷,寄居大清沿海之广州、福州、厦门、宁波、上海等五处港口,贸易通商无碍"。《上海租地章程》在序言部分也说:"兹体察民情,斟酌上海地方民情,划定洋泾浜以北、李家庄以南之地,准租与英国商人,为建设房舍及居住之用"。以后,虽然上海租界的数量有所增多,区域也有所扩大,但这一居住、商贸定位没变。事实也是如此显示。居住的洋人人数由少到多,商贸的数量也逐年增加。据统计,1845 年时,上海租界里的外国人仅有 90 人,1900 年增加至 7396 人,1942 年时增加到 150931 人,平均年增长人数超过 1555 人。②这样的外国人人数规模在旧中国的区域中屈指可数。同时,上海租界的商贸数量也在逐年增加,并带动了整个上海的商贸。据统计进口值,1884 年的进口净值为 72761000 海关两,1885 年猛增到 88200000 海关两,1887 年更是达到了 102264000 海关两。进入 20 世纪以后,进口值仍在增长。以棉制品为例。1885 年的进口值仅为 31494000 海关两,到了 1913 年增至 182419000 海关两。③其中,不乏有鸦片贸易,而且一度数量还很多,1866 年的鸦片进口占了所有洋货中的三分之二。④与此同时,中国出口的商品也在大幅度增加。鸦片战争以前的主要出口商品生丝和茶叶逐渐被丝织品、大豆、苎麻、羽毛、皮草、草席、植物油等多样化的出口商贸所取代。⑤商贸的发展助推了金融业的发展,银行、证券、保险等企业都得到了较大发

---

①　王铁崖编:《中外旧约章汇编》(第 1 册),生活・读书・新知三联书店 1957 年版,第 30—33 页。

②　参见邹依仁:《旧上海人口变迁的研究》,上海人民出版社 1980 年版,第 141 页。

③　参见中国人民政治协商会议上海市委员会文史资料工作委员会:《旧上海的外商与买办》,上海人民出版社 1987 年版,第 3 页。

④　参见汤伟康、杜黎:《租界 100 年》,上海画报出版社 1991 年版,第 59 页。

⑤　参见中国人民政治协商会议上海市委员会文史资料工作委员会:《旧上海的外商与买办》,上海人民出版社 1987 年版,第 13—15 页。

展,以致上海被认为是"近代中国乃至远东最大的金融中心"。①上海租界的这种居住、商贸区域定位决定了其法律内容会特别重视在城市规划、商贸金融等方面作出规定,而与威海卫租借地区域法律内容有所不同,形成差异。

威海卫租借地的区域定位主要不是居住、商贸,而是军港。这与当时英国要设立这一领地的动机联系在一起。甲午战争以中国的失败告终,国门洞开,弱肉强食加剧,列强进一步分割中国,殖民化程度比租界高的租借地出现了。中国领土上的租借地都在沿海地区,而且均适宜成为军港,可以作为战略要地。首先是德国看中了胶州湾。在强大的压力之下,清政府于1898 年 3 月 6 日与德国签订了中德《胶澳租界条约》,②胶州湾区域归入德国。继胶州湾租借地以后,俄国于同年也向清政府施压,于 1898 年 3 月 27日与清政府签订了中俄《旅大租地条约》,③旅大被俄国归入囊中。这两个军港的建立打破了西方列强在中国的军力平衡,英国为与德俄两国抗衡,决定在威海卫设立军港。因为这个地区不仅水深,还终年不结冰。再从地理位置上看,也有优势。它既可以把秦皇岛与葫芦岛作为自己的辅港,还可直接监视德国、俄国的军港。④于是,英国再次出手,同样对清政府加压,终于如愿以偿,于 1898 年 7 月 1 日签署了中英《订租威海卫条约》。⑤此条约明示威海卫租借地具有军港定位。"今议定中国政府将山东省之威海卫及附近之海面租与英国政府,以为英国在华北得有水师合宜之处。"这一区域定位既决定了威海卫租借地区域法制在法律内容方面必定会特别重视军港的维护,而不是居住地与商贸相关的规定,也决定了其与上海租界区域法制的法律内容的区别。它们之间存在区域法制的差异也就不可避免了。

3. 区域环境的原因

中国租界与租借地的区域环境也有所不同。租界的环境是城市,而租借地的环境则是农村。这同样成为这两种区域法制差异的又一个原因。还是以上海租界与威海卫租借地的区域环境为例。

---

①　吴景平、马长林主编:《上海金融的现代化与国家化》,上海古籍出版社 2003 年版,第 617 页。

②　王铁崖编:《中外旧约章汇编》(第 1 册),生活·读书·新知三联书店 1957 年版,第 738—740 页。

③　王铁崖编:《中外旧约章汇编》(第 1 册),生活·读书·新知三联书店 1957 年版,第 741—743 页。

④　参见邵宗日:《英国租借时期威海卫法律制度研究》,法律出版社 2011 年版,第 46—47 页。

⑤　王铁崖编:《中外旧约章汇编》(第 1 册),生活·读书·新知三联书店 1957 年版,第 782—783 页。

开埠前,在上海县城以外,都是农村。那里有大片的农田、荒地,被描写为阡陌田野、芦苇纤道,一派农村的景象。①由于上海租界被开发为居地和商贸之用,原来的农村环境迅速城市化,城市化的区域环境很快形成。上海租界的人口、产业、城市建设等都突飞猛进,率先成为中国的近代城市。据统计,上海租界的总人口持续攀高。1855年,上海租界的人口为20234人,1865年,为148809人,1900年,增为444318人,1937年,又增至1696259人,1942年,上升为2440053人。②平均年增长为27800余人。这样的人口规模在当时的中国城市区域中实属罕见。近代的各种产业在上海租界纷纷落户,率先于中国其他区域实现了近代化。这些产业包括工业、商业、金融、建筑、公用事业、文化教育、卫生等与近代城市配套所需的各种产业。与此同时,上海租界的城市建设也接近同时期西方国家的水平,租界里的居民开始享受近代城市的生活。宽敞的肩带马路、新式的煤气路灯、遍及居民住宅的自来水、新式电车和公共汽车等都展现在人们眼前。③上海租界也因此而率先于中国其他区域成为近代化城市区域。上海租界的近代城市环境,需要有相应的法制来呼应,于是,上海租界区域法制的法律内容中城市规划等一系列的规定就不可或缺。

威海卫租借地区域环境与上海租界不同,是个农村环境,而且没有将其发展成为城市的规划与措施。威海卫在成为租借地以前,与中国大地上的其他农村地区差不多,也是个以自然经济为主导的农村。那里有许多低山丘陵区和沙地,农民们只能以种植粗糙的谷物和地瓜之类的根类农作物为生,吃的也是以玉米、高粱、地瓜类杂粮为主。那里的基础设施也不发达,路面多为沙土覆盖,基本没有排水系统,每当下雨道路便泥泞不堪。卫生条件非常差,卫生公共设施十分陈旧,且缺少管理,整个威海卫很脏乱。④被英国管辖以后,只是把威海卫作为军港定位和建设,目的是为了牵制占据了胶州湾的德军和占领了旅大的俄军,保护其在中国的既得利益,没有把其建设成为现代城市的规划,更没有相应的措施。那时的英国政府尽可能地以最低的成本管理威海卫。⑤于是,威海卫租借地的区域环境没有根本改变,仍然是农村环境,没有机会将其发展成为城市环境。在那里,依然有90%以上的人

---

① 参见唐振常主编:《上海史》,上海人民出版社1989年版,第137页。
② 参见邹依仁,《旧上海人口变迁的研究》,上海人民出版社1980年版,第90—91页。
③ 参见马长林:《上海的租界》,天津教育出版社2009年版,第2页。
④ 参见邵宗日:《英国租借时期威海卫法律制度研究》,法律出版社2011年版,第286页。
⑤ 参见王娆:《英租威海卫司法殖民之特性分析》,《甘肃政法学院学报》2006年第6期。

口生活在农村。①对于这一农村的环境,其法制也就与上海租界城市环境的法制不一样,因为法制的需求不同。事实也是如此,威海卫租借地区域法制中就有一些关于开拓政府荒地、建立和运行村董制度等的规定,以适应威海卫租借地的农村建设,发展农业。上海租界区域法制中没有这样的内容。区域环境的不同导致了上海租界与威海卫租借地区域法制的差异。

由此可见,形成中国租界与租借地区域法制差异的原因有多种,其中包括了这两种区域不同的性质、地位、环境等,可以说是多因一果。正因为如此,这两种区域法制存在差异具有其一定的必然性,而非仅仅是一种偶然的结果。

三、值得关注的相关问题

与中国租界与租借地区域法制差异相关,还有一些问题值得关注。它们是进一步理解这种差异的另一些侧面。从中亦可为今天的区域法制建设提供一些借鉴。

1. 中国租界与租借地区域法制差异所造成不同社会面貌的问题

中国租界与租借地区域法制的差异直接造成了这两种区域的不同社会面貌。继续以上海租界与威海卫租借地区域法制为例。上海租界逐渐率先成为一个近代化区域并带动上海的华界,以至整个上海在中国率先建设成了一个近代化的大都市。同时,上海租界歧视华人的情况也同样存在。上海租界区域法制是中国大地上最早的近代法制,其先进性首先被上海租界周围的华界所感受,随之而来的是借鉴。于是,上海华界就着手移植租界的区域法制,使自己的法制也开始近代化。这在 20 世纪以前就已开始。1898年,上海华界颁行的《沪南新筑马路善后章程》就是如此。它所规定的车辆捐照、夜间行车点灯、禁止驰骋、定时倾倒垃圾、不准随地大小便、不许堆物碍路等一系列内容,都取自于上海租界的规定,是这一规定的翻版。②近代的区域法制规范了整个上海,以致在 20 世纪 30 年代,上海就已成为一个国际大都市,被称为"东方的巴黎"、"东方的纽约"。③在这样的大都市中,并非人

---

①　参见王娆:《英租威海卫司法体制初探》,《环球法律评论》2005 年第 5 期。

②　参见王立民:《中国城市中的租界法与华界法——以近代上海为中心》,《比较法研究》2011年第 3 期。

③　参见马长林:《上海的租界》,天津教育出版社 2009 年版,第 2 页。

人都平等,华人是被歧视的对象。在 1928 年以前,华人与狗一样,都在被禁止进入公园之列。华人因此而受到侮辱。①上海租界社会不能不说是一个带有瑕疵的近代城市化社会。

威海卫租借地则是另一种社会面貌。在那里,建立了一个近代化的军港,同时广大地域的经济、社会都仍很落后。为了保证军港的安全,要求港口的卫生必须保证,故威海卫租借地港口的船舶要清扫,水域和岸前要保持清洁,受污染的船只应及时地消毒和净化。②卫生检疫在海军水域也同样进行,检疫地点由海军指定,但不能占用军用重吃水船舶的检疫锚地,船长还需按规定、听从指挥。③军港海面上的舢板船有序地穿梭不断,繁忙运输。这是一种小型船舶,其航舵较大,悬挂于尾部下方,还能通过锁链进行提升和下放。它们是那里的主要水上运输工具,特别是承担着从陆地上到刘公岛的运输任务。虽然,那里有班轮,但班次有限,舢板船仍不可缺少,常有几百条舢板船昼夜服务。④海盗在那里没有市场,一旦被发现,就会被捕获,以海盗罪加以严惩。⑤这是一方面。另一方面,威海卫租借地的商品经济发展缓慢,没能冲破自然经济的藩篱,社会经济没有根本变化,大量的村民依然过着较为传统的农村生活。社会发展情况也不尽如人意,广大民众仍然生活在农业社会中,到 1930 年时还是如此。那年,南京国民政府的接收大员王家桢到威海卫农村去体察民情,还惊讶地发现,当地的男人依然留着前清的长辫,女子还裹着小脚。⑥威海卫租借地的面貌还是一种变化不大的农村面貌,与上海租界的城市面貌相比,也是差异明显。这种面貌的差异正是它们不同区域法制产出不同结果的一个写照。

2. 中国租界与租借地区域法制差异与中国主权受损的关联问题

中国租界与租借地及其区域法制的出现,都以不平等条约为基础,都是中国主权受损的一种直接体现。它们之间有一种因果关系,即中国的主权受损在前,是因;上海租界与威海卫租借地区域法制出现在后,是果。中国的主权受损的一个结果是中国租界与租借地区域法制的产生,其中包括上海租界与威海卫租借地区域法制的出现。在一个国家主权完整的情况下,不会出现那样的租界与租借地及其区域法制。

---

① 参见史梅定主编:《上海租界志》,上海社会科学院出版社 2001 年版,第 525 页。
② 参见邵宗日:《英国租借时期威海卫法律制度研究》,法律出版社 2011 年版,第 176 页。
③ 参见邵宗日:《英国租借时期威海卫法律制度研究》,法律出版社 2011 年版,第 171 页。
④ 参见邵宗日:《英国租借时期威海卫法律制度研究》,法律出版社 2011 年版,第 207 页。
⑤ 参见邵宗日:《英国租借时期威海卫法律制度研究》,法律出版社 2011 年版,第 163 页。
⑥ 参见邵宗日:《英国租借时期威海卫法律制度研究》,法律出版社 2011 年版,第 138 页。

随着中国主权受损程度的加大,中国租界与租借地区域法制的殖民化程度也不断提高。也就是说,中国主权受损程度与它们的殖民化程度有关联,表现为此消彼长。鸦片战争以后,中国开始主权受损,其受损程度还有限,首先出现的是上海租界区域法制,而不是威海卫租借地区域法制。这时的上海租界首先建立了自己的立法、行政执法、司法机关,实现了自治,中国的主权在一定程度上望尘莫及。那时,上海租界区域法制的殖民化程度不及以后威海卫租借地区域法制的殖民化程度那么高,还是一种半殖民化的性质。威海卫租借地区域法制就不同了,其殖民化程度很高。这与中国主权的进一步受损联系在一起。甲午战争以后,中国的主权进一步受损,那时签订的中日《马关条约》①使中国进一步半殖民地化。它不仅规定,割让辽东半岛、台湾、澎湖列岛,赔款 2 万万两白银;开放沙市、重庆、苏州、杭州为通商口岸;还第一次允许外国在中国通商口岸设立工厂,以适应其对中国资本输出的需求。随之而来,一方面,英、俄、美、日、法、德等国家争先恐后地在中国划分势力范围;另一方面,通过向清政府进行政治贷款、争夺中国铁路的投资权、直接在华投资设厂开矿、开办银行等方式,加剧对中国经济命脉的控制。②在这一大背景下,中国出现了以往所没有出现过的租借地。德、俄、法、英分别租借了胶州湾、旅大、广州湾、威海卫等沿海地域。至此,中国的深水良港瓜分完毕,都变成了外国的军港。这种租借地纷纷建立了自己的殖民地法制,进行殖民统治。威海卫租借地区域法制就是其中之一。可见,中国主权开始受损时,出现了租界区域法制;中国主权进一步受损时,出现了租借地区域法制。它们的关联度很高。

另外,与中国主权受损相联系,中国原有的法制统一性遭到了破坏。鸦片战争以前,中国的主权完整、无损,没有出现像租界、租借地那样的区域法制。全国各地均实施统一的国家法制,其中以《大清律例》为代表。这是一部中国的传统法典,以刑法为主要内容,贯彻了礼法结合的原则,重点维护封建政权与传统伦理纲常。法制的统一性得到切实地维护。鸦片战争以后,中国的国门被打开,主权受损,中国租界与租借地及其区域法制相继产生。而且,这种区域法制不在中国的法制体系之中,游离于中国的法制体系之外。中国租界区域法制的显露,打破了近代中国法制的统一性,中国的法制不能在那里一贯到底。中国租界自己建有自己的法制机构,颁行法律,形

---

① 王铁崖编:《中外旧约章汇编》(第 1 册),生活·读书·新知三联书店 1957 年版,第 614—617 页。

② 参见白寿彝总主编:《中国通史》(第 11 卷),上海人民出版社 2004 年版,第 236—238 页。

成了自己的区域法制,开始冲击中国的法制统一性,使其遭到破坏。租借地区域法制的殖民地性质更明显,所在区域的法制独立性也更强,中国的法制统一性遭到进一步破坏。中国租界、租借地的区域法制存在,使中国的法制统一性被严重肢解,变得支离破碎。

3. 中国租界与租借地区域法制差异给予今天的启示问题

今天,中国的国情与近代完全不同。中国已是一个独立自主、主权完整、实行法治、日益强盛的社会主义现代国家,然而,中国的区域法制依然存在,特别是中国特区、自贸区等建立以后,其区域法制的存在已无可争辩。以后,中国区域法制建设的路程更长,从租界与租借地区域法制的差异乃至近代的区域法制建设中,可得到一些启示,以致不走或少走弯路。

首先,区域法制建设不能以损害国家主权与法律的统一性为代价。今天中国区域法制的存在与建设已不可避免。中国地广人多、情况复杂,有些建设不可能,也没有必要步伐一致,一哄而上。良策则是在一些条件相对成熟的地区先行先试,取得可复制的经验以后,再以点带面,逐步推广,整体推进。中国已有这样的成功经验,特区建设就是如此。今天,中国自贸区的建设也会是如此。在这些区域里,建立的法制就是当今的区域法制。在区域法制建设中,决不能以损害国家主权为代价,也不能容忍任何有损国家主权的行为存在。要紧紧掌握自己的立法、行政执法、司法、法律监督等权力;区域内任何违反中国法律的个人、单位,都要依照中国的法律被追究法律责任。同时,也要维护中国法制的统一性。区域里的法制都要以中国的宪法和法律为依据,不能与之相冲突。区域中任何与中国宪法、法律相抵触的规定,都被认为无效。切实保证中国宪法、法律在区域中的权威。中国租界与租借地的区域法制只是近代中国的区域法制,以不平等条约为基础,损害中国主权和法律的统一性为代价的区域法制。这种法制决不能在今日中国重演。

其次,要防止规避法制行为的出现。任何区域法制总是会有其特殊性的一面,为区域建设提供方便,否则,区域法制就没有存在的必要了。如今的区域法制也是如此。因此,区域内法制就会与区域外法制之间存在一些不同。这种不同就有可能为规避法制行为所利用,对法制建设带来消极影响。这种由区域法制而带来的规避法制的情况在上海租界就出现过。上海租界出现过两个以上租界,它们都建有自己的区域法制,而且相互独立,互不统辖。因为他们的法制内容不尽相同,管辖区域也不同,于是便有一些别有用心者规避法制,欺侮他人,从中渔利。那时,上海有条河,名为洋泾浜。河的北面是英租界,南面是法租界,河上有座桥,名为郑家桥。桥的两头分别由上海英租界、法租界的巡捕负责治安，双方都不能到对方地界去执法。一些别有用心的人就利用这一点，云集在桥堍两边，乘机欺侮桥两边的卖菜农民，作恶、取利。"若被害人高声呼唤，英租界巡捕过来干涉，则赶至桥南，法租界巡捕过来干涉，则赶至桥北。"他们能够如此，就是因为规避了区域法制。"因为桥南北分属英法两租界，形同二国，在英租界犯了罪，到法租界就不管，反之亦然。这样就被坏分子钻了空子。"①在当今的区域法制建设中，就要做好制度设计，不要让规避法制的情况出现，导致对法制的破坏。

最后，要重视区域法制的宣传。区域法制有其特殊性。为了使区域法制得到有效实施，有必要进行宣传，以免出现法不责众的局面。上海租界的区域法制出现后不久，就开始进行宣传，以防界外的华人等进入界后，因不知租界法制而触犯它，受到处罚。1876年，由葛元熙所著的《沪游杂记》中，就记载了当时的《租界例禁》，告知人们进入租界以后要加以遵守，以避不幸。其中的内容有20条，都是上海租界区域法制的规定，周边的华界则没有这些规定。其涉及的内容包括租界生活中的驾车、倾倒垃圾、大小便、卖酒、卖野味、挑粪担、乞丐、酗酒斗殴等一些方面。它规定："禁马车过桥驰骋"；"禁东洋车、小车在马路随意停走"；"禁马路上倾倒垃圾"；"禁道旁小便"；"禁施放花爆"；"禁私卖酒与西人饮"；"禁春风后、霜降前卖野味"；"禁九点钟后挑粪担"；"禁乞丐"；"禁聚赌酗酒斗殴"等。②以后，上海租界区域法制的宣传形式和内容都有发展，宣传的力度也有所加大。③然而，仍有不到位之处，还是有人因违犯规定而受到处罚。据《老上海三十年见闻录》中记载：有一位来自北方的华人就碰到了这样的尴尬。"有北人初到上海，不谙租界章程，在马路上大便，被巡捕捉去。"因为他不知道上海租界有不准在马路上随地大便的规定，还认为自己无错，不服巡捕的执法，最后被押送到会审公廨进行审判，受到处罚。"捕房令罚洋释出，其人不服，吵闹不休。解赴公堂，宣判加罚数元，以为吵闹者戒。"④从中亦可见，区域法制宣传的重要性。当今中国的区域法制建设正在有条不紊地推进，为了使其能取得应有的成效，有必要对中国历史上的区域法制宣传进行研究，甚至借鉴。

①　中国人民政治协商会议上海市委员会文史资料工作委员会编：《旧上海的帮会》，上海人民出版社1986年版，第89页。

②　(清)葛元熙等：《沪游杂记　淞南梦影录　沪游梦影》，郑祖安等标点，上海古籍出版社1989年版，第3页。

③　参见王立民：《试论中国租界法制的传播与普及》，《政治与法律》2013年第4期。

④　陈无我：《老上海三十年见闻录》，上海书店出版社1997年版，第244页。

　　中国近代领土上出现过区域法制,租界与租借地区域法制就是如此。通过对上海租界与威海卫区域法律差异的比较与分析,有助于加深认识租界与租借地的区域法制。它们都是中国主权受损情况下的产物,它们存在和发展都以国家主权遭损为代价,可以说是西方国家强加给中国的一种法制。它们的法制情况又与其性质、定位与环境相关。上海租界区域法制在居住与商贸、城市化方面特别突出,威海卫区域法制则维护军港与战略要地、农村化特别明显。今天,中国区域法制建设的任务依然存在,而且是在国家主权完整的情况下进行,这与中国租界与租借地的区域法制有天壤之别。然而,中国近代的这一区域法制作为一种历史存在,仍可为今天的区域法制建设提供一些借鉴。

第二十七章　上海租界与上海法制现代化

上海是鸦片战争以后出现的五个通商口岸之一。上海的法制现代化从租界开始。本章就上海租界与上海法制现代化问题做些探索。

一、上海租界现代法制产生的历史条件

上海法制现代化的进程始于租界。租界当局通过大量移植现代法制，使上海租界的法制率先实现了现代化。租界的存在与上海法制现代化紧密联系在一起了。确立租界存在的是 1845 年签订的《上海租地章程》。它又被称为"土地章程"、"地皮章程"、"地产章程"等。它是上海租界存在、发展的主要法律依据,故也有人称其为租界的"根本法"、"大宪章"等。①以后,以它为依据又制定了其他一些有关上海租界土地方面的协议。它们在实现上海法制现代化中起了重要作用,主要表现在以下方面。

1. 为移植现代法制创造了地域条件

法制的属地性很强,任何法制都是一定地域条件下的法制。上海租界当局通过签订 1845 年《上海租地章程》等一系列与租界土地相关的协议,取得了在上海的落脚之地,为移植现代法制创造了地域条件。

作为《南京条约》及其附件《五口通商附粘善后条款》的直接后果,1845年 11 月,上海道台宫慕久公布了与英国驻上海第一任领事巴福亚签署的1845 年《上海租地章程》。②这个章程规定的一个重要内容是承认英租界的地域。它东靠黄浦江,北至李家场(又称李家庄,今北京东路),南至洋泾浜(今延安东路)。第二年,即 1846 年 9 月又划定西至界路(今河南中路)。此

---

① 谯枢铭等:《上海史研究》,学林出版社 1984 年版,第 100 页。
② 蒯世勋等编著:《上海公共租界史稿》,上海人民出版社 1980 年版,第 44—50 页。

时面积为 832 亩。①从此,现代法制开始在上海登陆。

以后,上海租界不断扩大。这种扩大包含着两个方面:一方面是取得上海租界地域的国家扩大;另一方面是这些国家在上海租界的地域也扩大。随着上海租界地域的扩大,上海现代法制移植的范围也扩大了。

在英国取得上海租界以后,美国和法国也先后在上海取得了租界。美国根据《望厦条约》在上海取得租界。1848 年,美国圣公会主教文惠廉到上海,先在苏州河北岸地价低廉的虹口一带广置地皮,设立教堂,然后向上海道台吴健彰提出把虹口一带作为美租界的要求。当时,吴健彰只作了口头承诺。1863 年,英美两租界合并时,美国领事熙华德与上海道台黄芳商定了美租界范围,美租界正式确定了。法国根据《黄埔条约》于 1849 年 4 月由法国领事敏体尼与麟桂签署了租地协议。不久,法租界登场了。它南至城河(今人民路),北至洋泾浜,西至关帝庙诸家桥(今西藏南路附近),东至广东潮州会馆沿河至洋泾浜东角(今龙潭路),总面积为 986 亩。至此,英、美、法三个租界把上海交通最便利、地理位置最重要的外滩和苏州河口一带地段全都分割完毕。英、美租界夹持着苏州河口,英法租界占据着外滩。这给租界的社会发展和法制移植都造就了一个十分有利的地域条件。

上海租界出现以后,不久即得到了扩张。在这之中,英租界先迈出第一步。1848 年,英国领事阿利国利用"青浦教案",向新任上海道台麟桂提出了扩充租界的要求。麟桂屈服于阿利国的压力,与其签订了扩大英租界的协议。这协议使英租界西面从界路延伸到泥城浜(今西藏路),北面从李家庄推进到吴淞江(今苏州河),净增土地面积 2000 亩。1854 年 7 月,英、美、法三国领事以上海小刀会起义后需要自我保护为借口,自行决定改订原有的土地章程,由租地人大会通过了《上海英法美租界租地章程》。②这个章程使法租界有了较大的延伸,以致南至城河,面积扩大到了 3800 亩,是原来的 3 倍以上。1861 年,法租界先后在上海县城小东门外三次租地,使法租界在靠近黄浦江的边界展展了 650 米,扩充面积达 198 亩。1863 年 9 月,英、美两租界合并,总面积达 10676 亩。甲午战争以后,列强们掀起了瓜分中国的狂潮,上海租界再次扩张。1899 年 5 月,英美租界的地域扩张为:东至杨树浦桥起,至周家嘴角止;西自泥城桥起,至静安寺镇止,又由静安寺画一直线,至新闸苏州河南岸止;南自法租界八仙桥起,至静安寺镇止;北自虹口租界

---

① 邹依仁:《旧上海人口变迁的研究》,上海人民出版社 1980 年版,第 92 页。

② 蒯世勋等编著:《上海公共租界史稿》,上海人民出版社 1980 年版,第 53—55 页。

第 5 界石起,至上海县北边界限为止,再从此画一直线至周家嘴角。此次扩张后,英美租界更名"上海公共租界"。同年 12 月公共租界又一次扩张,使其总面积达 32110 亩,比过去增加了 2 倍有余。①随后,法租界也紧跟其后,1900 年和 1914 年也两次扩大租界面积,使其总面积达 15150 亩,是 1849 年初定面积的 15 倍。②

另外,上海租界当局还通过越界筑路,变相扩大租界面积,而且扩张面积的前奏往往与越界筑路有关。1860 年,租界当局以帮助清政府镇压太平天国为名,开始在租界以外地区筑路,以后便一发不可收拾。到了 1925 年,仅公共租界的越界筑路就有 41 条之多,面积 5 万亩。他们在越界筑路地区兴办公用事业,征收捐税等,如同租界。

此时上海市区绝大部分地区也是最为繁华和最具影响力的地区都在租界范围。这为上海移植现代法制奠定了地理环境基础,也为发展这一法制和扩大这一法制的影响创造了极为有利的条件。

2. 为建立租界的自治机构和制度提供了法律依据

上海租界发展的历史已经证明,它建立了一套自己的自治机构和制度,实际上是上海的"国中之国"。这一地位确立的法律基础是相关的上海租地章程和协议。确立了租界的自治机构和制度,就意味着上海租界有了自己的立法主体和立法权,可以合法地在上海租界建立自己的法制,具有了移植现代法制的权力基础。

1845 年的上海租地章程已经确立了英租界的自治机构和制度的雏形。它确定英国领事是英租界的自治者。此章程规定:英国以外国家的商人要在租界内建房、租房、屯物的都"须先禀明英国领事得其许可",租地人如果"欲设船夫及苦力头目"的,也"须陈报领事"。这个土地章程还赋予英国领事以司法权,其自治制度可谓名副其实。它规定:违反土地章程的,由英国领事惩处。"嗣后英国领事,倘发现有违犯本章程之规定者,或由他们禀告,或经地方官通知,该领事均应即审查犯规之处,决定应否处罚"。以后,美、法两国的租界也在上海取得了相似的权利。

《上海英法美租界租地章程》更能体现自治的精神,也扩大了这种自治机构和制度。它把英国领事的自治权延伸到卖酒与开设酒馆等方面,规定界内无论中外之人,未经领事官给牌,不准卖酒并开公店。根据这一土地章程的自治精神,公共租界始在租界设立了工部局。它是英租界和以后的公

---

① 王立民:《上海法制史》,上海人民出版社 1998 年版,第 182 页。
② 王立民:《上海法制史》,上海人民出版社 1998 年版,第 183—184 页。

共租界的行政管理组织,采用董事会制度。1865 年规定:凡所缴纳的房、地各捐须在 500 两以上(各执照费不在内)或租赁房屋年付租金 1200 两以上并缴纳捐税者,才有资格作为工部局董事会董事候选人。此董事会每年差额选举一次,但在历届董事会中,英国侨民一直占有绝对优势,而华人董事到 1928 年以后才出现。①工部局要处理界内的日常管理事务,包括各种市政工程的建造、维修,制定相关的规章,负责警务及社会治安,经费安排等。为了有效管理界内事务,它还下设:工务、警备、财政、防卫、电气、卫生、运输等 20 余个常设委员会,以及捕房特别调查、普通教育、特别电气、宣传等 10 余个特别委员会等机构,进行日常管理。可见,这是一个机构设置俱全的租界内自治管理机构,如同一个自治政府。

1869 年签订的《上海洋泾浜北首租界章程》在自治方面走得更远,竟然规定在租界内建立纳税外人会及其制度。②此会又称"外人纳税会"、"纳税西人会"等,全为外人组成,是公共租界的主要议决机构,起了"市议会"的作用,其地位在工部局之上。根据此土地章程的规定,置有价值至少 500 两地产,每年缴纳房地捐 10 两或 10 两以上者,或者其租赁的房屋,每年缴纳由工部局估定的租价满 500 两或 500 两以上者,有资格成为纳税外人会成员。据 20 世纪 30 年代初的统计,其成员在 2000 至 3000 人。但是任何华人都不可参加此会,被排斥在外,尽管他们所缴的捐税大大超过外人。我国学者王世杰曾在《上海公共租界收回问题》一书中说:"上海公共租界内的华人,虽然没有参与市政之权,他们对租界行政费用的负担,并不因此而减轻,实际上他们所纳的税捐大大地超过外侨所纳的税捐。"③事实也是如此。上海公共租界的主要税人,第一为房税,第二为土地税。据 1925 年的统计,华人的纳税房屋达 65471 栋,外人只有 4627 栋;华人所缴房税总计达 2021702 两,外人只有 1763385 两。另外,地税中的 60% 至 70% 亦来自华人。④

纳税外人会通过会议制度来行使它的权力。会议分为年会和特别会两种。年会是每年举行一次,时间定在 4 月初,议决预决算、捐税、选举地产委员会等一些租界内的重大事项。议决问题通过投票方式确定,本人不能出席的,还可以委托其他代表代为投票。特别会议讨论的事项主要是两项,即

---

①　史梅定主编:《上海租界志》,上海社会科学院出版社 2001 年版,第 183—184 页。
②　纳税外人会的前身是租地人会议,由其来议决租界的重要事项。1846 年,租地人召开第一次会议,商讨　会议的职责等事宜。1854 年,英、美、法三租界正式确定租地人制度。纳税外人会的自治作用大于租地人会议。
③　王世杰:《上海公共租界收回问题》,太平洋书店 1927 年版,第 9 页。
④　王世杰:《上海公共租界收回问题》,太平洋书店 1927 年版,第 10 页。

审批工部局所制订的法规附则和议决界内的其他重大紧急事项。它的召开时间无定期,出席人数也只要达到1/3就可以了。可见,纳税外人会是上海公共租界内由外人控制的议决机构,实际上也是权力机构。

在上海公共租界里,有了自己的自治机构,其中包括议决、权力机构纳税外人会和行政管理机构工部局等,还有与之相适应的制度,其自治就变成了顺理成章之事。上海法租界也有一套相似的自治机构和制度,只不过名称有点差异,其议决机关称为选举人大会,行政管理机构称为公董局。①另外,这两个租界还建立有警政机关、监狱等其他一些组织和设施,一起为自治服务。在上海租界的自治条件下,上海租界当局就可自行决定引进现代法制,不会有权力上的障碍,这种移植也就能从可能变成现实了。

3. 为直接移植现代法制作了明文规定

在上海租界的土地章程中,还直接规定了一些移植过来并建立的现代法制,归纳起来主要是以下方面。

建立巡捕及其制度。《上海英法美租界租地章程》提到了建立巡捕的问题,规定:“设立更夫或巡捕。”这意味着可以在上海公共租界内建立现代的警政制度,设立现代的警政机构和人员。在以前,上海公共租界只设更夫,不设巡捕。他们之间有明显的差别:更夫只在夜间报更鸣警而已,巡捕则是现代的武装警政人员。性质完全不同。从那以后,巡捕及其制度作为一种现代警政人员和制度便在上海出现了。1854年就在工部局下设警务处,正式设置巡捕。不久还函聘了在香港巡捕房任职的克列夫登到上海公共租界任总巡。1855年4月,阿利国和工部局正式签字,把巡捕房作为一种常设机关。1884年工部局还颁行了《公共租界工部局巡捕房章程》。②此章程共有30项,内容涉及巡捕、巡长、译员的职责,巡捕服务条件,巡捕的住宿、膳食、请假等一系列现代警政制度的内容。随着世界警政制度的发展,20世纪20年代,工部局当局又修改了这一章程,使其跟上这一制度的发展。修改的内容包括:使用警械的条件、拘捕疑犯、破门入室、着装等许多方面。公共租界的巡捕机构称为巡捕房。到1935年时,其机构已很庞大,以致不得不分为中央巡捕房和分巡捕房。中央巡捕房为一个,下属有管理处、缉捕股及特务股、武装后备队、车务办事处等近10个机构。分巡捕房有13个,分设在虹口、老闸、新闸、杨树浦、嘉兴路、普陀路等地区。随着机构的庞大,巡捕人数

---

① 史梅定主编:《上海租界志》,上海社会科学院出版社2001年版,第173—174页、第202—205页。

② 史梅定主编:《上海租界志》,上海社会科学院出版社2001年版,第700—704页。

也不断增加。1883 年共有巡捕 200 人，1930 年已达 4879 人，1935 年多至 6000 人左右。法租界也建立了相似的巡捕及其制度。①上海租界的巡捕及其制度从一个侧面反映，上海租界的警政制度已基本实现了现代化。

建立领事公堂及其制度。1869 年的《上海洋泾浜北首租界章程》规定在公共租界内设立领事公堂，由其来受理控告工部局及其经理人的案件，它实际上是一个类似于行政庭的司法机构。其具体内容为：凡控告工部局及其经理人等者，即在西国领事公堂投呈控告，系于西历每年年首，有约各国领事会同会议，推出几位，名曰领事公堂，以便专审此等控案。1882 年 7 月，《上海领事公堂诉讼条例》②被批准实施，领事公堂制度正式运行。此条例共有 9 条，内容涉及公堂的人员设置、公文来往、聘用代理人或律师、答辩书、诉讼费、保证金等一些方面。领事公堂的法官全由外人组成。他们根据土地章程及相关规定进行审判。因为他们既不能适用中国法律；可又与其他国家的法律存在不一致的地方，也无法以那个国家的法律为依据。它的诉讼程序是现代的诉讼程序。一般先由原告或其代理人向领事公堂提交起诉状。诉状中写明原、被告人的概况、诉讼请求和所依据的事实和理由、证据及其来源等。经公堂对所有起诉条件和受案范围进行审查合格后，便立案开始受理此案。接着，公堂会通知被告人应诉，并送达起诉状的副本。被告人应在规定的 14 天内向公堂递呈答辩状。庭审时，原、被告人要宣读起诉状、答辩状，提出证据，进行辩论，最后法官进行判决。这些都按现代的诉讼程序进行设计和操作，是一种现代化的诉讼制度，与中国传统的"厌讼"为导向的诉讼制度明显有别。

建立其他制度。在土地章程中还规定了其他一些类似于现代制度的内容，这里以罚款为例。在土地章程中，多次提到罚款的规定，其用词为"罚银"。在《上海英法美租界租地章程》中，因禁止华人用易燃物质造房等问题，在同一条款中就四次使用了罚银的办法。其中，涉及罚银方式包括按月罚银、按次罚银和初次、再次罚银等。它规定：禁止华人用蓬、竹、木等易燃物品造房，并禁止储存硝磺、火药等，违者初次罚银 25 元；如不再改，每月加罚 25 元。它又规定：华人造房屋的木架和木砖等建筑材料，都不得阻碍道路，如有违反，每月罚银 5 元；如果有往来遛马、肆意喧嚷、滋闹等事的，每次罚银 10 元。从这些规定可见，租界当局已建立了罚款制度，能很熟练地使用罚款方法。在中国传统的法制中，刑法是主要的部门法，泛刑主义泛滥，大量类似于现代的行政和民事违法行为都要被处以刑罚，很少使用罚款这样

① 王立民：《上海法制史》，上海人民出版社 1998 年版，第 248—254 页。
② 蒯世勋等编著：《上海公共租界史稿》，上海人民出版社 1980 年版，第 248—249 页。

的行政制裁手段。《上海英法美租界租地章程》中移植了现代的罚款制度，使其在租界的法制中得到运用。

二、上海租界现代法制的主要体现

综观上海租界移植的现代法制和法制现代化的进程，在以下方面率先于上海华界而实现了法制现代化。上海华界的法制现代化启动于 20 世纪初的法制改革，上海租界的法制现代化领先于华界一步。它的这些方面均在 20 世纪初或在此前就通过移植的方式而实现了法制现代化。

1. 现代的法规体系

上海租界以现代立法理念为指导，在租界建立了自己的现代法规体系。除了土地章程以外，这一体系中包括有组织、治安、邮政、路政、建筑等方面的内容。每个方面都有代表性法规成为主干，下面列表显示。

表 27-1

涉及内容	代表性法规名称	时间	资料来源
组织方面	《公董局组织章程》	1866 年	《字林西报》1866 年 7 月 14 日。
治安方面	《公共租界工部局治安章程》	1903 年	史梅定主编：《上海租界志》，上海社会科学院出版社 2001 年版，第 690—699 页。
邮政方面	《工部书信馆章程》	1893 年	史梅定主编：《上海租界志》，上海社会科学院出版社 2001 年版，第 687—690 页。
路政方面	《法租界公董局警务路政章程》	1869 年	史梅定主编：《上海租界志》，上海社会科学院出版社 2001 年版，第 712—714 页。
建筑方面	《公共租界工部局中式新房建造章程》	1901 年	史梅定主编：《上海租界志》，上海社会科学院出版社 2001 年版，第 708—712 页。

这些法规都有一个具体的调整对象，内容都围绕其而展开。每个法规都相对独立，不是诸法合体性质。比如，《工部书信馆章程》涉及的内容包括邮资、邮票、存款账户、邮件尺寸包裹、书信馆的责任、姓名地址的书写、投递时间、客户意见、挂号邮件、个别的业务合同、变更地址、私人住宅和使馆等处应设置信箱等方面。根据需要法律调整的对象，上海租界当局就逐渐制定一些相关法规，使其形成一个体系。直至整个体系中的法规综合起来，基本可以满足社会发展的需要为止。以上的这个体系只是初步的，还要与时俱进。上海租界法规体系的完善是在 20 世纪二三十年代的时候了。

上海租界当局建立的是现代法规体系,从西方国家引进,与中国传统的法律体系不同。在中国传统法律体系中,尽管有部门法的内容,但除个别部门法有法典外(如唐律是一部刑法典),其他部门法都无专门的独立的法典。其内容要么散见于法典之外的规范性文件中,要么集中在综合性法典里,形成诸法合体的法典。这是一种不发达的法律体系,与上海租界的法规体系明显有差异。这种差异是一种现代法规体系与传统法律体系的差异。上海租界在这一方面先行了一步。

2. 现代的法规结构

上海租界当局制定的法规都具有现代性。首先,采用"章程"的称谓。以上所列五个方面的法规都称以"章程"。在中国传统法律、法规中一般称为"律"、"刑统"、"令"、"敕"、"制"等,与"章程"不同。其次,采用款、条的排列方式。在那时,在内容稍多一些的法规中,都采用款、条排列方式。《公共租界工部局治安章程》就采用了这种排列方式。它共有 25 款,每款之下又设有不同数量的条。如第 1 款为"西客栈及大餐馆",下设 11 条,内容涉及不可顶替他人执照、查验酒的人员和方法、开闭馆的时间、转租、不准留宿的情况、不准滋事赌博等一些方面。第 4 款为"渡船",下设 6 条,内容包括不可顶替用执照、听从巡捕的命令行船、有遗物交巡捕房、损害赔偿等一些方面。在中国传统的法典、法规中没有这种明示的款、条排列方式,就是在中国法典楷模的唐律中,也只有条,无明指款等排列方式。最后,采用款标的做法。凡设有款的章程中,都设有款标,一款一标。它明示其中的内容,使阅读人一目了然。以上的"西客栈及大餐馆"、"渡船"就是款标。《公共租界部局治安章程》的每一款都有款标。比如,第 2 款为"大小弹子房",第 3 款为"驳船"等。中国传统的法典中不在正文中设款标。《唐律疏议》中有律名、条标,但条标只设在目录中,正文中无条标。《宋刑统》中有律名和门标、条标,但突出的是门标,正文中条标又与法条分离。上海租界法规的结构是现代法规的结构,使用了现代的立法技术,明显优于中国传统法典的结构。

3. 现代的法制语言

在上海租界颁行的法规中,不仅都使用白话文,古汉语不见了踪影,而且,还大量使用现代法制语言。当然,这些语言是从英、美租界或公共租界中使用的英语和法租界里使用的法文翻译而来。正因为如此,这些法制语言都是现代法制语言,不再是中国传统的法制语言。它们从一个侧面说明上海租界的法制已开始现代化了。这些法规中的用词、句子都能体现现代法制的语言,有的至今还在使用。因为这类语言太多,只能举例证之。《公共租界工部局巡捕房章程》中有"原告"、"被告"、"审问"、"拘送惩罚"、"一经查出照例惩罚"、"禁止虐待牲畜"、"不准燃放爆竹"、"不准将垃圾倾倒路上"等。与这一语言相关的时间、重量、长度和价格等用语也都现代化了,是一种现代的表述方式。时间的表达用公历纪年,用年、月、小时、星期等;重量用盎司、磅、吨等;长度用英寸、英尺等;价格则用元、角、分等。《工部书信馆章程》多次使用了这样的单位名称:"上午"、"下午"、"8 时"、"6 时"、"2 小时"、"17 点钟"、"星期一"、"星期六"、"1 盎司"、"1 磅"、"1 分"、"25 分"等。《公共租界工部局中式新房建造章程》大量使用"4 英寸"、"2 英尺"等。《公共租界工部局治安章程》则常用"三元"、"三元五角"、"二十吨"等。在中国传统的法律里则大量使用传统的法律语言。《唐律疏议》中使用了"十恶"、"八议"、"杖"、"笞"、"皆勿论"、"上请听裁"、"奏听敕裁"、"匹"、"尺"、"八刻"、"二更二点"等一些传统的语言。它们与上海租界法规中的法制语言大相径庭,而这种不相同正好反映了它们法制的不同,上海租界法制已属于现代化法制了。

4. 现代的审判制度

上海开埠以后,上海租界实施了领事裁判权,率先于上海华界而推行现代审判制度。这一制度体现了公开、公平、公正等现代的审判理念,移植了现代审判制度。除了上述领事公堂已运用的现代审判制度以外,当时上海租界的其他审判机关也同样使用了这一制度。内容涉及法官和陪审员、原告人与被告人、公诉人、代理人与辩护人、翻译人员、庭审程序等。在会审公廨中,这一制度已基本成熟。上海公共租界会审公廨根据 1869 年的《洋泾浜设官会审章程》的规定和精神,受理的案件是那些发生在公共租界内的民事钱债交易和刑事窃盗斗殴等案件;法官由上海道台派出的人员与领事官组成;公诉人由巡捕房派员担任;律师出庭担任代理人或辩护人;华洋诉讼案件,领事官可派员作为陪审员参加庭审;庭审时如有洋人作为诉讼参与人的,不定期要派翻译人员出席;庭审程序包括宣读诉状和答辩状、双方责证、辩论、判决等。①上海法租界的会审公廨也贯彻了《上海洋泾浜设官会审章程》的规定和精神,但与公共租界会审公廨的规定稍有不同。比如,纯属华人相讼的案件也有领事参与审判等。以上的这些现代的审判制度得到了实施,现存上海档案馆的关于上海公共租界会审公廨审判的窃电案的记录,可以基本反映这一审判制度。②上海租界的现代审判制度与中国传统的审判制

---

① 杨湘钧:《帝国之鞭与寡头之链——上海会审公廨权力关系变迁研究》的第二节"会审公廨的组织、权限及程序",北京大学出版社 2006 年版。

② 上海市档案馆藏,卷宗号:U1-2-704。

度大相迥异。相比之下,中国传统审判的弊端显然易见,如同前人所言:"中国地方官吏,无论钱债细故,人命重案,一经公庭对簿,先须下跪,形格势禁,多有不能曲达之情。况又不延人证,则曲直不易明。"①上海租界使用现代审判制度代表了中国审判制度发展的方向。

5. 现代的律师制度

在上海租界移植了现代的审判制度同时,也引进了西方律师制度,英国领事法庭最早在审判中使用律师,以后其他的各国领事法庭也纷纷引用本国的律师制度,允许律师出庭。正如学者陈同所言:"各国领事馆纷纷设立了领事法庭,按照他们自己的法律制度来处理法律事务,而其中也包括了律师制度。"②以后,《上海领事公堂诉讼条例》专门提及了律师问题。它规定:诉讼事宜,须亲自或请代理人办理;原告延用律师出庭与否,听其自便。由于此时还没有中国律师和律师制度,因此,那时律师都是外国律师。律师制度也来自西方。这一制度的内容包括律师出庭的条件、律师的权利与义务、律师的收费等。比如,律师要在会审公廨出庭的,须在会审公廨注册,外籍律师要得到本国领事的许可证明,等等。③上海租界的审判机构在20世纪初前已广泛在庭审中使用律师。有人曾对1901年前领事公堂审案中广泛聘用律师作过这样的描述:"华洋互审以来,尤多交涉事件。余观英、法二公堂中西互控之案,层见迭出。无论西人控华人,须请泰西律师以为质证,即华人控西人,亦必请泰西律师。"④这些外国律师在庭审中也确能发挥作用,起到了辩护或代理的作用。"案无大小,胥由人证明其曲直,律师辩其是非,审官研鞫而公断之,故无黑白混淆之弊。"⑤以后,这一制度继续被沿用,在一些具体的案例中,也可以看到律师确实发挥了自己的作用。1902年"《苏报》案"的原、被告都聘请了律师,法庭上双方律师唇枪舌剑,最后的判决结果没有完全实现清政府的意愿。⑥中国传统上没有律师,只有讼师。他们以帮助诉讼当事人拟定诉状、介绍诉讼程序和注意事项等为业,与上海租界的律师有本质的区别。上海租界的律师及其制度的出现是一种历史的进步。

6. 现代的监狱制度

上海出现租界以后,英、美、法三国先后建立了附设于领事法庭的监狱。其中,英租界于1865年设置小型监狱一所;美租界于1907年曾先把罪犯寄

---

① 参见《皇朝经世文新编续集·法律》。
② 陈同:《略论上海外籍律师的法律活动及影响》,《史林》2005年第3期。
③ 王中:《中国近代律师制度与律师》,上海社会科学院出版社1994年版,第127页。
④⑤ 参见《皇朝经世文新编·西律》。
⑥ 徐家力:《中华民国律师制度史》,中国政法大学出版社1998年版,第15—16页。

押于英租界的监狱,而后又在自己领馆的二楼辟建了自己的监狱;法租界则在 1849 年在领馆内设立了监狱。①1903 年,有"远东第一监狱"之称的上海提篮桥监狱开始启用。②与此同时,现代监狱制度也开始插足上海租界。这一制度的内容包括监管人员的设定和职责、监所的分类、囚犯的待遇和劳动、苦役犯人的惩处规则,等等。上海租界当局也先后颁行了一些监狱方面的法规,比如,《苦役犯人惩处规则》(1866 年)、《上海英国监狱章程》(1906年)、《上海工部局监狱人员规则》(1906 年)、《上海公共租界会审公廨新设男女押所管理规则》(1909 年)等。这些规定贯彻了现代的监管理念,也能在很大程度上体现了现代文明。《苦役犯人惩处规则》③中规定:只有犯有抢劫、偷盗、窝赃、勒索等罪行的犯人才可处以苦役;凡 18 岁以下、45 岁以上的男犯以及女犯不得处以苦役;工部局卫生部门每天对苦役犯人进行检查,未经许可不得判处苦役;天气极端恶劣时,不得服苦役;巡士不得殴打虐待犯人;等等。《上海英国监狱章程》④则规定:所有各种犯人之各等食物分量表,给以足够有益食物;凡犯人当使人身洁净整齐;一切洗衣洗浴,及卫生清洁,而按时排定之剪发;教士与正狱吏,当为开释之犯竭力寻觅行业;凡犯人于收禁一月后,除素有之训导世事书及教务书之外,可许得阅藏书室书;凡犯人与友人探望通信,与书札通信,可照以下之规则许之;正狱吏,当振作一切犯人有用之业,凡习练工艺,等等。这些规定都体现了维护人权的精神。中国传统的监狱制度则偏重惩罚,忽视人权,以致监狱的情况很黑暗。在宋朝,那时的监狱被称为是"人间生地狱",百姓把它比作食人"豺狼"。在监狱里,用刑、杀囚、淹囚等情况屡见不鲜。⑤其他朝代也不同程度地存在类似情况。这与上海租界监狱制度的文明程度距离甚远。

三、值得关注的上海租界现代法制的一些方面

1. 上海法制现代化的发展很不平衡

上海租界的法制现代化通过移植西方现代的法制而实现。由于受案件

---

① 麦林华主编:《上海监狱志》,上海社会科学院出版社 2003 年版,第 97 页、第 103 页。

② 《上海市提篮桥监狱志》编纂委员会编:《上海市提篮桥监狱志》,2001 年出版(内部),第 29—30 页。

③ 史梅定主编:《上海租界志》,上海社会科学院出版社 2001 年版,第 302—303 页。

④ 麦林华主编:《上海监狱志》,上海社会科学院出版社 2003 年版,第 780—806 页。

⑤ 薛梅卿主编:《中国监狱史》,群众出版社 1986 年版,第 108—111 页。

当事人和地域的限制,在上海租界和华界都有发展不平衡的情况存在。这些情况的存在就反映出整个上海法制现代化的进程不一,有差异。

从受案当事人的角度来看,上海租界在领事裁判权实施后,实行的是被告主义原则。这样,有约国人适用自己国家的法制,即现代法制;华人和无约国人仍然适用中国当时的法制,即还是传统法制。可见,尽管同在上海租界,就因案件的当事人不同,适用的法制不同,其法制的时代性质也不同。上海租界法制现代化首先在以有约国人为被告人的案件中开始,然后再逐渐扩展。

《五口通商附粘善后条款》确立了领事裁判权,上海便被适用这一规定。这一规定的关键内容之一是:"英人如何科罪,由英国议定章程、法律,发给管事官照办。华民如何科罪,应治以中国之法。"①根据这一规定,英租界的华人仍需适用中国传统法制,现代法制的道路还未向华人敞开。《上海洋泾浜设官会审章程》的规定开始对部分华人松动。它规定:外人所雇用或延请的华人为被告的案件,由领事或派员听讼。但总的来说,领事裁判权主要是适用于有约国人。这从案件当事人的角度来说明,同在租界,但当事人不同,适用的法制也不同,以致法律现代化的进程也不一致。

从上海的地域来看,上海华界法制现代化的进程要比租界晚50余年,从20世纪初清政府推行的法制改革才开始。这是全国性的法制改革,上海华界作为中国的一部分,也被纳入这一改革的范围,于是上海的法制开始摆脱传统的桎梏,逐渐转向现代化。比如,1904年清政府在中央建立了巡警部和相应的现代警政制度,上海于1905年将巡防保甲局改为"警察总巡局"。②从此,上海华界也有了现代的警政队伍和制度。这也是上海法制开始现代化的一个重要信号。

上海华界的法制现代化在20世纪30年代初基本实现。那时,中国的"六法"体系基本建成,移植西方现代法制已见成效,西方现代法制的本土化也已基本实现。在这一大背景下,上海的地方法规也形成了现代的体系,其内容也基本达到现代水平。同时,上海租界也开始设立纯属中国的审判机构,取消会审公廨等审判机构。1930年,在公共租界设置了上海第一特区法院和它的上诉法院江苏高等法院第二分院,1931年,法租界建立了上海第二特区法院和它的上诉法院江苏高等法院第三分院。③这是上海华界法制现代

---

① 王铁崖编:《中外旧约章汇编》(第1册),生活·读书·新知三联书店1957年版,第42页。
② 易庆瑶主编:《上海公安志》,上海社会科学院出版社1997年版,第59页。
③ 《上海审判志》编纂委员会编:《上海审判志》,上海社会科学院出版社2003年版,第65页。

化基本实现的重要标志。它告诉人们,中国的审判机构和人员已能运用现代法制手段在租界内运作,适应上海租界社会发展的需求。至此,上海法制现代化进程中出现的明显不平衡得到显著改善,不平衡趋势被平衡走向所替代。至此,上海整体法制现代化的面貌才渐渐展现在人们面前。

2. 上海租界的法制中有歧视华人因素

在鸦片战争以后的一系列中外战争中,基本上中国都是以战败而告终,中国与外国签订的也是不平等条约,上海租界的出现正是这种不平等条约的产物。这使上海租界当局和有约国人存有优越感,殖民者的心理挥之不去,歧视华人难以避免。于是,上海租界的华人便成了弱者,也是被歧视的对象。这种歧视在法制中也有表现,突出体现在立法与执法两个方面。

在上海租界的立法中,有些法规所规定的内容明显具有歧视华人的因素,以致华、洋人的权利就有差异。比如,在上海法租界的监狱里,洋、华人囚犯的饮食和监房都有明显的区别,洋人囚犯的优,华人囚犯的劣。饮食方面,洋人囚犯每天的饮食费是 6 角,吃的是面包,午餐是一菜、一肉和一汤,晚餐是一汤;华人囚犯每天饮食费只有 1 角 4 分,早餐是米加小麦、赤豆合煮的粥,午、晚餐是米饭,每周给鲜肉 5 次,咸鱼 2 次,其他的都是蔬菜。监房方面,洋人囚犯的监房里都有衣柜、床和抽水桶等设施;华人囚犯的监房则是席地而睡,连床都没有。①这种差别一目了然。还有,令人更为气愤的是在上海公共租界里的外滩公园竟然规定"华人与狗不得入内",②公然侮辱华人。后来在广大民众的反对下,才于 1928 年 7 月 1 日起向华人开放外滩公园等一些公园。

在上海租界的执法中,也有歧视华人的情况出现,甚至无视华人的人权,以致造成他们的死伤。上海租界的巡捕打死打伤华人的事件屡见不鲜,法租界在 1942 年就发生过多次。③这里以 1943 年的"张金海事件"为例。张金海是张元吉的独子,"新供职于本埠菜市路(今顺昌路)诚记衫袜厂,平日安分守己,从无不端行为",可 1943 年 4 月 29 日下午 6 时"竟被顾客李姓女及艺华干洗店主郭士元等诬告侵吞遗失之洗衣凭单,被拘入法巡捕房,由西探米来等威逼招供惨施酷刑,因此身亡",之后,法医的报告说他是"系胸肋部受外来之钝器打击至脾脏破裂与脾脏出血身死"。④可见,张金海是死于惨无人道的酷刑之下。但是,上海租界却不见有巡捕打死打伤洋人的事件。歧视华人的情况从中可见一斑。

---

① 王立民:《上海法制史》,上海人民出版社 1998 年版,第 297 页。
② 蒯世勋等编著:《上海公共租界史稿》,上海人民出版社 1980 年版,第 438 页。
③ 王立民:《上海租界法制史话》,上海教育出版社 2001 年版,第 67—69 页。
④ 上海市档案馆藏,案卷号:R18-427。

3. 上海租界的有些规定没有得到切实的施行

上海租界虽有现代的法制,但其中的有些规定并没有得到切实的施行,这在局部或总体上都会对这一法制的实际效果产生不利影响。究其原因各不相同。

有些规定得不到切实的施行是因为受上海租界当局强权政治的影响。上海租界当局以殖民主义者自居,出于自身利益的考虑,常常无视有关规定,一意孤行。《洋泾浜设官会审章程》已经对会审公廨的管辖权和陪审员的审案权都有明文规定,可是外国领事往往不顾这些明文规定,我行我素,明显违反规定,以致这一章程得不到切实的施行。比如,他们擅自扩大会审公廨的权力,包括判处徒、流以上的案件、传提界外被告人、对重大案件进行预审等;他们还擅自扩大陪审员的权力,陪审巡捕房解讯的所有人员,逐渐操控了会审公廨的权力;他们对于那些纯属华人的案件,不仅强行陪审,还时常擅自讯断,以致引起与中国法官的矛盾冲突;他们还干涉中国法官的任命以及罪犯的传提和判决执行;等等。①他们在租界的强权政治影响之下,无视上海租界中会审公廨的性质,将其完全看成是自己的审判机构,正如他们所说的“由外国人控制下的会审公廨”,②因此,也就为所欲为,破坏了《洋泾浜设官会审章程》里的规定和审判秩序。

有的规定得不到切实的施行是因为受上海租界情况变化的影响。上海租界有过一段发展较快的时期,有些规定跟不上这一发展,因此,这些规定也就得不到落实。上海租界虽有现代的监管制度,但当囚犯大量增长和监狱爆满时,有些规定便得不到施行了。那时,伙食都不能按规定供应,医疗条件也得不到保障。狱方以囚犯的劳动量少而减少供餐的次数,导致他们因此而吃不饱,饿肚子。囚犯多了,病因也随之增加,狱医开的药方也就既简单又少,一个星期常常只有 1 至 2 片药,以致他们得不到应有的治疗,狱中的肺病、脚气病等疾病因此而流行。③

有的规定得不到切实的施行是因为上海租界的有些执法者素质太差。上海租界执法者的素质参差不齐,其素质差的本身就是违法犯罪者。这样的执法者不仅成事不足,还败事有余。这里以巡捕为例。在公共租界,有些巡捕与黑社会勾结,沆瀣一气,共同违法乱纪,坑害百姓。1934 年春,在公共租界发现了一个扒窃组织,其成员在车站、戏院、大百货公司、珠玉店等地方

---

① 史梅定主编:《上海租界志》,上海社会科学院出版社 2001 年版,第 281 页。
② W. C. Johnstone: *The Shanghai Problem*, California, Stanford University Press, 1937.
③ 史梅定主编:《上海租界志》,上海社会科学院出版社 2001 年版,第 305 页。

频频作案,但长期没有破案,其中的一个主要原因是他们买通了租界里的不少巡捕,"与扒窃者有牵连而每日接受津贴的捕房刑事科人员,公共租界有65人"。①被收买的人员中还有长官。从 1939 年起,常玉清的黄道会势力逐渐深入公共租界,"被常(玉清)收买的有公共租界捕房政治部对外联络高级警官、圣约翰大学毕业的督察长谭绍良,公共租界捕房刑事科督察长陆连奎"②等人。上海法租界里也有这种素质很差的巡捕。1863 年被法国外交部推荐的"第一流的总巡"加洛尼·迪斯特里阿一上任就"滥用职权,非法拘捕,敲诈勒索,不合理地罚款,对人施加暴行,无恶不作,以致四面八方都提出控告和愤怒的抗议"。最后,连一个法国人也承认:"外交部是找到了一个宝贝!"③还有,一次法租界派 6 名"最优秀"的西捕去办案,其中 4 名来自法国,2 名分别来自西班牙和希腊。可是,案件还未处理完毕,其中 2 人就先期盗窃了财物,"逃到宁波去做海盗了"。这一时期从西方招聘来的巡捕被公认为"缺乏纪律,精神萎靡",还"对中国纳税人进行敲诈勒索"。④这样的执法者实际是上海租界现代法制的破坏者。

4. 上海租界法制有明显的两重性

上海租界先于华界从西方移植现代法制,并开始本土化,建立起自己的现代法制,以使上海开始走上法制现代化的道路。这一法制在租界植根以后,便向其周围的华界扩展其影响,形成一种由孤岛向周边地区延伸的模式,即以点到面的模式。上海租界的法制是现代法制中国化的一个缩影,代表了中国法制发展方向,是一种历史的演进,顺应了历史的潮流,具有其进步的一面。

它的这种进步性影响到中国的政府官员和民众,使他们也体验到现代法制的优越性,并逐渐接受,甚至参与到这一法制中去,较为突出的是他们在 20 世纪前就开始接受上海租界的律师制度。在有些华洋互控的案件中,作为华方的当事人,他们也聘用洋人律师代理自己的案件。早在 1866 年 10 月的洋泾浜北首理事衙门时期,一件华洋互控经济案的华方当事人就聘用了英国律师连厘为其代理人,出庭进行辩护。⑤以后,华人当事人聘用外国律

---

① 中国人民政治协商会议上海市委员会文史资料工作委员会编:《旧上海的帮会》,上海人民出版社 1986 年版,第 97 页。

② 中国人民政治协商会议上海市委员会文史资料工作委员会编:《旧上海的帮会》,上海人民出版社 1986 年版,第 107 页。

③ 费成康:《上海租界史》,上海社会科学院出版社 1991 年版,第 357—358 页。

④ [法]梅朋、傅立德:《上海法租界史》,倪静兰译,上海译文出版社 1983 年版,第 330 页。

⑤ 陈同:《略论近代上海外籍律师的法律活动及影响》,《史林》2005 年第 3 期。

师为自己代理人的情况逐渐增多。在上述的"《苏报》案"中,清政府也聘用了律师,他们是英国达鲁芒德和库柏。1875 年,在英商旗昌洋行控告其买办刘树滋一案中,华人当事人刘树滋案也聘用了律师,等等。①辛亥革命以后,在双方当事人均为华人的案件中,也允许他们可聘用律师。在华人聘用的外国律师中,也不乏有些人能恪守律师操守,尽力为华人辩护,维护他们的合法权益,英国律师担文是其中之一。在他来华 20 年之际,有人曾评论说:担文律师在华年久,熟习情形,华人出资延其办案,有时尚知顾全大局,据理力争,讼案往往赖以得伸。事实也是如此。在中国近代史上第一次重大海难事件中,担文代理上海轮船招商局所属的"福星"轮方,为死亡的 63 个华人和价值 20 万两银子的货物损失赢得了权利,迫使肇事英籍"澳顺"轮方作出了赔偿。②这在当时成为佳话。

上海租界法制还有落后的一面。这一面也十分明显,而且与现代法制格格不入,极不对称。现代法制的公正是基本特征之一。可有时在上海租界的现代法制中却缺失这一点。一些玩法的外国律师常常故弄玄虚,强词夺理,操纵法官,左右裁判,以致作出极不公正的判定。1896 年,清政府的张之洞以原告地位起诉英国易斯·司培泽尔公司,案由是因为此公司出售给中国政府的武器是一些不值钱的劣质品。可是,在此案的审理过程中,被告律师却回避武器质量的诉求,纠缠管辖等一些无关紧要问题。最后,法官将其搁置起来,作出了不公正的判定,使原告的合法权益得不到维护。这只是上海租界法官作出不公正判决的一个典型,还有其他一些案件也有类似情况。

上海租界的巡捕房还长期与上海的大流氓搅和在一起,象征正义的执法机关竟和代表黑恶势力的流氓混为一体,作恶多端,这不能不认为也是一种落后的表现。在上海法租界,青帮头目黄金荣和杜月笙都曾有过与巡捕房长期"合作"的经历。黄金荣在那里担任巡捕房的控长、督察长,先后供职长达 34 年之久。新中国成立后,他在《黄金荣自白书》中也承认:"做包打听(巡捕),成为我罪恶生活的开始……我被派到大自鸣钟巡捕房做事,那年我26 岁,后升探长,到 50 岁时升督察长,60 岁退休,这长长的 34 年,我一直在执行法帝国主义的命令,成为帝国主义的工具,来统治压迫人民。譬如说私卖烟土(毒品),开设赌场,危害了多少人民,而不去设法阻止,反而从中取得,实在不应该。"③杜月笙与巡捕房的高级长官同为一丘之貉,每月给他们

---

① 徐家力:《中华民国律师制度史》,中国政法大学出版社 1998 年版,第 15—16 页。
② 陈同:《略论近代上海外籍律师的法律活动及影响》,《史林》2005 年第 3 期。
③ 《文汇报》1951 年 5 月 20 日。

2%的贩毒利润,约为 15 万元。在公共租界,以黄金荣为师的"江北大亨"顾竹轩也买通租界内的便衣探员,无法无天,草菅人命。"他曾在上海搞过多起谋杀凶案,据其亲信徒弟王兴高说,顾至少谋杀过 7 位有名望的人物,其中有两个是律师。"①他们的罪恶可以说是罄竹难书,其结果是法制受到破坏,人民长期遭殃。

这些方面既是上海租界现代法制中的重要组成部分,也是对这一现代法制的注脚,可以帮助人们较为全面、正确地认识此法制。

---

① 中国人民政治协商会议上海市委员会文史资料工作委员会编:《旧上海的帮会》,上海人民出版社 1986 年版,第 95 页。

第二十八章 上海租界的现代法制与现代社会

上海租界的法制是现代法制。①上海英租界还是中国法制现代化的起始地。②在中国的大地上,上海租界最早移植现代法制,走上法制现代化的道路;用现代法制引导和规范的上海租界社会是现代社会。本章就其中的一些问题,发表一家之言。

一、上海租界的现代法制引导、规范了上海租界的现代社会建设

上海租界的现代法制建设几乎与上海租界的设立同时进行,它们似乎是一对孪生兄弟。上海租界设立时,那里的法制是一片空白。随着租界的设立,那里的法制也开始建立起来,这一法制便是现代法制,那里的社会是现代社会。这种情况与上海租界周边地区的华界区别很大。上海华界有中国传统法制的根基。那里长期在中国政府的管辖之下,法制也是中国的传统法制。在上海租界设立的 19 世纪 40 年代,上海华租界仍然适用这一传统法制,其社会也是传统社会。到 20 世纪初,清政府开始推进法制改革以后,上海华界的法制才开始发生变化,走现代法制的道路,其社会也随之渐渐现代化。可见,上海租界的法制早于华界法制而率先现代化,上海租界社会也早于华界社会而进入现代化。

上海租界的现代法制对上海租界的现代社会有引导和规范作用,突出表现在以下方面。

1. 现代议政组织的建立和运行

上海租界虽属中国领土,但却是"国中之国",不受中国政府的管辖,而由上海租界当局管理。这样,上海租界便有了自己的议政组织,行使议政

---

① 王立民:《上海租界与上海法制现代化》,《法学》2006 年第 4 期。
② 王立民:《上海英租界与现代法制》,《法制日报》2009 年 1 月 21 日。

权。上海租界议政组织搬用西方现代的民主制度而设置,与当时中国清政府的专制制度完全不同。它们的名称先后称为"租地人会议"、"纳税人会议"(也称"纳税西人会"、"纳税外人会议"等),而且都由上海租界的法规加以规定。1854 年 7 月确定的《上海英法美租界租地章程》第 10 条对"租地人会议"作了规定,其内容涉及其职责、与领事关系、捐款的用途等。①1869 年确立的《上海洋泾浜北首租界章程》把公共租界的"租地人会议"演变成"纳税人会议",其内容涉及入会人员的资格、权利、义务等。②1866 年制定的《上海法租界公董局组织章程》把法租界的"租地人会议"扩大为"纳税人会议",并对它的职权、入会资格、董事会等都作了规定。③这两个租界的"租地人会议"一直运作至这两个租界的收回。它们都以会议形式确定上海租界内的重大事务,与西方的民主制度一致,是西方议政组织的上海化,完全不同于中国专制统治下的地方管理机构。在专制统治下,中国不存在三权分立体制下的独立议政组织。

上海租界里的一些重大事务也确实由"租地人会议"、"纳税人会议"来决定,它们发挥了议政组织的作用。"租地人会议"先后议决了上海租界排水系统的建造、英美租界的合并、修改土地章程,设立巡捕和巡捕房、越界筑路、调整捐税税率等一些重大问题,对上海租界早期社会的发展起过积极作用。④上海公共租界的"纳税人会议"也先后议决了修订土地章程、调整土地税房捐货物税、修订印刷出版附律、填没洋泾浜、电气处改制、禁烟等问题。⑤这些议决的问题对上海公共租界中、后期的发展产生过较大影响,加快了上海租界建设的步伐。以土地税和房捐为例。这是上海租界的两大税收,也是主要的财政来源之一。通过上海租界议决组织的规定,这两大税收的比例不断加大,收入也不断增加。上海英租界最初的土地税为 5‰,法租界为 2.5‰,可到了 20 世纪初上海公共租界和法租界都增加到了 7‰;上海英租界的房捐 1854 年为 3%,到公共租界时,逐渐增加到了 16%。⑥上海租界这两种税收的收入也大大增加了。上海公共租界 1867 年时超过 30 万两,到了 1926 年即超过 1000 万两。⑦这两种税收收入的大量增加,为上海租界的建设

①　蒯世勋等编著:《上海公共租界史稿》,上海人民出版社 1980 年版,第 54—55 页。

②　王立民:《上海法制史》,上海人民出版社 1998 年版,第 178 页。

③　史梅定主编:《上海租界志》,上海社会科学院出版社 2001 年版,第 173 页。

④　史梅定主编:《上海租界志》,上海社会科学院出版社 2001 年版,第 155—162 页。

⑤　史梅定主编:《上海租界志》,上海社会科学院出版社 2001 年版,第 166—171 页。

⑥　费成康:《中国租界史》,上海社会科学院出版社 1991 年版,第 186—187 页。

⑦　史梅定主编:《上海租界志》,上海社会科学院出版社 2001 年版,第 9 页。

和发展,提供了强有力的资金支持。

2. 现代行政管理机构的设立和施行

上海租界都有自己的现代行政管理机构,具体管理租界内日常的行政事务。工部局是上海英租界和以后的公共租界的现代行政管理机构。1854年7月召开的上海英租界租地人会议,不仅通过了《上海英法美租界租地章程》,还决定成立工部局,选出了第一届董事会,工部局由此而诞生。它下设总办处、商团、警务处、捐务处、火政处、财务处、工务处、卫生处、学务处、华文处、乐队、公共图书馆、情报处等机构。工部局的行政长官是总裁,监督、指挥工部局的所有处室,同时接受工部局董事会的指导。工部局董事会是工部局的决策咨询机构,采用会议制度,董事由选举产生。董事会下设各种委员会。"工部局中之事件,先由有关系之委员会讨论议决,再由董事会核准施行。"①公董局是上海法租界的现代行政管理机构。1862年4月,法国驻上海领事爱棠发布领事会,成立公董局,还委任了首任董事。1866年的《上海法租界公董局组织章程》对公董局作了进一步规定,内容涉及董事会的召集人、议决事项、议决案的生效等一系列问题。②它们都与中国传统的县、府等管理机构不同,不再是行政与司法合一,不再是专制制度下的管理机构。

工部局和公董局采用的是西方的现代行政管理模式。那时的工部局董事会的总董都是英国人,而公董局的总董则是法国人。这有利于他们把自己国家现代的行政管理带入上海租界。同时,他们采用的是董事会制度,具有西方现代管理模式的性质。成为董事的成员需有一定的经济背景。按照《上海洋泾浜北首租界章程》的规定,充任工部局董事会的董事要缴纳的房、地各捐须每年在500两以上(各执照费不在内)或租赁房屋年付租金在1200两以上并缴纳捐税者。充任公董局董事会董事的则要具备以下三项条件之一:拥有上海法租界内地产,年纳税金在240法郎以上;在法租界内缴纳房捐在4000法郎以上;居住在法租界内,而且每年收入达10000法郎以上等。另外,董事会董事有任期的限制。工部局董事会的董事任期一年,不支薪水,可以连选连任;公董局董事会的董事则任期2年,每年改选半数。实际情况是,工部局董事会的董事多为英国人,而公董局董事会的董事多为法国人。据统计,自1873年至1930年间,工部局董事的总人数为9人,而英国人则占6人以上。③公董局董事的总数也是9人,其中,法国人为5人。"公董局董

---

① 阮笃成:《租界制度与上海公共租界》,上海书店出版社1989年版,第110页。
② 史梅定主编:《上海租界志》,上海社会科学院出版社2001年版,第204页。
③ 史梅定主编:《上海租界志》,上海社会科学院出版社2001年版,第184—186页。

事会由法国驻上海总领事和通过选举产生的 4 名法籍董事,4 名其他外籍董事组成。"①这种西方现代式的行政管理机构的施行,有利于对上海租界进行现代化的社会管理,造就现代化的城市。

3. 现代司法的诞生和运作

上海租界运用三权分立的理论和现代司法制度,在租界内推行现代司法。首先,建立了现代的司法机关。上海租界典型的和长期使用的司法机关是会审公廨(亦称会审公堂)。它与中国传统的司法机关不同,不是依附于行政机关的司法机关,而是独立于行政机关的司法机关。同时,也不隶属于议政组织,而是独立行使司法权的司法机关。1869 年实施的《洋泾浜设官会审章程》对会审公廨组织、审判程序、法官权限等都作了明文规定。以后,在 1902 年的《上海租界权限章程》、1905 年的《续订会审章程》和 1906 年北京驻华公使团与清外务部达成的协议等,都对原章程进行了不同程度的修订,使这一司法机关不断完善。②其次,设定了现代的诉讼参与人。在会审公廨的审判中,设定了现代的诉讼参与人,陪审员、检察员和律师等都是如此。③他们在现代司法中,有利于司法公正。这里以律师为例。律师作为代理人或辩护人参与司法,出庭辩护,既是司法民主的体现,又可为司法公正起积极作用。《上海领事公堂诉讼条例》专门规定了律师问题。④上海首先出现的是洋人律师,开始只为洋人服务,后来,华人也认识到律师的重要性,也开始聘用洋人律师,这种情况在 20 世纪以前已是如此。"华洋互审以来,尤多交涉事件。余观英、法二公堂中西互控之案,层见叠出。无论西人控华人,须请泰西律师以为质证,即华人控西人,亦必请泰西律师。"⑤"案无大小、胥由人证明其曲直,律师辩其是非,审官研鞫而公断之,故无黑白混淆之弊。"⑥这与中国传统上由行政长官专断的司法完全不同。最后,运用了现代的司法程序。会审公廨使用了现代的司法程序。其中,先由审判员知晓出庭人员,检察人起诉,见证人指证;然后,由审判员审问,有律师在场的还可以进行辩论;最后,由审判员进行判决等。⑦整个过程中,没有像中国古代那

①　史梅定主编:《上海租界志》,上海社会科学院出版社 2001 年版,第 202 页。

②　杨湘钧:《帝国之鞭与寡头之链——上海会审公廨权力关系变迁研究》,北京大学出版社 2006 年版,第 94—95 页。

③　杨湘钧:《帝国之鞭与寡头之链——上海会审公廨权力关系变迁研究》,北京大学出版社 2006 年版,第 100—102 页。

④　王立民:《中国的租界与法制现代化》,《中国法学》2008 年第 3 期。

⑤⑥　参见《皇朝经世文新编·西律》。

⑦　《列强在中国的租界》编辑委员会编:《列强在中国的租界》,中国文史出版社 1992 年版,第 215—216 页。

样刑讯等程序,相反,却是一种现代的司法程序。

上海租界的现代司法进行了运作,"《苏报》案"的审判就是如此。在1903年发生的"《苏报》案"中,许多做法都与清政府的司法格格不入,而与现代司法吻合。这里列举三例:第一例,当时的最高掌权人慈禧太后发出口谕,要把《苏报》案的涉案人员押到南京,凌迟处死。可是,上海公共租界当局不同意引渡,理由是政治犯不在引渡之列。在清朝的司法中,最高掌权人的意志不能在司法中实现,难以想象。第二例,在审判中,清政府的律师古柏在宣读起诉状时,大段引用章太炎、邹容的"谋反"言论。这种重复宣读这类言论的行为也为清政府的司法所禁止,可在会审公廨的庭审中则不受限制地出现了。第三例,章太炎在自我辩护中,合法地直呼皇帝的名字。这在现代司法中很正常,可在清政府的司法中则不被允许。①上海租界的会审公廨确是按现代司法的要求进行了运作。

4. 现代的经济、文化与教育的产生和发展

上海租界当局颁行了大量有关发展现代经济方面的规定,其内容包括买地、物价、税收、债券、证券、限制囤物等许多方面。②在这些规定的引导和规范之下,上海租界的现代经济迅速发展起来,以致上海从一个封建的商业城镇一跃而为中国最大的近代都市,并成为"旧中国的经济、金融中心"。③事实也是如此,上海租界的经济发展得很快。工业、商业和金融业等行业都曾有过快速的发展时期。在工业方面,以造船业为例。1852年,两个美国人在美租界开了修船厂,上海的现代的造船业由此发端。到了1900年,公共租界便有了6大船坞和1个机器制造厂,总资本达557万两银子,在以后的30余年里,还"发展成为英国资本在中国投资中的最大企业之一,垄断着整个中国的船舶修造业"。④在商业方面,以洋布商业为例。19世纪50年代,上海有店址记录的洋布店14家,租界内只有6家,占了43%。可是,到了1932年,租界里的洋布店就多达366家,占了全市洋布店总数573家的63%。⑤在金融业方面,以银行为例。1847年,第一家英国资本的银行——丽如银行在英租界设立了代理处。到了20世纪初,德国、法国、荷兰、意大利和美国等许多西方国家先后在上海租界开设了自己的银行,总数多达35家。⑥与此

①　陈默:《震惊中外的"苏报案"》,《上海律师》2009年第2期。

②　详见王立民:《上海法制史》,上海人民出版社1998年版,第204—211页。

③　《上海金融史话》编写组编:《上海金融史话》,上海人民出版社1978年版,第2页。

④　汤伟康、杜黎:《租界100年》,上海画报出版社1991年版,第89页。

⑤　王立民:《上海法制史》,上海人民出版社1998年版,第210页。

⑥　中国人民政治协商会议上海市委员会文史资料工作委员会编:《旧上海的外商与买办》,上海人民出版社1987年版,第73—77页。

同时,中国的银行也纷纷立足上海租界,在 1913 年至 1921 年间就新开 26 家之多。①上海租界的银行资本大幅度增加,"以致人们都公认上海不但是那时全国的金融中心和枢纽,而且还是远东金融中心,被称为'东方的纽约'"。②

上海租界也颁行了许多有关现代文化方面的规定,内容涉及演出、影片的放映、禁止出售淫书、公园管理等。仅影片的放映就有《电影院执照章程》和《电影胶片审查章程》等一些规定。③在上海租界文化规定的引导的规范下,现代文化在上海租界蓬勃发展。新皇家剧院、兰心剧院、大舞台、新剧场、天蟾舞台等一大批剧院在租界落成、开业。西式话剧《金刚钻切金刚钻》和《飞檐走壁》在 1850 年就登陆上海租界,以后,大量的西式话剧和西方电影充塞了上海租界文化市场。④公园也是上海租界文化中的一个重要组成部分。公共租界于 1868 年就建成了公家花园(现称黄浦公园),以后又有了虹口公园、兆丰公园(现称中山公园)等。法租界于 1909 年建成了顾家宅公园(现称复兴公园),以后又有了贝当公园(现称衡山公园)、杜美公园(现称襄阳公园)等。游园人数有不断增加趋势。比如,公共租界 1930 年的游园人数为 2092432 人次,至 1939 年便增加到 2692341 人次。⑤现代出版业同样在上海租界率先诞生、发展起来。1850 年,英租界出现了上海史上第一份现代报纸《北华捷报》,到 1895 年,上海创办的报刊就多达 86 种,约占同期全国新办报刊总数的 1/2,其中绝大多数是在上海租界内创办。其中,较有影响的除《北华捷报》外,还有《皇家亚西亚文会北中国分会报》、《上海每日时报》、《上海载记》、《晚差报》、《美国月报》、《华洋通闻》、《大陆报》、《申报》、《上海新闻》、《中法新汇报》等。另外,墨海书馆、美华书馆、华美书局、清心书馆等一批出版社也纷纷开办、营业。⑥

上海租界还颁行了不少有关现代教育方面的规定,内容包括:《西童办学章程》、《中法学校章程》、《公董局管理学校章程》、《补助外侨学校条例》、《补助华人学校条例》等。在这些有关教育方面规定的引导和规范下,上海租界的现代教育也发展起来了。自 1874 年至 1920 年间上海公租界创办了外侨学校达 19 所,1923 年的学生总数达 5172 人。华人学校也随后被创办,

---

① 上海研究中心编:《上海 700 年》,上海人民出版社 1991 年版,第 151 页。
② 上海研究中心编:《上海 700 年》,上海人民出版社 1991 年版,第 138 页。
③ 详见史梅定主编:《上海租界志》,上海社会科学院出版社 2001 年版,第 521—523 页。
④ 详见史梅定主编:《上海租界志》,上海社会科学院出版社 2001 年版,第 519—523 页。
⑤ 史梅定主编:《上海租界志》,上海社会科学院出版社 2001 年版,第 527 页。
⑥ 史梅定主编:《上海租界志》,上海社会科学院出版社 2001 年版,第 530—537 页。

人数同样不少,在 1923 年上海公共租界的育才公学、格致公学等 4 所华人中学中,在校学生也有 1326 人。上海法租界也办了一些学校,最早是 1886 年创办的中法学校,以后又办了法国公学、雷米小学、安南学校等一批学校。①现代教育率先在上海租界出现。

总之,上海租界现代社会的形成、发展与上海租界的现代法制紧密关联。这一法制的引导和规范是这一社会形成、发展的重要原因之一。上海租界由此比华界更早进入现代社会,那里有不少人可享受现代生活。他们在家里使用电灯、肥皂、自来水、抽水马桶、热水瓶,吃罐头食品,吸卷烟;走出家门,可乘公共汽车,穿橡胶鞋,逛现代商店,吃西餐;走进娱乐场所可看到西方话剧、电影、马戏表演,还可以溜冰、跳舞、跑狗、赛马等。②难怪有学者在研究了上海租界以后认为,以租界为中心的上海地区"为远东屈指可数的大都市"。③这一大都市实际上就是现代社会。

二、上海租界现代法制中的瑕疵

上海租界的法制是现代法制,可这一法制中存有明显的瑕疵,其中突出表现在以下两大方面。

1. 立法中的瑕疵

在上海租界的立法中,存在一些瑕疵,其中,有些还与现代法制格格不入。首先,压制反侵略活动。侵略是罪恶行为,稍有良知者都会竭力反对,以伸张社会正义。可是,当日本军队侵略上海华界和上海人民在租界内奋起反抗、举行各种反侵略抗议活动时,上海租界当局却以各种理由,用立法进行压制,禁止这类正义的反侵略活动,为虎作伥。1932 年 1 月 28 日,日本军队为扩大战火,进一步侵略中国,发动了向上海华界进攻的"一·二八事变"。面对日本侵略者,全国人民都义愤填膺,上海租界人民也举行了各种反侵略的抗议活动。可是,上海公共租界当局在事变当日下午 4 时起,就宣布戒严,声称"采取必要办法,以维界内安宁秩序"。2 月 1 日还专门颁布了一个《紧急办法》,用戒严的办法,禁止界内人民的各种抗日活动。它规定:自 1932 年 2 月 1 日起,非经工部局的书面同意,"不得组织参加任何集合游

① 史梅定主编:《上海租界志》,上海社会科学院出版社 2001 年版,第 469—495 页。

② 汤伟康、杜黎:《租界 100 年》,上海画报出版社 1991 年版,第 167—168 页。

③ 费成康:《中国租界史》,上海社会科学院出版社 1991 年版,第 270 页。

行,或有聚众于公共处所之行为",也不得在"路上或公共处所演说、印刷或散布文字、图画、旗帜"等。同日,上海法租界也颁布了一个《戒严条例》,内容与上海公共租界《紧急办法》相仿。1937年8月13日,日本军队又一次进攻上海华界。上海的公共租界和法租界再次重申1932年的《紧急办法》和《戒严条例》的规定,压制上海人民的反侵略活动。1937年11月12日,日本军队侵占上海华界,上海沦陷,上海的租界成了"孤岛"。上海租界人民利用"孤岛"的特殊条件,坚持进行抗日的反侵略活动。可是,上海的租界当局再次发难,进一步压制这一活动。1939年5月11日,上海公共租界的工部局和法租界的公董局联合发出"告示"。此"告示"承认自抗日战争爆发以来,租界的"政治性质之活动,虽在参与之人,视为爱国之举",但仍强调"政治性质之团体,亦因此不能任其在两租界内有所动作",如有违犯,租界当局"均当就其权力所及,从严处罚"。[①]现代法制应是一种能支持和体现公平、正义的法制,抵御侵略的法制,可是上海租界的立法还要压制上海租界人民的反侵略活动,其瑕疵十分明显。

其次,歧视华人。上海租界在1853年9月5日上海小刀会起义以后,改变了华洋分居的情况,形成了华洋杂居的状况。此后,上海租界中华人的人数和所占的比率一直很大。这里以上海公共租界为例。1885年时,华人有109306人,洋人只有3673人,华人占了总人数的96.75%,洋人只占3.25%。到了1930年,华人有910874人,洋人只有36471人,华人占了总人数的96.15%,洋人只占3.85%。[②]可是,华人的地位低于洋人,受到歧视。这种歧视在立法中同样有体现。上海租界的公园设立很早,可长时间内都规定华人不准入园。上海公共租界的"公家花园"开放后,工部局就规定:该花园只对外侨开放,禁止华人入内游览。到了1885年,工部局公布公园规则时,仍规定:"脚踏车及犬不准入内","除西人佣仆外,华人不准入内"。从1918年前后上海公共租界各公园公布的公园规章来看,都无一例外地还是规定:"本园地专为外人而设。"上海法租界的规定也是如此。在"顾家宅公园"的章程中,把华人与"酒醉或衣衫不整的人"、不戴口罩的狗放在一起,属于严禁入园的对象。以后开放的其他公园也都有禁止华人入内的规定。对于这些歧视性规定,华人进行过不断的抗争。他们在《申报》上发表文章,甚至直接写信到工部局,表达了对这些歧视规定的不满,可是上海租界当局总以种种借口,不接受、不改正。1928年,上海租界

---

① 王立民:《上海法制史》,上海人民出版社1998年版,第200—203页。
② 邹依仁:《旧上海人口变迁的研究》,上海人民出版社1980年版,第115、141页。

当局慑于北伐战争的节节胜利和武汉租界的收回,才于同年取消了对华人的这种门禁。①

再次,纵容丑恶现象。卖淫是一种社会的丑恶现象。上海租界在法制上长期纵容娼妓合法卖淫,特别是在上海法租界。它的巡捕房下设一个名为"正俗股"的机构,负责征收卖淫税,使卖淫合法化。"正俗股名为正俗,实际上伤风败俗,征收花捐,使娼妓合法化。"②同时,上海法租界当局还颁行管理妓院章程,也同样使卖淫合法化。在1934年1月4日颁布的一个章程中,规定卖淫的娼妓要定期接受检查并支付诊察费。"各妓女入院时,概应受医生诊察,以后并应每半月诊察一次";"诊察费计每妓每次洋1元5角正,应由该院主担负之"。1937年2月18日,再次修订这个规定,强调了与卖淫执照相关的问题。它规定:娼妓的执照遗失或损坏时,"应即补领,随缴费1元正,并依情形,处以2元5角至20元之罚金";发现娼妓患有传染病的,其执照"应即吊销,并由捕房按每名病妓,处该妓院主以2元5角至20元之罚金"。③做出这些规定的前提是认可卖淫的合法化。由于上海租界的立法纵容卖淫这一丑恶现象,所以,那里的娼妓越来越多。据统计,1875年时有娼妓不足6500人,可到了1930年竟达30000人。④"这么多的娼妓拥挤在上海租界,以致妓院到处可见。赌场和妓院到处都有"。⑤难怪一个国际联盟妇女调查团在考察了远东之后说:"贩卖妇女最多的国家,推中国为第一,这种贩卖的妇女,主要是作为娼妓的。特别是港、沪二埠。"⑥现代立法规范、维护现代文明,不纵容丑恶现象。上海租界的立法纵容这种现象也是一种瑕疵。

最后,有些规定不切合上海租界的实际。上海租界现代法制中的有些规定不切合上海租界的实际,导致这些规定的执行情况不理想。上海租界的禁妓规定就是如此。对于上海租界纵容娼妓合法卖淫的规定,长期以来一直受到有识之士的反对。在强大的公众压力之下,从1920年起,上海租界当局不得不通过立法开始禁妓。它们的基本做法是先要租界内的娼妓重新登记、领照,然后通过抽签的方法,分批禁妓,直至完全禁绝。1920年4月,

① 史梅定主编:《上海租界志》,上海社会科学院出版社2001年版,第524—526页。

② 《列强在中国的租界》编辑委员会编:《列强在中国的租界》,中国文史出版社1992年版,第75页。

③ 王立民:《上海法制史》,上海人民出版社1998年版,第233—234页。

④ [法]安克强:《上海妓女》,袁燮铭、夏俊霞译,上海古籍出版社2004年版,第133页。

⑤ [法]梅朋、傅立德:《上海法租界史》,倪静兰译,上海译文出版社1983年版,第18页。

⑥ 洪泽主编:《上海研究论丛》(第3辑),上海社会科学院出版社1989年版,第214页。

上海公共租界纳税人年会举行,会上通过了禁妓案。此案"决定实际妓寮领照,逐年递减,5 年肃清等办法"。①同年 10 月,上海法租界公董局的董事会也作出类似于公共租界的决定,即"将法租界内卖淫各户,切实调查,逐渐减少,每 3 月抽签一次,勒令闭歇,以 5 年为度,一律禁绝"。②然而,这次禁妓以失败告终,没有收到预期的效果,娼妓依然在上海租界内泛滥。1925 年 2 月5 日的《申报》报道:"今日租界之内,到处皆有暗娼,其中以华人居多";"男子夜间乘车独行,常有中西妇女,上前兜搭,尤在散戏时为甚"。法国学者在研究了这段历史后也认为,此次禁妓以失败告终,丝毫没有朝着租界当局所规划的方向发展。在谈到失败原因时,他也认为这与上海租界的实际情况不符有关。"在势力强大的中国传统观念、文化习俗面前,那些来自异域文化的人们","仅仅靠发动一场废娼运动是很难一蹴而就的"。③禁妓失败后,上海租界的娼妓数量马上反弹,娼妓卖淫再次合法化。到 1936 年,上海公共租界发出妓院执照 697 张,1940 年又增至 1325 张,比 1920 年禁妓前的妓院还要多。④现代立法应适合现代社会的情况,上海租界的立法中的有些规定无法做到这一点,导致适用上的失败,同样是一种瑕疵。

2. 执法、司法中的瑕疵

上海租界的现代法制不仅在立法中有瑕疵,在执法、司法中也有瑕疵。首先,巡捕时常侵犯人权。上海租界的巡捕房是租界内的现代警政机关,巡捕其中的警政人员,应以维护租界内的人权为己任。可是,他们中的有些人则侵犯租界内居民的人权,采用暴力的手段殴打他们,甚至还有导致死亡的情况发生。仅上海法租界在 1942 年至 1943 年间就发生此类情况多起。1942 年 4 月 27 日,在巨泼来斯路(今安福路)一个米号籴米时,"有 647 号越捕将一 14 岁之男孩踢中要害身死"。而且,这不是偶然事件,因为"最近法捕房华、越捕对于平籴时,维护秩序,不时超轨妄行,对籴米贫民,拳打脚踢,不足为奇,平民之因而受伤者,不计其数"。⑤1942 年 8 月,有"赵姚氏,在跑马厅路(今武胜路)当佣工,因有病送伊(她)至南京路来看,看毕送回租界,行之十六铺铁门口,遇有法捕不准出去,并用藤条将赵姚氏周身打伤",被人送到医院后,因伤势过重,"至院身死"。⑥1943 年 4 月 29 日,张金海"竟被顾

---

① 相关内容详见《申报》1920 年 4 月 9 日。
② 相关内容详见《申报》1920 年 10 月 8 日。
③ [法]安克强:《上海妓女》,袁燮铭、夏俊霞译,上海古籍出版社 2004 年版,第 339—340 页。
④ 洪泽主编:《上海研究论丛》(第 3 辑),上海社会科学院出版社 1989 年版,第 221 页。
⑤ 相关内容详见《新中国报》1942 年 4 月 28 日。
⑥ 上海市档案馆藏,全宗号 R18,卷宗号 427。

客李姓女及艺华干洗店主郭士元等诬告侵吞遗失之洗衣凭单,被拘入法巡捕房,由西探米来等威逼招供惨施酷刑,因此身亡",以后,法医的鉴定也证实了这一点,鉴定报告说:张金海"系胸肋部受外来之钝器打击致脾脏破裂与脾脏出血身死"。①现代执法以维护人权为出发点和归宿,可是上海租界的执法却常缺少这一点,留下瑕疵。

其次,警匪勾结犯罪。作为现代警政人员的上海租界巡捕是界内的执法人员,应是正义的护卫者。上海租界内的匪徒则是被执法对象,罪恶的象征。可是,他们却长期勾结,共同犯罪,危害社会和人民。甚至,还出现亦警亦匪的情况,即匪徒成了巡捕,巡捕就是匪徒,这就为警匪一起犯罪提供了很大的便利。上海公共租界的匪徒、黑社会头子陆连奎、顾竹轩、尚武、冯志明、汤坚、董兆斌、刘俊卿等人是这样,上海法租界的匪徒、黑社会头子黄金荣、程子卿、金九龄、吕竹林、范广珍、邹万清、陆金祥、蒋长文等人也是这样。②其中,较为典型的是黄金荣。他于1892年进入上海法租界的巡捕房,1918年被提拔为督察长,1927年担任警务处高级顾问。"他既是一个华捕,同时又是一个帮会头子。"③1925年春,黄金荣等筹建的"三鑫公司"成立。这是一个以贩卖鸦片并从中牟利的公司。它的成立得到上海法租界巡捕房总巡费沃利等人的同意。成立那天,"捕房派出几百名安南巡捕,开出警车,声势浩大地到处巡逻,公开到码头保护和押送鸦片进库房。这几百名安南巡捕的费用,就由黄(金荣)负责从所收入的毒品保险费中提取。以后鸦片运输增多,法捕房收入也相应增多,从每月几万元增到一二十万元"。④这些不断增加的鸦片流入上海、中国的其他地方,以致从中受害者不计其数。警匪勾结进行犯罪活动、贻害无穷。这正如黄金荣以后自己所说:"这长长的34年,我一直在执行法帝国主义的命令,成为帝国主义的工具,来统治压迫人民。譬如,私卖烟土,开设赌场,危害了多少人民,而不去设法阻止,反而从中取利,实在不应该。"⑤现代执法要求执法人员具备较高的法律素质,严格依法执法。上海租界的巡捕竟然与匪徒勾结在一起,共同犯罪,干尽坏事,其执法的瑕疵很大。

最后,审判时有不公。审判是司法的一个重要组成部分,也是司法的集中体现。现代司法要求公平。上海租界虽然也实行现代的司法制度,但审

---

① 上海市档案馆藏,全宗号R18,卷宗号427。

② 苏智良、陈丽菲:《近代上海黑社会研究》,浙江人民出版社1991年版,第73页。

③ [澳]布赖恩·马丁:《上海青帮》,周育民等译,上海三联书店2002年版,第64页。

④ 郭绪印编著:《旧上海黑社会》,上海人民出版社1997年版,第20页。

⑤ 相关内容详见《文汇报》1951年5月20日。

判不公的情况时有出现。这种情况在领事的审判中已经存在。有资料显示，同一领事在前后数天的盗窃案审判中，就出现量刑轻重悬殊的审判结果。有个小偷窃取棉被1条，即被判为有期徒刑2年；可数日之后，在另一小偷窃取首饰达200余元的案件中，却只被判了有期徒刑3个月。①如果原、被告双方中有一方是华人的，那么，审判的天秤往往会向洋人一方倾斜，即便原告是清政府官员也同样如此。1896年，张之洞以原告代理人身份起诉英国易斯·司培泽尔公司，案由是这个公司出售给中国政府的武器是一些不值钱的劣质产品。可是，在此案的审判过程中，被告律师却回避武器质量的诉求，纠缠管辖等一些无关紧要的问题。最后，法官做出了不公正的判决，使原告清政府的合法权益得不到维护。②有些案件明显是因为洋人的原因造成，而且应该承担法律责任的，领事也会做出对洋人有利的审判。1875年4月4日，英国轮船"海洋号"和中国轮船"福新号"在上海和天津之间的黄海段相撞，"福新"号轮沉没，死亡者多达63人。造成这一海难事故的责任在于"海洋号"，"这日天气晴明，海面上并无风浪，据当时的证据，显然是由于海洋号错行航线的缘故，所以过失完全在于海洋号，毫无疑义"。③可是，英国领事在宣读判决时则说："我们对于这件案子，很觉难于下判。"虽然，最后"下判"的结果要"海洋号"船主作出少量赔偿，但是在讲到执行赔偿时，这位领事则用无从强制执行这一项判决作回答，大量的中国受害人因此无法得到应有的补偿。连美国学者都认为这是一种"不合情理的行为"，"至于一切条约和特权等简直就是他们随时所能加以利用的利器罢了"。④公正的审判在上海租界时有缺失，不能不说是上海租界司法的一大瑕疵。

3. 形成上海租界现代法制瑕疵的主要原因

形成上海租界现代法制瑕疵的原因有多种，主要包括有以下这些。首先，上海租界当局具有殖民意识。上海租界的洋人普遍具有殖民意识，包括租界当局。英、美、法等国家都是通过不平等条约在上海取得租界和领事裁判权，他们是"胜利"者，也是殖民者，推行的是"建立完全独立于中国的行政系统和法律权限以外的殖民主义统治"。⑤殖民意识在他们头脑中根深蒂固。

---

① 马长林：《晚清涉外法权的一个怪物——上海公共租界会审公廨剖析》，《档案与历史》1988年第4期。

② 陈同：《略论上海外籍律师的法律活动及影响》，《史林》2005年第3期。

③ ［美］霍塞：《出卖上海滩》，越裔译，上海书店出版社2000年版，第61页。

④ ［美］霍塞：《出卖上海滩》，越裔译，上海书店出版社2000年版，第63页。

⑤ 《列强在中国的租界》编辑委员会编：《列强在中国的租界》，中国文史出版社1992年版，第1页。

他们根本看不起华人。这正如一位美国学者所说的："有一位美国传教士在上海开埠五年之后所说的几句话很为切当,他说,外国人那时都十分看不起中国人,以为这个民族终究要被外国人所征服"。①这种意识流露在上海租界现代法制中就出现了歧视华人、审判不公等情况。

其次,有些执法、司法人员法律素质太低。上海租界的洋人执法人员巡捕通过招募而来,早期的主要是水手和退役士兵,②其人员素质参差不齐,有些人的法律素质很低。上海租界的领事亦任法官,是司法人员,可他们中的相当部分人是商人,不是法律人,审判不是他们的专长,他们也缺乏应有的法律素质。这正如美国学者约翰斯顿所讲的:"那些能对他的公民适用本国法律的是领事,但这些领事没有受过专门的法律培训,尤其是在租界的早期,那些领事多是商人。虽然,以后公共租界建立了自己的法庭,但法律的实施还要依靠领事。"③因此,上海租界的执法、司法会出现时常侵犯人权、警匪勾结、审判不公的情况。

最后,上海租界当局不深谙上海的社会情况。他们来自西方社会,习惯于西方的社会情况,而不深谙于上海的社会情况。他们认为,现代娼妓卖淫是一种现代商业行为,可以使其合法化,于是采取了一些合法化的法律措施,包括设立花捐、娼妓进行登记和检查等。但在广大民众的强烈反对下,上海租界当局又不得不用法制手段禁妓,可这一手段又与上海实际情况不符,以致禁妓失败。事实证明,只要法制符合上海的实际情况,禁妓完全可以成功。上海解放后,上海市公安局制定了《目前处理私娼办法》等一些规定,采取了适合上海情况的果断措施,到1951年11月上海所有的妓院全部关闭,并继续收容私娼。至1958年被收容的娼妓经过扫盲教育,培养了生产能力,逐渐改变了不良生活习惯,治愈了各种疾病,全都成为新型的劳动者并得到妥善的安置。④可见,上海租界现代法制出现瑕疵,有其一定的原因存在。

三、上海租界现代社会中的病态

上海租界现代法制的瑕疵对上海租界的现代社会产生了消极影响。这个社会的病态与其法制的瑕疵有关。这种病态突出表现在以下方面。

① ［美］霍塞:《出卖上海滩》,越裔译,上海书店出版社2000年版,第20页。
② 苏智良、陈丽菲:《近代上海黑社会研究》,浙江人民出版社1991年版,第49页。
③ W. C. Johnstone, *The Shanghai Problem*, California, Stanford University Press, p.129.
④ 易庆瑶主编:《上海公安志》,上海社会科学院出版社1997年版,第160—161页。

1. 洋人华人间的贫富两极分化严重

上海租界的现代法制中,存在歧视华人的因素,而且又没有足以维护华人合法权益的规定,因此,界内的贫富两极分化情况十分严重,特别是在洋人与华人之间。许多洋人很富有,许多华人则很贫困。哈同是富有洋人的代表人物。他是英籍犹太人,1874 年,从印度经香港到上海淘金,以贩卖鸦片和投机地产起家。至 1931 年他去世时,积聚的财产时值已达 4000 万英镑。他拥有的哈同花园占地 170 亩,1927 年,园内聘用的人员就多达 200 余人,专门从事园里的各种劳作。哈同与中国妻子罗迦陵的生活极为奢侈,在哈同花园内的起居饮食多仿效清朝慈禧太后或《红楼梦》的贾母。1922 年时,哈同 71 岁,罗迦陵 59 岁,他们踌躇满志,大做"百卅大寿"。那天,花园里布置得富丽堂皇,仅高大的彩牌楼就有 10 余座,寿轴、寿幛更是数不胜数。达官贵人如云,花钱如水。①其富裕、奢侈程度令人咋舌。

然而,上海租界内的许多华人则十分贫困。他们到上海租界谋生,境况悲惨,乞丐、赤贫很多。他们"谋生于沪而不成,遂至流落行乞"。人数多的时候,还导致有些街道的阻塞。有"大群流浪汉和乞丐,使一切交通为之阻塞"。这些人中"多为赤贫之族"。②如果他们有住的地方,那多为草房了。这种房子破烂不堪。"他们的草房是用手脚边能得到的随便什么东西盖起来的——泥巴、芦苇、碎砖、旧木板、动物毛皮、麻袋布,还有宣传昂贵肥皂的涂磁漆铁皮广告牌。"③有的人则住在"滚地龙"里。这种房子十分简陋,没有一点安全可言。"他们仅仅用帆篷搭一个低矮的、隧道状无窗滚地龙以便在夜间睡进去。"④上海租界里这种贫困的情况与富有的洋人相比,真是天壤之别。

上海租界里的华人即使有工作,他们中许多人的收入也远远低于洋人。这种贫富差距有的在百倍之上。以上海公共租界邮政系统为例。上海邮务长英国人希乐斯月薪为关银 1300 两,合银元 2025 元,还不包括邮局替他支付家里的花匠、厨师、仆役、保姆等费用。可是邮局内收入最低的华人月薪才 14 元 5 角。他们间的差距在 140 倍左右。⑤上海租界内的这种洋、华人间的大差距,不能不说是上海租界中的一种病态。

2. 社会丑恶现象泛滥

上海租界的现代法制纵容丑恶现象,推波助澜了这一现象在上海租界的泛滥。这里仍以娼妓卖淫为例。上海租界地域在上海县城以外,原是大

---

① 上海人民出版社编辑:《上海经济史话》(第 1 辑),上海人民出版社 1963 年版,第 43—47 页。
② 上海市档案馆编:《近代城市发展与社会转型》,上海三联书店 2008 年版,第 265—266 页。
③ [美]韩起澜:《苏北人在上海,1850～1980》,卢明华译,上海古籍出版社 2004 年版,第 42 页。
④ [美]韩起澜:《苏北人在上海,1850～1980》,卢明华译,上海古籍出版社 2004 年版,第 41 页。
⑤ 上海人民出版社编辑:《上海经济史话》(第 2 辑),上海人民出版社 1963 年版,第 59 页。

片滩涂、墓地,溪涧纵横,芦草丛生,非常荒僻,没有人烟。①那时,根本不可能有娼妓卖淫。上海租界出现以后,开始向现代社会发展,妓女卖淫的合法化导致了卖淫这一丑恶现象愈演愈烈。有学者认为,自1843年上海开埠以后,特别是在1845年和1849年英法租界相继建立之后,妓院进入租界,成为上海娼妓业发展史上的重大转折。②以后,便一发不可收拾。从20世纪20年代的后半段开始,卖淫业有了较快的发展,以致"卖淫业向整座城市的扩散已成为一种普遍现象",最终,上海成了"卖淫业的中心"。③据1934年12月3日《申报》的统计,上海娼妓占全市人口的比例很高,为1∶130。这一比例要大大高于当时其他的一些国际大都市,其中,伦敦为1∶960,柏林为1∶580,巴黎为1∶481,芝加哥为1∶430,东京为1∶250。如果仅以妇女的人数来计算,这一比例更高。据1935年的统计,每20人左右的上海女子中,就有一个娼妓,④以致上海得了一个"东方花都"的"美称"。⑤

　　娼妓的泛滥给社会带来了很大的弊端。第一,大量的妇女受害。上海租界的许多娼妓是出于无奈而堕入火坑,其中,"有的是被拐骗,有的是被引诱,有的卖身还债,有的出于无法生活"。然而,当她们一旦落入陷阱,便很难跳出火坑。进入妓院以后,表面上强装欢笑,可心中极为痛苦,每人都有自己的血泪史。人老以后,老鸨、龟奴就会"将她们一脚踢出门外,饿死道旁,并不乏人"。⑥这些妇女都从中受害。第二,性病蔓延。卖淫不仅使娼妓受害,也使社会受害,性病蔓延是其中之一。尽管上海租界有娼妓要接受身体检查的规定,可这一规定的实施阻力很大,包括来自妓院的阻力。"妓院的对立情绪很大,不少妓院宁肯关门或搬走也不愿意接受检查。"⑦另外,还有大量私娼存在,她们中的许多人都游荡在社会上。万迪鹤在《外滩公园之夜》一文中写道:"农村破产的结果,大批的妇女都跑到都市来求生,她们没有职业大都是过的卖淫的生活,在这个大都会当中,随处都充满了这些鹄面鸠形者的踪迹了,戏院里有她们的踪迹,现在公园里也充满了这些人的足迹了。"⑧私娼根本不受上海租界这一规定的制约。在这种情况下,性病得到了蔓延,娼妓患者也有所增加。据统计,1877年为85人,1884年为166人,1889年

---

① 熊月之主编:《上海通史》(第1卷),上海人民出版社1999年版,第41页。
② 郭绪印编著:《旧上海黑社会》,上海人民出版社1997年版,第178页。
③ 熊月之、周武主编:《海外上海学》,上海古籍出版社2004年版,第136—137页。
④ 郭绪印编著:《旧上海黑社会》,上海人民出版社1997年版,第179—180页。
⑤ 苏智良、陈丽菲:《近代上海黑社会研究》,浙江人民出版社1991年版,第216页。
⑥ 上海市文史馆编:《旧上海的烟赌娼》,自家出版社1988年版,第169页。
⑦ [法]安克强:《上海妓女》,袁燮铭、夏俊霞译,上海古籍出版社2004年版,第308页。
⑧ 倪墨炎选编:《浪淘沙:名人笔下的老上海》,北京出版社1999年版,第368页。

为 232 人。①这种疾病对社会的健康威胁很大。第三,风化问题突出。中国历史上也有卖淫,但比较克制,这与中国传统的道教思想有关。"在某种程度上与中国人对两性关系的看法有关,渗透着浓重的道教思想。这种思想把性行为看成是一种再生的手段,同时又认为它可能损耗人的元气。"②因此,中国华界的卖淫不那么发达,这类风化问题也不那么突出。可是,在上海租界则不同了。那里,不仅大肆宣传西方的性自由和性解放,还使卖淫合法化,只要登记、领取执照、交税便可公开营业,十分便利。"如果妓院在城内经营受到中国法律和伦理传统的制约,那么,妓女(妓院)在租界内所受制约就少得多了,妓院只要向工部局领取执照,按时交纳营业税,即可公开营业。"③于是,上海租界的卖淫便开始泛滥,中国传统的伦理受到极大的冲击,风化问题便十分突出了,即"使上海的中国居民丧失了廉耻"。④这也使上海租界社会的病态凸显出来了。

3. 黑社会组织活动触目惊心

由于上海租界当局和法制的放纵,上海租界的黑社会组织不断扩大,活动也日益频繁,其罪恶触目惊心。那时,势力比较强大的黑社会组织是青、红两帮。青帮在清朝雍正初年为了承运漕粮而逐渐形成。⑤红帮又称洪门,起源于明末清初的反清复明组织,由天地会、三合会、哥老会等演化而成。⑥鸦片战争结束、上海开埠以后,它们都进入上海租界并渐渐庞大起来。相比之下,青帮的势力更强大,有人把它比喻为"上海滩的'玉皇大帝'"。⑦与许多黑社会组织相似,青帮也是组织严密,帮规严酷。⑧这就决定了青帮在上海租界社会可起到非同一般的作用,一种恶势力的作用。一位曾加入过青帮的人员也承认,青帮与流氓合流,"深入到社会各个角落,开设赌场、妓院,划地称霸,为非作歹,欺压良民,成为社会上的一股恶势力"。他们还被上海租界当局利用,"作为殖民统治的爪牙","运来大量鸦片,就是利用流氓主要是青帮中人推销的"。⑨除黄金荣、杜月笙和张啸林之外,上海黑社会组织的有些人同样也

① ［法］安克强:《上海妓女》,袁燮铭、夏俊霞译,上海古籍出版社 2004 年版,第 309 页。
② ［法］安克强:《上海妓女》,袁燮铭、夏俊霞译,上海古籍出版社 2004 年版,第 58 页。
③ 上海市文史馆编:《旧上海的烟赌娼》,百家出版社 1988 年版,第 155 页。
④ ［美］魏斐德:《上海警察,1927~1937》,章红等译,上海古籍出版社 2004 年版,第 7 页。
⑤ 司马烈人:《黄金荣全传》(上),中国文史出版社 2001 年版,第 241 页。
⑥ 司马烈人:《黄金荣全传》(上),中国文史出版社 2001 年版,第 235 页。
⑦ 司马烈人:《张啸林全传》(上),中国文史出版社 2001 年版,第 180 页。
⑧ 司马烈人:《张啸林全传》(上),中国文史出版社 2001 年版,第 197—199 页。
⑨ 中国人民政治协商会议上海市委员会文史资料工作委员会编:《旧上海的帮会》,上海人民出版社 1986 年版,第 67 页。

是目无法纪,肆意犯罪,杀人如麻,包括谋杀有名望之人,顾竹轩就是如此。他"至少谋杀过七位有名望的人物,其中两个是律师。由于他有恶势力,竟能逍遥法外,并收徒一万余人,包括两租界的便衣探员和黄包车老板"。①

上海租界的黑社会组织活动如此肆无忌惮,与上海租界的"以毒攻毒"、"以华治华"政策不无关系。②上海租界黑社会组织在这一政策的放纵下,不断恶性发展,逐渐形成了一种控制社会的非法力量,并渗透社会的更多领域。当有的地区秩序发生混乱时,上海租界当局会利用黑社会组织去"整治"这一地区。十六铺地区曾被认为是一个"不断制造出罪恶的渊薮"地区,于是,黄金荣被派到那里任巡警。他到任后,便设法笼络了一大帮流氓,组成以他为首的黑社会团伙。依靠这帮人,他一方面大肆敲诈勒索,大量搜刮所辖地区商行店铺的钱财;另一方面又以其黑社会团伙成员为耳目和眼线,协助他侦破案件,以致这一地区处在黑社会组织的严密控制之下。③当有的企业发生劳资纠纷时,上海租界的黑社会组织也会出面调解,暂时缓减矛盾。1934年9月,美商上海电力公司新老两厂有1400余工人因反对资方大批解雇和开除工人而进行罢工,而且工会还提出了复工的4个条件。可是,由于美国老板态度顽固,拒绝工会提出的条件,还勾结巡捕房,强迫老工人回厂上班,矛盾激化,罢工前后持续了54天。最后,杜月笙出面调解,草草收场。④1932年以后,杜月笙调解过的这类纠纷还不少,包括1932年招商局和时事新报、1933年英商会德丰公司、1934年银楼业、1935年人力车工人等发生的劳资纠纷。⑤这种黑社会组织参与的调解与政府调解不一样,特别"强调面子,自以为主持公道,要大家买他的账,听他的话"。⑥这种黑社会组织的非法活动和对社会的非法控制冲击了法制和正常秩序,也是上海租界社会的一种病态。

4. 绑票、贩毒和贩卖人口的犯罪猖獗

由于上海租界内的警匪勾结在一起,共同犯罪,以致界内的有些重大犯

①　中国人民政治协商会议上海市委员会文史资料工作委员会编:《旧上海的帮会》,上海人民出版社1986年版,第95页。

②　苏智良、陈丽菲:《近代上海黑社会研究》,浙江人民出版社1991年版,第71页。

③　熊月之主编:《上海通史》(第9卷),上海人民出版社1999年版,第240页。

④　中国人民政治协商会议上海市委员会文史资料工作委员会编:《旧上海的帮会》,上海人民出版社1986年版,第12—13页。

⑤　中国人民政治协商会议上海市委员会文史资料工作委员会编:《旧上海的帮会》,上海人民出版社1986年版,第11—13页。

⑥　中国人民政治协商会议上海市委员会文史资料工作委员会编:《旧上海的帮会》,上海人民出版社1986年版,第15页。

罪猖獗,得不到有效控制,其中包括绑票、贩毒和贩卖人口犯罪等。绑票是一种犯罪,各国都进行打击。上海租界也不例外。可是,有些重大的绑票案则禁而不止,其中的一个重要原因是绑匪有黑社会背景,又与巡捕有千丝万缕的联系,于是案情就变得扑朔迷离,由巡捕来破案就如同与虎谋皮,这类犯罪也就失控了。上海租界发生的魏廷荣、朱成璋、曹启明等重大绑票案无一不是如此。"魏廷荣被绑案、朱成璋被绑案、曹启明被绑案,都是以上海帮会大三亨为背景的。"①这里以魏廷荣案为例。他是上海法租界的名人,也是这一租界"数一数二的豪门",还在与黄金荣争夺美女吕美玉中占了上风。他的连襟赵慰先是杜月笙门下,上海青帮人物,而且还嗜赌成性,于是就上演了绑架自己连襟魏廷荣的闹剧。案发后,由于赵慰先的青帮背景和警匪的"合作","在杜月笙、赵班斧等人的庇护下,逍遥法外"。②

　　毒品贻害民众,国法禁之。可是,它的巨大利润诱惑,致使上海租界的不法商人、警匪都趋之若鹜,而且还相互勾结,不惜犯罪,从中渔利。那时,上海租界的毒品与中国其他地方一样,主要是鸦片。1906 年 9 月,清政府颁布法令,禁止种植罂粟。上海华界县城内的土行烟馆于同年 6 月关闭,同时,上海道敦促上海租界当局予以合作。1909 年 2 月 1 日,万国禁烟会在上海召开,与会的包括英、美、法国等 13 国代表,经过 25 天的议程,通过了禁毒决议。③这是世界上首次国际性的禁毒会议,本应对上海租界的禁烟有巨大的推动,可是,实际情况并非如此。上海租界的贩烟犯罪只是更为隐蔽而已,贩烟没有收敛,特别是在法租界。"法租界大马路(今金陵东路)周围的中华里、宝裕里、宝兴里等处,遂成为烟业中心,菜市街、八仙桥一带,土行林立。"④究其原因,主要是因为警匪勾结。黄金荣本身就靠"贩烟土起家,所收门徒甚众,原来以巡捕房人员及流氓居多"。⑤他们使贩毒的过程变得安全。上海青帮不仅派人开路,还将鸦片运货卡车的车牌号交给法租界警方,而警方的巡捕正是在黄金荣的控制之下。为了确保安全,上海法租界的高级行政人员每月收贩毒的回扣 2%以上,总数达 15 万元。⑥这种有组织、有分工的贩烟犯罪,没有警匪的同谋,很难想象。于是,上海租界贩毒屡禁不止。上

---

　　① 郭绪印编著:《旧上海黑社会》,上海人民出版社 1997 年版,第 251 页。

　　② 郭绪印编著:《旧上海黑社会》,上海人民出版社 1997 年版,第 237—239 页。

　　③ 苏智良、陈丽菲:《近代上海黑社会研究》,浙江人民出版社 1991 年版,第 188 页。

　　④ 苏智良、陈丽菲:《近代上海黑社会研究》,浙江人民出版社 1991 年版,第 190 页。

　　⑤ 中国人民政治协商会议上海市委员会文史资料委员会编:《旧上海的帮会》,上海人民出版社 1986 年版,第 63 页。

　　⑥ 〔美〕魏斐德:《上海警察,1927~1937》,章红等译,上海古籍出版社 2004 年版,第 127 页。

海青帮的头目"巧妙地'近代化'了上海的毒品贸易",而"在警方的纵容下,鸦片存在那里可以高枕无忧,每年储有两万多箱波斯、土耳其和印度鸦片,每月还有 1500 箱土烟存到那里,为他们带来高达 650 万元的赢利"。①上海租界的贩毒犯罪长期毒害着广大民众。

　　贩卖人口的犯罪在上海租界同样严重存在。上海租界的洋人不法分子习惯于在国外从事人口贩卖的活动,到了上海后也干起了贩卖人口的事情。开始,他们用到国外去开金矿、种地等借口,引诱上海租界的华人去国外工作,达到贩卖人口的目的。一段时间以后,上当的华人越来越少了,于是就用绑架等犯罪手段来替代。"当时有不少中国人,特别是年轻力壮的劳动人民,被诱骗到酒吧里,给以烈性酒或放了蒙汗药的酒,等他们醉倒后,被绑到停泊在黄浦江码头边的船里,运到美洲各国去贩卖,以便从中获取暴利。"②更恶劣的情况是,乘夜深人静之时,在马路上捕捉孤单行人,把他们装进麻袋里,强行运送上船,拐掳离开上海。被掳的人中,不但有成年人,还有儿童。③这些华人在运输途中的死亡率很高,有时竟达 40%至 50%。一个贩卖人口者曾厚颜无耻地说:"一只原来只能装载 300 人的船,现在装上 600 人而途中死去 250 个,较之只装'合法'的数目而全体安全抵岸,对于商人(指人口贩子)是更为合算的,因为原来他只能送去 300 人,而现在他可以送 350 人到市场上去出卖。"为此,这些华人在船上受尽折磨,其惨状骇人听闻,人们把这种船只称为"浮动地狱"。④上海租界的贩卖人口犯罪会长期存在,也与警匪勾结有关,即"勾结了当地的流氓、地痞",⑤而"法租界上贩卖人口总头目是法捕房刑事科外勤股督察长任文桢,杜月笙的徒弟"。⑥

　　上海租界社会的这些病态正是上海租界社会两面性的反映。这一社会是现代社会,又是东方的大都市,有其繁荣的一面。同时,它又丑态百出,缺点很多,有其病态的一面。在这样的社会中,是非不分,好坏不明,人们的行为往往缺少预期性,飞来横祸难免不期而遇。人们常常没有安全感、幸福感,得过且过的想法十分普遍。这不是一种理想的现代社会,而这种不理想的现代社会又与法制中的瑕疵密不可分。

---

① ［美］魏斐德:《上海警察,1927~1937》,章红等译,上海古籍出版社 2004 年版,第 123 页。
② 上海人民出版社编辑:《上海的故事》(第 5 辑),上海人民出版社 1965 年版,第 11 页。
③⑤ 上海人民出版社编辑:《上海的故事》(第 5 辑),上海人民出版社 1965 年版,第 12 页。
④ 上海人民出版社编辑:《上海的故事》(第 5 辑),上海人民出版社 1965 年版,第 13 页。
⑥ 中国人民政治协商会议上海市委员会文史资料工作委员会编:《旧上海的帮会》,上海人民出版社 1986 年版,第 98 页。

第二十九章　上海小刀会起义军及其法制

　　1840 年鸦片战争爆发,英国侵略者用剑和火打开了中国大门,上海成为"五口通商"城市之一。从此,外国侵略者接踵而来,纷纷吞食上海,封建主义和外国侵略势力的双重压迫和剥削,使上海人民忍无可忍。1853 年 9 月 5 日,爆发了上海史上著名的小刀会起义,并建立了自己的政权。为了保卫新生政权,小刀会起义军建立了自己的法制。上海小刀会起义军法制是上海史上唯一的农民政权法制,在上海法制史上占有很重要地位。本章试对此作一初步的评述。

一、上海小刀会起义军法制的革命性

　　上海小刀会起义军的法制集中反映了上海广大人民,尤其是农民和城市贫民的意志和愿望,以打击各种有损于上海广大人民的权益及革命政权的违法犯罪行为,巩固和发展有利于上海人民的社会秩序和社会关系为根本目的。因此,与清政府的法制相反,上海小刀会起义军法制的本质特点是革命性,具体表现在:

1. 从揭露清政府的罪恶和明确起义的目的来看

　　清政府实行的是大地主大资产阶级的统治,以维护大地主大资产阶级的权益、镇压人民的反抗为宗旨,所以,它是造成上海人民受苦受难的根本原因,也是上海小刀会起义的主要原因。上海小刀会起义军在立法中首先揭露了他们的罪恶,就在起义当天下午,起义军的领导人李咸池在布告中说:"自满篡统以来,礼义不存,廉耻尽丧。暴敛横征,野皆狼心狗肺之吏;卖官鬻爵,朝尽兔头麕脑之人。有钱生、无钱死,衙门竟同市肆;朘民膏、剥民脂,官府直如盗贼。而且选举不公,登庸尽弃,八旗之族满朝廷,六合之英伏草莽。登第发甲,徒作田舍之翁,纳赂捐资,旋登天府之籍。所以政教日衰,风俗颓败,人心离而国势难支矣。"①同时,上海小刀会起义军在立法中明确了起义的目的。也在起义的当天,上海小刀会起义军的主要领导人刘丽川、李咸池、陈阿林、林阿福等人共同告示上海人民:因为"胡满凌迟,为日已久,天命不常,惟归有德"。所以,要"兴仁义之师,伐狼鸡之暴,救民水火,以安社稷",并以锄奸除暴,歼除污吏,解救百姓,使上海人民"各安生业"②为目的。这些都如实地表达了上海人民的心声和愿望。

2. 从法制的打击对象来看

上海小刀会起义军法制打击的对象十分明确,主要是:

(1)严惩贪官污吏。在上海的贪官污吏是清政府反动法律、政策的直接实行者,他们对上海人民犯下了不可饶恕的罪行,他们的罪行也应随着革命政权的建立而得到清算。上海小刀会起义军声明他们就是要"剪除贪暴",③重罚那些"贪官污吏,残虐不道"④者。起义当天,起义军当场击毙了负隅顽抗的上海知县袁祖德,拘捕了道台吴健彰。

(2)打击危害新生革命政权的各种不法行为。任何危害革命政权的行为都会对起义产生不良的影响,因此,上海小刀会起义军的法制狠狠打击了这些行为。规定:对于造谣惑众,混淆视听,扰乱人心者,要"斩";⑤对于勾结清军,混入城内,有害起义者,要"加以扣押"⑥严办;对于借端生事,肆意扰乱,企图推翻上海小刀会政权者,"尽可格杀勿论";⑦对于投敌图降者,严惩不贷,就是刘丽川的重要助手也不例外,因为"他通敌,所以杀掉他"。⑧

(3)重罚犯罪官兵。军队是革命政权的主要支柱。要使军队取信于民,取胜于敌,就必须有严明的军法。上海小刀会起义军在起义当日即明告部下:"漏泄军机者斩;行伍不整者斩;奸淫妇女者斩;畏葸不前者斩。"⑨还规定:"不得取民间一物,不得奸民间一女,违者重究"。⑩等等。上海小刀会军法如山,就连敌人也不得不承认他们"号令极严"、⑪"纪律严明"。⑫

(4)废除旧的经济制度。上海小刀会起义还在经济上狠狠惩治地主阶级。起义胜利后随即规定:"没收贪官污吏、土豪劣绅的私有财产","官员所

---

① ⑩ 《上海小刀会起义史料汇编》,上海人民出版社1980年版,第4页。
② ⑦ 《上海小刀会起义史料汇编》,上海人民出版社1980年版,第6页。
③ 《上海小刀会起义史料汇编》,上海人民出版社1980年版,第9页。
④ 《上海小刀会起义史料汇编》,上海人民出版社1980年版,第7页。
⑤ ⑨ 《上海小刀会起义史料汇编》,上海人民出版社1980年版,第29页。
⑥ 《上海小刀会起义史料汇编》,上海人民出版社1980年版,第14页。
⑧ 《上海小刀会起义史料汇编》,上海人民出版社1980年版,第194页。
⑪ 《上海小刀会起义史料汇编》,上海人民出版社1980年版,第148页。
⑫ 《上海小刀会起义史料汇编》,上海人民出版社1980年版,第503页。

遗之财物,皆被搜去"。①还规定:向富有人家征捐,上海小刀会起义军"不犯店铺居民,惟向富户勒捐"。②同时还规定:"免农民的税赋","应赋税钱粮,全行蠲免",③"地方赋税亦经豁免三年"。④这些规定都在经济上给上海的地主阶级以沉重打击,并反映了广大上海人民在经济上要求翻身的渴望。

3. 从法制保护的对象来看

上海小刀会起义军法制所保护的主要是上海广大人民的各种合法权益,表现在:

(1)保护人民的经济利益。上海小刀会起义军法制以保护上海人民的经济利益为己任。占领上海城后,就要求城内正常营业,并保护商人的合法财产,规定:"商民铺户,各宜开张,如有抢夺,立即处斩。"⑤以后,有些不法分子利用城市被困,城中粮食等生活必需品紧缺的困难,乘机抬高物价,企图牟取暴利。这时起义军又规定:"时价不准高低",妄图扰乱经济秩序"居奇抬价奸牙"者,即"须改过,倘经查究办,恐难当此重咎"。⑥等等。从多方面保障人民的合法经济利益。

(2)保障人民的政治权利。上海人民长期遭受清政府法制的欺凌,政治权利得不到保障。上海小刀会起义军则把这一权利还给人民,并使其得到法律保障。如规定了各种便于人民为维护自己的正当合法权益而进行的诉讼,仅自诉的方法就有三种:一是受害者或其亲属直接到上海小刀会起义军指挥部,指名具控,面诉犯罪者的罪行;二是用书信等方式函诉犯罪者的罪恶行径;三是可当场抓获正在实施犯罪行为的现行犯,并送交上海小刀会起义军究办等,使受害者有冤可申,犯罪者得到惩办。

(3)维护正常的社会秩序。为了维护正常的城内社会秩序,保护人民的财产、人身安全,上海小刀会起义军严究扰乱社会秩序者,规定如有不法分子"生端,乘机抢夺民间财物,倘有三五成阵,沿街强索硬买,欺老凌幼","一经察出,斩首号令,决不宽贷"。⑦为了加强防范,上海小刀会起义军还建立了户籍制度,发放"丁口册"和"人丁册",规定"户口不许增减,以备稽查"。⑧

---

① 《上海小刀会起义史料汇编》,上海人民出版社 1980 年版,第 59 页。
② 《上海小刀会起义史料汇编》,上海人民出版社 1980 年版,第 1154 页。
③ 《上海小刀会起义史料汇编》,上海人民出版社 1980 年版,第 29 页。
④ 《上海小刀会起义史料汇编》,上海人民出版社 1980 年版,第 503 页。
⑤ 《上海小刀会起义史料汇编》,上海人民出版社 1980 年版,第 21 页。
⑥ 《上海小刀会起义史料汇编》,上海人民出版社 1980 年版,第 13 页。
⑦ 《上海小刀会起义史料汇编》,上海人民出版社 1980 年版,第 6 页。
⑧ 张佳梅:《补梅书屋诗存》。

（4）禁鸦片。鸦片不仅使外国侵略者从中国获取大量资财,还严重危害人民的健康,使人堕落。当时清政府的态度是不禁止,故在鸦片战争后,鸦片对中国人民的危害越来越大。上海小刀会起义从保护上海人民出发,明确规定"禁止鸦片",①而且收到显著效果。起义前,上海是"烟舍鳞次栉比",②起义后,广泛禁烟,城内面貌大改,使鸦片滞销。1854 年 5 月 30 日,上海怡和洋行在致香港总行的信中不得不承认:由于禁烟"造成价格不断下落,使每一百斤的价格降到三百四十五元。最近我们有一个非常呆滞的鸦片市场,卖货实属困难,上品烟的价格已继续下降到三百三十元一百斤,目前似乎没有上涨的希望"。③

4. 从对待外国人的态度来看

对待外国人,上海小刀会起义军是因人因事而采取不同的态度。"对于一般外国人,颇为友善"。④"外国人许予来往,并不加害"。⑤对于支持、参加起义的外国人,起义军十分欢迎,"许多欧洲人,美洲人和亚洲人,他们已经到了城里",帮助起义军"作战",⑥就是在起义失败前那段非常艰难的时间里,"仍有五个外国人在协助"。⑦对于企图推翻、破坏上海小刀会政权的外国人,起义军是严厉惩处的,他们把外国间谍"拘捕起来,戴上锁链,押在牢里"。⑧对于外国侵略者的进攻,上海小刀会起义给予坚决的回击,他们"表现了出乎意料的勇敢",使来犯之敌"受到惨重的损失"。⑨这些与清政府的妥协卖国态度相比,是一种鲜明的对照。

上海小刀会起义军法制的革命性,集中体现了上海小刀会起义军政权及其法制的性质,也是与清反动法制的区别所在。

二、上海小刀会起义军法制的特点及其局限性

由于当时的历史条件,上海小刀会起义军法制具有自己的特点,其中较

---

① 《上海小刀会起义史料汇编》,上海人民出版社 1980 年版,第 96 页。
② 《上海小刀会起义史料汇编》,上海人民出版社 1980 年版,第 1029 页。
③ 《上海小刀会起义史料汇编》,上海人民出版社 1980 年版,第 504 页。
④ 《上海小刀会起义史料汇编》,上海人民出版社 1980 年版,第 1214 页。
⑤ 《上海小刀会起义史料汇编》,上海人民出版社 1980 年版,第 511 页。
⑥ 《上海小刀会起义史料汇编》,上海人民出版社 1980 年版,第 482 页。
⑦ 《上海小刀会起义史料汇编》,上海人民出版社 1980 年版,第 114 页。
⑧ 《上海小刀会起义史料汇编》,上海人民出版社 1980 年版,第 548 页。
⑨ 《上海小刀会起义史料汇编》,上海人民出版社 1980 年版,第 564 页。

为突出的是它的简约性和及时性。

1. 简约性

上海小刀会起义军法制的这一特点在立法和司法方面都有反映。在立法方面,现存的 25 个以"告示"方式颁行的单行法规,是上海小刀会起义军立法中的骨干和核心部分。这些法规的内容都十分简约,只有两个是超过五百字,其余都在五百字以内,其中,最短的一个法规只有六十余字。在司法方面,上海小刀会起义军为了适应战时的需要,便于统一领导和指挥,根据精简的原则,采取了军事、行政立法和司法合一的组织形式,因此,起义军的领导人也就是司法官。在《上海小刀会起事本末》中载有起义军之帅刘丽川作为最高司法官"坐于学宫明伦堂"审判罪犯的史实,在《忆昭楼洪杨秦稿》的"吴县察"中也录有起义军的另一位领导人周立春"设立将台",把犯人逐个发落的情况。

2. 及时性

上海小刀会起义军法制的另一个特点是它的及时性,这一特点也反映在立法和司法方面。在立法方面,上海小刀会起义军是通过"告示"的方式颁行法规,这种方式比较灵活,可以适应斗争形势的变化。如在上海小刀会起义军占领上海城后不久,就有些敌对分子造谣惑众,以扰民心,这时起义军及时告示百姓,"有少数不法匪徒,意图借端生事",制造"谣言",以"淆惑民听"。起义军"已伤目巡查,追究散布谣言之匪徒,著即重究"。"自示之后,各宜凛遵"。[1]在司法方面,对刑事案件采用及时发现,及时究办的原则。如对"借端索取"者,"一经察出"就立即提起诉讼、处理;[2]对"所有当地土匪,乘机抢劫,奸淫妇女,被累之家,许即赴辕申报,立提大兵剿灭,枭首示众,以靖地方"。[3]

上海小刀会起义军法制中的这两个特点的形成,有其历史原因,主要是:

(1)为了适应战时需要。上海小刀会起义军自起义、建立革命政权以后,由中外反动势力组成的联合进攻,无时无刻不威胁着这一政权,战争的胜负决定它及其法制的存亡。因此,用武装力量保卫革命政权必然成为一切工作的宗旨,法制也必须为这个宗旨服务。上海小刀会起义军法制中的简约性就体现了这一宗旨,如司法机构与军事、行政和立法合一,就减少了

---

① 《上海小刀会起义史料汇编》,上海人民出版社 1980 年版,第 10—11 页。

② 《上海小刀会起义史料汇编》,上海人民出版社 1980 年版,第 6 页。

③ 《上海小刀会起义史料汇编》,上海人民出版社 1980 年版,第 28 页。

领导层级,便于指挥,有利于集中精力粉碎中外反动派的进攻。

（2）为了便利人民群众。上海小刀会起义军的法制是在废除清法制的基础上建立起来的,在性质和内容上都与清法制根本不同,为了便利广大上海人民记忆、掌握、遵守新法,就以简约为好。

（3）为了维护新的社会秩序和社会关系。随着上海小刀会起义军政权及其法制的建立新的社会秩序和社会关系也得到了确立,但中外反对派却视它为"眼中钉"、"肉中刺",千方百计对其进行破坏和扰乱,为了维护刚确立的有利于上海人民的社会秩序和社会关系,就必须及时打击各种违法犯罪行为。由于以上的原因,上海小刀会起义军就及时立法和司法,毫不留情地惩处违法犯罪分子,确保新的社会秩序和社会关系的巩固和发展。

3. 局限性

因为当时还没有新的生产力和新的生产关系,没有新的阶级力量,没有先进的政党,所以,上海小刀会起义军的法制还带有不可避免的历史局限性,主要表现在:

（1）缺乏彻底的反帝反封建性。上海小刀会起义是农民起义,建立的是农民革命政权,这就决定了它的法制不可能具有彻底的反帝反封建性。在它的立法中,没有提出明确的反帝反封建的目标,也没有制订出反帝反封建的具体规定,只是一般地规定要打击贪官污吏、土豪劣绅等。同时,在上海小刀会起义军的立法中还留有封建主义的残余。在一些法规中,提出要恢复明朝的统治,即"匡复明室事",①甚至要上海人民提倡"忠孝",遵循"古来国法及大明规章"。②还在一些法规中多次出现"歃血同盟"③"洪门兄弟"④等词句,渲染拜兄结义的封建主义做法。

（2）留有唯心主义的色彩。在上海小刀会起义军的法规中还留有唯心主义的色彩。他们声称起义是承应了"天命",使用了"奉天承运"、"上承天意"等字样,甚至起义军领导人也曾称自己是"奉天承运开国元勋"。⑤还要上海人民奉信基督教,刘丽川在一个告示中说:"天父上帝创造天地",它是"人类之生父",而且"赏罚祸福皆由天父上帝而来"。所以,要求"每人均应勤勤恳恳,虎心崇拜上帝"。"每人每日早晚祷告上帝,并遵守神圣安息日,

---

① 《上海小刀会起义史料汇编》,上海人民出版社 1980 年版,第 8 页。
② 《上海小刀会起义史料汇编》,上海人民山版社 1980 年版,第 23 页。
③ 《上海小刀会起义史料汇编》,上海人民出版社 1980 年版,第 5 页。
④ 《上海小刀会起义史料汇编》,上海人民出版社 1980 年版,第 16 页。
⑤ 《上海小刀会起义史料汇编》,上海人民出版社 1980 年版,第 6 页。

始能去邪归正,获得平安与慰藉".①

（3）缺少完整性和协调性。由于当时始终处于战争状态,上海小刀会起义军急于应付战争,故没有条件制定出比较系统的法典,法律形式以单行法规为主,这样就缺少立法的完整性。同时,上海小刀会起义军是由不同帮派组成,领导成员中亦各有派别,又都各自以自己的名义颁行法规,出现法出多门的情况,这又影响了立法的协调性。如对于抢劫勒索行为,刘丽川规定是"立行枭首",②潘启亮、徐耀规定是"立即重究",③李咸池规定是"斩",④出现了明显的不一致。

（4）存在重刑主义的倾向。上海小刀会起义军的法制中还存在重刑主义的倾向,这在立法和司法中都有表现。在立法中,上海小刀会起义军规定:"偷盗猪狗者斩"、⑤"行伍不整者斩",⑥这过于苛刻,不利于集中力量打击少数犯罪者。在司法中,刑罚过于严酷。据《泉林小史》载,起义军曾施行过"炮烙"之刑,而且"炮烙之惨,莫可言状"。⑦《上海史》载,起义军曾逮捕过两名法国传教士,并"在他们首领之前拷问,判处挖心的刑罚"。⑧等等。尽管如此,上海小刀会起义军法制与清法制相比,仍具有不可比拟的优越性。

上海小刀会起义是中国人民反抗帝国主义及其走狗过程中的一个组成部分,⑨它所创建的法制在当时的革命斗争中起过积极作用,具有进步的历史意义。

---

① 《上海小刀会起义史料汇编》,上海人民出版社1980年版,第23—25页。
②③ 《上海小刀会起义史料汇编》,上海人民出版社1980年版,第7页。
④⑤⑨ 《上海小刀会起义史料汇编》,上海人民出版社1980年版,第4页。
⑥ 《上海小刀会起义史料汇编》,上海人民出版社1980年版,第29页
⑦ 《上海小刀会起义史料汇编》,上海人民出版社1980年版,第973页。
⑧ 《上海小刀会起义史料汇编》,上海人民出版社1980年版,第735页。

第三十章　辛亥革命时期上海华界立法

辛亥革命是中国历史上的一次重大革命。它推翻了封建专制统治,赶走了皇帝,建立了共和国,从此中国的历史翻到了新的一页。随着这一革命的进行和中华民国临时政府(以下简称"临时政府")的建立,中国的法制也发生了翻天覆地的变化,其中亦包括地方立法。那时,上海已有华界、公共租界和法租界之分,而且各自为政,是一种"一市三治"的格局。辛亥革命只发生在上海的华界。本章拟对辛亥革命时期上海华界的立法作些探析。

一、辛亥革命时期上海华界立法产生、发展的三个阶段

辛亥革命的时间虽不算长,但从上海华界立法产生、发展的情况来看,仍可划分三个阶段,即开创、发展、影响阶段。每个阶段都有其自己的特色。

1. 开创阶段

这一立法阶段的时间从 1911 年 11 月 3 日上海起义始,到 1912 年 1 月 1 日中华民国成立以前止,前后不到两个月时间。这一阶段立法的主要特色是,在废除上海清政府立法的基础上,开创辛亥革命时期上海华界立法的新篇章,并以此来进一步推进这一革命的开展。因此,其立法内容很多都具有创新性,目的在于确认上海华界的辛亥革命成果,建立社会的新秩序。

第一,政治方面的立法。1910 年 10 月 10 日,辛亥革命爆发以后,上海的革命人士积极响应,于 1911 年 11 月 3 日举行了上海起义。起义成功后,11 月 7 日,正式成立上海华界的新生革命政权沪军都督府,陈其美任都督。[①]这是上海华界辛亥革命的新成果,中国资产阶级民主共和国的组成部分。对于这一新成果,需要用立法进行确认,使其合法化。那时,也确实用立法

---

① 唐振常主编:《上海史》,上海人民出版社 1989 年版,第 469 页。

形式来确认这一新生的革命政权,对于这一政权的机构设置、职责和办事规则等都作了规定。这是建立新生革命政权的法制保障。有了这些规定,沪军都督府便可以合法地行使职权,建立新的社会秩序,建设一个新的社会。这类规定包括:《沪军都督府条例》《沪军都督府办事简章》《值日规则》《会议规则》《会客暂行规则》《都督府编制职员表通告》《沪军都督府问事处规则》等。其中,《沪军都督府条例》对都督府的机构及其职责作了明文规定。①它下设司令、参谋和军务等 3 个部,每个部又下设一些部门。比如,军务部下设有军事、人事、军械、军需、执法、训练和总务等 7 个科,每个科都有自己的职责。比如,执法科的职责是"关于军事司法、监及一切事项"。训练科的职责则是"关于军队之教育、演习事项;校阅军队之精粗"。同时,对新生政权的运作也作了规定。比如,沪军都督府的办事规则也有明文规定。《沪军都督府办事简章》共 10 条,分别对办事时间、人员出勤、缺席情况、纪律要求和会议时间等都作了规定。②比如,办事时间"以上午九时起,至下午六时止"。但是,办事人员"务于办事时间前三十分到齐"。经过立法的创建,辛亥革命时期上海新生的革命政权不仅具有了合法性,而且还可以按照相关规定进行运作,发挥其作用,使辛亥革命的新成果在上海得到实实在在的体现。

　　第二,经济、金融方面的立法。沪军都督府在执政期间,十分重视营造新的经济秩序。这一秩序的建立关系到上海华界经济的发展、民生的保障和社会的稳定,非常重要。上海华界人民曾饱受清政府的苛捐杂税之苦,沪军都督府首先废除这些苛捐杂税,营造新的经济秩序,认为"暴征苛税,是皆满清之虐",所以特废除"一切恶税,尽行蠲免,以抒我父老之难"。③针对部分商店闭门停业的情况,沪军都督府要求店主开门营业,维护正常的经济秩序,并保证他们的营业安全。"所有各该店主生命财产,本军政府力任保护,不使扰及分毫。""吾民其各安居乐业,各守秩序","所有本埠居民人等,俱可各安生业,开市贸易。"④另外,为了解决上海华界的金融问题,营造新的金融秩序,沪军都督府督促上海的投资者,在上海创设"中华银行"。它具有"国家银行之性质",从事各种银行业务,发行公债票及军用钞票,还"兼收商民

　　①　上海社会科学院历史研究所编:《辛亥革命在上海史料选辑》,上海人民出版社 1981 年版,第 298—302 页。

　　②　上海社会科学院历史研究所编:《辛亥革命在上海史料选辑》,上海人民出版社 1981 年版,第 295—296 页。

　　③　上海通社编:《上海研究资料续集》,上海书店 1984 年版,第 159 页。

　　④　王立民:《上海法制史》,上海人民出版社 1998 年版,第 72 页。

助饷等款"。同时规定:"所发各种钞票,务须一律通行,流行无滞","不得有故意克扣压抑情事"。①

第三,社会治安方面的立法。上海华界的新生革命政权在辛亥革命爆发以后,用立法创建新的治安秩序,维护华界的良好社会治安,保证人民的生命与财产安全。其中,采取了一些有力的立法措施。比如,打击抢劫犯罪,规定:"如有匪徒造谣生事,希图抢劫等情,一经拿获,当以军法从事";②有偿收缴失散在社会上的枪械,规定:"自今日收缴洋枪,凡新枪刺刀、皮件全备者,给洋八元;旧枪刺刀、皮件全备者,给洋四元"等;③禁止赌博,规定无论何人"设台聚赌情事,一经梭巡查见,立即严拿,从重惩办,决不姑宽"。④

第四,军事方面的立法。上海华界经过起义取得辛亥革命的胜利,军队发挥了决定性作用。上海华界新生的革命政权建立后,重视用立法来营造新的军事秩序,维护正常的军队纪律,保证军队的战斗,塑造在人民心中的良好形象。其中,较为重要的立法是"军律十一条""刑赏条例"和"军规赏罚十八条"。⑤主要内容聚焦于赏和罚的规定。比如,"军律十一条"中,有五条是赏,其中包括临阵冲锋勇敢者、擒获敌军将领者、捕获敌军间谍者、恪守纪律者和能招降敌军者等;六条是罚,其中包括奸淫掳掠者、招摇撞骗者、加害外人生命财产及扰害租界者、反抗上官命令者、泄漏军机及降而复叛者、散布谣言者等。

第五,其他方面的立法。上海华界的革命政权还进行了其他方面的一些立法。这些立法同样具有开创性,有利于革命成果的巩固和新秩序的形成。其中主要有:不再使用清朝的宣统纪年,规定:"即日起用黄帝纪元,不准再用'宣统'字样";⑥男性不得继续留辫,需一律剪辫,规定:"仰各团体苦口实力,辗转相劝,务使豚尾悉捐,不惹胡儿膻臭,众心合一,还我上国衣冠";⑦强调通过诉讼来解决纠纷,规定:"嗣后如有民、刑诉法,以及关于民政

---

① 《中华银行之可信》,《民立报》1911 年 11 月 29 日。

② 上海社会科学院历史研究所编:《辛亥革命在上海史料选辑》,上海人民出版社 1981 年版,第 316 页。

③ 《缴还枪械者注意》,《时报》1911 年 11 月 15 日。

④ 上海社会科学院历史研究所编:《辛亥革命在上海史料选辑》,上海人民出版社 1981 年版,第 524 页。

⑤ 上海社会科学院历史研究所编:《辛亥革命在上海史料选辑》,上海人民出版社 1981 年版,第 364—370 页。

⑥ 《改易徽号》,载《民立报》1911 年 11 月 8 日。

⑦ 上海社会科学院历史研究所编:《辛亥革命在上海史料选辑》,上海人民出版社 1981 年版,第 324 页。

案件,可经向本属司法或行政等署分别呈诉,不必由本府间接办理,以省无穷繁重之手续。"①这些立法成果都是新的立法成果,随着辛亥革命在上海的兴起而产生,具有开创性。同时,在上海华界辛亥革命时期立法中还具有奠基意义,为以后两个阶段的立法发展打下了坚实的基础。

2. 发展阶段

这一立法阶段的时间从1912年1月1日中华民国成立始,到1912年4月1日孙中山正式卸任临时大总统前止,前后时间是三个月。这一阶段立法的主要特色是,在原有立法的基础上,不断向前推进,立法内容有所深化,使其与中华民国开创的新时代相匹配,也使临时政府的意志和愿望在上海华界的立法中得到体现。这一立法发展突出表现在以下一些方面。

第一,根据出现的新情况,作出新的规定。中华民国成立以后,上海华界出现了一些新情况。对于这些新情况,需要作出新的规制,以维护社会的安定。其内容主要是禁止一些有害于社会、民众的行为。当时,出现了一些非法分子,对民众进行欺诈,以图非法之利。"有奸诈无耻之徒,乘此时机,谋为不法,或冒名而行诡计,或假公以使私图。愚民无知,往往受其欺诈,贻害匪浅。"因此,沪军都督陈其美便发布"禁例五条",规定:凡冒称官长者、僭用官府服饰和徽章者、伪造民国通用货币者、伪造官府印章者、伪造官府文书者"一经觉察,本都督当按军法从事,决不宽贷。"②另外,当时还发现吸食鸦片死灰复燃的情况,"现自民军建义以来,军务倥偬,不暇顾及,而吸烟者来此时会,有死灰复燃之势。"这对民众十分有害。"凡我同胞沉溺于鸦片之中,废时实业,败产荡家者以数百千万计。"于是,沪军都督府又及时作出规定,严令禁止。"为此特布禁令,如有私卖灯吸者,一经察出,财产立即发封,本犯严行惩办。"③

第二,根据出现的新问题,作出新的规定。南京临时政府执政期间,上海曾出现过一些新问题。这些新问题如果得不到及时解决,就会对新建立的政权和秩序产生消极影响,于是,上海华界的革命政权及时采取措施,用立法加以规范,着力解决这些问题。那时,出现了有些军人在妓院、戏馆混闹的问题。这有损于军人形象,需要及时得到解决。"访闻军界中,有身穿

①　上海社会科学院历史研究所编:《辛亥革命在上海史料选辑》,上海人民出版社1981年版,第377页。

②　上海社会科学院历史研究所编:《辛亥革命在上海史料选辑》,上海人民出版社1981年版,第327—328页。

③　上海社会科学院历史研究所编:《辛亥革命在上海史料选辑》,上海人民出版社1981年版,第338页。

戎服,出入于花天酒地之中,结队成群,毫无顾忌,丧失军人资格,实贻民国之羞。"于是,沪军都督府马上作出规定,防止这一问题的再度出现。"凡有见穿军服之人在妓院、戏馆混闹者,许即扭解来府,即以军法从事。扭解之人,立予重赏。"①还有,当时另发现有人造谣惑众,危害民国。"本都督访闻,有宗社党党员到处煽惑,希图破坏民国。上海及五方(杂)处,良莠不齐,难保无该党党员,混迹造谣,惑我人心。"对于这一新出现的问题,沪军都督府也及时作出规定,加以禁止,并要求"各商团、各区巡警严密防查,谨慎防守外,合亟令行各军队一体遵照"。②

第三,根据现代社会发展的新需求,作出新的规定。中华民国是民主共和国,是以"三民主义"为指导的现代国家,需要体现现代文明,贯彻现代精神。于是,上海革命政权在其施政期间,根据现代社会发展的新需求,作出了一些新规定。上海作为一个大都市,华界也应清洁卫生,这是一种趋势。"举办清洁,系地方行政卫生要图,事在必行。"如果有人要反对,进行干扰,那就要法办。"擅行聚众集议抵抗,意在扰乱,实属大干法纪",有必要"先将聚众为首之人,提交司法署严讯"。③还有,受现代法制和司法文明的影响,规定在军队中废除肉刑,取而代之以"新法"即现代刑罚。"现闻该营军士,每犯过失,有治以割耳、插耳箭等毒刑情事。查此种军律,乃从前之恶习,刻正改良新法,不宜袭用。嗣后各军队均应按照现行新律,不得擅用旧律。"④这些新规定都为中华民国成立以后,临时政府执政时期上海华界的革命政权所制定、颁行,对于上海华界的稳定和发展均具有进步意义,应该得到肯定。

3. 影响阶段

这一立法阶段的时间从 1912 年 4 月 1 日孙中山正式卸任临时大总统始,到 1913 年 7 月 28 日郑汝成任上海镇守使前止,时间持续了一年多。孙中山卸任临时大总统以后,临时政府夭折,北京政府掌控国家政权。可在此时,陈其美仍控制着上海华界的政权,上海华界的立法还受到以前立法的影响,作出了一些有利于上海华界社会发展的规定。但是,1913 年 7 月 28 日北京政府任命郑汝成为上海镇守使后,情况发生了较大的变化。他在击败

① 上海社会科学院历史研究所编:《辛亥革命在上海史料选辑》,上海人民出版社 1981 年版,第 381 页。

② 《严防匪党》,《民立报》1912 年 3 月 7 日。

③ 上海社会科学院历史研究所编:《辛亥革命在上海史料选辑》,上海人民出版社 1981 年版,第 500—501 页。

④ 上海社会科学院历史研究所编:《辛亥革命在上海史料选辑》,上海人民出版社 1981 年版,第 389 页。

了讨袁军之后，又取消了带有资产阶级民主色彩的上海市政厅，同时加强了对上海华界的专制统治。①此后的立法也发生了很大变化。这一阶段上海华界立法的主要特色是，尽管临时政府已经不复存在，但受其法制的影响，上海华界的立法仍具惯性，没有完全改变民主共和国的色彩，其立法内容对上海华界的发展和稳定仍具有积极意义。而且，其规定的内容都有一定的针对性，有的放矢。

第一，稳定米价。大米是上海华界民众的主要食粮，它的涨价会直接影响到民众的生活，因此，米价需要稳定，不可随意上涨。可在1912年5月上海华界一度米价大涨，"近来米价昂贵，已在十元以外。"为了平抑米价，沪都督府作出了相应的规定。"须知目前地方人民生计困难，米价已至十元以外，若再增贵，其何以堪？此后但可减低，不可再涨。该商等务当顾念大局，共体时艰，切勿居奇，致酿变故。其各遵照。"②

第二，维护城市环境和饮水卫生。在此时的立法中，还有一些维护城市环境和饮水卫生的内容，这都有利于上海华界向现代化城市发展。当然，作出这些规定均有一定的针对性，即针对出现的一定情况而作出了相应的规定。当时，有厂家生产硝磺、镪水且又无环保设施，以致上海华界民众受害。"据公民袁尽之等呈称，前清禁闭之药水厂旧基，近又开设协昌硝磺、镪水厂二家，日夜烧炼，气秽酸臭，实与就近居民大有妨碍等因。"于是，上海华界便及时作出规定，命其立即停业，限期迁走。"速令该两镪水厂立即停工，限期迁去。如违，发封严办。"③以后，有人发现一种卫生泡水柜，可以使水易开而卫生，于是就用立法形式，推广使用。据1912年7月24日的《申报》报道说："余宝生以市间老虎灶所售之水，俱系半滚半冷，食之有碍卫生，今别创一种卫生泡水柜，使水易滚而洁净，且用煤又省"。因此，沪军都督府作出规定：推广使用。"自应饬老虎灶仿造置用。"④

第三，禁止伪造军用钞票。那时，出于维护上海华界金融秩序的需要，曾发行过军用钞票。"适当金融阻滞，市面恐慌，不得已发行军用钞票，由中华银行兑收，无非为应对军需、维持市面起见。"可是，一些不法分子竟伪造假钞，从中渔利。"有罔法之徒，大胆妄为，竟敢伪造前项军用钞票到处混用。"对于这种非法行为，沪军都督府及时作出规定，禁用这种假钞，并对制

---

① 唐振常主编：《上海史》，上海人民出版社1989年版，第491页。
② 《米价不可再涨》，《申报》1912年5月24日。
③ 《勒闭妨碍卫生之工厂》，《申报》1912年7月2日。
④ 上海社会科学院历史研究所编：《辛亥革命在上海史料选辑》，上海人民出版社1981年版，第452页。

造假钞的不法分子"严密侦缉,尽法惩办"。①

第四,把匿名信控告作为无效处理。那时的匿名信控告不仅时有发生,而且还内容不实。"近来匿名控告不一而足,甚且有隐名假托者。"对于这些匿名信,沪军都督府认为:"匿名书函,事不足凭;诬告挟嫌,罪当反坐。"为此,作出把其作为无效处理的规定。"为此通告,仰沪地各界人等一体知悉,此后如有告密、控诉等事,须将原告、姓名、住址详确开明,以便传案质讯。否则无从根究,作为无效,其各遵照毋违。"②可见,这一阶段的立法内容受前两个阶段立法内容的影响,基本保持了原有的风格,比较健康,对上海华界的发展仍具有积极意义。

二、辛亥革命时期上海华界立法的主要特性

辛亥革命时期,上海除了有华界以外,同时还存在两个租界,即上海公共租界和法租界。它们占据上海市的中心区,周边都是华界。华界不仅与这两个租界同时存在,而且其立法也同时并存。与当时上海租界的立法相比较,比较容易反映出辛亥革命时期上海华界立法整体上的主要特性,其突出表现在以下三个方面。

1. 从法规体系和单个法规方面来审视,辛亥革命时期上海华界的立法缺乏系统性,上海租界的立法则不具有这一特性

与上海租界当时的立法相比较,上海华界的立法不论是在法规体系,还是在单个法规方面,都缺乏系统性。从法规体系来看,辛亥革命时期上海华界的法规体系缺乏系统性。它缺少一个带有根本法性质的法律文件,去统领整个法规体系。同时,在法规体系中,部门法也残缺不全。从其涉及的部门法来论,相关的部门法主要是组织法、军事法、经济法、行政法等。而且,这些部门法中内容也不完整,只是规定了其中一些急需规定的内容。组织法规定的主要是有关辛亥革命后在上海建立的新政权沪军都督府的一些内容,包括组织机构、编制、职责等,另外由此还引申出值日和会议规则等。军事法规定的主要是有关军队的纪律和一些需惩治的越轨行为,包括"军律十

---

① 上海社会科学院历史研究所编:《辛亥革命在上海史料选辑》,上海人民出版社 1981 年版,第 446—447 页。

② 上海社会科学院历史研究所编:《辛亥革命在上海史料选辑》,上海人民出版社 1981 年版,第 398 页。

一条""刑赏条例""军规赏罚十八条"和要惩治军人进入妓院和戏馆行为等
内容。经济法规定的主要是免除捐税、使新的公债票军用票和钞票等内容。
行政法规定的主要是有关禁止赌博和吸鸦片、要求剪辫等内容。其他部门
法及其涉及的内容均很少或根本没涉及,法规体系缺口较大。

从单个法规方面来看,其内容也缺乏系统性。辛亥革命后,沪军都督府
大量颁行的一事一议的单行法规,很少有像《沪军都督府条例》那样内容相
对较多的规定。这种一事一议的单行法规一般字数都非常少。比如,收缴
枪支的告示仅有 50 余字;禁止军人在妓院、戏馆混闹的规定也只有 100 余
字。这样的单行法规的内容不具有系统性。另外,像《沪军都督府条例》那
样内容相对较多的法规,也只有 5 章 26 条,其中的第 5 章是附则,仅 3 条。
前 4 章分别是都督府、司令部、参谋部和军务部,平均每章才 6 条不到。它们
规定的内容仅涉及机构和下属部门及其职责。比如,第 2 章司令部共 5 条,
分别规定了司令部长由都督兼任和下属秘书科、政掌科、传令科三个部门的
职责。每项职责仅一句话,少则 4 个字,多则 10 余个字。这一法规也无法系
统化。

与其相比,当时上海租界的立法就比较系统一些。从法规体系来看,已
形成了从土地章程到许多部门法内容的体系。上海租界的土地章程又称为
"地皮章程""地产章程"等,①被视为上海租界的"根本大法"。②它集中规定
了租界的地域、租地办法、租界管理的原则等一些内容,是这一租界存在和
发展的根本性规定。上海公共租界前身的上海英租界的土地章程颁布于
1845 年,上海法租界的土地章程制定于 1849 年。以后,在 1854 年、1869 年
和 1893 年等,上海租界的土地章程又作了补充、修改,内容有了发展。③土地
章程颁行以后至辛亥革命时期,上海租界出于管理的需要又制定了不少法
规。仅上海公共租界就已有:书信馆章程(1893 年)、治安章程(1903 年)、巡
捕房章程(1903 年)、中式新房建造章程(1901 年)等。可见,上海租界的法
规体系在辛亥革命前就已逐渐建立起来了。另外,从单个法规来看,其内容
也比较系统,以上海公共租界的治安章程为例。④此章程共有 25 款,款下分
条,少则 6 条,多则 14 条。涉及的内容涵盖了租界治安的方方面面,包括有:
西客栈及大餐馆、大小弹子房、驳船、渡船、火车、豢犬、出卖洋酒店铺、马车
行、机器车、自用马车、自用东洋车、大餐馆、小火轮、戏馆、华式船、东洋车

---

① 熊月之主编:《上海通史》(第 3 卷),上海人民出版社 1999 年版,第 21—22 页。

② 唐振常主编:《上海史》,上海人民出版社 1989 年版,第 139 页。

③ 史梅定主编:《上海租界志》,上海社会科学院出版社 2001 年版,第 91—101 页。

④ 史梅定主编:《上海租界志》,上海社会科学院出版社 2001 年版,第 690—699 页。

行、客栈、出卖烟膏店铺、烟馆、当押铺、杉板、茶馆、小车和酒馆等。其他的单个法规的内容也都大致如此,比较系统。这种情况与上海华界在辛亥革命时期华界颁行的规定差别明显。

形成辛亥时期上海华界立法缺乏系统性特点的原因有多点,其中主要是以下两点:第一,上海华界立法是单一制立法体制下的地方性立法。辛亥革命时期,上海是中国单一制政体下的一个地方性城市,其立法也是单一制立法体制下的地方性立法,不可能制定一个根本法性质的法律文件。这由立法权限所决定。这种文件只能由当时的中央立法机关来制定,中国也确实制定过这样的文件。1912年3月8日,南京临时政府的参议院通过的《中华民国临时约法》就是一部辛亥革命后,施行于全国的宪法性文件。它颁行以后,上海华界应以此宪法文件为依据来制定自己的法规。然而,上海租界的情况则不同。它们相对独立,如同"国中之国",①有自己的立法、行政和司法机关,不受中国中央政府的管辖,也不在其母国的直接统辖之下。在这种情况下,要建立自己的现代法规体系,没有根本法性质的文件不行,于是土地章程便应运而生,其法规的系统性也就有了基础。第二,上海华界立法的时间太短。辛亥革命自1910年10月10日爆发起至1912年3月南京临时政府结束,前后只有不到6个月的时间。而且,战争是主要任务,占据了很多时间。上海的新生政权要在这么短的时间制定系统的法规,实无可能,就是中央政府也困难重重。南京临时政府也就制定了《中华民国临时约法》那样的宪法性文件,其他均是单行法规,也没有制定内容系统的部门法法典,何况是上海华界的地方立法了。可是,上海租界立法的情况则不同了。从上海租界诞生之日起,到辛亥革命时期,已走过了60余年的路程,立法也有了60余年的历史与经验的积累,可以很从容地制定一些内容比较系统的法规。时间的延续和经验的积累在立法中举足轻重。

2. 从立法内容方面来分析,辛亥革命时期上海华界的立法具有革命性,上海租界的立法则不具备,不拥有这一特性

革命性也是辛亥革命时期上海华界立法的一个特性。这里的革命性是指反封建性,包括:推翻封建政权,建立民主共和的新政权;废除封建制度,创建新生政权的制度;改革封建的风俗习惯,推行现代风俗习惯;等等。辛亥革命时期上海华界的立法在这几个方面都有突出表现。武昌起义爆发以后,消息很快传到上海。1911年11月3日,在中国同盟会、光复会上海支部的共同领导下,由革命党人领导的敢死队、上海商团、起义后的上海军警等

---

① 费成康:《中国租界史》,上海社会科学院出版社1991年版,第203页。

武装力量一起参与后,很快取得胜利,同月 7 日沪军都督府成立。①随后,《沪军都督府条例》《沪军都督府办事简章》《值日规则》《会议规则》《会客暂行规则》《都督府编制职表通告》和《沪军都督府问事处规则》等规定先后被制定、运作,辛亥革命以后的上海新生政权不仅诞生,而且还开始规范行使权力了。上海起义和沪军都督府的成立都是辛亥革命的重要成果,是对清朝上海旧政权的革命,并达到了推翻这一旧政权并建立自己新政权的目的,其立法对沪军都督府作了肯定与规范,革命性十分突出。还有,沪军都督府用立法废除了清朝及其上海地方政府施行的苛捐杂税等一系列规定,是对清朝政府法制的否定,也是一种革命性的表现形式。另外,沪军都督府用公布单行法规的形式,改革清朝流传下来的用阴历、留长辫等一些旧风俗习惯,同样是一种在风俗习惯方面的革命。可见,在辛亥革命后上海华界的立法中,革命性表现得非常明显。

可是,在当时的上海租界则是另一种情形,其不具有立法的革命性。在上海,租界诞生之时,没有旧的清朝立法存在,其建立的直接是现代法制,而且是从西方移植的现代法制,没有一个废止旧封建法制的任务。在建立租界以前,那里是一片滩地,没人居住。"满目的荒滩芜地,到处是河汊纵横,茅草偕芦苇共生,江鸥伴蚊蝇齐翔",还"野田旷地之余,累累者皆冢墓也"。②在这些地方划出界域,建立了上海租界。而且,上海租界实行相对独立的管理,是一种"由外国人统治的中国领土",③于是他们便直接引进西方的现代法制,建立了自己的现代法制。④与上海华界不同,这种法制本身就在反封建的资产阶级革命胜利后所制定,不存在立法的反封建革命性。它们的这种革命性在 18 世纪以前的资产阶级革命时期已经体现过了。因此,在辛亥革命时期,上海租界的立法不具有革命性。另外,上海租界在辛亥革命时期也没有制定支持辛亥革命的法规,其立法也不可能具有革命性。相反,辛亥革命时期上海租界采用的是"中立"的政策。英国领事曾奉命发出告示,要求在华的英国人既不要参与反对清政府的战争,也不要参加镇压革命党人的战争,否则,一经查出,即要被处 500 镑以下的罚金或监禁两年以下。⑤这一政策名为"中立",其实,在辛亥革命时期就是一种不支持这一革命的消极态度,上海租界立法的革命性也就无从谈起了。

①　唐振常主编:《上海史》,上海人民出版社 1989 年版,第 469 页。
②　姜龙飞:《上海租界百年》,文汇出版社 2008 年版,第 9 页。
③　费成康:《中国租界史》,上海社会科学院出版社 1991 年版,第 203 页。
④　王立民:《上海租界与上海法制现代化》,《法学》2006 年第 4 期。
⑤　唐振常主编:《上海史》,上海人民出版社 1989 年版,第 463 页。

　　形成辛亥革命时期上海华界立法革命性的主要原因是辛亥革命只在上海的华界发生,上海租界没有经历辛亥革命的过程。这样,上海华界的立法便是中国辛亥革命立法的一个组成部分,而上海租界则不是,其不可能在这一时期具有立法的革命性。辛亥革命是中国历史上的一次重要革命,结束了延续2000多年的封建专制,建立了共和制;使民主观念深入人心,从此,民主主义成了正统,取得了神圣不可侵犯的地位;解放了封建专制统治禁锢下的生产力,为资本主义经济的发展开辟了道路。①这次革命必然引起立法上的革命,辛亥革命时期中国不能再墨守、套用清政府的法制,相反,必须开展自己的革命立法,支持、促进、发展革命,中央是这样,上海华界也是这样。中央的立法是全国性的立法,具有全国普遍的适用性;上海华界的立法则是地方性立法,具有地方的特定适用性。而且,上海华界的立法也必须与中央立法保持革命性的一致性,共同推进辛亥革命。事实也是如此。当1912年3月2日发布了《临时大总统关于革除前清官厅称呼致内务部令》,作出不得再用“前清官厅,视官等之高下,有大人、老爷等名称”,而要在“各官厅人员相称,咸以官职;民间普通称呼曰先生,曰君,不得再沿前清官厅恶称”的规定以后,②上海华界的沪军都督府也作出了相应的规定。“嗣后各官厅人员相称,咸以官职;民间普通称呼,则曰先生、曰君,不得再沿前清官厅恶习。”③辛亥革命时期中央立法的革命性也决定了上海华界立法的革命性。

3. 从民国立法史方面来考察,辛亥革命时期上海华界的立法具有开创性,上海租界的立法则不具备这一特性

　　在中国,民国的历史从辛亥革命时期开始,民国的立法史也从辛亥革命时期开始。辛亥革命时期的立法在民国立法史上具有开创性,上海华界在这一时期的立法也同样如此。这种开创性表现得十分明显,建立新政权、运用新钞票、改用阳历、推行剪辫、使用新称呼等的立法都是如此。这些规定在清朝上海的华界立法中从来没有出现过,也不可能出现,因为它们都是反封建的产物,是随着辛亥革命的展开和新政权沪军都督府的建立而诞生的,是一种新生事物,其开创性不言而喻。从此以后,上海华界的立法开始了一个新纪元,即民国时期立法的历史。这一历史的后续时期包括北京政府和南京国民政府立法的时期。尽管这个历史过程比较曲折,1912年3月,孙中山辞去了临时大总统,同年4月,北京政府掌控了政权,政府所在地也从南京

　　①　白寿彝总主编:《中国通史》(第11卷),上海人民出版社2004年版,第311页。
　　②　中国第二历史档案馆编:《中国民国史档案资料汇编》(第2辑),江苏人民出版社1981年版,第31页。
　　③　《不必称大人老爷》,《时报》1912年3月4日。

迁到了北京,民主共和政权逐渐沦为军阀独裁政权,可是民国时期的上海华界的立法仍朝着现代立法的方向发展,体系和内容也日趋完善。

到了南京国民政府时期,上海华界的法规体系已经成熟,其内容包括政治、组织、经济、社会、教育、文化、医疗卫生、治安等社会生活的各个领域。[①]另外,制定的单个法规也系统化了,仅以关于教育方面的立法为例。那时制定的《上海特别市政府奖学金规程》(1930 年)、《上海市私立特殊学校立案规程》(1932 年)、《上海市市立民众学校办法大纲》(1933 年)、《上海市中小学教职员服装统一办法》(1934 年)和《上海市中小学生制服统一办法》(1934 年)等都很系统。[②]而这一立法史的源头则在辛亥革命时期上海华界的立法,其在上海华界民国立法史中的地位独占鳌头。

在辛亥革命时期,上海租界的立法则不具有开创性的特性。它们的开创性是在辛亥革命以前。那时,上海租界植入西方的现代法制,开始现代立法并逐渐形成自己的体系,实现了上海租界立法从无到有的开创。到了辛亥革命时期,上海租界的法制已趋于成熟,内容也比较完备了,它们的立法已过了开创期。另外,辛亥革命也没有发生在上海租界,其立法也不可能因为无此革命而出现新的开端,提升到一个新的高度。

形成上海华界立法开创性这一特性的原因,主要在于民国华界的立法史与中央立法史一样,都是从辛亥革命时期开始,它是这一立法史的开创期。在此以前,上海华界的立法是清朝的地方立法,其内容以维护封建专制制度为主导,大量表现为征收苛捐杂税、限制海外贸易、实行保甲制度等,[③]与辛亥革命时期上海华界的立法有本质上的差异。有了辛亥革命时期上海华界的立法,便有了民国以后其他时期上海华界的立法,这一开创性便显露出来了。

三、辛亥革命时期上海华界立法的其他问题

在辛亥革命时期,上海华界的立法还有一些其他问题也值得关注。

1. 立法后的实施问题

立法只是在文本上作出规范性规定,目的是要通过实施而在现实生活

---

① 王立民:《上海法制史》,上海人民出版社 1998 年版,第 104—131 页。

② 王立民:《上海法制史》,上海人民出版社 1998 年版,第 118—121 页。

③ 王立民:《上海法制史》,上海人民出版社 1998 年版,第 52—67 页。

中发生影响,使其成为人们行为的规则,得到切实的落实,形成一个良好的社会秩序和氛围。辛亥革命时期上海华界的立法也是如此。从这一立法的实施的总体情况来看,整体情况较好。大量反封建的规定得民心,深入人心,绝大多数上海人民都十分拥护,并贯彻执行。这里以实施剪辫的规定为例。沪军都督府作出剪辫的规定以后,很快便加以实施,而且还形成了一个称为紧张与热闹的剪辫运动。开始时,士兵们在城厢内外,上街实施规定:"将人在路上拦住、拖住,硬剪掉人家垂于脑袋后面的发辫",以后发展为自愿剪辫,"严禁强迫",于是义务剪辫等形式出现了。1911 年 12 月 28 日,在小南门开了一次义务剪辫大会,去剪辫者"不下数百人"。因为效果比较好,同月 31 日,又"假座榛苓学校",再开了一次剪辫会。剪辫后的发型分两种:一种是学生头,"概不取资",即免费;另一种为分头路,比较美观一些,要"取资一角"。还有的茶馆附设了一个义务剪辫会,3 天内来剪辫的,"不但分文不取,而且另赠大肉面一碗,以助兴趣"。结果,3 天下来,竟有 254 人前去剪辫,成绩不凡。①从此以后,上海的男人逐渐习惯了不留长辫,开始蓄短发,新的风俗习惯蔚然成风了。它的开端则是在辛亥革命时期上海华界的剪辫规定与因此而形成的剪辫运动。

2. 立法的意义问题

辛亥革命时期上海华界的立法具有重要意义,表现在多个方面,然而仅从立法角度来观察,有两个方面非常突出。

第一方面,从上海华界现代立法的阶段性来观察,辛亥革命时期上海华界的立法实现了成功转型,即从清朝的封建专制立法转型为资产阶级民主共和国立法,具有转型的意义。包括清朝在内的封建时期,其上海地方立法的各方面都打下深刻的封建烙印,包括立法机构、立法内容等都是如此。在专制制度之下,中国的地方行政长官掌握有当地的立法、行政和司法权,并以行使行政权为主,因此,地方立法权由地方行政长官兼使。在清朝,上海县的立法权就由上海知县行使。《清史稿·职官三》记载说:"知县掌一县治理,决讼断辟,劝农赈贫,讨猾除奸,兴养立教。凡贡士、读法、养老、祀神、靡所不综。"雍正八年(1730 年)苏松道从苏州迁至上海,便有了"上海道"的说法。从此,上海道的长官道台也参与上海地方立法了。②那时的立法内容也竭力维护封建专制制度,镇压人民的反抗,以使用严刑酷法为特征。清末虽进行了法制改革,但是维护专制制度仍无根本改变。

---

① 上海通社编:《上海研究资料》,上海书店 1984 年版,第 549—551 页。
② 王立民:《上海法制史》,上海人民出版社 1998 年版,第 12 页。

辛亥革命以后，上海华界的立法在废除上海原有封建立法的同时，开创了上海华界资产阶级民主共和国立法的先河。从此，上海华界立法开始摆脱长期以来封建地方立法的窠臼，走上了资产阶级民主共和国地方立法的道路。上海华界开始重视民主立法，立法内容也大量废除旧规定、创制新规定，使立法发生了翻天覆地的变化。这就是一种上海华界立法的转型，而且这一转型还取得了成功，上海华界的立法没有再回到原来封建立法的状态。那时，上海华界的立法顺应了民意，也顺从了历史发展的潮流，在上海华界立法史上留下了光辉的一页。

第二方面，从上海华界现代立法的整个过程来观察，辛亥革命时期上海华界立法做到了承前启后，即上承清末法制改革开始走出的现代立法道路，下启北京、南京国民政府继续进行的现代立法，具有承前启后的意义。清末在内外交困之下，清政府开始"新政"，包括进行立宪和法制改革，中国开始走立法现代化的道路。但是，这次改革并不顺利，民法典、商法典、诉讼法典等均未生效，法院编制法等生效后也无法得到实施。上海华界立法作为全国立法的一个组成部分，效果也不明显。这一立法现代化进程需由后续的政府进一步推进。辛亥革命以后，南京临时政府和上海华界的沪军都督府都在实现立法转型的同时，仍然推动着中国立法现代化的进程。那时，上海华界的立法是一种现代立法，其内容是现代法制的内容，与以前的旧法制有非常大的区别。辛亥革命以后，北京、南京国民政府的立法也属于现代立法的范畴，而且在20世纪30年代南京国民政府还完成了"六法全书"，中国的立法现代化基本实现。此时，上海华界的立法也同步进入了中国法制现代化时期。清末出现的现代立法与北京、南京国民政府立法之间的连结点便是辛亥革命时期的立法，其中包括上海华界的立法。这一时期上海华界的立法在上海华界立法现代化中起了承前启后的作用，在上海华界立法史上意义重大，留下了不可磨灭的印痕。

3. 与中央立法的关系问题

辛亥革命时期上海华界的立法属于上海的地方立法，不仅与中央立法共同构成了那时的法律体系，而且还关系密切。首先，上海华界立法强调、贯彻中央立法。辛亥革命以后，孙中山等以中央的名义制定了法律，这些法律要在全国生效、施行。上海华界根据实施这些法律的需要，专门制定法规，强调中央的规定，以便在本地得到贯彻。关于改用阳历、禁止冒充军人进行勒索等的规定属此类。1912年1月2日的《申报》以"中华民国新纪元"为题，专门登载了根据大总统孙中山的谕令而由沪军都督府所作出的一个规定。它开门见山就讲："本日（阴历十一月十二日）奉大总统孙谕令，以本月十三日为阳历元旦,我民国百度维新,亟应及时更用阳历,期于世界各强国同进文明,一新耳目等因。"然后,再规定在上海华界也同样施用阳历,即"从前行用阴历,一律变更"。①除了贯彻孙中山大总统的谕令外,还有为了执行中华民国军政府的规定而制定上海华界的规定,禁止冒充军人进行勒索即是如此。1911 年 11 月 10 日的《民立报》以"查办匪徒"为题,专门刊载了依据中华民国军政府的规定而上海华界重申并作出的相应规定。此规定开始便说:"中华民国军政府为晓谕事:照得本军政府此次起义,专门革除满清苛政而来,故兵到之处,丝毫无犯。查近有匪徒手缠白布,冒充民国军式样,在民间假名筹饷,恐吓敲诈,大干军律。合行出示晓谕。"接着,上海华界便相应作出了自己的规定:"为此,示仰城厢内外各色人等一律知悉,倘日后再有此等勒索情事,即将其人立拿相送,尽法惩办,以安地方,而甫军纪。"

其次,上海华界立法结合上海华界的具体情况,为推进辛亥革命而作出了自己的规定。上海华界在辛亥革命的过程中,根据本地的实际情况,为有利于这一革命的顺利进行作出规定并加以执行。这类规定在中央立法中往往找不到对应的内容,明显具有上海华界立法的特殊性。禁止运米出口和私立"邪会"的规定属于此类立法。辛亥革命期间,发现上海的有些奸商私运粮食到外地,即"有嗜利奸商,私运米石出口"。为了避免由此而造成接济敌军的严重后果,沪军都督府作出了严禁米石出口的规定。"照得起义以来,需粮孔亟,深恐奸商运米出口,接济敌军",故作出了规定。其内容是:"仰各米商及各关口执事人员知悉,此后如有私运米石情事,一经察出,从重惩治,其各自爱。切切特示。"②以后,发现上海华界出现了"邪会",其成员"号召劣徒私立邪会者,放票命名,勾结兵士,蓄意叵测"。如果任凭"邪会"漫延,会后患无穷。"将来蔓延不已,既无以谋治安,更何以论进化。"于是,沪军都督府及时作规定。"爰自今日始,特申严禁,尔军民人等慎毋为劣徒所惑。"如果执迷不悟,"一经觉察,凡名列该会者,本都督唯有按律惩治,决不宽贷"。③这些都是结合推进上海辛亥革命而作出的规定,其重要性不可小视。

最后,上海华界立法为中央提供了借鉴。辛亥革命爆发后,上海华界视革命发展的需要,先于中央立法而制定一些规定。以后,这些规定的内容被

---

①　《中华民国新纪元》,《申报》1912 年 1 月 2 日。

②　上海社会科学院历史研究所编:《辛亥革命在上海史料选辑》,上海人民出版社 1981 年版,第 418 页。

③　上海社会科学院历史研究所编:《辛亥革命在上海史料选辑》,上海人民出版社 1981 年版,第 341 页。

中央立法所借鉴,中央因此也作出了类似的规定。从时间来看,上海华界的立法在前,中央立法在后。剪辫、禁赌、禁烟等一些规定都是如此。

第一,关于剪辫的规定。辛亥革命时期,上海华界第一次作出剪辫的规定是在1911年11月。此月12日的《时报》刊载了上海华界作出的一个剪辫规定,内容是:"凡我同胞,一律剪辫。除去胡尾,重振汉室。"中央作出剪辫规定的时间是1912年3月5日的《临时大总统关于限期剪辫致内务部令》,其主要内容也是要求中国的男性限期剪辫。"凡未去辫者,于令到之日,限二十日一律剪除净尽。有不遵者,违法论。"①这两个规定的主要内容相似,在时间上则相差4个月左右,而且是上海华界立法在前。

第二,关于禁赌的规定。辛亥革命时期,上海华界第一次作出禁赌的规定是在1912年2月。此月21日的《民立报》记载了沪军都督府陈都督的一个关于禁止赌博的告示。它说:赌博危害很大,现在"民国新立,旧染污俗,悉行蠲除",因此要"严禁赌博"。中央立法禁赌则是在1912年3月5日。此日的《内务部为禁赌呈》认为:"窃维赌博陋习,最为社会之害,律法在所必禁",故规定"无论何项赌博,一律禁除"。②这两个规定的主要内容也相似,可在时间上则有先后,也是上海华界的在前,中央的在后。

第三,关于禁烟的规定。辛亥革命时期,上海华界作出的第一个禁烟规定是在1912年2月。此月22日的《民立报》报道了沪军都督府陈都督的一个禁烟的告示。告示明示:吸食鸦片烟危害很大,故"特布禁令","本都督非欲以强迫手段施之同胞,赏(实)欲除恶务尽,不欲留污点以贻民国前途之隐患"。中央立法禁烟则是在1912年3月2日颁行的《临时大总统关于禁烟令》。③此令也认为吸食鸦片危害很大。"失业废时,耗财殒身,浸淫不止,种姓沦亡,其祸盖非敌国外患所可同语。"因此,"由内务部转行各省都督,通饬所属官署重申种吸各禁,勿任废弛。"这个规定的内容同样十分相似,主题也是禁烟,可时间上也存在先后,而且还是上海华界早于中央,其间相差10天左右。可见,那时,上海华界的立法中有些规定,还为中央政府所重视,成为其立法的参考,为其立法提供了一个方面的依据。

---

①　中国第二历史档案馆编:《中国民国史档案资料选编》(第2辑),江苏人民出版社1981年版,第32页。

②　中国第二历史档案馆编:《中国民国史档案资料选编》(第2辑),江苏人民出版社1981年版,第33页。

③　中国第二历史档案馆编:《中国民国史档案资料选编》(第2辑),江苏人民出版社1981年版,第31—32页。

第三十一章 辛亥革命时期的上海华界现代法制

辛亥革命是中国历史上的一次重要革命。辛亥革命时期建立的法制是一种现代法制。那时的上海华界法制是这一法制的组成部分,对其论析,可以从一个角度窥视辛亥革命时期中国的现代法制。本章所指的辛亥革命时期上海华界现代法制所涉的存续时间是从 1911 年 11 月 3 日上海起义至1912 年 4 月 1 日孙中山卸任临时大总统为止。目前,学界对辛亥革命时期上海华界现代法制的研究不够充分,成果鲜见。本章以区域法制史的视角从三个方面来论析这一法制。

一、辛亥革命时期上海华界现代法制的主要体现

辛亥革命时期上海华界建立的法制与以往华界的法制不同,是一种现代法制。上海租界虽早于上海华界,在 19 世纪 40 年代就开始建立现代法制,并逐渐对上海华界法制发生了一些影响,但上海华界仍处于清政府传统法制的管控之下,其法制的整体面貌没有发生根本变化。清末法制改革虽对中国传统法制产生很大冲击,可这一改革并不彻底,对上海华界法制的影响十分有限,上海华界法制没有完全摆脱传统法制的窠臼。辛亥革命以后,上海华界的法制则发生了翻天覆地的变化,实现了从传统法律到现代法制的飞跃。这一现代法制突出表现在以下一些领域。

1. 使用了现代的法律形式

法律形式是法制的一种外在表现形式,与法制的内容又紧密关联,不同的法制即有不同的法律形式。中国的传统法制和现代法制都有自己的法律形式。辛亥革命时期,上海华界法制使用了现代的法律形式,其中主要有章程、简章、规则、条例、告示、通告等多种。它们均有自己的特色。章程是一种内容被广泛适用,涉及一些重要制度的法律形式,在辛亥革命时期上海华界现代法制中它的位阶最高。这种法律形式比较少,1911 年 12 月,由上海

县地方审判检察厅公布的《民刑诉讼章程》是比较典型的一个。①简章是简单章程的简称,内容集中于政权机关运行的规定,在当时的法律形式中的位阶也很高,与章程基本一致。这种法律形式也比较少,那时制订的《沪军都督府办事简章》是这一法律形式的代表作。②

　　规则是一种关于政权机关工作要求、办事细则方面的法律形式。其内容十分具体、详尽,具有很强的操作性。在辛亥革命时期上海华界的现代法制中,其位阶不高。这种法律形式较章程、简章为多。沪军都督府颁行的《值日规则》《会议规则》和《会客规则》等都属于此种法律形式。③条例是一种关于政权机关内部设置、职责等规定的法律形式。其内容比较丰富,细化到部、科一级。位阶高于规则。《沪军都督府条例》等属于这一法律形式。④告示是一种立法主体就某一具体事务的落实所作出规定的法律形式。其内容比较具体、简单,以禁止某些行为为主。它是一种灵活性比较大的法律形式,只要有需求,立法主体随时可以制订、发布。因此,告示在数量上较多,要明显多于其他法律形式。1911 年 11 月颁布的《查禁造谣抢劫告示》、1911年 12 月公布的《剪辫告示》、1912 年 1 月颁布的《禁止强迫剪辫告示》等都是如此。⑤还有《禁止赌博告示》《禁吸鸦片告示》也是如此。通告是一种内容主要与军队相关的法律形式。其立法主体往往是军队,内容也与军队有关。辛亥革命时期的上海华界处于战争状态,这种法律形式也就比较重要了。从数量上看,这种法律形式不算多。1911 年 11 月公布的《招募军队通告》和《颁布军律通告》是其中的代表。⑥

　　这 6 种法律形式都是现代的法律形式,中国传统上不采用这些法律形式。中国传统的法律形式主要有:律、令、科、比、格、式、典、刑统、例等,内容又以刑法为主,与辛亥革命时期上海华界现代法制的法律形式有很大差别。这从一侧面证实,那时华界的法制是一种现代法制。

―――――――――

①　《新国民诉讼一新》,《民立报》1911 年 12 月 28 日。

②　上海社会科学院历史研究所:《辛亥革命在上海史料选辑》,上海人民出版社 1981 年版,第295—298 页。

③　上海社会科学院历史研究所:《辛亥革命在上海史料选辑》,上海人民出版社 1981 年版,第296—298、302 页。

④　上海社会科学院历史研究所:《辛亥革命在上海史料选辑》,上海人民出版社 1981 年版,第298—302 页。

⑤　上海社会科学院历史研究所:《辛亥革命在上海史料选辑》,上海人民出版社 1981 年版,第316、324—325 页。

⑥　上海社会科学院历史研究所:《辛亥革命在上海史料选辑》,上海人民出版社 1981 年版,第363—364 页。

2. 使用了现代的法律语言

法律语言是法制的重要组成部分。它是法制的载体,也是法制内容的表达方式。不同的法制使用不同的法律语言。中国传统法制使用传统的法律语言,现代法制则使用现代的法律语言。辛亥革命时期上海华界的现代法制中,使用了现代的法律语言,而不是传统的法律语言。那时公布了许多规定,其内容中就使用了现代的法律语言。1912 年 2 月颁行的《禁止赌博告示》和《禁吸鸦片告示》都是如此。它们使用的现代法律语言包括有:"严禁赌博"、"禁吸鸦片"、"一体遵照"、"财产立即发封"、"定予严办"、"严行惩办"等。①这些与中国传统法制中使用的"博戏赌财物"、"准盗论"、"资财、田宅并没官"等都不同。②使用现代的法律语言是辛亥革命时期上海华界现代法制的一个亮点。

3. 使用了现代的法律内容

法律内容是法制的集中体现,也是其中的核心部分。中国传统法制有传统的法律内容,现代法制有现代的法律内容。这也是判断中国传统与现代法制的重要依据之一。辛亥革命时期上海华界法制的大量内容是现代法制的内容,而且还体现在政治、经济、军事与社会等各个方面。

在政治方面。辛亥革命时期上海华界的现代法制禁止政治性谣言传播。辛亥革命后,有一些不法分子用谣言方式,攻击这一革命,造成了不良影响。针对这一情况,1912 年 3 月,沪军都督府发出告示,要求上海市民"互相策勉,勿信谣言",并要对那些不法分子"照军法严加惩办,以为蠹国独民者戒。"③以此来稳定上海新的政治秩序。

在经济方面。辛亥革命以后,上海百务待兴,急需资金支持,1911 年 11 月,沪军都督府便发布了关于创立中华银行并发行公债票、军用票告示,募集资金,支持新政府的告示。告示公布了新创立的中华银行简章,还规定了发行公债票与军用票事宜,并指出:"由本军政府担保该银行钞票,期于金融不致阻滞。"④发行公债票等做法本身就是现代社会的产物,这一规定是对上海现代经济行为的一种规范。

---

① 上海社会科学院历史研究所:《辛亥革命在上海史料选辑》,上海人民出版社 1981 年版,第 338 页。

② 长孙无忌等:《唐律疏议》,刘俊文点校,中华书局 1983 年版,第 487、321 页。

③ 上海社会科学院历史研究所:《辛亥革命在上海史料选辑》,上海人民出版社 1981 年版,第 345 页。

④ 上海社会科学院历史研究所:《辛亥革命在上海史料选辑》,上海人民出版社 1981 年版,第 415—417 页。

在军事方面。在辛亥革命的上海军队中禁用残酷刑罚,以改变过去传统的做法。1912 年 2 月,沪军都督府专门发布了《禁用毒刑告示》。"现闻该营军士,每犯过失,有治以割耳、插耳箭等毒刑情军。查此种军律,乃从前之恶习,刻正改良新法,不宜袭用。"①改革刑罚与废除酷刑,这也是现代法制一种较为文明的表现。

在社会方面。辛亥革命时期上海华界现代法制禁止赌博、吸鸦片以外,还要求留辫男子剪辫,以形成现代的社会风尚。1911 年 12 月,沪军都督府专门发布了关于剪辫的告示,认为:"结发为辫,乃胡虏之残俗,固地球五大洲所无之怪状",要求"剪去辫发,除此数寸之胡尾,还我大好之头颅。"②中国传统法制的法律内容则不是如此。它是一种礼法结合的法制,其内容竭力维护专制统治,提倡男尊女卑的传统风尚,发展传统经济等,这些都与辛亥革命时期上海华界现代法制的法律内容大相径庭,是两种性质完全不同的法制。

4. 使用了现代的司法制度

司法制度也是法制的一个重要组成部分,是从法律适用的角度来反映法制。不同的法制会有不同的司法制度。中国传统与现代的司法有天壤之别。辛亥革命时期上海华界的法制中的司法制度是现代司法制度。上海县地方审判检察厅颁行的《民刑诉讼章程》集中对那时的司法制度作了规定,内容涉及司法机关、审判原则、审级、案件管辖等等。它明文规定,上海的司法机关改称为审判检察厅,即"一律改设审判检察厅";实行审判公开原则,凡是审判的案件必须"公判后执行";审级为四级三审制,即"审理民、刑诉讼,仍分四级三审";案件的管辖也有规定,上海地方审判厅的民事案件管辖范围是:"婚姻"、"亲属"、"嗣续"案件,金额在"三百元以上"的诉讼案件和雇佣契约纠纷案件等。

这些关于司法制度的规定都是现代司法制度的内容,与中国传统的司法制度差别非常大。中国传统的司法制度是行政机关与司法机关合一,地方的行政长官往往兼理司法;允许直诉,不可越诉;审判不公开进行;以重口供为原则,可以刑讯逼供;等等。这些都与辛亥革命时期上海华界现代司法制度相反。这又从另一个角度说明辛亥革命时期上海华界的法制是一种与中国传统法制不同的现代法制。

---

①　上海社会科学院历史研究所:《辛亥革命在上海史料选辑》,上海人民出版社 1981 年版,第389 页。

②　上海社会科学院历史研究所:《辛亥革命在上海史料选辑》,上海人民出版社 1981 年版,第324 页。

法律形式、法律语言、法律内容与司法制度都是法制的重要组成部分，也是鉴别不同法制的标志。辛亥革命时期上海华界的法制使用了现代的法律形式、法律语言、法律内容与司法制度，而且又与中国传统的法律形式、法律语言、法律内容与司法制度都不同，这正好说明那时上海华界法制是一种与中国传统法制完全不同的现代法制。

二、辛亥革命时期上海华界建立现代法制的意义

辛亥革命时期上海华界建立的现代法制在上海法制史上是一个创举，实现了现代法制在上海华界的全面、扎实推进。这对上海华界乃至中国的法制现代化具有积极的意义，并突出表现在以下几个方面。

1. 巩固了上海华界辛亥革命的成果

辛亥革命是中国历史上的一次伟大革命，推翻了统治中国数千年的专制统治。1911 年 11 月 3 日上海义师起义，次日上海光复。11 月 6 日沪军都督府成立。这是上海华界光复后所建立的革命政权。[①]以后，在沪军都督府领导下，上海华界开始摆脱封建统治，朝现代社会迈进。一切都在百废待兴之中。各界人士积极支持辛亥革命，年轻人纷纷参军，人数达到 4 万。[②]经济也有大发展，工厂企业明显增多。1911 年新增工厂只有 9 家，1912 年新增就达 28 家，以后继续增多。[③]文化开始繁荣。辛亥革命以后，上海新创刊的报纸杂志就有 60 多种。[④]移风易俗的社会风尚也不落后，剪辫、废缠足、禁赌博与吸鸦片烟等都在紧锣密鼓地进行。

上海华界辛亥革命的成果不小，影响很大，连孙中山都认为："时响应之最有力而影响力全国最大者，厥为上海。"[⑤]然而，上海华界的辛亥革命成果迫切需要现代法制进行固化，得到应有的保护。沪军都督府抓紧时间及时建立自己的现代法制，在政治、经济、军事与社会等方面都作了相应的规定，确保上海华界朝着现代社会的目标发展。事实也是如此。自辛亥革命以后，上海华界确实有了一个大发展，进入到一个被称为发展的"黄金时期"，[⑥]其意义不小。

---

① 熊月之主编：《上海通史》（第 7 卷），上海人民出版社 1999 年版，第 1—2 页。
② 唐振常主编：《上海史》，上海人民出版社 1989 年版，第 478 页。
③ 熊月之主编：《上海通史》（第 8 卷），上海人民出版社 1999 年版，第 2 页。
④ 熊月之主编：《上海通史》（第 10 卷），上海人民出版社 1999 年版，第 5 页。
⑤ 广东省社会科学院历史研究室等：《孙中山全集》（第 6 卷），中华书局 1981 年版，第 244 页。
⑥ 熊月之主编：《上海通史》（第 8 卷），上海人民出版社 1999 年版，"引言"第 1 页。

2. 建立、规制了上海华界居民的现代生活方式

辛亥革命以前,上海华界居民的生活方式以传统的生活方式为主,用阴历、留长辫、缠足、吸鸦片、赌博等都习以为常。这些传统生活方式与现代社会背道而驰,有必要加以改变,破旧立新,从而建立、规制现代的生活方式,与现代社会发展相协调。辛亥革命时期,上海华界的现代法制着力改变这些传统生活方式,建立、规制现代的生活方式。1912 年 1 月施行的"改历通告"以南京临时政府的规定为基础,根据上海华界的具体情况,作出了弃用阴历、改用阳历与解决具体问题的规定。此通告说:"照得前奉大总统谕令,改用阳历与世界各国一表大同等因。奉经示谕军民铺户人等一体遵行在案。"对于因改用阳历而在上海华界出现的问题,此通告要求妥善解决,不使商民因改历而受到影响。"惟查沪上社会习惯,商店账目、民间借项,往往年底为归宿之期,互相清理;此时改用阳历,仓卒更新,各账款办理,难免刁诈者流借词推诿,致多棘手。自应妥筹良法,庶商民不致稍受影响。"①从此以后,上海华界市民均开始使用阳历,不再使用阴历了。

要求男子剪辫也是当时改变传统生活方式的一个方面。辛亥革命时期上海华界多次发布规定,要求男子剪辫,以改变留长辫的传统生活方式。1911 年 11 月就发出"告示":"凡我同胞,一律剪辫。除去胡尾,重振汉室。"②1911 年 12 月,又两次发布相似"告示"。一次要求:"各团体苦口实力,辗转相劝,务使豚尾悉捐,不惹胡儿膻臭,众心合一,还我上国衣冠。"③另一次,进一步要求市民:"须知垂辫为满清之俗尚,现者地方光复已久,极应革除旧习,咸与维新"。④从那以后,上海华界的男子纷纷剪辫,改变了留长辫的传统生活方式。可见,辛亥革命时期上海华界法制在改变传统生活方式、建立与规制现代生活方式中,也具有积极意义。

3. 开始全面推进上海华界的法制现代化

在上海这个城市中,最早出现现代法制的是在上海租界,始于 1845 年的上海英租界。以后,现代法制又在上海美租界、法租界相继诞生。它们在设

---

①　上海社会科学院历史研究所:《辛亥革命在上海史料选辑》,上海人民出版社 1981 年版,第325 页。

②　上海社会科学院历史研究所:《辛亥革命在上海史料选辑》,上海人民出版社 1981 年版,第292 页。

③　上海社会科学院历史研究所:《辛亥革命在上海史料选辑》,上海人民出版社 1981 年版,第324 页。

④　上海社会科学院历史研究所:《辛亥革命在上海史料选辑》,上海人民出版社 1981 年版,第497 页。

立之初就开始运用现代法制,包括使用现代的法律体系、法律结构、法律语言、审判制度、律师制度和监狱制度等。①以后,与上海租界相邻的上海华界看到上海租界现代法制的先进性,在 20 世纪初清末法制改革前,就开始引进了一些上海租界的规定,成为自己法制的内容,②但是这并不全面也不普遍。清末法制改革主要集中于中央层面,对地方的影响不大,上海华界的法制还是停留在传统水平,没有很大改观,传统法制仍占主导地位。

辛亥革命时期则不同了。中央和地方都全力推进现代法制建设,上海华界开始全面推进法制现代化,使用现代的法律形式、法律语言、法律内容和司法制度等。可以说,辛亥革命时期才是上海华界法制现代化的全面推进时期,具有里程碑意义。从这以后,上海华界法制现代化的步伐就再也没有停止过,直到 20 世纪 30 年代这一法制基本建成,转向一个新的阶段。

4. 拉近了与上海租界现代法制的距离

鸦片战争以后,列强们以中国传统法制太落后、粗暴等为由,攫取了在华领事裁判权,设立了租界。在他们设立的租界里建立的是现代法制,最早出现在上海的英租界,以后上海的其他租界也是如此。这时,同在上海这一城市中,法制的差异就非常大。在辛亥革命以前,上海华界适用的是中国传统法制,上海租界施行的是现代法制。这是两种性质完全不同的法制,在法制的各领域都不统一,其直接后果是,不知上海租界现代法制的华人进入租界以后,往往会因违反而受到处罚。据《老上海三十年见闻录》一书记载:就有一位华人因"不谙租界章程,在马路上大便,被巡捕捉去。捕房令罚洋释出,其人不服,吵闹不休。解赴公堂,官判加罚数元,以为吵闹者戒。"此华人觉得很冤枉,认为是:"欺我初来上海之人。"③这种情况不是个别情况,而是一种法制不统一所造成的常态后果。也有人曾预料这种后果的出现,于是就进行宣传,明示上海租界法制的规定,避免这种后果的出现。早在 1876 年就有人在《沪游杂记》一书中记载了 20 条华人易犯而租界又禁止的规定,其中包括:"禁马车过桥驰骤"、"禁马车、东洋车夜不点火"、"禁路上倾倒垃圾"、"禁道旁小便"、"禁施放花爆"、"禁春分后、霜降前卖野味"、"禁卖臭坏鱼肉"、"禁乞丐"、"禁聚赌酗酒斗殴"等。④然而,租界在一般情况下是开放的

① 王立民:《上海租界与上海法制现代化》,《法学》2006 年第 4 期。

② 王立民:《中国城市中的租界法与华界法——以近代上海为中心》,《比较法研究》2011 年第 3 期。

③ 陈无我:《老上海三十年见闻录》,上海书店出版社 1997 年版,第 244 页。

④ (清)葛元煦等:《沪游杂记　淞南梦影录　沪游梦影》,郑祖安等标点,上海古籍出版社 1989 年版,第 3 页。

地区,进入租界的华人太多,仅靠这样的宣传还是收效甚微,解决不了问题。

辛亥革命时期上海华界的法制开始全面现代化,拉近了与上海租界现代法制的距离。这不仅有利于减少华人因不知租界现代法制而违法、被罚的情况,更有利于整个城市法制趋向平衡,缩小上海华界与租界现代法制间的差异,使上海在整体上都进入现代法制的轨道。这对于上海这样一个现代大都市不可或缺。辛亥革命上海华界法制的现代化为其创造了一个有利条件,意义重大。

5. 对当时的中央立法产生了积极影响

辛亥革命时期上海华界的现代法制还对当时的中央立法产生了积极影响,这是因为上海华界有些规定先于中央立法而制定,中央立法借鉴了这些上海华界的规定,也制定了自己相应的规定,颁行全国。有关剪辫、禁毒和禁烟等的规定都是如此。上海华界第一次作出剪辫规定的时间是 1911 年11 月,而中央颁行《临时大总统关于限期剪辫致内务部令》的时间是 1911 年2 月,其内容与上海华界的剪辫规定相似。上海华界第一次作出禁赌规定的时间是在 1912 年 2 月,而中央颁布《内务部为禁赌呈》的公布时间是在 1912 年 3 月,其内容也与上海华界的禁赌规定类似。上海华界第一次作出禁烟规定的时间是在 1912 年 2 月,而中央颁行《临时大总统关于禁烟令》是 1912 年3 月,其内容也与上海华界的禁烟规定基本一致。[①]上海华界这些规定的施行时间都要早于中央颁行相似规定的时间。可见,辛亥革命时期,上海华界的现代法制先行先试并对中央立法产生了积极影响,被推广至全国,其意义不能不说不大。

综上所述可知,辛亥革命时期上海华界建立现代法制的意义重大,其不仅在上海现代法制史上的地位非同一般,而且在中国现代法制史上也举足轻重。这一法制虽是上海的一种区域性法制,但其发挥的作用不可小视,具有全国的影响力。在那时全国的区域法制中,可算是屈指可数了。辛亥革命时期上海华界是"响应之最有力而影响力全国最大者",其中亦包含了它的现代法制。

三、辛亥革命时期上海华界现代法制的实施、特点与影响

关于辛亥革命时期上海华界的现代法制还有一些方面也值得关注,其

---

① 王立民:《辛亥革命时期上海华界立法探析》,《史林》2012 年第 6 期。

中包括了它的实施、特点与影响。这些都从不同的角度来还原这一法制的真实状态,给人们以一种更为全面地认识。

1. 辛亥革命时期上海华界现代法制的实施情况

从总体上来看,辛亥革命时期上海华界现代法制实施的情况比较理想,以致上海华界在辛亥革命以后,有了一个跳跃式的大发展,社会的各领域都朝着现代化方向大踏步前进,到了 20 世纪 30 年代上海便蜕变为一个国际大都市,有了"东方的纽约"和"东方的巴黎"之称。①从具体规定的实施情况来看,较好者为多,这里以剪辫规定的施行情况为例。当剪辫告示发布以后,上海便掀起了一个轰轰烈烈的剪辫运动,以落实告示中的规定,而且这一运动还"紧张与热闹"。首先是士兵拿着剪刀上街剪辫,见到男子留着长辫,就上前强制剪去。"将人在路上拦住、拖住,硬剪掉人家垂于脑袋后面的发辫"。但是,这种强制性剪辫留有后遗症。有些不愿被剪的男子会与士兵发生争执,甚至冲突,还引来一些围观者,其中就有不法分子浑水摸鱼,乘机作案,有人"连手上的戒指也被人抢去,愤而去投禀警局"。还有男子因怕被剪辫而不敢上街,"弄得人心惶惶,大有行路之难了。"②针对这一实施情况,沪军都督府于 1912 年 1 月又公布了禁止强迫剪辫的"告示",指出:"近闻各军士兵,未免过分热心。硬剪行人发辫,以致议论纷纷。"因此,作出规定:"不强迫从事,但保社会安宁";还"责成各军官长,火速查禁无徇。"③从那以后,上海华界的剪辫就转入到自愿阶段。

2. 辛亥革命时期上海华界现代法制对辛亥革命以后上海华界现代法制建设的影响

辛亥革命时期上海华界建立的现代法制对此后上海华界的现代法制产生了很大影响。虽然,辛亥革命以后上海华界的政权有所更迭,人员也不乏变动,可是,上海华界的现代法制都一直在向前发展,没有走回头路。1912 年 4 月,孙中山卸任临时大总统,辛亥革命时期结束,然而上海华界的现代法制的步伐没有因此戛然而止,甚至倒退,相反还在向前运行。此时上海华界的现代法制根据华界出现的社会问题作出了相应的规定,努力解决这些问题,推动华界的城市建设。1912 年 5 月上海华界一度米价突涨,直接影响到市民的正常生活。"近来米价昂贵,已在十元以外。"为了解决米价高昂的问

---

① 马长林:《上海的租界》,天津教育出版社 2009 年版,"前言"第 3 页。
② 上海通社:《上海研究资料》,上海书店 1984 年版,第 549—550 页。
③ 上海社会科学院历史研究所:《辛亥革命在上海史料选辑》,上海人民出版社 1981 年版,第 325 页。

题,安定市民生活,沪军都督府及时作出规定,平抑米价。规定要求商家"务当顾全大局,共体时艰,切勿居奇,改酿变故。其各遵照"。①上海华界一方面,利用地方立法不断解决存在的社会问题,推进城市建设;另一方面,也丰富了现代法制的内容,促进现代法制建设,可谓一举两得。

3. 辛亥革命时期上海华界现代法制的特点

辛亥革命时期上海华界现代法制有自己的特点。这一特点与当时上海租界现代法制相比较而显现。这两种现代法制有可比性,比较以后反映出来的特点比较科学,也易让人们所接受。上海华界与上海公共租界、法租界相邻而存,都在上海这个城市里;它们的法制都是现代法制,不是传统法制;它们的法制又是上海的区域法制,不是整个上海的法制等,相似点不少。这些都是它们可以进行比较的基础。经过比较以后可以发现,辛亥革命时期上海华界现代法制具有以下一些主要特点。

首先,辛亥革命时期上海华界现代的立法机关是华人组成的军政府。上海被义师光复以后,建立了军政府即沪军都督府,陈士英为都督。②沪军都督府是当时上海华界现代的政权机关,其下设有司令部、参谋部和军务部。这一机关具有立法职能。《沪军都督府条例》的第4条明文规定:"凡发布命令及赏罚、任免各部及各营文武人员,均属都督大权。"③事实也是如此。沪军都督府颁行了大量的规定,包括禁止赌博、吸鸦片烟等规定。沪军都督府的长官都督和成员都是华人,不是洋人。以后,沪军都督府改为沪都督府,其长官都督和成员还是华人,不是洋人。这是因为辛亥革命时期上海华界一直是华人的统治区域,与中国的中央政府有隶属关系,都督需经中央政府批准,又对中央政府负责。沪军都督府和沪军都督府的长官和成员只能由华人来担任,具有外国国籍的洋人不能在其中任职。

上海租界的现代立法机关则不同,是一种外国在沪侨民组成的自治组织,全由洋人组成。上海与公共租界的现代立法机关为纳税人会,亦称"纳税西人会"、"外人纳税会",由英、美等国在沪并有一定资财的侨民组成。④上海法租界的现代立法机关则是法国驻沪总领事,其当然是法国人了。⑤华人曾极力要求加入上海公共租界的纳税人会,作了许多努力,但是都失败

① 《米价不可再涨》,《申报》1912年5月24日。
② 唐振常主编:《上海史》,上海人民出版社1989年版,第469页。
③ 上海社会科学院历史研究所:《辛亥革命在上海史料选辑》,上海人民出版社1981年版,第298页。
④ 王立民:《上海法制史》,上海人民出版社1998年版,第21—22页。
⑤ 王立民:《上海法制史》,上海人民出版社1998年版,第25页。

了。①究其原因,还是因为上海租界是洋人管辖的区域,排斥华人对于立法的参与和渗透。关于这一点,英国人自己讲得十分明确。"这个租界原来是为外国商人而非中国商人建立的。管理租界的依据是我们自己的法律,而不是中国的法律。"②这种法律就是洋人制订的法律。从中亦可见,辛亥革命时期上海华界现代的立法机关与上海租界现代的立法机关很不同,有自己的特点。

其次,辛亥革命时期上海华界现代的法律内容具有革命性。辛亥革命时期上海华界现代法制的一个非常凸显的方面是其法律内容的革命性。这一革命性突出表现在:推翻封建旧政权,建立现代的新政权;废除封建旧制度,建立现代新制度;改变封建旧习俗,推行现代新风尚,等等。这些都有相关规定作支撑。比如,《沪军都督府条例》、《沪军府办事简章》、《禁用毒刑告示》、《民刑诉讼章程》,还有《剪辫告示》、《禁止赌博告示》、《禁吸鸦片告示》等,都是如此。它们都是辛亥革命在上海取得的现代法制成果,也极大地推进了这一革命。

上海租界的法制则不具有这种革命性。上海租界处处以"中立"为借口,抵制辛亥革命。有告示要求,在华的英国人,既不要参与反清战争,也不要加入镇压革命党人的战争,否则,就要被处以 500 镑以下罚金或监禁 2 年以下。③可是,当这种"中立"在实施时,就不那么中立,而偏向抵制辛亥革命了。辛亥革命爆发后,英国领事还暗中与清政府的商会道公函来往,表示要"在租界内拘捕可能发现的任何乱党",保证"凡欲在租界内制造混乱者,捕房将一律予以逮捕,解往会审公廨,务请贵道台放心"。④当工部局得知租界有人要"举行游行以庆祝攻克南京"时,马上决定:"无论在任何情况下均不能准许这类示威活动"。⑤起义军士兵进入租界后,还多次遭到拘捕,送到会审公廨审判,1911 年 11 月和 1912 年 1、2 月都发生过这样的情况。⑥这些抵制辛亥革命的种种迹象表明,上海租界的现代法律内容更像是清政府的帮凶,而非"中立"的面目。其原因是上海租界为了自身利益,害怕中国进步、强大,害怕中国革命会有损自己因不平等条约而获得的既有利益;宁可中国有个腐败的清政府,也不愿看到中国有个革命、进步的新政府来维护中国主权与合法利益。因此,上海租界的法律内容抵制上海的辛亥革命有其一定

① 史梅定主编:《上海租界史》,上海社会科学院出版社 2001 年版,第 176—177 页。
② [英]克利斯多福·纽:《上海》上册,唐凤楼等译,学林出版社 1987 年版,第 428 页。
③ 唐振常主编:《上海史》,上海人民出版社 1989 年版,第 463 页。
④ 上海档案馆:《辛亥革命与上海——上海公共租界工部局档案选译》,中西书局,第 324 页。
⑤ 上海档案馆:《辛亥革命与上海——上海公共租界工部局档案选译》,中西书局,第 277 页。
⑥ 王立民:《会审公廨是中国的审判机关异议》,《学术月刊》2013 年第 10 期。

的必然性。从中亦可见,辛亥革命时期上海租界现代的法律内容与华界现代的法律内容有所不同,上海华界的法律内容也就有了自己的特点。

最后,辛亥革命时期上海华界现代审判的机关是华人组成的审判机关及其适用的是中国中央和上海华界自己制定的法律。辛亥革命时期,上海华界在司法制度方面的特点也十分明显。第一,辛亥革命时期华界建立的现代审判机关是由华人组成的审判机关。辛亥革命以后,上海先建立了上海司法署,行使审判权,1912 年上海司法署又改变为上海地方审判厅,负责人为厅长。这一审判的厅长和审判人员都为华人,没有洋人。①在那时中国现代审判机关的体系中,它们都属于地方审判机关,其上还有临时中央裁判所等。②第二,辛亥革命时期华界现代审判机关适用的是中国中央和华界自己制定的法律。辛亥革命时期上海华界的商会司法署、上海地方审判厅都是中国基层的审判机关,适用的都是中国自己制定的法律,其中既有中央制定的法律,也有上海华界自己制定的法律,适用阳历、禁缠足与吸鸦片、去长辫等规定都在其中。

上海租界现代的审判机关及其适用的法律就不是这样了。辛亥革命时期,上海租界的现代审判机关是会审公廨。它是建立于租界、由中外审判人员构成的审判机关,1868 年 12 月制定的《上海洋泾浜设官会审章程》规定:中国“遴委同知一员,专驻洋泾浜,管理各国租地界内钱债、斗殴、窃盗、词讼各等案件。”“凡遇案件牵涉洋人必应到案者,必须领事官汇通委员审问,或派洋官会审”。③正因为会审公廨的审判人员由华、洋人构成,故有人称其为“混合法庭”,④这与上海华界由华人审判人员构成的上海司法署、上海地方审判厅不同。另外,上海租界会审公廨审判时适用的主要是上海租界自己制订的规定,而不是中国法律。⑤这与辛亥革命时期上海华界的上海司法署、上海地方审判厅适用中国中央、上海华界颁行法律也不同。那是因为上海租界是上海的一个自治区域,其独立性很强,审判亦是如此,难怪有人称其为“国中之国”。⑥可见,辛亥革命时期上海华界的现代审判机关及其适用的法律也有其特点。

与上海租界的现代法制相比,辛亥革命时期上海华界现代法制的这些特点不仅客观存在,还充分证明这一法制是一种革命、进步的法制,一种迎

---

① 滕一龙主编:《上海审判志》,上海社会科学院出版社 2003 年版,第 63 页。
② 张晋藩总主编:《中国法制通史》(第 9 卷),法律出版社 1999 年版,第 416—417 页。
③ 王铁崖编:《中外旧约章汇编》(第 1 册),生活·读书·新知三联书店 1957 年版,第 269 页。
④ 史梅定主编:《上海租界志》,上海社会科学院出版社 2001 年版,第 279 页。
⑤ 王立民:《会审公廨是中国的审判机关异议》,《学术月刊》2013 年第 10 期。
⑥ 费成康:《中国租界史》,上海社会科学院出版社 1991 年版,第 1 页。

合历史发展趋势与上海人民意志、愿望的法制。这一法制至今都应得到充分肯定，不可被忽视。

鸦片战争以后，上海早于全国其他城市而设立了租界，相继诞生了英租界、美租界和法租界，以后英、美租界又合并为英美租界，再改名为公共租界，于是便有了与租界相对应的华界。辛亥革命时期，上海已处在一种"一城三治"的状况，即上海华界、公共租界、法租界互相独立、共存，各自进行治理。①此时的上海华界实际上就是一个上海的区域，其法制也是一种现代区域法制。这一法制仅适用于上海华界，不及上海租界。上海公共租界、法租界的法制也是现代区域法制，也不及上海华界、其他租界。上海租界的区域法制自建立之日起，就是现代法制，没有经过中国传统法制的阶段。上海华界则长期处在中国传统法制之下，鸦片战争以后受到过上海租界现代法制的局部影响。20世纪初的清末法制改革给上海华界的法制现代化带来大转机，可是，这一法制改革持续时间不长，改革得也不那么彻底，而且主要停留在中央层面，对地方法制的影响有限，包括上海在内。辛亥革命则不然。它不仅推翻了中国数千年的专制统治，也给中国现代法制的发展注入了新的活力，上海华界从中受惠。

上海华界在辛亥革命时期，大力推进现代法制建设，使上海华界的区域法制在法制现代化进程中迈出了一大步，领先于全国其他城市。上海华界是辛亥革命"响应之最有力而影响力全国最大者"中，亦包括了其现代法制建设。在上海，华界的现代法制建设虽起步晚于租界的现代法制建设半个多世纪，但其动力足、步子大、速度快，在辛亥革命时期就出现了大成效，在法律形式、法律语言、法律内容、司法制度等诸方面，均缩小了与上海租界现代法制的距离。从此，上海华界的现代法制建设与全国一样，驶入了发展的快车道，以致在20世纪30年代便基本实现了法制现代化。

从中亦可知晓，上海始终扮演了一个区域法制现代化领跑者的角色。鸦片战争以后，上海租界率先于全国其他城市，推出现代法制，打破了中国城市无现代法制的纪录，一跃走上区域法制现代化的道路。辛亥革命以后，上海华界又领先于全国其他城市，加快建设现代法制，快速实现了华界的区域法制现代化。上海两次都领跑于中国区域法制现代化，为全国其他城市的法制现代化提供了经验，为上海的现代城市建设提供了法制保障，上海世界大都市地位的形成绝非偶然。辛亥革命时期上海华界的现代法制在上海现代法制史，乃全中国现代法制史中都应留有浓墨重彩的一笔。

---

① 王立民：《论上海法制近代化中的区域治理》，《法学》2014年第1期。

第三十二章　上海特别市市民代表会议政府的《组织条例》

上海特别市市民代表会议政府(以下简称"市民代表会议政府"),即上海特别市临时市民政府是上海工人第三次武装起义胜利后建立起来的革命政权。《上海特别市市民代表会议政府组织条例》①(以下简称《组织条例》)是市民代表会议政府的组织法。此条例在 1927 年 3 月 25 日由市民代表会议第三次常务会通过并生效。②它是现存市民代表会议颁行最重要、最完整的法律之一,在上海法制史上留有光辉的一页。通过对《组织条例》的研析,有助于进一步了解市民代表会议政府法制的性质和状况,从法律的角度反映市民代表会议政府的性质和作用,以及加强对上海近代法制的理解。

一、《组织条例》的主要内容

《组织条例》共 16 条。第 1 条是关于市民代表会议政府性质的规定;第 2 条至第 4 条是关于市民代表会议政府隶属、行政区划及市民代表会议分级制的规定;第 5 条至第 11 条是关于市民代表会议产生的办法、资格和任期的规定;第 12 条至第 15 条是关于市、区代表会议职权的规定;第 16 条是关于《组织条例》生效时间的规定。综观《组织条例》,主要对以下问题作了规定。

1. 规定了市民代表会议的性质、隶属和分级制度

《组织条例》首先确认全市的最高权力机关是市民代表会议。第 1 条规定:"上海特别市以市民代表会议为全市最高权力机关。定名市民代表会议政府。"《组织条例》确认市民代表会议政府直接隶属国民政府。第 2 条规定:"上海特别市市民代表会议政府直隶属于国民政府,不入省县行政范

---

① 上海市档案馆编:《上海工人三次武装起义》,上海人民出版社 1983 年版,第 430—433 页。

② 《申报》1927 年 3 月 27 日。

围。"《组织条例》还确认市民代表会议为两级制。第 4 条规定:"市民代表会议分两级:(一)全市代表会议。(二)区代表会议"。区代表会议由各区分别召开,所以,第 3 条规定了上海的行政区划,暂分为闸北、南市、沪西、沪东、高桥、吴淞、公共租界和法租界等 8 个区。

2. 规定了市、区代表会议的职权

《组织条例》确认了市、区两级市民代表会议的职权。第 12 条规定市代表会议的职权为:"(甲)选举市执行委员;(乙)议决全市一切应兴应革事件;(丙)议决市立法、工资、粮食、房租、失业救济、教育、市政工程等事件;(丁)议决市税、市公债及市预算决算;(戊)议决各代表提议其所代表之团体群众对于市政意见;(己)议决发展市有产业事件;(庚)议决市内各区管辖区域变更事件;(辛)议决市执行委员会之报告及提议事件;(壬)议决向国民政府建议事件。"第 13 条根据市代表会议的职权对区代表会议的职权作了相应的规定。

3. 规定了市民代表会议的选举方式、代表资格和任期

《组织条例》确认选举采用直接选举的方式。第 5 条规定:"各区代表会议及全市代表会议之代表",须由所在工会、农会、公会等全体群众"个别开会直接选出"。为了保障上海人民行使自己的民主权利,《组织条例》还作了剥夺各种反革命分子的选举和被选举权的规定。第 5 条规定:"有下列各项之一者,均不得有选举、被选举权:(1)非中华民国籍者;(2)曾为帝国主义或军阀效力者;(3)受政府刑事上之宣告剥夺公权尚未复权者;(4)曾倡言反对革命者;(5)洋奴;(6)工贼;(7)土豪劣绅;(8)贪官污吏;(9)军阀;(10)土贩。"《组织条例》还确认了代表的任期。第 10 条规定:"各代表均任期一年,但得连选连任。代表溺职时,得由原选机关或团体召集大会议决撤回之"。

4. 规定了市民代表会议政府的组织机构

《组织条例》的第 8 条至第 11 条对市民代表会议政府的组织机构作了如下的规定:市、区代表会议是市、区的权力机关,市、区的代表会议选出执行委员会,再由执行委员会选出常务委员会。市常务委员会由 13 人组成,"总揽全市政务";区常务委员会由 5 至 7 人组成,"处理全区事务"。为了确保代表会议的代表能充分行使职权,第 9 条规定:"区代表会议、市代表会议,均每月召集一次",特殊情况例外。同时,为了防止、制裁堕落官员,市民代表会议还要选出监察委员 7 人,专门"监察市内贪官污吏,搜集证据,控告于市民代表会议"。

二、《组织条例》的特点

与上海以往的组织条例相比较,《组织条例》的特点主要表现在以下"三性"。

1.《组织条例》具有反帝反封建性

自鸦片战争以后,上海人民与全国人民一样,深受帝国主义、封建主义和官僚资本主义的压迫和剥削。所以,反帝反封建也就成为上海人民的奋斗目标。但是,由于各种原因,在上海历史上无一政权提出过彻底的反帝反封建纲领。19 世纪中叶,上海历史上著名的小刀会起义后建立的政权,在清政府和外国侵略者的共同围攻下,仍坚持了一年半,算是一个创举,但是,小刀会政权是农民与城市贫民的政权,它的目标是"匡复明室事",①即恢复明朝的统治,这就决定了它是无法彻底反帝反封建的。辛亥革命后的上海地方政府虽属资产阶级共和国的一个组成部分,可是由于我国资产阶级的软弱性,也不可能彻底地反帝反封建。北洋时期的上海地方政府与清朝上海地方政府一样,既是专制统治的产物,也是帝国主义的代言人,所以,不会也不可能反帝反封建。法律是国家意志的表现,因此,在它们的法律里当然不可能具有反帝反封建性。在上海历史上第一个具有反帝反封建性的政权就是市民代表会议政府,反帝反封建在它的《组织条例》里有明显的反映。

(1)《组织条例》明确规定市民代表会议政府隶属于当时反帝反封建的国民政府,而不是隶属于帝国主义豢养的北洋政府,在政权性质上确定了反帝反封建性。

(2)《组织条例》明确规定了"洋奴"、"土豪劣绅"、"贪官污吏"等反革命分子不享有选举权和被选举权,从组织上确保了反帝反封建性。

(3)《组织条例》还明确规定:"在革命战争时期,各革命的政党,得派代表特别参加各级执行委员会,"②从领导力量上保证了反帝反封建性。

2.《组织条例》具有开创性

《组织条例》的开创性,在它规定的政权组织形式上体现得非常明显。在上海工人第三次武装起义以前,上海曾有过以下一些政权组织形式:清朝封建专制政权、小刀会军事政权、资产阶级共和政权和北洋的独裁政权。在

---

① 《上海小刀会起义军史料汇编》,上海人民出版社 1980 年版,第 8 页。
② 《上海特别市市民代表会议政府组织条例》第 11 条。

这些政权组织形式中,除小刀会军事政权外,其他三者都是剥削阶级的政权,它们的政权都是为剥削阶级利益服务的。小刀会军事政权适用于局部地区战时状态,有很大的局限性,它们都不合当时在北伐战争节节胜利情况下上海人民的意愿。与以上所有的政权形式不同,《组织条例》规定的市民代表会议政府是一种全新的政权形式,开了上海史上的先河。主要表现在:

(1)市民代表会议的代表以职业或团体为单位直接选举产生。这样,一些不劳动、无职业的社会渣滓就不能成为代表;同时,代表与群众有密切的联系,他们既可以及时反映人民的要求和愿望,也可以受到人民经常性的监督。这就与过去以行政区域为单位推选代表的方法完全不同。

(2)市民代表会议采取的是议行合一的形式。市民代表会议是最高权力机关,"无立法与行政的划分",①采用的是议行合一的形式。这样,上海人民可根据形势的变化,随时自己立法,自己执法,避免或减少不必要的摩擦。市民代表会议的议行合一形式,既不同于专制独裁的形式,也不同于资产阶级"三权分立"的形式,是一种便于人民自己管理自己的新形式。

3.《组织条例》具有真正的、广泛的人民民主性

在市民代表会议政府成立以前,上海人民没有充分享受过自己广泛的民主。在清政府和北洋政府的专制独裁统治时期,人民没有民主;在小刀会统治时期,人民只有狭窄的民主;在资产阶级共和统治时期,人民得到的只是虚伪的民主。市民代表会议政府建立以后,人民自己掌握了政权,才获得真正的广泛的民主。这种民主中的有些内容在《组织条例》中被作为一种制度而确定了下来。主要有:

(1)人民有直接选举权。《组织条例》不仅规定人民有被选举权,还规定有直接选举代表权,就是说,每个上海公民都有直接参加决定上海命运的权力。

(2)人民有撤换溺职代表权,《组织条例》规定,人民发现代表溺职,随时"由原选机关或团体召集大会议决撤回之,同时另选他人为代表,补足任期"。②这一规定说明,人民不仅有选举权,还有撤换溺职代表权,使代表始终能具有人民性和先进性。

(3)剥夺反革命分子的选举权和被选举权。为了保障人民民主权利的实现,《组织条例》还规定各种反革命分子无选举权和被选举权,从另一个侧面保证了人民充分行使民主权利。

---

① 上海市档案馆编:《上海工人三次武装起义》,上海人民出版社1983年版,第327页。

② 《上海特别市市民代表会议政府组织条例》第10条。

三、《组织条例》颁行的意义

从《组织条例》规定的内容并联系当时的斗争情况来看,此条例的颁行主要有以下两点重要意义:

1.《组织条例》的颁行是上海人民战胜资产阶级右派的一大胜利

在《组织条例》的制订过程中,上海人民与资产阶级右派是有斗争的。它的颁行也说明上海人民战胜了资产阶级右派。斗争主要反映在以下三个问题上:

(1) 反映在市民代表会议的性质问题上。资产阶级右派想把市民代表会议变成"一个日本式的半封建的半资产阶级的议会制度"。其目的是要把它"变为改良的反革命的会议"。①这和上海人民的愿望完全相反。上海人民需要的是"上海革命民众的苏维埃",而且还"必须以工人阶级为主体,因为没有工人阶级为骨干,便没有国民革命苏维埃"。②

(2) 反映在产生代表的问题上。资产阶级右派"主张以区域为单位"产生代表,这样"以便无业流氓、土豪劣绅都可以参加政治",原因是怕"工人人数之众多将来必难胜利"。③上海人民则要求以职业或团体为单位产生代表,防止反革命分子混入代表队伍,保持代表队伍的纯洁性。

(3) 反映在市民代表会议政府的组织形式上。资产阶级右派主张搞"三权分立",把市民代表会议搞成一个议会性质的组织,原因是害怕人民掌握各项最高权力。上海人民则希望自己能把握和行使上海的全部最高权力,所以,要把市民代表会议建成一个与资产阶级"议会制度完全相反"④的议行合一的政权。

在我们党的领导下,上海人民与资产阶级右派在这三个原则问题上展开了针锋相对的斗争,并取得了胜利。《组织条例》规定市民代表会议代表由以工人为主体的各界人民组成,各种反革命分子无选举权;还规定市民代表会议政府隶属于国民政府,否定了资产阶级右派把市民代表会议变成"半封建制的半资产阶级的议会制度"的企图;《组织条例》规定市民代表会议代表按职业或团体产生,否定了资产阶级右派想按区域选举代表的阴谋;《组织条例》规定市民代表会议是最高权力机关,有立法、行政等一切权力,否定了资产阶级右派想搞"三权分立"的主张。正因为上海人民取得了胜利,所

---

① ② ③ ④　上海市档案馆编:《上海工人三次武装起义》,上海人民出版社 1983 年版,第 327 页。

以,在正式宣布按《组织条例》的规定而成立的上海特别市临时政府的大会上,上海人民欢欣万分,"音乐复奏,爆竹齐鸣"。①

2.《组织条例》的颁行也促成了上海特别市临时政府的正式成立,并确立和巩固了工人起义的成果

根据《组织条例》的规定,在 1927 年 3 月 29 日下午 3 时,在九亩地新舞台召开的全市市民代表会议上,宣布经国民政府核准,上海特别市临时政府正式成立,还宣布市政府委员由罗亦农、汪寿华等 19 人组成。②临时市政府的成立,改变了起义后,上海"陷于无政府状态,百废待兴"③的局面。同时,临时市政府的成立,还确立和巩固了上海工人武装起义的成果,如在市临时政府第五次会议上通过了反映上海人民意愿的"总要求",并作为努力的目标。此"总要求"共 13 项,其中有:"帮助北伐军北伐"、"收回租界,撤退驻华外兵"、"人民有集会、结社言论、出版、罢工绝对自由"、"废除苛捐杂税,减轻人民痛苦"、"颁布劳工法,保护劳苦人民"等。④又如在市临时政府的第七次会议上通过了《上海特别市临时市政府政纲草案》,它把"总要求"的奋斗目标提得更为明确和完整,内容涉及政治、经济、文化、法律等各个方面,如:"肃清军阀残余、贪官污吏、土豪劣绅、洋奴等一切反动势力"、"充分发展民众政权及民众组织"、"收回租界,撤退外国海陆军"、"继续进行反帝国主义运动,废除不平等条约"、"劳苦人民得有免费受补习教育之机会"、"实行八小时工作制"、"废除男女间不平等的一切法律和习惯,保障结婚、离婚自由"等。⑤这些都以政府的名义反映了上海广大人民的意志和愿望,有利于确立和巩固胜利成果。

《组织条例》是革命政权的组织条例,具有明显的进步性和革命性,这是必须肯定的。但是,由于当时的历史条件,此条例还有不足之处,如有排斥知识分子的倾向,该条例第 6 条规定:凡学术团体、教育会、红十字会等"均不得选派代表",这就不利于团结最广大的民众进行反帝反封建运动。另外,由于市民代表会议政府成立时间不长,所以,《组织条例》中规定的一些制度没能得到实施,如第 7 条中规定的监察委员就没落实等。

《组织条例》虽已成为历史,但它将永远与上海第三次工人武装起义一样,铭刻在上海人民心中。

---

① ② ③　《申报》1927 年 3 月 30 日。
④　《申报》1927 年 4 月 9 日。
⑤　《申报》1927 年 4 月 11 日。

第三十三章 上海律师公会与中国现代法制

2012 年是上海律师公会成立一百周年。回顾上海律师公会产生、发展的过程,与中国现代法制关系密切。本章就上海律师公会与中国现代法制问题作些论述。

一、上海律师公会是中国现代法制的产物

100 年前成立的上海律师公会并非无因之果,相反,其产生具有一定的必然性,其中与中国现代法制的关系特别密切,是这一法制的产物。

1. 鸦片战争以后中国租界最早出现了中国现代法制

1840 年鸦片战争爆发,以中国的失败而告终。英国与中国分别于 1842 年和 1843 年签订了不平等的《南京条约》和附件《五口通商章程》。根据这些条约,上海的英租界产生了。之后,法、美、德、俄、日本、意大利、奥地利、比利时等 8 个国家也分别通过不平等条约在中国设立了租界。设立租界的城市除了上海以外,还有厦门、天津、镇江、汉口、九江、广州、杭州、苏州、重庆等 9 个城市。①中国租界产生后,中国大地上的现代法制在 19 世纪便随之出现了。

中国租界会出现中国现代法制主要基于两个方面的原因。一个方面原因是中国租界建立了自己的现代法制。中国的租界是一个由外国列强管理的特殊地区,他们逐渐建立起自己的立法、行政、司法等机构,制定自己的规定,实施自己的法制,而这一法制与中国传统法制不同,是一种现代法制。以上海租界为例。上海自设立了英租界以后,又相继建立了美、法租界,之后,英、美租界又合并成立了公共租界。这些租界都有自己的立法机构,称为"西人纳税会"或"外人纳税会"等,行使立法权;有自己的行政机构,称为

---

① 费成康:《中国租界史》,上海社会科学院出版社 1991 年版,第 427—430 页。

"工部局"或"公董局",还有下属机构,如巡捕房等,行使行政执法权;有自己的司法机构,先后出现过领事法庭、会审公廨等,行使司法权。他们建立的法制是现代法制,在法规体系、法规结构、法制语言、审判制度、监狱制度等方面均具有现代法制的特征,不是中国传统法制。①

另一个方面原因是中国租界行使领事裁判权。中国在鸦片战争以后,因为不平等条约,承认了外国在华领事裁判权,先后有英、美、法、日、德、俄、意大利、瑞典、挪威、葡萄牙、丹麦、荷兰、比利时、秘鲁、巴西、墨西哥、瑞士、西班牙、奥地利等19个国家在中国取得了这一权利。②这些国家在中国的侨民被称为"有约国人"。他们在中国成为民、刑事案件的被告时,中国的法制与法院对他们无管辖权,而由他们所在国的法制和在中国的领事管辖。中国因此而丧失了对这些有约国人的司法权。这些取得领事裁判权国家的法制是现代西方法制,对有约国人适用的就是这种现代法制。由于那时的领事多在租界办公,领事馆、领事法庭也设在租界,于是租界便成了实施现代法制的地区了。

现代法制离不开律师制度,因此,中国租界在中国大地上最早出现了执业律师。首先出现的是洋律师,他们为有约国人服务,进行刑事辩护和民事代理。洋律师人数不多,增加也不算快。以上海租界为例,1872年时仅有7人,1900年时增为15人,1909年增到43人,1912年时才形成46人的规模。洋律师中,以英美律师为多。据1909年的统计,英美律师有31人,占律师总数的72%有余。③中国租界的律师制度对华人也产生了影响,以至于最晚在19世纪70年代,华人也开始聘用洋人律师为自己进行诉讼。在1875年英国"澳顺"轮撞沉中国"福星"轮的赔偿案中,中国当事人就聘请了英国律师担文进行诉讼。④中国租界的近代法制给中国人带来了一种新鲜感,看到了它的先进性,也体会到中国传统法制的落后性,使中国产生了要在华界也建立现代法制及其律师制度的冲动。

2. 清末法制改革以后,中国开始大规模建立起自己的现代法制

1900年,八国联军侵入北京,朝廷西迁,这迫使清政府不得不进行反思和推出"新政",于是拉开了中国大规模法制改革和法制现代化的序幕。这一现代化的路径是大量引进西方的现代法制,不断废除中国传统法制,以使中国的法制西方化,西方的法制中国化。为此,清政府作了一系列准备。其

①　工立民:《上海租界与上海法制现代化》,《法学》2006年第4期。
②　孙晓楼、赵颐年:《领事裁判权问题》(下),商务印书馆1936年版,第185页。
③　陈同:《近代社会变迁中的上海律师》,上海辞书出版社2008年版,第43页。
④　陈同:《略论上海外籍律师的法律活动及影响》,《史林》2005年第3期。

中包括:设立修订法律馆,制订近代法制草案;翻译西方的法学著作与法律,用以借鉴;选派中国学生到西方国家留学,学习现代法制;聘请西方法学专家来中国讲学和帮助制定法律草案;等等。

清末法制改革从 1901 年开始,10 年期间产出了一些现代法制的成果。其中,有宪法性文件《钦定宪法大纲》、《十九信条》;有刑法典《大清新刑律》;有商事法规《商人通则》、《公司律》、《破产律》等;有法院组织法《大理院审判编制法》、《各级审判厅试办章程》、《法院编制法》等。还有一些法典虽然没有生效,但草案已经拟成。其中有:《大清民律草案》、《大清商律草案》、《大清刑事诉讼律草案》和《大清民事诉讼律草案》等。从中可知,在清末法制改革以后,中国开始走上了法制现代化的历程。

就这些法律而言,其内容也都具备了现代的性质而与中国传统的法律体例和内容明显不一样。以《大清新刑律》为例。它的体例是现代刑法典的体例,分为总则、分则两部分,与中国传统法典名例和卫禁、职制、户婚等的分篇结构不一样;它的内容只有刑法,与中国传统法典的诸法合体内容不一样;它使用了现代的罪刑法定等原则,与中国传统的有罪推定等原则不一样;它规定的刑罚是现代刑罚,主刑为罚金、拘役、有期徒刑、无期徒刑和死刑,与中国传统的笞、杖、徒、流和死刑不一样;等等。可见,那时现代法制在中国除租界以外的地区也开始出现了。

中国的这一现代法制诞生不久,律师的合法性就被确认了。《法院编制法》从有一定年限的律师可以成为法官、检察官的角度出发,来确认律师的合法性,这为以后律师制度的发展奠定了基础。它规定:已经工作满 3 年以上律师的人员可以免试,成为候补推事、候补检察官;已经工作满 5 年以上律师的人员可以免试成为推事、检察官等。①这些生效的规定是中国律师制度的肇始,对以后中国律师制度的发展和上海律师公会的产生都具有积极意义。

3. 上海成立了律师公会

中国律师的诞生依托于中国现代法制,中国现代法制又催生了中国律师公会。那时,中国律师是自由职业者,需有自己的行业组织来进行联络、协调、交流,使之更能成为一个行业统一体。从这种意义上讲,律师公会是中国现代法制的产物,包括上海律师公会。中国最早成立的律师公会是江苏律师总会,成立的时间在 1911 年年底前。从 1912 年 2 月 10 日《申报》刊登的《江苏律师总会广告》中获知,它于旧历十月成立。与这个旧历相对应

---

① 　陈同:《近代社会变迁中的上海律师》,上海辞书出版社 2008 年版,第 43 页。

的公历时间应是 1911 年 11 月 21 日至 12 月 19 日。因此,可以推定它在 1911 年年底前就成立了。苏州律师公会紧随其后,成立时间是 1912 年 1 月 8 日。①再后,上海律师公会也成立了,时间定格在 1912 年 12 月 8 日。成立的第 2 天,《申报》还专门刊载了成立消息。但是,上海的律师组织应该成立更早。有学者研究后认为,实际上,上海地区的律师组织在 1912 年年初就成立了,而稍后成立的上海律师公会与 1912 年 1 月成立的中华民国律师总会有着密切的亲缘关系。②上海律师公会的成立是中国律师史乃至中国现代法制史中的一件大事。它为上海律师乃至中国律师业的大发展,提供了组织基础和发展契机,功不可没。

二、上海律师公会随着中国现代法制的发展而发展

中国大规模的法制现代化过程是在清末法制改革以后,其步伐始终没有停止,不断向前发展,其中包括律师制度。上海律师公会随着这一法制的发展也在不断发展。

1. 中国的现代法制逐渐建成

清末中国法制改革以后,中国开始迈入了大规模法制现代化进程,其范围已突破租界。可是,这仅仅是个开始,有些法律只停留在草案阶段,需有后续朝代的接续,之后的南京临时政府和北洋政府仍然坚持走法制现代化的道路。南京临时政府颁行了中国历史上第一部民主共和的宪法性文件《中华民国临时约法》;还制定了一系列具有进步意义的现代规定,比如:禁止刑讯、体罚、吸烟(毒)、妇女缠足等。北洋政府除了也颁布过宪法性文件以外,还逐渐形成了由法典、单行法规和判例、解释例构成的法律体系。这一体系在之后的南京国民政府时期有了进一步的发挥。

到了 20 世纪 30 年代,中国现代法制基本建成,其体系被称为"六法体系"。这个"六法"定型为宪法、民法、民事诉讼法、刑法、刑事诉讼法和行政法。"六法体系"由法典(除行政法外)、相关法规、判例和解释例构成,其中的内容也都逐步现代化了。这里以《中华民国民法》为例。此法典的体系和内容大量来自大陆法系国家的民法典。它的体系由总则、债、物权、亲属和继承等 5 编构成;它的基本精神是自由、公平、博爱;它的原则是平等、互利、

---

① 陈同:《近代社会变迁中的上海律师》,上海辞书出版社 2008 年版,第 168 页。
② 陈同:《近代社会变迁中的上海律师》,上海辞书出版社 2008 年版,第 173 页。

诚实信用等；它的内容着重调整平等主体的财产关系，也重视对社会公益的保护，这些都是现代民法典的体系和内容。其他法律也基本如此。20 世纪 30 年代以后，这一法制逐渐完善化，也更加成熟了。

2. 中国现代的律师制度逐渐趋于完善

中国现代的律师制度作为中国近代法制的一个组成部分，也在逐渐的发展过程中趋向完善。南京临时政府曾致力于律师法的制定，也拟成了《律师法草案》，可惜这一政府的执政时间太短，此草案最终没能兑现成法律。[1]之后的北洋政府颁行了一系列有关律师的规定，逐渐建立起中国现代的律师制度。其中，有关于律师登记的《律师登录暂行章程》（1912 年）；关于惩戒违规律师的《律师惩戒会暂行会则》（1913 年）；关于律师惩戒会决议书格式的《律师惩戒会决议书式令》（1914 年）；关于复核惩戒律师结果的《复审查律师惩戒会审查细则》（1917 年）；关于律师考试的《律师考试令》（1917 年）等。这些规定综合起来，基本形成了中国现代的律师制度，内容涉及律师考试、律师资格的取得、违规律师的惩戒及其组织、惩戒结果的复审等。[2]

南京国民政府在这一基础上，又把中国现代的律师制度再向前推进了一步，使其内容更为完善。1941 年 1 月《律师法》颁行，此后一系列关系规定又相继出台。其中有：《律师法施行细则》（1941 年）、《律师登录规则》（1941 年）、《律师惩戒规则》（1941 年）、《律师检核办法》（1945 年）等。这些规定使中国现代的律师制度体系比较完善。它由律师法及其施行细则和律师登录、惩戒、检核等关系法规构成，基本涵盖了与律师制度相关的一些领域，能够基本满足规范、调整律师行为的需要。同时，这一制度的内容也比较完善，涉及与律师相关的方方面面，包括律师资格的取得及其限制；律师执业的条件、方式与范围；律师办案的回避和惩戒；律师的收费与谢金；律师的义务等。而且，每个方面的内容也都比较周全。以《律师法》对律师回避制度的规定为例。在这一法律规定以前，法制上一直以训令形式对律师回避的内容作出规定，其位阶不高，内容也不够全面。《律师法》把其作为一项制度作了规定，而且内容比较完整。它规定：司法人员从离职之日起的 3 年之内，不得在曾经任职的法院管辖的区域内执行律师职务；律师在注销登录后的 1 年内，不得在曾经执行职务区域内的法院担任司法官；律师与法院院长或首席检察官有配偶 5 亲等内血亲或 3 亲等内姻亲关系者，不得在该法院登

---

[1]　徐家力：《中国民国律师制度史》，中国政法大学出版社 1998 年版，第 39 页。

[2]　王申：《中国近代律师制度与律师》，上海社会科学院出版社 1994 年版，第 42—44 页。

录;等等。①其他制度也同样如此。

综观中国现代的律师制度,其具体制度的逐渐发展、完善过程也十分明显。这里以律师资格方面的规定为例,来审视这一过程。根据《律师暂行章程》的规定,只要具备以下条件之一的,便可直接成为律师。这些条件是:在外国大学或专门学校、国内国立公立大学或专门学校学习法律 3 年以上并取得毕业文凭;在外国大学、专门学校学法政学 3 年以上并取得毕业文凭;在国立、公立、私立大学、专门学校讲授《律师考试章程》中的主要科目之一满 3 年;在外国专门学校学习速成法政 1 年以上,取得文凭,并曾经担任推事、检察官、巡警官,或者曾在国立、公立、私立大学或专门学校讲授《律师考试章程》内重要科目之一满 1 年。之后,《律师法》对这一规定作了较大的修改,使之更能适应中国现代律师业的发展需求,也使中国现代的律师制度更为完善。它对直接可以成为律师的资格作了更为完善的规定,集中体现在以下几个方面:第一,强调实践经历。把仅在国内外大学毕业但无实践经验者都排除在外,因此,只有曾任推事、检察官、学习法律 3 年以上毕业,并办理民刑事件 2 年以上或任立法委员 3 年以上者,才能直接任律师。第二,缩小了可以直接任律师的教师范围。只有在大学、专门学校讲授主要法律科目 2 年以上,并具有讲师以上职称者,才能任律师。无这一经历和职称者即被排除在外了。②这一修改既强调实践的重要性,又考虑到教学的经验和水平,更能适应律师工作必须理论与实践相结合的需求。中国现代的律师制度就是在不断探索、修改中不断发展,趋于完善。

3. 上海律师公会也不断发展

随着包括律师制度在内的中国现代法制的发展和完善,上海律师公会也不断发展。这种发展突出表现在以下 3 个方面:第一方面,规模逐渐扩大。中国现代律师尽管是自由职业者,但是,自己的同业组织律师公会对律师本人和律师业的发展都有不可替代的重要作用,因此,参会律师人数的增加和律师公会规模的扩大,便具有其必然性了。另外,之后的律师法也对律师必须加入律师公会作了强制性规定,这同样促使律师公会人数的增加和规模的扩大。上海律师公会也是如此。开始时,律师自愿参加,之后律师法又规定律师必须加入律师公会后才能执业。《律师法》明文规定,律师非加入律师公会的,不得执行职务。这就使上海律师公会的参会律师越来越多,律师公会的规模也随之扩大了。据统计,1913 年不到 40 人,1921 年时增至 198

---

① 王申:《中国近代律师制度与律师》,上海社会科学院出版社 1994 年版,第 64 页。

② 徐家力:《中国民国律师制度史》,中国政法大学出版社 1998 年版,第 62—63 页。

人,1931 年时为 816 人,1939 年达到 1204 人。抗日战争胜利以后,上海律师公会的人数仍保持在 1000 人以上。①

第二方面,律师队伍结构趋向合理。这里主要是指女律师。开始时,上海律师公会中没有女律师。这是由法律规定造成的,《律师暂行章程》曾把女子排斥在律师队伍之外。它规定:律师资格的年龄必须在 20 岁以上,女子不能充任律师。这一规定排除了女律师产生的可能性,人为地使律师队伍结构不合理,即只有男律师而无女律师。这种性别歧视的规定被取消以后,女律师的人数就有所增加,所占比例也有所提升。据统计,在上海律师公会名录中,1939 年有女律师 53 名,占律师总人数的 4.4%;1948 年则增加为 70 名,所占比例也提升为 6%。②其中,不乏著名律师,史良便是其中的杰出代表。女律师的加盟,使上海律师公会中律师队伍的结构趋向合理。

第三方面,领导机构集体化。上海律师公会自成立起至 1927 年前,领导机构实行的是会长制,设会长和副会长各一人,均由律师大会选举产生。随着上海公会中律师的增加,工作压力加大,会长制已不能适应管理的需要,于是,在 1927 年 9 月举行的改选大会上,决定改会长制为委员制,从个人领导转型为集体领导。其管理体制为:上海律师公会的会员大会是议决机关,下设监察委员会和执行委员会两个组织。监察委员会负责监察公会中的事务,由三人构成。执行委员会主持公会中的日常事务,由 15 人的执行委员构成,其中 3 人为常务委员。执行委员会下设庶务和书记各 1 人,从事具体工作。抗日战争胜利后,上海律师公会恢复,继续采用委员制。由于律师人数的增加,上海律师公会中两个委员会的组成人员也有所增加。监察委员增加到 10 人,执行委员也增至 34 人。③从会长制发展为委员制以后,上海律师公会在律师的管理上,实行集体化领导,更有利于集中大家的智慧,发挥集体的力量,把公会工作做得更好。

三、上海律师公会为中国现代的法制事业作出的贡献

上海律师公会成立以后,便利用自己的专长,积极为中国现代的法制事业作贡献。这一贡献分为上海律师公会组织的贡献和上海律师公会成员个人的贡献两大部分。

---

① ②　陈同:《近代社会变迁中的上海律师》,上海辞书出版社 2008 年版,第 185—192 页。
③　王立民:《上海法制史》,上海人民出版社 1998 年版,第 310—311 页。

1. 上海律师公会组织的贡献

上海律师公会作为一个组织,积极为中国现代的法制事业作出了贡献。主要表现在三个方面。第一,为维护中国现代法制的完整性,在废除领事裁判权方面作出了贡献。自鸦片战争以后,19个外国列强先后在中国取得了领事裁判权,中国的司法权因此而受损,中国现代法制的完整性也遭到破坏。中国的司法权受损以后,有约国人在中国为非作歹,无视、损害中国人民的合法权益。这使中国人民愤怒,于是要求废除领事裁判权的呼声一浪高过一浪,特别是在上海的"五卅"惨案发生以后。上海律师公会以组织的名义,站在广大民众一边,利用专业知识,维护正义,积极开展废除领事裁判权的活动,以收回失去的司法权。这里仅举两例。1925年,上海律师公会组织律师赴京请愿,面陈当时的北京政府,强烈要求废除领事裁判权,维护司法权。1929年,上海律师公会在举行春季定期的总会时,再次要求政府收回租界的司法权,废除领事裁判权,掀起了上海律师界又一次维护国家司法权的高潮。①上海律师公会为维护中国现代的司法权和完善中国近代法制作出了一次又一次的努力。

第二,为完善中国现代法制,在建立冤狱赔偿制度方面作出了贡献。冤狱赔偿制度是西方现代法制中的一个组成部分。18世纪末的欧洲曾开展了冤狱赔偿的运动,19世纪的法国、意大利、德国等一些国家先后建立了冤狱赔偿制度。中国政府对这一制度的建立比较消极。这不仅有损于人权,而且还使中国近代法制留下缺口,不够完善。1931年,中国的法律人开展了中国的冤狱赔偿运动,上海律师公会积极参与其中。1935年5月,上海律师公会在中国冤狱赔偿运动委员会召开的第一次会议后,便招待各界人士,作为此委员会主席的上海律师沈钧儒专门向大家报告了这一运动的意义与经过,动员社会力量支持此运动。翌年,在全国举行的第二届冤狱赔偿运动周年之际,上海律师公会也召开了全体会员会议,邀请上海各社会团体负责人和各界代表与会。会上,大家揭露国民政府"攘外必先安内"的错误方针,强烈要求政府建立冤狱赔偿制度,切实维护冤狱赔偿权。②这种大力反映民意呼声的活动为中国之后建立这一制度、完善法制作出了贡献。

第三,为实现中国现代法制的实质平等,在积极开展维护法律救助权方面作出了贡献。中国现代法制不仅要求在形式上的平等,而且还应该在实质上实现平等。实现实质平等就少不了维护法律救助权,这也是中国现代

---

① 王立民:《上海律师公会的维权活动》,《新民晚报》2008年4月27日。
② 王立民:《上海法制史》,上海人民出版社1998年版,第313—314页。

法制中不可或缺的一个组成部分。过去的上海是一个贫富不均的城市,贫者往往是弱者,特别需要法律的救助,否则,就无法实现实质平等。上海律师公会深知这一点,积极组织律师开展一系列法律救助活动。1924 年,在上海律师公会的倡议下,上海成立了"上海律师援助会",专门开展对贫困民众的法律援助活动。1928 年,上海律师公会又专门设立了一个法律援助机构,进行法律援助工作。这一援助工作的内容包括:解答法律问题、证明法律行为、代办诉讼等。上海律师公会开展的这一法律救助活动还得到了中国其他地方律师组织的积极响应,这类活动在其他地方也兴起了。[①]

2. 上海律师公会成员个人的贡献

上海律师个人作为上海律师公会的成员,在公会的领导下,通过开展各种律师业务,维护当事人的合法权益,努力实现社会的公平正义,为中国现代的法制事业作出了贡献。这又突出体现在以下三个方面:第一,为进步人士和共产党人进行辩护。上海是中国工人阶级的集中地,也是进步人士和共产党人的活动地。他们开展进步、革命活动很具风险,当他们中的有些人被捕以后,上海律师公会的有些律师会以律师的身份,挺身而出,进行辩护,而且还留下了成功辩护的案例。史良律师曾经为左翼作家艾芜作过成功辩护。

1933 年 3 月,艾芜在上海曹家渡一家丝绸厂与工人同胞们商量事宜时,被特务抓获,同时被捕的还有 6 位工人,涉嫌的罪名是"危害民国罪"。史良接受了"左联"的委托,担任了艾芜的辩护人,她有力的辩护,使他们最终全都被释放。上海律师胡凯声曾经为陈赓作过成功的辩护。1933 年 3 月,当时任全国总工会秘书长的王其良被特务抓获并叛变投敌,陈赓因此在上海被捕。消息传出后,中共上海地下组织立即与宋庆龄联系,并委托她聘请律师为陈赓辩护。宋庆龄最终选定了胡凯声律师,认为他比较合适。他虽为国民党党员,但拥护共产党的抗日主张,而且在 1928 年时还为共产党人陈延年作过辩护。胡凯声在法庭上有理有节地陈词,最终使陈赓脱险,并于同年秋天回到了中央根据地。[②]

第二,为正义事业服务。上海律师公会的许多律师都站在正义事业一边,为社会伸张正义而服务,并成为佳话。为"救国会七君子"辩护就是如此。1936 年 11 月,上海的沈钧儒、史良、沙千里、王造时、章乃器、邹韬奋和李公朴因在上海发起成立"全国各界救国联合会"而遭到逮捕,并于第二年

---

① 王申:《中国近代律师制度与律师》,上海社会科学院出版社 1994 年版,第 114—115 页。

② 王立民:《上海法制史》,上海人民出版社 1998 年版,第 315—316 页。

4月被江苏省高等法院检察处起诉,指控的犯罪行为是"共同以危害民国为目的而组织团体""发起救国运动"等。对此,上海人民和律师都义愤填膺,上海律师还自己组建了一个由21位律师组成的辩护队伍,赴江苏为"七君子"伸张正义,为正义事业服务。他们尽心履职,从容应对,提交了长达2万字的答辩状,全面反驳了起诉书中的指控,为"七君子"主持正义。律师们的辩护为"七君子"赢得了法理和政治上的胜利,也为最终开释他们创造了极为有利的条件。①

第三,为劳苦民众解难。旧上海既是个国际大都市,又是劳苦民众的聚集地。在上海,他们人地生疏,又常受欺侮,还没钱进行诉讼,无法利用法律保护自己。上海律师公会的不少律师会出于正义感和同情心,帮助他们解难。朱榜生律师就是如此。据记者包笑天《钏影楼回忆录续编》的记载:一天,有个女孩到律师事务所向在所的律师朱榜生哭诉,自称是南京人,9岁时以80元的价格被卖到上海的妓院,受尽折磨,现在要脱离这个罪恶之地;另外,还讲了与一个叫郑大可的杭州人相好等事。朱榜生律师听完后,很"可怜她",决定相助,帮她解难。他从两个方面着手,一方面,他联系郑大可,由其准备资金,作为那位女孩的赎身金;另一方面,又与妓院老板娘谈解救那位女孩事宜。在交谈中,朱榜生律师历数这个老板娘的违法行径,对她施加压力,最后,她只得同意放人,解救之事总算有了个满意的结局,那女孩也获得了新生。从那以后,朱榜生律师名声大震,赢得了"护花律师"的美誉。②其实,上海还有不少这样的律师,朱榜生律师只是其中的一员。

综上所述,上海律师公会在中国现代法制的建设中功不可没,既值得研究,也需要传承其精神。

---

① 王立民:《"七君子"的律师辩护团》,《新民晚报》2008年11月30日。
② 包天笑:《钏影楼回忆录续编》,香港大华出版社1973年版,第105—110页。

第三十四章　新上海第一年刑案及其审判

　　上海解放后第一年是巩固政权、恢复经济和稳定社会的关键一年。在这一年中,惩治犯罪、处理各种刑案显得特别重要,因为那时的刑案多,而且对社会的危害又特别大。如果不认真处理刑案,新上海的各项工作都会步履艰难,事倍功半,后果不堪设想。本章就这一年的刑案及相关问题作些述评。

一、新上海第一年刑案的种类

　　新上海的第一年中发生和处理的刑案很多,大致可以分为以下几大类。

1. 反革命犯罪案件

　　上海解放后,国民党的反动势力仍负隅顽抗,妄图通过各种反革命犯罪活动,来颠覆、推翻新生的人民政权。这种犯罪活动破坏力大,危害性也大,因此,新上海的司法机关把其作为重点打击对象。在这类犯罪中,表现形式不尽相同,但其反革命本质完全一致。

　　(1) 以反革命为目的的破坏上海交通事业案件。1950 年 5 月 5 日处理的一个反革命案十分典型。此案的罪犯是黄兆星、潘荣海和黄金根三人。他们均为毛森系统的"匪首",1950 年 3 月,受命从舟山潜入上海。到上海后即疯狂进行反革命犯罪,曾先后劫掠我运输货船,破坏我交通事业,致人民生命财产受巨大损失,实属罪不容诛。经审判后,呈请上海军管会批准,"判处死刑,以昭炯戒",并于 1950 年 5 月 5 日执行。①

　　(2) 以反革命为目的的杀人案件。被谋杀的对象有革命军人、地方工作人员和革命农民等。1949 年 12 月正法的黄志英等 10 名反革命罪犯就是如此。他们均是反动的"长江纵队"的成员。上海解放后,他们作恶多端,而且

① 《解放日报》1950 年 5 月 6 日。

专门"杀害革命军人、地方工作人员、革命农民"。案发后，经审判，其中黄志英等 7 名主犯被判处死刑，徐小祥等 3 名从犯"因犯罪情形不同，故分别处以有期徒刑"。①

多数反革命案件都由不同的反革命犯罪活动构成，比较复杂，罪犯从事的也多是反革命犯罪活动。1950 年 5 月 4 日处理的李达等 5 人的反革命案就是如此。他们都是军统特务组织成员。上海解放后，从舟山派遣而来的，在上海，他们从事的反革命犯罪活动包括：组织反革命的敢死队，并在其中任职；向蒋军轰炸上海提供目标的情报，企图抢劫解放军的军粮；收集枪支弹药和制订反革命计划等。这些都对上海的新生政权和人民造成了极大的威胁和危害。因此经审判后，全都被处死刑。执行死刑的第二天，《解放日报》专门作了报道，题为："巩固人民民主政权，李达等五匪特正法。"②

2. 经济犯罪案件

在上海解放的第一年中，经济犯罪也曾十分猖獗，这对上海经济的恢复造成了极大的损害，因此，上海司法也把这类犯罪作为重点打击对象。

金融犯罪是当时上海的一种严重经济犯罪。解放初期，上海的一些不法奸商进行银元投机，以致扰乱金融、刺激物价、阻碍生产、破坏社会经济秩序，危害了人民生活。因此，广大的上海市民"对此类不法奸徒，早已纷纷表示极大的愤怒"。1949 年 6 月 10 日上午，上海市军管会采取了行动，"到汉口路证券大楼取缔银元投机"。③到同年 7 月底，对首批 9 名罪犯做了判决。根据他们的不同罪行，分别判处拘役 6 个月、有期徒刑 6 个月至 8 个月不等。这就是较为著名的"证券大楼投机案"。④

隐匿官僚资本也是当时的一种严重的经济犯罪，它直接有损于上海的国有经济。上海的司法机关也打击这类犯罪，审判这类案件。1950 年 1 月，上海市人民法院审判了这样的一件刑案。罪犯是敦裕钱庄的原总经理顾心逸和原经理顾诚齐。敦裕钱庄是孔祥熙的财产，解放后，他俩均存心隐匿，"不肯坦白，不向人民政府有关机关报告"。尽管人民政府派员"施以深切教育，但顾等仍无悔悟之意"。因此，法院就对这两个罪犯作出判决：两人各处有期徒刑 3 年；另外，顾心逸并处罚金人民币 6 亿元（折合现人民币 6 万元）；顾诚齐并处罚金 4 亿元（折合现人民币 4 万元）。而且，"罚金之执行，就其已知之财产先予扣押，不足时，以人民 10 万元（折合现人民币 10 元）折

---

① 《解放日报》1949 年 12 月 29 日。
② 《解放日报》1950 年 5 月 5 日。
③ 《解放日报》1949 年 6 月 10 日。
④ 《解放日报》1949 年 7 月 30 日。

抵一日易服劳役"。①

3. 侵犯人身权犯罪案件

在新上海第一年中,还出现过侵犯人身权的犯罪,这种犯罪严重损害了社会治安,威胁了社会的稳定,因此,上海的司法也打击这类犯罪,审判这类案件。

上海市人民法院成立之后判处死刑的第一人便是杀人犯姚祖舜。他在抗日战争前曾任法官、律师等职。抗日战争后便到上海投机,赚了不少钱,1947 年,他"勾引平剧演员宋紫萍与之同居"。可是,姚祖舜暴戾成性,对宋紫萍常加以凌虐,以致她在怀孕的情况下,与她脱离了关系,使其回到娘家。1949 年 6 月 3 日,姚祖舜把宋紫萍骗到自己住所,"假意欢笑,诱宋沐澡时,用尖刀刺宋十二刀,腹破肠流,立时身死"。对于姚祖舜的这种"残酷暴戾"行为,上海市人民法院判处其死刑,并经上海市军管会核准,于 1949 年 11 月 23 日下午执行。②

那时还发生过轮奸、伤害案。对于这类案件,上海司法机关同样依法处理。1950 年 7 月 3 日下午,罪犯杨玉顺和叶耀文两人闯入华山路 1316 号的德国侨民劳伦斯家中,将劳伦斯全家捆绑,然后,他们"将劳伦斯之妻玛丽亚拖至浴室轮奸,又用报纸烧伤玛丽亚之下腹及阴部",极为残忍。根据这两个罪犯的犯罪事实,上海市人民法院也判处他们死刑。③

4. 侵犯财产权犯罪案件

侵犯财产权的犯罪直接有害于公、私财产,对新上海的国家利益和人民利益都造成了危害,因此,上海的司法机关同样惩治这类犯罪,其中除了大量的盗窃犯罪案外,还有一些其他的同类犯罪。

抢劫犯罪案。解放初的上海抢劫案不少,打击的力度也很大,许多罪犯被处死。1949 年 6 月 16 日下午就处了抢劫犯 4 人,其中有"开枪拒捕劫盗犯汤海述、沈奇荣、陈志利、杨盛培与假冒人民解放军实行武装抢劫的杨剑平"。这是新上海对那些怙恶不悛犯罪分子,"首次采取了严厉镇压的措施"。④

贪污犯罪案。贪污犯罪在新上海第一年中不多,但危害不小,所以,上海的司法机关同样进行打击,安事农贪污案是典型的一案。他原是上海实

---

① 《解放日报》1950 年 1 月 14 日。
② 《解放日报》1949 年 11 月 24 日。
③ 《解放日报》1950 年 4 月 12 日。
④ 《解放日报》1949 年 6 月 17 日。

验经济农场场长,任职期间,他"侵蚀人民财产,破坏农场建设"。上海市人民法院于 1949 年 8 月 29 日作出判决,判处他"有期徒刑五年,全部财产除酌留家属一年生活费用外没收"。①还有,上海市公安局常熟分局副股长庄琴堂贪污案也是其中一例。②

诈骗犯罪案。当时发生的诈骗案件不算少。张志良用伪造的印花税票诈骗钱财是其中之一。上海解放后,罪犯张志良,"伪造上海市直接税局改制之人民币五十元印花税票",在周家桥上海邮政第 28 支局,以替工为名,出售伪造的印花税票,1949 年 10 月 20 日,上海市人民法院对此案进行了审判,结果是张志良"被判处有期徒刑八个月,赃物没收"。③

敲诈勒索犯罪案。敲诈勒索犯罪在那时也有,罪犯同样要受到处罚,罪犯方介扬 1940 年参加国民政府军,1945 年加入解放军,上海解放后,任后勤部军械处第一仓库卫生员。1950 年 3 月 5 日,他在汉口路的瑞生和茶庄听到有人造谣说:"国民党反攻到来"。于是,便利用这一点,他敲诈此茶庄老板的钱财,要"罚五石大米,如不认罚,决不客气"。方介扬被捕后,对自己的犯罪事实"供认不讳",最后被判处有期徒刑 5 年。④

5. 其他犯罪案件

新上海第一年审判的刑事案中,还有其他一些案件。这些案件中的罪犯同样给社会造成危害,扰乱了正常的社会秩序,所以,也在上海司法机关的惩治之列。

当时的上海出现过危害公共安全的刑事案件,上海的司法机关处理过这类案件。1950 年 2 月 14 日,造成重大交通肇事犯罪的范一萍被执行死刑。他原是国民政府的少尉军官。上海解放后参加了华东军政大学工人子弟团,任驾驶员,由于他过去"野蛮成性",所以,在 1949 年 7 月至 8 月先后三次在四川北路、中心路和外滩肇事,"压坏车辆,撞伤市民"。虽经多次教育,可他仍不痛改前非。1950 年 8 月 30 日下午,他驾车到鸭绿江路口时,撞伤市民陶锦法,陶当场"鼻口流血,不省人事"。当时,马上有人围观,范一萍自称将陶锦法送往医院,可是,他不但没有把陶锦法送往医院,反而"绕道驾车至江湾郊外五角场人稀之处,将伤者抛于路旁草地,空车逃回隐瞒不报,并提出请假回家,企图逃脱人命责任。"结果,陶锦法不治身亡。审判中,范

---

① 《文汇报》1949 年 8 月 30 日。
② 《新民晚报》1999 年 12 月 8 日。
③ 《解放日报》1949 年 10 月 21 日。
④ 《解放日报》1950 年 5 月 14 日。

一萍对自己的犯罪事实"供认不讳",最后被判处死刑。①

在新上海第一年发生的刑案中,还有渎职方面的案件。当时货物税局的税务员刘肖和就犯有渎职罪。他利用职权不仅收受所管辖的振裕毛纺织厂的所谓"车马费津贴"外,还使该厂自 1949 年 5 月底至 11 月 16 日的时间里,漏税的棉纱达 1504 磅,以致国家的税收损失 1777 万元。经法院审理后,"将他判处徒刑一年六个月"。②

那时还出现过妨害婚姻家庭方面的刑案。重婚案是其中之一。1950 年 4 月,上海市人民法院审判了一件重婚案,罪犯汤锡福早年与徐阿二结婚,生有子女 6 人,1947 年,他与徐阿二母子"感情不睦",开始分居,此后,汤锡福与"钱宝珠通奸",解放后,还"公然同居"。于是,徐阿二母子便到法院控告汤锡福犯有重婚罪。法院审理此案后认为:"汤锡福未与徐阿二正式离婚,即与他人通奸,犯重婚罪成立。"所以,"判汤锡福徒刑六月,缓刑二年"。③

二、新上海第一年刑案处理的效果

在新上海第一年中,打击犯罪、处理刑案后的效果明显,其中较为突出的是巩固了政权,恢复了经济和稳定了社会。

1. 巩固了政权

解放前夕,国民党逃离上海时,有计划地在上海市内潜伏了 6000 余名特务,其中组长以上的骨干有 1600 人。以后,还从舟山、台湾陆续派来了不少特务。这些特务的任务就是进行各种反革命活动。推翻、颠覆上海的新生政权,使上海陷入混乱。以上所述的各种反革命犯罪案,不论是破坏交通事业,还是进行谋杀等,都是为了实现这一任务。对于这些反革命犯罪和犯罪分子,上海的司法机关都采取了果断措施,进行严厉打击。到 1949 年底,上海共破获反革命特务案件 419 起,抓获特务分子 1499 名,缴获收发报机 109 部,枪械 200 支。④初战告捷。

1949 年后,上海的司法机关继续惩罚这类犯罪,处理这类刑案。据统计,在 1950 年的前四个月,又破获、处理了匪特案件 485 起,被破获的反革命

---

① 《解放日报》1950 年 2 月 14 日。
② 《解放日报》1949 年 3 月 26 日。
③ 《解放日报》1950 年 4 月 18 日。
④ 朱华等:《上海一百年》,上海人民出版社 1999 年版,第 301 页。

组织有"大上海青年特务团"、"反共救国团"、"反共救国军第一纵"、"东南反共救国军"等38个。①再战告捷。

打击了各种犯罪,特别是反革命犯罪以后,上海的新生政权得到了巩固。效果十分明显,至1950年1月,连农村的基层政权都已逐渐建立起来了。正如一篇《解放日报》社论中讲的:"巨大规模的生产救灾工作正在各地进行,基层政权在逐渐改造,农民协会与民兵自卫队以空前速度组织起来提高了农民的觉悟,训练与提拔了大批地方干部与积极分子,召开了各级农民代表会议",②其成绩有目共睹。

2. 恢复了经济

上海解放初期的经济真是千疮百孔。生产和生活资料都严重缺乏,粮食仅够全市半个月的消费,煤炭只有一个星期的库存,私营棉纺厂的存棉只能用于维持一个月的生产。同时,硬通货和物价也上涨。每枚银元的黑市价从人民币600元涨到1800多元;黄金以每两3.9万元涨至11万元;物价也随之上涨了3倍。③但是,经过打击经济犯罪还有其他一些措施相配合,上海的经济逐渐恢复起来。1949年6月至12月,上海钢铁公司就生产了3182吨钢锭、2376吨钢材。1950年的钢产量又大幅度上升,竟是1949年的36.5倍。④同时,上海在1950年4月以后,开始扭转通货膨胀的局面,市场流通量也大为缩减。

随着经济的恢复,上海一些主要商品的物价也趋向平稳。从1950年3月起,上海市场的物价开始稳中有降。到同年5月,食米、棉纱等商品的物价"呈现平稳";食油"市场供应充裕,市价大都止跌站平";面粉也"实销较旺",保持稳定;卷烟、火柴亦平,肥皂则略降。⑤

同时,上海的经济秩序也逐渐趋向正常,情况好转。解放初,逃税等犯罪现象严重。据统计,在上海解放的前两个月里,逃税现象"普遍存在",查获的逃税案件就有500件。经过一段时间的工作,特别是打击了逃税犯罪以后,逃税情况越来越少了。统计显示,1949年8月的逃税案件已减至150件,比6、7两个月减少了将近30%;9月份继续减少,只有102件;10月份就更少,从10月1日至25日,逃税案件减少至16件,只占同年6、7月份

---

① 《解放日报》1950年5月14日。
② 《解放日报》1950年1月30日。
③ 朱华等:《上海一百年》,上海人民出版社1999年版,第302—303页。
④ 王立民:《上海法制史》,上海人民出版社1998年版,第397页。
⑤ 《解放日报》1950年5月10日。

的 3.2%。①征收的税款也开始到位。在 1949 年 6 至 8 月的三个月里,上海直接税局收到税款已达 70 余亿元。以后,又有增加。②

总之,打击了犯罪、审判了刑案以后,新上海第一年的经济逐步恢复起来,而经济的恢复又至关重要,它是巩固政权和稳定社会的重要基础。

3. 稳定了社会秩序

打击了各种犯罪,特别是侵犯人身权和财产权等的犯罪以后,社会秩序也逐渐趋向稳定。上海解放前夕,国民政府故意留下许多破坏分子,同时,还有数以万计的散兵游勇涌进上海,这些都是新上海的主要不稳定的因素。他们进行各种犯罪活动,制造各种刑案,破坏社会的安定。其中,有的抢劫,有的盗窃、有的杀人、有的敲诈勒索,等等。据统计,仅在 1949 年 6 月,全市就发生了持枪抢劫案 190 起。其中,最多的一天为 14 起。新上海的司法机关对这些犯罪进行了严惩,成绩显著。1949 年 7 月,破获这类案件 665 起,破案率达 90%,抓获抢劫犯 1667 名,还缴获了大量作案工具。③上海的社会情况很快稳定下来。

同时,上海的社会秩序也开始好转。一些常见刑案明显减少,盗窃案是其中之一。一些统计数字可以证实这一点。1949 年 6 月,发生了 173 件盗案,到 12 月就减少至 56 件。窃案也是如此。1950 年 1 月发生窃案 2205 件,但到了 2 月便减少了至 1829 件。④刑案的减少是新上海社会稳定的一个重要标志。

这种社会的稳定还经得起一定的冲击,1950 年 2 月 15 日上午,敌机飞临上海,"在浦东一带上空窥伺",上海发出空袭警报。警报发出后,整个上海的社会秩序并没有震荡,还是稳定良好。"所有已成立防空机构的各机关团体工厂学校里弄,其参加防空工作人员,纷纷出动,各就各位,全市人民镇静如常,秩序井然。"当警报解除后,"一切恢复正常"。以后的空袭警报发出后,也是如此。发出空袭警报以后的临战时间,往往是社会不稳定时间,不仅人心容易裂变,而且犯罪容易频发,犯罪分子往往在这种时间作案,危害社会和人民,导致社会动荡。上海经过整治,特别是审判了大量刑案后,犯罪分子被惩办,犯罪行为大量减少,以致社会向稳定方向发展。这从一个重要侧面验证了新上海社会的稳定。

---

① 《解放日报》1949 年 10 月 29 日。
② 《解放日报》1949 年 9 月 14 日。
③ 朱华等:《上海一百年》,上海人民出版社 1999 年版,第 301 页。
④ 《解放日报》1950 年 3 月 28 日。

总之,经过审判刑案和惩治犯罪,为新上海第一年的政权巩固、经济恢复和政治稳定,打下了良好的基础,以致上海能度过极其困难的第一年。正如上海市副市长潘汉年在 1950 年 5 月 28 日所作《上海市人民政府一年来的工作》中讲的:一年来,上海市人民政府把"肃清残敌,维持治安,恢复交通"作为"市政工作的重心"之一,而且成绩卓著。"当上海解放之初,帝国主义者预料我们管理上海要遭受严重的失败,他们讥讽我们要跌入这个泥潭无法翻身,可是我们已经走过了最艰难的一年","胜利地度过了一年!"①

三、新上海第一年刑案审判中的一些重要侧面

在新上海第一年审判的刑案中,还有一些重要侧面值得重视,它们从其他角度反映了上海在这一年中审判刑案及相关问题的一些情况。

1. 审判刑案的透明度较高

当时审判时间、审判情况和一些刑事判决书都面向大众,在报上刊载。人们可以从新闻媒体上了解刑案的一些重要情况。

上海报纸已经预告审判刑案的时间,即今日所讲的"排期"。预告的内容包括开庭的时间、法庭的安排和刑案的名称等。这种"预告"经常可在当时的《文汇报》等报纸上找到。比如,1949 年 8 月 20 日的《文汇报》在"今日审讯案件"栏目里预告了当日上海人民法院"第二、三、四、五、六、七法庭上下午共审案件三十三件"的安排。这 33 件刑案都有了开庭时间和法庭的安排,其中的第三法庭的安排是这样的:"第三法庭,下午二时审(一)彭文津摸窃案;(二)许材才窃盗案;(三)许富宝盗窃案;(四)蒋德六伤害案。"其他法庭的安排也都如此。人们对当日的审案安排一目了然。

此时的上海报纸还公开刑案的一些情况。公开的内容包括已经开庭审理刑案的名称以及需要另行开庭的原因等。1949 年 8 月 18 日的《文汇报》在题为"人民法院工作紧张,昨天审讯案件十四起"一文中,公开了前一天审判刑案的一些情况。报道说:"许阴天贪污案与尹施礴为人携带烟土案,尚须继续调查。未能终结,被告还押,改期再审。陈铭勋隐匿战犯汤恩伯财产案,因审判员发现被告供词矛盾,须再调查,亦未终结。"这样,人们对前一天审理刑案的情况也有所了解。

还有,此时的报纸还刊载了一些刑事判决书,让人们知晓刑案的判决结

---

① 《解放日报》1950 年 5 月 28 日。

果。这种判决书一般是全文,不经删减。1950 年 5 月 9 日的《解放日报》刊载了"匪特蒋克强等案判决书全文。"此判决书由标题、首部、主文和事实四个部分组成,标题为"上海市人民法院刑事判决"、"一九五〇年刑解字第四〇四八号"。首部写明起诉人是"上海市人民政府、公安局。"被告人有蒋克强、殷祥秉、张健民等 41 人。"主文"的内容是每个被告人的主要罪行和所判的刑罚。"事实"的内容是每个被告人的详细犯罪事实。其中,"事实"部分的内容最多,要占全文的三分之二左右。

以上审判时间、审判情况的公开和刑事判决书的公布,都从不同角度说明上海第一年对刑案的审判已较具透明性,而这又都体现了审判公开和司法民主原则。

2. 处理刑案有相关的上海市地方性刑事法规相配套

上海解放后,陆续颁布了一些地方性刑事法规,其中有刑法方面的,也有刑事诉讼法方面的,它们都是上海第一年中处理刑案的法律依据。

当时,上海市军管会、淞沪警备司令部和上海市公安局都曾对一些严重危害社会的犯罪作出规定,并加以严惩。其中有 1949 年 6 月 6 日公布的《上海市军管会关于解散、封闭反动党团组织的布告》《上海市军管会关于解散、查封特务组织的布告》和《上海市军管会"收缴非法武器电台办法"布告》,1949 年 6 月 10 日发布的《淞沪警备司令部、政治部颁布收容蒋军溃散官兵的决定》,1949 年 6 月 22 日颁行的《上海市人民政府公安局关于国民党时期义务警察及私人自卫枪支处理办法》等。①这些法规都明确规定了应予处罚的犯罪行为。《上海市军管会关于解散、封闭反动党团组织的布告》明文规定:中国国民党、三民主义青年团、中国青年党、民主社会党等均为非法的反动组织,自即日起一律解散,其机关应即封闭,所有财产全部没收,一切人员立即"停止活动,改过自新";如有违抗的,定要惩处,即"倘有继续进行活动阴谋破坏者,一经查明定予惩办。"这些法规中有的还有明确的罪名。《上海市军管会"收缴非法武器电台办法"布告》规定:凡国民党军政官吏、党特人员、散兵游勇、保甲人员、反动社团等所遣散、隐匿之枪支、弹药及无线电台"均为非法武器违禁物品",自即日起应向市人民政府公安局暨各分局迅速报告、登记、呈缴,"如有故违,一经查获,定按私藏军火违禁物品论罪。"

当出现新的犯罪行为以后,上海市军管还及时作出新的规定,给予严厉打击。1950 年 2 月,上海市军管会再次颁布"七项禁令",明确规定要打击新出现的犯罪行为。凡有"以各种信号指示匪机轰炸目标"、"以各种通讯方法

---

① 方晓升主编:《接管上海》(上卷),中国广播电视出版社 1993 年版,第 195—200 页。

向匪方供给情报"等犯罪行为的,都要"按其犯罪情节轻重,处以徒刑或死刑"。①

上海解放后还颁布过一些刑事诉讼法方面的法规。1949 年 8 月 11 日公布的《上海市人民法院办理民刑案件暂行办法》②是其中之一。此办法共计 23 条,对刑案的管辖、起诉、控告、审判、死刑案的复核等问题都作了明文规定。比如,上海市人民法院管辖的刑案是"刑事犯罪在本市发生或被告住居本市或在本市被捕";刑案的公诉机关是"公安机关";刑案的审判"可斟酌情形,邀请有关群众团体指派代表陪审";死刑案件判决后"均应依职权送军管会复核";刑案的被告人可以申请审判长"指定公设辩护人或有关群众团体指派代表为辩护人";等等。

有了这些刑事法规相配套,上海的刑案审判就可依法进行,避免出现无章可循的情况。

3. 罪刑基本一致

罪刑一致是近代刑法中的一个重要原则,它直接体现了适用刑法的公正性。在新上海第一年审判的刑案中,也能体现这一原则。

在适用刑罚时,已经考虑到罪与罪之间的区别,罪重则刑罚也重,反之则轻。凡是反革命和杀人犯罪的,用刑一般较重,以死刑为多,因为这两个罪都很重,对社会的危害也很大。一般的经济、侵犯财产权和妨害婚姻家庭方面犯罪的,用刑一般较轻,多为徒刑,因为相比之下,这些罪较轻,对社会的危害程度也不及反革命、杀人犯罪的大。

在一些多人犯罪的刑案中,也根据不同的犯罪情况,判以不同的刑罚。在上述的"证券大楼投机案"中,就是根据不同的罪行,在第一批判决的 97 名罪犯中,分别处以拘役、有期徒刑等刑罚。就是在一些反革命犯罪案件中也是如此,根据不同的罪行施以不同的刑罚。在上述的一个反革命杀人案中,10 个罪犯的罪行不尽相同,所以,黄志英等主犯被处以死刑,而徐小祥等从犯则被处以徒刑。

出于对当时民意的考虑,在罪刑一致的原则下,在量刑时还有一定的灵活性,尽管这样的案件极少。1949 年 6 月,发生的王国瑞案是典型的一例。王国瑞原是国民党 204 师的师部汽车驾驶员,上海解放后参加了上海的警备部队。1949 年 6 月 3 日下午 4 时许,他驾车至广元路时,因为"车速过大,且违警规,行使偏左",将同济大学学生熊恭礼撞死,还同时将一电车乘客的手

---

① 《解放日报》1950 年 2 月 15 日。

② 《解放日报》1949 年 8 月 11 日。

指碰断,一个三轮车夫碰伤。当王国瑞将被判处死刑的消息传出后,上海各界市民"纷纷请求减刑"。考虑到市民的一致要求,此案最后作了从轻判决。判决说:"汽车驾驶员王国瑞违警驾车伤害人命一案,理应判处死刑,惟以沪市工、学、商各界人士均纷纷来电来信,恳切吁请减刑免死,予该犯以立功赎罪之机。本部(指淞沪警备司令部)为尊重民意,特批准免处死刑,减为三年徒刑。"①

　　在新上海第一年的刑案及相关问题中,还有一些可以思考的问题。比如,刑案的公诉机关是上海的公安机关,这样侦查机关便与公诉机关合二为一,侦查与公诉职能的互相分立和制约就很难再体现出来了;刑案的审判实际上只有一审,没有二审,缺少有效的监督;死刑案由上海市军管会核准,这是上海市的权力机关而不是审判机关;等等。不过,这是当时的特殊环境所造成的。上海刚解放,万事待兴,司法也是如此。以后的事实证明,随着上海法制的发展,这些问题都先后得到了解决。在这里还应该说,在上海解放的第一年中,能够形成这样的局面,刑案能够得到这样的审判和处理,已是非常不易了。只有共产党及其人民政权才能做得到。

---

①　《解放日报》1949 年 6 月 16 日。

第三十五章　上海土地改革立法与近郊农村的发展

1949 年 5 月 27 日上海解放。1950—1951 年上海进行了土地改革立法，上海近郊在这一时期先后进行了土地改革，并取得了成功。上海的农村也因此而得到了大发展。

一、上海土地改革立法的主要内容

上海近郊从 1950—1951 年是土地改革时期，也是这一改革的立法时期。综合这一时期的立法内容，主要涉及以下一些方面。

1. 关于土地改革的重要性

解放后不久，上海进行土地改革具有十分重要的意义。它不仅是解决土地问题，更重要的是要解放生产力，促进社会的发展。因此，有必要动员社会各界都重视、支持这一改革。《上海市人民政府关于在本市郊区实施土地改革的布告》专门告知这个问题。它认为："土地改革是农民在经济上、政治上获得彻底翻身的先决条件，也是发展生产力，使国家工业化、富强化的首要步骤。"因此，它规定："全体郊区农民紧密地团结起来，坚决执行土地改革的一些法令，首先健全与壮大自己的组织——农民协会。"同时，这一布告还对社会各界提出要求。其中，贫雇农应在改革中主动地联合中农和团结农村中一切反封建力量，扩大与巩固农村中的反封建统一战线；城市中的工人阶级应积极领导与援助农民实行土地改革，以扩大工农联盟，发展农业生产，建设人民城市；其他革命阶级应参加赞助土地改革运动；一切民主党派、人民团体、机关、学校、部队尤应积极帮助与支持这一改革运动等。

2. 关于土地改革中没收、征得土地的一般原则

上海的土地改革是全国土地改革的一个组成部分，没收和征用的土地应按国家的有关规定执行，《上海市郊区土地改革实施办法》对此作了规定。其基本精神是：上海郊区所有没收或征收得来的土地，一律归国家所有，由上海市人民政府管理,其中可分的农业土地连同国家在郊区所有的其他可分的农业土地,交由乡农民协会按《中华人民共和国土地改革法》第11条、第12条与《城市郊区土地改革条例》第9条、第10条规定的原则,统一地、公平合理地分配给无地少地的农民耕种使用。另外,土改后,土地即由分得国有土地之农民耕种。其原耕农民业已下种者,谁种谁收,而于收割后将土地交还分得国有土地之农民,并按减租后所应交之租额,交给分得国有土地之农民,作为原耕农民使用此土地之代价;如由分得国有土地之农民接种,接种者必须偿还原耕户之人工、畜工、肥料、种子等费用。

3. 关于特殊土地的处理办法

上海近郊有一些特殊的土地,它们在土地改革中也需作出相应的处理,《上海市郊区土地改革实施办法》对此作了规定。这些土地主要包括:用机器或其他进步设备耕作的农田、苗圃、农事实验场、牧场、果园、菜园、鱼塘等;银行、钱庄、信托公司、地产公司等在郊区的土地;公墓土地;外侨占有的农业用地、荒地、空地;过去日寇或其他反动政府所圈用的土地;无主土地;荒地;典当土地;沙田、滩地;华侨的土地;铁路、公路、江河、海溏两旁护路、护堤土地等。这些土地都分别按照具体情况,予以代管、征收、收回、分配、没收等办法进行处理。

4. 关于爱护青年学生和知识分子的措施

在上海近郊的土地改革中,会涉及一些青年学生和知识分子,特别是地主家庭的大中学生。为此,上海市政府作了考虑和安排,并在《上海市郊区土地改革实施办法》作了规定:为爱护青年学生和知识分子,对其中出身于地主家庭因实行土改而致学习费用发生困难的大中学生,人民政府当视情分别采取减免学费、组织工读、适当地增加人民助学金名额等办法,使其能继续学业。对大中学失学青年及失业知识分子应依照政务院指示,给予学习和工作的机会。

5. 关于参加土地改革工作人员的纪律

上海近郊的土地改革任务艰巨,政策性亦很强,其工作人员必须严格遵守相关纪律,保证这一改革的成功。《上海市郊区土地改革实施办法》对此也作了规定:"为保证土地改革政策的正确实施,在郊区土地改革期间,一切参加郊区土地改革的工作干部必须严格遵守华东军政委员会颁布的关于干部在土地改革时的八项纪律。"

6. 关于土地改革中出现争议问题的解决途径

在上海的土地改革中还会出现一些争议问题。比如,业主与农民间租额的确定、小土地出租者的租额认定等,都是当时可能出现的争议问题。这些问题不解决会影响上海土地改革的进程。上海市人民政府已注意到这些问题,并在《上海市人民政府关于执行华东新解放区农村减租条例的补充规定》中作了规定。其主要精神是:原来不收租的土地,现业主因农业税负担及失业等原因向农民要租者,如业主为地主,可由业佃双方协议确定租额,但最高不能超过当地同等土地一般租额减租后的标准,有争议时,由区、乡人民政府仲裁;如业主系富农或工商业家,亦可本此精神处理;对小土地出租者,可由业佃双方协商议定租额,最高不得超过当时同等土地一般原租额的标准,有争议时,由区、乡人民政府与同级农民协会调解之。

7. 关于破坏土地改革者的处理

上海的土地改革也是土地革命的一个组成部分,必然会遭到有些地主等土地改革对象的抵制、反抗,甚至破坏这一改革。为了保证上海土地改革的顺利进行,完成新民主主义革命的遗留问题,有必要打击这些土地改革的破坏者。《上海市人民政府关于在本市郊区实施土地改革的布告》对此作了专门的规定,郑重警告所有地主,在土地改革中,不得反抗和进行破坏活动,而应该无条件地服从人民政府的法令和农民协会的决定。地主中如有敢于恃强顽抗,破坏土地改革法令,危害土地改革工作或破坏生产者,本府坚决遵照华东军政委员会惩治不法地主条例予以严厉镇压;任何人均不得包庇地主,为地主分散、转移或隐瞒土地及其他生产资料,也不许在土改中接受贿赂、贪污果实、徇私舞弊,违者坚决依法惩处。

上海市关于土地改革的立法为上海的这一改革提供了法律保障,使这一改革能顺利进行,保证耕者有其田。这为上海农村的大发展奠定了法律基础,使它的腾飞有了可能。

二、上海土地改革立法与中央土地改革立法的关系

上海市的土地改革立法属于上海地方立法,它的上位法是中央立法,也应是这一立法的贯彻、补充和细化。实际情况也是如此。那时,上海市主要的土地改革法规是《上海市郊区土地改革实施办法》,它贯彻和细化了中央土地改革立法中的《中华人民共和国土地改革法》和《城市郊区土地改革条例》两个规定。[①]在《上海郊区土地改革实施办法》中共引用《中华人民共和

---

① 《上海市郊区土地改革实施办法》1951年3月7日由上海市人民政府发布,共15条。《中华人民共和国土地改革法》1950年6月28日由中央人民政府委员会第8次会议通过,共40条。《城市郊区土地改革条例》1950年11月10日由政务院第58次政务会议通过,共21条。以上内容,参见中央人民政府法制委员会编:《中央人民政府法令汇编》(1949—1950),法律出版社1982年版。

国土地改革法》中的 6 个条款和《城市郊区土地改革条例》中的 3 个条款的内容。

1. 直接执行《中华人民共和国土地改革法》和《城市郊区土地改革条例》的规定

在《上海市郊区土地改革实施办法》中，有的条款直接引用并执行《中华人民共和国土地改革法》和《城市郊区土地改革条例》的规定。《上海郊区土地改革实施办法》第 6 条规定：在征收祠堂、庙宇、寺院、教学、学校、会馆、山庄、慈善团体、医院和团体在郊区的农业土地或荒地时，应按照《中华人民共和国土地改革法》第 3 条和《城市郊区土地改革条例》第 4 条的规定处理。也就是说，这些条款的规定直接适用上海郊区的土地改革。《中华人民共和国土地改革法》第 3 条规定的内容是：征收祠堂、庙宇、寺院、教堂、学校和团体在农村中的土地及其他公地；但对依靠上述土地收入以为维持费用的学校、孤儿院、养老院、医院等事业，应由当地人民政府另筹解决经费的妥善办法；清真寺所有的土地，在当地回民同意下，得酌予保留。《城市郊区土地改革条例》第 4 条规定的内容是：祠堂、庙宇、寺院、教堂、学校和团体在城市郊区的农业土地和荒地，按照前引土地改革法第 3 条规定予以征收。这两个规定都适用于上海近郊的土地改革，是上海这次改革的重要法律依据。

2. 主要内容取自《中华人民共和国土地改革法》的规定，特殊内容由上海地方自定

《上海市郊区土地改革实施办法》中有些条款的内容主要取自《中华人民共和国土地改革法》，但是有些特殊的内容由于在该法律条文中无明文规定，而且上海近郊的情况又比较特殊，所以，就采取了由上海地方根据本地区的具体情况自己作出决定的处理办法，并且在这个"实施办法"中作了明确规定，以便适应上海近郊土地改革的需要。《上海市郊区土地改革实施办法》的第 3 条规定：处理地主土地财产时应遵照《中华人民共和国土地改革法》第 2 条的规定，但其中关于地主在郊区市镇上所有多余房屋的处理办法，则根据上海近郊具体情况另定之。《中华人民共和国土地改革法》的第 2 条规定：没收地主的土地、耕畜、农具、多余的粮食及其在农村中多余的房屋；但地主的其他财产不予没收。可是，这一规定没有涉及地主在市镇上所有的多余房屋的处理内容，而这个问题在上海近郊又确实存在。所以，《上海市郊区土地改革实施办法》根据上海近郊的实际情况，对《中华人民共和国土地改革法》第 2 条规定的不足部分，允许上海市政府自行作出规定，克服这条规定中的盲点。因此，这一规定就更完整，也更符合上海近郊进行土地改革的实际情况了。

3. 对《中华人民共和国土地改革法》和《城市郊区土地改革条例》进行补充

《上海市郊区土地改革实施办法》还根据上海近郊的一些具体情况,在贯彻《中华人民共和国土地改革法》和《城市郊区土地改革条例》的同时,对其作了补充规定。《上海市郊区土地改革实施办法》的第 5 条规定,对工商业家在近郊农村中的土地及其他财产,除应遵照《中华人民共和国土地改革》第 4 条与《城市郊区土地改革条例》第 5 条的规定办理外,还补充规定了以下一些内容:工商业家在近郊雇人耕种的土地,家中并无人参加农业主要劳动者,其土地应予以征收,但其以土地为生的在乡人口,得酌情分给土地作业;工商业家在郊区占有的土地,如系完全自耕或虽系雇人耕种但其家中有人常年参加农业主要劳动者,应根据其在近郊的家庭人口、土地情况,另定其家庭人口的社会成分,并按其成分给予适当待遇;工商业家在近郊为建筑工厂或房屋用的土地,其业已开始建筑者应予保留,不加征收;其确保在《中华人民共和国土地改革法》公布之日起 3 年内建厂建房的土地,仍应征收,但不加分配,以留待该企业建厂建屋之用;如系项土地系已垦耕地,在未建厂建屋前,得由政府暂予分给农民耕种使用,而不发土地使用证。这些补充规定的内容十分切合上海的实际情况。上海是个工商业城市,工商业比较发达,工商业者在上海近郊置地的数量不少。据统计,他们占有土地42261 余亩,占上海土地总量的 6.6%,人均 3.06 亩。[1]这些土地也与土地改革有关,需要处理,但在中央的法律法规中又无详细规定,所以,《上海市郊区土地改革实施办法》作了补充规定,使其更适合上海近郊土地改革的需要。

三、上海土地改革立法与河南省土地改革立法的比较

新中国成立初期,中国的许多地方都结合本地的情况,相继制订了适合自己的土地改革规定。上海制订的《上海市郊区土地改革实施办法》是当时上海主要的土地立法,本章以其与《河南省土地改革条例》作比较,[2]来反映它自己的一些特点。

---

① 熊月之主编.《上海通史》(第 12 卷),上海人民出版社 1999 年版,第 285 页。

② 《河南省土地改革条例》1950 年 1 月 20 日由政务院第 16 次政务会议批准。中央人民政府法制委员会编:《中央人民政府法令汇编》(1949—1950),法律出版社 1982 年版,第 68—72 页。

　　（1）《上海市郊区土地改革实施办法》的许多规定更适合上海市这个大城市近郊土地改革的需要，而《河南省土地改革条例》则更适合河南省一般农村土地改革的需求，两者有明显的差别。这也反映了《上海市郊区土地改革实施办法》中的这个特点。

　　首先，它明示实施范围是离上海市中心区最近的 10 个区。《上海市郊区土地改革实施办法》的第 2 条明确规定，本市郊区土地改革的实施范围是指本市所辖吴淞、新市、江湾、大场、真如、新泾、龙华、杨思、洋泾、高桥等 10 个区。这些近郊地区都直接贴近上海市中心区，受到大城市的影响较大。《河南省土地改革条例》则主要适用于农村。它的第 1 条规定：消灭封建性及半封建性剥削的土地所有制，将其改变为农民的土地所有权，以发展农业生产，特别制定本条例。它的第 17 条还指出，城市及其近郊土地改革办法另定之。因此，《河南省土地改革条例》的内容只适用于河南省农村，不适用近郊，其中有关城市的痕迹近乎为零。

　　其次，它的内容更多涉及工商业和工商业者。上海近郊地区受城市的影响比较大，土地改革与工商业和工商业者的关系也较为密切，许多内容都与其相关。《上海市郊区土地改革实施办法》的第 8 条是关于特殊土地问题处理的规定，其中就有关于银行、钱庄、信托公司、地产公司及一般公司企业、土地经纪人在郊区所有的土地及其所代管的土地的处理办法。①《上海市郊区土地改革实施办法》的第 5 条还补充规定了上海近郊工商业者在郊区农村中的土地及其财产的处理问题等。这些问题在《河南省土地改革条例》中均无反映。此条例所规定的保护工商业内容都是对地主、旧式富农兼营的工商业的保护，②与以上规定的上海近郊工商业者的情况不同。这种不同正好说明《上海市郊区土地改革实施办法》注重对工商业和工商业者保护的力度更大。

　　再次，有些规定的内容与外侨、华侨相关。上海作为一个大都市，与国外交往较多，外侨、华侨在上海置业的情况不在少数，因此，上海近郊的土地

　　① 　这一处理办法的基本内容是：银行、钱庄、信托公司、地产公司及一般公司企业、土地经纪人在郊区所有的农业土地、荒地，均予征收；他们所代管的郊区农业土地、荒地，应按土地所有人的社会成分处理，土地所有人下落不明或其社会成分无法查明者，由政府代管之；银行或其他金融机构因贷款而取得抵押之郊区农业土地、荒地，须照原出押人的社会成分处理；该项土地如被没收或征收，原出押人应偿还所借款项等。

　　② 　《河南省土地改革条例》第 3 条规定：对地主、旧式富农兼营之工商业（包括车马运输业在内）及所有与工商业相连的土地房屋，一律不得没收和分配。地主、旧式富农兼营的工商业与封建的土地财产应加以严格的区别，不得因没收或征收封建的土地和生产资料而侵犯其工商业。

改革还与他们相关。对此,《上海市郊区土地改革实施办法》也作出了相应规定。此办法的第 8 条规定:外侨(包括私人、企业、团体、学校、教会、医院等)在郊区占有的农业土地、荒地及空地,均由国家收回,其收回与分配,均由上海市人民政府郊区土地改革委员会办理。第 9 条规定:华侨土地财产,均依照华东军政委员会土改中华侨土地财产处理办法的规定处理。这些内容在《河南省土地改革条例》中均无规定,因为这在河南农村不具普遍性。

(2)《上海市郊区土地改革实施办法》是对上位法的细化,更具操作性。这正如此办法的第 1 条所规定的,它是依据《中华人民共和国土地改革法》和《城市郊区土地改革条例》等而制定的。因此,它的制定时间也晚于这些上位法制定的时间,其内容也以补充、细化这些上位法为重点,以它们在上海近郊农村的贯彻和执行为己任。

《河南省土地改革条例》则不然。它的颁布时间早于《中华人民共和国土地改革法》和《城市郊区土地改革条例》,也不是这些上位法的实施办法,而是适用本地的地方性法规,内容是对本省的土地改革作出的规定。其中有些内容在《上海市郊区土地改革实施办法》中只是提到,没有展开;在《河南省土地改革条例》中则作了明文的规定,因为它不是一个实施办法,没有作出这样规定的必要。《上海市郊区土地改革实施办法》第 3 条则规定"处理地主土地财产"和"执行对待富农政策"的两个条款。在这两个条款中,就规定应遵守上位法《中华人民共和国土地改革法》等的规定进行处理,而无具体内容。《河南省土地改革条例》则对这两个条款所涉及的内容作了完整规定。此条例的第 2 条规定:没收地主的土地、耕畜、农具、粮食及房屋,征收旧式富农多余的(即超过当地中农水平的)土地、耕畜、农具、粮食及房屋,分配给无地少地和缺乏这些生产资料的贫苦农民;对地主也分给与农民同等的一份土地和生产资料,不得扫地出门。另外,此条例的第 3、4、9 等条款还对地主或旧富农兼营工商业、地主或旧富农埋藏在地下的金银财物、特殊的土地等一些问题,也都作了相应的规定。

《河南省土地改革条例》颁行得较早,在解放后不久便出台了,没有专门的上位法,所以,其中所规定的有些内容不得不与以前根据地人民民主政权的法制"接轨",以保持人民民主政权法制的一贯性。它的第 13 条就明示要以解放前根据地人民民主政权的法制为依据,并作出相应规定。此条例的第 13 条规定:关于地主富农成分之划定,以中国共产党中央委员会 1948 年 5 月 25 日公布的 1933 年两个文件为准,由村农民大会邀集本人参加民主评定会,评定时允许本人申辩,评定后报请区人民政府批准。这种情况在《上海市郊区土地改革实施办法》中没有出现过。

（3）《上海市郊区土地改革实施办法》的有些内容比《河南省土地改革条例》的更为成熟，考虑得也更为周全。这里以出典的土地为例。

首先，《上海市郊区土地改革实施办法》涉及的面比《河南省土地改革条例》更为广泛。它的出典土地除了涉及地主、富农的以外，还涉及农民的这类土地，并作了规定。该实施办法的第8条对此作了较为全面的规定，内容包括：农民出典的土地及其处理办法，农民承典的土地及其处理办法、农民与农民以及富农与富农出典的土地及其处理办法等。①这些内容在《河南省土地改革条例》中均无规定。它所规定的有关出典土地的处理只涉及地主、旧式富农，而且内容比较简单。②

其次，《上海市郊区土地改革实施办法》的操作性比《河南土地改革条例》更强。此实施办法对农民出典给地主的土地作了详细规定，十分具有操作性，内容涉及"收回"、"统一分配"等一些具体办法。它规定：凡在解放前农民出典给地主的土地，农民可无条件收回；如果这类土地数量过多的，可酌情抽出一部分统一分配，但抽出部分的土地价值，不得超过农民出典时所得到的典价；等等。这些规定几乎涵盖了农民出典给地主土地的所有内容，而且对不同的情况有不同的处理办法，便于落实、执行。其他出典土地的规定也是如此。《河南省土地改革条例》有关出典土地的规定内容比较简单，没那么具体。

再次，《上海市郊区土地改革实施办法》的内容比《河南土地改革条例》更为周全。《上海市郊区土地改革实施办法》是在《中华人民共和国土地改革法》和《城市郊区土地改革条例》公布后才颁行，有了较为成熟的上位法，所以，其内容也相对比较周全。《河南省土地改革条例》则在这两个上位法公布以前就施行，缺少这一上位法的依据，内容相对比较粗糙。这里以特殊

---

①　《上海市郊区土地改革实施办法》第8条规定："凡解放前农民出典土地给地方者，其土地由农民无条件收回；如其土地数量因而过多时，可酌情抽出一部统一分配，但抽出部分的土地价值，不得超过农民出典时所得的典价。农民承典地主之土地，除将相当于典价之部分折给农民所有外，其余部分即行没收统一分配。农民出典给富农之土地，应依新区农村债务纠纷处理办法第二条规定的原则处理之。如富农从承典土地上所得之纯收益已得典价之二倍者，土地应由原出典农民收回；如原出典农民因而土地数量过多时，亦可酌情抽出一部统一分配。农民承典富农之土地，一般承认其典当关系继续有效；但在承典的农民要求之下，亦可将相当于典价之部分折给农民，其余部分折还富农。富农与富农之间、农民与农民之间的土地典当继续有效，分配土地时应将此项土地按典价所占地价之比例，分别在出典户与承典户双方名下各计算一部。上述有关双方的典当土地，均可于分配土地时视情况调整之。"

②　《河南省土地改革条例》第9条规定："在当地解放以后，地主、旧式富农的出资、出典、赠送或其他方式分散转移的土地，在实行土地改革时得酌量抽出一部或全部予以分配。"

土地处理的规定为例。在《上海市郊区土地改革实施办法》的特殊土地处理的规定中,专门涉及铁路、公路、江河等两旁护路、护堤可耕土地的处理问题,而且根据不同情况分别处理,其具体内容在此法的第 8 条作了规定。①在《河南省土地改革条例》中,虽然第 9 条也对特殊土地的处理作了规定,可是内容却没有涉及铁路、公路、江河等两旁护路、护堤可耕土地的处理问题,而这个问题在河南省同样存在。条例中缺少了这一规定,内容显得不够周全。

四、上海近郊农村土地改革后的发展

经过上海和全国的土地改革立法的实施,有力地推动了上海土地改革的进行,在此基础上,上海近郊成立了互助组、初级社等新的经济组织,生产力得到了极大的解放,农民们的生产积极性高涨,农村因此而有了大发展。

1. 土地改革运动蓬勃开展

上海解放后,有些郊区根据上级的安排,开展了"反黑田"的工作,清查被地主隐匿的土地,并取得了成功。这为以后进行的土地改革运动创造了有利条件。上海嘉定、奉贤、青浦、金山等县发动群众,对各种地主的土地进行了清查,隐匿的"黑田"纷纷浮出水面。最后,这 4 个县共查出地主分散隐匿的"黑田"73719 亩。②经过这一工作,上海郊区土地的占有情况基本被查明。据统计,上海郊区的地主 2181 户,5883 人,占总人口数的 1.19%,人均占有土地为 10.42 亩;中农、贫农和雇农 89068 户,404284 人,占总人口数的81.45%,但人均占有土地为 0.88 亩。③这证明,上海近郊"耕者有其田"的问题仍然没有解决,进行土地改革非常有必要。

从 1950 年 9 月初开始,上海近郊的土地改革运动开展起来。各级政府组织选派干部、教师、民主党派人士等 1000 余人,组成土地改革工作组,进驻各乡村,进行土地改革。他们的工作包括:学习土地改革的法律、法规和政策,开展调查研究,核实登记土地和人口;评定成分,划分阶级;没收地主财

---

① 《上海市郊区土地改革实施办法》第 8 条规定:"铁路、公路、江河、海塘两旁护路、护堤土地应依下列规定处理:1. 铁路留用土地,依照中央人民政府政务院所颁的铁路沿线留用土地办法执行。2. 公路两侧,应予保留护路土地,其办法另定。3. 江河、海塘堤岸及其附近的护堤土地,不得分配使用,其办法另定。4. 其他业经政府决定定期建设铁路、公路、河道及其他市政建设所需土地,不得分配耕种,在短期内尚未实施工程者,得暂予分配耕种,而不发土地使用证。"

② 熊月之主编:《上海通史》(第 12 卷),上海人民出版社 1999 年版,第 266 页。

③ 《上海市郊区农村情况特点》(内部本),上海市郊区土地改革委员会,1951 年 5 月。

产,征收土地;民主协商分配土地,颁发土地、房屋所有权证;总结经验,庆祝土地改革胜利;等等。

经过土地改革,上海近郊"战果"辉煌。先后没收、征收土地 3008213亩,占耕地总面积的 48.25%;没收地主的耕畜 3837 头,农具 201867 件,多余的房屋 118838 间,余粮 2302 万公斤。[①]这些都分配给贫雇农和下中农,"耕者有其田"的问题基本解决,土地改革的任务基本完成。其中,上海土地改革的立法功不可没。

2. 新的经济组织应运而生

土地改革以后,上海近郊农民的生产积极性空前高涨,他们的生活水平也因此而得到了提高。[②]但是,个体农户难以克服的畜力、农具、资金缺乏的困难仍然存在,解决这一困难的出路在于建立新的经济组织。经过土地改革的上海近郊农民已经有了自己的土地,这使建立这样的组织有了可能。于是,互助组、初级社等新的经济组织便应运而生了。这些组织的诞生和运作又推动了生产力的发展,上海的农村又有了长足的进步。

1951 年春,奉贤县砂碛乡周家村(今江海乡境内)以汤寿昌为首的 12 户首先成立互助组。他们在农忙时换工与互借生产资料,实行自愿互利、等价交换与自愿帮工,结果在秋收时取得了好收成。这给上海近郊广大农民以很大的启示,于是互助组在上海近郊遍地开花。上海各县又抓紧有利时机,举办互相合作的骨干培训班,培训大批骨干,大力推进互助组的进度。到1953 年底,上海近郊农村共组建互助组 44255 个,参加农户 338999 户,占总农户的 46.4%,效果明显。[③]

为了进一步推动农业生产,挖掘生产潜力,上海近郊在进行土地改革和组建互助组以后,又着手在群众经验比较丰富的互助经济并有比较坚强的领导骨干的地区,有重点地发展土地入股的农业生产初级社。这项工作也从试点开始。到 1953 年底,共办起初级社 41 个,入社农户 1124 户。初级社实行土地入股,耕牛和农具作价入社,土地和其他生产资料统一经营;劳动力统一调配,耕牛和农具统一使用,收益统一分配;土地和劳动力按比例分红;入社自愿,退社自由,等等。同时,上海近郊的初级社还重视制度建设、理事会章程、民主理财制度,重大事项由社员互助合作代表会议或理事会讨论决定制度等都建立起来。这样,初级社使各生产要素得到了较为优化的组合,上海近郊的农业生产又有了进一步发展。

---

①② 熊月之主编:《上海通史》(第 12 卷),上海人民出版社 1999 年版,第 269 页。

③ 熊月之主编:《上海通史》(第 12 卷),上海人民出版社 1999 年版,第 270—271 页。

3. 接纳了一批技术工人，缓解了市区失业的压力

上海近郊土地改革的进行使农民拥有了自己的土地，也有了生计，这为接纳在市区工作但又失业的技术工人回近郊从事农业生产创造了有利条件。上海解放后，由于敌对势力的破坏，市区曾出现过非常困难时期，失业人数一度很多。1950 年 4 月，全市各行业的失业技术工人达 15 万人以上。当时，失业对一个普通市民家庭来说，就意味着贫困。上海市总工会于 1950 年 4 月 11 日对当时新生纱厂 938 名失业工人家庭作了调查。调查显示：失业技术工人家庭非常贫困，其中全家只能每天吃三顿粥的占 300 户，吃两顿粥的有 85 户。上海市政府十分重视解决、缓解工人失业问题，采取了各种措施，其中包括动员一部分家属在上海近郊、自己在市区工作又失业的技术工人，回近郊参加农业生产，以缓解上海市区失业的压力，同时又可以促进农业生产。据统计，到 1950 年底，共有 5180 位技术工人回近郊从事农业生产，走上了为农业生产服务的岗位。

由于上海进行了土地立法和土地改革，以及采取了相关措施，上海的农业生产发展迅速，农业总产值及相关指标都增长较快（见下表）。

1949—1952 年上海农业总产值及相关指标①

单位：万元

年份	农业总产值	种植业产值	牧业产值	林业产值	副业产值	渔业产值
1949	22711	17376	2953	79	2004	299
1950	27362	21863	3002	80	2041	376
1951	29433	23550	3399	85	1816	583
1952	34311	27780	4083	85	1639	724

正是这种发展给上海城市的发展奠定了基础，才使上海在解放以后发生了巨大的飞跃。上海这一时期的土地改革立法和土地改革，作用积极，功绩卓著。

---

① 熊月之主编：《上海通史》（第 12 卷），上海人民出版社 1999 年版，第 285 页。

第三十六章　上海社区的法制宣传教育

社区法制宣传教育是提高社区居民法律素质的重要方法,也是社区依法治理工作中不可缺少的组成部分。2002 年前,上海的社区在开展法制宣传教育中,已取得了一些进步,积累了一些新的经验,也存在一些问题。

一、上海社区法制宣传教育取得的进步

随着上海依法治市的不断推进和社区建设的发展,社区的法制宣传教育已有了长足的进步,主要表现在以下几个方面:

1. 强调对居民法律意识的培养

法律意识是法律素质中的关键因素,对推进法治建设有重要意义。上海社区抓住这一关键点,有的放矢,把法制宣传教育的重点放在提高居民的法律意识上,取得了成效。例如,浦东新区管辖的各个社区在该区司法局的统一安排下,自 1999 年以来,从机制建设、队伍培养、载体培养等方面着手,大力开展以培养居民法律意识为目标的活动。全区设有 130 个社区法律咨询站、10 个司法信访综合服务窗口。另外,法制广场、社区法制学校先后建立起来,"法制特色楼组"、"无纠纷楼组"等形式的示范活动纷纷开展起来,采取了这些措施后,取得了初步的效果。如问卷调查:"当你发现身边有违法现象时,你如何处理"一栏中,45%的人回答:"上前阻止";60%的人回答:"向有关部门报告";只有 7.5%的人是"视而不见"。在"权益受到侵害时怎么办"一栏中,有 80%的人选择"运用法律手段保护自己";只有 1%的人"自认倒霉"。另外,在问及对社区开展法制宣传教育的态度时,有 94%的人了解"法律进社区"活动,90%的人认为这类教育"有必要"。①这些都从不同侧

---

① 上海市法制宣传教育领导小组办公室编:《上海市 2002 年度法制宣传教育优秀调研报告(论文)选编》,2002 年,第 119—120 页。

面反映社会居民法律意识已达到一定水平,法制宣传教育富有成效。上海其他区的社区也有类似做法。

2. 强调对特殊人群的法制宣传教育

近年来,上海社区的法制宣传教育很注意点面结合,除了面上的一般宣传教育外,还特别强调在点上对特殊人群的法制宣传教育。随着市场经济和城市的发展,外来务工经商人员占了不小的比例。在上海市的 1600 万人口中,有近 300 万是这类人员。这类群体往往缺乏法律素质,一方面,他们中的一些人是刑事案件的被告人,另一方面,在受侵害时又常常不能运用法律手段维护自己的合法权益。他们同样需要提高自己的法律素质。为此,一些社区注意把他们作为法制宣传教育的重点对象,积极开展对他们的工作。以闵行区为例,这个区的外来务工经商人员占了较大比例。该区总人口为121 万,但外来务工经商人员就有 47 万,占了 39%,其中大专以上文化水平的只占 4.2%。鉴于其中一部分人的法律素质也比较低,常常成为扰乱社会治安和刑事犯罪的主体。于是,社区根据他们的实际情况,有针对性地进行法制宣传教育。首先,各社区在区法宣办的统一领导下,制订了对外来务工经商人员的教育计划。其次,印刷了大量法制宣传品,免费送到外来务工经商人员手中,仅《闵行区外来人口法律、法规常识 200 问答》就发放了两万余册。再次,开展了对外来务工经商人员的法制培训,合格者还发给《上海市外来流动人员法制教育培训合格证》。最后,是在外来务工经商人员的集聚地区进行法制咨询活动。社区利用综合治理月、国际禁毒日、宪法宣传月等专项宣传法制的活动,专门派人到他们的集聚地区进行法制咨询活动,送法上门。①这些措施收到了较好效果,并作为经验向全市推广。

3. 强调把法制宣传教育寓于法律服务之中

在法律服务中进行法制宣传教育是一种实实在在的法制宣传教育,也是理论联系实际的法制宣传教育。它不但使社区居民易懂易学,还能从中感受到这种宣传教育的优越性,并加以重视。上海市原卢湾区的社区具有典型性。它是上海市的商业城区之一,也是民政部 1992 年上半年首批造就的全国 11 个社区建设试验区之一。这几年来,这个区的社区把法制宣传教育寓于活生生的法律服务之中,使广大社区居民从中学到了法律,也受到了法制宣传教育。这个区建立了由律师、司法助理员等法律从业人员组成的社会法律顾问小组,积极开展法律服务工作。据 2002 年的统计,社区参与接

---

① 上海市法制宣传教育领导小组办公室编:《上海市 2002 年度法制宣传教育优秀调研报告(论文)选编》,2002 年,第 112—113 页。

待来信来访 200 人次,法律咨询 2433 人次,协助调解处理各种纠纷 319 件。另外,社区的法律援助中心和分中心也积极开展法律服务工作。2001 年为贫弱者提供诉讼援助 83 件,非诉讼法律援助和无偿法律咨询 4938 人次。社会中还建立了矛盾调处服务站,用调解方式化解了社区中产生的纠纷,收到了良好效果。2001 年受理纠纷 2186 件,调解率达 100%,成功率为 97.9%。另外,卢湾区的社区经过广泛的法律服务工作,使居民经常受到法律宣传教育,法律素质有所提高,"遇到问题找法,解决问题找法"的风气逐渐形成。据抽样调查显示,80%以上的社区家庭注重用法律手段处理发生在身边和周围的各种矛盾,"吵、闹、骂"的陋习明显改变,90%以上的老人懂得用法律来维护自己的合法权益。①

二、上海社区法制宣传教育的新经验

上海社区在法制宣传教育中,还积累了一些新的经验,其主要表现如下:

1. 社区领导重视法制宣传教育工作,是大力开展这一工作的关键所在

这几年,上海的发展速度很快,目前已处在人均 GDP 从 5000 美元向 7000 美元的过渡时期,奋斗目标是成为国际性大都市。世界上的国际性大都市大多都是法治国家,都是法治都市。和这些大都市相比,上海在法治方面有明显的距离,社区的领导认识到,要缩短这一距离,必须要依靠大家的共同努力,而且许多法治方面的工作可由基层来做,其中包括法制宣传教育。它对于提高居民的法律素质、营造良好的法治环境、推进依法治市都有积极意义。在这方面,社区可有用武之地,也应发挥其积极作用。因此,近年来,社区的领导普遍比以往更重视法制宣传教育工作,想方设法地采取符合本社区情况的各种措施,使这一工作有了新气象、新面貌。

2. 社区推行法制宣传教育责任制是大力开展这一工作的制度保障

近年来,一些社区还推行法制宣传教育责任制,从制度上保证法制宣传教育的开展。上海市原南汇区是个典范。该区的上级管理部门与社区签订责任书,明确双方的责任,督促完成法制宣传教育的任务。责任书的甲方为上级管理部门,乙方为社区。责任书的内容涉及责任人、工作计划和任务、

① 上海市法制宣传教育领导小组办公室编:《上海市 2002 年度法制宣传教育优秀调研报告(论文)选编》,2002 年,第 144—146 页。

相关措施等。实践证明,社区的这一责任制效果突出。在社区成立培训部,对普法重点对象进行培训;积极开展法制文艺、法制故事、法制演讲等活动,使广大社区居民接受喜闻乐见的法制宣传教育;印制法制宣传资料,为社区居民学习基本法制知识提供方便;等等。法制宣传教育责任制的建立,使上海社区形成了一个开展法制宣传教育工作的长效机制,这一工作也随之深入发展,社区居民的"法律素质有了进一步提高,学法守法的自觉性不断加强"。①

3. 社区综合运用各类媒体进行法制宣传教育是大力开展法制宣传教育工作的重要措施

目前,可以进行法制宣传教育的媒体很多,形式多样,当它们被综合运用,形成合力以后,其作用就会放大,效果也会更好。上海社区在近年来的法制宣传教育中能综合运用各类媒体,收到较好的成效。其中,静安区的做法比较理想。这个区的社区在"三五"普法期间注意利用各种形式进行法制宣传教育,如板报、图片、知识竞赛、法制讲座、文艺演出、演讲等。近年来,他们开拓新的法制宣传教育媒体形式,形成一种新的媒体合力。其中,包括开辟了"静安法苑"、"法治广角"等一些栏目和开通法制网站等。随着法制宣传教育阵地的扩大,这一宣传教育的力度也在加大,社区法治的氛围进一步改善,真正出现了一种"形成全方位、各渠道协同普法的态势。"②

三、上海社区法制宣传教育工作存在的问题

上海社区的法制宣传教育工作已取得新的成绩,但不能不看到还存在一些问题,归纳起来主要有以下几点:

(1)各社区法制宣传教育工作的发展不平衡。全市社区分布广泛,情况不一,发展不平衡。市中心区与边缘区的社区情况不同,发展也不平衡。有的社区领导对法制宣传教育工作认识程度比较高,有的则不那么高;有的社区措施比较得力,有的则不那么得力;有的社区的工作效果比较明显,有的则不那么明显。以上涉及的一些区的社区在法制宣传教育的某些领域已有长处,也取得了明显的效果,其他区则显得相对较弱。这种不平衡会影响整个城市的法制宣传教育水平的进一步提高,也会影响依法治市的进程,上海

---

① 上海市法制宣传教育领导小组办公室编:《上海市 2002 年度法制宣传教育优秀调研报告(论文)选编》,2002 年,第 86 页。

② 上海市法制宣传教育领导小组办公室编:《上海市 2002 年度法制宣传教育优秀调研报告(论文)选编》,2002 年,第 263 页。

应重视缩小这种不平衡,提高法制宣传教育的整体水准,为建设国际性大都市创造法治条件。

(2) 对新形势下法制宣传教育的研究不够。新形势对社区法制宣传教育提出了很大的挑战,其中较为突出的社区开展了矫正罪犯的工作。随着中国法治的发展,社区矫正走到前台,上海作为全国社区矫正的试点城市,社区矫正工作已放到了议事日程之上。社区矫正是刑罚执行的延伸,是中国刑罚执行制度的一种改革,需要社区作为非刑罚执行机构参与,一批罪犯回到社区接受改造。社区要与国家机关、社会团体、志愿者等合作,在其职能或法律倡导的精神指导下,开展各种活动,帮助罪犯纠正犯罪意识和行为,改造自己,重新做人。目前,社区矫正的对象是管制、缓刑、监外执行、假释和剥夺政治权利等5类人员。社区矫正工作在西方发达国家已经开展许多年,基本成熟,但在中国还是新生事物,需要不断摸索、实践。其中,社区的法制宣传教育如何跟上,配合社区的矫正工作,目前的研究仍显不足,要及时"补课",避免以后出现措手不及的状况。

(3) 法制宣传教育的内容还不够丰富。目前,上海社区法制宣传教育的内容以公法的内容为多,大量涉及宪法、刑法、行政法等。这些公法确实需要广大社区居民掌握,这对于维护社会稳定,防止和减少违法犯罪行为的产生,维护居民的人身和财产安全都有积极意义。但是,随着私有财产的增加,维权意识的增强,社会居民对私法越来越关注。特别是其中有关房地产、动拆迁、婚姻家庭、劳动保障、保险、赡养和抚养等的一些法律问题,关系到千家万户的切身利益,更是引人注目。社区居民更为重视的也就是这些相关的法律问题。社区的法制宣传教育要吸引居民,真正收到实效,就应对症下药,扩展原有宣传教育内容,把居民关注的内容列入宣传教育范围,并随着他们关注点的变化而变化,作相应的调整。这一内容的扩展将有利于增加社区居民的法律知识,增强他们的法律意识,有力地促进社区的依法治理,从而推进依法治市。

四、上海社区法制宣传教育工作的努力方向

今后上海社区的法制宣传教育工作还要积极开展,不断上台阶、上水平,重点可以在以下一些方面下功夫:

1. 要重视法制宣传教育工作经验的及时总结和推广

上海的社区多,发展不平衡。同时,有不少社区在法制宣传教育方面已

经形成自己的特色,有了成功的经验。如上所介绍的浦东新区、闵行区、卢湾区、南汇区、静安区等区的社区都有了成功的经验。这些经验通过总结和推广,可以作为借鉴并融入其他社区的法制宣传教育工作之中。这是缩小社区间不平衡的重要手段之一。在这一过程中,调查研究不可缺少。上海的城市区域比较大,情况比较复杂,只有深入调查研究,才可掌握真实情况,做到取长补短。当然,这些经验的总结和推广、学习和吸取还包括上海以外的兄弟省市社区,这样,视野可以更开阔,收获也会更大。

2. 要重视法制宣传教育工作的实效性

社区法制宣传教育的价值在于取得实际效果,推进法治进程。当前的法制宣传教育往往还是"广种薄收",其实效常常不令人满意。要使这种教育深入发展,不能不重视它的实效,并减少这一教育的成本,改变"广种薄收"的情况。为了取得实效,社区法制宣传教育就要有针对性。从本社区的实际情况出发,结合集中需要解决的法治和社会问题,进行有针对性的法制宣传教育,使学法与用法密切联系在一起。当然,这一教育也要随着时代的发展而与时俱进。现在,中国还处在转型时期,社会会有较大变化,新生事物会不断涌现,社区法制宣传教育要适应这种变化,保持它的实效性。否则,当它明显落后于形势发展的时候,它的实效性就渐渐丧失,它的价值也会逐渐失去。从这个意义来说,上海的社区工作还应不断研究新情况,推出新措施,始终保持法制宣传教育的生命力。

第三十七章　上海高校的第一个听证规则

2002 年 10 月，华东政法大学的《听证暂行规则》诞生并开始运作，学校的听证工作也就更为规范了。这是上海高校制定的第一个听证规则，其影响深远。

一、《听证暂行规则》诞生的背景

华东政法大学《听证暂行规则》的诞生有其特定的背景，不是突然凌空而降，而是当时的背景造就了这一规则。其中，主要是以下这 3 个方面。

1. 中国确立了依法治国的治国方略

党的十一届三中全会以后，中国开始恢复社会主义法制，走上了建设社会主义法制的轨道。经过 20 年的努力，中国在法制建设方面取得了巨大的成就，并为中国推行社会主义法治奠定了坚固的基础。1997 年，党的十五大适时提出要建设社会主义法治国家的治国方略。十五大报告明确提出："依法治国，建设社会主义法治国家。"1999 年，九届人大第二次会议又及时修改《宪法》，把党的十五大提出的这一治国方略载入《宪法》，其中第 5 条明文规定："中华人民共和国实行依法治国，建设社会主义法治国家。"从此，中国把依法治国作为自己的治国方略，走上了依法治国的道路。这就要求中国在各个领域都需做到依法办事，包括教育领域中的高校工作。依法办事的基础是有法可依，因此，全国各高校都应根据宪法、法律的规定和本校的实际情况，制定出适合自己管理需要的各种规定，为依法治校提供必要的依据。当时，华东政法大学还缺少听证规则，需要加以制定，以弥补这一依法治校中的缺陷。这在依法治校中不可或缺。

2. 华东政法大学比较重视依法治校工作

华东政法学院成立于 1952 年，隶属于司法部，是一所以法学见长的政法高等院校。2000 年，在全国大学体制改革过程中归属到上海市，由上海市与司法部共建。法学是它的传统专业,许多教师、学生每天都要接触、学习法律,法律环境比较好。2007 年,华东政法学院改名为华东政法大学,已发展成为一所多学科性大学,但法学仍为强势专业。同时,校领导中多数成员都毕业于法学专业,都有学习法律甚至教学法学的经历,大家的法律意识比较强,法学知识也比较丰富。当十五大报告正式提出依法治国的治国方略和《宪法》对这一方略作出规定以后,全校上下都有一种愿望,即学校应该利用自己的法学资源优势,率先在全国实现依法治校,推进民主管理,切实维护师生员工的合法权益,提高自己的办学水平;同时,取得的经验也可为其他学校所借鉴。这正如《华政应成为依法治校的表率》一文中所言:"依法治国方略的实施,对高校的改革和发展提出了新的要求。作为从事法学教育的高等院校,我校理应成为依法治校的领头羊,并通过自身的努力,为其他高校依法治校工作积累经验。"①校领导十分重视大家的愿望,成立了在校党委领导下的依法治校领导小组,由一位副校长担任组长,负责领导全校的依法治校工作。2001 年以后,笔者便担任了这个小组的组长。依法治校不能没有听证规则,因为,它在规范听证工作、保障广大师生员工的合法权益中不可缺少。

3. 华东政法大学已有了听证会的初步实践和经验

自 2000 年起,华东政法大学已开展了听证,至《听证暂行规则》颁行以前,已举行过关于 4 位学生处分问题的听证会,有了一些初步的实践和经验。但是,因为没有听证规则,听证亟须规范,需要有明文规定,以便以后的听证工作更加顺利地开展。这 4 位学生都因为涉嫌违纪违规而将要受到处分,在处分前,学校为他们举行了听证会。他们涉嫌的违纪违规分别是:数门课程考核不及格、在体育比赛中打架斗殴、晨跑作弊和考试作弊等。听证会上,职能部门人员、学生代表、教师和听证申请人等都充分发表了自己的意见,然后形成 3 种不同的听证意见。最后,1 位同学的处分维持所拟决定;另外 3 位同学的处分则得到改变,用补考、重修方式来取代。2002 年 3 月 6 日的《人民日报》"华东新闻"版,以"华东政法学院就一学生是否作弊举行听证会"为题,对为其中一位涉嫌考试作弊的学生而举行的听证会作了报道。报道的内容包括了听证的原因、出席听证会的人员、听证程序、听证结果等。这些尝试都很有意义,但听证需要进一步细化和规范,听证规则的制定已刻不容缓。

华东政法大学利用本校的法学资源,邀请学校比较熟悉听证制度的行

---

① 薛文:《华政应成为依法治校的表率》,《华政报》2001 年 3 月 31 日。

政法学教师邹荣负责起草《听证暂行规则》,其他教师一起参与了修改。草案成熟后,于 2002 年 10 月 28 日经校党委会讨论通过,并于同月开始运行。上海高校第一个听证规则就在这样的背景下产生了。

二、《听证暂行规则》的结构、内容和特色

华东政法大学制定、运作的《听证暂行规则》是上海高校中面对师生员工的第一个听证规则,它的结构、内容和特色都十分引人注目。

1.《听证暂行规则》的结构

华东政法大学的《听证暂行规则》共由 6 章、33 条构成。这 6 章分别是:总则、听证的适用范围、听证组织部门和听证人员、听证准备、听证会的程序、附则等。除附则 3 条以外,其余 30 条都有自己的条标,以便阅读者一目了然。比如,第 1 条是"目的和宗旨",第 5 条是"听证会的任务",第 8 条是"听证组织部门"等。在这一规则的结构中,总则是对一般原则的规定,对整部规则都有指导意义;最后的附则只是对一些相关的问题,如生效、解释等作了补充规定。它们中间有 4 章,都属于此规则的分则部分,并依照听证发展的逻辑排列其相关内容,即从听证适用范围开始到听证会的程序。这样的结构安排比较符合制定法的要求,其中的逻辑性很强,适用起来也很方便。

2.《听证暂行规则》的内容

综观《听证暂行规则》,主要对以下一些内容作了明文规定:第一,规定了听证的目的和宗旨、原则和听证会的任务。其中,听证的目的和宗旨是,规范我校对师生员工实施的纪律处分行为;保证和监督我校有关职能部门依据校纪校规实施纪律处分;维护师生员工的权益;保证学校职能部门行使职权。听证的原则是:对师生员工作出纪律处分,受处分的师生员工要求听证的,应当召开听证会;听证遵循公正、公开的原则,除涉及当事人隐私或当事人申请不公开之外,听证会应当公开举行,允许师生员工旁听。听证会的任务是,就学校职能部门所调查、认定的违纪事实进行质证,并对调查人员所调查和收集的证据的真实性作出评议意见,这一意见又是作出纪律处分决定的依据。

第二,规定了听证会的参与人。这里的参与人包括听证会的主持人、申请人、评议人、调查人等。听证会的主持人由校长或经过授权的副校长指定,但对师生员工的违纪违规事实进行调查的人员不能担任这一主持人。

听证会的申请人是被认为违纪违规的师生员工。听证会的评议人由教师、工会成员、工会组织工作人员、学生、学生会成员、相关部门的正式工作人员担任;每次听证会都根据需要,由 3 名或 5 名评议人参加,申请人所在的部门应当有人参加;但是,对听证申请人进行调查的职能部门人员不得担任这一评议人。违纪违规行为的调查人应当参加听证会,而且还需在会上出示说明所调查的有关事实和相关证据以及调查经过。听证会参与人的总人数在 10 人左右,他们各司其职,行使自己的权利和履行自己的义务,保证听证会顺利进行。

第三,规定了听证准备。师生员工违纪违规以后便成了被调查人,相关职能部门在作出违纪违规处分前,要用书面形式告知被调查人有要求举行听证会的权利。被调查人在收到告知书后,应在回执上签字确认;不签字,视为放弃听证权利。被调查人在接到告知书的 3 日内,作出是否要求听证的决定,由本人或委托他人向校长办公室提出书面申请书。听证会主持人应在收到听证申请的 5 日内,确定听证的时间、地点,并通知其他听证会参与人。决定举行听证会后,校长办公室应把有关听证会的信息进行公示,便于听证会参与人出席和其他师生员工旁听。

第四,规定了听证会的程序。听证会的程序依照其过程进行设计,主要是以下几个步骤。在听证会参与人均到场以后,主持人宣布听证会开始;调查人提出违纪违规事实、证据和处分依据;申请人进行陈述和为自己辩解,也可以提供有利于自己的相关证据和证人;主持人或经过主持人同意的评议人员对调查人员和申请人、证人进行询问和质证;进行互相辩论;主持人宣布听证会参与人的陈述、质证、辩论结束,进入评议程序。评议程序仍由主持人主持,就听证事宜作出评议。如果评议意见一致,由主持人形成评议书面意见,各位评议员在评议书上签名;如果不一致,则由评议人员分别写出评议意见,然后签名。校长办公会议根据评议意见,对听证申请人作出处理决定。以上内容符合听证规则的一般要求,实践证明也行之有效。整个《听证暂行规则》的专业性很强,是专业人员的拟制成果,值得充分肯定。

3.《听证暂行规则》的特色

在华东政法大学颁行《听证暂行规则》之前,上海市已颁布过多个不同的听证规则。其中,有 1996 年 8 月上海市政府制定的《上海市行政处罚听证程序试行规定》、2001 年 5 月上海市人大常委会第 36 次会议通过的《上海市人民代表大会常务委员会立法听证规则》(暂行)、2001 年 8 月上海出台的《政府价格决策听证暂行办法》、2001 年 11 月上海市商委和计委发布的《开设大型超市听证办法》等。①与这些听证规则及其实施情况相比较,华东政法大学的《听证暂行规则》具有自己的特色,主要有两大不同。

　　第一,听证的宗旨和结果不同。根据华东政法大学《听证暂行规则》的规定,它的听证宗旨是要规范对师生员工的纪律处分,维护他们的合法权益。也就是说,要通过听证保障对校内师生员工违反校纪校规的处分依规进行,不出偏差。听证的结果是给校长办公会议对听证申请人作出是否给予纪律处分和怎样处分的主要参考依据。实践证明,听证结果主要出现过这样3种情况:同意职能部门提出的处分意见、不同意职能部门提出的处分意见、修改职能部门提出的处分意见。校长办公会议均能尊重这些听证的结果意见。上海市其他听证规则的宗旨和结果则不是如此。比如,《上海市行政处罚听证程序试行规定》的宗旨是为维护广大在沪人员的合法权益,使行政处罚依法进行。而且,实践证明,听证的结果可以分为维持行政处罚、从轻处罚和免于行政处罚3种。②它们均与华东政法大学《听证暂行规则》所规定的宗旨和结果不同。

　　第二,听证会的参与人也不同。华东政法大学的《听证暂行规则》规定的听证参与人,不论是主持人,还是听证申请人、调查人、证人等其他听证参与人,都是学校的师生员工,没有超出我校的范围。可是,上海市其他听证规则所规定的听证参与人则来自上海市的四面八方,而且听证人数也较多。比如,在制定《上海市劳动合同条例》的立法听证会中,参与人除了主持人以外,还有职工2人,用人单位11人,工会9人,律师7人,专家1人,法官3人,检察院1人,劳动仲裁部门1人,总人数为35人。③与《听证暂行规则》所规定的听证参与人不同,而且参与人数也比较多,大大超过10人。从中亦可见,华东政法大学的《听证暂行规则》特色明显,比较适合其实际情况。

三、《听证暂行规则》的运作效应

　　华东政法大学的《听证暂行规则》自开始运作至今已有11余年了。这11余年来,随着这一听证规则运作,其效应也逐渐显现出来了,主要是以下3点。

---

① 顾长浩:《中国听证制度研究》,法律出版社2007年版,第237—238页。
② 顾长浩:《中国听证制度研究》,法律出版社2007年版,第13页。
③ 顾长浩:《中国听证制度研究》,法律出版社2007年版,第135页。

1. 维护了学生的合法权益

华东政法大学的《听证暂行规则》运作以来,主要适用的对象是学生涉嫌违纪违规的案件。据统计,自2004年5月至2012年3月,学校共举行过听证会20次,涉案学生47人。其中,2005年3月,举行的听证会涉案人数最多,有6人;2009年2月第6次举行的听证会涉案人数较少,只有1人;平均每次涉案学生数为2.3人有余。在47人的案例中,因涉嫌研究生入学考试而替人代考的有1人,占2.1%;因六级英语考试涉嫌作弊的人数有6人,占12.8%;其他的40人均涉嫌在期末考试中作弊,占85.1%。与相关职能部门所拟处分相比,申请听证人通过听证会后,维持所拟处分决定的人数有33人,占70.2%;改变所拟处分决定的人数为14人,占29.8%。在改变所拟处分的14人中,有6人改为不构成作弊,占42.9%;其余8人均为减轻处分,占57.1%。可见,《听证暂行规则》的运作十分有效,有超过1/3的涉嫌违纪违规学生被减轻处分或不再处分,切实维护了学生的合法权益。学生也有如此感受。

2007年上半学期,小唐同学参加了《国际公法》课程考试,涉嫌期末考试作弊,当其仔细看了《听证暂行规则》以后,"如获至宝,在相关部门通知他有权就其违纪处分行为要求听证时,毫不犹豫地递交了听证申请"。听证会认定小唐不构成作弊,他激动地表示:"心中一块压抑多日的大石头终于落地,感觉前所未有的轻松。"其他学生得知这一消息也表示:"学校展开的听证会让我在学习阶段就看到了法律的公正。"这不仅改变了所拟处分同学的感受,也使维持所拟处分决定的同学心服口服。"这一制度的实行有效地维护了师生员工的合法权益,即使申诉被驳回,当事人在接受处分时也能心平气和。"①这改变了"一些学校处分学生一般是'先处分,后告知',忽视了学生的陈诉权、申辩权"的做法,②实实在在地维护了学生的合法权益。

2. 提高了依法治校的水平

为了切实提高依法办学的水平,"十五"期间华东政法大学采取了一系列措施,其中包括:成立依法治校领导小组、教代会定期会议制度、公示制度、职工仲裁制度、听证制度等。它们以不同角度来规范校职能部门的工作,公开、公平、公正地处理工作问题,切实维护师生员工的合法权益,使学校的各项工作均依法进行。听证制度是其中的一项重要措施。这正如时任

---

① 谢海阳:《听证会帮大学生卸下"作弊"包袱》,《文汇报》2007年11月30日。
② 华巨锋:《大学生受处分,向谁申诉?》,《解放日报》2004年2月3日。

校党委书记杜志淳教授所言:"听证制度只是学校依法治校工作体系的众多亮点之一。"①听证制度以《听证暂行规则》作为表现形式,由其加以规范,它的制订和运作从 3 个方面切实提高了依法治校的水平。

首先,通过避免错判、误判违纪违规师生员工,来提高依法办校水平。它从严格依规处理违纪违规师生员工,特别是违纪违规学生的视角,避免错判、误判情况的发生,有效维护了他们的合法权益,来实现依法治校。有超过 30% 的所拟处分被改变,已能说明这一点。

其次,通过规范职能部门的工作,来提升依法治校的水平。听证不仅能有效维护师生员工的合法权益,还能发现学校职能部门在日常管理中存在的问题,甚至是校现行规章制度中的缺陷和不足,从而解决这些存在的问题,完善这些规章制度,提升依法治校的水平。这正如《被处分学生有权申诉》一文中所讲的:"举办听证会也是对学校职能部门的工作起到了规范促进作用,促进各部门在处理有关事件时严格按照规章办事或采取更加慎重的态度。同时,通过听证会,学校还发现了现行规章制度存在的缺陷和不足,并有针对性地加以完善。"事实也是如此,在一次有一位研究生涉嫌违纪违规的听证会上,发现了校研究生处内部管理的规章制度存在问题,会后就"责令研究生处完善内务管理,健全有关规章制度"。②另外,值得关注的是,在 47 名听证的学生中,改变所拟处分者均在 2008 年 3 月以前,此后的 16 位听证同学均未改变所拟处分。这从一个方面说明,华东政法大学通过 7 年的听证以后,职能部门的管理工作已有所改进,工作更为规范,疏漏减少,作出的所拟处分能够依规而行。这也是一种依法治校水平的提升。

最后,通过听证会,提高了师生员工的法律素质。学校的听证会不仅维护了听证申请人本人的权益,还起到了教育广大师生员工的作用,提高了他们的法律素质。实践是提高公民法律素质的最佳途径之一,这种自己亲历的活动会产生感性体验并留下深刻印象,从而改变自己的理念,提高自己的法律素质。听证的实践也是如此。它可"达到教育广大师生自觉学法、用法、守法、护法,正确处理情、理、法的关系的目的"。③这也就在一定程度上,提高了他们的法律素质。

3. 提供了听证的经验

在依法治国的大背景下,华东政法大学在上海高校中率先出台了《听证暂行规则》,首先开展了听证工作,这为在教育系统推行听证制度提供了经

---

① ③ 谢海阳:《听证会帮大学生卸下"作弊"包袱》,《文汇报》2007 年 11 月 30 日。
② 陈默:《被处分学生有权申诉》,《新闻晨报》2004 年 1 月 4 日。

验。学校颁行的听证规则引起上海教育行政部门的重视，并采取了相应措施。"市教委明确将探索'本市高校学生违纪违规处理申诉裁决机制'列入了 2004 年高等教育工作的要点，据悉有关部门目前正着手搜集案例，对违纪违规处理中的矛盾焦点、成功做法等进行研究。"①后来，这一机制建立起来了，华东政法大学的听证规则为其提供了一个方面的依据。鉴于学校取得的包括听证制度在内的依法治校的突出成绩，教育部在 2005 年把华东政法大学认定为全国首批"教育部依法治校示范单位"之一。那一年，整个上海仅有两所高校获此殊荣，实不容易。当然，这不仅是一种肯定和鼓励，也是一种鞭策，对学校的依法治校提出了更高的要求。

这里还要提及的是，华东政法大学听证的影响不断扩大，还在中学里得到执行，华东政法大学附中即是如此。此校把听证运用到中小学生营养午餐管理中，还专门拟制了一个相关条例递交到市教委。"几天前，一万字的校园午餐立法听证会建设报告递交给上海市教委，其中包括一份有着 6 章 39 条的《上海市中小学校学生营养午餐管理条例》。这份翔实报告是华东政法大学附属中学学生在经历几次听证之后，总结学校、家长、学生、餐饮公司、食药监局等多方观点后写出的。市教委基础教育处有关负责人表示，将仔细阅读这份报告，作为校园午餐改进的参考。"②学校的听证出现了以点带面的发展之势，华东政法大学在其中功不可没。

四、《听证暂行规则》的前瞻

《听证暂行规则》带来的收获可喜可贺，然而审视这一规则，还有进一步改进的空间，主要体现在以下 3 个方面。

1. 提高对听证的认识

华东政法大学的《听证暂行规则》是在党的十五大以后诞生的，其法律背景是提出"依法治国"的治国方略不久。为了配合国家的"依法治国"，华东政法大学制定了这一规则，以便把这一治国方略能在学校得到贯彻、执行。然而，任何规则都是特定历史条件下的产物，随着形势的变化，同样需要与时俱进。党提出的法治目标是要加快建设社会主义法治国家和全面推进依法治国，这对学校的依法治校工作提出了更高的要求。学校师生要克

---

① 华巨锋：《大学生受处分，向谁申诉？》，《解放日报》2004 年 2 月 3 日。
② 李雪林：《校园听证，在碰撞中知法明礼》，《文汇报》2012 年 5 月 10 日。

服自满思想,不能停留在原来成绩之上沾沾自喜,而应自我加压,对新形势下的听证有新的认识。要清醒地意识到,当前应当完善听证规则,加大维护师生员工合法权益的力度,对职能部门的权力作更有效的监管,确保其依法办事,在校内形成一个较为理想的依法治校环境,为中国加快建设社会主义法治国家和全面推进依法治国添砖加瓦。只有提高了对听证的认识,才会积极完善这一规则,认真运作这一规则,把其提高到一个新的高度。

2. 完善《听证暂行规则》

经过 11 年来的听证实践证明,华东政法大学的《听证暂行规则》切实可行,总体运作情况良好,值得充分肯定,但在新形势下,有些地方还有完善的空间,主要是以下 3 个方面:第一方面,补充一些内容。一是关于听证原则的补充。可以把拟受处分的师生员工对学校职能部门所调查、认定的违纪违规事实确认的,可以不予受理这一层意思补充进去,以便降低听证成本,避免不必听证而再举行听证的情况发生。二是关于适用对象的补充。可以把已入学,但尚未注册、取得学籍的学生参照本规则执行的意思补充进去,还可以把学校使用的人事派遣人员,如合同制工作人员参照本规则执行的意思表达进去。这样,可使他们也享有维护自己权益的机会,更能体现法律面前人人平等。三是关于听证程序的补充。可以把将听证告知书的回执递送校长办公室的含义补充进去,便于能及时掌握听证的进展情况。

第二方面,修改一些内容。一是关于听证会主持人的修改。把原来不能担任这一主持人的人员,是对师生员工违纪违规事实进行调查的人员,改为是对师生员工违纪违规事实调查部门的人员,以便增大回避力度,保证其公正性。二是关于确定听证会评议人员的时间。把原来的 3 日改为 1 周,以便有充足的时间来选择确定较为合适的评议团人员。

第三方面,删除一些内容。其中,把评议组成人员中申请人所在部门应当有人参加这一条款删去,因为在实践中发现有的申请人所在部门涉及两个以上,较难确定,还是对此不作规定为好。经过这 3 个方面的完善,华东政法大学《听证暂行规则》的内容将会更为成熟一些。

3. 扩大听证的适用范围

目前,华东政法大学设定的听证仅适用于师生员工的违纪违规的处分,《听证暂行规则》也是作了如此规定。随着社会主义民主建设进一步的发展和依法治校的深入开展,可以考虑扩大听证的适用范围,使校内重大问题的决策都以听证为前置程序,即经过听证以后,再作出决策。这更有利于集思广益,避免或减少决策错误。关于这一点,华东政法大学附属中学已先行一步,有了试验。它把听证适用于学校中与学生相关而又存在争议的热点话题之中。"在华政附中,凡是与学生学习、生活息息相关而又存在争议的校园热点话题,都采取听证会形式,让学生在模拟听证中找到最好的解决办法。"①华东政法大学已有了11年的听证实践,把其中的经验运用到校内其他重要问题的决策上,应该不会太难。需要做的工作则是规则的定位问题,这可以从两个方案进行考虑,并选择其中之一。一是修订现行的《听证暂行规则》,扩大其适用范围,不仅规定对违纪违规师生员工进行听证,还要规定对重要问题决策的听证。如果是这样,其中的内容应有所增加,篇幅也会大一些。二是另行制定一个新的适用于重要问题决策的听证规则。如果是这样,其内容和适用范围也都会相对单一一些。这两个方案都有可行性,但第一个方案似乎更适合华东政法大学的实际情况。可以相信,华东政法大学既然能制定出上海高校的第一个听证规则,也一定能够把这一规则修订好。

---

① 李雪林:《校园听证,在碰撞中知法明礼》,《文汇报》2012年5月10日。

第三十八章　上海领跑中国现代区域法制建设

鸦片战争以后,中国开始迈入法制现代化时代,其中包括区域法制现代化。它是中国法制现代化中的一个重要组成部分,不可或缺。上海在中国区域法制现代化过程中,特别引人注目。它领跑了中国现代区域法制建设,成绩卓著。但长期以来,对其的研究大大落后于对国家现代法制建设的研究,故有必要弥补这一研究的不足,真实、全面地反映中国法制现代化的整个进程与面貌。上海领跑中国的现代区域法制建设突出体现在 19 世纪下半叶、辛亥革命时期和改革开放以后的三个时期。

一、上海租界领跑中国 19 世纪下半叶的中国现代区域法制建设

中国最早的现代区域法制诞生在上海租界。上海租界是西方列强通过不平等条约而在上海建立的一种现代自治区域,以损害中国主权为前提。上海租界法制又是一种现代法制,而且它还领跑了中国的现代区域法制建设。

1. 上海英租界施行的《土地章程》是中国最早的现代区域法制

鸦片战争以中国失败告终。1842 年的中英《南京条约》规定:中国要向英国开放 5 个通商口岸,即"广州、福州、厦门、宁波、上海等五处港口,贸易通商无碍"。①1843 年的《南京条约》附件《五口通商附粘善后条款》进一步规定:应在这五个通商口岸中设立租界,为满足洋人的需要,"中国地方官应与英国管事官各就地方民情地势,设定界址,不许逾越,以期永久彼此相安。"②1845 年《上海租地章程》颁行,上海英租界诞生。③这是中国现代史上的第一

---

① 王铁崖编:《中外旧约章汇编》(第 1 册),生活·读书·新知三联书店 1957 年版,第 31 页。
② 王铁崖编:《中外旧约章汇编》(第 1 册),生活·读书·新知三联书店 1957 年版,第 35 页。
③ 《上海租地章程》又称为"上海土地章程"、"上海地皮章程"等。

个租界,《上海租地章程》是中国第一个现代的区域性规定,开启了中国现代区域法制建设的先河。

《上海租地章程》是一个现代的区域性规定,适用于上海英租界。它具备现代的法律理念、法律语言、法律内容,与中国其他区域还在使用的清朝法制及其传统的法律理念、法律语言、法律内容等,都有明显差异。

首先,《上海租地章程》贯彻了现代公平交易的法律理念。它规定:华人与洋人的"出租、承租各字据,经查核钤印,交还收执,以凭信守,并免违犯";洋人如果"逾期不交地租,领事官应按本国欠租律例处理";华人"不得任意停租,尤不得增加租银。"①这一规定建立在出租、承租双方当事人平等的基础之上,并公平进行交易,共同遵守租地契约。这与当时中国其他区域还在使用的《大清律例》中贯彻的等级名分理念,规定十恶、八议、上清等等级制度相差甚远。②

其次,《上海租地章程》使用了现代的法律语言。比如,"公同商议"、"公平分摊"、"防捏造诈欺"、"会同登记"、"公正评估"、"遵守一切章程"、"杜免争议",等等。③现代的法律语言在现代法制中使用,传统法制使用的则是传统法律语言,不是现代法律语言。当时,中国其他区域在适用的《大清律例》中,使用的就是传统法律语言。比如,"化外人有犯"、"期亲祖父母"、"监临主导"、"断罪无正条"、"充军地方"等都是如此。④这些传统的法律语言与《上海租地章程》中的现代法律语言有天壤之别。

最后,《上海租地章程》规定的法律内容也是现代的法律内容。比如,"禁止无业游民在路上扰乱"、"造正路,宽二丈"、"(在租界)修建教堂、医院、慈善机关、学校及会堂"、"(不得)肆意喧嚷滋扰"等。这种法律内容在中国传统法律中均无明文规定。那时,在中国其他区域内使用的《大清律例》中,规定的是"脱编户口"、"立嫡子违法"、"赋役不均"、"隐蔽差役"、"别籍异财"等一些传统法律的内容。⑤可见,《上海租地章程》与中国传统法律在法律理念、语言、内容等方面均有明显差别。这种差别是现代法制与传统法制的差别。从中可进一步证实,上海英租界首先在中国适用现代规定,建

①　王铁崖编:《中外旧约章汇编》(第1册),生活·读书·新知三联书店1957年版,第66—67页。

②　《大清律例·名例律上》。

③　王铁崖编:《中外旧约章汇编》(第1册),生活·读书·新知三联书店1957年版,第66—69页。

④　《大清律例·名例律下》。

⑤　《大清律例·户律·户役》。

立起现代区域法制。

　　往后,上海英租界及其以后的上海英美租界、上海公共租界,又建立了现代的立法、行政执法、司法机关,形成了现代的法律体系,进一步完善了现代区域法制。①继上海英、美租界产生以后,1849 年上海法租界也诞生了。它也颁行现代性规定,建立起现代的区域法制。②上海租界在 19 世纪下半叶,率先于中国其他区域进入了法制现代化时代。

2. 上海租界的现代区域法制对中国其他租界的现代区域法制产生过影响

　　上海租界的现代区域法制,特别是上海英租界的现代区域法制,对中国其他城市英租界的现代区域法制产生过影响,有助于它们也进入现代区域法制行列。这一切发生在 19 世纪下半叶,即 20 世纪初清末法制改革以前。这里以上海英租界早期的巡捕制度对宁波、汉口英租界巡捕制度建立的影响为例。1861 年,宁波英租界向上海英租界提出要求,要"索取一份上海的规章制度和一份由汉人组成一支巡捕队伍的估计费用备忘录,以及董事会可以提供的任何其他促进这方面事务的材料。"③这些材料的提供为宁波英租界确立自己的巡捕制度提供了方便。一年以后,汉口英租界两次要求上海英租界提供建立巡捕制度的帮助。一次是要求"上海工部局派去 5 名巡捕"并提供巡捕"制服",以组建汉口巡捕房。另一次是要求上海英租界推荐人选去任"汉口英租界工部巡捕房的巡长",上海英租界随即选派惠勒去任此职。④上海英租界的帮助同样为汉口英租界建设巡捕制度提供了便利。进入 20 世纪以后,这种影响仍然存在。厦门公共租界照搬了上海公共租界的会审公廨制度,也建立了自己的会审公廨制度。1902 年《厦门鼓浪屿续订公地章程》记载:厦门公共租界"界内由中国查照上海成案设立会审公堂一所,派委历练专员驻理。"⑤可见,上海租界不仅率先创制现代区域法制,还对中国其他城市租界的现代区域法制产生了影响,成为它们的楷模。

---

　　①　继 1845 年诞生了上海英租界以后,1848 年又出现了上海美租界,1863 年上海英租界与上海美租界合并成立了上海英美租界,1889 年上海英美租界改称为上海公共租界。

　　②　王立民:《上海租界与上海法制现代化》,《法学》2006 年第 4 期。

　　③　上海市档案馆编:《工部局董事会会议录》(第 1 册),陆森年等译,上海古籍出版社 2001 年版,第 630 页。

　　④　上海市档案馆编:《工部局董事会会议录》(第 1 册),陆森年等译,上海古籍出版社 2001 年版,第 650—651 页。

　　⑤　王铁崖编:《中外旧约章汇编》(第 2 册),生活·读书·新知三联书店 1959 年版,第 22 页。

3. 上海租界的现代区域法制对上海华界的现代区域法制与清政府产生过影响

上海租界的现代区域法制对上海华界的现代区域法制建设产生过影响，以致其也借鉴了这一法制的规定。上海租界与上海华界相邻。上海租界是个开放性区域，一般情况下，人们可以进出租界。上海租界的现代区域法制很易被华人感知、认同，甚至接受。事实也是如此。在19世纪下半叶，上海华界就有过借鉴上海租界现代区域法制的经历。1869年，上海英美租界发现了天花。翌年，上海英美租界便作出规定，禁止使用中国传统的"痘痂法"，推广使用西方的"种痘法"，还取得良好的预防效果。上海华界从中得到启示，同年也规定使用"种痘法"，同样取得了良好的效果。①除了在卫生方面存有这种影响以外，在城市道路建设与管理方面也存在这种影响。1898年，上海华界颁布的《沪南新筑马路善后章程》中的许多规定都借鉴了上海租界的相关规定，车辆捐照、行车点灯、禁止驰骤、禁止随便倾倒垃圾、不准随地大小便等都是如此。②从中可见，上海租界的现代区域法制在19世纪下半叶，不仅对中国其他租界，还对中国华界产生过影响，其影响力在逐渐扩大，成为其借鉴的蓝本。

上海租界的现代区域法制甚至对当时的清政府产生过影响，以致其也不得不接受这一法制，聘用外国律师为自己辩护就是一个突出例子。上海租界会审公廨的现代审判实践，使华人感到新鲜，并悟出其中的先进性。他们看到"案无大小，胥由人证明其曲直，律师辩其是非，审官研鞫而公断之，故无黑白混淆之弊。"由于当时还无华人律师，出庭的都是洋人律师，包括华人聘用的律师也是如此。"无论西人控华人，须请泰西律师一为质证，即华人控西人，亦必请泰西律师。"③清政府在上海会审公廨的诉讼中，也聘用外国律师为己辩护，《苏报》案就是这样。1903年审理的《苏报》案的双方当事人都聘用了外国律师，其中，清政府聘用的外国律师是英国古柏（White Cooper）。④清政府官员也认识到律师在这种现代司法中的重要作用，主张培养自己的律师。伍廷芳上奏清政府"拟请嗣后凡各省法律学堂，俱培养律师人才，择其节操端严，法学源深；额定律师若干员，毕业后考验合格，给予文凭。"⑤

---

① 马长林等：《上海公共租界城市管理研究》，中西书局2011年版，第84—85页。
② 练育强：《城市·规划·法制——以近代上海为个案的研究》，法律出版社2011年版，第227页。
③ 《皇朝经世文新编·西律》。
④ 上海通社编：《上海研究资料续集》，上海书店1984年版，第76页。
⑤ 丁贤俊、喻作风编：《伍廷芳集》（上册），中华书局1993年版，第281页。

综上所述,上海租界不仅率先于中国其他区域而建立了现代区域法制,这一法制还对当时的中国其他城市的租界、上海华界甚至清政府都产生过影响,其领跑中国现代的区域法制建设十分明显,当时中国还没有一个其他区域的现代区域法制可以与其并驾齐驱。

二、上海华界在辛亥革命时期领跑中国现代区域法制建设

与上海租界不同,上海华界受中国中央政府管辖,除了施行中央法制以外,还颁行适用于上海自己的区域法制。辛亥革命以后,上海建立了自己的地方政权"沪军都督府",并建立了辛亥革命时期的法制,一种现代区域法制。①这一时期法制的存续时间不长,前后仅为一年多。这个时期的法制大致可分为三个阶段:第一阶段,是辛亥革命时期法制的开创阶段,时间从 1911 年 11 月 3 日上海起义到 1912 年 1 月 1 日中华民国成立。第二阶段,是辛亥革命时期法制的发展阶段,时间从 1912 年 1 月 1 日中华民国成立始,到 1912 年 4 月 1 日孙中山正式卸任临时大总统前止。第三阶段是辛亥革命时期法制的影响阶段,从 1912 年孙中山正式卸任临时大总统始,到 1913 年 7 月 25 日郑汝成任上海镇守使前止。②在这三个阶段的一年多时间里,上海华界的法制又一次领跑了中国现代区域法制建设,并突出表现在以下两个方面。

1. 上海华界的法制领先于中国其他区域的法制

这里以辛亥革命时期浙江省(下简称"浙江")的区域法制作为比较对象,来凸显上海华界法制在这一时期领先于中国其他区域的法制。在辛亥革命时期及民国前期(1911 年至 1926 年)的时间段内,浙江"处于相对较为和平的环境中",其法制在全国也"具有相当的典型性和地方特色",而且,这一法制还为包括辛亥革命时期在内的民国前期浙江的"政治、经济、社会发展列全国先进水平起到积极的推动作用。"③辛亥革命时期的上海华界的沪军都督府与浙江的议会都是当时的区域立法机关,把它们颁行的区域法制作比较,较有可比性,也较易显现出上海华界法制在那时中国区域法制建设中占所有的领先地位。

---

① 王立民:《辛亥革命时期上海华界现代法制论析》,《法治现代化研究》2017 年第 1 期。

② 王立民:《辛亥革命时期上海华界立法探析》,《史林》2012 年第 6 期。

③ 陈婴虹:《民国前期浙江省议会立法研究》,中国社会科学出版社 2016 年版,"导言"第 1—2 页。

　　首先,上海华界颁行的不少区域法制在浙江没有颁行。同在辛亥革命时期,上海华界颁行的不少区域法制在浙江则没有颁行。这从一个侧面说明,上海华界在这一时期的区域法制建设中处在领先位置。那时,上海华界颁行的关于剪辫,禁止赌博、私立"邪会"、散布谣言,禁止勒捐、伪造钞票,禁止军人随意乘坐车船、进入妓院与剧场,任意抓人等一系列规范,浙江均无颁行。①其中,有些规定还很重要,关于剪辫的规定就是如此。《民立报》于1911年12月29日刊载了沪军都督府都督陈士英发布的一个关于剪辫的规定。②这个规定的内容主要分为三个部分。第一部分内容陈述了留辫的弊端。"照得结发为辫,乃胡虏之殊俗,固地球五大洲所无之怪状,亦历史数千年未有之先例。满清入关,肆强迫之淫威,使和同于胡俗。试披发史,凡我同胞之乃祖乃宗,因此而受惨杀屠戮者,不可胜数"。第二部分内容讲述了剪辫的必要性。"今幸天福中国,汉土重光,凡有血气者,追念祖宗之余痛,固莫不恐后争先,剪去辫发,除此数寸之胡尾,还我大好之头颅。"第三部分内容要求大家齐心协力剪去留辫。"仰各团体若口实力,辗转相劝,务使豚尾恶捐,不惹胡儿膻臭,众心合一,还我上国衣冠。"这一规定从留辫的弊端、剪辫的必要性和剪辫的要求等三个方面有理有节地对剪辫作了陈述与规范,着实推动了上海华界的剪辫运动,切实反映出辛亥革命时期上海华界法制的反封建性与革命性,有利于形成社会新风尚,营造现代社会的氛围,意义非凡。事实也证明,上海华界通过执行这一剪辫规定,确实推进了上海华界的现代化进程。③

　　其次,上海华界与浙江都颁行了相似的规定,但上海华界规定的内容更胜一筹。辛亥革命时期,出于区域治理的需要,上海华界与浙江都颁行过一些相似规定。相比之下,上海华界的规定更胜一筹。这从另一方面说明,上海华界的现代区域法制领跑了那时中国的区域法制建设。1912年2月,上海华界与浙江都颁行过有关禁烟(禁鸦片)的规定。上海华界的这一规定由沪军都督府都督陈士英颁行,浙江的这一规定由省议会颁行。④比较以后发现,上海华界的这一禁烟规定更为妥善一些,突出表现在以下三个方面:⑤第

　　① 上海社会科学院历史研究所编:《辛亥革命在上海史料选辑》,上海人民出版社1981年版,"目录"第7—10页。

　　② 上海社会科学院历史研究所编:《辛亥革命在上海史料选辑》,上海人民出版社1981年版,第324页。

　　③ 王立民:《辛亥革命时期上海华界立法探析》,《史林》2012年第6期。

　　④ 浙江省议会的这一禁烟规定取名为"浙江省实行禁绝鸦片法"。详见陈婴虹:《民国前期浙江省议会立法研究》,中国社会科学出版社2016年版,第198页。

　　⑤ 上海社会科学院历史研究所编:《辛亥革命在上海史料选辑》,上海人民出版社1981年版,第338页。

一,上海华界的规定揭示了鸦片的危害。"照得鸦片之害,流毒于我中国已数十年矣。凡我同胞沉溺于鸦片之中,废时失业,败产荡家者以数百千万计。"这为禁烟提供了合理依据。第二,上海华界的规定强调了禁烟的必要性。"现自民军建义以来,军务倥偬,不暇顾及,而吸烟者乘此机会,有死灰复燃之势,人格丧尽,实堪痛恨。"即是不能让吸烟卷土重来,再继续危害社会。第三,上海华界的规定要重罚吸烟者。"如有私卖灯吸者,一经察出,财产立即发封,本犯严行惩办。本都督非欲以强迫手段施之同胞,赏(实)欲除恶务尽,不欲留污点以贻民国前途之隐患。"即用刑事与经济双重制裁手段严惩吸烟人,制裁力度很大。在上海华界禁烟规定的三个方面中,第一、二个方面为浙江所没有规定。也就是说,浙江的禁烟规定中没有涉及吸烟的危害与禁烟的必要的内容,这就影响了禁烟的合理、合法性基础。第三个方面的内容在上海华界与浙江的规定中都有,但上海华界的制裁力度更大。浙江的规定中,可以适用 100 元、1000 元以下罚金,制裁力度远不及上海华界的规定。①通过这三个方面的内容比较可以看到,辛亥革命时期上海华界关于禁烟的规定,比浙江的相关规定更胜一筹。其他的相似规定也大致如此。

2. 上海华界的有些规定被中央政府的法制所吸收

辛亥革命时期,上海华界制定的有些规定十分有利于推动这一革命与社会治理,中央政府认为其有全国性意义,于是便把它们吸收进来,再用中央政府的名义颁行全国。这从一个侧面说明,在这一时期,上海华界的区域法制建设不仅走在中国其他区域法制的前面,还可为国家的立法提供自己的经验,受到国家的重视。这样的规定有多项,包括禁赌、禁烟和剪辫等。

这里先列举禁赌的规定。1912 年 2 月 21 日《民立报》报道了沪军都督府都督陈士英发出的一个关于禁赌的规定。此规定的内容主要是揭示了赌博的危害、禁赌的措施。"惟满清时代,民间于元宵之前开场聚赌,大则倾家荡产,小则争攘斗殴,伤风败化,莫此为甚。现在民国新立,旧染污俗,恶行蠲除,凡我同胞,皆当随时世之转移,为新国民之模范。为此,通饬严禁赌博,除照会各国领事取缔租界不准华人赌博外,仰各界一体遵照,如违定予严办。"②中央政府的相关立法则在同年的 3 月 5 日。那时的《内务部为禁赌呈》也涉及赌博的危害与禁赌的措施。具体内容是:"窃维赌博陋习,最为社

---

① 陈婴虹:《民国前期浙江省议会立法研究》,中国社会科学出版社 2016 年版,第 198 页。

② 上海社会科学院历史研究所编:《辛亥革命在上海史料选辑》,上海人民出版社 1981 年版,第 338 页。

会之害,律法在所必禁","无论何项赌博,一律禁除"。①这两个规定的内容十分相似,但上海华界的规定颁行在前,中央政府的规定颁行在后。上海华界的这一规定为中央政府的规定提供了借鉴。

还有,关于禁烟与剪辫的规定也基本如此。辛亥革命时期,沪军都督府都督陈士英颁行的禁烟规定在 1912 年 2 月,而中央政府的禁烟规定在当年3 月。这一规定为《临时大总统关于禁烟令》。它也指出吸鸦片的危害,规定了禁烟的办法。危害是:"失业废时,耗材殒身,浸淫不止,种姓沦亡,其祸盖非敌国外患所可同语";禁烟办法是:"由内务部转行各省都督,通饬所属官署重申种吸各禁,勿任废弛。"②关于剪辫的规定,沪军都督府都督陈士英颁行的剪辫在 1911 年 12 月,而中央政府作出的剪辫规定则在 1912 年 3 月,名为《临时大总统关于限期剪辫改内务部令》。此令也要求留辫男子在限期内剪辫:"凡未去辫者,于令到之日,限二十日一律剪除净尽。不遵者,违法论。"③可见,关于禁烟与剪辫的规定,也是上海华界的规定在先,中央政府的规定在后。中国政府借鉴了上海华界立法的相关规定。

辛亥革命爆发后,全国各地纷纷响应,然而其进展情况参差不齐。上海在这一时期中国各区域中是革命成果十分突出、影响最大的区域,连孙中山都认可这一点。他说:"时响应最有力而影响力全国最大者,厥为上海。"④其中,亦包括那时的区域法制建设。正是那时上海华界的法制建设领跑了中国的区域法制建设,并切实支持辛亥革命,着力发展华界的城市建设,上海才出现了一个"黄金时期"。⑤上海华界的区域法制建设在那时领跑中国的现代区域法制建设,名不虚传。

三、上海领跑改革开放以后中国现代区域法治建设

改革开放使中国获得的新生,走上了法治建设的快车道,中国区域法治

---

①　中国第二档案馆编:《中国民国史档案资料选编》(第 2 辑),江苏人民出版社 1981 年版,第 33 页。

②　中国第二档案馆编:《中国民国史档案资料选编》(第 2 辑),江苏人民出版社 1981 年版,第31—32 页。

③　中国第一档案馆编:《中国民国史档案资料选编》(第 2 辑),江苏人民出版社 1981 年版,第 32 页。

④　广东省社会科学院历史研究室等编:《孙中山全集》(第 6 卷),中华书局 1981 年版,第 244 页。

⑤　熊月之主编:《上海通史》(第 8 卷),上海人民出版社 1999 年版,"引言"第 1 页。

建设也是如此。上海在这一时期的区域法治建设中，充满了活力，也往往领先一步，继续领跑中国的现代区域法治建设。这又突出表现在以下三个方面。

1. 上海率先于中国其他区域而制定一些区域性规定

这种区域性规定包括上海市人大制定的地方性法规和上海市政府制定的地方政府规章等。上海市人大和上海市政府可以制定适用于上海的地方性法规、政府规章。它们都是上海区域性法制的重要组成部分。上海人大率先于中国的其他区域，制定了一些适用于上海的区域性法规。有资料显示：在北京、天津、上海、重庆与深圳5大城市中，上海制定的区域性法规处于领先地位。据2009年的统计，上海已经制定而其他4个城市还未制定的地方性法规达28件。其中，"民主政治建设领域3件，经济管理领域5件，社会管理领域7件，民生保障领域2件，教科文卫领域5件，城建环保领域6件。"①另外，在上海市政府制定的地方政府规章中，也有领先于中国其他区域而制定的规定，关于政府信息公开的规定就是如此。1998年上海市政府首先作出《关于实行政务公开制度，深入开展政务公开工作的决定》，对政务公开的目的与要求、公开的机构、公开的内容、公开的方法与形式、监督保障措施、组织领导等方面都作出了明确规定。②在此基础上，2004年上海市政府又公布了《上海市政府信息公开规定》，使上海市的政府信息公开制度得到了进一步完善。③上海是中国第一个明确规定政府信息公开的城市，上海在政府政务公开的规定方面率先迈出了一大步。

2. 上海率先制定的一些区域性规定被其他区域所借鉴

在上海率先制定的一些规定中，有些具有一定的共性，可为中国其他区域所借鉴。这些区域通过借鉴上海的规定，也制定本区域的相关规定，促进自己的区域法制建设。这里先以犬类管理规定为证。上海居民的养犬问题一度比较突出，"犬只伤人、犬吠扰民、宠物犬随地排泄、狂犬病疫情不断等现象引发了许多公共卫生和公共安全事件，引发了犬与人、人与人之间的矛盾，影响了社区的和谐与安宁。"④于是，制定关于犬类管理规定提到了议事日程上。1993年上海市政府颁行《上海市犬类管理办法》，对养犬管理、饲

---

① 上海市立法研究所编：《上海地方立法课题研究报告集》(2009年度)，上海文化出版社2010年版，第7页。

② 上海市行政法制研究所编：《依法行政与法治政府》，法律出版社2006年版，第307页。

③ 上海市行政法制研究所编：《依法行政的制度建设》，上海人民出版社2016年版，第285页。

④ 上海市立法研究所编：《上海地方立法课题研究报告集》(2009年度)，上海文化出版社2010年版，第49页。

养、经营等相关的权利、义务都作了明文规定。这一办法颁行之后,使上海的养犬管理改变了原先无章可循、管理混乱、犬害滋生的被动局面,使其走上了有法可依之路。以后,北京、天津、广州等大城市也都借鉴上海的做法,制定了自己的区域性的地方性法规或政府规章。截至2009年,全国各地方制定的有关养犬管理方面的规定就达76件,其中,地方性法规24件,地方政府规章52件。①上海率先制定的这一规定对中国其他区域的法制建设产生了影响,起到了先例作用。

还有,上海自由贸易试验区法治建设领跑中国其他区域的作用更为突出。为了进一步推进中国的经济、社会发展,上海自由贸易试验区于2013年9月正式挂牌成立,法治建设是上海自贸试验区建设中的一个重要组成部分。此后的一年中,由全国人大与国务院决定,在上海自贸试验区暂时调整了3部法律和17部国务院行政法规、3个国务院文件与3个国务院部门规章。另外,上海市人大通过了《关于在中国(上海)自由贸易试验区暂时调整实施本市有关地方性法规规定的决定》和《中国(上海)自由贸易试验区条例》,上海市政府颁行了《中国(上海)自由贸易试验区管理办法》和《中国(上海)自由贸易试验区外商投资准入特别管理措施》等。②综合这些规定,上海自由贸易试验区实现了4大制度创新,即以负面清单为核心的投资管理制度、以贸易便利化为重点的贸易监管制度、以资产项目可兑换和金融服务业开放为目的的金融制度和以政府职能转变为导向的事中事后监管制度的创新。③上海自由贸易试验区的法治建设取得出色成绩。这些规定与制度不仅是上海自由贸易试验区的首创,还对以后的中国其他自由贸易试验区及其法治建设具有示范作用。事实也是如此。以后的天津、福建、广东、辽宁、浙江、河南、湖北、重庆、四川和陕西等10个自由贸易试验区都不同程度地借鉴了上海自由贸易试验区的法制。上海自由贸易试验区法制也被认为是:"国家试验田"和"制度新高地"。④实践已经证明,上海自由贸易试验区确是创造了可复制、可推广的法治,为中国其他自由贸易试验区提供了宝贵的可借鉴经验。

3. 上海率先制定的一些区域性规定被国家立法所吸收

在上海率先制定的一些规定中,还有一些具有全国性意义,从而被国家

---

① 上海市立法研究所编:《上海地方立法课程研究报告集》(2009年度),上海文化出版社2010年版,第57页。

② 贺小勇:《上海自贸试验区法治框架基本形成》,《法制日报》2014年10月28日。

③ 唐玮婕:《自贸区将突出四大制度创新》,《文汇报》2013年9月30日。

④ 朱伟、于颖:《国家试验田　制度新高地》,《文汇报》2014年9月29日。

立法所吸收。其中,有的被国务院所属部、委制定的政府规章所吸纳,影响了中国政府的规章。这里以 1991 年上海市九届人大审议通过的《上海市外商投资企业清算条例》为例。那时,中国还没有专门的外商投资企业清算的法律。这使不少外商在合资项目谈判中,担心因无法可依而在企业合同期满或破产时,得不到合理、规范的清算,有损自己的权益。为了解决这一问题,上海率先立法并制定了这一条例。①此条例对外商投资企业清算的目的、清算主体、清算程序、清算的权利义务等都作了明文规定,实施效果较好。1996 年经国务院批准,对外贸易经济合作部制定、颁布了《外商投资企业清算办法》。这一办法"基本上吸收了上海条例(《上海市外商投资企业清算条例》)的主要内容。"②上海制定的这一区域性规定对国务院所属的对外贸易经济合作部的立法产生了影响,成为其政府规章的部分内容。

　　上海率先制定的有些区域性规定也被国务院所吸收,成为国务院行政法规的组成内容。这里以上海市政府颁行的《关于实行政务公开制度,深入开展政务公开工作的决定》和《上海市政府信息公开规定》为例。它们实施以后,收到较好的效果。上海很快就有 52 个市政府的委办局、5 个中央在上海的行政机关、19 个区县的政府部门、99 个街道、121 个乡镇实行了政务公开;中央在上海行政机构中也有 8 个部门积极推出了行政执法告知制度。③2007 年,国务院在制定《中华人民共和国政府信息公开条例》时,参考了上海的这一规定,其中的政府信息公开原则、实施主体、监督部门、公开与不公开的范围、公开的程序和形式等一些内容都有十分相似之处。上海关于政府信息公开的规定对国务院制定政府信息公开条例产生了实实在在的影响。

　　上海率先制定的有些区域性规定还被全国人大所借鉴,成为法律的内容。上海率先制定的有些区域性规定不仅被国务院及其所属部委所吸纳、吸收,还有的则被全国人大所借鉴,成为中国法律的组成内容。这里以《上海市青少年保护条例》为例。20 世纪 80 年代,上海曾经出现过青少年犯罪低龄化、成人化和严重化的情况,引起了社会各界的高度关注。上海市人大在市人大代表和社会各界人士的要求下,于 1985 年 12 月正式启动了《上海市青少年保护条例》的制定工作。经过 1 年半的组织准备、调查研究、起草条文与提请上海市人大常委会审议等阶段,终于在 1987 年 6 月由上海市八

---

① 沈国明、史建三等:《上海法治建设与政治文明:实践与经验》,上海社会科学院出版社 2008 年版,第 23—24 页。

② 沈国明、史建三等:《上海法治建设与政治文明:实践与经验》,上海社会科学院出版社 2008 年版,第 24 页。

③ 上海市行政法制研究所编:《依法行政与法治政府》,法律出版社 2006 年版,第 307 页。

届人大常委会 29 次会议审议通过,这一条例正式成为上海地方性法规。①而且,它还是"我国第一部青少年保护的地方性法规"。②这一条例共 10 章,58条,对总则、国家机关保护、家庭保护、学校保护、社会保护、青少年自我保护、对几种青少年的特殊保护和附则等一些内容都作了明文规定。上海的这一区域性法规对全国人大常委会制定的《中华人民共和国未成年人保护法》起到了借鉴作用。1991 年,第 7 届全国人大常委会第 21 次会议审议通过了《中华人民共和国未成年人保护法》,共 7 章,56 条。其中,在总则、家庭保护、学校保护、社会保护等一些内容中,不同程度地借鉴了《上海市青少年保护条例》,有的内容十分相似。比如,这两个规定都在"家庭保护"章里规定:未成年人的父母或其他监护人员依法履行监护权利和抚养义务;保护未成年人受教育的权利;不要让未成年人吸烟、酗酒等行为;等等。上海率先制定的有些区域性规定为中国人大的法律制定起过借鉴作用。

四、与上海领跑中国现代区域法制建设相关的几个重要侧面

上海领跑中国现代区域法制建设是一种现象,也是一种事实。与这一现象、事实相关,还有一些重要侧面也值得探索,以使这种现象与事实体现得更加完整,同时也可以加深对其的理解。

1. 上海领跑中国现代区域法制建设的深刻原因

上海能够领跑中国现代的区域法制建设有其一定的原因,而且是多因一果,即为多种原因所决定。首先,上海的现代区域法制诞生早。鸦片战争结束以后不久,上海的英租界及其现代区域法制便诞生了。这一现代法制不仅要早于清末法制改革半个多世纪,还早于中国其他租界十多年,甚至几十年。天津、汉口英租界的现代区域法制要分别晚于上海英租界的现代区域法制 15—16 年,天津、广州法租界的现代区域法制要分别晚于上海法租界的现代区域法制 11—12 年,天津德租界、俄租界的现代区域法制要分别晚于上海英租界的现代区域法制 50—55 年。③也就是说,当中国的其他区域还沉浸在中国传统法制之中的时候,上海的现代区域法制就已经诞生,并开始运行了。在中国一百余年现代区域法制的历史上,上海现代区域法制的诞生

---

①　周慕尧主编:《立法中的博弈》,上海人民出版社 2007 年版,第 14—15 页。

②　周慕尧主编:《立法中的博弈》,上海人民出版社 2007 年版,第 25 页。

③　王立民:《三大战争与中国近代区域法制变迁》,《探索与争鸣》2016 年第 6 期。

占了先机,起步比较早,一开始就领跑了中国的现代区域法制建设。

其次,上海的现代区域法制发展快。上海的现代区域法制不仅诞生早,而且还要发展快,这样才能不落后,继续领先。上海的现代区域法制并非土生土长,首先来自西方的现代法制,移植了这一法制。有西方法制的借鉴,可以少走很多弯路,减少一些不必要的麻烦。这样,就可以把一些西方颁行不久的法律,很快移植到上海,以致上海移植的现代法制发展不仅没有停滞不前,相反可以比较快地向前推进。比如,1853 年英国颁布了第一部现代交通法规,1872 年上海英美租界就以其为蓝本制定自己的现代交通规则。①另外,本土化的上海现代区域法制在快速演进中,继续领跑中国现代的区域法制建设。有些上海租界的区域法制被上海华界所接受,带动了华界的现代区域法制建设,整个上海的现代区域法制都逐渐进入了现代法制的发展轨道。辛亥革命以后,上海华界的现代区域法制又有许多创新,助推这一法制不间断向前运行。改革开放以后,上海的现代区域法治又进一步发力,有许多创新,继续处于领跑地位。

最后,上海现代城市的快速发展需要有上海现代区域法制的保驾护航。上海开埠以后,上海现代的城市发展很快,尤其是在贸易、商业、金融等领域。仅对外贸易而言,上海在 19 世纪 80 年代就有了大发展。1850 年进口的净值为 7276 万海关两,1885 年增至 8820 万海关两,1887 年达到 10226 万海关两。②上海很快成为中国对外贸易的中心。"盖上海一埠,就中国对外贸易言之,其地位的重要无异心房,其他各埠则与血管相等。"③贸易的发展带动了上海商业的发展。进入 20 世纪后,上海的商业更是日新月异,商店鳞次栉比,成为中国"唯一之大商埠"。④贸易、商业的发展又促进了上海金融业的大发展。到 20 世纪 30 年代,上海占有外国对华银行业投资份额的 80%,几乎所有世界主要银行的总部都设在上海,上海被称为是"中国金融中心"。⑤上海现代贸易、商业、金融业的大发展推动了整个城市的进步。随着上海现代城市的进步,对现代区域法制提出了要求,需要其保驾护航。这就促进了上海现代区域法制不断地向前发展,不停步。上海的城市发展领先于中国的其他区域决定了上海现代区域法制会领跑中国的其他区域现代法制。

---

① 马长林等:《上海公共租界城市管理研究》,中西书局 2011 年版,"序言"第 3 页。

② 中国人民政治协商会议上海市委员会文史资料工作委员会编:《旧上海的外商与买办》,上海人民出版社 1987 年版,第 3 页。

③ 聂宝璋:《中国近代航运史资料》(第 1 辑),上海人民出版社 1983 年版,第 114 页。

④ 熊月之主编:《上海通史》(第 8 卷),上海人民出版社 1999 年版,第 61 页。

⑤ 熊月之主编:《上海通史》(第 4 卷),上海人民出版社 1999 年版,第 3 页。

　　上海现代区域法制诞生早、发展快是上海这一法制能够领跑中国现代区域法制的法制原因,上海现代城市的快速需要上海现代区域法制保驾护航是上海这一法制能够领跑中国现代区域法制的社会原因。

2. 上海现代区域法制反哺了上海城市的现代化建设

　　法制是一种社会治理方式,其效果要在社会治理乃至社会建设中得到检验。现代区域法制也是如此。从整体上看,上海现代区域法制反哺了上海城市现代化建设,取得了积极效果。鸦片战争结束以后的上海租界现代区域法制在领跑了中国现代的区域法制过程中,还对上海的城市现代化建设,发挥了积极作用,以致上海成了国际大都市,有了"东方纽约"与"东方巴黎"之称。①那时的上海城市建设已经接近于西方城市的水平,上海市民率先于中国其他区域过上了现代生活。市民们可在家里使用自来水、抽水马桶、电灯、肥皂;出行穿胶鞋、皮鞋,乘公共汽车;到娱乐场所看电影、西方话剧、马戏表演、溜冰;吃西餐、罐头食品、冷饮,等等。②西方现代城市的风貌在上海租界得到了重现。

　　辛亥革命以后,上海华界的区域法制在领跑中国区域法制建设的同时,也大大促进了上海现代城市的发展。在辛亥革命及其以后的一段时间里,上海的城市建设有了大发展,进入到一个黄金时期。在这一时期中,上海的民族工业发展时间长、增长速度快。同时,不少新兴行业产生,新的企业家队伍扩大,还出现了一些民族集团。上海的轻纺工业、交通运输、电讯通信、内外贸易、金融事业等都有了长足的发展,并为以后上海成为中国的轻纺工业基地、金融中心、交通运输枢纽、内外贸易中心地位打了坚实基础。③

　　改革开放以后,上海的区域法治建设继续领跑中国的区域法治建设,并反作用于城市发展,取得了可喜的成绩。改革开放以后,特别是 1990 年以后,上海的城市发展驶入快车道,以很快的速度向前推进。从《上海社会报告》(2009)可知,上海在那时已进入到"后工业化阶段",经济结构实现了三大产业的"三二一"的排列顺序;2008 年,世界各地发生金融危机,但上海的外贸金融机构却新增 82 家,上海的金融市场地位得到进一步巩固和提高;2008 年上海港还成为世界第一货运港和第二大集装箱港。④上海的"两个中心"建设取得可喜成果。2008 年以后,上海前进的脚步丝毫没有停止和松

---

　　①　马长林:《上海的租界》,天津教育出版社 2009 年版,"前言"第 2 页。
　　②　王立民:《上海租界的现代法制与现代社会》,《华东师范大学学报》(哲学社会科学版)2009 年第 5 期。
　　③　熊月之主编:《上海通史》(第 8 卷),上海人民出版社 1999 年版,"引言"第 1 页。
　　④　王荣华主编:《上海社会报告书》(2009),上海社会科学院出版社 2009 年版,第 2—5 页。

懈。2015 年,上海提前完成"十二五"规划目标;5 年中的全市生产总值年均增长 7.5%;城镇和农村常住居民的人均可支配收入分别在 2014 年的 47710元和 21192 元的基础上再增长 8.4%和 9.5%。①2016 年,上海继续向好发展,实现了"十三五"的良好开局;在国际经济不景气的情况下,全市生产总值还比上一年增长 6.8%;城镇和农村常住居民的人均可支配收入比上年分别增长了 8.9%和 10%;自贸区试验区建设总体实现了三年预期目标。②上海的城市发展有目共睹,连外国人都认可。法国总统奥朗德曾表示:上海迅速和繁荣的发展有目共睹。③他甚至还说:对法国人来说,在上海生活不会有"异乡"感,因为上海过去曾被称为"东方巴黎",或许某一天巴黎也会成为"西方的上海";上海是中国成功的表现。④此话不假。可以想象,如果没有上海的现代区域法治,上海就不会取得这样的成就。

3. 从上海领跑中国现代区域法制建设中得到的启示

鸦片战争以后,中国进入现代社会,上海租界领跑了中国的现代区域法制建设,在中国领土上首创了这一法制,中国的现代区域法制从无到有,实现了零的突破。从此,中国的这种法制便迅速成长,对上海华界及上海以外区域产生影响,有从点到面的扩散之势。半个多世纪以后的辛亥革命,推翻封建专制统治,开创了中国历史的新纪元。上海华界又重视现代区域法制建设,及时推出一系列反封建、具有革命性的规定,继续领跑中国的现代区域法制建设。这一区域法制建设把中国清末法制改革以来出现的现代区域法制接续下来、传递下去,不至于中断,并为以后民国时期的区域法制建设奠定了基础。改革开放以后,中国逐渐走上法治道路,法治开始呈现活力,上海的现代区域法治应运而生,还显示出强大的生命力,又一次领跑了中国的现代区域法治建设。在鸦片战争、辛亥革命、改革开放以后上海现代历史发展的三个重要时期,上海的现代区域法制建设都大力发展,呈现领先地位,着实领跑了中国的这一法制建设。上海的现代区域法制建设功不可没。今天,回顾这一法制建设,可以从中得到以下一些启示。

首先,中国现代的区域发展离不开现代的区域法制建设。从上海领跑中国现代区域法制建设及其所产生社会效果的事实中可知,中国的现代区域要发展,不能缺少现代的区域法制建设。中国的现代社会是个法制社会,法制在社会发展中的作用越来越重要,其区域法制也是如此。现代区域法

---

①　杨雄:《市政府工作报告》,《解放日报》2016 年 1 月 31 日。
②　杨雄:《市政府工作报告》,《解放日报》2016 年 1 月 22 日。
③　缪毅容:《愿为推进中法友谊作新贡献》,《解放日报》2014 年 4 月 27 日。
④　竺钢:《奥朗德到访上海交通大学并做主题演讲》,《新闻晨报》2013 年 4 月 27 日。

制建设的成败往往会决定区域发展的成败。这一区域法制的作用不可小视。中国现代虽有国家的法制，但中国的现代区域法制也可以规范、保障与促进现代区域的社会发展，并有多种功能。其中，突出表现在中国的现代区域法制可以弥补国家法制的不足。也就是说，中国的现代区域法制可以在国家法制不足的情况下，为了满足本区域发展的需求，建立自己的区域法制，并依靠这一法制来规范、保障与促进本区域的发展。中国地大，区域众多，情况不一，中央政府无法全面顾及各区域的特殊性，国家法制做不到万无一失。对此，区域法制就可有所作为，根据本区域的特殊要求，建立自己的现代区域法制。辛亥革命时期的上海华界和改革开放以后的上海都出现过此种情况。辛亥革命时期，上海华界曾颁行过一些满足上海华界城市发展的一些规定，以弥补国家立法不足，创立中华银行并发行公债与军用票、禁用毒刑等都是如此。①改革开放以后，上海也颁行了不少规定，以弥补法制的不足与满足上海改革开放的需求，关于黄浦江上游水源保护、经济开放区、水产养殖、公园管理、出租汽车管理、滩涂管理等一系列规定都是如此。这些规定被认为："有力地促进了上海经济和社会发展"。②上海自贸试验区的法治更是如此。上海租界的现代区域法制则有所差别。上海租界及其现代区域法制的产生以不平等条约为基础，以损害中国主权为前提。上海租界实行的是外国在上海的侨民的自治管理，相对独立性很强，被认为是"国中之国"。③然而，上海租界从英租界建立起，就直接使用现代区域法制，而与当时中国其他区域正在适用得到传统法制明显不同。④当时，整个中国还沉浸在专制统治与传统法制之中，还没有现代法制的出现。上海租界法制不仅开创、领跑了中国的现代区域法制，还为上海租界区域的现代化起到了规范、保障与促进的积极作用，上海这座现代城市才得以快速崛起。总之，上海无论是在鸦片战争后的租界、辛亥革命后的华界，还是在改革开放以后，其区域法制均发挥了巨大作用。而且，这种现代区域法制及其作用具有不可替代性，没有一种其他法制能起到这种替代功效。可以认为，如果没有上海的现代区域法制，也就不会有上海今天的繁荣与辉煌。

其次，以往的现代区域法制可为以后的现代区域法制建设提供借鉴。中国现代区域法制的存续时间已经不算短，自鸦片战争以后上海英租界现

---

① 王立民：《辛亥革命时期上海华界现代法制论析》，《法治现代化研究》2017 年第 1 期（创刊号）。
② 周慕尧主编：《立法中的博弈》，上海人民出版社 2007 年版，"前言"第 1 页。
③ 马长林：《上海的租界》，天津教育出版社 2009 年版，"前言"第 1 页。
④ 王立民：《上海租界与上海法制现代化》，《法学》2006 年第 4 期。

代区域法制的产生至今,也有 170 余年。在这段时间中,中国现代区域法制的历史在传承、变革、借鉴是其中的一个重要环节。当一种新的现代区域法制诞生时,借鉴以前的区域法制往往起着重要作用。前者为后者提供借鉴,后者在前者的基础上再上一层楼,这是现代区域法制发展不可缺少的一环。上海现代区域法制发展的过程中就是如此。改革开放以后,上海的城市卫生问题越来越突出,禁止随地吐痰也被作为一项环境卫生管理规范的行为提到议事日程,特别是在 2003 年上半年的"非典"时期。为了防治"非典",加大禁止随地吐痰的力度,上海市人大决定修改《上海市市容环境卫生管理条例》。在修改过程中,上海市人大就借鉴过上海华界于 20 世纪 30 年代公布的《上海市经常保持清洁卫生》。据参与立法的吴勤民认为:"20 世纪 30年代公布的《上海市经常保持清洁办法》中就将随地吐痰列为不准行为,从此以后'禁止随地吐痰'作为环境卫生管理规范的一项基本行为准则一直发挥着作用。"[1]修订《上海市市容环境卫生管理条例》也就绕不过这一"办法",自然而然地成为其借鉴对象。还有,改革开放以后,上海人大在制定《上海市烟花爆竹安全管理条例》时,也借鉴过上海租界管理颁行过的禁放花爆的规定。[2]可见,中国现代区域法制之间也可以借鉴。

最后,中国的现代区域法治还需常抓不懈。中国正在全面推进依法治国,其中亦包括区域法治的建设。中国的国情决定了区域发展十分重要,中国不能没有这种发展。改革开放以后出现的特区以及现在正在推广的自贸试验区等,都对中国的社会发展作出了巨大的贡献。中国的区域将会长期存在,区域的发展也是长期的任务。中国的区域同样需要法治,不能没有法治建设,法治建设是区域建设中的重要组成部分、重要基础。没有法治,中国的区域建设就会一事无成。中国今后产生的新区域都会有法治建设的任务,先法治后区域或者法治与区域共同建设将会是一种常态。为了使中国的区域建成以后还能健康成长,法治就不能落后,更不能停滞不前,需紧跟区域建设的步伐。上海在 20 世纪下半叶、辛亥革命时期和改革开放以后能充分发展,都得益于当时的区域法制建设,今后中国的区域要大力发展同样需要有区域的法治建设。为此,中国今后的区域法治建设还不能松懈,而需常抓不懈。其中,区域内的科学立法、严格执法、公正司法和公民守法一个都不能少,法治区域、法治政府与法治社会需要同步推进。这样,中国区域建设的明天将会更美好。

---

① 周慕尧主编:《立法中的博弈》,上海人民出版社 2007 年版,第 108 页。
② 王立民:《上海禁放花爆规定今昔》,《档案春秋》2012 年第 12 期。

　　鸦片战争以后,由于各种原因的聚合,上海在现代区域法制建设中,处于领跑地位,特别在19世纪下半叶以后、辛亥革命时期和改革开放以后这三个重要时期。上海领跑中国现代区域法制建设有诸多表现,包括早于中国其他区域而建立了现代区域法制;上海的现代区域法制被中国的国家与其他区域所借鉴;上海的现代区域比中国其他区域的现代法制更胜一筹等。上海为中国的现代区域法制建设发挥了不可替代的作用,中国没有一个城市能与其并驾齐驱。同时,上海的这一法制还为上海现代的城市发展保驾护航,是上海成为国际大都市的一个重要原因。今天,中国区域法制建设的任务仍然很重,上海本身也是如此。希望上海能够传承领跑中国现代区域的传统优势,为上海的区域法制,乃至中国的区域法制建设再创辉煌。

第三十九章　上海的现代法制与现代城市发展

上海是中国最早具有现代法制的城市，也是最早形成现代城市的地方。上海现代法制的产生、演进与上海现代城市的形成、发展关系密切，本章对其中的四个问题作些探索。

一、上海是一个先有现代法制，后有现代城市的地方

与中国的许多城市不同，上海是个先有现代法制，然后才有现代城市的地方。它有一个产生、发展的过程。

1. 上海英租界 1845 年的土地章程是上海现代法制的开端

在中国租界中，土地章程十分重要，是租界存在、发展的基础性法律依据，有人把它称为租界的"根本法""大宪章"等。①鸦片战争以后，根据中英《南京条约》及其附件《五口通商章程》的相关规定，1845 年被称为"上海地皮章程"的《土地章程》出现了。②它一共 23 条，内容涉及英租界的界域、租地程序、居留地格局、管理权和司法权等一些重要问题。③这个《土地章程》在名称、结构、语言等方面都与现代法规一致，而与中国传统的法律明显不同。它使用"章程"的名称，在结构上设"条"；语言上使用"备案""租金""年租""契约""处罚"等一些现代法律语言。这些与中国传统法典中使用的"律"、"刑统"等名称，运用律、门的结构和"十恶""五刑""六赃"等语言都有显著不同。继上海英租界以后，上海又出现了美、法租界，它们也制定、使用现代法规。④1863 年，上海英、美两租界合并，成立公共租界，形成了上海公共租界与法租界两大租界并存的局面。至 20 世纪初，这两大租界都已建立了自

---

① 参见王鹏程等：《上海史研究》，学林出版社 1984 年版，第 100 页。

② 参见《上海公共租界史稿》，上海人民出版社 1980 年版，第 43 页。

③ 参见《上海公共租界史稿》，上海人民出版社 1980 年版，第 44—50 页。

④ 参见王立民：《上海租界与上海法制现代化》，《法学》2006 年第 4 期。

己的法规体系,颁布了一系列法规,其中包括:上海公共租界的《工部书信馆章程》(1893 年)、《工部局中式新房建造章程》(1901 年)和《工部局治安章程》(1903 年);上海法租界的《公董局组织章程》(1866 年)和《公董局警务路政章程》(1869 年)等。①可见,上海的现代法制率先出现在租界,最早的是上海英租界 1845 年《土地章程》。

2. 1846 年上海英租界的出现是上海现代城市的开始

根据 1845 年的《土地章程》的规定,1846 年上海英租界出现了。它的界域位置是:东靠黄浦江,西至界路(今河南中路),北到李家场(今北京东路),南达洋泾浜(今延安东路),此时的总面积为 832 亩。它为上海的现代城市发展奠定了地域基础,为上海朝着现代城市的发展提供了一个空间。1848 年上海英租界当局利用"青浦教案",②通过扩大英租界协议,使英租界的西面从界路延伸到泥城浜(今西藏路),北面从李家场延长到吴淞江(今苏州河),净增土地近 2000 亩。③1848 年和 1849 年,美、法租界也分别产生了。上海美租界在英租界的北面、虹口一带,法租界则在洋泾浜的南面。几经扩张,至 1914 年上海租界的总面积达 48653 亩。④此时,上海地理位置最理想、最繁华的区域都在租界范围之中了。上海租界是个现代城市。在那里,现代议政组织得以建立和运行,现代法制得到制订和实施,现代行政管理机构得以设立和施行,现代司法得到推行和运作,现代的经济、文化与教育也得以产生和发展。⑤人们在租界里首先过上现代的城市生活。他们在家里使用电灯、肥皂、自来水、抽水马桶、热水瓶,可乘公共汽车、有轨电车,穿胶鞋,逛现代商店,吃西餐,走进娱乐场所可看到西方话剧、电影、马戏表演、魔术,还可以溜冰、跳舞、赛马、跑狗等。⑥难怪有学者在研究了上海租界以后认为,以租界为中心的上海地区"为远东屈指可数的大都市"。⑦也有人甚至认为:"一部租界史,就把上海变成了世界的城市。"⑧这个城市就是现代城市,其起源于 1846 年出现的上海英租界。

3. 上海城市实现了从传统向现代的转变

上海出现租界,并形成现代城市以后,整个上海城的主体部分逐渐实现

---

① 参见王立民:《上海租界与上海法制现代化》,《法学》2006 年第 4 期。

② 参见唐振常主编:《上海史》,上海人民出版社 1989 年版,第 146—147 页。

③④ 参见邹依仁:《旧上海人口变迁的研究》,上海人民出版社 1980 年版,第 92 页。

⑤ 参见王立民:《上海租界的现代法制与现代社会》,《华东师范大学学报》(哲学会社学版) 2009 年第 5 期。

⑥ 参见汤伟康:《租界 100 年》,上海画报出版社 1991 年版,第 167—168 页。

⑦ 费成康:《中国租界史》,上海社会科学院出版社 1991 年版,第 270 页。

⑧ 曹聚仁:《上海春秋》,上海人民出版社 1996 年版,第 9 页。

了从传统向现代的转变。上海城原来与中国的其他传统城市一样,是政治中心、富人居住的地方、兵营、官营工商业的集聚地、消费性城市,处在封闭状态。原来的上海县城就是如此。上海在南宋咸淳三年(1267 年)建镇,元至元二十九年(1292 年)建县。明嘉靖三十二年(1553 年)开始修筑城墙,城墙的中心位置是县衙,县衙的东西两面有南北走向的主干道 3 排楼街和 4 排楼街;除了这些主干道外,还有 10 条街巷。到了清康熙年间,上海县城内的街巷数已增至 25 条,比嘉靖年间增加了一倍多。①城里驻扎着军队,居住着大量的富人,也有一些官营的工商业等。可是,上海的租界出现以后,情况发生了较大的变化,逐渐向现代城市演变。现代城市起源于西方,是工商业城市,私营工商业与工商业者的集中地,是生产性城市,具有开放性。上海租界就是这样一种城市,并且还带动了整个上海城的转型。到了 20 世纪 30 年代,上海已不仅是近代中国对外贸易和对内埠际贸易的中心,还是近代中国的金融中心,成为国内最大的轻纺工业基地和交通运输枢纽,由此而赢得了"大上海"的称号。②从此,上海不仅进入了现代城市的行列,而且渐渐成为东方的大都市。

4. 上海租界的现代法制和城市都具有两重性

上海租界的现代法制和社会均具有明显的两重性,即一方面是现代化的过程,是世界发展的一种趋势;另一方面则具有不可避免的弊端,甚至病态。在法制方面,立法、执法和司法中均有较大弊端。在立法中,存在压制反侵略活动、歧视华人、纵容丑恶现象等规定。在执法和司法中,存在巡捕时常侵犯人权、警匪勾结犯罪、审判时有不公等现象。③这里仅以巡捕时常侵犯人权为例。上海租界的巡捕是现代警政人员,应以维护租界内的治安和人权为己任,可他们中的有些人则不是这样。他们时常侵犯人权,用暴力殴打租界的华人居民,甚至导致他们的死亡。1942 年的法租界就发生多起类似案件。据 1942 年 4 月 28 日的《新中国报》报道:"最近法捕房华、越捕对于平粜时,维护秩序,不时越轨妄行,对籴米贫民,拳打脚踢,不足为奇,平民之因而受伤者,不计其数。"同年 8 月,有"赵姚氏,在跑马厅路(今武胜路)当佣工,因有病送伊(她)至南京路来看,看毕送回租界,行之十六铺铁门口,遇有法捕不准出去,并用藤条将赵姚氏周身打伤",被人送到医院后,因伤势过重,"至院身死"。④在城市生活方面则存在病态,具体表现为:洋、华人之间的

---

① 参见熊月之主编:《上海通史》(第 5 卷),上海人民出版社 1999 年版,第 49 页。

② 参见熊月之主编:《上海通史》(第 8 卷),上海人民出版社 1999 年版,第 1 页。

③ 参见王立民:《上海租界的现代法制与现代社会》,《华东师范大学学报》(哲学社会科学版)2009 年第 5 期。

④ 存上海市档案馆,全宗号 R18,案卷号 427。

贫富两极分化严重、社会丑恶现象泛滥、黑社会组织活动触目惊心、绑票贩毒和人口的犯罪猖獗等。①这里仅以黑社会组织活动触目惊心为例。上海租界里的黑社会组织活动十分猖狂,无恶不作。一位曾经加入过青帮的人员承认,他们"深入到社会各个角落,开设赌场、妓院,划地称霸,为非作歹,欺压良民,成为社会上的一股恶势力"。②百姓因此而遭殃。

二、20 世纪初上海华界的法制和社会也开始了现代化的进程

晚于上海租界半个世纪左右的时间,上海华界的法制与社会也逐渐开始了现代化的进程。

1. 20 世纪初清政府推行改革

20 世纪初,即 1901 年至 1911 年的 10 年中,清政府迫于国内外的压力推行了改革,进行预备立宪,试图用以夷制夷的办法,增强国力,改变中国颓废的走势。改革的范围涉及中国社会的许多方面。这是上海华界在法制和城市发展方面开始走向现代化的一个大背景。当时的清政府在改革和预备立宪的口号下采取了一系列的改革措施。在机构改革方面,建立了一些现代政府机构,如邮传部等;在军事方面,除了建立新军以外,还建立了现代海军;在教育方面,新式的现代学堂开始建立起来,用现代科学作为教育的内容,留学生也陆续派往海外;在文学方面,白话文得到传播,现代文学逐渐萌生;在新闻方面,《现代女报》、《神州日报》、《民立报》等现代报纸也面向社会发行;等等。同时,清政府还进行了法制改革。其中包括:派留学生到西方国家学习现代法制和法学;派政府官员到西方国家考察、了解现代法制;翻译、出版西方国家的法律和法学著作;邀请西方国家的法学专家来中国讲学、帮助制定中国的现代法律;等等。③这一改革也取得了一些成效,宪法性文件和一批现代法律在当时颁布,主要有:《钦定宪法大纲》、《宪法重大信条十九条》和《大清新刑律》、《商人通则》、《公司律》、《破产律》、《法院编制法》等。④这些改革措施和现代法律都有利于现代城市的发展,也有利于中国华界的城市实现由传统向现代的转变。

---

① 参见王立民:《上海租界的现代法制与现代社会》,《华东师范大学学报》(哲学社会科学版) 2009 年第 5 期。

② 上海市政协文史资料工作委员会编:《旧上海的帮会》,上海人民出版社 1986 年版,第 67 页。

③ 参见李贵连:《中国法制现代化简论》,《比较法研究》1991 年第 2 期。

④ 参见王立民主编:《中国法制史》,上海人民出版社 2007 年版,第 387—390 页。

2. 20 世纪初上海华界的法制和城市发展开始走向现代化

上海华界作为中国华界的一部分,在 20 世纪初也开始走上了法制和城市的现代化历程。在法制方面,一方面,上海华界跟着中央政府的做法,亦步亦趋。1904 年,清政府在中央设立了巡警部,开始建立现代的警政制度。翌年,上海随即成立了"警察总局",不再使用原来的巡防保甲局,现代警政制度也开始在上海落脚了。1907 年,上海华界还将原来官办的上海北市马路工巡总局改组成为"上海巡警总局",现代警政制度有了进一步的发展。①另一方面,仿效租界的规定,制定适用华界的新规定,征收包车捐就是如此。1901 年以前,上海华界有包车,但不征包车捐。1901 年,上海华界规定要开征这一捐税,其理由就是在上海租界中的车辆都要征收捐税,所以,上海华界有必要向租界效仿,也征收这种捐税,即"沪北英美法之租界未尝有一车无照者,南(市)马路事同一律,自应仿照办理。"②

同时,现代的城市发展也在华界展开,涉及城市发展的方方面面。1905年上海华界把兴办现代路政作为自己的一项工作,依照上海租界的现成办法,把"开拓马路""清洁街道"列为市政建设的重要内容,一条条新式马路与大家见面,兴办现代路政逐渐成风。③同时,在水、电等现代公用事业方面,上海华界的建设成绩也十分显著,1911 年,上海华界的闸北水电公司建成投产。④上海华界的居民也渐渐开始过上现代城市的生活了。

3. 20 世纪 30 年代上海华界的法制和城市发展水平都接近于租界

上海华界的法制和城市的现代化进程虽起步晚于租界近半个世纪,但在 20 世纪初以后的现代化过程中奋起直追,到了 20 世纪 30 年代时,也已基本实现了现代化,接近租界了。其中,法制方面的重要标志是上海特区法院的建立,这一法院是租界内的中国审判机构。自《五口通商章程》签订后,上海也被迫接受领事裁判权制度,英、美、法三个租界里先后都实行了这一制度。凡是有约国人在上海成为被告的,上海的中国审判机关和中国的法律均对其无管辖权,而由这些有约国人的领事按照他们自己国家的法律进行审判。之后,经过观审,直到建立会审公廨,上海租界的审判权实际上都掌握在租界当局手中。到了 20 世纪 30 年代,中国的法制现代化有了重大发展,上海现代的地方法制也有了长足的进步。就其内容而言,涵盖了政治、

---

① 参见王立民:《上海法制史》,上海人民出版社 1998 年版,第 237 页。
② 参见熊月之主编:《上海通史》(第 5 卷),上海人民出版社 1999 年版,第 147 页。
③ 参见熊月之主编:《上海通史》(第 5 卷),上海人民出版社 1999 年版,第 146 页。
④ 参见熊月之主编:《上海通史》(第 4 卷),上海人民出版社 1999 年版,第 410 页。

组织、经济、社会、教育、文化、治安和医疗卫生等各领域,①已能基本适应包括租界在内的整个上海现代城市的运行需要了。

此时,上海租界原来的审判机构会审公廨,经过临时法院的过渡,于1930年正式在上海公共租界成立了特区法院。1931年,因为上海法租界也成立了特区法院,作为区别,上海公共租界的特区法院改称为上海第一特区法院,上海法租界的特区法院便称为上海第二特区法院。这两个特区法院内的法官都是中国人,使用的也是中国法律。这就是说,从那个时候起,上海的审判机构,无论是在租界,还是在华界,都在任用中国的法官和使用中国法律了,而前提则是上海华界、租界的法律都是现代法律,都实现了法制现代化。上海在城市发展方面也有了很大的进步。1927年,上海特别市成立并隶属于中央政府以后,城市面积扩大,原来宝山、松江、青浦、南汇等县的一些地区划归上海特别市管辖,使它的面积达到了494.67平方公里,堪称为“大上海”了。②与此同时,城市的其他方面也逐步实现了现代化。上海华界的现代道路在这个时期有了大发展,中山北路、其美路(今四平路)、黄兴路、浦东路等相继建成。③现代公共汽车也在上海华界道路上行驶。④上海华界的居民也过上了现代生活,由华人建立的水电公司向华界居民供应水、电。⑤尽管那时上海华界的城市现代化程度还落后于上海的租界,但这只是现代化发展程度的差异。

三、近30年来上海的法制与城市发展都呈现出强大的活力

近30年是上海发展最具活力,也是最成功的30年。上海的法制与城市均有了前所未有的大发展。

1. 地方立法成果丰硕

这30年来,上海市人大和市政府都积极开展立法活动,其成果丰硕。据统计,上海市人大在这30年里共制定了地方性法规199件,现行有效的有142件;修改165件(次);作出废止决定15件;作出有关法律性决定79件。⑥

---

① 参见王立民:《上海法制史》,上海人民出版社1998年版,第104—131页。

② 参见唐振常主编:《上海史》,上海人民出版社1989年版,第651—652页。

③ 参见熊月之主编:《上海通史》(第8卷),上海人民出版社1999年版,第192页。

④ 参见熊月之主编:《上海通史》(第8卷),上海人民出版社1999年版,第189页。

⑤ 参见熊月之主编:《上海通史》(第8卷),上海人民出版社1999年版,第212—214页。

⑥ 参见沈国明等:《上海法治建设与政治文明:实践与经验》,上海社会科学院出版社2008年版,第21页。

上海市、区县政府建章立制的成就也不逊色。有段时间,上海市、区县两级政府机关每年制定的规定、规范性文件达 1600 件。①上海市政府在 1990 年至 1996 年,制定的规章就达 283 件,平均每年制定 40 余件。其中,1994 年制定了 73 件,数量不少,被称为"行政立法年"。②上海的这些地方性法规和规章、规范性文件的涉及范围十分广泛,包括政治、组织、经济、文化、治安、城市规划、交通、教育、卫生、外来人员的管理等各个领域。

当上海的城市建设发展到关键时刻,上海的地方立法总能助其一臂之力,破解其中的难题,促进其进一步发展。比如,改革开放以后,当上海的城市建设面临大的发展的时候,1995 年上海市人大及时推出了《上海城市规划条例》。这一条例对城市规划管理体制、规划原则、规划的编制、审批程序、建设用地、工程规划管理、监督检查和法律责任等一系列问题作了明文规定。它的实施对理顺上海城市规划管理体制,进一步健全规划管理制度,明确依法行政的各项要求,都起到了积极作用,使上海城市规划管理工作总体上得到了加强,促进了城市开发建设和管理的跨越式发展。③又如,随着上海城市的建设和发展,上海的市容问题显得越来越突出,于是在 2001 年上海市人大又通过了《上海市市容环境卫生管理条例》。这个条例对市容环境卫生管理的总则、责任区、市容和环境卫生、废弃物、作业服务、环境卫生设施管理等一系列相关内容都作了详细的规定。在条例实施过程中,上海的相关部门制定了配套文件、广泛进行宣传、开展了执法培训工作和其他创造市容环境卫生新面貌的活动。在条例实施后,效果比较明显。比如,2007 年,上海全市的生活垃圾无害化处理规模达到 9300 万吨,一次性塑料饭盒基本实现源头控制管理等。④这些都为上海成为国际大都市起了积极作用。上海市的地方立法不仅丰硕,而且还十分具有活力。

2. 有些法规、规章在全国具有创制性

改革开放以后,上海的城市发展朝着又好又快的方向迅速发展,于是许多其他城市没有出现的问题首先在上海出现了。这些问题也需要用法律来加以规范的解决。上海市人大和市政府采取积极态度,用现代法制手段从容面对,一些法规、规章便率先在全国出台,具有创制性。这些规定在数量上还不少,包括:《上海市土地使用权转让暂行办法》(1987 年)、《上海市青

① 参见上海市法学会等编:《上海法治建设蓝皮书(2003—2005)》,上海人民出版社 2006 年版,第 72 页。

② 参见顾长浩:《在思考中追寻历史,在行动中面向未来》,《上海法学研究》2009 年第 5 期。

③ 参见沈国明等:《在规则与现实之间》,上海人民出版社 2009 年版,第 363—364 页。

④ 参见沈国明等:《在规则与现实之间》,上海人民出版社 2009 年版,第 398—399 页。

少年保护条例》(1987年)、《上海市外商投资企业清算条例》(1991年)、《上海市人民警察巡察条例》(1993年)、《上海市民用机场地区管理条例》(1999年)、《上海市精神卫生条例》(2002年)、《上海市政府信息公开规定》(2004年),还有一些有关世博会的规定等。其中有些规定为我国的中央立法提供了有益的经验,起了先导作用。1996年,经国务院批准、对外贸易合作部发布的《外商投资企业清算办法》,基本上吸收了《上海市外商投资企业清算条例》的主要内容。①

更重要的是,它们对上海城市的现代化发展起了十分重要的引导、规范作用。比如,《上海市土地使用权转让暂行办法》率先以规章的形式进行了土地利用从资源占有型向资产拥有型转变的制度创新;这也是新中国第一次出现与国际通行惯例一致、与市场经济体制相适应的土地使用权出让制度,由此开始了土地产权体制与管理体制从计划经济向市场经济的全面转换。这一转换揭开了上海房地产业大发展、现代城市建设大发展、城市化大提速的序幕,为20世纪90年代"一年一个样,三年大变样"目标的实现,奠定了法律基础。②又如,《上海市民用机场地区管理条例》作为中国第一部关于民用机场地区法制化综合管理的地方性法规,对加强地区的管理,促进机场的建设和发展,保障机场的安全运行,维护驻场单位、旅客和货主的合法权益起到了积极推动作用。③从中可见,上海的地方立法在中国的地方立法中处于一定的领先地位。这种领先性同样增添了它的活力。

3. 地方立法进一步推进了城市朝现代化方向发展

上海地方立法的总体效应进一步推动了上海整体的城市现代化建设,为上海建设"两个中心"和国际化大都市发挥了很大的推动作用。30年来,随着上海地方立法的展开和不断完善,法治不断深入人心,法治环境日益改善。"社会各界对法治的认识,与三十年前,也就是改革开放前相比,已经完全不可同日而语。现在,法律日益受到重视,法治观念逐步为社会成员所接受。"④

与此同时,法制又为上海的城市发展保驾护航,使上海快速发展起来。《2009年上海社会报告书》显示:从经济发展的总体上看,上海已经进入到"后工业化阶段";上海的经济结构已经实现了"三二一"(指三大产业发展

---

① 参见沈国明等:《上海法治建设与政治文明:实践与经验》,上海社会科学院出版社2008年版,第24页。

② 参见顾长浩:《在思考中追寻历史,在行为中面向未来》,《上海法学研究》2009年第5期。

③ 参见沈国明等:《在规则与现实之间》,上海人民出版社2009年版,第383—384页。

④ 周慕尧主编:《立法中的博弈》,上海人民出版社2007年版,第1页。

顺序);尽管2008年面临全球金融系统的剧烈震荡,上海金融市场的国际地位仍得到了进一步的巩固和提升,外资金融机构年内新增82家,其中,银行业机构12家,保险业机构30家;上海港口的能力大幅提升,2008年,上海港货物吞吐量已达5.8万吨,集装箱吞吐量也有2800万标准箱,已成为世界第一大货运港和第二大集装箱港。①上海"两个中心"的建设正在加速。上海社会职业结构正在进一步向现代都市型转变。到2008年,以农业为主的第一产业从业人员仅有53万人,只占上海市全部从业人员的6%以下;第二产业从业人员有340余万人,占从业人员的37%左右;从事第三产业的人员超过半数,达到56%以上。②上海城市的总体社会治安形势处于平衡、可控状态,治安情况有所好转。2007年,上海各级公安机关侦破刑事案件同比增加2.1%,侦破各种经济犯罪案件同比增加5.5%。上海公众的安全感指数也有上升,2007年为72.45,比2006年上升了2.52个分值。③总之,整个上海正朝着现代国际大都市方向发展,而且越来越具有活力,形势也越来越喜人了。

四、从上海现代法制与城市发展中所得到的法制启示

纵观一百余年来上海的现代法制与城市发展,我们至少可以获得如下三点启示。

1. 要重视现代城市的现代法制建设

在中国,现代城市与传统城市差别很大。现代城市需要现代法制,而不是传统法制。传统法制只能适合传统城市的发展需要,其内容不适应现代城市的发展。比如,中国古代有些法律就是维护封闭式的传统城市秩序。它规定:城市都有城墙,越城的行为是犯罪行为,要受到刑罚的制裁。"诸州及镇、戍之所,各自有城。""越县城杖九十。"④城内则要实行宵禁,晚上人们一般不可外出,外出者即属"犯夜",也要受到刑罚的追究。"诸犯夜者,笞二十。"⑤这些都不适合在现代城市中使用,要发展现代城市就需要有现代法制与之相配套。在上海,先有现代法制,然后才有现代城市,现代法制引导、规

① 参见王荣华主编:《上海社会报告书》(2009),上海社会科学院出版社2009年版,第2—5页。
② 参见王荣华主编:《上海社会发展报告》(2009),社会科学文献出版社2009年版,第4页。
③ 参见王荣华主编:《上海社会报告书》(2009),上海社会科学院出版社2009年版,第265—266页。
④ 《唐律疏议·卫禁》,"越州镇戍等城垣"条。
⑤ 《唐律疏议·杂律》,"犯夜"条。

范了上海现代城市的产生与发展。之后,上海的现代法制与现代城市发展产生了互动,现代法制的发展促进了现代城市的演进,现代城市的演进也推动了现代法制的发展。近30年来,上海现代法制与城市发展的互动呈现出史无前例的良好态势,上海法制建设和城市发展都取得了巨大的成就,这为上海早日建成"两个中心"和现代化大都市描绘了一幅美好的前景。当然,在上海历史上,也有过不太理想的时期,这需要引以为戒。那时的法制与城市发展都处于低潮,社会发展缓慢,"文化大革命"时期就是如此。那10年,上海基本没有法制,城市发展也非常缓慢,人们的生活在计划经济条件下低水平地徘徊。改革开放给上海带来了生机,法制与城市发展都走上了快车道,得到了快速发展,人们的生活水平也节节攀高。今后,上海仍需重视现代法制建设,使上海的城市发展始终处于可持续发展的状态。

2. 要使现代城市的现代法制成为善法

现代法制也有善法与恶法之分。善法符合广大民众的意愿,维护他们的合法权益,促进社会的安定和城市的发展。恶法则相反,违背广大民众的意愿,损害他们的合法权益,破坏社会的安定和城市发展。世界历史上,现代法制也出现过恶法,以致给国家、城市和广大民众带来了灾难,第二次世界大战期间,德、意、日的法制就是如此。这些国家的法制虽然也是现代法制,可与法西斯联系在一起,成为法西斯主义的帮凶,为实行法西斯统治推波助澜。结果,不仅使被侵略的城市和广大民众遭殃,而且连本国的城市和民众也都难逃厄运。这一教训极其深刻。在上海历史上,也出现过恶法,租界当局制订的有关压制反侵略活动、歧视华人、纵容丑恶现象等规定,也都属于恶法范畴。这些恶法的存在,使租界的法制明显具有瑕疵和两重性。今天,上海正在为建设"两个中心"和国际化大都市而努力,不能出现恶法,只能颁行善法。幸运的是,我们有优越的人民代表大会制度,有广大市民的参政议政,有行之有效的法律监督机制,也有初步形成的社会主义法律体系,这些都有利于阻碍恶法的产生。当前,上海法制建设的任务仍然很重,还有许多现代法规、规章需要制定,以适应上海城市的进一步发展。为了使新制定的法规、规章尽可能的完善,有必要认真倾听广大市民的意见,特别是在一些与他们切身利益关系较大的民生方面的立法。在这里,笔者提出,可以使用立法听证程序,由市民广泛参与、集思广益、去粗取精,提高立法质量,保证上海向着现代化目标不断前进。

3. 要不断创新城市的现代法制内容

现代城市必定是不断发展的城市,尤其是上海目前正处在快速发展的时期。在这一时期中,会出现许多新情况、新事物、新变化。为了应对这些新情况、新事物、新变化,没有创新的法制内容是不行的,墨守成规往往只会适得其反。上海法制与城市发展的历史,特别是近 30 年来的历史已经用事实证明了这一点。创新的法制内容会在上海城市发展的关键时刻助其一臂之力,推动其顺利向前迈进,《上海市土地使用权转让暂行办法》《上海市民用机场地区管理条例》等都是如此。今后,上海应该依然如此,用不断创新的现代法制内容,持续推进上海城市现代化建设。现在,上海已出台了一些相关的法规、规章,包括《上海市志愿者服务条例》《上海市公共场所控烟条例》《上海世博会园区管线综合管控管理办法》等。还有一些法规和规章将要出台。上海市政府正在抓紧制定 10 余件规章和临时性行政管理措施,比如,有关社会治安、爆炸剧毒危险品、出入境、地下建筑、娱乐休闲的规定等。①这些都属于创制性法规、规章,内容具有明显的创新性。可以相信,上海明天的法制建设将会更加辉煌,上海明天的城市发展也将会更加灿烂。

---

① 参见罗菁:《本市制定 30 件法规保驾世博会》,《劳动报》2009 年 12 月 27 日。

主要参考资料

《马克思恩格斯全集》,人民出版社1975年版。

《列宁全集》,人民出版社1963年版。

《毛泽东选集》,人民出版社1991年版。

《孙中山全集》,中华书局1982年版。

唐振常主编:《上海史》,上海人民出版社1989年版。

刘惠吾编著:《上海近代史》,华东师范大学出版社1985年版。

[英]克利斯多福·纽:《上海》,唐凤楼等译,学林出版社1987年版。

《上海市年鉴》,上海市通志馆,1935年。

上海博物馆图书资料室编:《上海碑刻资料选辑》,上海人民出版社1980年版。

上海社会科学院历史研究所编:《辛亥革命在上海史料选辑》,上海人民出版社1981年版。

上海市政协文史资料工作委员会编:《上海文史资料选辑》(第42辑),上海人民出版社1983年版。

上海市档案馆编:《上海解放》,档案出版社1989年版。

蒯世勋等编著:《上海公共租界史稿》,上海人民出版社1980年版。

孙燕京:《近代租界》,中国华侨出版社1992年版。

王世杰:《上海公共租界收回问题》,太平洋书店1927年版。

吴圳义:《上海租界问题》,台湾正中书局1981年版。

费成康:《中国租界史》,上海社会科学院出版社1991年版。

吴圳义:《清末上海租界社会》,台湾文史哲出版社1978年版。

[法]梅朋等:《上海法租界史》,倪静兰译,上海译文出版社1983年版。

乐永年主编:《租界100年》,上海书画出版社1991年版。

《列强在中国的租界》编辑委员会编:《列强在中国的租界》,中国文史出版社1992年版。

上海通社编:《上海研究资料》,上海书店1984年版。

上海通社编:《上海研究资料》(续集),上海书店1984年版。

上海市档案馆编:《日伪上海市政府》,档案出版社1986年版。

叶梦珠:《阅世编》,上海古籍出版社1981年版。

上海市档案馆编:《旧上海的证券交易所》,上海古籍出版社1992年版。

姚廷璘等:《清代日记汇抄》,上海人民出版社1982年版。

陈逸等:《广方言馆全案》,上海古籍出版社1989年版。

中国人民政治协商会议上海市委员会文史资料委员会编:《旧上海的帮会》,上海人民出版社1986年版。

邹依仁:《旧上海人口变迁的研究》,上海人民出版社1980年版。

上海档案馆等编:《旧中国的上海广播事业》,档案出版社1985年版。

上海文史馆编:《旧上海的烟赌娼》,百家出版社1988年版。

洪泽主编:《上海研究论丛》,上海社会科学院出版社1989年版。

史良:《史良自述》,中国文史出版社1987年版。

《上海市政府法规汇编》,上海市政府,1948年。

陈无我:《老上海三十年见闻录》,上海书店出版社1997年版。

余子道等编:《汪精卫国民政府"清乡运动"》,上海人民出版社1985年版。

陶菊隐:《孤岛见闻》,上海人民出版社1979年版。

王鹏程等:《上海史研究》,学林出版社1984年版。

唐振常主编:《上海史研究》(二编),学林出版社1988年版。

张仲礼主编:《近代上海城市研究》,上海人民出版社1990年版。

王铁崖编:《中外旧约章汇编》,生活·读书·新知三联书店1959年版。

程道路主编:《近代中国外交与国际法》,现代出版社1993年版。

信之等主编:《旧上海社会百态》,上海人民出版社1991年版。

章红:《十里洋场:被出卖的上海滩》,上海人民出版社1991年版。

上海市政协文史资料委员会编:《旧上海的外商与买办》,上海人民出版社1987年版。

上海研究中心编:《上海700年》,上海人民出版社1991年版。

《上海金融史话》编写组:《上海金融史话》,上海人民出版社1978年版。

[美]戴维·克兰茨勒:《上海犹太难民区》,许步曾译,上海三联书店1991年版。

苏智良等:《近代上海黑社会研究》,浙江人民出版社1991年版。

上海师范大学历史系等:《上海外滩南京路史话》,上海人民出版社1976年版。

上海市烈士陵园史料陈列室编:《上海烈士小传》,上海人民出版社 1983 年版。

华道一主编:《海上春秋》,上海书店出版社 1992 年版。

《最新六法全书》,上海春明书店 1946 年版。

孙晓楼等:《领事裁判权问题》,商务印书馆 1936 年版。

郝立兴:《领事裁判权问题》,商务印书馆 1948 年版。

中国人民政治协商会议上海市委员会文史资料工作委员会编:《上海文史资料选辑》(第 46 辑),上海人民出版社 1984 年版。

王申:《中国近代律师制度与律师》,上海社会科学院出版社 1994 年版。

包天笑:《钏影楼回忆录续编》,香港大华出版社 1973 年版。

上海社会科学院历史研究所编:《上海小刀会起义史料汇编》,上海人民出版社 1980 年版。

郭豫明:《上海小刀会起义史》,中国大百科全书出版社上海分社 1993 年版。

上海市档案馆编:《上海工人三次武装起义》,上海人民出版社 1983 年版。

周尚文等:《上海工人三次武装起义史》,上海人民出版社 1987 年版。

中国法律史学会编:《法律史论丛》(二),中国社会科学出版社 1982 年版。

中共上海市委党史研究室等编:《接管上海》,中国广播电视出版社 1993 年版。

史梅定主编:《上海租界志》,上海社会科学院出版社 2001 年版。

易庆瑶主编:《上海公安志》,上海社会科学院出版社 1997 年版。

滕一龙主编:《上海审判志》,上海社会科学院出版社 2003 年版。

熊月之主编:《上海通史》,上海人民出版社 1999 年版。

王立民、练育强主编:《上海租界法制研究》,法律出版社 2011 年版。

王立民:《中国租界法制初探》,法律出版社 2016 年版。

练育强:《城市·规划·法制》,法律出版社 2011 年版。

上海市档案馆编:《辛亥革命与上海》,中西书局 2011 年版。

王立民、练育强、姚远主编:《上海法制与城市发展》,上海人民出版社 2012 年版。

马长林:《上海的租界》,天津教育出版社 2009 年版。

马长林主编:《租界里的上海》,上海社会科学院出版社 2003 年版。

马长林、黎霞、石磊:《上海公共租界城市管理研究》,中西书局 2011

年版。

姜龙飞:《上海租界百年》,文汇出版社 2008 年版。

蒋晓伟:《上海法学教育史研究》,法律出版社 2008 年版。

邵宗日:《英国租借时期威海卫法律制度研究》,法律出版社 2011 年版。

邵宗日、陈光编译:《英国租借期间威海卫法令汇编》,法律出版社 2012 年版。

程维荣:《旅大租借地史》,上海社会科学院出版社 2012 年版。

沈国明主编:《探寻法治的岁月》,上海人民出版社 2006 年版。

徐家俊:《上海监狱的前世今生》,上海社会科学院出版社 2015 年版。

丁伟:《上海地方立法走过三十八年》,上海人民出版社 2018 年版。

上海世博事务协调局等主编:《城市与法治》,法律出版社 2010 年版。

周慕尧主编:《立法中的博弈》,上海人民出版社 2007 年版。

阎锐:《地方立法参与主体研究》,上海人民出版社 2014 年版。

沈国明、史建三、吴天昊等:《在规则与现实之间》,上海人民出版社 2009 年版。

沈国明、史建三等:《上海法治建设与政治文明:实践与经验》,上海社会科学院出版社 2008 年版。

杨湘钧:《帝国之鞭与寡头之链》,北京大学出版社 2006 年版。

陈同:《近代社会变迁中的上海律师》,上海辞书出版社 2008 年版。

郭绪印:《"旧上海"黑社会》,上海人民出版社 1997 年版。

汤伟康、杜黎:《租界 100 年》,上海画报出版社 1991 年版。

林化宾主编:《上海政法研究》,上海社会科学院出版社 2009 年版。

徐家力:《中华民国律师制度史》,中国政法大学出版社 1998 年版。

苏智良、陈丽菲:《近代上海黑社会研究》,浙江人民出版社 1991 年版。

杨尧深:《老话上海法租界》,上海人民出版社 1994 年版。

[美]霍塞:《出卖上海滩》,越裔译,上海书店出版社 2000 年版。

[俄]郭泰纳夫:《上海会审公堂与工部局》,朱华译,上海书店出版社 2016 年版。

[美]魏斐德:《上海警察,1927—1937》,章红等著,上海古籍出版社 2004 年版。

[日]小浜正子:《近代上海的公共性与国家》,葛涛译,上海古籍出版社 2003 年版。

[法]安克强:《上海妓女》,袁燮铭等译,上海古籍出版社 2004 年版。

《市政府公报》,各时期的市政府编印。

上海档案馆馆藏档案,全宗号:R18、Q21、Q245、Q247、Q248、Q254。

The Municipal Gazette, February 5, 1914.

Vicki Baum, Shanghai'37, Doran & Company, New York, 1939.

Barnett, Economic Shanghai, New York, 1941.

W. C. Johnstone, The Shanghai Problem, Stanford University Press, U.S. A, 1937.

1843—Shanghai—1893, "Shanghai Mercury" Office, 1893.

Handbook of Local Regulations, Shanghai, 1918.

Annual Report of the Shanghai Municipal Council, Shanghai, 1919.

Shanghai by Night and Day, Shanghai Mercury, Limited, Printers and Publishers.

附录一　上海租界法制研究

——王立民教授访谈

王立民　肖志珂

肖志珂(以下简称"问"):王老师,您好!很高兴您能接受采访,和我们分享您在上海租界法制研究方面的心得体会。众所周知,您在中国法制史研究方面颇有建树,特别在唐律研究、古代东方法研究、中国法制史的学术史(即中国法制史学史)等方面更是成果卓著。近几年,您聚焦于上海租界法制研究方面,已在重要期刊发表专门文章30余篇,并有著作《上海租界法制研究》出版,相关论著则更多。请您介绍一下自己研究"上海租界法制"的历程。

王立民(以下简称"答"):1982年至1985年我在华东政法学院(2007年改名为华东政法大学)攻读中国法制史硕士学位。在这期间,因参加一个关于上海近代法制史课题而开始接触上海租界法制,还承担了其中立法部分的写作任务。以后,我一直把它作为自己的一块自留地加以耕耘,也产出了一些成果。在1998年出版的我的个人专著《上海法制史》一书中,有三章专述上海租界立法,另外,在法律渊源、警政机关、审判机关、监狱、律师等章中,也都有上海租界法制的内容。2001年,又出版了我的《上海租界法律史话》一书,把自1991年以来在《上海法制报》(现为《上海法治报》)中发表的关于上海租界法制的成果集中起来,成册面世。此书分为立法、司法、案例与法文化4篇,从不同角度反映上海租界法制。虽然这是一本史话,但却是第一本专门阐述上海租界法制的著作,在上海租界法制的研究中,有其一定的地位。

我的《上海租界与上海法制现代化》一文在2006年第4期《法学》上发表。这标志着我对上海租界法制的研究更具学术性,开始对这一问题作更为深入的学术性研究。以后,《上海英租界与现代法制》(2009年)、《上海的澳门路与公共租界的现代法制》(2011年)、《论上海租界法制的差异》(2011年)、《上海租界的现代公共卫生立法探研》(2014年)等相关论文纷纷跟进,使这一研究在深度广度上都有所突破。

《中国法学》2008年第3期刊载了我的《中国的租界与法制现代化》一

文。这凸显出我对上海租界法制的研究已经开始扩展到中国租界的法制，而不仅限于上海租界法制。这样，研究的地域有了扩大，研究的内容也更加丰富。从此，上海租界法制与中国租界法制一起进行研究，齐头并进、相得益彰，研究成果也相继问世。《中国城市中的租借法与华界法》(2011 年)、《抵触与接受：华人对中国租界法制的态度》(2014 年)、《百年中国租界的法制变迁》(2015 年)、《中国租界法制与中国法制现代化历程》(2015 年)、《中国租界的法学教育与中国法制现代化》(2016 年)等都如此。可见，我对上海租界法制的研究在延伸，延伸到了中国其他城市的法制。这种延伸实际上就是一种上海租界法制研究的演进。

学无止境，研究也无止境。今后，我会在上海租界法制领域作进一步研究，重点研究领域包括这样三个方面：第一，进一步挖掘上海租界法制资料。把现在较为缺乏的美租界、领事法庭等法制资料作为重点挖掘对象，以弥补现在的不足，推进上海租界法制研究。第二，进一步把上海租界法制与中国租界法制结合起来研究。把上海租界法制作为一个研究的点，中国租界法制作为一个研究的面，点面结合，就可以较为全面地反映租界法制的面貌。同时，也可以推进比较研究，烘托出上海租界法制的独特之处，深化上海租界法制研究。第三，进一步推进海外上海租界法制研究。目前，海外已有一些学者、专家也在研究上海租界法制，并产出一些研究成果。美国魏斐德(Frederic Wakeman)的《上海警察(1927—1937)》和《上海歹土：战时恐怖活动与城市犯罪(1937—1941)》两部著作中都有上海租界法制的内容。可是，对海外上海租界法制的研究非常不够，对这一研究的情况知之太少，需要进一步推进，否则，难免盲目研究，甚至夜郎自大。如果在以上三个方面有所突破与发展，上海租界法制发展就可以前进一大步，也会有更大的收获。

问：您为什么会选中"上海租界法制"这一研究视角？

答：我涉足上海租界法制已有 30 余年，认识也在逐步提高，总归起来，选择"上海租界法制"作为我的一个研究领域，是出于三方面的考虑。首先，研究上海租界法制有重要的学术意义。近年来，中国研究法制现代化的成果都把中国法制现代化的起始点定位于 20 世纪初的清末法制改革。从那时开始，中国才走上法制现代化的道路，以后再进入南京临时政府、北洋政府、南京国民政府等发展阶段，一步步深化现代化进程。这一研究忽视了在中国领土上出现的早期现代法制，时间要比清末法制改革早许多，特别是上海租界法制。上海租界法制是中国领土上出现最早的现代法制，比中国其他租界法制要早，比清末法制改革更早。经过研究以后发现，上海租界法制最早产生于上海英租界，时间为 1845 年。上海英租界是个自治区域，由上海的英国侨民自治管理,还逐渐建立起自己的立法、行政、司法等机构,颁行了自己的法制。这一法制不是中国传统法制,而是现代法制。也就是说,在中国领土上,于 19 世纪 40 年代便出现了现代法制。以后,上海其他租界和其他中国城市中租界的法制也纷纷诞生。这些法制也都是现代法制,而且也都早于清末法制改革。另外,中国租界法制还对周边华界的法制产生影响,以致这些华界也吸纳部分现代法制。上海华界就是如此,交通法规是其中之一。这些华界使用现代法制也早于清末法制改革前。

法制现代化进程提前了半个世纪,即在清末法制改革前的半个世纪,中国已有现代法制,开始了法制现代化的进程。中国法制现代化的过程,首先是一个从上海租界现代法制到清末法制改革的过程,是一个上海英租界现代法制的点到清末法制现代化的面的过程。缺少了上海租界法制乃至中国租界法制,中国法制现代化的研究便留有了缺憾,不完整了。上海租界法制的研究可以弥补这个缺憾,完整中国法制现代化过程,其学术意义不能不说很重要。

其次,研究上海租界法制的成果不多。在我涉足上海租界法制以前,有关上海租界法制的研究不多,是个可以开发的领域。这种不多主要体现在三个方面:第一,没有公开出版专门研究上海租界法制的著作。著作的含金量比较大,往往是某一研究领域的重要成果,甚至是一种研究的代表性标志,更能体现研究的广度与深度。公开出版的著作受众面宽,影响也会比较大。那时,还没有一本公开出版的专门研究上海租界法制的著作。有些公开出版的研究上海租界的成果中,会涉及一些上海租界法制的内容,但从整体而言,其不是一本专门研究上海法制租界的著作。比如,1980 年,上海人民出版社出版的《上海公共租界史稿》一书是一本专门研究上海公共租界的著作,其中有些内容涉及这一租界的法制,比如 1845 年、1854 年、1868 年的土地章程等,可这本著作的主题是上海公共租界而非上海公共租界法制。当时,中国还缺乏专门研究上海租界法制公开出版的著作。第二,缺乏专门研究上海租界法制的论文。在我研究上海租界法制以前,不仅没有公开出版的专门研究上海租界法制的著作,就连专门研究上海租界法制的论文都不多见。即使有少量这样的论文,大多篇幅也不大,研究深度有限。比如,1926 年 5 月发表于《太平导报》第 1 卷中的《上海会审公廨之研究》一文,总共才 A5 开本的 11 页。有分量、大篇幅的研究论文少之又少。第三,以往有关上海租界法制的成果都没有把其与中国法制现代化联系起来研究。尽管在以往研究上海租界的著作中有涉及上海租界法制的部分,也有少量专门研究上海租界法制的论文,可这些成果的内容仅是就事论事,没有把其与中国法制现代化联系起来,体现不出上海租界法制在中国法制现代化中的作用、地位等一系列问题,研究的价值因此而打了折扣。同时,这也为我的进一步研究留出了空间。

再次,上海存有大量有关上海租界法制的资料。这是研究上海租界法制的基础,没有这些资料,上海租界法制无法进行研究。上海存有的大量有关上海租界法制的资料,为研究上海租界法制打开了方便之门。这种资料大致可以分为四类:第一类是档案类里的上海租界法制资料。上海档案馆存有大量上海租界法制的档案。这种档案分布在上海公共租界工部局与上海法租界公董局的档案里,其中包括了立法、行政执法、司法等方面。第二类是上海租界志里上海租界法制资料。上海社会科学院出版社于 2001 年出版了《上海租界志》一书。此书有 119.7 万字,规模不小,其中包括了上海租界法制的重要内容,租地人会制度、巡捕与巡捕章程、会审公廨、临时法院、特区法院等都在其中。第三类是上海租界史里的上海租界法制资料。上海租界是以法制进行治理的区域。上海租界史里存有一些租界法制的资料。比如,由法国人梅朋和傅立德合著、倪静兰翻译的《上海法租界史》里,就有一些上海法租界法制的资料,其中,1849 年的土地章程、巡捕房组织条例、公董局组织章程、会审公廨的建立与发展等都是如此。第四类是回忆录里的上海租界法制资料。在有些人的回忆录里也会留有上海租界法制的资料。比如,中国文史出版社于 1992 年出版的《列强在中国的租界》一书中,就有关于上海租界监狱的资料,"上海西牢回忆"就是这样。另外,在一些笔记、碑刻、论文等资料中也会有一些关于上海租界法制的零星记载。把这些资料整合起来,就为研究上海租界法制打下了坚实的史料基础,也为研究这一法制提供了得天独厚的条件。

以上从上海租界法制的研究意义、研究空间、研究资料等三个方面来说明我选中"上海租界法制"作为研究视角的原因。正是这些原因使我下决心努力研究上海租界法制,并一步步深化,产出成果,取得了一些成绩。

问:在上海租界法制研究方面,您有一个经典的研究结论:"中国的法制现代化进程始于上海,而上海的法制现代化进程则始于租界。"那么,上海租界的现代法制究竟体现在哪些方面?

答:上海租界在建立时的法制就是现代法制,这一法制的现代性充分表现在它的法规体系、法规结构、法制语言、审判制度、律师制度等一些方面。

第一,现代的法规体系。上海租界以现代立法理念为指导,在租界建立了自己的现代法规体系。除了土地章程以外,这一体系中包括有组织、治安、邮政、路政、建筑等方面的内容构成。每个方面都有代表性法规成为主干。比如,《公董局组织章程》、《公共租界工部局治安章程》、《工部书信馆章程》、《法租界公董局警务路段章程》、《公共租界工部局中式新房建造章程》,等等。这些法规都有一个具体的调整对象,其中的内容都围绕其调整对象而展开。每个法规都相对独立,不是诸法合体性质。但这个体系只是初步的,还要与时俱进。上海租界法规体系的完善是在20世纪二三十年代的时候了。上海租界当局建立的是现代法规体系,从西方国家引进,与中国的传统法律体系不同。在中国传统法律体系中,尽管有部门法的内容,但除个别部门法有法典外(如唐律是一部刑法典),其他部门法都无专门的独立的法典。其内容要么散见于法典之外的规范性文件中,要么集中在综合性法典里,形成诸法合体的法典。这是一种不发达的法律体系,与上海租界的法规体系明显有差异。这种差异是一种现代法规体系与传统法律体系的差异。上海租界在这方面先行了一步。

第二,现代的法规结构。上海租界当局制定的法规都有现代的法规结构。首先,采用"章程"的称谓。前述所列五个方面的法规都称以"章程"。这种称谓在中国传统法律、法规中称"律"、"刑统"、"令"、"敕"、"制"等,都与"章程"不同。其次,采用款、条的排列方式。在那时内容稍多一些的法规中,都采用款、条排列方式。在中国传统法典、法规中没有这种明示的款、条排列方式。就是在中国法典楷模的唐律中,也只有条,无明指款等排列方式。最后,采用款标的做法。凡设有款的章程中,都设有款标,一款一标。它明示其中的内容,使读者一目了然。中国传统的法典中不在正文设款标。《唐律疏议》中有律名、条标,但条标只设在目录中,正文中无条标。《宋刑统》中有律名和门标、条标,但突出的是门标,正文中条标又与法条分离。上海租界法规的结构是现代法规的结构,使用了现代立法技术,明显优于中国传统法典结构。

第三,现代的法制语言。在上海租界颁行的法规中,不仅都使用白话文,古汉语不见了踪影,而且,还大量使用现代法制语言。当然,这些语言是从英、美租界或公共租界中使用的英语和法租界里使用的法文翻译而来。正因为如此,这些法制语言都是现代法制语言,不再是中国传统的法制语言。它们从一个侧面说明上海租界的法制已开始现代化了。这些法规中的用词、句子都能体现现代法制的语言,有的至今还在使用。在中国传统的法律里则大量使用传统的法律语言。《唐律疏议》中使用了"十恶"、"八议"、"杖"、"笞"、"皆勿论"、"上请听裁"、"奏听敕裁"、"匹"、"尺"、"八刻"、"二更二点"等一些传统的语言。它们与上海租界法规中的法制语言大相径庭,而这种不相同正好反映了它们法制的不同,上海租界法制已经属于现代化法制了。

第四,现代的审判制度。上海开埠以后,上海租界率先于上海华界推行现代审判制度。这一制度移植了现代审判制度,其内容涉及法官和陪审员、原告人与被告人、公诉人、代理人与辩护人、翻译人员、庭审程序等。在会审公廨中,这一制度已基本成熟。上海公共租界会审公廨根据1869年的《洋泾浜设官会审章程》的规定,受理的案件是那些发生在公共租界内的民事钱债交易和刑事盗窃斗殴等案件;法官由上海道台派出的人员与领事官组成;公诉人由巡捕房派员担任;律师出庭担任代理人和辩护人;华洋诉讼案件领事官可派员作为陪审员参加庭审;庭审时如有洋人作为诉讼参与人的,不定期要派翻译人员出席;庭审程序包括宣读诉状和答辩状、双方责任、辩论、判决等。上海法租界的会审公廨也是如此。上海租界的现代审判制度与中国传统的审判制度大相迥异。相比之下,中国传统审判的弊端显而易见,那时"中国地方官吏,无论钱债细故,人命重案,一经公庭对簿,先须下跪,形格势禁,多有不能曲达之情。况又不延人证,则曲直不易明。"上海租界使用现代审判制度代表了中国审判制度发展的方向。

第五,现代的律师制度。在上海租界移植现代审判制度的同时,也引进了西方律师制度,英国领事法庭最早在审判中使用律师,以后其他各国领事法庭也纷纷引用本国律师制度,允许律师出庭。正如学者陈同所言:"各国领事馆纷纷设立了领事法庭,按照他们自己的法律制度来处理法律事务,而其中也包括了律师制度。"以后,1871年的《上海领事公堂诉讼条例》专门提及了律师问题。中国传统上没有律师,只有讼师。他们以帮助诉讼当事人拟定诉状、介绍诉讼程序和注意事项等为业,与上海租界的律师有本质的区别。上海租界的律师及律师制度等的出现是一种历史的进步。

第六,现代的监狱制度。英、美、法三国先后建立了附设于领事法庭的监狱。其中,英租界于1865年设置小型监狱一所;美租界于1907年曾把罪犯寄押于英租界的监狱,而后,又在自己领馆的二楼辟建了自己的监狱;法租界则在1849年取得租界后在领馆内设立了监狱。1903年,有"远东第一监狱"之称的上海提篮桥监狱开始启用。与此同时,现代监狱制度也开始插足上海租界。这一制度的内容包括监管人员的设定和职责、监所的分类、囚犯的待遇和劳动、苦役犯人的惩处规则,等等。上海租界当局也先后颁行了一些监狱方面的法规,多体现了维护人权的精神。中国传统的监狱制度则偏重惩罚,忽视人权,以致监狱的情况很黑暗。这与上海租界监狱制度的文明程度距离甚远。

以上这些方面都是法制的重要组成部分。这些方面都具现代性,也就意味着上海租界法制是一种现代法制,其演进的道路就是法制现代化的道路。

问:上海租界法制虽然对中国的法制现代化带来了积极影响,但它也不是完美无缺的制度,它有哪些弊端或者瑕疵?

答:上海租界的法制是现代法制,可这一法制中存有明显的瑕疵,其中突出表现在以下两大方面。

第一,立法中的瑕疵。上海租界的立法中,存在一些瑕疵,其中有些还与现代法制格格不入。首先,压制反侵略活动。侵略是罪恶行为,稍有良知者都会竭力反对,以伸张社会正义。可是,当日本军队侵略上海华界,上海人民在租界内奋起反抗、举行各种反侵略抗议活动时,上海租界当局却以各种理由,用立法进行压制,禁止这类正义的反侵略活动,为虎作伥。现代法制应是一种能支持和体现公平、正义的法制,抵御侵略的法制,可上海租界的立法不仅不能这样,还要压制上海租界人民的反侵略活动,其瑕疵十分明显。其次,歧视华人。上海租界在1853年9月5日上海小刀起义以后,改变了华洋分居的情况,形成了华洋杂居的状况。此后,上海租界中华人的人数和所占的比率一直很大。可是,华人的地位低于洋人,受到歧视。这种歧视在立法中同样有体现。上海租界的公园设立很早,可长时间内都规定华人不准入园,甚至把华人与"酒醉或衣衫不整的人"、不戴口罩的狗放在一起,属于严禁入园的对象。就是在上海租界监狱里,洋人和华人囚犯的待遇也不一样,也有歧视存在。现代法制主张法律面前人人平等,可是,在上海租界的立法里就缺少这种平等,留下了瑕疵。再次,纵容丑恶现象。卖淫是一种社会的丑恶现象。上海租界在法制上长期纵容娼妓合法卖淫,特别是上海法租界。现代立法规范、维护现代文明,不纵容丑恶现象。上海租界的立法纵容这种现象,也是一种瑕疵。最后,有些规定不切合上海租界的实际。上海租界现代法制中有些规定不切合上海租界的实际,导致这些规定的执行情况不理想。上海租界的禁妓规定就是如此。对于上海租界纵容娼妓合法卖淫的规定,长期以来一直受到有识之士的反对。在强大的公众压力之下,从1920年起上海租界当局不得不通过立法开始禁妓。但由于方法有误,执行不力,此次禁妓以失败告终,丝毫没有朝着租界当局所规划的方向发展。在实力强大的中国传统观念、文化习俗面前,那些来自异域文化的人们,仅仅靠发动一场废娼运动是很难一蹴而就的。禁妓失败后,上海租界的娼妓数量马上反弹,娼妓卖淫再次合法化。现代立法应适合现代社会的情况,上海租界的立法中有些规定无法做到这一点,导致适用上的失败,同样是一种瑕疵。

第二,司法中的瑕疵。上海租界的现代法制不仅在立法中有瑕疵,在执法、司法中也有瑕疵。首先,巡捕时常侵犯人权。上海租界的巡捕房是租界内的现代警政机关,巡捕其中的警政人员,应以维护租界内的人权为己任。可是,他们中的有些人则侵犯租界内居民的人权,采用暴力的手段殴打他们,甚至还有导致死亡的情况发生。仅上海法租界在 1942 年至 1943 年间就发生此类情况多起。现代执法以维护人权为出发点和归宿,可是上海租界的执法却常缺少这一点,留下瑕疵。其次,警匪勾结犯罪。作为现代警政人员的上海租界巡捕是界内的执法人员,应是正义的守卫者。上海租界内的匪徒则是被执法对象,罪恶的象征。可是,他们却长期勾结,共同犯罪,危害社会和人民。甚至,还出现亦警亦匪的情况,即匪徒成了巡捕,巡捕就是匪徒,这就为警匪一起犯罪提供了很大的便利。现代执法要求执法人员具备较高的法律素质,严格依法执法。上海租界的巡捕竟然与匪徒勾结在一起,共同犯罪,干尽坏事,其执法的瑕疵很大。最后,审判时有不公。审判是司法的一个重要组成部分,也是司法的集中体现。现代司法要求公平。上海租界虽然也实行现代的司法制度,但审判不公的情况时有出现。这种情况在领事的审判中已经存在。有资料显示,同一领事在前后数天的盗窃案审判中,就出现量刑轻重悬殊的审判结果。公正的审判在上海租界时有缺失,不能不说是上海租界司法的一大瑕疵。

问:形成上海租界现代法制这些瑕疵的原因有哪些? 请您择要介绍一下。

答:形成上海租界现代法制瑕疵的原因有多种。首先,上海租界当局具有殖民意识。上海租界的洋人普遍具有殖民意识,包括租界当局。英、美、法等国家都是通过不平等条约在上海取得租界和领事裁判权的,他们是"胜利"者,也是殖民者,推行的是"完全独立于中国的行政系统和法律权限以外的殖民主义统治"。殖民意识在他们头脑中根深蒂固。他们根本看不起华人。这正如一位美国学者所说的:"有一位美国传教士在上海开埠五年之后所说的几句话很切当,他说,外国人那时都十分看不起中国人,以为这个民族终究要被外国人所征服。"这种意识流露在上海租界现代化法制中就出现了歧视华人、审判不公等情况。

其次,有些执法、司法人员法律素质太低。上海租界的洋人执法人员巡捕通过招募而来,早期的主要是水手和退役士兵,其人员素质参差不齐,有些人的法律素质很低。1863 年,被法国外交部推荐的"第一流的总巡"加洛尼·迪斯特里阿一上任就"滥用职权,非法拘捕,敲诈勒索,不合理的罚款,对人施以暴行,无恶不作",连一位法国学者都认为:"外交部是找到了一个宝贝!"还有的巡捕变成了海盗。上海公共租界的巡捕也好不了多少。1934年,此租界破获了一个扒窃组织,其中就有不少是巡捕。"与扒窃者有牵连而每日接受津贴的捕房刑事人员,公共租界有 65 人。"上海租界的领事亦任法官,是司法人员,可他们中的相当部分人是商人,不是法律人,审判不是他们的专长,他们也缺乏应有的法律素质。这正如美国学者约翰斯顿所讲的:"那些能对他的公民适用本国法律的是领事,但这些领事没有受过专门的法律培训,尤其是在租界的早期,那些领事大多是商人。虽然,以后公共租界建立了自己的法庭,但法律的实施还要依靠领事。"因此,上海租界的执法、司法会出现时常侵犯人权、警匪勾结、审判不公的情况。

最后,上海租界当局不深谙上海的社会情况。他们来自西方社会,习惯于西方的社会情况,而不深谙于上海的社会情况。他们认为,现代娼妓卖淫是一种现代商业行为,可以使其合法化,于是采取了一些合法化的法律措施,包括设立花捐、娼妓进行登记和检查等。但在广大民众的强烈反对下,上海租界当局又不得不用法制手段禁妓,可这一手段又与上海实际情况不符,以致禁妓失败。事实证明,只要法制符合上海的实际情况,禁妓完全可以成功。上海解放后,上海市公安局制定了《目前处理私娼办法》等一些规定,采取了适合上海情况的果断措施,到 1951 年 11 月上海所有的妓院全部关闭,并继续收容私娼。至 1958 年被收容的娼妓经过扫盲教育,培养了生活能力,逐渐改变了不良生活习惯,治愈了各种疾病,全都成为新型的劳动者并得到妥善的安置。可见,上海租界现代法制出现瑕疵,有其一定的原因存在。

问:您对上海租界法制的研究是比较全面的。比如租界的城市规划法、土地管理制度、道路管理制度、行政机构、司法机构等都有涉及,特别对租界的司法机构——会审公廨,您提出了独到见解。您认为会审公廨究竟是什么性质的机构?

答:我在研究上海租界法制的过程中,也关注了设在上海租界的会审公廨,而且还形成了一些自己的看法。其中就包括对会审公廨性质的认定。我的这一看法与传统的观点有所不同,于是我就撰写了《会审公廨是中国的审判机关异议》一文,发表于 2013 年第 10 期《学术月刊》。长期以来,人们对会审公廨性质的定位是中国的审判机关。我认为,会审公廨是租界自己的审判机关,并以四个方面进行了论证。

第一,会审公廨与华界的审判机关不具统一性。中国的租界设在中国的城市中,是城市里的一个区域。这些城市中还有华界,与租界相邻。华界是中国政府管辖的区域,设有中国的审判机关。一个国家的审判机关具有同质性,应具有统一性。华界里的审判机关与中国其他地方的审判机关具有统一性,都是中国的审判机关。会审公廨设在租界里,而且与华界的审判机关不具统一性,即会审公廨与中国审判机关不同。这种不同又具体表现在审判机关的体系、审判人员的组成、适用的实体法与程序法等方面。比如,会审公廨的审判人员由中、外审判人员组成,因此,也被称为"混合法庭";华界审判机关的审判人员全由华人组成,没有外国审判人员。从会审公廨与华界的审判机关不具统一性来证明,会审公廨不是中国的审判机关,而是租界自己的审判机关。

第二,会审公廨与租界内的中国审判机关也不具统一性。1925年,上海公共租界发生了震惊中外的"五卅"惨案后,会审公廨的弊端进一步暴露,广大民众要求废除会审公廨的呼声更为高涨。1926年,上海会审公廨取消,代之以临时法院,作为设立中国审判机关的过渡。1930年,上海公共租界正式设立中国审判机关,即为上海公共租界的第一特区法院及其上诉法院江苏高等法院第二分院。1931年,上海法租界也设立了中国审判机关,即上海法租界的第二特区法院及其上诉法院江苏高等法院第三分院。会审公廨与这些租界内的中国审判机关也不具有统一性。也表现在审判机关的体系、人员的组成、适用的实体法与程序法等一些方面。这从又一个侧面来证明,会审公廨不是中国的审判机关,而是租界自己的审判机关。

第三,其他一些方面也能证明会审公廨不是中国的审判机关。首先,会审公廨与华界之间改造犯罪嫌疑人或判过刑的人被称为"引渡"。"引渡"是国际公法中的一个概念,是指一国把处在自己国境内的犯罪嫌疑人或判过刑的人,根据他国的请求移交给请求国审判或处罚的行为。可见,引渡是一种发生于一国与他国之间的行为。如果同一国家之内不同司法机关之间要转移犯罪嫌疑人或判过刑的人,则称为"移送",绝不会是"引渡"。会审公廨与华界之间移送犯罪嫌疑人或判过刑的人则被称为"引渡"。据1912年7月6日上海公共租界《警务日报》的记载:"有5位领事和法官(其中有领袖领事和两位会审公廨审判员)前往都督府拜会负责官员商讨人犯引渡问题。"在这以前的1912年4月24日上海公共租界工部局董事会已形成决议,只要华界"同意引渡会审公廨所立的被告和人证"会审公廨就可进行引渡。事实也证明,在1912年2月至1915年12月间,上海公共租界的会审公廨就把蔡锐霆、朱华斌、郑道华、张振华等人,引渡给华界进行审判。从这种"引渡"反证,会审公廨不是中国的审判机关,否则,只要移送就可以了,不必使用引渡。其次,会审公廨实是外国审判人员控制的审判机关。虽然,会审公廨的审判人员由中外审判人员构成,而且分工也十分明确。1869年的《上海洋泾浜设官会审章程》明文规定："凡遇案件牵涉洋人必应到案者,必须由领事官会同中国委员审问,或派洋官会审;若案情只系中国人,并无洋人在内,即听中国委员自行讯断,各国领事,毋庸干预。"然而,这个章程在实施过程中,外国审判人员往往会擅权,实际控制着会审公廨的审判,甚至连纯属华人的事件也由外国审判人员审判,中国审判人员成了一种摆设。难怪那时有人就认为:"公廨审案,虽会审,而审判实权盖已尽操于外人之手,华官不过随同画诺,供讯问而已。"中国自己的审判机关不可能被外国审判人员控制,只有租界里的会审公廨才会被外国审判人员控制。这也证明,会审公廨不是中国的审判机关。

最后,辛亥革命以后对会审公廨采取的一些新规定进一步证明会审公廨不是中国的审判机关。辛亥革命以后,上海公共租界对会审公廨作出了新规定,总共包括八个方面:外国领事团来确定中国审判人员,并在外国审判人员的指导下,进行审判;会审公廨所属的监狱由租界的巡捕房直接负责管理;会审公廨的传票、拘票均由巡捕房负责执行;租界内发生的所有刑事案件均由会审公廨审理;租界对会审公廨的财务进行监督;中国审判人员的薪金由租界支付,等等。这些规定对会审公廨审判人员配置、外国审判人员的职权、经费支出与监督、案件管辖、监狱管理等会审公廨的核心部分作了新的规范,而且都与《上海洋泾浜设官会审章程》的规定相悖,使其审判权进一步被租界所控制。正如有人所说,辛亥革命以后,"租界内之司法权,遂全入于外人之手,中国政府无权过问矣"。可见,辛亥革命以后,会审公廨更不是中国的审判机关了。

今天,关于会审公廨性质的定位问题,是个学术问题。我的观点与一些传统观点有所不同,也算是一家之言,供大家参考。

问:您研究了上海租界法制以后,是否惠及您的教学与科研?

答:经过多年研究,我不仅自己在上海租界法制方面有一些收获,还惠及我的教学与科研,主要表现在以下方面。首先,把研究成果转化为教学内容。教学与科研紧密相连,科研可以促进教学,教学也可以直接惠及于学生,对上海租界法制的研究也是如此。当《上海法制史》一书出版后,我就为本科生开设了一门关于上海法制史的选修课,让他们也了解一些包括上海租界法制在内的上海法制史知识。前几年,我又主持开设了《上海租界法制研究》课程。此课程专门为中国法制史的硕士研究生开设,内容涉及上海租界法制的产生、立法、行政执法、司法、法学教育等领域。使他们可以知晓上海租界法制的一些基本情况。这可以增加有关这一法制的知识,也可为以后做进一步研究,甚至撰写学位论文打下基础。我的有些硕士、博士研究生都把上海租界法制作为自己学位论文的主题。其中,硕士学位论文有:《日伪时期上海公共租界法制变异》、《上海法租界最后 3 年(1941—1943)的法制变异》、《上海公共租界临时法院研究》、《上海第一特区地方法院涉外民事案件研究》、《上海公共租界领事公堂研究》、《上海第二特区地方法院烟毒案件研究》等。博士学位论文有《上海公共租界会审公廨研究》、《上海公共租界特区法院研究》等。这些学位论文都取得了不错的成绩,其中,《上海公共租界领事公堂研究》被评为上海市优秀硕士学位论文,《上海公共租界会审公廨研究》被国家列为后期出版资助项目。对此,我也感到很欣慰。

　　其次,把研究成果转化为项目。项目往往需要有前期研究的成果作为支撑。不论是项目的申报还是项目内容,都是这样。上海租界法制的研究成果,既有利于项目的申报,也有利于把其转化为项目的内容。实践证明,也确实如此。我利用已有的上海租界法制的研究成果,成功申报三个项目:上海市教委科研创新重点项目"上海租界法制研究"(09ZS179);司法部一般项目"中国租界的现代法制研究——以上海现代法制为主要视角"(09SFB5006);国家社科基金一般项目"租界法制与中国法制近代化研究"(14BFX019)等。前两个项目都已按时结项,最后一个项目在 2017 年完成。这三个项目中,都有前期成果转化的内容。比如,在"上海租界法制研究"项目中,就有一些内容从关于上海租界法制的产生、发展,上海租界的土地规划法、上海英租界巡捕房产生与发展、上海公共租界临时法院等前期成果转化而来。这一项目的最后成果由法律出版社公开出版,书名为《上海租界法制研究》。

　　最后,把研究成果转化为其他研究成果中的部分内容。在其他的研究领域中,凡有与上海租界法制相关,我都会把它结合进去,使其成为这些成果中的部分内容,也使这种研究更为全面,更具特色。这是上海租界法制在研究中的扩展,可以惠及其他研究领域。比如,在《上海的现代法制与现代城市发展》(2010 年)一文中,有上海租界律师作用的内容;《辛亥革命时期上海华界立法探析》(2012 年)一文中,有上海华界与租界法制比较的内容;《论上海法制近代化中的区域治理》(2014 年)一文中,有上海租界法制在区域治理中作用的内容,等等。这些研究成果都在 CSSCI 期刊上发表。《辛亥革命时期上海华界立法探析》一文还被人大复印资料 2013 年第 5 期《中国近现代史》全文转载。

　　可见,我对上海租界法制的研究还延伸到教学、科研领域,物尽其用,充分显示其研究价值。

附录二　王立民上海法制史主要研究成果一览表

著　作

序号	成果名称	出版社与出版时间
1	旧上海社会百态（参编）	上海人民出版社 1991 年版
2	上海法制发展战略研究（参编）	复旦大学出版社 1993 年版
3	上海法制史（独著）	上海人民出版社 1998 年版
4	上海租界法制史话（独著）	上海教育出版社 2001 年版
5	上海租界法制研究（第一主编）	法律出版社 2011 年版
6	上海法制与城市发展（第一主编）	上海人民出版社 2012 年版
7	上海租界法制史话（第二版）（独著）	上海人民出版社 2017 年版

文章（全为独著）

序号	成果名称	发表之处与时间
1	上海小刀会立法概况	《档案与历史》1985 年第 2 期
2	小刀会起义的刑法及其特点	《政治与法律》1987 年第 4 期
3	上海小刀会起义军法制述评	《历史教学问题》1990 年第 4 期
4	旧上海法制面面观	《上海法学研究》1993 年第 6 期
5	上海法制史上光辉的一页	《历史教学问题》1996 年第 5 期
6	旧上海的中国律师	《上海档案》1997 年第 2 期
7	市民代表会议政府法制述评	华东政法学院编：《市场经济与法制建设文集》，法律出版社 1997 年版
8	新上海法制三十天	《世纪》1999 年第 5 期
9	新上海第一年刑案述评	《华东政法学院学报》2000 年第 3 期
10	新上海第一年法制述评	华东政法学院法律系编：《2000 法学新问题谈论》，上海社会科学院出版 2000 年版
11	新上海第一年死刑案种种	《上海档案》2001 年第 5 期

12	上海社区法制宣传教育的现状与思考	《法苑》2004 年第 11 期
13	上海社区法制宣传教育述评	《探索与争鸣》2005 年第 2 期
14	来沪民工与上海和谐社会的建设	《探索与争鸣》2005 年第 7 期
15	上海土地改革立法与近郊农村的发展	《社会科学》2005 年第 4 期
16	上海租界与上海法制现代化	《法学》2006 年第 4 期
17	新上海第一仲裁案	《上海法制报》2006 年 6 月 12 日
18	上海英租界与现代法制	《法制日报》2009 年 1 月 21 日
19	上海租界的现代法制与现代社会	《华东师范大学学报》（哲学社会科学）2009 年第 5 期
20	上海的现代法制与现代城市发展	《政治与法律》2010 年第 4 期
21	上海的澳门路与公共租界的现代法制	［澳门］《澳门研究》2011 年第 1 期
22	中国城市中的租界法与华界法——以近代上海为中心	《比较法研究》2011 年第 3 期
23	论上海租界法制的差异	《法学》2011 年第 7 期
24	上海律师公会与中国近代法制	《探索与争鸣》2012 年第 11 期
25	辛亥革命时期上海华界立法探析	《史林》2012 年第 12 期
26	上海禁放花爆规定今昔	《档案春秋》2012 年第 12 期
27	论上海法制近代化中的区域治理	《法学》2014 年第 1 期
28	中国近代的城市区域法制探研——以上海近代的区域法制为例	公丕祥主编：《法现代化研究》2013 年卷，法律出版社 2014 年版
29	上海租界的现代公共卫生立法探研	《历史教学问题》2014 年第 2 期
30	上海高校第一个听证规则的诞生、运行效应与前瞻	中国上海市教卫党史办公室编：《上海教育卫生改革创新亲历记(2002—2012)》，上海浦江教育出版社 2014 年版
31	百年中国租界的法制变迁——以上海租界法制变迁为中心	《政法论坛》2015 年第 1 期
32	上海近代区域法制诸问题研究——以上海租界区域法制为中心	公丕祥主编：《法制现代化研究》2014 年卷，法律出版社 2015 年版
33	中国租界的法学教育与中国法制现代化——以上海租界的东吴、震旦大学法学教育为例	《法学杂志》2016 年第 7 期
34	试论中国租界与租借地区域法制的差异——以上海租界与威海卫租借地法制的差异为例	《现代法学》2017 年第 1 期

| 35 | 辛亥革命时期上海华界现代法制论析 | 《法治现代化研究》2017 年第 1 期（创刊号） |
| 36 | 上海领跑中国现代区域法制建设 | 《东方法学》2017 年第 6 期 |

采访稿

| 序号 | 成果名称 | 发表之处与时间 |
| 1 | 上海租界法制研究——王立民教授访谈王立民、肖志珂 | 《上海政法学院学报》2017 年第 2 期 |

后记一

1984年，当我还在攻读法学硕士学位的时候，就有机会与一些专家、学者一起探研上海法制史。以后，便把它作为一块"自留地"，稍有空闲，就耕耘劳作。"字字看来皆是血，十年辛苦不寻常。"如今已经结果，终成此书，实是一件幸事。

我探研上海法制史先从小刀会起义军的法制开始，以后再扩展为立法、司法等各领域。在这过程中，我注意把它与教学、科研结合起来。至1990年我离开华东政法学院去攻读博士学位前，已为院法律系的本科生开设了《旧上海法制史》这门选修课，而且连上了两年。另外，到目前为止，在《政治与法律》、《上海法制报》等报刊上，共发表了论文及其他文章60余篇。它们都为撰写本书奠定了基础。全心投入此书的写作始于1996年上半年，那时，华东政法学院把它作为院1997年的重点资助出版项目，压力变成了动力。经过近一年的奋斗，现在终可搁笔脱稿了。回忆这近一年来，真是十分的忙碌和充实：要挂心法律系的行政工作；为研究生讲授《法文化专题研究》、《中国行政法史》和《中国政治文化发展研究》3门新课；写成和发表了近30篇论文和其他文章；还要抽闲完成这本著作。好在这种忙碌和充实为我带来了自感满意的成果，所以，也觉得欣慰。

此书的出版使我的研究领域形成了一个从地方法制史到中国乃至东方法制史的多层面的体系。此书是我研究地方法制史的成果，而且这一地方制史在中国还具有典型性。我的《唐律新探》一书是我研究中国法制史的成果，唐律是中国古代法和中华法系的代表作；我的《古代东方法研究》一书是我研究东方法的成果，古代东方法在世界法制史中又占有独特的地位。在这中间，又包含着古今中外。以后，我将把自己的研究视野集中到更高层次，探索一些更具规律性的问题，进一步拓宽我的研究领域。我想只要勤耕不止，这种探索一定也会结出理想的果实，正如古人所云："累土而不辍，丘山崇成。"

在这十数年探研上海法制史的日子里，我的夫人陈瑞君和女儿王胤颖始终在物质和精神上给予了巨大的支持和鼓励。在本书的成书过程中，上海档案馆的马长林、邵勤、程绣明等朋友在资料方面,提供了必要和热情的帮助。在本书的出版过程中,华东政法学院的领导、科研处的同志们、上海人民出版社的同志们也给予了富有成效的支持。还有,我的胞弟王立行在百忙中抽空为本书题写了书名,为书增辉。本书的面世正是这种多方支持、鼓励、帮助"合力"的产物。在此一并向他们表示最衷心的感谢!

　　本书虽快要问世了,在它呱呱坠地之际,我真有说不出的高兴。然而,在高兴之余,我心中仍有不安。因为,上海法制史涉及的面宽,问题也复杂,此书只是理出了一条基本线索,其中还可能有遗漏、错误之处。除了在今后不断自我修正、提高以外,还望各位老师、同仁赐教匡正。

王立民

1997 年春节于上海寓所

后记二

　　《上海法制史》一书于 1998 年由上海人民出版社出版以后,有些反映。有中国学者认为:这是中国第一本专门以行政区划为单位的地方法制史著作;有上海学者对我说:遇到上海法制史问题时,会看这本书。这都说明此书具有一定的学术价值。有同事告诉我:他在澳大利亚墨尔本大学留学期间,曾在校图书馆看到过这本书。这意味着此书被国外有些大学的图书馆所收藏。前些年,我在访问香港城市大学法学院时,院资料室的负责人特地从书架上拿出此书,称赞一番。可见,它被中国大陆以外有些地区的大学法学院所利用。听到这些反映,我心里有点沾沾自喜,因为自己的劳动成果能被他人所认可。

　　令我特别高兴的是,《上海法制史》出版近 20 年后,有机会再出版第二版。上海人民出版社的副总编辑曹培雷和编辑汪娜、秦堃都鼓励我启动此书的第二版,还表示会大力支持。他们的鼓励和支持给了我再版此书的决心和信心,使其重获新生。在此,首先要对曹培雷和汪娜、秦堃表示最衷心的感谢!

　　《上海法制史》(第二版)的问世,既是我近 20 年来对上海法制史进行不断研究的总结,也是朋友、亲人长期提供帮助、支持的结果。其中,上海档案馆的马长林、邢建榕、姜龙飞、邵勤等朋友提供过查阅资料、发表文章的帮助;上海人民出版社的汤中仁、刘益民等朋友在出版此书第一版时提供过帮助;原《上海法制报》的张薇薇老师提供过发表上海租界法制文章的机会;华东政法大学校办的汪佳景秘书和法律史研究中心的孙晓鸣秘书提供过打印相关论文的帮助;胞弟王立行题写过书名,为书增色;太太陈瑞君和女儿王胤颖不断给予支持,以解后顾之忧。在此,对于大家的帮助与支持也表示最衷心地感谢!

　　此版《上海法制史》比原版《上海法制史》有进步,不仅是增加了下编,内容有所扩充,增幅近一倍,而且,还对原版《上海法制史》中的一些有错之处作了改正,使其更为完善一些。真心希望此版《上海法制史》会对读者有所帮助,对推动上海法制史研究有所作用。

　　《上海法制史》(第二版)虽是新版,可难免仍会有不足,甚至错误,还望各位读者不吝赐正,以便日后改正。

王立民

2018 年 9 月于华东政法大学教授工作室

图书在版编目(CIP)数据

上海法制史/王立民著.—2版.—上海:上海
人民出版社,2018
ISBN 978-7-208-15419-3

Ⅰ.①上… Ⅱ.①王… Ⅲ.①法制史-上海 Ⅳ.
①D927.51

中国版本图书馆CIP数据核字(2018)第208132号

责任编辑 秦　堃
封面设计 一本好书

上海法制史(第二版)
王立民 著

出　　版　上海人民出版社
　　　　　(200001　上海福建中路193号)
发　　行　上海人民出版社发行中心
印　　刷　常熟市新骅印刷有限公司
开　　本　720×1000　1/16
印　　张　34.25
插　　页　4
字　　数　600,000
版　　次　2019年1月第2版
印　　次　2019年1月第1次印刷
ISBN 978-7-208-15419-3/D·3278
定　　价　120.00元

"独角兽法学精品"书目

《美国法律故事:辛普森何以逍遥法外?》
《费城抉择:美国制宪会议始末》
《改变美国——25个最高法院案例》
《人工智能:刑法的时代挑战》
《上海法制史(第二版)》

人工智能
《机器人是人吗?》
《谁为机器人的行为负责?》
《人工智能与法律的对话》

海外法学译丛
《美国合同法案例精解(第6版)》
《美国法律体系(第4版)》
《正义的直觉》
《失义的刑法》

德国当代经济法学名著
《德国劳动法(第11版)》
《德国资合公司法(第6版)》